JN269358

賃金規制・決定の
法律実務

弁護士 **石嵜信憲** 編著　弁護士 **橋村佳宏** 著
弁護士 **鈴木宗紹**　弁護士 **安藤源太**　弁護士 **兼平誠也**
弁護士 **橘 大樹**　弁護士 **加藤 彩**

中央経済社

はしがき

　当職は，平成4年の春に，当職が所属する経営法曹の先輩である宮本光雄先生（平成7年逝去）から，『転勤・出張・出向・転籍・海外移動の法律実務』（平成5年2月25日初版発行）の出版のお話をいただき，初めて著書を出版することとなりました。そのときから，自身の力が世に出せるほどのものを書けるようになった暁には，「労働時間」と「賃金」に関して執筆したいとの強い思いがありました。現在までの間に，『非正規社員の法律実務』，『健康管理の法律実務』そして『労働契約解消の法律実務』など多くの本を執筆してきましたが，その思いは変わりませんでした。

　平成22年暮れに『労働時間規制の法律実務』を出版することで，「労働時間」に関する執筆という1つの思いを果たすことができました。その後，約2年以上かけて「賃金」に関して執筆に取り組んできましたが，ようやく20年前の思いを本書の形として実現することができました。

　本書は，当職の講演内容及び資料をベースに，また後掲表1にあるように土曜日に事務所内で開催する勉強会で菅野和夫先生の『労働法（第九版）』の賃金に関する部分の読合せと議論を踏まえて，各パートの担当者を決定し各担当者に執筆をお願いしました。当職以外の執筆担当者は後掲表2のとおりです。さらに，特に本書で力を入れた「賃金の意味」，「賞与」，「退職金」については，各担当者が執筆した原稿をもとに再度議論をして修正を重ねました。加えて，「賃金総論」，「賃金体系論」，「賃金決定と人事制度」，「経営難と賃金切下げ（不利益変更）」については，当職自身もノートに原稿を書き付けて，それを若手の弁護士に補足してもらいながら本書を仕上げていきました。本書の内容については，当職がすべて確認し，当職の考え方に統一しています。

　本書は，最終的には加藤彩弁護士が全テーマを通じて校正及び文章のチェックを行い，それを田中朋斉社会保険労務士が補佐することにより完成することができました。もっとも，本書は多くの弁護士等による執筆のため，すべての文章の完全な統一性については不十分な点がありますが，その点はご容赦いた

だければと思います。また，できる限り誤字脱字を少なくするよう，当事務所の事務局員全員に読合せ等のご協力をいただきました。この場を借りて深く感謝申し上げます。

今後は，今まで出版してきた非正規社員，健康管理，配転出向，就業規則等に関する著書についても，今日の法改正や実務の変化を踏まえて若手の弁護士等の協力のもとで改訂を続け，実務上ご参考にしていただけるものを維持していきたいと考えています。

さらに，土曜日の勉強会とは別に週1回実施している事務所内での勉強会では，菅野和夫先生の『労働法（第九版）』の団体的労使関係法の部分の読合せと議論を行い，その内容を記録化して，将来の執筆に向けて資料を蓄積しているところです。現時点では何年後になるかはわかりませんが，当職が弁護士となって以降，集団労使紛争を主たる業務として行ってきたこともあり，いずれは集団労使紛争に関する著書を残しておきたいという願望があります。今後も，この願望を成就できるよう，日々邁進して参ります。

平成24年6月

弁護士　石嵜　信憲

表1

年	日程	勉強会のテーマ
2009年	11月7日	企業年金
2009年	11月12日	賃金Ⅰ「賃金と労基法上の諸原則1」
2009年	12月5日	賃金Ⅱ「賃金と労基法上の諸原則2」
2009年	12月12日	賃金Ⅲ「賃金体系の種別」
2009年	12月26日	賃金Ⅳ「人事システム」
2010年	1月9日	賃金Ⅴ「成果主義と労働条件不利益変更」
2010年	1月16日	賃金Ⅵ「賃金に関する民法の諸原則1」
2010年	1月23日	賃金Ⅶ「賃金に関する民法の諸原則2」
2010年	5月15日	賃金Ⅷ「労基署・監督官の権限、ストックオプション」
2010年	5月22日	賃金Ⅸ「団体定期保険・休業手当」
2010年	7月3日	賃金Ⅹ「出来高給と賃金」
2010年	7月17日	倒産と賃金
2010年	7月23日	賃金ⅩⅠ「男女賃金・昇給格差」①
2010年	7月30日	賃金ⅩⅡ「男女賃金・昇給格差」②
2010年	8月28日	賃金ⅩⅢ「男女賃金・昇給格差」③
2010年	9月4日	賃金ⅩⅣ「争議行為と賃金」
2010年	9月11日	賃金ⅩⅤ「一時金からの賃金カット，怠業行為と賃金」
2010年	9月18日	賃金ⅩⅥ「ストライキ不参加者の賃金」
2010年	10月1日	賃金ⅩⅦ「組合員と賃金差別」
2010年	10月21日	橋村先生担当：賃金本コンセプトなど
2010年	10月30日	橋村先生担当：賃金の概念整理
2010年	11月6日	退職金と賞与
2010年	11月19日	橋村先生担当：賃金の概念（福利厚生と賃金）
2010年	11月27日	橋村先生担当：平均賃金，賃金に関する諸原則
2010年	12月2日	ストライキ，インフルエンザと賃金（休業手当）
2010年	12月11日	インフルエンザと賃金（休業手当）
2010年	12月18日	インフルエンザと賃金（休業手当）
2011年	1月8日	兼平先生担当：賞与①
2011年	1月22日	兼平先生担当：賞与②
2011年	1月29日	兼平先生担当：賞与③
2011年	2月5日	兼平先生担当：賞与④
2011年	2月10日	兼平先生担当：賞与⑤
2011年	2月17日	兼平先生担当：賞与⑥・退職金①
2011年	2月26日	兼平先生担当：退職金②
2011年	3月5日	兼平先生担当：退職金③
2011年	3月19日	兼平先生担当：退職金④
2011年	5月14日	橋村先生担当：賃金①
2011年	5月21日	塚越先生担当：出来高払①
2011年	5月28日	塚越先生担当：出来高払②
2011年	6月4日	橋村先生担当：賃金②
2011年	6月11日	兼平先生担当：賞与⑦（支給日在籍）
2011年	6月17日	兼平先生担当：賞与⑧／塚越先生：出来高給③
2011年	6月24日	橋村先生担当：賃金③
2011年	7月1日	安藤先生：団体定期保険
2011年	7月16日	橋村先生担当：賃金④
2011年	7月22日	橋村先生担当：賃金⑤
2011年	7月30日	橋村先生担当：賃金⑥
2011年	10月22日	セミナー「賃金」の資料を用いて
2011年	10月29日	セミナー「賃金」の資料を用いて
2011年	11月5日	職能資格制度
2011年	11月26日	企業年金
2012年	3月3日	橋村先生担当：「賃金」
2012年	4月28日	仁野先生担当：「ノーワークノーペイ原則と解雇中の賃金の遡及支払請求」

表2

目次			担当
第1章	第1節	はじめに	加島
	第2節	賃金の意味	橋村
	第3節	報酬に関する民法の諸原則	加藤
	第4節	賃金に関する労働法の規制	加島
	第5節	賃金に関する契約・慣行による規制	加島
第2章	第1節	均等待遇（労基法3条）	前嶋
	第2節	男女同一賃金の原則（労基法4条）	前嶋
	第3節	定義―労働者（労基法9条）	前嶋
	第4節	平均賃金（労基法12条）	星野
	第5節	労働条件の明示（労基法15条）	前嶋
	第6節	前借金相殺の禁止（労基法17条）	前嶋
	第7節	金品の返還（労基法23条）	前嶋
第3章	第1節	賃金の支払（労基法24条）	橋村
	第2節	非常時払（労基法25条）	前嶋
	第3節	休業手当（労基法26条）	爲近
	第4節	出来高払制の保障給（労基法27条）	塚越
	第5節	最低賃金（労基法28条）	星野
	第6節	割増賃金規制（労基法37条）	橘
第4章	第1節	年次有給休暇の賃金（労基法39条6項）	延増
	第2節	未成年者の賃金請求権（労基法59条）	延増
	第3節	就業規則の作成及び届出の義務（労基法89条）	前嶋
	第4節	制裁規定の制限（労基法91条）	延増
	第5節	賃金台帳（労基法108条）	高安
	第6節	付加金の支払（労基法114条）	鈴木（里）
	第7節	時効（労基法115条）	田中
第5章		賃金体系論	土屋・加島
第6章		賃金決定と人事制度	土屋・加島
第7章		経営難と賃金切下げ（不利益変更）	塚越
第8章		非正規社員の賃金	加藤
第10章		賞与	兼平・高安
第11章		退職金	兼平・田中
第12章		企業年金	橘・浅野
第13章	第1節	解雇期間中の賃金	仁野
	第2節	団体定期保険	安藤
	第3節	争議行為と賃金	安藤
	第4節	育児介護休業法に伴う賃金・賞与・退職金等の取扱い	加藤
	第5節	賃金債権履行の確保	鈴木（宗）

略　目　次

第１章　労働の対価としての報酬・賃金総論 …………………1
第２章　賃金に関する労基法の各規制の説明(1) ………………57
第３章　賃金に関する労基法の各規制の説明(2) ………………139
第４章　賃金に関する労基法の各規制の説明(3) ………………297
第５章　賃金体系論 ………………………………………359
第６章　賃金決定と人事制度 ……………………………367
第７章　経営難と賃金切下げ（不利益変更） ……………415
第８章　非正規社員の賃金 ………………………………437
第９章　裁判官協議会における協議内容に対する当職見解 ……465
第10章　賞与 ………………………………………………497
第11章　退職金 ……………………………………………551
第12章　企業年金 …………………………………………621
第13章　個別論点説明 ……………………………………659

目　次

第1章　労働の対価としての報酬・賃金総論

第1節　はじめに ― 2

 1　賃金のイメージ　2
 2　契約（約束）が重要　2
 3　労働法による労働者保護のための民法原則の修正　3
 4　労基法13条，最賃法4条2項の最低効の直律的効力　4
 5　裁判所における法の適用における区分の必要　5
 6　賃金に関する通達の解釈の基本姿勢　7

第2節　賃金の意味 ― 12

 1　賃金の意味　12
 2　民法における「報酬」の意味　13
 3　労働関連法規における「賃金」の意味　14
 (1)　憲法制定以前の労働関連法規における「賃金」　14
 (2)　憲法における「賃金」　15
 (3)　労基法における「賃金」　15
 (4)　労働契約法における「賃金」　16
 (5)　労働契約の成立と賃金額の合意の必要性　17
  ア　抽象的な内容で合意すれば足りるとする見解　17
  イ　具体的な合意が必要であるとする見解　17
 (6)　賃金額の合意を求める裁判例　17

　　　　ア　東京放送事件（東京地判昭51．6．2）　18
　　　　イ　横浜地判平21.10.27　18
　　　　ウ　日本ニューホランド〔再雇用拒否〕事件（札幌地判平22．3．30）　18
　4　労基法上の「賃金」の具体的な内容　19
　　(1)　労基法上の「賃金」か否かを区別する法律上・実務上の意義　19
　　　　ア　労働条件の明示義務（労基法15条）　19
　　　　イ　就業規則における必要記載事項（労基法89条）　20
　　　　ウ　労基法上の賃金保護規定（労基法第3章）　20
　　　　エ　労働条件の不利益変更　21
　　(2)　「使用者が労働者に支払う」ものとは　22
　　(3)　「労働の対償」とは　22
　　(4)　本書における「賃金」と「福利厚生給付」概念の区分基準　24
　　(5)　「福利厚生給付」とは　24
　　　　ア　福利厚生施設の利用　25
　　　　イ　住宅の貸与　25
　　　　ウ　食事の供与　26
　　　　エ　使用者の支出が個々の労働者について分明できない物又は利益　26
　　　　オ　使用者が労働者の福利厚生のために行う金銭給付等　27
　　　　カ　労働者の必然的な支出を補うものでない金銭給付等　27
　　(6)　「任意的恩恵的給付」とは　28
　　(7)　「企業設備・業務費」とは　30
　　　　ア　制服，作業服，作業用品代，出張旅費，社用交際費，器具損料　30
　　　　イ　グリーン車の乗車代金　31
　　　　ウ　自動車維持費，ガソリン代，税金の一部負担　31
　　　　エ　乗務日当　31
　　　　オ　通勤手当，通勤定期券　32
　　(8)　ストック・オプションについて　32
　　(9)　法定の額を超える休業補償費　33

⑽　実物給与　34
⑾　労基法上の解雇予告手当，休業手当，年次有給休暇中の賃金　35
5　その他労働関連法令上の「賃金」について　35

第 3 節　報酬に関する民法の諸原則 ──── 36

1　労働の対価（民法623条）　36
2　弁済の提供の方法（民法493条）　37
3　弁済の場所（民法484条）　42
4　報酬の支払時期（民法624条）　44
5　債務者の危険負担等（民法536条）　44

第 4 節　賃金に関する労働法の規制 ──── 46

1　賃金額の明示（職安法 5 条の 3 第 3 項）　46
2　最賃法の規制　46
3　支払担保（通常時には労基法24条・25条，危殆時においては賃確法）　47
4　労働不能状態に対する保護（労基法26条・27条等）　48
5　労働の「量」に対する賃金支払（労基法32条・36条・37条）　49
6　差別の禁止（労基法 3 条・ 4 条等）　50
7　集団的労使関係の調整による賃金額の交渉の促進（憲法28条，労組法，労働関係調整法）　51

第 5 節　賃金に関する契約・慣行による規制 ──── 53

1　労働契約と賃金　53
2　日本の雇用システムと賃金　54

第2章　賃金に関する労基法の各規制の説明(1)

第1節　均等待遇（労基法3条）──────── 58

 1　趣旨　58
  (1)　本条と憲法との関係　58
  (2)　性別による差別の取扱い　59
   ア　本条は例示列挙か限定列挙か　59
   イ　性別による差別が規定されなかった理由　59
  (3)　本条の労働条件には採用条件は含まれない　60
  (4)　実務上問題となる場面　60
 2　要件　60
  (1)　「国籍」　60
   ア　国籍法　60
   イ　問題となる場面　61
   ウ　人種　62
  (2)　「信条」　62
  (3)　「社会的身分」　62
  (4)　「理由として」　63
  (5)　「賃金」　64
  (6)　「労働条件」　64
  (7)　差別的取扱い　65
 3　本条違反の効果　65
 4　思想と賃金差別　65
  (1)　思想差別賃金の問題の顕在化　65
  (2)　思想差別についての民法の規定　66
   ア　比較対象者の選別　66

　　　　イ　主張立証責任の所在　67
　　　　ウ　損害額の算定　67
　　　　エ　長期大量の差別事件となった場合の組織的差別意思，集団的差別賃金額の算定　67
　　　　オ　消滅時効の起算点　67
　　　　カ　違法性の構成　68
　　(3)　裁判例の分析　68
　　　　ア　比較対象者の選別　68
　　　　イ　主張立証責任の所在　69
　　　　ウ　損害額の算定　70
　　　　エ　組織的差別的意思，集団的差別賃金額の算定　71
　　　　オ　消滅時効の起算点　71

第2節　男女同一賃金の原則（労基法4条)――― 75

　1　趣旨　75
　　(1)　本条と憲法との関係　75
　　(2)　本条と労基法3条との関係　75
　　(3)　賃金以外の差別について　76
　2　要件　76
　　(1)　「女性であることを理由として」　76
　　(2)　「賃金について」　77
　　　　ア　意義　77
　　　　イ　賃金以外の処遇によって結果的に男女間に賃金格差が生じた場合　77
　　(3)　「差別的取扱い」　79
　3　直接的賃金格差―女性であることを理由として生じた男女間の賃金格差　79
　4　公序良俗違反―賃金以外の処遇により結果的に生じた男女間の賃金

格差　80
　(1) 時代的制約論―賃金以外の処遇により結果的に生じた男女間の賃金格差が公序良俗違反とされた時期　80
　　ア　条約の批准，均等法の制定及び労基法の改正　80
　　イ　時代的制約論に関する裁判例　82
　　　(ア) 平成11年以降公序良俗違反となると判断した裁判例　82／(イ) 昭和60年以降公序良俗違反となると判断した裁判例　83
　(2) 格差是正義務と転換制度の機能　87
　　ア　格差是正義務　87
　　イ　転換制度の機能　87
5　違法な昇格差別を受けた労働者が昇給請求権を有するか　89
　(1) 否定裁判例　89
　(2) 肯定裁判例　90
　(3) 私見　91
6　本条違反の効果　92

第3節　定義―労働者（労基法9条) ―― 93

1　趣旨　93
2　「使用従属性」　94
　(1)「事業に使用される者」（指揮監督下の労働）　94
　　ア　仕事の依頼，業務従事の指示等に対する諾否の自由の有無　94
　　イ　業務遂行上の指揮監督の有無　94
　　ウ　拘束性の有無　94
　　エ　代替性の有無（指揮監督関係の判断を補強する要素）　95
　(2)「賃金を支払われる者」（報酬の労務対償性）　95
3　補強要素　96
　(1) 事業者性の有無　96

(2) 専属性の程度　96
  (3) その他　97
 4　賃金の観点からみた場合　97

第4節　平均賃金（労基法12条) ―――――― 99

 1　趣旨　100
 2　平均賃金の意義　101
 3　平均賃金の算定方法　102
  (1) 原則的な算定方法　102
   ア　算定期間　102
    (ア) 算定期間の考え方　102／(イ)「以前3箇月間」の意味　104／(ウ) 控除される期間　105
   イ　算定基礎賃金　106
    (ア) 基本的な考え方　107／(イ) 雇用契約関係が二重に成立している場合等の取扱い　107／(ウ) 年俸制の場合　108／(エ) 除外賃金　108
   ウ　総日数　109
   エ　端数の処理（除した金額）　109
   オ　平均賃金の最低保障　110
    (ア) 日給制，時間給制または出来高払制その他の請負制によって定められた場合　110／(イ) 賃金の一部が月給制，週給制その他一定の期間によって定められた場合　111
   カ　雇入れ後3カ月に満たない者　111
  (2) 常用労働者に関する特例　112
   ア　試用期間中　113
   イ　控除期間が3カ月以上に及ぶ場合等　114
    (ア) 控除期間が過去3カ月以上にわたる場合　114／(イ) 雇入れ当日の場合　114

ウ　使用者の責に帰すべからざる事由による休業期間が算定事由発生日
　　　　以前3カ月以上にわたる場合　115
　　　エ　その他　115
　(3)　日雇い労働者の平均賃金　115

第5節　労働条件の明示（労基法15条）——————————— 118

1　趣旨　118
2　要件（本条1項）　119
　(1)　「労働契約の締結に際し」（明示の時期）　119
　　　ア　内定を出したとき　119
　　　イ　期間の定めのある労働契約を更新するとき　120
　　　ウ　出向するとき　120
　(2)　「賃金，労働時間その他の労働条件」　120
　　　ア　列挙事由　120
　　　イ　賃金の重要性　121
　(3)　「明示しなければならない」　121
　　　ア　明示の方法　121
　　　　(ｱ)　厚生労働省令で定める方法　121／(ｲ)　パートタイム労働法　122
　　　イ　明示の程度　123
3　本条違反の効果　124
　(1)　即時解除権（本条2項）　124
　(2)　帰郷旅費請求権（本条3項）　125
　(3)　罰則（労基法120条1号）　126
4　職安法5条の3（参考）　126

第6節　前借金相殺の禁止（労基法17条) ──── 128

1　趣旨　128
　(1)　本条の趣旨　128
　(2)　民法との関係　129
　(3)　労基法24条との関係　130
2　要件　130
　(1)　「前借金その他労働することを条件とする前貸の債権」　130
　(2)　「相殺」　131
　　ア　労働者からの相殺の意思表示　131
　　イ　相殺合意（相殺契約）　132
3　本条違反の効果　132

第7節　金品の返還（労基法23条) ──── 134

1　趣旨　134
2　返還すべき金品・時期　135
　(1)　賃金　135
　(2)　退職金　135
　(3)　賞与　136
3　権利者　137
4　使用者の異議　137
5　本条違反の効果　138

第3章 賃金に関する労基法の各規制の説明(2)

第1節　賃金の支払（労基法24条）────── 140

1　趣旨　140
2　通貨払いの原則　141
　(1)　通貨払いの原則とは　141
　(2)　「通貨」とは　142
　(3)　通貨払いの原則の例外　143
　　ア　「法令に別段の定めがある場合」　143
　　イ　「労働協約に別段の定めがある場合」　143
　　ウ　「厚生労働省令で定める賃金について確実な支払の方法で厚生労働省令で定めるものによる場合」　144
　(4)　賃金の口座振込みに関する行政解釈　144
　(5)　ストック・オプションについて　147
　(6)　現物支給（実物給与）の評価　147
3　直接払いの原則　148
　(1)　代理人への支払い　148
　(2)　使者への支払い　149
　(3)　賃金債権が譲渡された場合　151
　(4)　賃金債権が差し押さえられた場合　152
4　全額払いの原則　153
　(1)　全額払いの原則とは　153
　(2)　全額払いの原則の例外　154
　　ア　「法令に別段の定めがある場合」　154
　　イ　労使協定がある場合　154
　(3)　全額払いの原則と相殺との関係について　156

(4) 二四協定と最高裁の例外措置　158
　　　ア　調整的相殺　158
　　　イ　賃金債権の放棄　160
　　　ウ　合意相殺　161
　　　エ　解雇期間中の賃金の支払と中間収入の控除　163
　5　毎月1回以上一定期日払いの原則　164
　　(1) 毎月1回以上一定期日払いの原則とは　164
　　(2) 毎月1回以上一定期日払いの原則が適用される賃金の範囲　165
　　　ア　臨時に支払われる賃金　165
　　　イ　賞与　165
　　　ウ　厚生労働省令で定める賃金　166
　　(3) 毎月1回以上払いの原則について　166
　　(4) 一定期日払いの原則について　167
　6　本条違反の効果　167

第2節　非常時払（労基法25条）　　　171

　1　趣旨　171
　2　非常の場合　172
　3　支払時期　173
　4　既往の労働　173
　5　非常時払の性質　174
　6　本条違反の効果　174

第3節　休業手当（労基法26条）　　　175

　1　趣旨　175
　2　本条の適用場面　176

3　休業手当の発生要件　177
4　労働基準監督行政における「使用者の責めに帰すべき事由」の解釈基準　178
　(1)　総論　178
　(2)　行政通達　179
　　　倉庫充満による一部休業（昭24．2．5基収4142号）　179
　　　原料繭の不足による休業（昭24.12.3基収3884号）　180
　　　下請け工場の資材，資金難による休業（昭23.6.11基収1998号）　180
　　　配給機構不円滑による休業（昭23.7.20基収2483号）　180
　　　綿紡操短による一部休業（昭27.5.6基収1731号）　181
　　　休電による休業（昭26.10.11基発696号）　181
　　　計画停電が実施される場合（平23．3．15基監発0315第1号）　181
　　　「東日本大震災に伴う労働基準法等に関するQ&A（第3版）」（抜粋）　182
　　　「新型インフルエンザ（A/H1N1）に関する事業者・職場のQ&A（平成21年10月30日）」（抜粋）　184
　　　新規学卒採用者の自宅待機（昭63.3.14基発150号）　186
5　民事上の請求における「使用者の責めに帰すべき事由」の解釈基準　186
　(1)　民法536条2項の「債権者の責めに帰すべき事由」　186
　(2)　労基法26条の「使用者の責めに帰すべき事由」　187
　　ア　通説　187
　　イ　判例　187
　　　(ア)　扇興運輸事件　187／(イ)　ノースウエスト航空事件　188／(ウ)　最上建設事件　190／(エ)　三都企画建設事件　191
6　実務対応策　192
7　本条違反の効果　194

第4節　出来高払制の保障給（労基法27条）——— 195

1　趣旨　195
2　出来高払制その他の請負制の定義　196
　(1)　出来高払制と請負制の定義とその関係　196
　(2)　出来高払制の具体例　196
　(3)　完全出来高払制と一部出来高払制　197
　(4)　その他の請負制の具体例　197
3　出来高払の賃金性　198
4　完全出来高払制の採用の肯否　200
5　出来高払制その他の請負制と請負契約の違い　200
6　出来高払制その他の請負制と歩合制　200
7　出来高払制その他の請負制を採用するメリット・デメリット　201
　(1)　出来高払制のメリット　201
　(2)　出来高払制のデメリット　201
8　出来高払該当性　202
9　出来高払の保障給の支払義務と内容　203
　(1)　出来高払の保障給の法的性質　203
　(2)　使用者が出来高払の保障給の支払いを義務づけられる場合　203
　　ア　労基法26条の休業手当との関係　203
　　イ　出来高払の保障給を支払う義務がある場合　204
　(3)　出来高払の保障給の内容　205
　　ア　「労働時間に応じ」た保障給とは何か　205
　　　(ｱ)　原則は時間給である　205／(ｲ)　出来高払の保障給の計算期間（締切期間）　206／(ｳ)　保障給を固定給で支払うことの是非　206
　　イ　保障すべき「一定額」とは何か　208
　　ウ　出来高払の保障給に個人差を設けることができるか　208
10　出来高払の保障給を支給しなかった場合　209

(1) 出来高払の保障給を支給しなかった場合（労基法27条違反）　209
　　(2) 労基法上の罰則　209
　　(3) 労働契約に基づく請求　209
　　(4) 労基法に基づく請求　210
　　(5) 最低賃金法に基づく請求　211
11 労働条件としての出来高払の保障給の定め　212
　　(1) 労基法27条「保障をする」の意義　212
　　　ア　厚生労働省の行政解釈　212
　　　イ　山昌トラック運転手事件の解釈　213
　　(2) 出来高払の保障給と労基法15条及び同法89条の関係　213
　　　ア　出来高払の保障給は労基法15条の定める明示すべき「労働条件」か　213
　　　イ　出来高払の保障給の定めは労基法89条の定める就業規則の絶対的必要記載事項か　214
12 出来高払制と時間外賃金　215
　　(1) 労基法37条，労基則19条1項6号の規定　215
　　　ア　固定給および歩合給の時間外賃金の算出方法　215
　　　イ　歩合給制の場合における時間外賃金の算出方法の具体例　216
　　(2) 歩合給制（出来高払制）における時間外賃金請求事案　217
　　　ア　高知県観光事件（高知地判平元.8.10，高松高判平2.10.30，最二小判平6.6.13）　217
　　　イ　徳島南海タクシー事件（最三小判平11.12.14）　219
　　(3) 出来高払制における時間外賃金に関する就業規則の規定例　220
　　　ア　完全出来高払制の場合　220
　　　イ　一部出来高払制の場合　221

第5節　最低賃金（労基法28条）　222

1　趣旨　222

2　最低賃金の意義　222
3　最賃法と労基法の関係　223
4　最賃法の適用関係　224
　(1)　最賃法の適用対象　224
　(2)　最低賃金に含まれる賃金　225
　(3)　派遣労働者の適用について　227
5　最低賃金の計算方法　227
　(1)　最低賃金額の単位　227
　(2)　最低賃金の計算　228
　　ア　日給の場合　228
　　イ　週給の場合　228
　　ウ　月給の場合　228
　　エ　その他の期間（旬給等）　229
　　オ　出来高給その他の請負制によって定められた賃金の場合　229
　　カ　その他アからオに含まれない賃金　229
　　キ　時間給，アないしオの組み合わせによる場合　229
6　最低賃金の決定方式と種類　229
　(1)　地域別最低賃金　229
　(2)　特定最低賃金　230
7　最低賃金の効力（使用者の義務）　231
8　最低賃金に関する実務上の注意ポイント　232
　(1)　割増賃金と最低賃金　232
　(2)　完全月給制と所定時間外労働の賃金　233
　(3)　出来高払の保障給と最低賃金　233
　(4)　管理職の賃金と最低賃金　234

第6節　割増賃金規制（労基法37条） ── 235

1　趣旨　236
  (1)　割増賃金規制とは　236
  (2)　民法上の定めと戦前・戦後の労働法規制　236
  (3)　割増賃金規制の意味　238
  (4)　企業の賃金制度との関係　238
2　労基法37条の概要　239
  (1)　労基法37条の概要　239
  (2)　時間外・休日・深夜労働とは　240
    ア　時間外労働とは　240
    イ　休日労働とは　242
    ウ　深夜労働とは　243
  (3)　時間外・休日・深夜労働の割増率　244
  (4)　労基法37条に基づく割増賃金は100％部分を含むか　245
    ア　125％説と25％説　245
    イ　どう考えるべきか　246
  (5)　労働密度の低い時間の割増賃金額は　247
3　割増賃金が支払われる時間とは　248
  (1)　はじめに　248
  (2)　労基法32条の労働時間の判断方法　248
    ア　最高裁判例の定式　248
    イ　拘束時間の内か外かで基準が変わる　249
    ウ　場所的拘束の有無，業務性の程度　250
    エ　始業時刻前か，終業時刻後か　251
    オ　冒頭事例について　252
  (3)　労働時間をめぐる諸事例の検討　252
    ア　手待ち時間　253

　　　　イ　教育・研修　254

　　　　ウ　移動時間　255

　4　割増賃金額の計算方法　257

　　(1)　はじめに　257

　　(2)　労基法に基づく計算式　258

　　(3)　割増賃金の算定基礎となる賃金（手順①）　259

　　　　ア　冒頭事例について　259

　　　　イ　基礎賃金と除外賃金　260

　　　　ウ　諸手当（①〜⑤）　260

　　　　エ　臨時に支払われた賃金（⑥）　261

　　　　オ　賞与等（⑦）　262

　　　　カ　事例について　262

　　(4)　1時間あたりの単価を算出する　263

　　　　ア　基礎賃金額を時給ベースに換算　263

　　　　イ　事例について　264

　　(5)　割増率と時間数をかける　264

　　(6)　1カ月60時間を超える時間外労働の割増賃金　265

　　　　ア　改正による割増率引上げ　265

　　　　イ　代替休暇とは　265

　　　　ウ　代替休暇の付与単位　267

　　　　エ　代替休暇の効果　267

　5　割増賃金規制が適用されない労働者　268

　　(1)　農業，水産業等に従事する労働者（1号）　269

　　(2)　監督若しくは管理の地位にある者（2号）　269

　　　　ア　監督若しくは管理の地位にある者とは　269

　　　　イ　通達・裁判例による判断基準　270

　　　　ウ　「監督若しくは管理の地位にある者」の該当性をめぐる対応　270

　　　　　　(ア)　管理職の権限の見直し　271／(イ)　勤務時間に関する自由裁量につ

いて 272／(ウ) 管理職としての賃金処遇について 272／(エ) 「管理」「監督」の業務の比率 273
- (3) 機密の事務を取り扱う者（2号） 273
- (4) 監視・断続的労働者（3号） 274
  - ア 監視・断続的労働者の範囲 274
  - イ 行政官庁の許可が必要 274
  - ウ 宿日直の取扱い 275

6 割増賃金に関する実務問題 276
- Q1 所定時間外労働の割増賃金 276
- (1) 問題点 276
- (2) 別段の合意がなければ通常賃金を支払う 276
- Q2 遅刻・早退した場合 277
- Q3 10分程度のロス時間 278
- Q4 端数の処理 279
- Q5 固定払い 280
- (1) 固定払いを適法に行うには 280
- (2) 実務上の留意点 281
- Q6 年俸制と割増賃金 281
- (1) 年俸制それ自体に割増賃金を免れさせる効果はない 282
- (2) 年俸制における割増賃金の支払い方法 282

7 割増賃金と就業規則の定め 283

8 本条違反の効果 286
- (1) 労基法119条の罪による送検・起訴（刑事） 286
- (2) 監督機関の指導，勧告（行政） 287
  - ア 労働基準監督官による指導，勧告とは 287
  - イ 指導，勧告に従う法的義務はあるか 289
- (3) 労働者による割増賃金請求（民事） 289
  - ア 割増賃金をめぐる紛争とその解決機関 290

イ　割増賃金訴訟の実際　291

第4章　賃金に関する労基法の各規制の説明(3)

第1節　年次有給休暇の賃金（労基法39条7項）————— 298

1　趣旨　298
2　年休手当が賃金に該当するか　299
3　年休手当の額　299
4　本条違反の効果　300

第2節　未成年者の賃金請求権（労基法59条）————— 301

1　趣旨　301
2　独立の賃金請求権　301
3　賃金の代理受領の禁止　302
4　本条違反の効果　303

第3節　就業規則の作成および届出の義務(労基法89条)— 304

1　趣旨　305
 (1)　就業規則の本来的意義　305
　　ア　就業規則は労働条件と服務規律を定めるものか　305
　　イ　就業規則の本来的意味は　305
 (2)　今日の雇用社会における就業規則の意義　306
　　ア　憲法の理念　306
　　イ　労基法の定め　306
　　ウ　今日の雇用社会における就業規則の意義　307

(3)　本条の趣旨　307
　2　2号「賃金(臨時の賃金等を除く。以下この号において同じ。)の決定，計算及び支払の方法，賃金の締切り及び支払の時期ならびに昇給に関する事項」　308
　　(1)　「賃金(臨時の賃金等を除く)」　308
　　(2)　賃金の「決定，計算の方法」　309
　　(3)　賃金の「支払の方法，賃金の締切り及び支払の時期」　309
　　(4)　「昇給に関する事項」　309
　3　3号の2「退職手当の定めをする場合においては，適用される労働者の範囲，退職手当の決定，計算及び支払の方法並びに退職手当の支払の時期に関する事項」　310
　　(1)　「退職手当」　310
　　(2)　「定めをする場合」　310
　　(3)　「退職手当の決定，計算及び支払の方法」　310
　　(4)　「退職手当の支払の時期」　311
　4　4号「臨時の賃金等(退職手当を除く。)及び最低賃金額の定めをする場合においては，これに関する事項」　312
　5　本条違反の効果　313

第4節　制裁規定の制限(労基法91条)　314

　1　趣旨　314
　2　「減給」とは　314
　3　減給の制裁の最高限度　314
　4　「減給」に該当するか否かが問題となる場合　316
　　(1)　遅刻，早退，欠勤を理由とする賃金カット　316
　　(2)　降給・減俸　316
　　(3)　降格・降職　317

(4)　昇給停止　317

　(5)　出勤停止　318

　(6)　賞与からの減額　318

　(7)　不良品の生産に対する賃金減額　319

　(8)　懲戒処分としての規制　320

5　就業規則以外による減給　320

6　本条違反の効果　322

第5節　賃金台帳（労基法108条) ─── 323

1　趣旨　323

2　賃金台帳の起源　323

　(1)　賃金統制令　323

　(2)　賃金台帳の登場　324

　(3)　賃金統制目的から労働者保護目的へ　325

　(4)　まとめ　326

3　賃金台帳の作成方法　327

　(1)　賃金台帳の作成　327

　　ア　「各事業場ごとに」　327

　　イ　「労働者各人別に」　327

　(2)　賃金台帳の記載事項　327

　　ア　記載事項①「賃金計算の基礎となる事項」　328

　　イ　記載事項②「賃金の額」　328

　　ウ　記載事項⑤「賃金計算期間」　328

　　エ　記載事項⑦「労働時間数」および⑧「時間外労働，もしくは休日労働または深夜労働させた場合は，延長時間数，休日労働時間数及び深夜労働時間数」について　329

　　オ　記載事項⑧「延長時間数，休日労働時間数，深夜労働時間数」　329

　　　　カ　記載事項⑨「基本給，手当その他賃金の種類毎にその額」　330

　　　　キ　年次有給休暇の記入方法　330

　　　　ク　宿日直勤務の記入方法　330

　　　　ケ　休業手当の記入方法　331

　　　　コ　追給の場合の記入方法　331

　　(3)　賃金台帳の様式（労基則55条）　331

　　　　ア　様式20号および様式21号　331

　　　　イ　マイクロフィルム，磁気ディスク等による調製　332

　　　　ウ　2分冊による調製　332

　　　　エ　賃金台帳の保存期間　332

　4　賃金台帳に関するその他の論点　332

　　(1)　閲覧請求権　332

　　(2)　民事訴訟における使用者の賃金台帳提出義務　333

　　　　ア　文書提出命令の申立ての概要　333

　　　　イ　賃金台帳の提出義務　334

　　　　　(ｱ)　労働者本人の賃金台帳の提出義務　335／(ｲ)　他の労働者の賃金台帳の提出義務（差別訴訟）　335／(ｳ)　小括　337

　　　　ウ　文書提出命令の実務　338

　5　本条違反の効果　338

第6節　付加金の支払（労基法114条) ──── 341

　1　趣旨　341

　　(1)　付加金制度について　341

　　(2)　割増賃金についての付加金支払命令　342

　2　付加金支払命令と弁済　342

　　(1)　付加金支払義務の発生時期　342

　　(2)　弁済すれば付加金は生じない　343

（3）　1審判決後の弁済と控訴審における弁済部分についての付加金支払命令の可否　344
　3　付加金の範囲（0.25か1.25か）　345
　　（1）　労基法37条が定める割増賃金の範囲（0.25か1.25か）　345
　　（2）　付加金の範囲　345
　4　供託　346
　　（1）　供託の効果　346
　　（2）　一部弁済の提供，一部供託の有効性　346
　　（3）　一部弁済の提供，一部供託の有効と判断される場合　347
　5　労働審判と付加金　348
　　（1）　労働審判では付加金を命じられない　348
　　（2）　労働審判申立てと付加金請求の除斥期間との関係　349

第7節　時効（労基法115条） ── 350

　1　趣旨　350
　　（1）　月例賃金等　350
　　（2）　賞与　351
　　（3）　退職手当　351
　2　本条にいう「賃金」と「退職手当」　352
　　（1）　賃金　352
　　（2）　退職手当　352
　3　時効の起算点　353
　4　時効の中断　353
　　（1）　本訴での請求　354
　　（2）　仮処分　354
　　（3）　民事調停　355
　　（4）　労働審判　355

(5) 催告　356

　　(6) 紛争調整委員会によるあっせん　356

　5　未払時間外割増賃金の時効消滅と不法行為に基づく損害賠償請求　357

第5章　賃金体系論

第1節　賃金体系　———　360

　1　賃金項目　360

　(1) 毎月決まって支給される賃金（月例賃金）　360

　　ア　所定内賃金　361

　　　(ｱ) 基本給　361／(ｲ) 諸手当　361

　　イ　所定外賃金　361

　(2) 特別に支給される賃金　362

　　ア　賞与　362

　　イ　退職金　362

　2　賃金決定の考慮要素　363

　(1) 能力主義賃金　363

　　ア　生活給（年齢給ないし家族手当）　363

　　イ　年功給　364

　　ウ　職能給　364

　(2) 成果主義賃金　364

　　ア　職位給　365

　　イ　職務給　365

　　ウ　職責給　366

　　エ　役割給　366

オ　業績給　366

　　カ　成果給　366

第6章　賃金決定と人事制度

第1節　賃金決定と人事制度 ──── 368

1　人事　368
2　年功主義人事　370
3　職能主義人事　373
4　成果主義人事　375
5　コンピテンシー人事　376
6　日本型成果主義とは　378
7　人事制度と賃金に関する私見　381

第2節　人事制度変更と不利益変更 ──── 384

1　労働条件の不利益変更　385
　(1)　労働条件不利益変更の原則　385
　(2)　労働協約による不利益変更　386
　　ア　組合員に対する不利益変更　386
　　イ　非組合員に対する不利益変更　387
　　ウ　労働協約内容の合理性推定論　388
　(3)　就業規則による不利益変更　389
　　ア　総論　389
　　イ　業務上の必要性の程度に関する考察　394
　　ウ　労働条件の不利益の程度　395

エ　変更後の就業規則の内容の相当性，代償措置等　396
　　　オ　労働組合等との交渉の状況　396
　　　カ　労働契約法7条の「合理」と同10条の変更の「合理性」の異同　397
　2　人事制度変更と不利益変更　398
　　(1)　人事制度の変更と労働条件の不利益変更　398
　　(2)　合理性判断のポイント　399
　　　ア　労働条件の変更の必要性　399
　　　イ　労働者の受ける不利益の程度　400
　　　ウ　労働組合との交渉の状況等　402
　　　エ　評価手続等の制度整備　402

第3節　年俸制の導入と個別問題　404

第4節　降格制度と不利益変更　406

　(1)　職位の変更の場合　406
　　　ア　制度変更　406
　　　イ　個別人事　407
　(2)　職能資格制度における等級の降格の場合　408
　(3)　職務等級制度における等級の降格の場合　410

第7章　経営難と賃金切下げ（不利益変更）

第1節　経営難を理由とする労働条件の不利益変更　416

　1　労働条件の不利益変更のイメージ　416
　　(1)　経営難を理由とする不利益変更のイメージ　416
　　(2)　人事制度の変更を理由とする労働条件の不利益変更のイメージ　417

- 2 経営難に伴う賃金切下げの合理性 417
- 3 経営難における賃金切下げの合理性判断のポイント 419
- 4 就業規則の改訂 421
  - (1) 賃金表がある場合 421
  - (2) 賃金表がない場合 421
- 5 雇用か賃金の選択における実務のあり方 422
- 6 将来の経営難による倒産予防と賃金切下げ 423
- 7 経営難に伴う賃金切下げと裁判例 425
  - (1) 前掲・みちのく銀行事件の判断枠組みの踏襲 425
  - (2) 裁判例の検討 425
    - ア 杉本石油ガス事件（東京地決平14.7.31） 425
    - イ 全日本検数協会事件（神戸地判平14.8.23） 427
    - ウ 新富自動車事件（富山地判平15.1.16） 429
    - エ 東豊観光〔賃金減額〕事件（大阪地判平15.9.3） 430
    - オ 名古屋国際芸術文化交流財団事件（名古屋地判平16.4.23、名古屋高判平17.6.23） 431
    - カ 住友重機械工業事件（東京地判平19.2.14） 432
    - キ 東武スポーツ〔宮の森カントリー倶楽部・労働条件変更〕事件（東京高判平20.3.25） 433
    - ク 手当の減額に関する裁判例 435

第8章 非正規社員の賃金

第1節 労働者の雇用と賃金 ———— 438

- 1 労働法の保護対象は労働者の「雇用」「賃金」「安全」「健康」 438
- 2 正規社員と非正規社員の雇用と賃金の決済システム 439

第2節　非正規社員の賃金差別 —————————— 440

第3節　丸子警報器事件 ————————————— 441

 1 事案の概要　441

 2 判決要旨　441

第4節　裁判官協議会における協議の概要 ————— 444

 1 協議会の開催　444

 2 協議の概要　444

第5節　日本郵便逓送事件 ———————————— 447

 1 事案の概要　447

 2 判決要旨　447

 3 まとめ　448

第6節　非正規社員の増加とその原因 ——————— 450

 1 平成一桁代の非正規社員　450

 2 平成二桁代の非正規社員　451

第7節　パートタイム労働法における均等待遇 ——— 453

 1 営業の自由と契約自由の原則　453

 2 労働契約における均衡処遇の理念　453

 3 パートタイム労働法における均等待遇　454

第 8 節　今後の非正規社員の正社員との同一待遇論 ―― 457

第 9 章　裁判官協議会における協議内容に対する当職見解

第10章　賞与

第 1 節　賞与の性格 ―― 498

1　賞与の意味　498
　(1)　賞与とは　498
　(2)　賞与請求権の性質　498
　(3)　賞与支給に関する労働契約内容　499
　　①　支給の有無及び支給額が都度決定されるケース　499
　　②　支給額があらかじめ確定しているケース　500
　　③　支給の有無が明確でないケース　500
　(4)　賞与の賃金性　501
2　賞与の労基法上の取扱い　501
　(1)　毎月 1 回以上一定期日払いの原則　501
　(2)　割増賃金の算定基礎　503
　(3)　平均賃金の算定基礎額　504
　(4)　就業規則への記載　505
3　賞与の性格　505
4　規定の定め方　506

第 2 節　賞与請求権 ———————————— 508

1　具体的請求権　508
2　労使慣行により，賞与請求権が発生するか　509
　(1)　労使慣行一般論　509
　(2)　賞与に関する労使慣行　511
　　ア　賞与支給規定がない場合　511
　　イ　賞与支給規定がある場合　513
　　　(ア)　一定水準以上の賞与支給を行ってきた場合　513／(イ)　一定の算定方法で支給を行ってきた場合　514／(ウ)　規定に反し賞与支給を行ってきた場合　514
3　賞与を不支給にすることは可能か　515
　(1)　賞与の支給の有無，及び支給額が都度決定されるケース（①ケース）　515
　　ア　不支給規定がある場合　515
　　イ　不支給規定がない場合　516
　(2)　賞与額があらかじめ確定しているケース（②ケース）　516
　(3)　賞与の支給が明確でないケース（③ケース）　517
4　解雇中の賞与請求権　517
5　賞与の代わりに現物を支給することは許されるか　517

第 3 節　支給日在籍要件 ———————————— 519

1　退職者への賞与の支給（支給日在籍要件が存在しない場合）　519
　(1)　賞与対象期間経過後，支給日（支給額決定前）までに退職した場合　519
　　ア　賞与の支給の有無および支給額が都度決定されるケース（①ケース）　519

　　　　イ　賞与額があらかじめ確定しているケース（②ケース）　520
　　　　ウ　賞与の支給が明確でないケース（③ケース）　520
　　(2)　支給額決定後，支給日までに退職した場合　521
　　　　ア　賞与の支給の有無および支給額が都度決定されるケース（①ケース）　521
　　　　イ　賞与額があらかじめ確定しているケース（②ケース）　521
　　　　ウ　賞与の支給が明確でないケース（③ケース）　521
　　(3)　賞与対象期間中に退職した場合　521
　　　　ア　按分規定がある場合　521
　　　　イ　按分規定がない場合　522
　　　　　(ｱ)　賞与の支給の有無および支給額が都度決定されるケース（①ケース）　522／(ｲ)　賞与額があらかじめ確定しているケース（②ケース）　523／(ｳ)　賞与の支給が明確でないケース（③ケース）　524
2　支給日在籍要件が規定されている場合　524
　(1)　支給日在籍要件の適法性　524
　(2)　労使慣行　525
　(3)　任意退職の場合　526
　(4)　定年退職の場合　526
　(5)　解雇の場合　527
　(6)　支給日在籍要件を新たに規定すること　527
3　支給日が遅れた場合　528
　(1)　支給日が明確となっている場合　528
　(2)　支給日が記載されていない場合　530
　(3)　実務的対応　531
4　支給後の在籍を要件とすること　531

第4節　賞与制度設計の際の考慮要素 ──────── 533

1　賞与制度　533
2　規定した基準以外での賞与の査定について　533
3　欠勤　534
　(1)　欠勤に応じて賞与額を控除すること　534
　(2)　一定の出勤率を賞与の支給条件とすること　535
4　年次有給休暇　536
　(1)　有給休暇取得による不利益取扱いと法の規制　536
　(2)　有給休暇取得と不利益取扱い　537
　(3)　業績に差が出る場合　538
　(4)　特別有給休暇の場合　538
5　生理休暇　538
6　産前産後休暇　540
7　業務災害による休業　541
8　業績連動型賞与　542

第5節　賞与査定の限界 ──────── 543

1　人事考課による査定　543
　(1)　賞与査定と人事考課　543
　(2)　賞与査定の際に重視される人事考課要素　544
　(3)　賞与査定と裁量権　545
2　裁量権の限界事例　546
　(1)　評価対象期間　546
　(2)　手続の遵守　546
　(3)　評価者が適切でない場合　547

第6節　非正規社員と賞与 ─────────── 549

1　パートタイマーについて　549

2　フルタイマーについて　550

第11章　退職金

第1節　退職金の性格 ─────────── 552

1　退職金の意味　552

(1)　退職金とは　552

(2)　退職一時金の制度設計　554

　ア　月例賃金と連動する制度　554

　イ　月例賃金と連動しないタイプ　555

　　(ア)　ポイント制方式　555／(イ)　定額方式　557／(ウ)　別テーブル方式　557

(3)　賃金性　558

2　退職金の労基法上の取扱い　558

(1)　就業規則への記載　558

(2)　平均賃金の算定基礎額　561

(3)　毎月1回以上一定期日払原則　561

(4)　割増賃金の算定基礎　561

(5)　時効　561

3　退職金の性格　562

(1)　退職金の性格　562

(2)　賞与との違い　563

4　規程の定め方　563

第2節　退職金請求権 ───────── 570

1　具体的請求権　570
  (1)　具体的請求権　570
  (2)　会計の取扱い　570
2　労使慣行により退職金請求権が発生するか　571
  (1)　一般の従業員について　572
  (2)　執行役員の退職慰労金について　573
3　支払時期・支払方法　574
  (1)　支払時期　574
    ア　支払時期等の定め方　574
    イ　労基法23条1項との関係　574
  (2)　支払方法　576
    ア　通貨以外の支払方法　576
    イ　遺族への支払方法　576
4　退職金の相殺・放棄　578

第3節　退職金の不支給・減額 ───────── 579

1　退職金不支給・減額規定　579
  (1)　退職金不支給・減額規定の有効性　579
  (2)　不支給・減額条件の規定の必要性　580
  (3)　返還請求の規定　581
  (4)　退職金不支給・減額規定の新設・変更の合理性　582
2　規定に基づく適用の有効性　583
  (1)　懲戒解雇した場合　584
  (2)　退職後に懲戒解雇事由が判明した場合　589
3　競業避止義務違反　591

(1) 退職金不支給・減額規定の有効性　594

　　(2) 退職金不支給・減額取扱いの有効性　595

　4　退職直前の就労状況による減額　598

　5　自己都合退職と会社都合退職　600

第4節　退職金の減額改定 ────── 601

　1　退職金減額の必要性　601

　2　就業規則の変更による退職金減額改定　602

　　(1) 変更の合理性の判断要素　602

　　(2) 具体的事例　603

　　　ア　経営状況悪化による変更　603

　　　イ　倒産回避のための変更　605

　　　ウ　企業統合に伴う変更　607

　　　エ　同業他社の支給水準に合わせるための変更　608

　　　オ　定年延長に伴う変更　609

　　　カ　給与制度の改正の一環としての変更　609

　　　キ　不利益変更が認められる条件　610

　　(3) 成果主義賃金体系移行に伴う変更　613

　3　労働者の個別合意による変更　613

第5節　従業員兼務取締役の退職金 ────── 615

第6節　非正規社員と退職金 ────── 620

　1　パートタイマーについて　620

　2　フルタイマーについて　620

第12章　企業年金

第1節　企業年金とは ―――――――――――――――― 622

1　企業年金の歴史　622
2　公的年金との関係（3階建ての年金制度）　623
3　企業年金に関する分類　624
　(1)　内部留保型と外部積立型　624
　(2)　内枠方式と外枠方式　624

第2節　企業年金の種類・内容 ―――――――――――― 626

1　自社年金　626
2　適格退職年金と厚生年金基金　627
　(1)　適格退職年金　627
　(2)　厚生年金基金　628
3　新しい企業年金制度（確定拠出年金と確定給付企業年金）　629
　(1)　確定拠出企業年金　629
　(2)　確定給付企業年金　630

第3節　企業年金の減額・廃止の判断枠組み ―――――― 632

1　問題の所在　632
　(1)　背景となる事情　632
　(2)　減額・廃止の有効性が問題になる場合とは　632
　(3)　賃金の不利益変更との違い　633
2　在職者（加入者）か，退職者（受給者）か　634
3　退職一時金との関係（内枠方式／外枠方式）　635

4　事業主が実施主体か，基金が実施主体か（労働条件に該当するか）
　　　　636
　　5　退職者（受給者）で内枠方式の処理について　636

第4節　裁判例における企業年金の減額・廃止の判断ポイント ―――― 638

　1　裁判例の傾向　638
　2　在職者（加入者）の減額・廃止　639
　　(1)　事業主が実施主体となる制度　639
　　(2)　基金型の制度　639
　3　退職者（受給者）の減額・廃止　640
　　(1)　問題の所在　640
　　(2)　裁判例の理論構成と判断ポイント　640
　　(3)　年金の性質について（①）　643
　　(4)　改廃の根拠があるか（②）　643
　　(5)　改定の必要性とは（③）　644
　　(6)　内容の相当性とは（④）　645
　　(7)　手続の相当性とは（⑤）　645
　　(8)　法令上の規制との関係　646
　4　その他の訴訟類型（差止め，取消訴訟）　647
　　(1)　規約変更の差止請求　647
　　(2)　行政処分に対する取消訴訟　647

第5節　企業年金は「賃金」か ―――― 648

　1　問題の所在　648
　2　「労働条件」に該当するか　648

    3 「賃金」に該当するか　649
    (1) 労働基準法11条の「賃金」　649
    (2) 外部拠出型の企業年金　649
    (3) 内部留保型の企業年金　650
    (4) 結論　651

第6節　まとめ ──────────────── 653

第13章　個別論点説明

第1節　解雇期間中の賃金 ──────────── 660

  1 解雇期間中の賃金（バックペイ）とは　660
  2 バックペイの発生根拠　661
   (1) 契約上の定めがある場合　661
   (2) 契約上の定めがない場合─ノーワーク・ノーペイの原則の意味　663
  3 ノーワーク・ノーペイの原則の例外（民法536条2項）の意義　664
   (1) 条文　664
   (2) 「債務を履行することができなくなったとき」(履行不能)の意義　665
   (3) 「債権者の責めに帰すべき事由」（帰責事由）の意義　666
   (4) 「履行の提供」の具体的な意義（債務一般）　666
   (5) 「履行の提供」の具体的な意義（労働義務）　667
   (6) 賃金請求権が発生しているか否かの判断手法　669
  4 無効な解雇でもバックペイが発生しない具体的な事例　669
   (1) 労働者に就労の意思や能力が欠けている場合　670

(2) 無効な解雇が使用者の責めに帰すべきものとまではいえない場合　670
　5　バックペイの範囲・金額について　671
　　(1) 賃金項目ごとの判断か，総支給額の平均か　672
　　(2) バックペイの基礎となる賃金項目　673
　　　ア　基本給　673
　　　イ　生活手当　673
　　　ウ　通勤手当　673
　　　エ　残業手当　674
　　　オ　賞与　675
　　(3) バックペイの基礎を割り出すための期間　676
　　(4) 昇給，降給等の増減は反映されるか　677
　6　バックペイから控除される金額　678
　　(1) 解雇予告手当　678
　　(2) 退職金　679
　　(3) 中間収入の控除　679
　　(4) 所得税等の源泉徴収分　681

第2節　団体定期保険 ———————————— 683

　1　はじめに　683
　2　団体定期保険の意義　685
　　(1) 団体定期保険の定義　685
　　(2) 団体定期保険の有効性　685
　　(3) 被保険者の同意　686
　　　ア　同意の方式（原則論）　686
　　　イ　団体定期保険における被保険者の同意　687
　3　団体定期保険の保険金の帰属　688

（1）　総論　688

　　（2）　団体定期保険の保険金の帰属に関する裁判例　689

　　（3）　団体定期保険の保険金の帰属に関する裁判例の検討　693

　　（4）　補足―事業保険　694

　　　　ア　事業保険とは　694

　　　　イ　事業保険の付保規定による運用　695

　　　　ウ　事業保険の保険金の帰属に関する裁判例　695

　4　総合福祉団体定期保険　696

　　（1）　総合福祉団体定期保険の意義　696

　　　　ア　総合福祉団体定期保険とは　696

　　　　イ　総合福祉団体定期保険による団体定期保険の問題点の解消　697

　　　　ウ　総合福祉団体定期保険利用の現状　698

　　　　エ　総合福祉団体定期保険に関する裁判例　699

　　（2）　ヒューマン・バリュー特約　700

　　　　ア　ヒューマン・バリュー特約への規制　700

　　　　イ　ヒューマン・バリュー特約等に関する一考察　701

第3節　争議行為と賃金 ─────────── 703

　1　争議行為とは　703

　　（1）　憲法による労働三権の保障　703

　　（2）　憲法から導かれる争議行為概念　704

　2　争議行為に伴う労務不提供と賃金不払　705

　　（1）　出来高払制　705

　　（2）　完全月給制　706

　　（3）　フレックスタイム制　707

　　　　ア　1労働日にわたる場合　708

　　　　イ　1労働日にわたらない場合　708

　　　　　　(ア)　コアタイムに及ぶ場合　708／(イ)　コアタイムに及ばない場合　709
　　(4)　裁量労働制　709
　3　争議行為に伴う労務不提供と賞与の不払い　710
　4　怠業による労務の不完全提供と賃金不払い　713
　　(1)　怠業の意味　713
　　(2)　狭義の怠業に伴う労務の不完全提供と賃金不払いの可否　713
　　(3)　出張・外勤拒否に伴う労務の不完全提供と賃金不払いの範囲　714
　5　争議行為不参加者の賃金　716
　　(1)　「部分スト」と「一部スト」　716
　　(2)　部分スト・一部ストにおける賃金不払いの可否　716
　　　ア　問題の所在　716
　　　イ　なすべき業務が存在するのに労務提供の受領を拒否した場合　717
　　　ウ　なすべき業務が存在しなくなることにより労務提供が不能になった場合　718
　　　　　(ア)　債権者の責めに帰すべき事由に該当するか　718／(イ)　使用者の責めに帰すべき事由に該当するか　719

第4節　育児・介護休業等に伴う賃金・賞与・退職金等の取扱い ―――― 722

　1　平成21年改正育児・介護休業法の概要　722
　2　育児・介護休業・時短勤務による短縮部分は無給が原則　723
　　(1)　育児休業中の賃金　723
　　(2)　介護休業中の賃金　723
　　(3)　時短勤務による短縮部分の賃金　724
　3　育児時短勤務中の賃金・賞与・退職金の決定　725
　　(1)　賃金　725
　　　ア　基本給　725

イ　諸手当　725
　(2)　賞与　726
　　　ア　賞与における不利益取扱いとは　726
　　　イ　賞与算定期間中の評価方法　727
　(3)　退職金　727
4　不利益取扱いの禁止　728
　(1)　不利益取扱い禁止の対象　728
　(2)　不利益取扱いの禁止の内容　728
　(3)　育児休業後の担務変更と降給　729
　　　ア　事案の概要　729
　　　イ　判旨　730
　　　　(ア)　1審（東京地判平23.3.17）　730／(イ)　控訴審（東京高判平23.12.27）　730

第5節　賃金債権履行の確保 ——————————— 732

1　賃金の支払確保の必要性と各法における賃金の保護制度　732
2　労基法による履行強制　732
3　賃確法による賃金債権の保護　732
　(1)　未払賃金の立替払制度　733
　　　ア　事業主の要件　733
　　　イ　労働者の要件　734
　　　ウ　保護の内容　734
　　　　(ア)　立替払いの対象　734／(イ)　立替払いの限度額　735
　(2)　貯蓄金の保全措置　735
　(3)　退職手当の保全措置　736
4　倒産手続における賃金債権の保護（位置づけ）　736
　(1)　破産　736

ア　財団債権　737

　　　　(ア)　破産手続開始前3カ月間の給料　737／(イ)　退職手当の一部　737／

　　　　(ウ)　破産手続開始後に雇用関係から生じた給料等の債権　738

　　　イ　優先的破産債権　738

　(2)　民事再生　738

　　　ア　共益債権（手続開始後に生じた賃金）　739

　　　イ　一般優先債権（手続開始決定前に生じた賃金）　739

　　　ウ　再生債権（社内預金）　740

　(3)　会社更生　740

　　　ア　共益債権となるもの　740

　　　　(ア)　更生手続開始前6カ月間の給料および更生手続開始後の給料　740／

　　　　(イ)　退職手当　741／(ウ)　社内預金　741

　　　イ　優先的更生債権となるもの　741

　　　　(ア)　再生手続開始前6カ月以前の給料　741／(イ)　退職手当（前記イ(ア)

　　　　以外）　742

　(4)　その他の手続　742

　　　ア　特別清算　742

　　　イ　私的整理（任意整理）　743

■巻末資料 ──────────────────────── 744

　1　給与規程　744

　2　年俸制規程　751

判例索引 ──────────────────────── 755

第 1 章

労働の対価としての報酬・賃金総論

第1節 はじめに

1　賃金のイメージ

　賃金というと，すぐに労働基準法（以下「労基法」という）11条の「この法律で賃金とは，賃金，給料，手当，賞与その他名称の如何を問わず，労働の対償として使用者が労働者に支払うすべてのものをいう」という定義が示され，これによる説明がなされるイメージがあります。しかし，本来，労働の対価の内容は当事者の合意で決まるものであることを忘れてはいけません。賃金も約束が重要なのです。

2　契約（約束）が重要

　日本は，資本主義社会であり，この点は日本国憲法（以下，「憲法」という）22条が「何人も，公共の福祉に反しない限り，居住，移転及び職業選択の自由を有する」と規定して営業の自由，職業選択の自由が保障され，同法29条1項「財産権は，これを侵してはならない」との規定でその営業の自由の資産の裏づけのため，私有財産の保有が認められています。

　この資本主義における自由市場（マーケット）では，契約の自由，すなわち雇用契約については，

　① 契約締結（採用）の自由
　② 契約内容（労働条件）決定の自由

▌③　契約解消（解雇）の自由

が，公共の福祉に反しない限り，当事者間の契約の原則となるはずです。したがって，雇用契約の報酬も，民法90条の公序良俗に反しない限り②の場面の適用で当事者の合意で決まります。

そして，その合意内容，約束をめぐって当事者にトラブルが発生し，その紛争解決のために裁判所に判断を求めると，民法がそのトラブル解決の基準（裁判規範）となります。

したがって，当事者は，そのようなトラブルが発生した時のためにも，民法を基準（行為規範）として，それを遵守した行動をとることになります。

したがって，本章ではまず，第3節で「報酬に関する民法の諸原則」を説明します。

3　労働法による労働者保護のための民法原則の修正

2②の契約内容決定の自由は，相互に独立対等な当事者関係を前提としています。労働契約の内容も，当事者間の合意により決定されますが，使用者と労働者の間に交渉力の格差があることは明らかです。

そこで，憲法25条（健康と安定生活の保障を理念とする）の生存権規定に基づいて，①同法27条1項の労働市場，②同2項の個別的労働関係，③同28条の集団的労使関係に関する各労働法の法則が定められ，その各法の定める装置により，この契約に基づく社会生活のコントロールがなされています*。

　＊憲法27条2項は，同法25条の健康と安定生活を理念とする生存権規定を総則とした生存権的基本権規定の一種です。したがって，同法27条2項を受けて制定された労基法も，もともと健康を守る規定でもあったといえます。電通事件判決（最二小判平12.3.24労判779-13）以前から，労基法の規制は，健康と最低基準の生活を保護する規定だといえます。

①に関連する代表的な法として，職業安定法（以下「職安法」という），雇用対策法，労働者派遣事業の適正運営の確保及び派遣労働者の保護等に関する法

律，障害者の雇用の促進等に関する法律等があります。

②に関連する代表的な法として，労基法，最低賃金法（以下「最賃法」という），労働安全衛生法（以下「労安衛法」という），労働者災害補償保険法等があります。

③に関連する代表的な法として，労働組合法（以下，「労組法」という），労働関係調整法等があります。この２と３の関係を定めたものが，本節の末尾の労使関係の図になります。

そして，報酬は生存権に関するものとして労基法において賃金として，その定義が定められ，最低賃金，その支払方法等も最低基準として定められて，労働者の保護を図っています。

この賃金に関する労働法の規制については，第４節において説明します。

ただし，この労基法による法規制は，末尾の図にあるように民法のような使用者と労働者関係ではなく，本来国の監督機関と使用者の関係であり，約束が労働法に反すれば，刑罰適用や行政指導の方法により，自主是正によって法を遵守させるという間接強制システムが原則です。

4 労基法13条，最賃法４条２項の最低効の直律的効力

上記３で述べたように，本来労働法は刑罰の適用や行政指導を通じて，使用者の自主的な法を遵守した契約内容の設定を求めるものです。ところが，労基法は，労働者の生存権を保護するため，単に法違反を無効とするだけでなく，同法13条において，「この法律で定める基準に達しない労働条件を定める労働契約は，その部分については無効とする。この場合において，無効となった部分は，この法律で定める基準による」としています。さらに，最賃法４条も，「使用者は，最低賃金の適用を受ける労働者に対し，その最低賃金額以上の賃金を支払わなければならない」と規定し，同２項は「最低賃金の適用を受ける労働者と使用者との間の労働契約で最低賃金額に達しない賃金を定めるものは，その部分については無効とする。この場合において，無効となった部分は，最

低賃金と同様の定をしたものとみなす」と定めています。この両者は，無効となった契約内容の部分をその法で定める基準で規律するという定めをしています。

したがって，労基法等の定める賃金に関する基準に反する契約内容は，最終的には，法の定める基準が契約内容となる場面が生じてくることになります。

このように労基法等の規定により，使用者と労働者の賃金をめぐるトラブルは，

① 当事者の合意により約束された内容をめぐるトラブル
② 労基法の最低基準効として契約内容の基準の適用をめぐるトラブル

の2つのパターンが考えられることになります。

5　裁判所における法の適用における区分の必要

4で説明した，①または②のトラブルにおいて裁判所はどのような解釈基準をとるべきかについては，次のような争いがあります。

前述したように，労基法には行政的監督の機構・手続，および刑事罰を定める公法，そして労働契約に関する民事的な効力を定める私法という二面的な性格があります。公法と私法の二面的な性格を有する労基法の規定を民事事件において解釈する場合，労基法が刑事罰を定める刑法としての側面を有することに着目すれば，罪刑法定主義から派生する類推解釈の禁止という原理から，労基法違反となる範囲については厳格に解釈すべきことになります。

一方で，私法の解釈であるという点に着目すれば，類推解釈の禁止という問題は生じず，合目的的に柔軟な解釈をすることも可能となります。そのため，労基法を民事事件において解釈する場合において，刑事事件あるいは是正勧告における場合とは異なった柔軟な解釈を行い，その結果，労基法違反となる行為・労働条件の範囲を拡げることが許されるのではないかという問題が生じま

す。

　この問題については，一元説・二元説の学説の対立があります。

　一元説は，同一の条文を公法的側面・私法的側面で区別して解釈することを許さないという見解です。この見解によれば，刑罰法規として類推解釈が許されない以上，たとえ民事事件における解釈であっても，類推解釈を行い，労基法違反となる行為・労働条件の範囲を拡げるような解釈を行うことは許されないことになります。

　一方で，1つの条項について刑罰的側面と民事的側面で区別し，後者については合目的的に柔軟な解釈により労基法違反となる範囲を拡げることも認めるべきであるとする見解も存在します。これが二元説です。そして，このような二元的な解釈を認める見解によれば，民事的側面について解釈する場合には，合目的的な観点から柔軟な解釈がなされ，同じ条文について刑事事件で解釈する場合と民事事件で解釈する場合でその内容が異なるという余地があります。現在の判例・通説は公法的側面・私法的側面で区別して解釈することは許されないという一元的解釈の立場をとっているといえます。

　具体的には，女性の結婚退職制や男女別定年制について問題となりました。労基法3条は，労働者の国籍・信条・社会的身分を理由とする労働条件の差別的取扱いを禁止し，性別を理由とする差別的取扱いは含んでいません。また，労基法4条は，賃金についてのみ，女性であることを理由として男性と差別的取扱いをすることを禁止しています。したがって，男女別定年制は，労基法3条および4条には違反しません。

　この点，男性57歳，女性47歳の男女別定年制について，女性従業員について男性従業員より10年低い定年を定めていることは，性別による差別待遇であって，憲法14条，労基法3条・4条に違反し，民法90条により公序良俗違反として無効である旨の主張に対して，「同（労基）法3条及び4条は，その規定の仕方において性別を理由とする賃金以外の労働条件についての差別については規定していない。したがって，同法3条及び4条に規定がなくても性別を理由とする賃金以外の労働条件についての差別を禁ずる趣旨と解すべきかどうかにつ

いては，労働基準法119条は，同法3条及び4条に違反する使用者に対する罰則を定めているのであるから，罪刑法定主義の原則に照らすと，右法条を拡張して解釈することは許されないと解するのが相当である」と説示する裁判例（伊豆シャボテン公園事件＝東京高判昭50．2．26労判219-40）があります（同事件は最高裁に上告されましたが，労基法3条・4条について最高裁は判断していません）。その後，日産自動車事件（最三小判昭56．3．24労判360-23）を含む一連の裁判例により，男女別定年制については民法90条の公序良俗に反し無効との判断が確立されており，労基法3条あるいは4条の類推解釈による無効という考え方はとられていません。これは，労基法を一元的に解釈している現れといえます*。

*芝信用金庫事件第2審判決（東京高判平12.12.22労判796-5）は，女性職員が男性職員同様の人事考課上の優遇措置を受けられず，副参事昇格試験に不合格となったため，主事資格に据え置かれたことについて，「労働契約の本質及び労働基準法13条の規定の類推適用により，副参事の地位に昇格したのと同一の法的効果を求める権利を有するものというべきである」として労基法13条の規定が類推される旨判示し，二元説の考え方を採用していると考えられます。

このような一元説の考え方によれば，民事事件であっても，刑事事件における場合と同様，合目的的に労基法違反となる行為の範囲を，法律の文言以上に拡げるような類推解釈は許されないことになります。これは，後に述べる労基法41条2号「監督若しくは管理の地位にある者」の解釈にも大きく関わってきます。

この点，労基法は刑法の規定であり，かつ最低基準効を有するために，間接強制システムの例外として契約に対し直律効を付与されたことを考えると，一元説のように常に被告（使用者）に不利益にならないよう厳格に解釈されるべきものと考えます。

6　賃金に関する通達の解釈の基本姿勢

以上述べたところはあくまでも，労働法の規定による「賃金」の解釈に関す

るものでしかありません。この解釈に違反する場合に，刑罰を受けるおそれがあるというものです。

このように，労基法が労働刑法である以上，罪刑法定主義の観点から，使用者に不利益となる解釈はできないと考えます。したがって，本書では，労基法解釈の基本姿勢として，賃金に関する通達について，刑罰を受ける範囲を狭くするような解釈は採用しますが，刑罰を受ける範囲を広くするような解釈は採用しないこととします。

実体法

憲法25条・27条
- 社会権 生存権の確保
- 27Ⅱ最低基準 — 雇用／賃金／安全／健康
  最低賃金と安全と健康の確保は絶対雇用と最低賃金以上の賃金は労使の利益のバランスで決定
- 27Ⅰ労働市場調整備 — 立法政策

特別法／労働民法 — 労働契約承継法／労働契約法

労働刑法
- 労働基準法
- 労働安全衛生法
- 最低賃金法

労働行政法
- 雇用対策法
- 職業安定法
- 労働者派遣法
- 障害者雇用促進法
- 高年齢者雇用安定法
- 雇用機会均等法
- パートタイム労働法
- 育児・介護休業法等

法違反の効果

刑罰（指導・是正勧告）	刑罰あり	刑罰なし
	助言・指導・勧告・企業名公表・改善命令等	

監督機関
- 労働基準監督官
- 厚生労働大臣・都道府県労働局長・公共職業安定所長

間接強制
契約内容の自主的な見直しが目的

手続法

民事紛争全般
- 民事訴訟法
- 民事保全法
- 民事調停法
- 労働審判法

個別労働関係民事紛争
- 個別労働関係紛争解決促進法

紛争解決機関

司法
- 裁判所（本訴・仮処分・民事調停）
- 労働審判委員会

行政
- 都道府県労働局（紛争調整委員会によるあっせん・調停等）
- 都道府県労働委員会による個別労働関係紛争のあっせん
- 各都道府県労政主管部労政主管によるあっせん等

トラブル発生 → 本来は企業内自主解決が基本であるが……

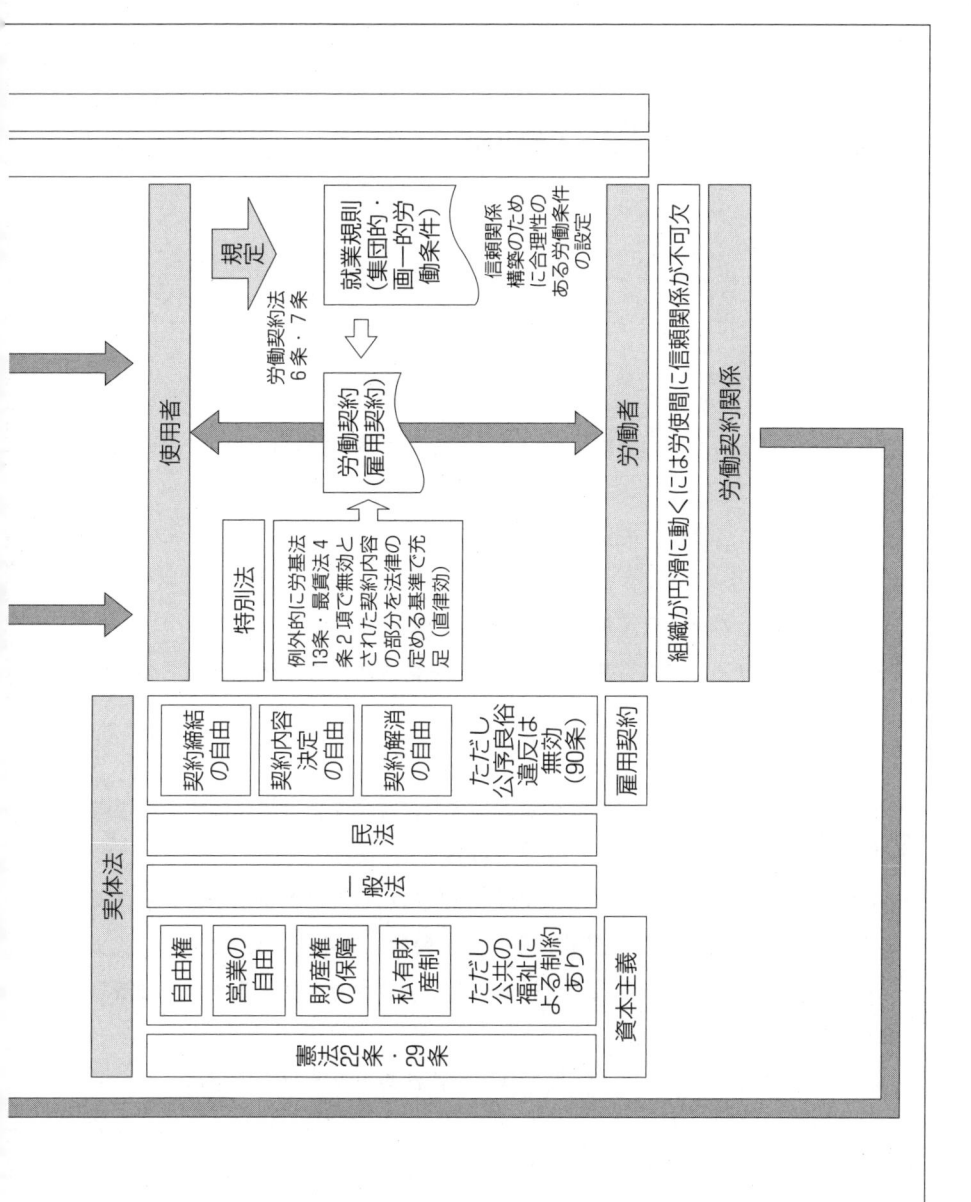

第1章／労働の対価としての報酬・賃金総論

労働契約関係

実体法		
資本主義	憲法22条・29条	自由権 営業の自由 財産権の保障 私有財産制 ただし公共の福祉による制約あり
一般法	民法	雇用契約 契約締結の自由 契約内容決定の自由 契約解消の自由 ただし公序良俗違反は無効（90条）
特別法		労働契約（雇用契約） 例外的に労基法13条・最賃法4条2項で無効とされた契約内容の部分を法律の定める基準で充足（直律効）

労働契約法6条・7条 → 規定 → 就業規則（集団的・画一的労働条件）

信頼関係構築のためには合理性のある労働条件の設定

使用者 ⇔ 労働者

組織が円滑に動くには労使間に信頼関係が不可欠

第2節 賃金の意味

1　賃金の意味

　本節では，労基法，労働契約法を中心とした労働関連法規において用いられている「賃金」の意味について検討していきます。
　特に労基法上の「賃金」の定義は，

> ①　労基法上の賃金保護規定の適用対象を明らかにする意義
> ②　刑罰法規としての労基法における犯罪構成要件の一要素としての意義

を有しています。
　①については，例えば，「賃金」の定義により，賃金支払方法に関する諸原則（労基法24条）の適用対象が明らかになります。
　②については，労基法上，賃金保護規定違反に対しては刑事罰が設けられていることから，「賃金」は，犯罪構成要件の一要素であるといえます。
　そのため，使用者である企業が，労基法上の「賃金」の意味を正確に理解しておくことは実務上も重要といえます。
　「賃金」という用語については，わが国の最高法規である日本国憲法においても用いられています。憲法27条2項では，「賃金，就業時間，休息その他の勤労条件に関する基準は，法律でこれを定める」と規定されています。
　そして，同項に基づき定められた法令としては，労基法，最賃法等が挙げられます。また，平成20年3月1日より施行された労働契約法も，これらと同様，

憲法27条2項に定める「基準」を立法化したものであると考えられています。そして、これらの労働関連法規においても「賃金」という用語が用いられています。

一方、民法では、623条以下の雇用に関する規定において、「賃金」ではなく、「報酬」という用語が用いられています。

そこで、以下では、憲法および労基法、労働契約法といった労働関連法規において用いられる「賃金」の意味について、民法において用いられる「報酬」との違い等に着目しながら具体的に検討していきたいと思います。

2　民法における「報酬」の意味

民法では、623条以下において雇用に関する規定を設けています。

そして、民法623条は、「雇用は、当事者の一方が相手方に対して労働に従事することを約し、相手方がこれに対してその報酬を与えることを約することによって、その効力を生ずる」と定めており、労働者が使用者に対して労働に従事すること、使用者がそれに対して「報酬」を支払うことにつき、使用者・労働者間で合意に至った場合、雇用契約が成立することを定めています。

このように、民法623条では、雇用契約において、労働の対価として使用者が支払うものを、「報酬」という用語で表現しています。

すでに述べたように、憲法22条1項は、職業選択の自由、営業の自由を保障し、29条1項で私有財産制を保障しています。そして、このように、憲法上、国民に対して経済的自由と私有財産制が認められていることから、私的自治の原則、そして契約自由の原則が私人間の関係を規定する民法の原則として導かれます。この契約自由の原則の下、私人間では自由に契約を締結し、その契約内容を決定するのが民法の原則になります。これは雇用契約を締結する場合でも変わりありません。

雇用契約に関していえば、使用者と労働者とは相互に独立対等な関係にあることを前提として、使用者と労働者とが自由意思に基づき、相互に「労働に従

事すること」,「それに対して報酬を与えること」につき合意をすることで雇用契約関係が生じることになります。そして，そこでの具体的な合意内容は，民法90条の公序良俗に違反する場合を除き，当事者間の自由意思に基づく合意に完全に委ねられているということになります。

したがって，使用者と労働者とが，雇用契約締結に際し，労働の対価として何らかの金銭，物，その他の利益を支払うこと（例えば，労働の対価として，金銭や物ではなく，使用者が労働者に対して逆の立場で労働に従事するということも考えられます）に合意したのであれば，それが民法90条の公序良俗に違反する場合を除き，その合意した内容がそのまま民法上の「報酬」となります。このように，民法上は，「報酬」の具体的内容は，使用者と労働者との間で合意した具体的内容によって決定されることになります。

3　労働関連法規における「賃金」の意味

(1)　憲法制定以前の労働関連法規における「賃金」

一方，憲法制定以前より，労働関連法規において「労働の対価」として用いられた用語は，「報酬」ではなく「賃金」でした。

鉱業法および工場法施行令には，いずれも「賃金」の定義はありませんでしたが，鉱業法78条及び工場法施行令22条に，「賃金」の支払方法につき，特に認められた例外の場合を除き，賃金は必ず通貨で支払うべきことが定められていました。

また，「賃金」の定義を最初に規定したのが，賃金統制令（昭和14年勅令第128号）3条でした。そしてその改正勅令である昭和15年の賃金統制令（勅令第675号）3条1項は，「賃金」の定義について，「本令ニ於テ賃金ト称スルハ賃金，給料，手当，賞与其ノ他名称ノ如何ヲ問ハズ労働者ヲ雇用スル者ガ労働ノ対償トシテ支給セル金銭，物其ノ他ノ利益ヲ謂フ」と規定していました。

(2) 憲法における「賃金」

　戦後，昭和22年5月3日に施行された憲法は，27条2項において，「賃金，就業時間，休息その他の勤労条件に関する基準は，法律でこれを定める」と規定し，ここでも，「労働の対価」として「報酬」ではなく，「賃金」という用語が用いられています。

　ここで，労働契約については憲法22条および29条により契約自由の原則が妥当し，ここでは相互に独立対等な当事者間の関係を前提としています。しかし，現実的には，使用者と労働者との間には事実上の交渉力の差があり，その結果，交渉力に劣る労働者が契約自由の名の下で，低賃金・長時間労働といった劣悪な条件を強いられることになり，人間的な生活を送ることができなかったということは過去の歴史が示すところです。

　そこで，憲法27条2項は，勤労条件に関する基準を法律で定めることとし，労働者が健康で文化的な最低限度の生活を営むための最低労働条件を法定化するものとしています。

　そして，このような憲法27条2項の規定は，憲法25条において「すべて国民は健康で文化的な最低限度の生活を営む権利を有する」と定めた，いわゆる生存権の理念を前提にしていると考えられています。

(3) 労基法における「賃金」

　憲法27条2項に基づき，「賃金，就業時間，休息その他の勤労条件に関する基準」を定めた法律の代表的なものが，労基法です。

　労基法は，労働者が人たるに値する生活を営むために必要な最低限度の労働条件の基準を定めた法律であり（労基法1条），労働者保護を目的としています。

　そして，労基法11条では，「賃金」を「賃金，給料，手当，賞与その他名称の如何を問わず，労働の対償として使用者が労働者に支払うすべてのもの」と定義しています。

　つまり，労基法11条にいう「賃金」（以下，「労基法上の賃金」という）とは，①

「労働の対償」として，②「使用者が労働者に支払う」すべてのものを意味し，名称にかかわらず実態として①，②の要件を満たせば，金銭に限らず，物や利益であっても労基法上の「賃金」に該当することになります。

そして，前述のように，労基法上の「賃金」の定義は，賃金支払方法に関する諸原則（労基法24条）といった労基法上の賃金保護規定における「賃金」の意味を明らかにする目的と刑罰法規における犯罪構成要件の一要素としての意義も有しているといえます。

そのため，労基法上の「賃金」は，使用者と労働者との合意内容如何にかかわらず，労基法11条に規定された定義に基づき，客観的かつ一義的に明らかにされるものであり，使用者と労働者との合意に委ねられている民法上の「報酬」とは必ずしも同一の概念とはいえないものと考えられます。

(4) 労働契約法における「賃金」

次に，労働契約法上の「賃金」の定義についてですが，労働契約法において「賃金」の定義を定めた規定はありません。

ただし，労働契約法6条において，「労働契約」は，「当事者の一方が相手方に使用されて労働し，相手方がこれに賃金を支払うことを合意することによって成立する」と定められていますので，労働契約法上の「賃金」とは，使用者と労働者との合意に基づき，①労働の対価として，②使用者によって支払われるものを意味することになります。

そして，労働契約法1条で，「この法律は，労働者及び使用者の自主的な交渉の下で，労働契約が合意により成立し，又は変更されるという合意の原則その他労働契約に関する基本的事項を定めることにより，合理的な労働条件の決定又は変更が円滑に行われるようにすることを通じて，労働者の保護を図りつつ，個別の労働関係の安定に資することを目的とする」と規定されているように，労働契約法もまた，労基法と同様に，労働者保護を目的とした法律です。

そのため，労働契約法上の「賃金」も，労基法上の「賃金」と同一の概念と考えられます。

(5) 労働契約の成立と賃金額の合意の必要性

労働契約の成立には，①労働者が使用者に使用されて労働すること，②使用者が労働者に対し労働の対価として「賃金」を支払うことの合意が必要です。そして，使用者が労働者に対し「賃金」を支払うことの合意については，抽象的な内容で合意すれば足りるのか，それとも，賃金の額，計算方法等に関して具体的に合意しなければならないかという点が問題となります。

ア 抽象的な内容で合意すれば足りるとする見解

この点，学説では，労働契約が諾成契約であり，また，労働契約法6条においても，賃金等の労働条件を具体的に合意しなければならないとされていない以上，①労働者が使用者に使用されて労働すること，②使用者がこの労働提供に対し賃金を支払うとの抽象的な合意があれば契約は有効に成立し，具体的な労働条件の合意がなくても無効とはならないと考えるのが大勢といえます（菅野和夫『労働法〈第9版〉』77頁同旨）。この場合，空白の契約内容は事後的に法令，就業規則，労働協約，慣行，明示・黙示の合意によって，補充されることにならざるを得ないとしています（土田道夫『労働契約法』189頁）。

イ 具体的な合意が必要であるとする見解

しかしながら，具体的な労働条件の合意がない場合，労働者は，具体的な賃金額が定まらないまま労働義務のみを負う結果となり，かえって労働者保護に欠けることになります。賃金は労働契約の本質的要素ですので，抽象的に使用者が労働者の労務提供に対して何らかの賃金を支払うことについて合意するだけでは足りず，具体的な賃金額について合意して初めて労働契約が成立すると考えるべきです。

(6) 賃金額の合意を求める裁判例

裁判例の中にも，賃金額について具体的な合意が必要であるとするものがあ

ります。

ア 東京放送事件（東京地判昭51．6．2労判256-〔付録〕19）

　労働契約は，労働者が，使用者に対する関係において特定種類の従業員としての地位を取得し，使用者に対し一定の時間，一定の場所において特定種類の労働力を継続的に提供するとともに，その対償として使用者から一定金額の賃金等の支払いを受けることを使用者との間で合意することによって成立する契約であるというべきであるから，特定の労働契約により，労働者が，いかなる種類の従業員としての地位を取得し，いかなる時間，いかなる場所において，いかなる種類の労働力を提供するか，そして，それに対し，使用者がいかなる金額の賃金等を支払うかは，その労働契約を自己の生活の基盤としようとする労働者にとってはもとより，その労働契約に基づいて提供される労働力により特定の事業を計画的に遂行しようとする使用者にとっても，契約締結時における重大な関心事であるといわざるを得ない。したがって，労働契約が成立するためには，これらの点が就業規則や労働協約等の適用により当然に確定されるなどの特段の事情がないかぎり，労働契約の締結時に，労働者と使用者との間でこれらの点について明確な合意がなされるのが通常であるというべきである。

イ 横浜地判平21.10.27（判例集未掲載）

　原告と被告との間では，労働契約の重要事項である賃金の内容，契約期間について明確な合意があったとは認められず，原告と被告との間では労働契約が成立したことはもちろん，始期付の労働契約としての採用内定が成立したと認めることも困難である。

ウ 日本ニューホランド〔再雇用拒否〕事件（札幌地判平22．3．30労判1007-26）

　雇用契約において賃金の額は契約の本質的要素であるから，再雇用契約においても当然に賃金の額が定まっていなければならず，賃金の額が定まっていな

い再雇用契約の成立は法律上考えられない。

4 労基法上の「賃金」の具体的な内容

　労基法上の賃金とは，使用者と労働者との合意に基づき，①「労働の対償」として，②「使用者が労働者に支払う」すべてのものを意味しますが，定義が抽象的であり，具体的にそれが労基法上の賃金に該当するか否かは，個別の解釈に委ねられています。

　そこで，いかなるものが労基法上の「賃金」に該当するかについて具体的に検討していきたいと思います。まずは，その前提として，労基法上の「賃金」に該当するか否かが法律上，さらには実務上どのような意義を有しているかについて説明します。

(1) 労基法上の「賃金」か否かを区別する法律上・実務上の意義

ア 労働条件の明示義務（労基法15条）

　労基法15条1項では，「使用者は，労働契約の締結に際し，労働者に対して賃金，労働時間その他の労働条件を明示しなければならない。この場合において，賃金及び労働時間に関する事項その他の厚生労働省令で定める事項については，厚生労働省令で定める方法により明示しなければならない」と規定されています。

　ここで，労働条件とは，労働契約関係における労働者の待遇の一切をいい，そのうち，使用者に明示義務が課されている労働条件は，労基法施行規則5条1項に定められています。

　そして，労基法上の「賃金」に該当する場合，使用者は，労働者に対し，当該「賃金」に関する事項を明示する義務を負います（労基法施行規則5条1項3号・4号の2・5号）。また，労基法上の「賃金」のうち，労基法施行規則5条1項3号に該当する事項は，書面の交付によって明示する義務を負います。

　なお，労基法15条1項に違反した場合，30万円以下の罰金を科せられます

（労基法120条1号）。

そのため，労基法上の「賃金」に該当するか否かは，使用者に対して，労働契約締結時において書面交付による明示義務が課されているか否かを明確にするという意義があります。

イ　就業規則における必要記載事項（労基法89条）

労基法89条では，常時10人以上の労働者を使用する使用者に，就業規則の作成および行政官庁（労働基準監督署長）への届出義務を課しており，その就業規則には，労基法89条1号から10号に定められた事項を記載することが義務づけられています。なお，労基法89条に違反した場合，30万円以下の罰金を科せられます（労基法120条1号）。

そして，労基法上の「賃金」も，就業規則の絶対的必要記載事項とされています（労基法89条2号・3号の2・4号）。

そのため，労基法上の「賃金」に該当するか否かは，使用者の作成する就業規則の絶対的必要記載事項か否かを明確にするという意義があります。

なお，賞与，退職金の場合は，相対的必要記載事項か否かを明確にする意義があります*。

＊絶対的必要記載事項とは，いかなる場合にも必ず記載されなければならない事項をいい，相対的必要記載事項とは，制度として実施するため「定めをする」場合においては必ず記載されなければならない事項をいいます。

ウ　労基法上の賃金保護規定（労基法第3章）

労基法第3章（24条から28条まで）は，賃金に関する保護規定を定めています。

具体的には，労基法24条において，賃金支払に関する規制，つまり，賃金支払に関する

① 通貨払いの原則
② 直接払いの原則

③　全額払いの原則
　④　毎月一回払いの原則
　⑤　毎月一定期日払いの原則

を定めています。

　また，労基法25条は非常時払いについて，26条は休業手当について，27条では出来高払制の保障給，28条では最低賃金について定めています（最低基準については最低賃金法で定められています）。

　なお，労基法24条から27条までに違反した場合，30万円以下の罰金を科せられます（労基法120条1号）。また，最賃法4条1項に違反した場合，50万円以下の罰金を科せられます（最賃法40条）。

　そのため，労基法上の「賃金」に該当するか否かは，労基法第3章に記載された賃金に関する保護規定の適用範囲を明確にするという意義があります。

エ　労働条件の不利益変更

　労基法上の「賃金」も，当然に労働条件の1つとなり，一方的な変更は認められません。この点については，今までの判例を集約化した労働契約法10条本文において，「使用者が就業規則の変更により労働条件を変更する場合において，変更後の就業規則を労働者に周知させ，かつ，就業規則の変更が，労働者の受ける不利益の程度，労働条件の変更の必要性，変更後の就業規則の内容の相当性，労働組合等との交渉の状況その他の就業規則の変更に係る事情に照らして合理的なものであるときは，労働契約の内容である労働条件は，当該変更後の就業規則に定めるところによるものとする」と定められています。

　そのため，使用者が就業規則の変更により一方的に労働条件を不利益に変更する場合には，その変更に合理性が認められなければなりません。そして，大曲市農業協同組合事件判決（最三小判昭63.2.16労判512-7）では，その合理性の程度に関して，「特に，賃金，退職金など労働者にとって重要な権利，労働条件に関し実質的な不利益を及ぼす就業規則の作成又は変更については，当該条

項が，そのような不利益を労働者に法的に受忍させることを許容できるだけの高度の必要性に基づいた合理的な内容のものである場合」でなければ，その効力を生じないと判断しています。

そのため，不利益に変更される労働条件が，労基法上の「賃金」に該当するのか，それとも単なる福利厚生にすぎないのかは，その労働条件変更の際に求められる業務上の必要性の程度についての差が生じることになり，その点において重要な意義があるといえます。

(2) 「使用者が労働者に支払う」ものとは

労基法上の「賃金」といえるためには，それが「使用者が労働者に支払う」ものであることが必要です。

そして，「使用者が労働者に支払うもの」に該当しない典型例が，旅館やホテル，飲食店等において利用客が従業員に支払うチップ等です（昭23．2．3基発164号）。

ただし，そのようなチップ等であっても，一旦使用者が従業員からチップを回収し，その後，従業員に一定の基準で再分配するような場合には労基法上の「賃金」に該当することになります。

また，「旅館，料理店等において客から受けるチップのみで生活している旅館の従業員等については，チップ収入を受けるために必要な営業設備を使用し得る利益そのものが賃金と解される」（厚生労働省労働基準局編『平成22年版・労働基準法（上）』162頁）という見解もあります。

(3) 「労働の対償」とは

労基法上の「賃金」といえるためには，それが「労働の対償」であることが必要です。

「労働の対償」とは，「広く使用者が労働者に支払うもののうち，労働者がいわゆる使用従属関係のもとで行う労働に対して，その報酬として支払うもの」（吾妻光俊『註解労働基準法』54頁）と考えられます。

そして，具体的に「労働の対償」に該当するか否かは，支払われるものの性質，内容に鑑みて個別に判断するしかなく，その判断は必ずしも容易ではありませんが，その解釈においては，「現在の社会経済のもとにおいて，社会通念上賃金として保護すべきか否かという目的論的な判断も加味されるもの」といえます（厚生労働省労働基準局編『平成22年版・労働基準法（上）』161頁）。ただし，この場合でも，労基法が労働刑法である以上，罪刑法定主義の観点から，使用者に不利益となる解釈はできないと考えます。

他方，労働行政の実務では，「労働の対償」とはいえず，労基法上の「賃金」には該当しないものについて「任意的恩恵的給付」，「福利厚生給付」，「企業設備・業務費」という3つの概念が存在しています。

労基法上の「賃金」に該当しないものすべてが，これら3つの概念いずれかに含まれるというわけではありませんが，これらの概念を前提とする行政上の解釈は，行政機関が使用者に対して助言・指導を行う際の基準となり，さらには，是正勧告や送検といった手続の基準にもなります。しかも，労使間でトラブルが生じた場合，行政上の解釈と司法上の解釈とは本来必ずしも一致するものではありませんが，現実的には，裁判所が，行政上の解釈を参考にすることも多いため，個別労働紛争にも一定の影響を及ぼすことになります。

また，「労働の対償」として労基法上の「賃金」といえるか否かのほか，労働条件といえるか否かという視点が実務上は重要です。つまり，労基法上の「賃金」に該当せず，労基法上の賃金保護規定の適用を受けない場合であっても，それが労働条件といえる場合，使用者の一方的な不利益変更に一定の制約が課されます。そのため，労基法上の「賃金」に該当しないものであっても，労働条件に該当するものと労働条件にすらならないものとは性質が異なることに注意が必要です。

行政実務上の3つの分類でみれば，「福利厚生給付」は，労基法上の「賃金」には該当しなくとも，労働契約関係における労働者の待遇には該当することから，労働条件の一種として不利益変更の議論が生じえます。他方，「任意的恩恵的給付」や「企業設備・業務費」は労基法上の「賃金」には該当しないととも

に，労働条件ともいえないので，不利益変更の議論も原則として生じないということになります。

(4) 本書における「賃金」と「福利厚生給付」概念の区分基準

労基法上の「賃金」か，単なる「福利厚生給付」かでは，いずれも労働条件でありながら，労基法上，さらには労働条件の不利益変更の場面において，その取扱いに大きな差が生じます。実務においても，この区別が一番難しいといえます。

そこで，本書では，「賃金」と「福利厚生給付」概念を区別するため，「使用者から支払われる」と「労働の対償」という区別の二要件とともに，「通貨」で支払われるか，「物又はその他の利益」で支払われるかをも考慮します。

そして，原則的な解釈としては，「通貨」であれば労基法上の「賃金」，「物又はその他の利益」であれば「福利厚生給付（施設）」とすることとします。そのうえで，裁判例や行政通達も考慮しながら，「通貨」で支払われても，「福利厚生給付」と評価されるもの，「物又はその他の利益」であっても，労基法上の「賃金」と評価されるものを例外として考えていきます。

そのような考え方をとるのは，「物その他の利益の支給は，福利厚生施設とみられる場合が少なくない」との見解（厚生労働省労働基準局編『平成22年版・労働基準法（上）』163頁）や「福利厚生施設の範囲は，なるべくこれを広く解釈すること」との行政通達（昭22.12.9基発452号）が解釈上最も正しく，一方，賃金の範囲を解釈で拡大することは，使用者に不利となり，労基法の刑法的性格から適切でないと考えるからです。

以上を踏まえて，「福利厚生給付」について検討し，加えて労基法上の賃金との関係で問題となる，「任意的恩恵的給付」，「企業設備・業務費」について検討していきます。

(5) 「福利厚生給付」とは

「福利厚生給付」とは，使用者が，労働者の福利厚生のために支給する利益ま

たは費用のことをいい,「労働の対償」ではないことから,労基法上の「賃金」には該当しないものと考えられます。

以下,「福利厚生給付」に該当し,労基法上の「賃金」には該当しないものを具体的に検討していきます。

ア 福利厚生施設の利用

会社の宿泊・浴場施設,運動施設またはレクリエーション施設等,従業員が共同利用できる施設は,「通貨」ではなく,「物又はその他の利益」に該当し,かつ,労働者の個人的利益に帰属するものではないことから,「労働の対償」とはいえず,「福利厚生施設」であって,労基法上の「賃金」には該当しないと考えられます。

そして,「福利厚生施設」の場合,労基法上の「賃金」として保護すべき必要性が低いことから,前述した行政通達においても,「福利厚生施設の範囲は,なるべくこれを広く解釈すること」とされています(昭22.12.9基発452号)。

イ 住宅の貸与

住宅の貸与は,「通貨」ではなく,「物又はその他の利益」に該当するので,原則として福利厚生給付であり,労基法上の「賃金」には該当しません。

ただし,住宅の貸与が無償でなされ,あるいは,賃料を徴収していても,それが甚だしく低額なものについては,労基法上の「賃金」とみなされる可能性があります(昭22.9.13発基17号)。

また,住宅の貸与を受けない者に対して定額の均衡給与(住宅を貸与しない者に対して貸与されている者との均衡上支給される手当)が支給されている場合には,住宅貸与の利益が明確に評価され,住居の利益を賃金に含ませたものとみられるので,その評価額を限度として住宅貸与の利益は労基法上の「賃金」に該当することになります(厚生労働省労働基準局編『平成22年版・労働基準法(上)』164頁)。

そして,住宅の貸与が労基法上の「賃金」に該当することとなった場合,理

論的には，労基法24条が適用され，労働組合との労働協約がなければ，同法の通貨払いの原則にも違反することになります。

ウ 食事の供与

食事の供与についても，「通貨」ではなく，「物又はその他の利益」に該当し，当事者も福利厚生に含まれると考えているのが一般的であるといえますので，「賃金」に該当せず，「福利厚生給付」と考えます。

行政解釈はこの点，食事の供与は，代金を徴収している場合，あるいは，代金を徴収しているか否かにかかわらず，

> ① 食事の供与のために賃金の減額を伴わないこと
> ② 食事の供与が就業規則，労働協約等に定められ，明確な労働条件の内容となっている場合でないこと
> ③ 食事の供与による利益の客観的評価額が，社会通念上，僅少なものと認められるものであること

のいずれの条件も満たした場合，福利厚生給付として労基法上の「賃金」には該当しないと考えています（昭30.10.10基発644号）。

ただし，労働者から代金を徴収している場合，徴収金額が実際費用の3分の1以下であるときは，徴収金額と実際費用の3分の1との差額部分については，これを賃金とみなすこととされています（昭22.12.9基発452号）。

一方，食事代の補助については，就業規則（賃金規程）等で，その支給基準が制度化され，使用者に支払義務が課せられている場合には，労基法上の「賃金」に該当することになります。

エ 使用者の支出が個々の労働者について分明できない物又は利益

鉄道会社の従業員に支給される無料乗車証等は，「通貨」ではなく，「物又はその他の利益」に該当し，かつ，使用者の支出が個々の労働者について分明で

ないので，労働の対価とはいえず，「福利厚生給付」であって，労基法上の「賃金」には該当しないものと考えられます。

オ　使用者が労働者の福利厚生のために行う金銭給付等

　使用者から労働者に「通貨」で支払われるものは，原則として「福利厚生給付」ではなく，「労働の対価」として労基法上の「賃金」に該当することになりますが，例外的に「福利厚生給付」と評価されるものがあります。

　その典型としては，雇用の分野における男女の均等な機会及び待遇の確保に関する法律（以下，「雇用機会均等法」という）6条とその施行規則1条において挙げられているもの，具体的には，生活資金・教育資金等の各種資金の貸付，労働者の福祉増進のための定期的な金銭の給付（私的保険の援助（例えば，生命保険会社等と任意に保険契約をした労働者に一定額の補助を行う生命保険料補助金（昭63．3．14基発第150号））や奨学金等），労働者の資産形成のための金銭の給付（財形奨励金，住宅利子補給等）などがあります。これらが「通貨」で支払われるものであるにもかかわらず，例外的に「福利厚生給付」と評価されるのは，従業員の福祉や生活向上を支援するという目的が明確であり，「労働の対償」でないことが明らかなためです。

　ただし，生命保険料補助金と称していても保険契約締結の有無にかかわらず支給されるものは，労基法上の「賃金」に該当しうることになりますし，住宅資金の積立を勧奨し助成することを目的とする住宅積立金制度の一環として設けられたものであっても，一定の支給条件に該当する従業員には，積立金制度に加入しているか否かを問わず支給される住宅助成金は，生活補助費の性質を有する給与として賃金の一種であるとした裁判例があります（日本ソフトウェア事件＝東京地判昭48．9．26判時721-95）。

カ　労働者の必然的な支出を補うものでない金銭給付等

　労働者が法令により負担すべき所得税等（健康保険料，厚生年金保険料，雇用保険料等を含む）を事業主が労働者に代わって負担する場合も，労働者がこ

れにより法律上当然生ずる金銭債務を免れるのですから，この事業主が労働者に代わって負担する部分は労基法上の「賃金」とみなされます（昭63.3.14基発150号）。

さらに，私傷病等による休職期間中，あるいは育児・介護休業期間中において，事業主は，労働者に対し，法令上賃金を支払う義務はありませんが，予め労働契約，労働協約，就業規則等で休職期間中あるいは休業期間中に一定の金銭的給付を行うことが定められていれば，かかる給付は労基法上の「賃金」に該当することになります。

そのため，例えば，休職期間中の社会保険料被保険者（労働者）負担分について事業主が肩代わりした場合，社会保険料被保険者負担分相当額は労基法上の「賃金」とみなされることから，休職終了後，一定期間就労を継続しなければ事業主が肩代わりした社会保険料被保険者負担分相当額を労働者に支払わせる取扱いとなっている場合，賠償予定の禁止を定めた労基法16条に違反するとの意見もあります（平3.12.20基発712号）。したがって，この場合，本来社会保険料被保険者負担部分は労働者が支払うべきものであることから，事業主としては，労働者との間で社会保険料被保険者負担分について事業主が労働者に貸し付けたという形での消費貸借契約を締結し，一定の要件の下で返済を猶予する規定を設けておくことで対応することが考えられます。

(6) 「任意的恩恵的給付」とは

「任意的恩恵的給付」は「労働の対償」とはいえず，労基法上の「賃金」には該当しません。

また，「任意的恩恵的給付」は，使用者に対し，労働者への具体的な給付を義務づけるものでもないことから，労働条件にも該当しないと考えられます。

その典型例としては，結婚祝金，病気見舞金，災害見舞金，近親者死亡の慶弔金（弔慰金）等，慶弔禍福の給付があります。本来使用者はこれらを任意で支給するものですから，「労働の対償」とはいえず，労基法上の「賃金」または労働条件にも該当しないことになります。

ただし、これらの給付であっても、労働契約、労働協約、就業規則などによって予め支給条件が明確にされており、それに従って使用者に支払義務のあるものについては、「労働者の待遇」であることはもちろん、「労働の対償」と認められ、労基法上の賃金として取り扱われることになります（昭22．9．13発基17号）。

このように、一定の支給条件の下で使用者に支払義務があるか否かが、「任意的恩恵的給付」に該当するか、労基法上の「賃金」に該当するかの重要な判断要素となります。

退職金や賞与についても、それを支給するか否か、いかなる基準で支給するかが専ら使用者の裁量に委ねられている限りは、「任意的恩恵的給付」であって、福利厚生にも該当せず、労基法上の「賃金」ではありません。裁判例においても、「奨励金」の一部をこの基準から労基法上の「賃金」でないと判断したものがあります（中部日本広告社事件＝名古屋高判平２．８．31労判569-37）。

しかしながら、退職金については、労働契約、就業規則、労働協約等により、退職金を支給することおよびその支給基準が定められていて、使用者に支払義務があるものは労基法上の「賃金」に該当するものと考えられています（昭22．9．13発基17号、住友化学事件＝最三小判昭43．5．28労判361-11）。賞与についても、労働協約、就業規則、労働契約等で支給時期と額の決定方法などが定められていて、それに従って各時期に決定・支給されるものであれば、労基法上の「賃金」となります。

ただし、退職金や賞与が労基法上の「賃金」に該当する場合であっても、退職金や賞与は、いわゆる時給、日給、月給と比べれば、その「労働の対償」としての性質が低いことから、例えば、

① 時給、日給、月給は労基法15条１項の労働条件の明示義務があるのに対して、賞与や退職金にはそのような義務がないこと
② 時給、日給、月給は就業規則の絶対的必要記載事項であるのに対して、賞与、退職金は相対的必要記載事項になっていること

③ 退職金の場合，労基法91条に定める減給の制裁の制限を受けず，懲戒解雇あるいは競業行為を理由とした不支給・減額が民法90条に違反しない範囲で有効とされていること
④ 賞与の場合，支給日に在籍していることを就業規則あるいは労使慣行において賞与支給の要件とすること（いわゆる支給日在籍要件）が有効であることが裁判例上確立した考え方となっていること

となっているといった特徴があります（時給，日給，月給の場合は，そのような支給条件を定めれば，民法90条違反ないし労基法91条違反となって無効となるものと考えられます。詳細は第4章第4節をご参照ください）。

(7) 「企業設備・業務費」とは

　企業が業務遂行のために負担する企業施設や業務費は，当然のことながら，「労働の対償」とはいえず，労基法上の「賃金」には該当しません。
　さらに，企業施設や業務費は，使用者に対し，労働者への具体的な給付を義務づけるものではなく，労働者は結果的に反射的利益を得るにすぎませんから，労働条件にも該当しないと考えられます。

ア　制服，作業服，作業用品代，出張旅費，社用交際費，器具損料

　制服，作業服，作業用品代，出張旅費，社用交際費，器具損料については，「企業設備・業務費」に該当します（制服，作業服については昭23.2.20基発297号，作業用品代については昭27.5.10基収2162号，社用交際費については昭26.12.27基収6126号）。
　ここでのポイントは，制服，作業服といった現物支給ではなく，作業用品代，社用交際費等の金銭給付の場合，それが実費ではなく，一定要件の下，一定額を支給するという取扱いになっている場合でも，その基準が実費に相当する合理的な内容となっていれば，労基法上の「賃金」とは取り扱われないということです。

イ　グリーン車の乗車代金

　出張旅費との関連で，就業規則（出張旅費規程）において，一定の管理職については，出張の際，新幹線のグリーン車に乗車して移動することとなっているような場合，グリーン車に乗車する利益が労基法上の「賃金」に該当するかという問題があります。

　この点については，グリーン車の乗車代金もまた出張旅費として「業務費」に該当することから，それにより管理職が享受するグリーン車に乗車する利益は，事業主が負担すべき「業務費」に対する反射的利益にすぎないことから，「労働の対償」とはいえず，労基法上の「賃金」には該当しないと考えられます。

ウ　自動車維持費，ガソリン代，税金の一部負担

　労働者が私有自動車を社用に提供する場合で，労働協約や就業規則等により，自動車維持費として支給される定額金額，社用に用いた走行距離に応じて支給されるガソリン代は実費弁済であって，労基法上の「賃金」には該当しません。社用提供者に対し，自動車重量税や自動車税の一部が支給される場合も，自動車の使用貸借契約における必要経費の負担と考えられ，労基法上の「賃金」には該当しないものと考えられます（昭28.2.10基収6212号，昭63.3.14基発150号）。

エ　乗務日当

　旅費規程等に基づいて支給されるものであっても，航空機乗務員が通常の業務として航空機に一定区間乗務する場合に支給される乗務日当は，その実体は実費弁償の旅費ではなく，主として航空機に乗務することによって生ずる疲労の防止および回復を図ることを目的とする一種の特殊作業手当としての性格を有するものであるため，労基法上の「賃金」に該当することになります（昭36.5.16　35基収7006号）。

オ　通勤手当，通勤定期券

　通勤手当やその現物支給たる通勤定期券は，労働契約の原則からいえば，労働者の労務提供は持参債務（民法484条）であって，通勤費は労働者が負担すべきものであることから，業務費ではなく，その支給基準が定められている限り，労基法上の「賃金」に該当するものと考えられています（昭25. 1 .18基収130号，昭33. 2 .13基発90号）。そのため，例えば，6カ月ごとに通勤手当や通勤定期券を支給している場合，当該6カ月間の賃金の前払いとなり，賃金台帳に記入しなければならず，平均賃金算定の基礎にも加えなければならないことになります（昭25. 1 .18基収130号，昭33. 2 .13基発90号）。

　また，現物支給のイメージがある通勤定期券の支給の場合も同様に考えられ，労基法24条1項により，労働協約において別途定める必要があると説明されています。しかし，通勤定期券の支給で労基法の「賃金」に該当させ，労働組合がない企業はその支給ができず，また労働組合があっても，その組合員にだけしか支給できないというのは，当事者の合理的意思に反し，滑稽としかいいようのない行政解釈といえます。

　企業が，労基法違反を理由に通勤定期券の支給を中止した場合，「通勤手当を渡せ」という民事上の法的根拠があるわけでもないのに，行政はどう対応するつもりなのか，全く理解できません。労働者の保護の観点からも，そして「物または利益」の提供という側面からも，福利厚生給付と考えるべきです（理論上の問題は，不利益変更時に労働者の被害の程度をどう考えるかですが，その場合は，例外的に通勤手当に準ずるものとして，労働者を保護する観点から考えればよいだけのことです）。

(8)　ストック・オプションについて

　ストック・オプション制度とは，会社が，従業員等に対し，自社の株式を将来においてあらかじめ設定された価格で購入することができる権利を付与し，従業員等が設定価格で株式を購入した後，これを上回る株価で売却することによって利益を得られるようにする制度のことをいいます。この制度は，平成9

年の商法改正によって一般の株式会社も行えるようになり、平成13年の商法改正で、会社法上は取締役・従業員に対する新株予約権の無償の付与と位置づけられるようになりました。

このように、ストック・オプション制度の下では、権利付与を受けた労働者が権利行使を行うか否か、また、権利行使するとした場合において、その時期や株式売却の時期をいつにするかを労働者が決定するものとされています。したがって、この制度から得られる利益は、それが発生する時期および額ともに労働者の判断に委ねられているため、労働の対償ではなく、労基法上の「賃金」には該当しないものと考えられます（平9.6.1基発412号）。

そのため、ストック・オプションの付与それ自体は労基法24条に定める賃金支払方法の諸原則の適用を受けませんが、一方で、労働契約、労働協約、就業規則等で定められた賃金の一部をストック・オプションを付与する方法で支払うことは、労基法24条1項の定める全額払いの原則に違反することになりますので注意が必要です（平9.6.1基発412号）。

また、ストック・オプションが労基法上の「賃金」に該当しないとしても、制度として設けられた以上、労働条件の一部にはなりますので、ストック・オプションを当該事業場のすべての労働者に適用される制度として実施する場合には、労基法89条10号の「前各号に掲げるもののほか、当該事業場の労働者のすべてに適用される定めをする場合においては、これに関する事項」として、就業規則にその旨記載する必要があります（平9.6.1基発412号）。

(9) 法定の額を超える休業補償費

業務上の負傷により休業している労働者に対し、労働協約または就業規則において、休業補償の名目で平均賃金の6割を超える支給を行っている場合、かかる支給は、労基法76条の規定を上回るものの、その全額について休業補償とみるべきであり、平均賃金の6割を超える部分が労基法上の「賃金」に該当するとみるべきではないと考えられます（昭25.12.27基収3432号）。

(10) 実物給与

　所定貨幣賃金以外に使用者が労働者に支給する物や利益についても，①所定貨幣賃金の代わりに支給するもの，すなわち，その支給により貨幣賃金の減額を伴うもの，②労働契約，労働協約，就業規則等で，あらかじめ貨幣賃金のほかにその支給が定められているものは，労基法上の「賃金」に該当することになります（昭22．9．13発基17号）。

　例えば，従業員に自社の株式を支給する場合でも，支給基準が明確にされ，かつ，労働との関連性がある限り，労基法上の「賃金」に該当するものと考えられます（ジャード事件＝東京地判昭53．2．23労判293-52）。

　また，③実物給与であっても労働者から代金を徴収するものは，原則として労基法上の「賃金」には該当しませんが，前述のように，行政通達では，徴収金額が実際費用の3分の1以下であるときは，徴収金額と実際費用の3分の1との差額部分については，これを労基法上の「賃金」とみなすとしています（昭22.12.9基発452号）。

　このように，貨幣賃金ではない実物給与についても，労基法上の「賃金」には該当する場合があることになり，結果的に労基法24条1項の適用を受けることになります。その場合，労働者の同意を得て銀行振出小切手等の交付による場合を除き，法令または労働協約により別段の定めがなければ，賃金支払方法の諸原則の一つである通貨払いの原則に違反することになります。

　一方，使用者がその支給を義務づけられていない臨時に支給される物や利益については労基法上の「賃金」には該当しません。また，祝祭日，会社の創立記念日，または労働者の個人的吉凶禍福に対して支給される物や利益についても労基法上の「賃金」には該当しないものと考えられます（昭22.12.9基発452号）。しかしながら，この場合でも①支給される物や利益が労働者自身の消費を目的とせず，明らかに転売による金銭の取得を目的とするもの，②労働協約には基づかないが，前例もしくは慣習として，その支給が期待されている貨幣賃金の代わりに支給される物または利益については労基法上の「賃金」となり

えます（昭22.12.9基発452号）。いわゆる「仕着せ小遣」制における四季の衣料給付のような労働協約によらない実物給与はこれに当たるものと考えられます。

⑾ 労基法上の解雇予告手当，休業手当，年次有給休暇中の賃金

労基法20条の解雇予告手当，労基法26条の休業手当は，それぞれ特別の政策目的（解雇予告手当の場合は，突然の解雇に伴う経済的不利益の補償，休業手当の場合は，休業期間中の最低生活保障）から，「労働の対償」としてではなく使用者に支払を義務づけるものであるため，労基法上の「賃金」には該当しないと考えられます（なお，通達には休業手当を賃金と解しているものがあります（昭25.4.6基収207号，昭63.3.14基発150号））。

これらの手当に内在する労働者の生活保障の趣旨からすれば，労基法24条に定める賃金支払に関する諸原則の適用においては，労基法上の「賃金」と解するべきであるとの見解もあり，解雇予告手当は実質的に賃金に該当するとして，全額払いの原則により，相殺は認められないと判示した裁判例があります（関西フェルトファブリック事件＝大阪地決平8.3.15労判692-30）。

これに対し，年次有給休暇中の賃金は，労基法が「有給」で休暇を保障したという趣旨からすれば，「労働の対償」として，労基法上の「賃金」に該当すると考えられます。

また，時間外・休日労働，深夜労働に対して支払われる労基法37条の割増賃金は，その性質上，「労働の対償」として，労基法上の「賃金」に該当します。

5　その他労働関連法令上の「賃金」について

労働契約法や労基法以外の労働関連法令にも，「賃金」という文言が用いられています。

そのうち，最賃法，労安衛法，賃金の支払の確保等に関する法律における「賃金」は，労基法上の「賃金」と同一と考えられます。

第3節

報酬に関する民法の諸原則

　労働に従事した対価である報酬について民法は，その報酬を得るための債務（労働に従事すること）の履行について，基本的な事項を定めています。したがって，労基法上の「賃金」についても労働者保護の観点から労基法上の修正がなされていない限り，その債務の履行の原則が適用されることになります。

1　労働の対価（民法623条）

　報酬は，労働に従事した対価です。
　民法623条は，「雇用は，当事者の一方が相手方に対して労働に従事することを約し，相手方がこれに対してその報酬を与えることを約することによって，その効力を生ずる」と定めています。この条文は，雇用が双務契約であること，および労働者が労働に従事する債務を負担し，その対価として，使用者が報酬を支払う債務を負担することを明らかにしたものです。
　したがって，契約成立後の契約の履行の場合においては，労働者が労働に従事しない限り，その対価としての報酬は発生しないことになります。この原則が「ノーワーク・ノーペイ原則」といわれるものです。当然のことながら，この「ノーワーク・ノーペイ原則」も私法上の原則ですので，当事者の意思で異なる合意ができ，それが「約束」として当事者の債務となります。
　その代表的な例が，完全月給制のように給与計算期間内にノーワークがあっても当事者間で合意した期間に対する報酬を支払うものです。また，家族手当や住宅手当等は，生活手当としてノーワークであっても賃金を支払うこととし，仕事手当の部分についてはノーワーク・ノーペイの原則通りという内容の合意

をするものもあります。

　ただし，完全月給制に関して実務で重要なのは，不誠実なノーワークに対して賃金を支払うことがあってはならず本来，当事者の意思としても，そのようなことを想定しているとは考えられないため，病気のようなやむをえない欠勤で，かつ会社が承認したノーワークに対してのみ報酬を支払うことが合理的な意思解釈であるといえます。

　この点，平成23年3月11日の東日本大震災の際には，厚生労働省から「東日本大震災に伴う労働基準法等に関するQ&A」が出され，その中で，完全月給制を前提として，就業規則等で天災地変等の不可抗力による休業について，休業時間中の賃金，手当等を支払うことを予定している会社が，計画停電に伴う休業中の時間に賃金を払わないこととすることは，労働条件の不利益変更に該当するため，賃金や手当等を支払わないこととすることはできないと述べられています。

　しかしながら，この見解については，完全月給制度は，全従業員が働かない場合，すなわち，会社が全く収入の道を断たれた事態を想定した上で合意された内容でないことは明らかであり，このような事態においては賃金発生を考えること自体，当事者の意思に反し，また，このような約束をしている企業があるかのような説明は実務に混乱を与えるだけです。

　したがって，実務でトラブルがないよう賃金規定にも明記し，かつ，労務管理を徹底し，ルーズな取扱いにならないように注意しなければなりません。

2　弁済の提供の方法（民法493条）

　労働に従事し，報酬を発生させるためには，従事する労働が「約束」の内容に従ったものでなければなりません（弁済の提供の方法＝本旨弁済）。

　民法493条は，「弁済の提供は，債務の本旨に従って現実にしなければならない」と定めています。これは，労働者の労務提供は，約束（債務の本旨）に従ったものを現実に提供しなければならないということを意味しています。

このことは，例えば，約束した労働時間が「8時間」であれば「4時間」の労働は約束違反であり，「100万円の売上げが必要」であれば，「50万円の売上げ」では約束違反であり，「8時始業時刻」であれば「9時出社」では約束違反ということを明らかにするものです。

この点について，裁判例は，労働者が怠業や一部労働拒否などの瑕疵ある労務の提供をしている場合には，その瑕疵の内容や程度によっては債務の本旨に従った労務の提供とはいえないとして，使用者が労務の提供を受領することを拒否しても，使用者は賃金支払義務を負わないとしています（JR東海事件＝東京地判平10.2.26労判737-51）。

したがって，労働者は，労務提供という債務を履行して報酬を得るためには，債務の本旨，すなわち約束に従って労務提供を行う必要があります。

そのために労働者は，その約束に従って労務を提供するという「意思」とそれを実現できる「能力」を有していなければなりません。そして，今日，賃金やバックペイ（解雇期間中の賃金請求権）を求める裁判でこの「意思」と「能力」の有無が争われています。

まず，この「意思」論をめぐって争われる事例が，解雇無効とバックペイです。

労働者が解雇された後，その使用者の下では今後の良好な職場の環境を維持することができないとして他社に転職し，新たな職場で業務に専念している場合には，契約に従った労務提供の意思がないことになるので，その後解雇が無効とされたとしても，賃金は発生しないことになります（ペンション経営研究所事件＝東京地判平9.8.26労判734-75）。

この場合には，当該解雇について不法行為が成立するかをめぐっての損害賠償論になります。

なお，後に述べる「解雇期間中の賃金と中間収入」の問題は，労働者がその

解雇した使用者の下で働く「意思」と「能力」を有したうえで，労務の提供をしているにもかかわらず，使用者が受領拒絶している状況において，労働者が生活のためにその間労働し，収入を得ていた場合，その収入をバックペイから控除できるかという問題ですので，債務の本旨に従った労務提供の意思がない場合とは区別して考える必要があります。

実務においては，上記(4)のような，他社に転職し，解雇された会社に対しては債務の本旨に従った労務提供の意思がないという事案が増加していると思われます。

その原因は，まさに社会問題ともなっている急激な非正規社員の増加にあります。非正規社員の場合，外部労働力市場であり，正規社員に比べ転職の不利益が小さく，かつ，再就職も容易であり，労働者に転職の経験もあるという事情もあります。

したがって，復職にこだわらず，解雇された使用者との問題を早く片づけて転職したいという要望を持つ労働者が紛争調整委員会のあっせんや労働審判の調停で一定の解決金を得るため，復職の意思を示しながら争っている事例が多く見られます。

そこで多くの事案が，復職なし，少額な解決金で和解や調停によって解決しており，実務においては，外部労働力市場の非正規社員の解雇ないし雇止めについて，金銭賠償システムへの移行が進んでいると評価できます。

また，この「意思」論が問題となっている事例が2008年のリーマンショックにより契約解消された派遣社員の整理解雇事件です。詳しく論じる必要はないと思いますが，派遣切りは当時大きな社会問題に発展し，派遣法改正論議につながりました。

多くの派遣社員が故郷を離れ，その勤務する企業の寮やその周辺の地域に生活の場を築いていたわけですが，契約解消後，その派遣社員の多くは故郷に戻ったり，他の職場を求めて住居を移したりして，その企業への労務提供意思を失っているか，その準備がなされていなかったはずです。

ところが，一緒に整理解雇された派遣社員に対して，解雇無効，バックペイ

の支払がなされているという状況を解雇から2～3年後にインターネット等で知り，自分もバックペイを求めて地位確認とバックペイの支払を請求する訴訟を提起するという状況があります。

解雇の有効性，損害賠償の有無は別として，解雇が無効であっても，このような場合，労務提供の意思を有していたとはいえず，バックペイは発生しないといえます。このような問題を抱えることもあって，この種の事件は早期に金銭解決がなされており，ある意味でこれも金銭賠償の流れともいえます。

また，この点は，正規社員で解雇後，長期間を経て提訴してきた場合にも同様のことがいえると考えられます。

次に重要なものは，その約束した労務提供をできるかどうかの「能力」論です。特に，これをめぐって争われているのが，病気休職後の復職の可否の問題です。

その前提として，企業には通常多くの職務が存在し，かつ職種変更が行われ，各職務ごとに求められる知識・能力や身体的・精神的負荷に差があることから，どの職務について約束に従った労務提供の能力の有無を判断するのかが争点となります。

この点について裁判例は，「労働者が職種や業務内容を特定せずに労働契約を締結した場合においては，現に就業を命じられた特定の業務について労務の提供が十全にはできないとしても，その能力，経験，地位，当該企業の規模，業種，当該企業における労働者の配置・異動の実情及び難易等に照らして当該労働者が配置される現実的可能性があると認められる他の業務について労務の提供をすることができ，かつ，その提供を申し出ているならば，なお債務の本旨に従った履行の提供があると解するのが相当である」としています（片山組事件＝最一小判平10．4．9労判736-15）。簡単にいえば，職務特定者（スペシャリスト）は，その契約内容で特定した担務だけで約束に従った労務提供の能力の有無が判断され，そして，ゼネラリストの正社員の場合は，正社員の業務全体について約束に従った労務提供の能力があるか否かが判断される可能性が出

てきます。

　そして，その職務に対する能力として当職は，

> ①　契約で定められた所定労働時間（通常1日8時間）働けること
> ②　始業時刻に独力で安全に通勤し，終業時刻にも安全に帰宅できること
> ③　所定労働時間内であれば，通常の業務ができること（事務職であればパソコン等を使用して業務ができること，製造の現場作業職や技術職であれば，機械や工具を使用して安全に作業ができること）
> ④　他の従業員とコミュニケーションを図り，良好な人間関係を職場において築けること
> ⑤　国内出張ができること
> ⑥　一定範囲であれば時間外労働（20時間前後）ができること

という内容が本旨弁済をするための能力として要求されるものと考えています。

　なお，この問題について，休職期間途中の復職の場合には賃金の問題ですので，契約どおりの労務提供を求める姿勢でよいと思いますが，休職期間満了時の復職については，雇用問題となりますので，一定の配慮をした形で労務提供を受け取るべきであり，前記⑤・⑥については一定期間免除することが実務上求められると考えます。また，この点を意識して主治医や産業医の判断内容で⑤および⑥を制限するものが増加しているといえます。

　この点は，休職期間満了について，当然退職の事由を規定している会社が多数ですが，契約が終了するという効果は解雇の規定の場合と同様ですので，その復職に一定の配慮を行うことが裁判所から求められる可能性が高いと考えて対応したほうがよいといえます。

　最後に，民法493条但書は，「債権者があらかじめその受領を拒み，又は債務の履行について債権者の行為を要するときは，弁済の準備をしたことを通知してその受領の催告をすれば足りる」と規定していますが，これについては，契

約した労務提供をする意思と能力があることを催告すれば，現実に提供しなくても足りるということを意味しています。

　使用者が労働者を解雇した場合，その有効性を前提として労働者の労務提供の受領を拒絶します。この場合，賃金発生の有無が争点になりますので，民法493条本文によれば，労働者は現実に労務提供をしておかなければ，すなわち，勤務場所である会社に始業時刻に出社し，その受領を求める必要が生じることになります。

　その例外として，但書は，このように使用者が労務提供受領を拒絶している場合には，労働者はその意思と能力があることを通知しておけば前述のような行動で毎日，本旨に従った労務提供の受領を求める必要はないということを規定しています。

　実務では，会社の始業時刻に，当該労働者が，労働組合ないし支援者と一緒に会社に来て労務提供の受領を求めると社内が混乱しますので，出社しなくともその労務提供の意思があることを認めて，その中止を求めることになります。ただし，この場合には，前記2の労務提供の意思と能力が問題となるような場合を想定して慎重に対処する必要があるといえます。

3　弁済の場所（民法484条）

　労務提供をする場合は，原則として，会社の現在の住所においてしなければなりません（持参債務）。

　民法484条は，「弁済をすべき場所について別段の意思表示がないときは，特定物の引渡しは債権発生の時にその物が存在した場所において，その他の弁済は債権者の現在の住所において，それぞれしなければならない」と定めています。この意味は，原則として，労働契約の関係を論じるのは，労働者が会社の勤務場所において労務提供の意思を示してきてからの問題であることを明らかにしています。

　したがって，通勤はすべて労働者側の問題であって，天災事案であろうと，

節電のため通勤手段が喪失した場合であろうと，労働者は会社の勤務場所に行かなければ労務提供したといえず，賃金は発生しないことになります。

今回の平成23年3月11日に発生した東日本大震災においても，この問題がクローズ・アップされましたが，本節の1でも述べたように，この問題の本質は，まさにノーワーク・ノーペイの問題といえます。

もちろん，私法上の原則ですので，別の内容を合意することが許されますが，慎重な対応が必要です。企業にとっては無用なコストを負担することがないよう注意する必要があります。

労務提供は持参債務であり，通勤は労働者の負担という前提があるのが労基法の取扱いです。①労基法19条の解雇制限，②同39条の年次有給休暇および③第8章の災害補償の規定は，すべて業務災害には適用されても，通勤災害には適用されないこととされています（なお，通勤災害は労災保険法で救済されるのみです）。

したがって，通勤に係る費用も当該労働者の負担となります。この点については民法485条本文が「弁済の費用について別段の意思表示がない時は，その費用は，債務者の負担とする」と規定していますが，これは確認規定であるといえます。

ところで，同条但書は「債権者が住所の移転その他の行為によって弁済の費用を増加させたときは，その増加額は，債権者の負担とする」と規定しています。契約で転勤が予定されている契約については，原則どおり本文の処理で足りると考えますが，パート勤務のように勤務場所が特定されている場合には，但書の適用の有無について議論になる可能性があるといえます。

しかし，実務では，実費額相当の通勤手当が支払われるのが一般的であり，そうでなくとも，勤務場所の移転には，パート勤務者の同意が必要ですので，その同意内容の問題で処理されることになりますので，但書の適用問題は事実上ないと思います。

4　報酬の支払時期（民法624条）

　報酬は，原則として，労務提供終了後に支払われます（後払いの原則）。

　民法624条1項は「労働者は，その約した労働を終わった後でなければ報酬を請求することができない」と定めています。

　これは，報酬（賃金）は，労務提供の後で支払われるという後払いの原則を明らかにするものです。

　労務提供後，どの程度の期間内に報酬が支払われなければならないかについては，明確な規定がなく，当事者の合意によることになりますが，その期間については民法90条の公序良俗によって制限されることになると思われます。

　また，この原則は，後で説明する労基法24条2項の毎月1回以上一定期日払い，同25条の非常時払いにより修正されることになります。

5　債務者の危険負担等（民法536条）

　債務者（労働者）による約束に従った労務提供が現実になされたにもかかわらず，債権者（使用者）がこれを受領しなかった場合には，危険負担の問題になります。

　民法536条2項前段は，「債権者の帰すべき事由によって債務を履行することができなくなったときは，債務者は，反対給付を受ける権利を失わない」と定めています。

　しかし，ここで重要なのは，この法理が適用されるためには，

① 債務者が約束した内容の労務提供の「意思」と「能力」があること
② その労務提供が約束された場所（通常は使用者の事業場）で現実に提供されること

が前提として必要とされるという点です。

そして，この前提要件を満たしているにもかかわらず，使用者が受領を拒絶した場合に，労務提供につき債務者である労働者に賃金請求権が発生するかという点が問題になります。

この「債権者（使用者）の責めに帰すべき事由」の説明については，第3章第3節の5(1)を参照してください。

この条文の後段の「自己の債務を免れたことによって利益を得たとき」の解釈については，第13章第1節の6(3)を参照してください。

第4節 賃金に関する労働法の規制

　前節において，対等契約であることを前提とする「報酬」に関する民法の諸原則を説明しましたが，本節は労働者保護を目的として制定された労働法の「賃金」に関する法規制を説明します。労働法上の「賃金」の意味については，本章第2節で説明したとおりです。

1　賃金額の明示（職安法5条の3第3項）

　職安法は，憲法27条1項の「すべて国民は，勤労の権利を有し，義務を負ふ」との規定を受けて労働市場の適正な運営のために制定された法律であり，同法は，公共職業安定所および職業紹介事業者は，職業紹介に当たり求職者に対し，そして，求人者は求人の申込みに当たり公共職業安定所および職業紹介事業者に対し，求職者が従事すべき業務内容および労働条件を明示しなければならず，そのうち賃金等の基本的事項については書面で明示しなければならないとしています（職安法5条の3第3項，同法施行規則4条の2）。

　そして，この職業安定法上の規制は，憲法27条1項が定める健康で文化的な生活を行うための前提となる勤労する権利を適切に行使することを確保するため，賃金額の明示を義務付けています。

2　最賃法の規制

　最低賃金制度とは，国が，労働契約における賃金の最低額を定めて，使用者に対してその遵守を強制する制度です。上記のように，職安法の規制によって，

賃金額は明示されることになります。しかし，民法の対等原則の下での労使間の交渉では，経済状況や労働市場の状況によっては著しく低額な賃金による労働契約の締結が発生し，労働者の生存，安定生活を確保することはできなくなる可能性があります。そこで，労基法28条および最賃法は，最低賃金を定めることによって，著しく低額な賃金による労働環境を防止し，労働者が生存，安定生活を図れるよう，最低賃金額を定めています。これは，憲法27条2項が国に対して要求している労働条件に関する基準の法定の中核をなすものです。なお，この最低賃金制度についての詳細は，第3章第5節で詳しく説明します。

3 支払担保（通常時には労基法24条・25条，危殆時においては賃確法）

賃金は労働者が生活をしていくうえで不可欠なものですので，労働者に対して賃金が確実に支払われるようにする必要があります。このため，労基法はいくつかの賃金の履行確保のための制度・原則を設けています。

第1に，賃金は通貨で支払わなければなりません（24条1項，通貨払いの原則）。これは，価格が不明瞭で換価にも不便である現物給与を禁止し，労働者にとって最も安全で便利な手段で賃金を受領させることを保障するための規定です。

第2に，賃金は直接労働者に支払わなければなりません（24条1項，直接払いの原則）。これは，親方や職業仲介人が賃金を代理受領して中間搾取を行うことや，年少者の賃金を親が奪い取ること等を防止するための規定です。

第3に，賃金はその全額を支払わなければなりません（24条1項）。これは，賃金を確実に受領させることにより労働者の経済生活の安定を確保するための規定です。

第4に，賃金は毎月1回以上，一定の期日を定めて支払わなければなりません（24条2項，毎月1回以上一定期日払いの原則）。これは，賃金支払期日の間隔が長すぎることおよび支払日が一定しないことによる労働者の生活上の不安定を防止するための規定です。

第5に，使用者は，労働者が出産，疾病，災害その他の命令で定める非常の場合の費用に充てるために請求する場合においては，支払期日前であっても，既往の労働に対する賃金を支払わなければなりません（25条）。

　これらの制度・原則については，第3章の第1節および第2節で詳細に説明します。

　以上は平常時に関する支払担保のための労基法上の制度ですが，会社が倒産した場合等，使用者が賃金支払能力を失った場合における未払賃金については，賃金の支払の確保等に関する法律（以下，「賃確法」という）において立替払制度を定めています。これについては，第13章第5節で詳細に説明します。

4　労働不能状態に対する保護（労基法26条・27条等）

　民法623条によれば，労働に従事することと賃金とは対価関係にあり，労働に従事しない場合には賃金請求権は発生しないことになります（ノーワーク・ノーペイの原則）。しかし，その労働不能が債権者である使用者の責めに帰すべき事由によるものである場合には賃金請求権が発生します（民法536条2項，危険負担）。

　また，労働不能が使用者の責に帰すべき理由による場合は，使用者は，労働者の休業期間中，平均賃金（労基法12条1項）の6割以上の休業手当を支払わなければなりません（同法26条，休業手当）。そして，この帰責事由については，危険負担における帰責事由よりも広く解されており，危険負担によって賃金請求権が発生しないものについても保護が図られています。

　また，出来高払制その他の請負制で使用する労働者については，使用者は，労働時間に応じて一定額の賃金を保障しなければならないとされています（同法28条）。この規定は，出来高払制下にある労働者の実収賃金が，客不足や原料粗悪などの労働者の責めに帰すべきでない事由によって著しく低下するのを防止するためです。

　これらについては，第3章第3節および第4節で詳しく説明します。

5　労働の「量」に対する賃金支払（労基法32条・36条・37条）

　労基法は労働と賃金との関連について，「量」に対する支払を一定の範囲で求めています。

　まず，32条で「1週40時間，1日8時間労働」を定め，週40時間または1日8時間を超える労働をさせる場合については36協定を締結して，37条の割増賃金を支払えというのが法の原則です。これは8時間を超えて労働させた場合は119条により6カ月以下の懲役または30万円以下の罰金が科されるわけですから，違反しないためには労働時間を正確に算定して（労働時間算定義務）8時間を超えないようにする，または超える場合は36条の手続をとって，超えた時間には割増賃金を支払えという趣旨です。

　したがって，労働の量が増えたら賃金を割り増しして支払えという「割増賃金」の中に，労働時間つまり「労働の量」を賃金支払の基準にするという考え

労基法における労働時間ルール

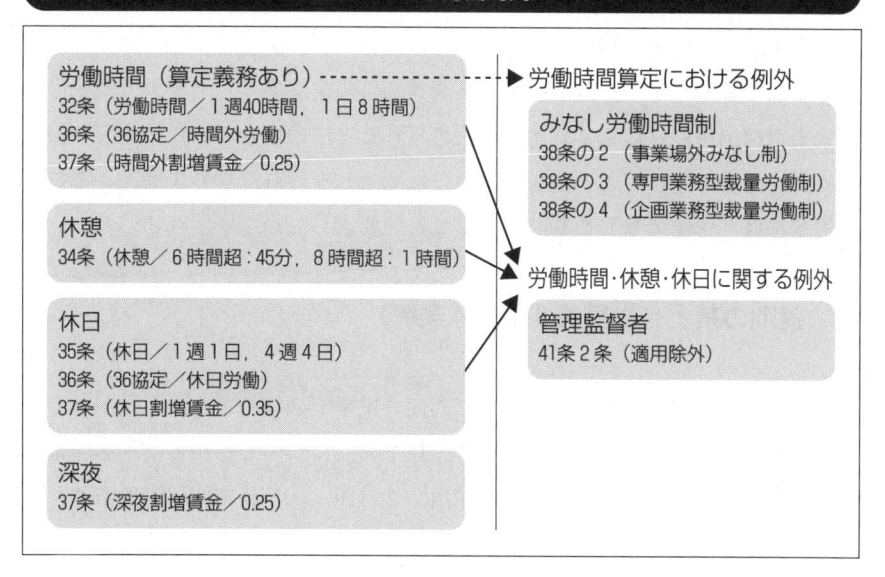

労働時間（算定義務あり） --------→ 労働時間算定における例外
- 32条（労働時間／1週40時間，1日8時間）
- 36条（36協定／時間外労働）
- 37条（時間外割増賃金／0.25）

みなし労働時間制
- 38条の2（事業場外みなし制）
- 38条の3（専門業務型裁量労働制）
- 38条の4（企画業務型裁量労働制）

休憩
- 34条（休憩／6時間超：45分，8時間超：1時間）

休日
- 35条（休日／1週1日，4週4日）
- 36条（36協定／休日労働）
- 37条（休日割増賃金／0.35）

労働時間・休憩・休日に関する例外

管理監督者
- 41条2号（適用除外）

深夜
- 37条（深夜割増賃金／0.25）

方が含まれているといえます。

　ただし、労基法41条2項の「監督若しくは管理の地位にある者」に該当すれば、使用者には労働時間算定義務はなく、また割増賃金の支払対象にはなりません。とすれば、この人たちにはすべての賃金について「労働の質・実績」に基づいて決定できることになります。ここから年俸制の導入も容易になります。

　しかし、「監督若しくは管理の地位にある者」に該当しない32条・36条・37条適用者に年俸制を導入しようとしても、「割増賃金」を繰り込むのは難しい操作が必要になりますし、もともと「労働の量」を基準とする割増賃金と「労働の質・実績」を基準とする年俸制とは相容れません。割増賃金は、労働の量が増えればそれだけ成果が上がる、ベルトコンベヤーが回り続ける分、8時間が9時間になればその分当然製品が増える、その分収益が上がるから配分もできる――といったブルーカラーのシステムです。

　一方、ホワイトカラーについては、「労働の量」が増えても成果が上がるとは限りません。そこから「監督若しくは管理の地位にある者」とは別に、企画・調査等のスタッフ職に対して、「労働の量」から切り離した形での賃金設定、つまり割増賃金の世界とは別の世界を新たに設定したのが38条の4の企画裁量労働制です。

　労基法ではもう1つ、27条に出来高請負制の規定があり、一定の労働給付の結果または出来高に対して賃金率が決められる方法の場合であっても、全額は認めずに労働時間に応じ一定額の賃金の保障をしなければなりません。ここでも労基法は「労働の量」を基準とすることを要求しています。

6　差別の禁止（労基法3条・4条等）

　労働契約は使用者と労働者という私人間の民事上の契約です。したがって、本来は民法の対等契約の原則に基づき、以下の点について自由に契約を締結できることになります。①契約締結（採用）の自由、②契約内容（労働条件）決定の自由、③契約解消（解雇）の自由が認められることになります。そして、

賃金については，②の契約内容（労働条件）決定の自由の一環として，労使の合意で自由に決定することができるはずです。

しかし，労基法3条は，「使用者は，労働者の国籍，信条又は社会的身分を理由として，賃金，労働時間その他の労働条件について，差別的取扱をしてはならない」と定め，また4条は「使用者は，労働者が女性であることを理由として，賃金について，男性と差別的取扱いをしてはならない」と定め，国籍，信条，社会的身分，性別によって賃金を差別することは認められないとしています。このように，労基法は，賃金について一定の事項による差別を禁止しています。

これについては，第2章の第1節および第2節で詳細に説明します。

7　集団的労使関係の調整による賃金額の交渉の促進（憲法28条，労組法，労働関係調整法）

労働契約は使用者と労働者という私人間の民事上の契約です。したがって，契約内容（労働条件）決定の自由から，賃金の決定は労使間の自由な取引に委ねられます。しかし，これでは著しく低額な賃金による労働関係が発生する恐れがあるため，労働者と使用者間の取引における交渉力の対等化を図るため，憲法28条は労働者に労働組合を組織して使用者と団体交渉を行うことを保障しています。

しかし，前述したように，労働者の賃金は，最賃法によってその最低額が保障されています。とすれば，労働組合による使用者との交渉は，最低基準についてではなく，プラスアルファの賃金についての交渉になるとも思えます。そうだとすると，この労働組合の交渉は，生存権には関係しない自由権的なものであるといえます。

しかし，法律によって最低賃金が決められたとしても，現実としてその最低基準が守られるとは限りません。このような場合には，絶対的な力の格差がある使用者と対抗して，最低賃金を守らせる必要があります。このため，労働組

合という集団の力を利用して，最低基準違反を是正させるという必要が出てきます。このように，労働組合における集団の力は，最低効を維持し，生存権，すなわち，健康と安全生活を保障する重要な機能であるといえます。

第5節 賃金に関する契約・慣行による規制

　賃金に関しては，民法や労働法のような法規制だけでなく，労働契約の本質論および日本の雇用慣行からも，一定の規制があるといえます。

1　労働契約と賃金

　労働契約は，基本的には労働者が使用者の指揮命令下で労務提供をし，その対価として賃金を取得することによって成立します。そして，賃金は基本的には労働条件ですから，その決定あるいは支払方法等については，契約自由の枠の中で，労使の合意により自由に設定できます。当事者間で合意すれば，賃金は年功に基づいて支給しようが，あるいは発揮された能力の成果・業績に基づいて支給しようが自由です。

　しかし，労働契約の本質論からすると，一定の制約があるのではないかと考えます。それは「請負」との違いです。請負とは仕事の完成，労働の成果を約束する，ある意味では結果が債務になる契約です。一方，労働契約では「労働の成果」は使用者側が負っています。使用者は成果を実現するために，労働契約により，自分の指揮命令の下で他人に労務を提供させるわけで，「成果」という結果は，使用者の責任の下で発生するはずです。したがって，こうした労働契約の本質から考えると，純然たる労働の成果，顕在化した具体的な能力の結果ですべてを判断して賃金を支払うとなると，請負との関係からしておかしいのではないかと思います。

　やはり，成果だけではなく，成果を上げようとする労務提供の過程なり，そこでの本人の努力なりを評価しないと，賃金の本質を見失ってしまいます。そ

の意味では労働契約という枠の中で,労働時間数,労務態度および保有能力は絶対にはずせないと思います。

　もう一つ,労働の提供は―今のところブルーカラーを想定すれば―「協働」の中で行われますから,この集団的労務提供という性質を外して議論はできません。つまり使用者が考える目標の達成,仕事の完成のために多くの人たちが一緒に協働して努力を重ねるわけですから,「協調性」という面での評価もはずせないことになります。

　こうしてみてくると,「成果」に着目することは理解できますが,請負とは異なりますから,完全な「成果主義」が成り立つかといえば,当然論争になるわけです。

2　日本の雇用システムと賃金

　日本の雇用社会からみて賃金はどのように位置づけられるかということを考えることも重要です。

　まず,国が国民に対して約束しているのは,「安全を守ること(国防)」と「食わせること(餓死させないこと)」です。そして「食わせる」ための方法は税金システムと賃金です。この両者のバランスをどうとるかは国家体制のあり方にかかわりますが,憲法27条が勤労の権利および義務を定めているのは,労働者は労働によって賃金を得て家族を養って生活をしていくことを基本に置いていることを示しています。したがって,ここでも賃金で国民は食うことが日本の原則になっており,賃金に対する拘束力が働くことになります。

　そして賃金で食うとなると,みんなが働けるように場所を用意するための完全雇用政策が必要になります。用意できなければ雇用保険の失業給付で生活してもらうわけです。一方,使用者には採用の自由はありますが,労使の合意によりいったん採用した以上は終身雇用するという慣行が出来上がりました。つまり,契約期間の定めのない者については本来いつでも解約の自由があるというのが制定法の趣旨ですが,これを労使の意思で正社員については長期雇用を

保障しようというものです。

　もともと，終身雇用制は，官公庁において有能な人材を入れるために導入され，それが民間でも広まったわけですが，使用者側の狙いは，技術革新を容易にすることにあります。しかし，そのために解雇の道を選択すると集団的労使紛争に至る恐れがあるので，それを避けるために職種変更をしてでも雇用を継続し，技術革新を図ろうとしたのです。これが終身雇用慣行の大きなポイントです。労働者側にとっても，10年先，20年先が見通せるようになるというメリットもありました。この終身雇用を担保したのが「生活できる最低の賃金額」を保障する最賃法でした。

　そして，法と雇用社会のこうした知恵を，解雇を制限することで担保したのが裁判所の解雇権濫用の法理です。つまり，雇用社会が自分たちで長期雇用の約束をしたのだから，解雇するには合理的理由が必要だという法理です。さらに，いったん採用した人たちを解雇しなければならないほど経営が苦しいときには，雇用調整助成金により出向なり一時休業なりの形をとらせながら解雇を回避させる仕組みもあります。

　こうした雇用社会の枠組みの中で，「雇用を守り食える賃金を払う」となれば，賃金の決め方もその度ごとの成果・業績で決める必要はなく，採用から退職までの長期間の中で決済すればいいというシステムが出来上がります。そこで年功序列賃金が出てきます。

　同じ顔ぶれで長期雇用するとなると，その秩序を維持するには勤続4年の者は勤続1年の者より常に重んじられるという年齢バランスを考慮しなければなりません。そうすると，26歳で勤続4年の者の下に27歳で勤続1年の者はつけられません。そのため，新卒一括採用をして，教育と異動により社内キャリアをつけさせ，仕事も賃金も勤続によって上昇させていく年功人事が出来上がるのです。

　そこには，勤続をみれば能力もおよそ見当がつくという発想があり，勤続が能力を図る代替指標たりえていた時代，つまり例えば昭和30～40年代の"金の卵"（中卒者）たちは一緒に工場に入り熟練を積んで能力を高めていきましたが，

そのブルーカラーの熟練システムの賃金体系が年功賃金であるといえます。したがって，高学歴で能力に違いのあるホワイトカラー層にも年功賃金を適用するのは矛盾があるのです。

そこで，賃金額の決定は，家族が食える賃金として，「生計費」を参考あるいは基準にせざるをえません。使用者側にとっては低コストシステム，つまり15歳で入れば25歳くらいまでは結婚しないから安い賃金かつ良い機械で安い製品をたくさん作って海外に輸出して高度経済成長を果たしたわけですから，まさにその基盤になったわけです。

こうして「食える賃金」をベースに年齢とともにそれが上昇していく賃金論が日本の雇用社会の中で約束事となっていったわけで，この「食える賃金」をはずした形での賃金体系を持ち込むとしても，どうしてもそこには限界がありはしないかということになります。

話をわかりやすくすると，成果主義の会社で同じ能力の22歳の新卒採用者A男，B男，C女，D女がいて，賃金は同じ20万円の場合，A男とC女が結婚して両方とも仕事を続ければ収入は40万円，B男とD女が結婚してD女が会社を辞めて子供を3人産んだとしても，収入は20万円。これでいいかどうかです。

国民に「食わせる」という約束，そして将来の雇用社会を維持するためには子育てが必要であることを考えると，企業の賃金論としては「契約」ということで成り立ちますが，雇用社会の賃金論，「食える賃金」論としてはどうか。やはり1つは家族手当を入れて基本給とセットでバランスをとる考え方が出てきます。それを会社への貢献結果だけが賃金で，家族は関係ないといってしまうと，今度は所得税なり間接税なりを多く取って「児童手当」といった税制で補完する必要が出てきます。

成果・実績主義ですべてをとらえようとすれば，この問題にぶつかります。従来の「賃金で食え」というシステムの下，生活費が上がる中で子供を育てていく社会にあっては，企業といえども一定の制約があるのではないかということなのです。特に近年，この点が問題になっているのが定昇論です。

第 2 章

賃金に関する労基法の各規制の説明(1)

＊本章では，労基法が最低基準効として刑罰をもって使用者にその遵守を求める，賃金に関する法規制のうち，3条，4条，9条，12条，15条，17条及び23条について説明します。

第1節 均等待遇（労基法3条）

> **第3条** 使用者は，労働者の国籍，信条又は社会的身分を理由として，賃金，労働時間その他の労働条件について，差別的取扱をしてはならない。

1 趣 旨

(1) 本条と憲法との関係

本条は，労働者の国籍，信条または社会的身分を理由とする賃金等の労働条件について差別待遇を禁止しており，均等待遇の原則と呼ばれます。

憲法14条1項は，「すべて国民は，法の下に平等であって，人種，信条，性別，社会的身分又は門地により，政治的，経済的又は社会的関係において，差別されない」として平等原則を定めています。本条は，憲法14条1項の理念に則り，使用者と労働者との間の労働関係における労働条件の差別的取扱いの禁止について，労働法分野の基本法である労基法において規定したものです。

憲法14条1項の他に本条が設けられたのは，憲法14条1項は，国と私人との関係を規律するものであって，私人と私人との関係においては，当該差別的取扱いが民法90条の公序良俗違反にあたるか否かの判断要素として考慮されるにとどまり，憲法は間接的に適用されるにすぎません（三菱樹脂事件＝最大判昭48.12.12労判189-16）。したがって，本来民法90条しか及ばないところに，憲法14条の理念を反映させるため，労働社会に現実に適用する規定が必要とされた

のです。

(2) 性別による差別の取扱い

ア 本条は例示列挙か限定列挙か

憲法14条1項には，性別を理由とする差別も禁止されていますが，本条では性別を理由とする差別について規定されていません。

本条は，国籍，信条または社会的身分のみを対象とする限定列挙の規定であると解されます。なぜなら，本条違反については刑罰が科されるところ（労基法119条1号），刑罰法規である本条を類推解釈して適用範囲を拡大することは許されないからです。したがって，本条には性別による差別が列挙されていないため，これを禁止していないことになります。

イ 性別による差別が規定されなかった理由

本来であれば，均等待遇を定めた本条の中に，性別による労働条件も含め，労働条件全般の差別を禁止した方が差別の禁止を徹底することができるといえます。

しかし，労基法には，女性保護，母性保護の観点から，時間外・休日労働，深夜業，危険有害業務，産前産後休業をはじめとした種々の保護規定が設けられています。そうすると，保護を受ける女性の労働の質および量と男性の労働の質及び量とが必然的に異なる以上，処遇上同一に取り扱うことはできないと考えられました。このように，労基法は，保護と平等は両立しないという観点から，労働条件上，女性に対して男性と異なる取扱いをすることを認め，性別については本条から意識的に除外したのです。

そこで，性別を理由とする差別のうち，賃金差別については，次節で説明する労基法4条で禁止し，それ以外の労働条件については，昭和60年に成立し，翌年施行された男女雇用機会均等法で規制していくこととなりました。

なお，わが国は昭和60年に女子差別撤廃条約を批准したことから，女性の母性機能を保護した規定は残しつつ，他の女性保護規定についての見直しをする

ことが求められました。かかる状況を受け，平成9年の労基法改正により，女性労働者の時間外・休日労働制限と深夜業禁止の諸規定が撤廃されました。これらの規定の撤廃によって，労基法は広く「女性」を保護していた法から「母性」保護を中心とした法へと変化しました。

(3) 本条の労働条件には採用条件は含まれない

また，本条は，雇入れ後における労働条件の差別的取扱いを禁止したものであって，雇入れ前の採用段階の条件については適用されません。

判例上も，採用については，「労働基準法3条は労働者の信条によって賃金その他の労働条件につき差別することを禁じているが，これは，雇入れ後における労働条件についての制限であって，雇入れそのものを制約する規定ではない」として，労働者の特定の思想信条を理由とする雇入れ拒否の違法性を否定しています（前掲三菱樹脂事件）。

(4) 実務上問題となる場面

なお，実務上，本条違反として問題となるのは，国籍，信条または社会的身分を理由とする解雇が多いですが，ここでは，賃金差別を中心に説明します。

2 要件

(1) 「国籍」

ア 国籍法

国籍とは，国民たる資格をいいます。

日本国籍の取得については，国籍法において規定されています。同法では，出生による国籍の取得（同法2条），認知による国籍の取得（同法3条），帰化による国籍の取得（同法4条ないし10条）が定められ，出生による国籍の取得については，「出生の時に父又は母が日本国民であるとき」（同法2条1号），「出

生前に死亡した父が死亡の時に日本国民であったとき」(同条2号)として原則として血統主義をとりつつ，例外的に「日本で生まれた場合において，父母がともに知れないとき，又は国籍を有しないとき」として生地主義が採られています(同条3号)。他方，外国人は「日本の国籍を有しない者」と定義されます(出入国管理及び難民認定法2条2号)。

イ 問題となる場面

　本条で主として問題となるのは，日本人労働者と日本国籍を持たない外国人労働者との間で労働条件について差別的取扱いがなされたような場合です。また，二重国籍者や無国籍者についても，これを理由として差別的取扱いをすれば本条違反となります。

　具体例として，日本人との間では期間の定めのない契約を結んでいるのに，外国人労働者との間でのみ有期契約を締結することが本条の国籍を理由とする差別にあたるかという形で問題となることがあります。

　この点については，当該外国人労働者が専門的な職種に就いている場合には，有期契約とするかわりに賃金面においては優遇されていることが多く，処遇の違いは雇用形態の違いによるもので，国籍を理由とする差別とはいえないとされた裁判例があります（東京国際学園事件＝東京地判平13．3．15労判818-55，ジャパンタイムズ事件＝東京地判平17．3．29労判897-81）。

　では，賃金等処遇面において優遇されていなかった外国人についてはどうかという問題があります。この点については，在留資格を得て就労している外国人については，永住者を除き，在留資格に伴う制約として在留期間が定められていますから，当該期間の範囲内で有期労働契約を締結していることが多いと思われます。そうすると，仮に賃金面で優遇されていなくても，在留期間を理由として有期労働契約としたものと考えられますので，当該労働契約期間は，国籍を理由とする差別的取扱いとはいえないと考えます。

　もっとも，永住者については在留期間の定めはありませんから，賃金面の優遇等他に合理的な理由が何も認められなければ，国籍を理由とする差別的取扱

いとして本条違反となります。

ウ 人種

本条の「国籍」には人種も含まれるとする見解（菅野和夫『労働法〈第９版〉』149頁）と，人種については「門地」と同様「社会的身分」に含めるとする見解（厚生労働省労働基準局編『平成22年版・労働基準法（上）』75頁）とがあります。いずれにせよ本条が限定列挙している事由に該当することとなるため，人種を理由とする差別が本条違反となることについて争いはありません。

(2) 「信条」

信条とは，特定の宗教的もしくは政治的信念をいいます（昭22.9.13発基17号）。

なお，本条が対象とするのは，思想，信条そのものを理由とした差別的取扱いであって，特定の思想，信条に基づく労働者の「行動」が企業の秩序に悪影響を及ぼす場合に，かかる企業秩序違反行為を理由に差別的取扱い（懲戒処分等）をすることについては，本条違反とはなりません。

思想上の信念を理由とする差別的取扱いについては，本節の４において詳細に説明します。

(3) 「社会的身分」

社会的身分とは，生来の身分をいうとされています（昭22.9.13発基17号）。

他方で，生来的な身分のみならず，後天的理由によるものであっても，自己の意思によって逃れることのできない社会的な分類であれば，社会的身分にあたるとする裁判例もあります（丸子警報器事件＝長野地上田支判平８.３.15労判690-32）。

上述したように，憲法14条１項は例示列挙であるため，性同一性障害については，憲法14条１項で保障されているものとして民法90条で処理することが可能となります。他方，限定列挙である本条においては，性同一性障害が社会的

身分に該当しなければ，本条では救済されないこととなります*。

> *性同一性障害が社会的身分に該当するかが問題となった裁判例はまだありませんが，性同一性障害の労働者に対する懲戒解雇の有効性が問題となった裁判例（S社〔性同一性障害〕事件＝東京地決平14．6．20労判830-13）があります。
> 　これは，配転を内示された性同一性障害の労働者が，これを承諾する条件として女性の容姿をして就労することを求めたところ，これを受け入れられなかったために配転を拒否したこと，女性の服装，容姿で出勤しないよう命じた業務命令に従わなかったこと等を理由としてなされた懲戒解雇が権利の濫用として無効とされた事例です。
> 　裁判所は，①「性同一性障害者の存在，同障害の症例及び対処方法について，医学的見地から専門的に検討され，これに関する情報が一般に提供されるようになったのが，最近になってからであること」から職場の混乱を避けるために，女性の服装，容姿で出勤しないように命じたことには一応理由があるとしつつ，②性同一性障害は，生物学的には自分の身体がどちらの性に属しているかを認識しながら，人格的には別の性に属していると確信し，日常生活においても別の性の役割を果たし，別の性になろうという状態をいい，医学的にも承認されつつある概念であること，③当該労働者が，性同一性障害により，精神的・肉体的に女性化が進み，他者から男性としての行動を要求され又は女性としての行動を抑制されると，多大な精神的苦痛を被る状態にあったため，女性の容姿をして就労することを認め，これに伴う配慮をしてほしいと求めることは，相応の理由があるといえることに加え，④これに対して使用者が，何らかの対応をしたとは認められず，債権者の性同一性障害に関する事情を理解し，労働者の意向を反映しようとする姿勢を有していたとも認められないとして，本件懲戒解雇を権利濫用にあたるとして無効としました。
> 　性同一性障害は，生まれつき身体的性別と，性同一性に関わる脳の一部とが，一致しない状態で出生したものであって生来的な身分すなわち社会的身分といいうると考えます。
> 　また，上記裁判例も言及するように，性同一性障害が医学的見地から専門的に検討された結果，これに関する社会的認知は進んでいます。そして，こうした流れを受けて，平成15年7月16日に性同一性障害者の性別の取扱いの特例に関する法律が公布され，翌年に施行されるに至っています。
> 　したがって，性同一性障害に対する認知および理解が相当程度進んでいると考えられ，現在においては性同一性障害を理由とする差別が許されないという公序が成立する時代になっていると考えられます。

(4)　「理由として」

「理由として」とは，労働者の国籍，信条または社会的身分が差別的取扱いの「決定的理由」となっていると判断される場合をいいます。

国籍，信条または社会的身分のみを理由に賃金を減額するという使用者はまず存在しません。表面上は勤務成績不良等を理由としていることが多いため，勤務成績不良と思想信条という理由の競合が生じうるのです。こうした場合に，国籍，信条または社会的身分を真の理由，決定的理由として賃金の減額等の差別的取扱いがなされたか否かを判断することとなります（東京急行電鉄事件＝東京地判昭25．5．11労民集1-3-438，紡機製造事件＝神戸地判昭31．7．20労民集7-4-838）。

(5) 「賃金」

賃金とは，「賃金，給料，手当，賞与その他名称の如何を問わず，労働の対償として使用者が労働者に対して支払うすべてのもの」をいいます（労基法11条）。賃金の意味については，第1章第2節においてすでに説明したとおりです。

なお，福利厚生については，「賃金」ではないものの「労働条件」として本条の対象となりますが，これも国籍，信条または社会的身分を理由とする差別的取扱いに限られるもので，性別を理由とする福利厚生差別については，本条の適用はなく，別途雇用機会均等法により保護されています（6条2号，同法施行規則1条）。

(6) 「労働条件」

労働条件とは，労働契約関係における労働者の待遇の一切をいいます。

したがって，本節の冒頭でも述べましたが，賃金・労働時間の他，災害補償・安全衛生・寄宿舎等の労働契約中の条件を含むのはもちろん，労働契約関係の出口である解雇に関する条件についても，労働条件に含まれます（昭23．6．16基収1365号，昭63．3．14基発150号）。もっとも，労働契約関係の入口・出発点である採用に関する条件については，いまだ労働契約関係にないため労働条件には含まれません（前掲三菱樹脂事件）。

(7) 差別的取扱い

　差別的取扱いとは，当該労働者を有利又は不利に取り扱うことをいいます。有利か不利かは社会通念によって判断されます。

3　本条違反の効果

　使用者が本条に違反する差別的取扱いをした場合には，6カ月以下の懲役または30万円以下の罰金に処せられます（労基法119条1号）。

　また，本条違反に該当する法律行為は，強行法規違反として無効とされます。さらに，本条違反の差別的取扱いは強行法規違反の不法行為として損害賠償責任を生じさせることもあります。

　なお，本条の違反は，現実に差別的取扱いをした場合に成立するものですから，労働協約，就業規則等に定められた差別的待遇自体は本条違反にはなりません（石井他『註解労働基準法Ⅰ』68頁）。

4　思想と賃金差別

(1) 思想差別賃金の問題の顕在化

　思想差別賃金の問題の多くは，共産党員等一定の政治的思想を持った者に対する賃金差別という形で問題となっています。共産党員の排除が社会的に大きく問題となったのは，昭和30年代から40年代頃でした。しかし，かかる問題が平成5年の東京電力判決を皮切りに，近時，個人の思想を理由とする賃金差別として問題となっています。

　この点に関しては，昭和の時代においても，思想差別に対する争いがなかったわけではありません。民事訴訟において，賃金格差が思想信条に基づき生じたことの立証をすることが困難であるため，賃金差別を争う共産党員は，共産

党員で構成された組合に対する差別であるとして，不当労働行為の救済申立てをする途を選んでいました。したがって，思想を理由とした賃金差別が民事訴訟で争われることがほとんどなかったものと考えられます。

しかし，平成5年，東京電力判決において個人の思想差別が正面から争われました。そして，これを皮切りに各地方で個人の思想差別について争う例が出てきています。この背景には，平成になって組合組織の脆弱化が進んだために，組合に対する差別という形ではなく，一定の思想を持った一個人に対する賃金差別という形で争わざるをえなくなったという時代の変化があるといえます。

近時の思想差別の問題は，いずれも個人の思想を理由とした賃金差別が不法行為にあたるとして，不法行為に基づく損害賠償請求訴訟の中で争われています。その中で，裁判所は，思想信条に基づき賃金格差が生じたことの立証の困難性を緩和するべく様々な判断を下しています。

思想差別が問題となる憲法上の規定については，すでに説明しましたので，以下，思想差別が問題となる民法上の規定を概観した後，個々の裁判例について分析を加えることとします。

(2) 思想差別についての民法の規定

思想による差別は，民法709条の不法行為に該当するかという形で問題となります。政治的思想を理由に人事考課上低査定とされたとして，低査定とされていなければ得られたであろう賃金と現実に得た賃金の差額分の損害賠償請求が認められるかが問題となるのです。

近時思想差別による賃金減額に関する裁判例において，賃金差別が不法行為に該当するか否かの判断に際して，以下のような点が問題とされています。

ア 比較対象者の選別

まず，差別の有無を論じるにあたっては，比較対象者を誰にするかという点が問題となります。

イ　主張立証責任の所在

次に、不法行為に基づいて請求するにあたって、

> ①　差別意思の有無（労働者の思想信条に関する使用者の認識の有無）
> ②　賃金格差の有無
> ③　因果関係（賃金格差が思想信条に基づき生じたこと）
> ④　格差の合理的理由の有無

について原告労働者および被告使用者のいずれが主張立証責任を負うかが問題となります。

ウ　損害額の算定

人事考課上の査定には裁量性が認められ、また、低査定の根拠として思想による部分と能力による部分とが混在しているため、思想を理由とする低査定によって減額された部分（差額賃金分）の特定が困難であり、それをどのように特定するかが問題となります。

エ　長期大量の差別事件となった場合の組織的差別意思、集団的差別賃金額の算定

被告使用者が、従業員の処遇実態にかかる資料について、人事管理上重大な弊害が生ずるおそれがあることを理由に、その提出を拒んだ場合、原告労働者は思想差別による賃金格差をどのように立証するかが問題となります。

オ　消滅時効の起算点

人事考課上の低査定を根拠として不法行為を追及する場面において、当該損害賠償請求権（賃金差額請求権）の消滅時効の起算点を、査定時とするのか、個々の賃金の支払時にするのかも問題となります。また、人権侵害行為を根拠とする不法行為に基づく損害賠償請求権（慰謝料請求権）についても同様に問

題になります。

カ 違法性の構成

違法性について，その構成を公序良俗違反（民法90条）とするのか，期待権侵害とするのかも問題となります。

そこで，次節では，以上の各問題について裁判例を分析していきます。

(3) 裁判例の分析

思想差別賃金の具体的事例として，以下の裁判例を取り上げます。

① 富士電機製造事件（横浜地横須賀支決昭49.11.26労判225-47）
② 福井鉄道事件（福井地武生支判平5.5.25労判634-35）
③ 東京電力（群馬）事件（前橋地判平5.8.24労判635-22）
④ 東京電力（山梨）事件（甲府地判平5.12.22労判651-33）
⑤ 東京電力（長野）事件（長野地判平6.3.31労判660-73）
⑥ 東京電力（千葉）事件（千葉地判平6.5.23労判661-22）
⑦ 東京電力（神奈川）事件（横浜地判平6.11.15労判667-25）
⑧ 中部電力事件（名古屋地判平8.3.13判タ926-120）
⑨ 松阪鉄工所事件（津地判平12.9.28労判800-61）
⑩ 倉敷紡績事件（大阪地判平15.5.14労判859-69）
⑪ スズキ（思想差別）事件（東京高判平18.12.7労判931-83，最一小決平20.3.6労判952-98）

前項で挙げた問題につき，裁判例は以下のような判断をしています。

ア 比較対象者の選別

年功序列的要素の強い賃金体系においては，裁判例の多くは，同期同学歴の

平均的労働者を比較対象者としています。

また，年功序列的要素に加え能力給的要素が強く反映される賃金体系にある場合には，同職種であることを比較対象者に求めたもの（②），平均基本給は同期同学歴入社者の1/2位数に示される基本給を指し，平均職級は同期同学歴入社者の中位数に示される職級とすると示したもの（③），当該等級への平均的在級期間をも考慮するとしたもの（⑤），同期同学歴入社者のうち平均基本給を得ている者および中位職級の地位にある者を標準的従業員として比較対象者としたもの（⑧），平均的な者とは，人事制度及び経験則に照らし，中程度の業務遂行能力を有し，かつ，年功序列に沿った昇進を可能とする程度の勤務実績を有していた者，同期同学歴者の賃金の平均値をもって，平均的な従業員の賃金とみるとしたもの（⑩）等があります。

イ　主張立証責任の所在

多くの裁判例は，ⅰ）労働者の思想信条に関して使用者が認識しており，ⅱ）賃金格差が存在していることを原告労働者が立証すれば，ⅲ）思想を理由として差別的取扱いがなされたものと推定され（因果関係推定），被告使用者は，ⅳ）当該賃金格差が合理的理由に基づくものであることを主張立証しなければならないとしています。

もっとも，かかる推定について，外形的客観的な数値から直ちには推定しないとして賃金格差の存在から安易に差別的行為の存在を推定することにつき，一定の歯止めをかけている裁判例もあります（⑧）。

なお，年功序列的要素の強い賃金体系の場合，直接主張立証責任の所在に影響することはありませんが，被告使用者が主張立証すべき，「ⅳ）当該賃金格差が合理的理由に基づくものであること」を否定する要素となると考えられます。

以上は，被告使用者の差別意思ないし因果関係についての主張立証責任の所在に関する説明ですが，損害額の算定の主張立証責任については，基本的には原告労働者側にあるとされています。

ウ 損害額の算定

損害額の算定の可否については，当該企業の賃金体系が年功序列的なものか能力給的なものかが重要な判断要素であるといえます。

すなわち，能力給的要素が強い賃金体系の場合は，裁量性のある人事考課上の査定に基づく部分が大きくなるため，通常得られるべき賃金額の特定が困難となります。他方，年功序列的な要素が強い賃金体系の場合は，人事考課上の査定という裁量の入る余地が少なく，年齢・勤続年数等客観的に明確な基準によって賃金が決せられるため，通常得られるべき賃金の特定が比較的容易であるといえます。

裁判例も，年功序列的賃金体系（運用上年功序列的運用がなされているものも含む）の場合には，差額賃金請求を認容する傾向にあります（④⑧⑩）。

他方，能力給的要素の強い賃金体系の場合には，賃金格差のうち，どの部分が能力によって差異が生じ，どの部分が思想によって差異が生じているかが判然としないため，算定不能として差額賃金請求を認めない裁判例（③⑤⑨）と，少なくとも一定部分については思想を理由とした差別によって生じた格差であると認められるとして一定程度の差額賃金請求を認容する裁判例とがあります（②⑥⑦）。なお，差額賃金額の特定の有無にかかわらず，少なくとも差別的取扱いによる精神的損害を理由として慰謝料請求が認容される裁判例が多いといえます（③④⑤⑥⑦⑧⑨⑩）。

これと異なり，そもそも被告使用者において，正当な考課査定により生じた格差部分につき特定立証する必要があることを前提とし，かかる主張立証が尽くされていないとして差額賃金全額を損害として認定した裁判例もあります（⑧）。

以上のように，損害額の特定には困難が伴いますが，「被告の違法な行為によって賃金差別という「損害」が生じていることは確かなのであるから，その「損害」金銭的な評価を裁判所が放棄することは，法的利益を侵害された者の救済という不法行為の趣旨を没却しかねない」として，上記⑥⑦と同様，損害の割合的認定を用いて，平均的賃金との格差部分につき一定割合の差額賃金請求を

認容すべきとする見解があります（藤川久昭「思想信条を理由とする賃金差別」労判666-6）。

エ　組織的差別的意思，集団的差別賃金額の算定

この点につき，裁判所（⑧）は，「本来，被告従業員の処遇実態は，これを統一的に管理する被告において最もよく把握できるものであり，かつ本件訴訟における賃金実態の解明が本件訴訟の重要な争点となっているのであるから，被告は自ら進んでこれを開示すべきであり，かつ開示することは容易であった筈である。しかるに被告は，従業員の人事管理上重大な弊害が生じるおそれがある等として，当裁判所の釈明準備命令にも従わず，訴訟の最終段階において後記一部の資料を証拠として提出した他は，全くその資料を提出しなかったものである。このような事情は，これまでに提出された賃金実態把握のために関係資料の証拠力の判断においても斟酌されなければならないというべきである」として，原告側が提出した賃金資料を基礎として賃金実態を把握したうえで，統計学的資料を用い大量観察的に被告の組織的差別的意思を推定しました。このように大量観察的判断を用いることにより，原告労働者の立証負担を緩和しています。

オ　消滅時効の起算点

裁判例は，消滅時効について，差額賃金請求権（財産的損害）と慰謝料請求権（精神的損害）で分けて考えています。

差額賃金請求権（財産的損害）については，同一の差別意思による継続的不法行為であるものの，各賃金決定期における決定の集合体にすぎず，一個の不可分な不法行為ではないため，各賃金決定期に個別の不法行為が成立します。しかし，被告使用者の裁量による回復的な職務任用によって過去の差別の是正がなされうることから，損害の発生は，賃金決定期ではなく，賃金支払期である（賃金差別は後に改められることもあるため，損害は，毎回の賃金支払期に具体的，確定的に発生する）とされます（④⑥⑦⑧）。

思想差別

	事件名	事実 年功序列的賃金体系か成果主義的賃金体系か	立証責任 ①原告の思想信条に関する被告の認識	②賃金格差の存在	③合理的理由の存在	認 比較対象者
1	富士電機製造事件（横浜地横須賀支決昭49.11.26労判225-47）	職能職務給制度	原告	原告	被告	同期の標準的な勤務能力・成績と貢献度
2	福井鉄道事件（福井地武生支判平5.5.25労判634-35）	年功的部分と成果主義的部分とが併存	原告	原告	被告	同職種の平均的従業員
3	東京電力（群馬）事件（前橋地判平5.8.24労判635-22）	職務給制度（年功序列的運用と言明せず）	原告	原告	原告	同期同学歴者の平均基本給及び平均職級（中位）
4	東京電力（山梨）事件（甲府地判平5.12.22労判651-33）	職務給制度を前提としつつ年功序列的運用	原告	原告	被告	同期同学歴社員の平均賃金
5	東京電力（長野）事件（長野地判平6.3.31労判660-73）	職務給制度に年功序列的配慮を加味した運用	原告	原告	被告	同期同学歴者，平均的在級期間
6	東京電力（千葉）事件（千葉地判平6.5.23労判661-22）	職務給制度に年功序列的配慮を加味した運用	原告	原告	被告	同期同学歴者
7	東京電力（神奈川）事件（横浜地判平6.11.15労判667-25）	職務給制度に年功序列的配慮を加味した運用	原告	原告	被告	同期同学歴者
8	中部電力事件（名古屋地判平8.3.13判タ926-120）	職能資格制度を基本としつつ入社後一定期間は年功序列的運用	原告	原告 但, 外形的数値から直ちに推定しない	被告	同期同学歴で中位の職級等にある者
9	松阪鉄工所事件（津地判平12.9.28労判800-61）	職能資格制度	原告	原告	被告	同期入社の平均的従業員
10	倉敷紡績事件（大阪地判平15.5.14労判859-69）	職能資格制度を前提としつつ実際は年功序列的運用	原告	原告	被告	同期同学歴者の平均的な者
11	スズキ（思想差別）事件（東京高判平18.12.7労判931-83）（最一小決平20.3.6労判952-98）	両要素が併存 平成8年以降は能力給的要素強い	原告認められず	原告		立ち入らず

賃金裁判例

認定		結論	
損害額の算定（標準者との同等性）	消滅時効（起算点）	賃金差別額（財産的損害）	賃金差別についての慰謝料請求（精神的損害）
同期の労働者の標準的（平均的）取扱いと同額	援用せず	肯定 63万円 仮払いの仮処分	請求なし
×同期同職種の従業員の平均基本給（同等性の立証がなされていない） ○勤務成績について中位（14〜16点）の最低点である14点の考課給を基準とする	援用せず	肯定 合計約220万円	請求なし
算定不能 同期同学歴の従業員中平均に達していたと認めることはできない	賃金差別：省略 人権侵害行為：肯定（人権侵害行為時）	否定 算定不能	認容 各240万円
比較対象者の平均賃金の100% 「あるべき賃金」の合理性正確性＋標準者と同等の業務遂行能力業務実績を有していたことの立証	賃金差別：否定（賃金支払時） 人権侵害行為：援用せず	肯定 比較対象者の平均賃金の100% 計2億2000万円	認容 240万円*
算定不能 差別行為による部分の特定につき立証が尽くされていない	賃金差別：省略 人権侵害行為：肯定（人権侵害行為時）	否定 算定不能	認容 300万円
比較対象者の賃金の30% 相当控えめに見ても格差の少なくとも3割は損害と認定	賃金差別：否定（賃金支払時） 人権侵害行為：肯定（人権侵害行為時）	肯定 比較対象者の平均賃金の30%	認容 100万円 150万円
比較対象者の平均賃金の30%、50% 6級以下の時は平均賃金との格差の5割、5級以上の期間は格差の3割が損害	賃金差別：否定（賃金支払時） 人権侵害行為：肯定（人権侵害行為時）	肯定 比較対象者の平均賃金の30%50%	認容 150万円
差別金額全額認定 被告側が正当な考課査定により生じた格差部分の立証責任を負う	賃金差別：否定（賃金支払時） 人権侵害行為：肯定（人権侵害行為時）	肯定 年功序列的賃金実態の認められる期間に限り認容 6億円	認容 100万円又は200万円 合計1億円
算定不能 賃金の具体的な額は人事考課を待って初めて決定される	賃金差別：省略 人権侵害行為：省略	否定 但，慰謝料算定の一考慮要素となる	認容 200万円
実際に支給されたであろう賃金と実際に支給された賃金との差額が損害。混在による否定せず	賃金差別：3年以上前については請求せず 人権侵害行為：肯定（人権侵害行為時）	肯定 賃金差額約5年分相当額 計約4000万円	認容 150万円* 80万円
立ち入らず	原告らが提訴から3年以上前については請求せず	否定	否定

＊ただし，人権侵害行為に基づく慰謝料も含む。

他方,慰謝料請求権(精神的損害)については,個々の差別的行為や嫌がらせ行為について,個別に不法行為が成立し,その時点から慰謝料請求権の時効は進行するため,訴訟提起より3年以前の慰謝料請求権は時効により消滅するとされています(③⑤⑥⑦⑧⑩)。

第2節 男女同一賃金の原則（労基法4条）

> **第4条** 使用者は，労働者が女性であることを理由として，賃金について，男性と差別的取扱いをしてはならない。

1 趣旨

(1) 本条と憲法との関係

本条は，労働者が女性であることを理由とする賃金差別を禁止しています。

憲法14条1項は，「すべて国民は，法の下に平等であって，人種，信条，性別，社会的身分または門地により，政治的，経済的又は社会的関係において，差別されない」として男女平等の原則を定めています。本条は，憲法が私人間において間接的にしか適用されないことに鑑み，憲法14条1項の理念に則り，性別による賃金差別の禁止について労働法分野の基本法である労働基準法において規定したものです。

(2) 本条と労基法3条との関係

労基法3条が労働条件全般に関する差別的取扱いを禁止する包括的規定であるのと異なり，本条は，賃金という特定事項についての女性差別のみを禁止しています。

前節でも述べたとおり，労基法には種々の女性保護・母性保護規定が置かれ

たため，保護と平等は両立しないという観点から，性別については労基法3条から意識的に除外されました。しかし，女性であることを理由に賃金について差別的な取扱いを受けることが多かったこと，および賃金が労働の対価として労働条件の中核であることから，特に罰則（労基法119条1号）をもって，その差別的取扱いを禁止することにしたものです。

行政解釈においても，「本条の趣旨はわが国における従来の国民経済の封建的構造のため男子労働者に比較して一般に低位であつた女子労働者の社会的，経済的地位の向上を賃金に関する差別待遇の廃止といふ面から実現しようとするものであること」とされています（昭22.9.13発基17号）。

(3) 賃金以外の差別について

本条は，賃金差別についてのみ禁止するにすぎないため，賃金以外の労働条件についての差別的取扱いについては，本条違反として罰則の適用を受けることはありません（本条違反については罰則が設けられているところ（119条1号），刑罰法規である本条を類推解釈することによって適用範囲を賃金以外の労働条件にまで拡大することは許されません）。

そこで，賃金以外の労働条件についての女性差別は，昭和60年以降雇用機会均等法によって規制されることとなりました。

2 要 件

(1) 「女性であることを理由として」

「女性であることを理由として」とは，労働者が女性であることのみを理由として，あるいは社会通念としてまたは当該事業場において女性労働者が一般的または平均的に能率が悪いこと，勤続年数が短いこと，主たる生計の維持者でないこと等を理由とすることを意味します（昭22．9．13発基17号，平9．9．25基発648号）。

他方で，労働者の職務，能率，技能等によって賃金に個人的な差異のあることは，本条に規定する差別待遇ではないとされています（昭22．9．13発基17号，昭25.11.22婦発311号，昭63.3.14基発150号，平9．9．25基発648号）。

男女間の賃金格差が，女性であることを理由としたものか，能率や技能等を理由としたものかの判断は困難を伴います。

(2) 「賃金について」

ア 意 義

賃金とは，「賃金，給料，手当，賞与その他名称の如何を問わず，労働の対償として使用者が労働者に対して支払うすべてのもの」をいいます（労基法11条）。賃金については，第1章においてすでに説明したとおりです。

本条の「賃金について」には，賃金の額そのものについて差別的取扱いをすることはもちろんのこと，結果的には額の問題に帰着するにせよ，基本給に各種手当も含めた賃金体系，定額制（月給・週給・日給・時間給）や年俸制といった賃金形態等について差別的取扱いをした場合も含まれます。

例えば，職務，能率，技能，年齢，勤続年数等がすべて同一である場合，男性はすべて月給制，女性はすべて日給制とし，労働日数の同じ女性の賃金を男性より少なくすることは違法となります（昭22．9．13発基17号，昭25.11.22婦発311号，昭63.3.14基発150号，平9．9．25基発648号）。

イ 賃金以外の処遇によって結果的に男女間に賃金格差が生じた場合

他方，女性であることを理由に採用，配置，昇進，降格等をした結果，男女間に賃金格差が生じているような場合には，賃金について直接的に差別的取扱いをしたものとはいえないため，本条の適用はありません。

もっとも，現在の社会においては，賃金以外の処遇による結果であっても賃金格差を生じさせてはならないという公の秩序（民法90条）が，本条および憲法14条1項の趣旨から導かれ，すでに確立されているといえますから（詳細については次項で説明します），賃金以外の処遇の差別により結果的に男女間に

性差別に関係する法律関係図

```
賃金を直接的に男女という性別で        賃金以外の処遇により結果的に
        差別した場合                男女間に賃金格差が生じた場合
           ↓                              ↓
                                  直接規制する法規定なし
                                         ↓
  （労働基準法4条）
  使用者は、労働者が女性であること       民法90条（公序良俗）
  を理由として、賃金について、男性      民法709条等（不法行為）
  と差別的取扱いをしてはならない
                                    憲法14条の趣旨を
           ↓                          間接適用
                                         ↓
                                  労働基準法4条違反ではないが、
  労働基準法4条違反により違法            この処遇の差別が
  ＝要件該当性の問題                男女間の合理的差別なのかが問題
                                     ＝時代的制約論
                                     ＝格差是正義務・転換制度の機能
```

賃金格差が生じた場合には、本条違反の問題は生じないものの、公序良俗違反として無効となるか否かの問題があることに注意する必要があります（民法90条）。特に、均等法がまだ女性差別を包括的に禁止する規定でなく、特定行為のみを禁止していることを考えると、均等法の禁止対象になっていない分野に関連するものもすべて公序良俗といえるか疑念があるといえます。

このように、性別を理由とする賃金差別については、「賃金について」に該当し、直接的に本条違反が問題になる場合と、そうでなくとも、憲法14条1項によって導かれる公序に反するものとして無効となる場合（民法90条等）と2つの態様があるといえます。

(3) 「差別的取扱い」

「差別的取扱い」とは，不利に取り扱う場合のみならず有利に取り扱う場合も含むとされています（昭22．9．13発基17号，昭25.11.13婦発311号，昭63．3．14基発150号，平9．9．25基発648号）。

3 直接的賃金格差─女性であることを理由として生じた男女間の賃金格差

直接的な賃金差別が争われる事案において，男女間に一般的な賃金格差が生じていると認められる場合には，女子であることを理由とする賃金差別であると推定され，使用者が当該格差は性別と関係なしに定められたものであるとして，上の推認を動揺させるに足りる立証をしない限り，使用者の不利益に事実を認定することになるとした裁判例があります（秋田相互銀行事件＝秋田地判昭50．4．10労判226-10）。

また，採用当初は男女間の賃金の格差が職務の違いによると認められるものの，その後，当該女性が，男子社員と質および量において同等の労働に従事するように至った場合には，男子社員と同等の賃金を支払うべきであるにもかかわらず，格差が是正されることなく放置され，格差が維持ないし拡大するに至った場合には，違法な賃金差別にあたり，本条違反に該当するとされた裁判例があります（日ソ図書事件＝東京地判平4．8．27労判611-10，塩野義製薬事件＝大阪地判平11．7．28労判770-81）。

4 公序良俗違反──賃金以外の処遇により結果的に生じた男女間の賃金格差

(1) 時代的制約論──賃金以外の処遇により結果的に生じた男女間の賃金格差が公序良俗違反とされた時期

ア 条約の批准，均等法の制定および労基法の改正

　以上のような直接的賃金差別の事例とは異なり，賃金以外の処遇により結果的に男女間の賃金格差が生じた場合に，かかる格差を違法とする公序（民法90条）が確立し，これに反する処遇が違法とされるようになったのがいつからなのかという点は実務において非常に重要な論点です。

　わが国は，女性差別撤廃の世界の流れを踏まえ，昭和60年に女子差別撤廃条約を批准しました。同条約は，女性の妊娠・出産・保育という母性機能を保護しつつ，それ以外の女性保護規定を廃止することで，労働条件について実質的に男女を同一に取り扱うことを基本的考え方としました（同条約1条参照）。

　これを受けて，わが国においても国内法の整備が求められ，同年，雇用機会均等法が成立し，それに伴い労基法も改正されました（昭和60年法律第45号）。

　しかし，昭和50年代までのわが国においては，各企業が終身雇用，年功序列，企業別組合といういわゆる三種の神器を備え，安定的雇用関係を構築してきており，石油危機こそあったものの，高度経済成長を謳歌していましたので，突然男女平等措置を取り入れることによって従前の雇用体系が崩壊されることが懸念されました。また，この時代は，未だ女性が家事育児等の責任を負っていると考えられ，女性の就労条件の整備（保育施設の充実や家庭責任が男女共通の問題であるという社会的コンセンサスの形成等）も不十分でした。

　このような背景の下，均等法は，退職や解雇における男女差別については，これを公序良俗違反とする判例がすでに確立されていましたので禁止規定とし，他方，募集・採用・昇進・配置については，禁止規定とはせず，努力義務にとどめることとしました，また，労基法の改正についても，時間外・休日・深夜

労働に関する女性保護規定は維持されました。よって，法律上は，いまだ男女の平等を実現する内容とは程遠いものでした。

その後，昭和61年7月1日に派遣法が施行され（昭和60年法律第88号），さらに，昭和62年9月26日には短時間労働者に対する年次有給休暇の比例付与規定を設ける労基法改正がなされました（39条3項，昭和62年法律第99号）。これらの法整備は，女性に対して，派遣として仕事を得る途をつくり，また，パートタイマーにも有給を付与してパートタイマーの保護を手厚くすることによって，女性が正社員に流れることを抑止するものでした。

このような経緯の下，条約批准および均等法施行後約10年が経過した平成7～8年に，均等法改正の議論がなされたところ，当初の議論では禁止規定に加えることとされたのは募集のみでした。雇用体系の根幹である採用・昇進・配置についても禁止規定とすると，当時の雇用体系が崩壊すると考えられ，これらについては，努力義務の規定として維持しようとされたのです。

しかし，こうした消極案は通りませんでした。その理由は，人口の問題にあります。1990年の国勢調査をもとに1992年に算出された将来推計人口によると，1996年には20代人口が1,924万人に上るが，2015年には1,252万人にまで減少するという人口予測が発表され，若年労働力が不足することが明らかにされたのです（「日本の将来推計人口〔平成4年9月推計〕」国立社会保障人口問題研究所）。改正の議論がされていた平成7～8年頃というのは，まさに20代人口がピークにある時期であり，また，これ以降20代人口が急激に落ちていくという人口予測がつきつけられた時期でした。このような事態を受けて，男性中心の政治家の世界でも，努力規定として維持しようと考えてきた採用・昇進・配置についての点について禁止規定とすることにより，より多くの女性が就労できる環境を整備すべきであるとの意見が強くなりました。男性が働き，女性は結婚退職して家庭に入れば全国民は豊かで幸せであるという時代は終わったという認識に至り，若い女性が安心して子を産み育て，職場において職務遂行能力を十分に発揮する環境を整備しない限り，日本の21世紀に活力のある雇用社会は訪れないと考えられたのです。

こうした経緯から，平成9年，男女の雇用上の平等を実現するために，均等法の募集・採用・配置・昇進に関する努力義務規定を強行規定・禁止規定とする改正がなされ，また，保護と平等は両立しないとの観点から，女性の時間外・休日・深夜労働に関する保護規定（旧労基法64条の2，64条の3〔昭和60法律第45号〕）を撤廃する労基法の改正が行われ（平成9年法律第92号），平成11年に施行されました。

これら一連の法改正は，少子化等の人口構成上女性の就労が必要とされたという背景の下行われたため，女性保護規定が撤廃される一方，少子化を避けるためには，母性保護規定は守らなければならないと考えられ，制度的手当として育児介護休業法の改正がなされました（深夜業免除の請求権（育児介護休業法19条・20条）等）。

イ　時代的制約論に関する裁判例

こうした時代の流れから，賃金以外の処遇により結果的に生じた男女間の賃金格差が社会的に許されないという公序が形成された（時代的制約が外れた）時期としては，条約を批准し，均等法が制定された昭和60年の時点，あるいは労基法の労働時間等に関する女性保護規定が撤廃され，均等法が改正・施行された平成11年に至った時点が考えられます。

この点に関し，男女別コース制度（男性は基幹要員として採用・育成・処遇し，女性は補助要員として採用・処遇する男女別雇用管理）の結果，男女間に賃金格差が生じた事案において，公序良俗違反となるか否かの判断がなされた裁判例が複数あります。

㋐　平成11年以降公序良俗違反となると判断した裁判例
①　**野村證券事件**（東京地判平14.2.20労判822-13）

この事案において，裁判所は，「旧均等法は，（中略）男女で差別的取扱いをしないことを努力義務に止めているのであり，（中略）旧均等法が制定，施行されたからといって，会社の男女のコース別の処遇が公序に反して違法であると

までいうことはできない」として，昭和60年に成立した旧均等法下においては，未だ公序違反とはならないとしました。

他方，裁判所は，「その後平成9年に均等法が制定され，平成11年4月1日から施行されているところ，同法が定めた男女の差別的取扱い禁止は使用者の法的義務であるから，この時点以降において，会社が，それ以前に会社に入社した社員について，男女のコース別の処遇を維持し，男性を総合職掌に位置づけ，女性のほとんどを一般職掌に位置つけていることは，配置及び昇進について，女性であることを理由として，男性と差別的取扱いをするものであり，均等法6条に違反するとともに，公序に反して違法であるというべきである。」

「以上によれば，前記（中略）の男女間の格差は，会社が，男性社員については，主に処理の困難度の高い職務を担当し，将来幹部社員に昇進することが予定され，勤務地に限定のない者として，他方，女性社員については，主に処理の困難度の低い業務に従事することが予定され，勤務地に限定のある者として，男女のコース別に採用，処遇してきたことによるものであるが，原告らが入社した当時において，男性は前者に，女性は後者に属するものとしたことには一定の合理性があり，それが公序に反するものとまではいえないものの，均等法の施行された平成11年4月1日以降は，原告らと会社との労働契約中，前記の処遇部分は，同法6条に違反するとともに，不合理な差別として公序に反することになったというべきである」とし，均等法上採用・配置・昇進差別が禁止されるに至った平成11年改正以降において公序違反となると判断しました。

(イ) 昭和60年以降公序良俗違反となると判断した裁判例
① 芝信用金庫事件（東京地判平8.11.27労判704-21，東京高判平12.12.22労判796-5）

これに対し，芝信用金庫事件判決は，「被告の女性職員に対する右のような人事政策（筆者注：男子職員に対しては管理者となるために必修ともいうべき職務ローテーションを実施していたのに対し，女性職員に対してはこれの対象外としていた）も，前述した女性職員の勤続期間の長短，それぞれの時代の下で

の経済的・社会的諸事情を背景としてなされていたのであって，このような諸事情を考慮対象外として是非善悪を軽々に判断することができないということができるが，雇用機会均等法施行後も依然として改善された形跡の窺えないのは女性職員に対する人事政策上の対応の適切さにおいて些か疑問を禁じ得ないところである」として，均等法制定後において男性職員と女性職員との間における差別的取扱いを改善しなかったことに対し疑問を禁じえないとしているため，昭和60年の均等法施行後において男女差別が社会的に許されないという公序がすでに形成されていたと裁判所が考えていたことがうかがわれます。

② 昭和シェル石油事件（東京高判平19.6.28労判946-76）

さらに，均等法制定直後の頃にすでに公序が形成されていたことを明確に述べ，それ以降の賃金格差維持措置について公序違反を認めた裁判例があります。

裁判所は，「（女子差別撤廃）条約の締結に伴う国内法の整備（均等法の制定，施行など）に伴い，我が国において，雇用の分野における男女差別の撤廃の必要性，男女の均等な機会及び待遇の確保を図ることについての意識が，一般企業・国民間において次第に高まっていったことは，公知の事実である」としたうえで，「均等法8条が『努めなければならない。』と努力義務を定めているのは，まさに事業者に努力する義務を法律上課しているのであって，『労働者の配置及び昇進について，女子労働者に対して男子労働者と均等な取扱いをする』という法の定めた実現されるべき目標が，法律施行後に達成されていなくても，同法に違反するとして，行政上の規則や罰則の対象となるものはなく，民事上もそのことのみで，債務不履行や不法行為を構成するものではないが，他方，法が，事業者に同条の目標を達成するように努めるべきものと定めた趣旨を満たしていない状況にあれば，労働大臣（中略）が事業者に対し，報告を求め，又は助言，指導もしくは勧告をすることができる（同法33条）という行政的措置をとることができるのであり，単なる訓示規定ではなく，実効性のある規定であることは均等法自体が予定しているのであり，上記目標を達成するための努力をなんら行わず，均等な取扱いが行われていない実態を積極的に維持する

こと，あるいは，配置及び昇進についての男女差別を更に拡大するような措置をとることは，同条の趣旨に反するものであり，被控訴人主張の不法行為の成否についての違法性判断の基準とすべき雇用関係についての私法秩序には，上記のような同条の趣旨も含まれるというべきである」として均等法改正以前の時期において，公序違反として違法となりうることを示しました。

そして，公序違反となる具体的時期については，「控訴人の企業規模（（中略）従業員が多いため，必要な措置の検討及びその実施にかかる時間が，中小企業に比べて，長く必要であるという面もある。），業種，均等法施行の時点における男女間における取扱いの不均衡等の程度，社内での制度改正施行までの周知期間の必要性，一般企業・国民間における上記意識の変化，女子労働者を男子労働者と均等な取扱いをすることを実現するために障害となる事由があったことの証明がないことなどを総合考慮すれば，均等法が公布された昭和60年6月1日から2年半後，同法が施行された昭和61年4月1日から1年9カ月を経過した昭和63年1月1日以降，控訴人が…男女の差別取扱いを維持し…た措置は雇用関係の私法秩序に反し，違法であり，少なくとも過失による不法行為が成立すると認めるのが相当である」として，均等法施行後の昭和63年1月1日以降賃金格差を維持した行為を公序違反として違法としました。

③ 兼松事件（東京高判平20．1．31労判959-85）

兼松事件において，裁判所は，女子差別撤廃条約の批准を受けて均等法が成立したという経緯に言及したうえで，「控訴人らが損害賠償を請求する期間の始期とする平成4年4月1日の時点において，（筆者注：勤続年数の長い一部の控訴人）との関係では，同控訴人らの前期認定のような職務内容に照らし，同人らと職務内容や困難度を截然と区別できないという意味で同質性があると推認される当時の一般1級中の若年者である30歳程度の男性の一般職との間にすら賃金についての前記認定のような相当な格差あったことに合理的な理由が認められず，性の違いによって生じたものと推認され，（中略）控訴人らについて男女の差によって賃金を差別するこのような状態を形成，維持した被控訴人の

措置は，労働基準法 4 条，不法行為の違法性の基準とすべき雇用関係についての私法秩序に反する違法な行為であ」るとしました。

　この裁判例は，昭和60年の条約批准および均等法成立について言及したうえで公序良俗違反の議論をしていますので，遅くとも当事者の請求期間の始期である平成 4 年においては公序として確立していたという趣旨であって，昭和60年に上記公序が確立していたことをも含意するものであると解されます。

　なお，②③については，最高裁では，上告棄却および上告受理申立ての不受理となりました。

　以上の裁判例から，近時の裁判例は，昭和60年の時点ですでに上記公序が確立され，賃金以外の処遇により結果的に生じた男女間の賃金格差が社会的に違法とされるに至っていたと判断しているものとみることができます。なお，具体的事案において，違法とされた場合の損害賠償の対象となる時期については，昭和シェル石油（男女差別）事件（東京地判平21.6.29労判992-39）が参考になるといえます。

　なお，退職や解雇における男女差別についても直接労基法 4 条違反とはならないものの，昭和40年代に入り，女性労働者の増加と定着を背景に，均等法施行以前から，男女間の差別が公序良俗違反とされていました。具体的には，結婚を理由とする退職や解雇を無効とする裁判例（住友セメント事件＝東京地判昭41.12.20労民集17-6-1407,豊国産業事件＝神戸地判昭42.9.26労判30-4,茂原市役所事件＝千葉地判昭43.5.20労判49-3,山一證券事件＝名古屋地判昭45.8.26労判109-43），男女差別の定年制を無効とする裁判例（東急機関工業事件＝東京地判昭44.7.1労判82-9,岩手県経済農協連事件＝盛岡地判昭46.3.18労判124-18,名古屋放送事件＝名古屋高判昭49.9.30労判211-31,伊豆シャボテン公園事件＝東京高判昭50.2.26労判219-40,日産自動車事件＝最三小判昭56.3.24労判360-23），女性であることを人選基準とする整理解雇を無効とする裁判例（コパル事件＝東京地決昭50.9.12労判233-18,古河鉱業高崎工場事件＝最一小判昭52.12.15労判300-43,日本鋼管事件＝横浜地川崎支判昭57.

7.19労判391-45）等があります。

(2) 格差是正義務と転換制度の機能

ア 格差是正義務

こうして，賃金以外の処遇によってもたらされる賃金格差が社会的に違法となったときから使用者側に求められたのが，賃金格差を是正する義務（以下「格差是正義務」という）です。

格差是正義務とは，性別を理由とした差別的取扱いの結果生じた男女間の賃金格差について，使用者はこれを是正する義務を負うというものです。

上述の日ソ図書事件判決は，直接的に男女間の賃金格差が存在していた事例において，男女社員の職務内容が同等になっていた昭和47年以降の賃金格差については是正措置をとるべきであったにもかかわらず，これをとることなく維持された格差は，女子であることを理由とする賃金格差であり，労基法4条に反するとして，是正義務概念を肯定しています（日ソ図書事件＝東京地判平4.8.27労判611-10）。

イ 転換制度の機能

そして，前掲兼松事件等の裁判例において，直接的な賃金格差についてのみならず，男女別コース制度の結果，男女間に賃金格差が生じている事例においても，格差是正義務が肯定されるに至ります。

① 兼松事件（東京高判平20.1.31労判959-85）

兼松事件判決は，前述のように，合理的な理由の認められない男女間の賃金格差を形成，維持したことをもって，労基法4条，不法行為の違法性の基準とすべき雇用関係についての私法秩序に反する違法な行為であるとしたうえで，当該格差是正義務を尽くしたか否かにつき，格差是正のために設けられた事務職から一般職への転換制度が機能しているか否かという観点から判断しています。

この点に関し，兼松事件の1審（東京地判平15.11.5労判867-19）は，転換制度の合理性を認めました。

他方，控訴審（前掲東京高判平20.1.31）は，「転換制度の合理性は大いに疑問である。転換のチャンスが広い制度とは到底認められず，また，女性能力活用の観点を含め，転換を目指す労働者の努力を支援する配慮をした制度とも到底認められない」として，当該転換制度は，男女間の賃金格差を補い，実質的に是正するものとは認められず，上記違法とした判断に影響を与えるものとはいえないとしています。

② 野村證券事件（東京地判平14.2.20労判822-13）

前掲野村證券事件も「会社は，昭和62年4月以降，女性社員の大半が属する一般職ないし一般職掌から男性社員の属する総合職ないし総合職掌への職種転換制度を設け，女性社員についても職域の拡大を図る努力をしている。しかしながら，職種転換制度は，一般職ないし一般職掌から総合職ないし総合職掌への転換のみを認めるもので，両職ないし両職掌の転換に互換性があるわけではないこと，一般職ないし一般職掌から総合職ないし総合職掌への転換に当たっても，上司の推薦を必要とし，一定の試験に合格した者のみの転換を認めていることからすれば，会社の設けた職種転換制度は，女性社員の大半が属する一般職ないし一般職掌と男性社員の属する総合職ないし総合職掌との間で差異を設け，また，女性に対して特別の条件を要するものといわざるを得ず，配置に関する会社の労務管理権を考慮しても，会社が，総合職ないし総合職掌を勤務地の限定のない者としたことや，総合職掌について一種外務員資格の取得を義務つけた点はともかくとして，職種転換制度の存在により，配置における男女の違いが正当化されるとすることはできない」として転換制度が機能していないと結論づけました。

以上のように，転換制度の機能性は，公序に反する賃金格差の違法性を正当化するかという観点から判断されています。そして，男女別コース制度の格差

是正のために設けられた転換制度が機能していると認められた裁判例は，兼松事件1審判決しか見当たりません。

5 違法な昇格差別を受けた労働者が昇給請求権を有するか

(1) 否定裁判例

社会保険診療報酬支払基金事件判決（東京地判平2．7．4労判565-7）は，昇格は，使用者の人事上の裁量権の行使によるものであって，使用者の決定がなければ本件昇格措置が取られたことにならないのが原則であり，決定なくして昇格したものと扱うには，明確な根拠が必要であるとしたうえで，昇格における男女差別については4条違反を構成する賃金差別とは別個の問題であること，また，女子職員について昇格をさせないという労働条件が無効となると解したとしても無効となった部分を補充すべき基準を労基法の中に見出すことはできないため13条を根拠とすることもできないこと，均等法上も，昇進についての均等取扱いは努力義務を定めるにとどまっていることから，本件において明確な根拠はなく，決定なくして昇格したものと扱うこともできないとして昇格請求権を否定しました。

また，野村證券事件判決（東京地判平14．2．20労判822-13）も，「昇格の決定についての使用者の総合的裁量的判断は尊重されるべきであるから，一般的には，発令行為のない段階で「あるべき昇格」を認めるのは困難であること，各原告らが入社した当時，会社がとっていた男女コース別の採用，処遇が公序に反するものとまではいえないこと，この間に勤務地を異にすること等により，男性社員と女性社員との間で積まれた知識，経験にも違いがあったと考えられ，したがって，この男性社員についての昇格状況が各原告ら主張のように会社における男性社員の昇格基準であったとしても，そのことから，直ちに高卒女性社員についても同様の昇格をさせるべきであったともいえないこと，以上のことからすれば，会社が各原告らを入社後13年次で課長代理に昇格させなかった

からといって，そのことが違法とはいえず，各原告らにその昇格請求権があるともいえないから，労基法13条に基づく各原告らの地位確認請求も理由がないといわざるを得ない」とし，昇給請求権を否定しています。

(2) 肯定裁判例

芝信用金庫事件1審判決（東京地判平8.11.27労判704-21）は，「職員は，人種，思想，宗教，政治的信条，門地，性別または社会的身分等を理由として，労働条件について差別的取扱いを受けることはない」と定める就業規則3条は，一般的・抽象的な権利・義務を定めるにとどまり，これをもって昇格請求権は発生しないとしたものの，「男性職員については年功的要素を加味した人事政策によってほぼ全員が副参事に昇格したものであって，…このような人事政策は，長期間継続してなされたことによって一般化し，共通性を有するようになっていたということができるから，労使慣行として確立していたものということができる」，「右のような男性職員に対する労使慣行の適用も女性職員に対しては適用せず，この埒外に置くという人事政策をなしてきたのであるから，このような措置は就業規則3条に違反することは勿論のこと，現行法秩序の上からも到底許されることではないといえる」とし，労使慣行と就業規則3条を根拠に援用できるとして昇格請求権を肯定しました。

これに対して，同事件の高裁判決（東京高判平12.12.22労判796-5）は，昇格試験において性的差別を受けていたことを認定したうえで，主として賃金処遇上の昇格制度（基本給が資格に連動している制度）について，「特定の資格を付与すべき「基準」が定められていない場合であっても，右資格の付与につき差別があったものと判断される程度に，一定の限度を越えて資格の付与がされないときには，右の限度をもって「基準」に当たると解することが可能であるから，同法13条ないし93条の類推適用により，右資格を付与されたものとして扱うことができると解するのが相当である」とし，昇格試験について女性社員を不合格として従前の資格に据え置いた会社の行為が，「労働基準法13条の規定に反し無効となり，労働契約の本質及び労働基準法13条の規定の類推適用によ

り，副参事の地位に昇格したのと同一の法的効果を求める権利を有するものというべきである」としました。

(3) 私 見

　昇格は会社の発令行為ですから，昇格差別およびそれに伴う賃金差別という不法行為があったとしても，昇格請求権や差額賃金の請求権は当然には発生しません。
　また，昇格や昇給は労働契約の内容ですが，全員を無条件に昇格・昇給させるという契約にはなっていませんから，昇格させないことが債務不履行になるわけではありません。
　ところで，芝信用金庫1審判決は，男女の差別的取扱いを禁止した就業規則3条および男性職員全員が副参事に昇格しているという慣行を理由として昇格請求権を肯定しました。就業規則も確立した慣行もいずれも当事者間の労働契約の内容となりうるものといえます。芝信用金庫地裁判決は，上記のいずれか一方のみでは具体的昇格請求権を導くことはできないけれども，両者を合わせて，具体的に昇格請求権を導き出しており，契約解釈として首肯しうる余地はあるものと考えます。
　しかし，芝信用金庫の高裁判決は，法律論としてかなり無理があると考えます。
　なぜなら，労基法は，この法律に定める基準を下回る契約を無効とし，この場合には法の基準をもって契約の内容とし，かつ，この法を守らなかった使用者を国が罰するという法律です。では，労基法が昇格について基準を定めているかといえばそうではありません。賃金についても，具体的にその計算方法や金額の最低基準を定めているのは法定外割増賃金の割増率と最低賃金法による最低賃金額だけです。
　したがって，昇格請求権も差額賃金を請求する根拠となる金額も，労基法からは導けないと考えます。

6　本条違反の効果

　使用者が本条に違反する差別的取扱いをした場合には，6カ月以下の懲役または30万円以下の罰金に処せられます（労基法119条1号）。

　また，本条違反に該当する法律行為は，強行法規違反として無効とされます。したがって，差別的取扱いを受けた女性は，男性に支払われた額との差額について，本条違反の差別的取扱いは強行法規違反の不法行為であるとして損害賠償請求をすることが可能です（秋田相互銀行事件＝秋田地判昭50.4.10労判226-10）。

　なお，本条の違反は，現実に差別的取扱いをした場合に成立するものですから，労働協約，就業規則等に差別的取扱いをする規定を設けても，当該規定が無効となるだけであって，本条違反の問題とはなりません（昭23.12.25基収4281号，平9.9.25基発648号）。

第3節

定義—労働者（労基法9条）

> **第9条** この法律で「労働者」とは，職業の種類を問わず，事業又は事務所（以下「事業」という。）に使用される者で，賃金を支払われる者をいう。

1 趣　旨

　本条は，本法における「労働者」の定義を明らかにしたものです。

　本条でいう「労働者」は，「使用される者」で，「賃金を支払われる者」です。「使用される者」の有無は，「指揮監督下の労働」という労務提供の形態が存するかによって判断されます。また，「賃金を支払われる者」の有無は，「報酬の労務対償性」，すなわち報酬が提供された労務に対するものであるかによって判断されます。

　もっとも，現実には，指揮監督の程度および態様の多様性，報酬の性格の不明確さ等から，この判断は困難な場合が多いため，「労働者性」の有無は，上記労務提供の形態や報酬の労務対償性（以上両基準を併せて「使用従属性」という），およびこれらを補強する諸要素（以下「補強要素」という）をも勘案して総合的に判断されます（昭60.12.19労働基準法研究会報告（労働基準法の「労働者」の判断基準について））。

　なお，本条の労働者概念は，労働基準の確保という点から定められているため，「現に使用されている者」を対象としていると解され，失業者は含みません。他方，労組法3条の「労働者」は「賃金，給料その他これに準ずる収入によっ

て生活する者」とされ，その対象が「現に使用されている者」に限られず，失業者をも含みます。加えて，プロ野球選手や個人事業主の労働者性をめぐって両者の関係が争点となっていますが，両者は異なる概念と考えるべきです。

2 「使用従属性」

(1) 「事業に使用される者」（指揮監督下の労働）

「指揮監督下の労働」に関する判断基準は，以下のとおりです。

ア 仕事の依頼，業務従事の指示等に対する諾否の自由の有無

仕事の依頼や業務従事の指示に対して，諾否の自由を有していなければ，他人に従属して労務を提供していることを推認させますので，「指揮監督下の労働」を肯定する要素となります。

イ 業務遂行上の指揮監督の有無

業務の遂行上具体的に指揮命令を受けている場合には，「指揮監督下の労働」であることを推認します。もっとも，業務の性質や指揮命令の程度によって，指揮監督下の労働にあることをどの程度推認するかは異なります。例えば，管弦楽団員やバンドマンについては，業務の性質上使用者（放送局等）の具体的な指揮命令になじまない業務であるといえますので，このような業務については，当該事業の遂行上不可欠なものとして事業組織に組み入れられている点をもって，使用者の一般的な指揮監督を受けていると判断することができます。

ウ 拘束性の有無

一般的には，勤務場所および勤務時間の指定を受け，時間的場所的に拘束されている場合には，使用者の「指揮監督下の労働」であることが推認されます。
もっとも，これについても業務の性質等によって勤務場所および勤務時間の

指定がなされていても,「指揮監督下の労働」といえないことがあります。具体的には,演奏等の場合は業務の性質上,建設等の場合は安全を確保する必要上,必然的に勤務場所及び勤務時間が指定される場合があり,当該指定が業務の性質等によるものか,業務の遂行を指揮命令する必要によるものかを見極める必要があります。

エ　代替性の有無（指揮監督関係の判断を補強する要素）

本人に代わって他の者が労務を提供することが認められている場合,また本人が自らの判断によって補助者を使うことが認められている場合等労務提供に代替性が認められている場合には,指揮監督関係を否定する要素の1つとなります。

(2)　「賃金を支払われる者」（報酬の労務対償性）

本法11条は,「賃金とは,賃金,給料,手当,賞与その他名称の如何を問わず,労働の対償として使用者が労働者に支払うすべてのものをいう」と定めています。

これによると,賃金は労働すなわち指揮監督下の労務提供の対償として,労働者に支払われるものといえます。したがって,賃金を支払われることをもって逆に「使用従属性」を推認することはできません。

しかし,報酬が時間給を基礎として計算される等労働の結果による格差が少ない場合,欠勤した場合には応分の報酬が控除され,いわゆる残業をした場合には通常の報酬とは別の手当が支給される等報酬の性格が使用者の指揮監督の下に一定時間労務を提供していることに対する対価と判断される場合には,「使用従属性」を肯定する要素となります。

例えば,映画やテレビ番組の撮影についての労務提供に関する契約においては,撮影に要する予定日数を考慮に入れながら作品一本あたりいくらと報酬が決められているのが一般的ですが,拘束時間,日数が当初予定よりも延びたことによって,報酬がそれに応じて増える場合には,使用従属性を補強する要素

となります。

3 補強要素

(1) 事業者性の有無

自らの計算とリスク負担に基づいて事業経営を行う「事業者」としての性格が強ければ,「労働者性」を弱める要素となります。

実際に勘案される要素としては以下のようなものが挙げられます。

① 機械・器具の負担関係
② 報酬の額
　報酬が同様の業務に従事している正規従業員に比して著しく高額である場合には,自らの計算とリスク負担に基づいて事業経営を行う「事業者に」対する代金の支払と認められるため,事業者としての性格を強め,その結果「労働者性」を弱めることとなります。
③ その他（業務遂行上の損害に対する責任,独自の商号使用等）

(2) 専属性の程度

専属性が強ければ,経済的に当該企業に従属していると認められますので,「労働者性」を補強する要素となります。

実際に勘案される要素としては以下のようなものが挙げられます。

① 他社の業務に従事する可能性
② 固定給としての支給部分があること
　報酬に固定給部分がある,業務の配分等により事実上固定給となっている,その額も生計を維持しうる程度のものである等報酬に生活保障的な要素が強いと認められる場合には,「労働者性」を補強することとなり

ます。

(3) その他

その他裁判例においては，以下のような事情がある場合に，これを考慮し，「労働者性」が補強されています。

① 採用等の選考過程が正規従業員の場合とほとんど変わらない場合
② 報酬について給与所得としての源泉徴収を行っている場合
③ 労働保険の適用対象としている場合
④ 服務規律を適用している場合
⑤ 退職金制度，福利厚生を適用している場合

4 賃金の観点からみた場合

以上を踏まえ，賃金の観点からみた場合，次のような事情が「労働者性」を肯定する要素となるといえます。

① 報酬が時間給を基礎として計算される場合（報酬の労務対償性）
② 欠勤した場合に応分の報酬が控除される場合（報酬の労務対償性）
③ 残業に対して通常の報酬とは別の手当が支給される場合（報酬の労務対償性）
④ 報酬の額が同様の業務に従事している正規従業員と比して著しく高額ではない場合（事業者性の否定）
⑤ 生計を維持しうる程度の固定給が支給されている場合（専属性の肯定）
⑥ 報酬について給与所得としての源泉徴収が行われている場合（その他補強要素）
⑦ 退職金制度を適用している場合

これらについて，まず，①ないし③については，仕事の結果ではなく，一定時間の労務の提供に相応した対価の支払といえますので，使用従属性を肯定する要素といえます。

　また，④，⑥および⑦のように，正規従業員との比較という視点も重要です。正規従業員と同様の取扱いがされていれば，独立事業者というよりも一従業員に近いと評価できますから，労働者性が補強されます。さらに，⑥については，法令に別段の定めがある場合として「賃金」からの控除が認められている性質のものであり（労基法24条1項但書，所得税法183条），当該報酬を「賃金」として取り扱っていることが認められます。

　そして，⑤については，固定給で，しかも生計を維持しうるものである場合には，生活保障的な要素が強く，当該企業への経済的従属性が認められますから，「労働者性」を補強する要素といえます。

　以上のような観点から「労働者性」は判断されます。

　なお，いずれの要素も，一般的には労働者性を肯定する要素ということができますが，当該業務の性質や労働契約の定め方等によりその評価は様々ですから，一概に労働者性を肯定する要素とは言い切れません。

　したがって，労働者性の判断については，当該事案の実態を踏まえて個別具体的になされるものであるという点に注意が必要です。

第4節

平均賃金（労基法12条）

第12条 この法律で平均賃金とは，これを算定すべき事由の発生した日以前3箇月間にその労働者に対し支払われた賃金の総額を，その期間の総日数で除した金額をいう。

　ただし，その金額は，次の各号の一によって計算した金額を下ってはならない。

一　賃金が，労働した日若しくは時間によって算定され，又は出来高払制その他の請負制によって定められた場合においては，賃金の総額をその期間中に労働した日数で除した金額の100分の60

二　賃金の一部が，月，週その他一定の期間によって定められた場合においては，その部分の総額をその期間の総日数で除した金額と前号の金額の合算額

2　前項の期間は，賃金締切日がある場合においては，直前の賃金締切日から起算する。

3　前二項に規定する期間中に，次の各号の一に該当する期間がある場合においては，その日数及びその期間中の賃金は，前二項の期間及び賃金の総額から控除する。

一　業務上負傷し，又は疾病にかかり療養のために休業した期間

二　産前産後の女性が第65条の規定によって休業した期間

三　使用者の責めに帰すべき事由によって休業した期間

四　育児休業，介護休業等育児又は家族介護を行う労働者の福祉に関する法律（平成3年法律第76号）第2条第1号に規定する育児休業又は同条第2

号に規定する介護休業（同法第61条第3項（同条第6項及び第7項において準用する場合を含む。）に規定する介護をするための休業を含む。第39条第8項において同じ。）をした期間

　　五　試みの使用期間

4　第1項の賃金の総額には，臨時に支払われた賃金及び3箇月を超える期間ごとに支払われる賃金並びに通貨以外のもので支払われた賃金で一定の範囲に属しないものは算入しない。

5　賃金が通貨以外のもので支払われる場合，第1項の賃金の総額に算入すべきものの範囲及び評価に関し必要な事項は，厚生労働省令で定める。

6　雇入後3箇月に満たない者については，第1項の期間は，雇入後の期間とする。

7　日日雇い入れられる者については，その従事する事業又は職業について，厚生労働大臣の定める金額を平均賃金とする。

8　第1項乃至6項によって算定し得ない場合の平均賃金は，厚生労働大臣の定めるところによる。

1　趣　旨

　本条は，労基法上の「平均賃金」の定義と算定方法を定めたものです。

　平均賃金は，使用者の責めに帰すべき休業の場合に支払われる休業手当（26条），労働者が業務災害に遭った場合の補償（76条ないし82条）等を算定するときに用いられるものですが，これらの手当や補償の目的は，労働者の生活保障にあります。このため，平均賃金は，労働者の通常の生活賃金をありのままに算定するということがその基本原理となっているのです（厚生労働省労働基準局編『平成22年版・労働基準法（上）』168頁）。

　平均賃金の算定方法の原則は，後で説明するとおり，算定事由の発生日以前の3カ月間に支払われた賃金の総額を，同じ期間の総日数で除するというもの

ですが，たまたまその期間中に賃金の総額が極端に増えた場合や減った場合については，例外が認められています。そして，このような原則でも妥当な額を算定しえない場合や，日雇労働者については，厚生労働大臣がその金額を定めることとしています（昭和38年労働省告示第52号）。さらに，特定の場面を想定した平均賃金の具体的な計算方法については，多くの通達によって，行政の見解が示されており，実務はこれに従って運用されています。

2　平均賃金の意義

　労基法は，平均賃金によって算定すべきものとして，以下のものを定めています。

① 解雇予告手当（20条）
② 休業手当（26条）
③ 年次有給休暇の日について支払われる賃金（39条6項）
④ 労働者が業務上負傷しもしくは疾病にかかりまたは死亡した場合の災害補償として
　　ⅰ　休業補償（76条）
　　ⅱ　障害補償（77条）
　　ⅲ　遺族補償（79条）
　　ⅳ　葬祭料（80条）
　　ⅴ　打切補償（81条）
　　ⅵ　分割補償（82条）
⑤ 減給の制裁の制限額（91条）

　また，労働者災害補償保険法（以下，「労災保険法」という）における給付基礎日額についても，「労働基準法第12条の平均賃金に相当する額とする」（同法8条1項）とされています。

これらの手当その他の金員の支給および減給の制裁の制限額は、いずれも労働者の生活を保障するものです。

なお、年次有給休暇の日について支払われる賃金については、平均賃金のほかに、就業規則等で定めるところにより所定労働時間労働した場合に支払われる通常の賃金とすることや、労使協定により健康保険法の標準報酬日額に相当する金額とすることも可能とされています。実務上は、通常の賃金としている例が多いと考えられます。実際に使用者が平均賃金の計算を必要とするのは、解雇予告手当、休業手当、減給の制裁という限られた場合になるといえます。

3 平均賃金の算定方法

(1) 原則的な算定方法

平均賃金の算定方法の原則的な形は、

①算定すべき事由の発生した日以前3カ月間に ②支払われた賃金の総額
③その期間の総日数

ということになります。

ただし、常に同じ事業場に雇用される常用労働者と、日々事業場を異にすることが想定される日雇労働者とを同様に取り扱うことはできないため、上記原則は、常用労働者に関するものとされています。

以下では、まず、常用労働者の原則的な算定方法について、①算定期間、②算定基礎賃金、③総日数の考え方を説明します。

ア 算定期間
(ア) 算定期間の考え方

算定期間は、「算定すべき事由の発生した日以前3カ月間」とされています

（12条1項本文）。ただし，賃金締切日がある場合については，直前の賃金締切日が起算日とされています（12条2項）ので，多くの場合はこれが適用されることになります。まずは，この場合について説明します。

例えば，毎月1日から末日までを賃金計算期間とし，支払日を翌月15日とする場合，賃金締切日が毎月末日ということになります。この場合，5月10日に平均賃金を算定すべき事由が発生した場合には，4月30日を起算日とすることになります。

賃金の締切日が手当等種類ごとに異なる場合であっても，例えば，基本給は前月16日から当月15日まで，その他は毎月1日から末日までというような場合が想定されます。通達においては「賃金毎に賃金締切日が異なる場合，例えば団体業績給を除いた他の賃金は毎月15日及び月末の2回が賃金締切日で，団体業績給のみは毎月月末1回のみの場合，直前の賃金締切日は，それぞれ各賃金毎の賃金締切日である」とされています（昭26.12.27基収5926号）。

以上に対し，賃金締切日がない場合については，起算点となる「算定すべき事由」とは，平均賃金を算定すべき事由毎に，次のとおりとされており，これが起算日となります。

ⅰ 解雇予告手当

解雇予告手当を算定する際の平均賃金の起算点は，「労働者に解雇の通告をした日」であり，解雇の予告をした後において，当該労働者の同意を得て解雇日を変更した場合であっても，当初の解雇を予告した日をいうものとされています（昭39.6.12　36基収2316号）。

ⅱ 休業手当および年次有給休暇

使用者の責めに帰すべき事由により休業する場合に支払われる休業手当および年次有給休暇の賃金を算定する際の起算点は，当該休業日および休暇日であり，当該休業および休暇が2日以上の期間にわたる場合は，その最初の日が該当します。

iii 災害補償

災害補償を算定する場合の平均賃金の起算点は，死傷の原因たる事故発生の日または診断によって疾病の発生が確定した日（規則48条）と規定されています。同一人の同一事故についての平均賃金を個々の補償事由によって左右すべきものではないとされており（昭25.10.19基収2908号），休業補償，障害補償，遺族補償等に共通して同じ日が起算日になります。

iv 減給制裁の制限額

減給の制裁の制限額を算定する場合の起算点は，制裁の意思表示が相手方に到達した日になります（昭30．7．19 29基収5875号）。

(イ) 「以前3箇月間」の意味

次に，「以前3箇月間」について，条文の文言からは，算定事由の発生した日（起算日）を含めて計算するものと考えられますが，算定事由の発生した日の前日から遡る3カ月間であって，算定事由の発生した日は含まれないものとするのが学説上有力です（吾妻光俊『労働基準法（新コンメンタール）』61頁，松岡三郎『条解労働基準法（新版）上』1157頁他）。そして，行政解釈としても，「通常当該日には労務の提供が完全になされず賃金も全部支払われない場合が多く，これを3カ月間に入れることにより，かえって平均賃金が実態に即さないこととなるので，右のように解すべきであろう」とされています（厚生労働省労働基準局編『平成22年版・労働基準法（上）』172頁）。そして，賃金締切日が定められている場合において，同様の解釈を元にした通達があります。すなわち，「賃金締切日が毎月月末と定められた場合において，例えば6月30日に算定事由が発生したときは，なお直前の締切日である5月末日より遡って3カ月の期間をとる」とされています（昭24．7．13基収2044号）。

この3カ月は，90日ではなく，暦日による3カ月ということになります。

つまり，実際の日数にかかわらず，例えば4月15日に算定事由が発生した場合には，4月14日から1月15日までが算定期間になり，閏年か否かによって変

わることはありません。

　賃金締切日がある場合で算定期間の途中で賃金締切日が変更されているときについては，この3カ月の考え方について，通達によって例外的な解釈が示され，厳格に3カ月の期間をとることなく，3カ月の暦日数に最も近い日数を算定期間とするとされています（昭25.12.28基収3802号）。この通達によって示された例は，

```
旧賃金の締切日　毎月10日　→　新賃金の締切日　毎月25日
締切日変更　8月25日から　（8月は10日及び25日とする）
算定事由発生日　10月11日
```

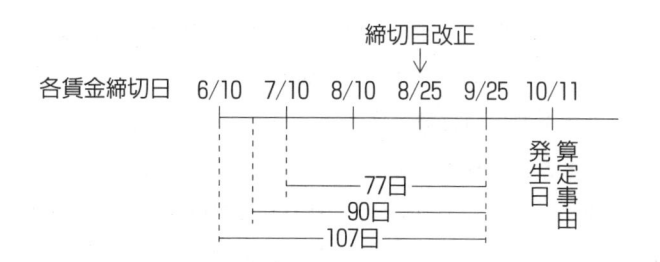

```
　　　　　　　　　　　　　締切日改正
　　　　　　　　　　　　　　↓
各賃金締切日　6/10　7/10　8/10　8/25　9/25　10/11
　　　　　　　　　　　　　　　　　　　　　　　発　算
　　　　　　　　　　　　　　　　　　　　　　　生　定
　　　　　　　　　　　　　　　　　　　　　　　日　事
　　　　　　　　　　　　　　　　　　　　　　　　　由
　　　　　　　　　　├―――77日―――┤
　　　　　　　　├―――90日――――┤
　　　　　├―――107日――――――┤
```

というものであり，この場合直前の締切日である9月25日を起算日とすると，3カ月の暦日数（約90日）に最も近いのは，7月10日の旧賃金締切日ということになり，この77日間を算定期間とするというものです。

(ウ) 控除される期間

　後述する最低保障額の定めにもかかわらず，平均賃金の算定においては，算定期間に一定の事由による休業等がある場合，この期間を算定期間から控除し，さらにこの期間に支払われた賃金がある場合には，これが算定基礎賃金から控除されます（12条3項）。その趣旨は，これらの期間およびその期間中の賃金を控除しなければ平均賃金が不当に低くなるのを防止することにあります。最低保障額は，欠勤等どのような理由であれ適用されるものですが，ここでいう控

除の対象となる休業等については，必ずしも労働者に非のあるものではないため，このような区別がなされているものと考えられます。

① 業務上の傷病による休業期間
② 産前産後の休業期間
③ 使用者の責めに帰すべき事由による休業期間
④ 育児休業および介護休業期間等
⑤ 試みの使用期間

これらのうち①，②，④および⑤について，法は賃金の支給について何ら定めていません。このため，無給となることもあります。また，③および⑤については，無給ではなくとも，通常の場合よりも低い賃金（または手当）となる場合が多いと考えられます。これらの期間については，賃金の支払の有無や額にかかわらず，休業期間の日数と当該期間中に支払われた賃金について，算定から控除されることになります。

③の休業期間については，一部休業の場合の取扱いについて，通達によって考え方が示されています。すなわち，平均賃金を算定すべき事由が生じた場合その算定期間中に数時間労働した後，使用者の責めに帰すべき休業をした日があった場合等の平均賃金の算定にあたっては，当該日を休業日とみなし，実際に支払われた賃金が平均賃金の100の60を超えるか否かにかかわらず一部休業があった場合はその日を休業日とみなしその日の賃金を全額控除するものとされています（昭25.8.28基収2397号）。

イ　算定基礎賃金

次に，算定期間に労働者に対し支払われた賃金の総額の考え方について，説明します。

(ア) 基本的な考え方

この「賃金の総額」には，労働基準法11条に規定する賃金のすべてが含まれます（11条の賃金の考え方については第１章第２節を参照して下さい）。

３カ月間の期間中に昇給や降給によって賃金ベースが変更された場合でも，当該３カ月中に新旧ベースによって実際に支払われた「賃金の合計額」が賃金の総額となります（昭22.11.5基発233号）。

もっとも，平均賃金は，算定事由発生時において，労働者が現実に受け，または受けることが確定した賃金によって算定すべきものであるため，すでに算定事由が発生した後，賃金ベースが遡及して変更されたとしても，この場合には，変更前の賃金ベースに基づいて算定されることになります（昭23.8.11基収2934号）。

なお，文言上は，「支払われた」とされていますが，現実に支払いがなされていなくても，算定事由発生日において，すでに債権として確定している賃金をも含むと解すべきであるとされています（厚生労働省労働基準局編『平成22年版・労働基準法（上）』173頁）。反対に，先払賃金のように，算定期間中に支払われた賃金であっても，算定期間経過後に確定する賃金は含まれません。

(イ) 雇用契約関係が二重に成立している場合等の取扱い

i 二重雇用の場合

労働者が２つの事業場で雇用され，両事業場の使用者からそれぞれ賃金が支払われている場合については，合計額ではなく，算定事由の発生した事業場において支払われた賃金のみが「賃金の総額」になります（昭28.10.2基収3048号）。

ii 退職後の場合

業務上の疾病が治癒した後に前事業場を退職した労働者が，他の事業場で就労中に前事業場での業務上の疾病が再発した場合の平均賃金は，前事業場で支払われた賃金によって算定するとされています（昭25.5.13基収843号）。

ⅲ　出向中の場合

　出向労働者の取扱いについては労働者災害補償保険法上の保険給付のための給付基礎日額に相当する平均賃金を算定する場合の取扱いについて,「出向元事業主が,出向先事業主との契約等により,出向労働者に対して支払う賃金名目の金銭給付を,出向先事業主が支払った賃金とみなし,出向先事業主が出向労働者に対し支払った賃金を合算したうえ,保険給付の基礎となる賃金を算定すること」「なお,上記平均賃金の算定が,労働基準法12条第2項の規定によるべき場合で,出向元事業の賃金締切日と出向先事業の賃金締切日と相違するときはそれぞれにかかる部分について格別に計算し両社の合計額を,保険給付の基礎となる平均賃金とすること」とされています（昭35.11.2基発932号）。

㈦　年俸制の場合

年俸制が適用されている労働者については,賃金の年額の12分の1を1カ月の賃金として算定します。賞与という名目の賃金であっても,あらかじめ額が確定している場合には,これも含めて算定することになります（平12.3.8基収78号）。

㈢　除外賃金

平均賃金を算定する場合における「賃金の総額」には,

> ①　臨時に支払われた賃金——退職金,私傷病手当,加療見舞金等
> ②　3カ月を超える期間ごとに支払われる賃金——賞与
> ③　通貨以外のもので支払われた賃金で一定の範囲に属しないもの

の3つは算入されません（12条4項）。

　これらの賃金を算入すると,算定事由発生の時期によって平均賃金に著しい高低を生ずるおそれがあるためです（厚生労働省労働基準局編『平成22年版・

労働基準法（上）』180頁）。これらの除外賃金は，労働者の通常の生活賃金をありのままに算定するという平均賃金の趣旨に照らし，著しく高くぶれることを防ぐ目的であると考えられます。

なお，③の実物給与については，算入される一定の範囲について，施行規則によって定められており（12条3項），24条1項但書の規定による法令または労働協約の別段の定めに基づいて支払われる通貨以外のものに限られます（規則2条1項）。つまり，労基法が許容する現物給与であれば，算入されることになります。

この場合の現物給与の金額の評価については，原則として法令または労働協約に定めるところに従い，労働協約において定められた額が不適当と認められる場合または法令もしくは労働協約に定めがない場合には，都道府県労働局長がその評価額を定めることができるものとされています（規則2条3項）。

この際の都道府県労働基準局長の評価額の決定基準については，「実物給与のために使用者が支出した実際費用を超え，またはその3分の1を下ってはならない」，ただし，「公定小売価額その他これに準ずる統制額の定めのあるものについては，実際費用の如何にかかわらずその額を超えてはならない」という通達があります（昭22.12.9基発452号，昭29.6.29基発355号）。

ウ　総日数

平均賃金の算定の分母となる，算定期間の総日数については，暦日数の総数を計算するのであって，労働日や実際に労働した日といった賃金支払の対象となる日のみだけではなく，休日や欠勤日も含めることになります。

エ　端数の処理（除した金額）

以上によって，平均賃金を計算した場合において，銭位未満の端数が生じることがあります。この場合，その端数は切り捨てるものとされています（昭22.11.5基発232号）。

オ 平均賃金の最低保障

以上で説明した原則的な算定方法によって計算した場合に平均賃金が著しく低くなるときの救済として，最低保障額が定められています（12条1項但書）。

想定されているのは，時間給制，日給制および出来高制のように，算定期間の実労働日がたまたま通常と比較して著しく少ない場合です。このような場合には，原則的な算定方法でも，平均賃金が異常に低くなってしまうため，労働者の生活費あたりの賃金を算定しようとする平均賃金の意味が失われてしまいます。そのため，このような場合に，最低保障額を適用することで，救済を図っているのです。

(ア) 日給制，時間給制または出来高払制その他の請負制によって定められた場合

算定期間に，日給制，時間給制または出来高払制等の定めに基づいて支払われた賃金の総額をその期間中に実際に労働した日数で除した金額の100分の60が最低保障額です。ここでいう賃金の総額とは，日給制，時間給制または出来高払制その他の請負制によって支払われた賃金の総額であって，月給制等労基法12条1項2号に規定されている賃金は含まれないとされています（昭22.12.26基発573号）。

また，日数については，原則として暦日単位，すなわち午前零時から午後12時までをいいます（昭23.7.3基収2176号）。ただし，所定労働時間が二暦日にわたる勤務を行う労働者（一昼夜交代勤務のごとく明らかに2日の労働と解することが適当な場合を除く）については，当該勤務を始業時刻の属する日における1日の労働として取り扱われます（昭45.5.14基発374号）。

つまり，時給制で働く労働者について，算定期間の3カ月間の実労働日数が40日であり，この間の賃金の総額が20万円であった場合，

$$200,000/40 \times 60/100 = 3,000$$

として，3,000円が最低保障額となります。

6割とされている理由については，「通常の場合稼働状況の最も悪い事業においても1箇月のうち18日は働くという事実を根拠にした」（寺本廣作『労働基準法解説』239頁）といわれています。

(イ) **賃金の一部が月給制，週給制その他一定の期間によって定められた場合**
月給制や週給制等の賃金と(ア)の賃金とが併給されている場合には，月給制と週給制等によって支払われた賃金の部分の総額をその期間の総暦日数で除した金額と，日給制や請負制等によって支払われた賃金について(ア)の方法で計算した金額との合計額が最低保障額になります。

賃金の計算期間を1カ月とし，遅刻，早退および欠勤の場合の控除を行わない完全月給制の場合には，算定期間内の実労働日数が極端に少なかったからといって，平均賃金が異常に低額になるということは起こりえません。12条1項但書も，このために，月給制の場合については規定していません。しかし，月給制であっても，遅刻，早退および欠勤の場合にこの時間数に応じた控除を行う制度，いわゆる月給日給制の場合には，時間給制や日給制等と同じ問題が生じます。このため，12条8項に基づいて，月給日給制の場合の最低保障額の算定方法が定められています。

カ 雇入れ後3カ月に満たない者

雇入れ後3カ月未満しか経過していない労働者については，雇入れ後の期間とその期間中の賃金の総額によって算定することとされています（12条6項）。

6項の適用がある場合の2項との関係については，裁判例において，「雇入後3箇月の期間のない場合には3箇月分を平均することが不可能であるから3箇月に最も近い雇入後の全期間の総賃金を基準にすることにしたのが同条（12条）第6項の規定である。そこで第6項の規定の適用のある場合は第2項の適用を排除するものと言わなければならない」とされています（大阪高判昭29．5．31高等裁判所刑事判例集7-5-735）。これに対して，行政の解釈は，雇入れ後3カ月後未満の労働者についても，賃金締切日があるときは，直前の賃金締切

日から起算するとした通達（昭23.4.22基収1065号）を維持しています（厚生労働省労働基準局編『平成22年版・労働基準法（上）』182頁）。

また，労働者が転籍した場合，ここでいう「雇入れ」に該当するかどうかについては「夫々の会社間における人事交流に伴う転籍につき労働基準法第20条の解雇予告をすることもなく，また転籍後3カ月間に満たない間に平均賃金を算定する事由が発生した場合は，平均賃金の算定には，労働基準法第12条第6項の規定による雇入後の期間とせず，旧会社（転籍元）における期間を通算した3カ月間につき平均賃金を算定する」ものとされています（昭27.4.21基収1946号）。

このほか，定年退職後の再雇用について通達は，形式的には定年の前後によって別個の契約が存在しているが定年退職後も引き続いて嘱託として同一業務に再雇用される場合には実質的には一つの継続した労働関係であると考えられるとして算定事由発生日以前3カ月間を算定期間として平均賃金を算定するとしていますが（昭45.1.22基収4464号），定年退職後に再雇用される場合には，労働条件が大幅に下がることが一般的ですので，再雇用後の期間を算定期間とすべきと考えます。このように，行政の解釈は，労働契約関係が一度終了していても，実質的に判断して一つの継続した労働関係であると評価できる場合には，本項の適用はないとしているものと考えられますが，この点は注意する必要があります。

(2) 常用労働者に関する特例

以上，(1)で説明したように，常用労働者については，労基法12条1項から6項までの規定に従って平均賃金を算定することになりますが，必ずしもこの方法ですべての場合において平均賃金を算定できるものではありません。

そこで，同法12条8項は，このような場合の平均賃金について厚生労働大臣がこれを定めるとしています。そして，これを受けて労基則3条及び同4条のほか，以下の昭和24年労働省告示5号が定められています。

なお，条文上は，「算定し得ない場合」と規定されていますが，このように文

字どおりに算定することが技術上不可能な場合だけでなく，同法12条1項から6項までの規定によって算定することが著しく不適当な場合をも含むとするのが，行政の解釈です（厚生労働省労働基準局編『平成22年版・労働基準法（上）』186頁）。

> 労働省告示第5号（昭和24年4月2日）
> 改正　労働省告示第2号（平成12年1月31日）
> 改正　労働省告示第120号（平成12年12月25日）
> **労働基準法第12条第8項の規定に基き同条の等により算定し得ない場合の平均賃金を定める告示**
>
> 　労働基準法（昭和22年法律第49号）第12条第8項の規定に基き，同条第1項乃至第6項の規定（昭和22年厚生省令第23号・労働基準法施行規則第3条及び第4条の規定を含む。）によって算定し得ない場合の平均賃金を次のように定める。
> **第1条**　使用者の責めに帰すべからざる事由によって休業した期間が平均賃金を算定すべき事由の発生した日以前3箇月以上にわたる場合の平均賃金は，都道府県労働局長の定めるところによる。
> **第2条**　都道府県労働局長が労働基準法第12条第1項から第6項までの規定によつて算定し得ないと認めた場合の平均賃金は，厚生労働省労働基準局長の定めるところによる。

以下では，特例が適用される主な場合について，説明します。

ア　試用期間中

試用期間は，すでに説明したように，算定期間から控除されることになっています（労基法12条3項4号）。

これは，試用期間が終わり，本採用となった後に平均賃金を算定すべき事由

が発生した場合を想定したものです。しかし，試用期間中にも平均賃金を算定すべき事由が発生することはありうるため，この場合は12条1項から6項に従っても，算定ができないことになります。

このような場合について，当該（試用）期間中の日数およびその期間中の賃金で平均賃金を算定することとされているのです（労基則3条）。

イ 控除期間が3カ月以上に及ぶ場合等

同じように，12条3項各号の控除期間が過去3カ月以上におよぶ場合や雇入れの日に算定事由が発生した場合に原則を適用すると，算定期間がないことになってしまい，平均賃金を算定することが不可能になります。

この場合を想定したのが労基則4条であり，その具体的内容は都道府県労働局長が定めるとしています。

(ア) 控除期間が過去3カ月以上にわたる場合

労規則4条前段の場合については，労基法12条3項1号から4号の期間の最初の日をもって，平均賃金を算定すべき事由の発生した日とみなすこととされています（昭22.9.13基発17号）。

(イ) 雇入れ当日の場合

後段の場合についても，「雇入の日に平均賃金を算定すべき事由が発生した場合には，当該労働者に対し一定の賃金が予め定められている場合には，その額により推算ししからざる場合にはその日に，当該事業場において同一の業務に従事した労働者の一人平均の賃金により推算すること」（昭26.3.26基発184号，昭33.2.13基発90号）とされています。そして，新卒採用者の自宅待機についても，これに従って平均賃金の額を算出し，休業手当を支給すべきとされています（昭和50年3月24日労働省労働基準局監督課長　労働省労働基準局賃金福祉部企画課長連盟内翰）。

ウ　使用者の責に帰すべからざる事由による休業期間が算定事由発生日以前3カ月以上にわたる場合

　このような場合にも，12条1項から6項に従って算定した場合には，平均賃金の額が著しく妥当性を欠くものとならざるをえないとして，その算定が都道府県労働局長に委ねられています（厚生労働省労働基準局賃金時間課編著『改訂平均賃金の解説』102頁）。そして，この場合については前述(2)アの通達が準用されています（昭24.4.11基発421号）。

エ　その他

　以上，労基則3条および4条ならびに告示第5号1条によっても未だ算定しえない場合については告示5号2条によって「厚生労働省労働基準局長の定めるところによる」として包括的に委任されています。

　なお，この「算定し得ないと認めた場合」とは，労基法12条8項と同様に単に算定が不可能である場合のみならず，第1項から第6項による計算は可能であっても，それによって算定することが著しく不適当な場合も含むと解するのが行政の解釈です（厚生労働省労働基準局賃金時間課編著『改訂　平均賃金の解説』104頁）。

　告示5号2条については，各具体的事例について，数多くの通達が示されています。

(3)　日雇い労働者の平均賃金

　労基法12条7項は日雇労働者の平均賃金について「その従事する事業または職業について，厚生労働大臣の定める金額を平均賃金とする」として常用労働者とは区別をしています。これは前述のように，①日雇労働者の稼働状態が一般の労働者に比較してむらがあり，そのため，一般常用労働者のような算定方法によるときはその算定事由の発生時期によって平均賃金額に著しい変動をきたす結果，賃金そのものの趣旨に反するおそれがあること，②日雇労働者は，本来，毎日その勤務先を異にするのが通例であり，過去の長期間の賃金額また

は労働日数を調査することが困難である場合が多いためと説明されています（厚生労働者労働基準局賃金時間課編著『改訂　平均賃金の解説』185頁）。

　労基法12条7項でいう「日々雇い入れられる者」の意味については，1日の契約期間で雇い入れられ，その日限りでその労働契約が終了する労働者であってその契約が日々更新されたとしても，当然に日々雇い入れられる者としての性格を変えるものではないとされています。

　12条7項の規定を受けて，以下の昭和38年労働省告示52号が定められています。

労働省告示第52号（昭和38年10月11日）
改正　労働省告示第2号（平成12年1月31日）

労働基準法第12条第7項の規定に基づき日々雇い入れられる者の平均賃金を定める告示

　昭和22年労働省告示第1号（日日雇い入れられる者の平均賃金を定める告示）及び昭和37年労働省告示第23号（土木建築事業，陸上運送事業及び港湾運送事業に係る特定の職業に従事する日日雇い入れられる者の平均賃金額を定める告示）は，昭和38年10月31日限り廃止する。

　日日雇い入れられる者（以下「日雇労働者」という。）の平均賃金は，次の金額とする。

一　平均賃金を算定すべき理由の発生した日以前1カ月間に当該日雇労働者が当該事業場において使用された期間がある場合には，その期間中に当該日雇労働者に対して支払われた賃金の総額をその期間中に当該日雇労働者が当該事業場において労働した日数で除した金額の100分の73

二　前号の規定により算定し得ない場合には，平均賃金を算定すべき理由の発生した日以前1カ月間に当該事業場において同一業務に従事した日雇労働者に対して支払われた賃金の総額をその期間中にこれらの日雇労働者が当該事業場において労働した総日数で除した金額の100分の73

三　前2号の規定により算定し得ない場合又は当該日雇労働者若しくは当該使用者が前2号の規定により算定することを不適当と認め申請した場合には，都道府県労働局長が定める金額
四　一定の事業又は職業について，都道府県労働局長がそれらに従事する日雇労働者の平均賃金を定めた場合には，前3号の規定にかかわらず，その金額

労働基準法施行規則

第2条　労働基準法（昭和22年法律第49号。以下「法」という。）第12条第5項の規定により，賃金の総額に算入すべきものは，法第24条第1項ただし書の規定による法令又は労働協約の別段の定めに基づいて支払われる通貨以外のものとする。

2　前項の通貨以外のものの評価額は，法令に別段の定がある場合の外，労働協約に定めなければならない。

3　前項の規定により労働協約に定められた評価額が不適当と認められる場合又は前項の評価額が法令若しくは労働協約に定められていない場合においては，都道府県労働局長は，第1項の通貨以外のものの評価額を定めることができる。

第3条　試の使用期間中に平均賃金を算定すべき事由が発生した場合においては，法第12条第3項の規定にかかわらず，その期間中の日数及びその期間中の賃金は，同条第1項及び第2項の期間並びに賃金の総額に算入する。

第4条　法第12条第3項第1号から第4号までの期間が平均賃金を算定すべき事由の発生した日以前3箇月以上にわたる場合又は雇入れの日に平均賃金を算定すべき事由の発生した場合の平均賃金は，都道府県労働局長の定めるところによる。

第 5 節

労働条件の明示（労基法15条）

> **第15条** 使用者は、労働契約の締結に際し、労働者に対して賃金、労働時間その他の労働条件を明示しなければならない。この場合において、賃金及び労働時間に関する事項その他の厚生労働省令で定める事項については、厚生労働省令で定める方法により明示しなければならない。
> 2　前項の規定によって明示された労働条件が事実と相違する場合においては、労働者は、即時に労働契約を解除することができる。
> 3　前項の場合、就業のために住居を変更した労働者が、契約解除の日から14日以内に帰郷する場合においては、使用者は、必要な旅費を負担しなければならない。

1　趣　旨

　本条は、使用者から労働者に対して、賃金を含む「労働条件」を明示すべきことを定めています。労働条件について不明確なまま労働契約関係に入っていくことを無制限に認めるとすると、実際上、使用者があとから一方的に労働条件を決めてしまう事態が想定されます。特に労働者が住居を移転して就職していた場合には、そのおそれはいっそう強くなるといえます。

　なお、賃金額については、第1章第2節ですでに述べたとおり、労働契約の締結行為それ自体として合意が不可欠ですが、その支払方法や時期等、さらには継続的契約からくる将来の取扱い（昇給）を定める必要があり、本条によっ

てそれらについて明示義務を定めているといえます。

本条は、このように、労働者が意に沿わない労働条件での就労を事実上強制される事態を避けるため、労働条件の明示義務（1項前段）、明示方法の限定（1項後段）、明示義務に違反した場合の即時解除権（2項）、即時解除した場合の帰郷旅費請求権（3項）を規定しています。

2 要件（本条1項）

(1) 「労働契約の締結に際し」（明示の時期）

賃金を明示する時期は、「労働契約の締結の際」すなわち締結時です。

「労働契約の締結」とは、新卒採用や中途採用のみならず、転籍、事業譲渡先企業による採用、定年後の嘱託再雇用等も含むと解されます（東京大学労働法研究会『注釈労働基準法』280頁以下参照）。

この「労働契約の締結」にあたるかどうかが問題になる場面として、①内定を出したとき、②期間の定めのある労働契約を更新するとき、③出向するとき、があります。

ア 内定を出したとき

他社就労を放棄するに至った内定は、一般的に、始期付解約権留保付労働契約が成立したものとして認められるといえますので（大日本印刷事件＝最二小判昭54.7.20労判323-19等）、理論上は本条の労働条件明示義務が発生します。もっとも、その際に、本来、賃金の確定額を明示する必要があるところを、例外的に入社時の賃金の見込額を明示すれば足りるとされる場合があるのかという問題があります。この点については、後述(3)イ「明示の程度」で説明します。

イ　期間の定めのある労働契約を更新するとき

　期間の定めのある労働契約を更新することは，各期に新契約を締結することと同じですから，本条の「労働契約の締結」にあたるのは当然のことといえます。つまり，更新のたびに本条の明示義務があります。

ウ　出向するとき

　出向については，出向先との新たな労働契約関係が「労働契約の締結」にあたるといえるかが問題となります。

　まず，「出向」とは，労働者が自己の雇用先の企業に在籍のまま，他の企業の事業所において相当長期間にわたって当該企業の業務に従事することをいいます（菅野和夫『労働法〈第9版〉』447頁）。つまり，出向元企業との労働契約関係を保持したまま，出向先との間で部分的労働契約関係が発生します。かかる部分的労働契約関係は，出向元企業との労働契約関係を前提（土台）としたものではありますが（二重契約関係），これをもって，出向先企業において労働条件の明示を不要とする理由とはならないと考えます。出向先企業との間で部分的にせよ労働契約関係が存する以上，労基則5条1項の列挙事項のうち出向先企業が決定している事項については，不明確な労働条件を原因として生じる労使間の紛争を予防するという観点から，本条の明示義務を認めるべきであると考えます。

(2)　「賃金，労働時間その他の労働条件」

ア　列挙事由

　本条における「労働条件」は，まさに何を明示すべきかという対象そのものですので，自由な解釈に委ねることは適当ではありません。そこで，労基則5条1項が，その範囲を具体的に定義しており，賃金に関しては以下の3点の明示を求めています。使用者としては，これらを明示していれば，本条違反の責任はないことになります[*]。

＊〈賃金に関して常に明示するもの〉
　賃金（退職手当および下記②の賃金を除く）の決定，計算及び支払の方法，賃金（退職手当および下記②の賃金を除く）の締切りおよび支払の時期並びに昇給に関する事項（労基則5条1項3号）
〈その他定めがある場合に明示するもの〉
① 退職手当の定めが適用される労働者の範囲，退職手当の決定，計算および支払の方法並びに退職手当の支払の時期に関する事項（労基則5条1項4号の2）
② 臨時に支払われる賃金（退職手当を除く），賞与および労基法8条各号に掲げる賃金並びに最低賃金額に関する事項（労基則5条1項5号）

イ　賃金の重要性

　本条1項後段の規定は，昭和51年の「賃金の支払の確保等に関する法律」（昭和51年法律第34号）の制定の際，その附則で改正・追加されたものです。賃金に関する事項の取決めが不明確であることが原因となって賃金の支払をめぐる紛争事案が多いことに鑑み，このような事案の発生の防止を図るため，明示すべき労働条件のうち特に賃金に関する事項についての明示の方法に特別の制限（労働者に対する書面の交付によらなければならないこと）を加えました。
　賃金以外の主要な労働条件についても，平成10年の改正により，厚生労働省令で定める方法（労働者に対する書面の交付）により明示しなければならないこととされましたが，賃金についてのみ，上記のような理由から他の労働条件に先駆けて特別の制限が加えられたのです。
　このように，明示すべき労働条件の中でも，賃金というのは労働者の生活の糧となる重要なものであり（憲法25条の生存権保障に由来するものともいえる），特に明示の要請が強いものといえます。

(3)　「明示しなければならない」

ア　明示の方法

(ア)　厚生労働省令で定める方法

　本条1項後段は，「この場合において，賃金及び労働時間に関する事項その他の厚生労働省令で定める事項については，厚生労働省令で定める方法により明

示しなければならない」として、一部の重要な労働条件についてはさらに特殊な明示方法を要求しています。

その具体的な定めは労基則5条2項および3項に規定されており、内容は前述の2(2)(ア)の3点がこれに該当します。また、その方法は、これらの事項を明記した書面の交付とされています（なお、この「書面」とは就業規則そのものでも差支えありません。この場合、就業規則をただ渡すだけではなく、どこにどの労働条件が明記されているのかを説明するべきであると考えられます）。

次に、これら以外の労働条件については、口頭の明示でも差支えありません。

以上より、就業規則の必要的記載事項についてはこれを記載した就業規則を交付し、これに加え、必要的記載事項に含まれていない事項を記載した書面を交付することで本条の義務を果たせることとなります。

(イ) パートタイム労働法

パートタイム労働者（短時間労働者）については、昇給や賞与・退職金の支給の定めがないことが一般的です。したがって、これについて明示されないために、昇給がありうるのか、賞与・退職金が支給されるのかという点で実務上問題となることが多かったのです。こうした問題を未然に防ぐべく、「短時間労働者の雇用管理の改善に関する法律」（以下、「パートタイム労働法」という）において、労基法が労働契約締結の際に書面で明示すべきとする上記労働条件に加えて、昇給、退職手当および賞与の有無についても文書の交付による明示を義務付けることとしました。

もっとも、明示の方法については、労働者が希望する場合にはファクシミリまたは電子メールによる送信の方法（当該短時間労働者が当該電子メールの記録を出力することによる書面を作成することができるものに限る）でもよいとしています（同法6条1項、パート則2条）。

なお、同法は、労基法やパートタイム労働法が明示を義務づけた上記事項以外の労働条件についても、文書等で明示するように努めるべきものとしています（同法6条2項）。

イ　明示の程度

　明示義務があるときに，明示義務が課されている時点（前記(1)）において，賃金についてどの程度まで具体化して明示すればその義務を果たしたことになるのかについては，実務上しばしば問題になりえます。

　採用募集時に職安法上賃金額の明示が求められており（後述職安法5条の3の場合），また，前述のとおり労働契約の成立には具体的賃金額についての合意が必要であると解されることから，原則として契約成立時に確定額を明示する必要があると考えます。

　しかし，新卒の採用内定の場合には，始期付解約権留保付労働契約が成立しますが，実際に就労が始まり賃金を得るまでに6カ月以上の期間があるため，経済状況の変化や春闘等によって事実上採用内定時の見込額と実際の賃金との間に開きが生じる可能性があります。そこで，このような場合には，例外的に，見込額を明示することをもって本条の明示義務を果たしたと考えるべきです（八洲事件＝東京高判昭58.12.19労判421-33）。

　もっとも，賃金として明示した以上，使用者は，実際の賃金額を見込額と同額に合わせる信義則上の義務を負うと考えます。

　他方，中途採用の場合については，多くの場合，就労開始時期を2週間程度遅らせるにすぎず，事情変更の可能性がほとんどないため，原則どおり確定額を明示すべきであると考えます。中途採用者の採用時の面接および社内説明会において，見込額の提示の際に，新卒同年時期定期採用者の平均的給与と同等の待遇を受けることができるものと信じさせかねない説明をしたにもかかわらず，これと異なる扱いをしたという事案において，本条違反になるとした裁判例があります（日新火災海上保険事件＝東京高判平12.4.19労判787-35）。なお，当該裁判例は，同条違反に加え使用者（求人者）の説明が雇用契約締結に至る過程における信義誠実の原則に反していたことを認め，慰謝料請求を認容しました。

　もっとも，いずれの事案においても，見込額の提示は，見込額による労働契約締結申込みの意思表示をしたとはいえませんから，労働者は見込額どおりの

賃金請求権を取得するわけではないとされています。したがって，使用者が入社時に上記見込額より低い額を確定額として明示し，これを労働契約の内容としたとしても，見込額と確定額との差額請求は認められません（慰謝料の問題になると考えます）。

また，労働契約締結後，契約が展開していく中で当然に変動していくことが予想される労働条件については，そのすべてを明示する必要はなく，契約当初の労働条件が明示されていれば足りるものと考えられます。

以上の一般論のほか，個別の労働条件について，行政通達が明示の程度を示しています。そのうち「賃金（退職手当及び前記⑦の賃金を除く）の決定，計算及び支払の方法，賃金（退職手当及び前記⑦の賃金を除く）の締切り及び支払の時期並びに昇給に関する事項」については，「就業規則の規定と併せ，賃金に関する事項が当該労働者について確定しうるものであればよく，例えば，労働者の採用時に交付される辞令等であって，就業規則等に規定されている賃金等級が表示されたものでも差し支えないが，この場合，その就業規則等を労働者に周知させる措置が必要である」と述べています（昭51．9．28基発690号，昭63．3．14基発150号，平11．3．31基発168号）。

3　本条違反の効果

(1)　即時解除権（本条2項）

「明示された労働条件が事実と相違する場合」には，労働者は即時解除権を行使することができます（ここでいう「労働条件」については，前記2(2)で述べたとおりです）。

本来，民法の原則によれば，労働契約締結の際に労働条件が明示されていれば，その明示の内容が契約の内容を構成すると考えられますので，明示された労働条件と異なる条件で就労させられている労働者としては，労働契約上，明示されたとおりの待遇を実現すべきことを直接要求することができますし，ま

た債務不履行として，催告のうえで民法上の解除権を行使することもできます（民法541条）。

　また，民法上，期間の定めのない雇用の解約申入れは，解約申入れの日から一定期間経過後に終了しますが（民法627条），当事者が雇用の期間を定めなかった場合はもちろんのこと，雇用の期間を定めた場合であっても，「やむを得ない事由」があるときは，各当事者は直ちに契約を解除することができます（民法628条）。本条2項は，「やむを得ない事由」と認められるか否かにかかわらず，労働条件の明示がないことにより即時に労働契約を解除する旨を規定したものと考えられます。

　もっとも，明示されたのと異なる内容の労働条件であることを労働者が知った後も，異議を述べることなく相当の期間にわたって就労を続けたときは，そのような労働条件に変更したことを追認したものとみるべきですから，本条2項の即時解除権は行使できなくなると考えられます。しかし，その「相当の期間」がどの程度であるかは，実例も乏しく，困難な問題です。

(2) 帰郷旅費請求権（本条3項）

　就業のために住所を変更していた労働者が，この解除によって14日以内に帰郷する場合には，使用者は必要な旅費を負担しなければならないとされています（本条3項）。

　これは，就労のために住居を変更した労働者の即時解除権の行使を阻害させないため，使用者に帰郷旅費を負担させる（裏返していうと，労働者側に帰郷旅費請求権を発生させる）ものです。

　これも，民法の原則からすれば，債務不履行に基づく損害賠償として同等の金銭を請求することができるものですが，特に労働者側の立証の負担を軽減し，通常必要な一切の旅費（交通費・食費・宿泊費（当該労働者によって生計を維持されている同居人のものも含みます），転居のための家財道具の運送費用等）を請求することを許す点に，本条3項の特殊性があります。

(3) 罰則（労基法120条1号）

本条1項の明示義務の違反と，本条3項の帰郷旅費負担義務の違反には，使用者に対して30万円以下の罰金が科せられます。

4　職安法5条の3（参考）

本条と同じ趣旨を持つ条文として，職安法5条の3は，募集時の労働条件の明示を要求しています。ただし，その範囲は本条に比べて狭く，また罰則の規定もありません。

職業安定法5条の3

1　公共職業安定所及び職業紹介事業者，労働者の募集を行う者及び募集受託者（第39条に規定する募集受託者をいう。）並びに労働者供給事業者（次条において「公共職業安定所等」という。）は，それぞれ，職業紹介，労働者の募集又は労働者供給に当たり，求職者，募集に応じて労働者になろうとする者又は供給される労働者に対し，その者が従事すべき業務の内容及び賃金，労働時間その他の労働条件を明示しなければならない。

2　求人者は求人の申込みに当たり公共職業安定所又は職業紹介事業者に対し，労働者供給を受けようとする者はあらかじめ労働者供給事業者に対し，それぞれ，求職者又は供給される労働者が従事すべき業務の内容及び賃金，労働時間その他の労働条件を明示しなければならない。

3　前2項の規定による明示は，賃金及び労働時間に関する事項その他の厚生労働省令で定める事項については，厚生労働省令で定める方法により行わなければならない。

職業安定法施行規則4条の2

1　法第5条の3第3項の厚生労働省令で定める事項は，次のとおりとする。

一〜四 （省略）

五 賃金（臨時に支払われる賃金，賞与及び労働基準法施行規則（昭和22年厚生省令第23号）第8条各号に掲げる賃金を除く。）の額に関する事項

六 （省略）

2 法第5条の3第3項の厚生労働省令で定める方法は，前項各号に掲げる事項（以下この項及び次項において「明示事項」という。）が明らかとなる次のいずれかの方法とする。ただし，職業紹介の実施について緊急の必要があるためあらかじめこれらの方法によることができない場合において，明示事項をあらかじめこれらの方法以外の方法により明示したときは，この限りでない。

一 書面の交付の方法

二 電子情報処理組織（書面交付者（明示事項を前号の方法により明示する場合において，書面の交付を行うべき者をいう。以下この号において同じ。）の使用に係る電子計算機と，書面被交付者（明示事項を前号の方法により明示する場合において，書面の交付を受けるべき者をいう。以下この号及び次項において同じ。）の使用に係る電子計算機とを電気通信回線で接続した電子情報処理組織をいう。）を使用する方法のうち，書面交付者の使用に係る電子計算機と書面被交付者の使用に係る電子計算機とを接続する電気通信回線を通じて送信し，書面被交付者の使用に係る電子計算機に備えられたファイルに記録する方法（書面被交付者がファイルへの記録を出力することによる書面を作成することができるものに限る。）によることを書面被交付者が希望した場合における当該方法

3・4 （省略）

第6節

前借金相殺の禁止（労基法17条）

> 第17条　使用者は，前借金その他労働することを条件とする前貸の債権と賃金を相殺してはならない。

1　趣　旨

(1)　本条の趣旨

　本条は，前借金や労働することを条件とする前貸の債権と賃金を相殺することを禁止し，金銭貸借関係と労働関係を完全に分離することによって，金銭貸借に基づく身分的拘束の発生を防止することを目的としたものです（厚生労働省労働基準局編『平成22年版・労働基準法（上）』239頁）。

　すなわち，「働いて返すから金を貸してくれ」ということで，労働者が就職し，金銭の貸付を受けることは，自己または家族の生計を維持するために行われがちであって，この場合に上記前借金と賃金との相殺を認めると，その返済が終わるまで労働者は賃金を得ずして働き続けなければならず，人身拘束や労働強制につながるとして禁止されたのです。

　なお，立法当初は，前借金を全面的に禁止すべきとの意見も見られましたが，庶民金融が発達していない当時において，前借金を全面的に禁止すると労働者に金融の道を断ちかねないとして全面禁止はとらず，金銭貸借関係と労働関係を完全に分離して労働保護を図るとの方針のもとで規定されています（寺本廣

作『労働基準法解説』188頁)。

(2) 民法との関係

民法上は,「二人が互いに同種の目的を有する債務を負担する場合において,双方の債務が弁済期にあるときは,各債務者は,その対当額について相殺によってその債務を免れることができ」(民法505条1項本文),「当事者の一方から相手方に対する意思表示」(民法506条1項前段)によって,その効力が生じるとされており,一方的に相殺できるのが原則です。

しかし,賃金債権については,一支払期における4分の3(その額が標準的な世帯の必要性経費を勘案して政令で定める額を超えるときは,政令で定める額に相当する部分)の差押えを禁止し(民事執行法152条1項2号),そして,差押禁止とされた部分については,民法上相殺が禁止されています(民法510条)。これによると,差押禁止となっていない一支払期の賃金の4分の1については原則どおり一方的相殺ができることとなります(図参照)。

Point 差押禁止の額

原則として,4分の3(養育費その他の扶養義務に係る債権については2分の1)に相当する額。ただし,4分の3(養育費その他の扶養義務に係る債権については2分の1)に相当する額が次の金額を超えるときは,次の金額に相当する部分について差押禁止となる。

給与区分	差押禁止の額
月　　給	33万円
日　　給	1万1000円
賞　　与	33万円
退職金	4分の3に相当する部分の額

そこで,計算例
(1) 月給(税金・社会保険など法令に基づく控除後の額)20万円なら
　　労働者には　20万円×0.75＝15万円
　　債権者には　20万円×0.25＝5万円　の支払となる
(2) 月給(同)50万円なら
　　労働者には　33万円
　　(50万円×0.75＝37.5万円は差押禁止の範囲33万円を超えている)
　　債権者には　50万円－33万円＝17万円　の支払となる

(3) 労基法24条との関係

労基法24条1項は，賃金の全額払いの原則を定めており，相殺も同条の「控除」の一種として禁止されますので，上記一支払期の4分の1についても相殺をすることはできません。

もっとも，労働関係上生じうる支払いを簡便に決済するために，控除を認めることが合理的と考えられる費目については，労使協定を締結することにより，相殺が可能となります（労基法24条1項但書）。このような労使協定が存在すれば，上記民法の原則どおり一方的意思表示によって相殺することができます（詳細については，第1章第2節を参照してください）。

したがって，本条は，「前借金」「その他労働することを条件とする前貸の債権」に限っては，上記労使協定を締結していても相殺を認めないとして，労基法24条の特則を定めています。

2 要 件

(1) 「前借金その他労働することを条件とする前貸の債権」

「前借金その他労働することを条件とする前貸の債権」とは，将来の労働によって得る賃金で弁済することを条件として使用者から借り入れた金銭をいいます。

したがって，過去の労働についての給与の前払いは，単に弁済期の繰り上げにすぎず，本条の「前借金」にはあたりません。

そして，この条文を文言どおり適用すると，これでは将来の給与やボーナスで分割弁済していくことを約して住宅資金の借入れをすることも禁止されるなどその範囲が広範にすぎるため，かえって不都合が生じます。

そこで，行政解釈では，前借金について「第17条の規定は前借金により身分的拘束を伴い労働が強制される恐れがあること等を防止するため，労働するこ

とを条件とする前貸しの債権と賃金を相殺することを禁止するものであるから、使用者が労働組合との労働協約の締結あるいは労働者からの申出に基づき、生活必需品の購入等のための生活資金を貸し付け、その後この貸付金を賃金より分割控除する場合においても、貸付の原因、期間、金額、金利の有無等を総合的に判断して労働することが条件となっていないことが極めて明白な場合には、本条の規定は適用されない」（昭23.10.15基発1510号、昭23.10.23基収3633号、昭63．3．14基発150号）としています。

つまり、金銭貸借関係と労働関係が密接に関係し、人身拘束や労働強制の手段となるようなものが本条にいう「前借金」に該当します。

したがって、使用者から人的信用に基づいて借り入れた金銭は、本条の対象から外れます。

また、住宅資金の融資等は相当高額に上り、その返済期間も相当長期間であるが、貸付の原因が真に労働者の便宜のためのものであり、また労働者の申出に基づくものであること、貸付期間は必要を満たしうる範囲であり、貸付金額も１カ月の賃金または退職金等の充当によって生活を脅威しえない程度に返済しうるものであること、返済前であっても退職の自由が制約されていないこと等、当該貸付金が身体拘束を伴わないことが明らかなものについては、本条に抵触しないと解されています（厚生労働省労働基準局編「平成22年版・労働基準法（上）」247頁）。

(2) 「相殺」

ア　労働者からの相殺の意思表示

本条は、人身拘束や労働強制を防止するために使用者からの相殺を禁止するものですから、労働者が自己の意思によって相殺することは妨げられません。

もっとも、労働者からの相殺の意思表示の形式をとっていたとしても、実質的には、使用者が相殺を強制したものと評価できる場合には、なお本条違反となると解すべきです。

実際に、労働者が自己の意思によって相殺したといえるかの判断については、

24条の全額払原則との関係でなされる合意相殺の議論と同様に，労働者の自由な意思に基づいてなされたものであると認めるに足りる合理的理由が客観的に存在するか否かという基準によって判断することが考えられます。

イ 相殺合意（相殺契約）

次に，単独行為としての相殺ではなく，相殺合意（相殺契約）の場合について検討します。

この点に関しては，従来，前貸金の際に賃金から前借金を相殺する旨の事項が記載された定型的借用証書が提示され，これに合意することが貸付の条件とされ，これに従って前借金の相殺が行われてきたという実態があったことから，事実上の本条の脱法行為を防止すべく，本条の相殺には相殺契約を含むべきとする見解があります（厚生労働省労働基準局編『平成22年版・労働基準法（上）』248頁）。

しかし，労働者が自己の意思によって相殺をすることができるのと同様，自己の意思に基づく相殺合意も妨げられないと解するのが自然であると考えます。もっとも，身体拘束および労働強制を禁止する本条の趣旨を没却しないよう自己の意思に基づくかの判断は慎重に行う必要があります。

したがって，この点も上記アと同様に，当該相殺合意の意思表示が自己の意思に基づくか否かは，24条全額払原則との関係でなされる合意相殺の議論と同様に，労働者の自由な意思に基づいてなされたものであると認めるに足りる合理的な理由が客観的に存在するか否かという基準によって判断すべきであると考えます。

3 本条違反の効果

使用者が本条に違反して前借金その他労働することを条件とする前貸の債権と賃金とを相殺すると，6カ月以下の懲役または30万円以下の罰金に処せられます（労基法119条1号）。

また，本条は強行法規ですので，本条違反の相殺の意思表示は無効となり，労働者の賃金債権は依然として残りますので，使用者は所定賃金の全額を支払わなければなりません。これに違反した場合は，本条違反のほか，労基法24条違反にもなり，30万円以下の罰金に処せられます（労基法120条1号）。

　このように，罰則も24条違反よりも重く処せられることとされており，このことからも，本条が24条の特則であるといえます。

　なお，本条は前貸の債権と賃金との相殺を禁止するにとどまり，前貸そのものを禁止するものではありません。もっとも，労働者の身体拘束につながるような前借金は民法90条により無効となると解すべきです（最二小判昭30.10.7判時61-3）。

第7節

金品の返還（労基法23条）

> **第23条** 使用者は，労働者の死亡又は退職の場合において，権利者の請求があつた場合においては，7日以内に賃金を支払い，積立金，保証金，貯蓄金その他名称の如何を問わず，労働者の権利に属する金品を返還しなければならない。
> 2　前項の賃金又は金品に関して争がある場合においては，使用者は，異議のない部分を，同項の期間中に支払い，又は返還しなければならない。

1　趣　旨

　本条は，労働者が退職した際，賃金を含む，労働者の権利に属する金品を迅速に返還させることを目的としています。

　本来，賃金は毎月一回以上，一定の期日に支払われることとされており（労基法24条2項），通常支給日は各月の決まった日になされることとされていますから，このような確定期限が到来するまでは，これを支払わなくても，履行遅滞の責任を負わないはずです（民法412条1項）。

　しかし，労働者が退職した場合において，賃金，積立金その他労働者の権利に属する金品を迅速に返還させることとしないと，返還を見込めないゆえに労働者の足留めとなり，また，退職労働者または死亡労働者の遺族の生活を窮迫させることとなるおそれがあります。さらに，返還の時期が遅くなればなるほど，賃金の支払や金品の返還に不便と危険を伴うこととなります。

そこで，本条は，迅速な返還を義務づけることで，賃金等の早期かつ確実な清算を実現し，労働者の足留めを防止するとともに，労働者またはその遺族の生活の安定を図ることとし，賃金等について権利者からの請求から7日以内の支払を使用者に義務づけました。これは，通常の賃金支払に関する規定（24条2項）の特例にあたります。

2　返還すべき金品・時期

本条によって返還が義務づけられる金品は，「賃金」と「積立金，保証金，貯蓄金その他名称の如何を問わず，労働者の権利に属する金品」とに分けられます。

(1)　賃　金

本条の賃金には，労働者の死亡または退職の時点において，労働者が支払を要求することのできるすべての賃金が含まれます。

したがって，すでに労働した部分について発生している未払賃金のほか，就業規則等の根拠に従って労働者が要求できる賃金は，その支払日をどのように定めるかにかかわらず，次に述べる退職金の例外を除いて，権利者からの請求があってから7日以内に支払われる必要があります。もちろん，権利者から特段の請求がない場合には，その支払は所定の期日どおりにすれば差支えありません。

(2)　退職金

退職金も，労働協約や就業規則によってあらかじめ支給条件が明確にされているものは賃金に該当することは労基法11条の賃金の項で説明しました。

そうすると，通常の賃金と同様，退職金についても，本条の適用を受けるとも思えます。

しかし，退職金については，その支払時期について前述の賃金の支払時に関

する解釈をそのまま当てはめることは実情に適さない場合があります。

すなわち,通常の賃金については,労基法において毎月払い(24条2項)の規定のほか,非常時払(25条)が定められていますが,これは通常,賃金は日々の労働量に応じて支払われるものであり,労務提供後はそれに応じた賃金を要求しうるはずであるにもかかわらず,継続的契約関係であることに鑑み,弁済期としての所定支払日が労働契約において定められるので,これを規制する目的で制定されているものと解されます。

他方,退職金は,退職前においては単なる期待権(退職事由によっては支給されない場合もある停止条件付債権)であると解されるため,労基法上も毎月払い,非常時払の対象とされていませんし,また,退職金制度を設けるか否かについても法律は関与しておらず,専ら使用者の自由に定めることができるものとされていますので,通常の賃金とは異なります。

したがって,退職後請求があってから7日を経過しても,通常の賃金の場合と異なり,あらかじめ特定した支払期日が到来するまでは退職金を払わないものとして取り扱っても本条の趣旨に反しないと考えられています(昭26.12.27基収5483号,昭63.3.14基発150号)。

実際上の観点から見ても,しばしば多額に上る退職金を,突発的な退職や死亡から7日以内に全額払わなければならないとするのは,使用者に酷に過ぎるものと考えられますし,退職年金(企業年金)の支払方法に関して困難な問題を生じてしまうことを考えても,妥当な解釈といえます。

(3) 賞　与

賞与も,労働協約や就業規則によってあらかじめ額が確定している場合のその額,あるいは算定基準・算定方法が規定ないし決定されている場合に,これに基づいて算定された額については,労基法11条の賃金に該当するといえます。

しかし,賞与も,退職金と同様,これを支給する制度を設けるか否かについて専ら使用者が自由に定めることができるものであって,通常の賃金と異なります。

また，賞与については，業績連動によってその支給額が決定されるもの等もあり，退職金よりもさらに不確定な要素が強いものといえます。

したがって，退職金と同様，退職後請求があってから7日を経過しても，通常の賃金の場合と異なり，賞与の支給日が到来するまでは賞与を支払わなくても本条には反しないと考えます。

実際上の観点からみても，労働者が退職するたびに，評価期間途中であっても，7日以内に成績査定，業績見込みの算出を経て賞与額を決定し，これを支払わなければならないとするのは，使用者に酷に過ぎると考えられますから，上記のように考えることは妥当であると考えます。

3　権利者

「権利者」とは，本条の「賃金」や「労働者の権利に属する金品」の交付を求める権利がある者のことを意味します。したがって，労働者が退職した場合にはその労働者，労働者が死亡した場合にはその相続人が，それぞれここにいう権利者に該当することになります。労働者に対する一般債権者は含まれません。

4　使用者の異議

賃金または金品に関して（具体的には，支払うべき賃金や返還すべき金品の有無，種類，数量等について）争いがある場合には，使用者は，異議のある部分については7日以内の制限期間を免れます。

もっとも，使用者に異議があっても，それが労働者に支払われるべき賃金ないし金品であった場合には，その履行期到来以後は，使用者は履行遅滞に伴う民事上の責任を負わなければなりません。

5　本条違反の効果

　使用者が本条に違反した場合，30万円以下の罰金を科せられます（労基法120条1号）。

第 3 章

賃金に関する労基法の各規制の説明(2)

＊本章では，労基法が最低基準効として刑罰をもって使用者にその遵守を求める，賃金に関する法規制のうち，24条，25条，26条，27条，28条，及び37条について説明します。

第1節

賃金の支払(労基法24条)

> **第24条** 賃金は,通貨で,直接労働者に,その全額を支払わなければならない。ただし,法令若しくは労働協約に別段の定めがある場合又は厚生労働省令で定める賃金について確実な支払の方法で厚生労働省令で定めるものによる場合においては,通貨以外のもので支払い,また,法令に別段の定めがある場合又は当該事業場の労働者の過半数で組織する労働組合があるときはその労働組合,労働者の過半数で組織する労働組合がないときは労働者の過半数を代表する者との書面による協定がある場合においては,賃金の一部を控除して支払うことができる。
>
> 2　賃金は,毎月1回以上,一定の期日を定めて支払わなければならない。ただし,臨時に支払われる賃金,賞与その他これに準ずるもので厚生労働省令で定める賃金(第89条において「臨時の賃金等」という。)については,この限りでない。

1　趣　旨

　労基法24条は,労働の対価であり,かつ,労働者の生活の糧である賃金が全額確実に労働者の手に渡るようにすることを目的に,賃金の支払に関し,

① 通貨払いの原則
② 直接払いの原則

③ 全額払いの原則
④ 毎月一回払いの原則
⑤ 毎月一定期日払いの原則

を定めています。

以下では，これら①から⑤の諸原則ごとに具体的に検討します。

2　通貨払いの原則

(1)　通貨払いの原則とは

　労基法24条1項本文では，賃金は，通貨で支払わなければならないと定められており，このことを，通貨払いの原則といいます。そして，ここでいう賃金は，労基法11条の「賃金」（以下，「労基法上の賃金」という）に該当するすべてのものを意味します。

　このような原則を設けた趣旨は，貨幣経済の支配する社会において，最も有利な交換手段である通貨による賃金支払を使用者に義務づけることにより，価格が不明瞭で，換価にも不便であるといった弊害を招くおそれの多い現物給与等を禁止することにあります。

　この通貨払いの原則については，労基法が制定される以前においても，旧工場法施行令22条および旧鉱業法78条に，特に定めた例外の場合を除き，賃金は必ず通貨で支払うべきことが定められていました。また，国際労働機関（ILO）では，1949年の第32回総会において，「賃金の保護に関する条約」（第95号）を採択しましたが，この条約の3条1項では，「金銭で支払う賃金は，法貨で支払わなければならず，約束手形，借用証書若しくはクーポンの形式又は法貨に代わるものであるとするその他の形式による支払は，禁止しなければならない」と規定されており，同条3項では，慣習，特殊事情による必要性，労働協約もしくは仲裁裁定による定めまたは関係労働者の同意のある場合のほかは，小切

手，郵便為替等による支払いを認めてはならないとしています。

(2) 「通貨」とは

ここでいう「通貨」は，「通貨の単位及び貨幣の発行等に関する法律」において定義されています（同法2条3項）。つまり，「通貨」とは，日本国において強制通用力のある貨幣（いわゆる1円，5円，10円，50円，100円，500円硬貨）および日本銀行が発行する銀行券（いわゆる1000円，2000円，5000円，10000円紙幣）を意味し，外国通貨は「通貨」には含まれません。

また，小切手も，「通貨の単位及び貨幣の発行等に関する法律」で定める「通貨」には該当せず，それを受領した労働者に一定の不便と危険を与えることにもなるため，労基法24条1項の「通貨」には該当しません。銀行振出自己宛小切手であっても同様です。

この点，通貨払いの原則が主として現物給与の禁止を目的としているということを前提に，小切手も「貨幣」に含めるという学説もあります。しかし，通貨払いの原則が単に現物給与の支給のみを禁止する趣旨ではないこと，「通貨の単位及び貨幣の発行等に関する法律」で定める「通貨」の定義にも反することから，小切手は通貨払いの原則における「通貨」には該当しないものと考えます。

なお，労働者に通勤定期券が支給される場合がありますが，支給に関してあらかじめ一定の支給基準が定められていれば，労基法上の「賃金」に該当すると説明されています。また，住宅の貸与，食事の供与についても，第1章第2節において述べたとおり，場合によっては労基法上の「賃金」に該当する場合があります。

その場合，労基法24条の適用を受けますので，後述するとおり，通貨払いの原則の例外として労働協約を締結しなければ，現物支給ということで通貨払いの原則に反することになります。

もっとも，現実には，特段労働協約を締結しないまま，通勤定期券が支給され，あるいは，住宅の貸与，食事の供与がなされたとしても，本来の賃金の減

額を伴うものでなければ，実質的な違法性が低いこともあって，刑事責任が問われることは考えにくいものと考えられます。

また，通勤定期券の支給については，福利厚生に該当すると考えます（第1章第2節）。

(3) 通貨払いの原則の例外

前述した通貨払いの原則の趣旨から，公益上の必要がある場合または労働者に不利益になるおそれが少ない場合には例外を認めることが実情に沿うため，通貨払いの原則の例外が定められています。

具体的には，

① 「法令に別段の定めがある場合」
② 「労働協約に別段の定めがある場合」
③ 「厚生労働省令で定める賃金について確実な支払の方法で厚生労働省令で定めるものによる場合」

があります（労基法24条1項但書）。

そこで，これらについて具体的に検討していきます。

ア 「法令に別段の定めがある場合」

現在，通貨払いの原則の例外を定める「法令」は存在しません。

イ 「労働協約に別段の定めがある場合」

労働協約において通貨払いの原則の例外を定めた場合，通貨払いの原則の適用は受けません。

なお，労基法において，労基法違反の刑事罰を免責する要件として労使協定ではなく労働協約を求めている規定は，唯一この24条1項但書だけです。また，ここでいう労働協約とは，労組法14条が定める成立要件を満たす必要があり，

また，満たしていればそれで足ります。具体的には，過半数労働組合との間で締結した労働協約である必要はないということです。

そして，労働協約により通貨払いの原則の例外を定めた場合，労働協約の適用を受ける労働者（当該労働協約を締結した労働組合に加入する組合員，一般的拘束力（労組法17条，18条）が生じる場合に協約の適用を受ける非組合員）に対してのみ，通貨払いの原則について免除の効力が及びます（昭63．3．14基発150号）。

ウ 「厚生労働省令で定める賃金について確実な支払の方法で厚生労働省令で定めるものによる場合」

この例外は昭和62年改正により新設されたものです。それ以前は，賃金の口座振込みについて，昭和50年の行政解釈（昭50．2．25基発112号）により，一定の要件を満たす限り労基法24条1項に定める通貨払いの原則には違反しないという取扱いとなっていました。

その後，昭和62年改正により，かかる例外が労基法上に新設され，それを受けて定められた労基則7条の2において，これまでの行政解釈を踏襲した要件が定められ，その後，平成10年にさらに改正され，賃金の口座振込みについて，新たに一定の要件を満たす証券会社の証券総合口座への振込みもなしうることとなりました（平10．9．10基発529号，平13．2．2基発54号，平14．4．1基発0401004号，平19．9．30基発0930001号）。

労基則7条の2の具体的な規定内容は本節末尾をご参照ください。

このように，労働者の同意がある場合には，①退職手当を銀行その他の金融機関が自己宛に振り出し，もしくは支払保証をした小切手または郵便為替によって支払うこと，および②賃金の口座振込みについて，通貨払いの原則の例外を認めています。

(4) 賃金の口座振込みに関する行政解釈

労基則7条の2では，賃金の口座振込みについて，①労働者の同意を得るこ

と，②労働者が指定する銀行その他の金融機関の本人名義の預貯金口座に振り込むことを要件に，通貨払いの原則の例外として認めています。

しかし，通達（平10.9.10基発530号，平13.2.2基発54号，平19.9.30基発0930001号）では，平成10年の省令改正により，②について，一定の要件を満たす証券会社の証券総合口座への振込みもなしうることとなったことに伴い，賃金の口座振込みについて，以下のように指導することが定められています。

1　口座振込み等は，書面による個々の労働者の申出又は同意により開始し，その書面には次に掲げる事項を記載すること。
　(1)　口座振込み等を希望する賃金の範囲及びその金額
　(2)　指定する金融機関店舗名並びに預金又は貯金の種類及び口座番号，又は指定する金融商品取引業者店舗名並びに証券総合口座の口座番号
　(3)　開始希望時期
2　口座振込み等を行う事業場に労働者の過半数で組織する労働組合がある場合においてはその労働組合と，労働者の過半数で組織する労働組合がない場合においては労働者の過半数を代表する者と，次に掲げる事項を記載した書面による協定を締結すること。
　(1)　口座振込み等の対象となる労働者の範囲
　(2)　口座振込み等の対象となる賃金の範囲及びその金額
　(3)　取扱金融機関及び取扱金融商品取引業者の範囲
　(4)　口座振込み等の実施開始時期
3　使用者は，口座振込み等の対象となっている個々の労働者に対し，所定の賃金支払日に，次に掲げる金額等を記載した賃金の支払に関する計算書を交付すること。
　(1)　基本給，手当その他賃金の種類ごとにその金額
　(2)　源泉徴収税額，労働者が負担すべき社会保険料等賃金から控除した金額がある場合には，事項ごとにその金額
　(3)　口座振込み等を行った金額

4　口座振込み等がされた賃金は，所定の賃金支払日の午前10時頃までに払出し又は払戻しが可能となっていること。
5　取扱金融機関及び取扱金融商品取引業者は，金融機関又は金融商品取引業者の所在状況等からして一行，一社に限定せず複数とする等労働者の便宜に十分配慮して定めること。
6　使用者は，証券総合口座への賃金払込みを行おうとする場合には，当該証券総合口座への賃金払込みを求める労働者，又は証券総合口座を取り扱う金融商品取引業者から投資信託約款及び投資約款の写しを得て，当該金融商品取引業者の口座が「MRF」(「マネー・リザーブ・ファンド」)により運用される証券総合口座であることを確認の上，払込みを行うものとすること。

　　また，使用者が労働者等から得た当該投資信託約款及び投資約款の写しについては，当該払込みの継続する期間中保管すること。

　したがって，使用者は，かかる通達に基づいた指導を労働基準監督官から受ける可能性がありますが，かかる通達の定めた手続等に反したとしても，それにより直ちに労基法24条1項但書，労基法施行規則7条の2の定めた要件を満たさず，通貨払いの原則に違反するということにはなりません。
　労基法24条1項但書，労基法施行規則7条の2の定めた要件は，あくまで，①労働者の同意を得ること，②労働者が指定する銀行その他の金融機関の本人名義の預貯金口座に振り込むことであり，ここでいう「同意」については，労働者の意思に基づくものである限り，その形式は問わないものであり，「指定」とは，労働者が賃金の振込み対象として銀行その他の金融機関に対する当該労働者本人名義の預貯金口座を指定するとの意味であって，この指定が行われれば同項の同意が特段の事情のない限り得られているものであると考えられています（昭63．1．1基発1号）。

なお，筆者は，労基法は，二四協定や三六協定に見られるように，多数当事者の意思により免罰的効力を付与することを基本的な姿勢としていますので，賃金の口座振込みについても，上記通達の2で規定されている書面協定を重視すべきと考えています。

(5) ストック・オプションについて

第1章第2節4(8)で説明したように，ストック・オプションの付与それ自体は労基法24条に定める賃金支払方法の諸原則の適用を受けませんが，労基法上の「賃金」には該当しなくとも，あらかじめ就業規則等においてストック・オプションの権利付与等に関する基準が定められ，一定の要件の下で使用者に権利付与等が義務づけられている場合，「福利厚生給付」として労働条件に該当することになるため，不利益変更の場合に一定の制約を受けることになります。一方，そのような基準がなく，使用者に具体的な義務付けがなければ，いわゆる「任意的恩恵的給付」として，労働条件にすら該当せず，労働条件の不利益変更という問題も生じません。

(6) 現物支給（実物給与）の評価

通貨以外のもの（現物）で支払われる「賃金」も，原則として，労基法12条の平均賃金および同法37条の割増賃金の算定基礎に含まれるため，その物または利益を通貨に換算評価することが必要となります。

平均賃金の場合，労基則2条2項によれば，法令に別段の定めがある場合のほかは労働協約で評価額を定めておかなければならないものとされており，同条3項では，労働協約に定められた評価額が不適当と認められる場合，または評価額が法令もしくは労働協約に定められていない場合においては，都道府県労働局長が，評価額を定めることができるとされています。

3　直接払いの原則

　労基法24条1項では，賃金は，直接労働者に支払わなければならないと定められており，これを直接払いの原則といいます。

　直接払いの原則を定めた趣旨は，親方や職業仲介人が賃金を代理受領して中間搾取を行うことや，年少者の賃金を親が奪い去ることなどの旧弊を排除するところにあります。

　なお，この直接払いの原則は，通貨払いの原則や全額払いの原則とは違い，例外がないと説明されています。

　以下では，直接払いの原則の具体的内容を事例ごとに説明します。

(1)　代理人への支払い

　労働者の親権者等の法定代理人，あるいは労働者から委任を受けた任意代理人への支払いはいずれも労基法24条1項に基づく直接払いの原則に違反します。

　また，労働者が第三者に賃金受領権限を与える委任ないし代理の契約は，労基法24条が強行法規であることから，契約自体が無効であると考えられます（昭63.3.14基発150号）。

　なお，労基法59条では，「未成年者は，独立して賃金を請求することができる。親権者又は後見人は，未成年者の賃金を代って受け取ってはならない」と定められています。この点は，第4章第2節を参照してください。

　また，親権者による未成年労働者の賃金代理受領は民法824条において，未成年後見によるそれは民法859条1項において，それぞれ認められており，その結果，未成年労働者の賃金を親元に送金するという事例が多く見られました。また，未成年労働者が独立して賃金を受領する権利を有するかという点についても，民法6条の解釈上争いがありました。そのため，労基法24条1項の定める直接払いの原則によって，このような弊害の防止を図ってきたものの，同規定はあくまで使用者に義務を課すという側面しかなく，未成年労働者の保護とし

て不十分でした。

そこで，労基法59条において，未成年労働者に賃金の独立請求権を明確に付与し，併せて親権者や後見人による代理受領をも禁止するとともに，それに違反した親権者や後見人に対しては刑事罰を科すことで（労基法120条により30万円以下の罰金刑），未成年労働者保護の徹底を図ったものと考えられています。

なお，労基法は，本来，「使用者」に対し，刑罰をもって法の遵守を求める間接強制システムであることを考えると，この規定は，まさに未成年労働者を保護するのだという法の強い意思を感じます。

(2) 使者への支払い

一方，使者に対する賃金の支払いは労基法24条1項に定める直接払いの原則に違反しないと考えられています（昭63.3.14基発150号）。

実際は，代理であるか使者であるかを区別することが困難な場合が多いかと思いますが，基本的には，「社会通念上，本人に支払うのと同一の効果を生ずるような者であるか否かによって」判断することになると考えられます（厚生労働省労働基準局編『平成22年版・労働基準法（上）』351頁）。

例えば，労働者が病気欠勤中に，その妻子が賃金の受領を求めるような場合は，生計を一つとする家庭生活の共同性，一体性の観点から，使者として評価することができ，労基法24条1項にいう直接払いの原則には違反しないものと考えられます。一方，秘書が賃金の受領を求める場合も，使者として評価できるとする見解もありますが（菅野和夫『労働法〈第9版〉』247頁，土田道夫『労働契約法』231頁），家庭生活の共同性，一体性のない秘書は，使者として取り扱うことはできないと考えるべきです。

また，賃金支払の手数を省くため，複数の労働者から委任を受けた者に一括して賃金を支払う方法をとることは，直接払いの原則に違反することになりますが，直接払いの原則は，事業主が労働者個々人に直接に賃金を手渡すことまで要求するものではありませんので，係長等に支払事務の補助を命じ，これら

の者をして事業主のために労働者に賃金を手渡させることは，これらの者が使用者の立場において行うものであるため，直接払いの原則には違反しないとされています。しかし，この事案も，同一事業場の同一職場内における労働者を前提としたものと考えておくべきです。

さらに，同様の事例として，派遣労働者の賃金を，派遣元が，派遣先を通じて支払うことについては，派遣先が，派遣労働者本人に対して，派遣元からの賃金を手渡すことだけであれば，直接払いの原則には違反しないとされています（昭61.6.6基発333号）。しかしながら，派遣先が派遣社員に対して賃金を手渡す場合，派遣先に派遣社員の使用者性の問題が発生するリスクがあり，トラブルに発展する可能性もあることに鑑みれば，実務上，そのような賃金支払方法は絶対に避けた方がよいと考えます。

加えて，実務で生じやすい問題としては，労働者が失踪した場合の賃金の支払方法です。労働者が失踪した場合，未払賃金や退職金を配偶者や同居の家族に手渡してよいかという問題が生じますが，その場合，配偶者や同居の家族に支払うことが必ずしも失踪した労働者の意思に基づくものとはいえませんので，法的には直接払いの原則に違反することになります。

なお，口座振込の場合であっても，必ずしも当該口座が当該労働者の支配下にあるとはいえませんので，振込みを停止しなければ直接払いの原則に反することになります。

しかし，実務では，家庭に問題がなく，それ以外の理由で失踪したことが明らかな場合，当該労働者の家族の生活に鑑み，決して労働者に請求させないことおよび仮に労働者が請求し，使用者が二重払いのリスクを負うような場合には返還するという誓約書を親族全員から会社に提出してもらったうえで，配偶者に未払賃金や退職金を支払うこともあります。実際にもこのような対応を行ってトラブルが生じたことはありません。

ただし，家庭生活に問題がある場合や不倫問題が絡んでいるような場合，事後的にトラブルとなる可能性もありますので，このような場合には，直接払いの原則を徹底しておくべきです。

(3) 賃金債権が譲渡された場合

賃金債権が譲渡された場合であっても，譲受人への支払いは労基法24条1項の定める直接払いの原則に違反することになります。

例えば，労働者が，使用者に対して有する月例賃金や退職金の債権を，第三者に対し，債務の弁済に充てる趣旨で譲渡し，その旨の通知（民法467条）が使用者になされた場合であっても，使用者は，その第三者に月例賃金や退職金を支払うことはできず，労働者に支払わなければなりません。

この点，判例においても，国家公務員退職手当法による退職手当の給付を受ける権利について，「その譲渡を禁止する規定がないから，退職者またはその予定者が右退職手当の給付を受ける権利を他に譲渡した場合に譲渡自体を無効と解すべき根拠はないけれども，同法（労基法）24条1項が，『賃金は直接労働者に支払わなければならない。』旨を定めて，使用者たる賃金支払義務者に対し罰則をもってその履行を強制している趣旨に徴すれば，労働者が賃金の支払を受ける前に賃金債権を他に譲渡した場合においても，その支払についてはなお同条が適用され，使用者は直接労働者に対し賃金を支払わなければならず，したがって，右賃金債権の譲受人は自ら使用者に対してその支払を求めることは許されないものと解するのが相当である」と判示しています（日本電信電話公社事件＝最三小判昭43．3．12労判40-2，民間企業の退職金については伊予相互金融事件＝最三小判昭43．5．28労判76-63）。

同様に，労働者が，月例賃金や退職金から自己の第三者に対する債務を弁済することを使用者に委任した場合でも，使用者が第三者に支払うことは直接払いの原則に違反します。

この点，債権譲渡や債務弁済委任に基づく賃金の第三者に対する支払いは，全額払いの原則の例外である労使協定において賃金の一部の控除として定められていれば，例外的に労基法24条1項但書に定める協定に基づく控除の一種として適法と認められるとの考え方もあるようです（菅野和夫『労働法〈第9版〉』247頁）。

しかしながら，全額払いの原則の例外については，後述するとおり，あくまで「購買代金，社宅，寮その他の福利，厚生施設の費用，社内預金，組合費等，事理明白なものについてのみ，法第36条第1項の時間外労働と同様の労使の協定によつて賃金から控除することを認めた趣旨」（昭27. 9 .20基発675号，平12. 3 .31基発168号）であるため，そのような事理明白なものといえない債権譲渡や債務弁済委任に基づく賃金の第三者に対する支払いは，労使協定により賃金から控除することはできず，全額払いの原則に違反するとともに，直接払いの原則にも違反するものと考えられます。

　また，妻から賃金債権を譲り受けた夫にその賃金を支払っても，夫婦が生計を一にしないとの特別の事情でもない限り，夫に支払われた妻の賃金は結局妻の自由な使用に委ねられることに帰するから，直接払いの原則には違反しないとした裁判例がありますが（バー白菊事件＝東京地判昭43. 4 . 4 労判67-13），相当古い裁判例であり，特殊な事案でもありますので，参考にすべきものではありません。実務上は，このような場合も，夫を使者と評価できるような具体的事情が確認されない限り，使用者としては，夫に妻の賃金を支払うことは決してすべきではありません。

(4) 賃金債権が差し押さえられた場合

　賃金が，国税徴収法や民事執行法に基づいて差し押えられた場合には，使用者は同法の手続により差し押さえられた賃金を行政官庁や債権者に支払ったとしても，直接払いの原則には違反しません。

　ただし，両法ともに，賃金債権の差押えについては，定期賃金，賞与，退職手当のいずれであっても差押限度額が規定されています（国税徴収法76条）。例えば，民事執行法に基づく差押えについては，「給料，賃金，俸給，退職年金及び賞与並びにこれらの性質を有する給与に係る債権」については，支給期に受けるべき給付の4分の3に相当する部分（ただし，手取額が44万円以上の場合は33万円まで）が，「退職手当及びその性質を有する給与に係る債権」については，給付の4分の3に相当する部分が差押えを禁止されており，請求債権が

婚姻費用や養育費といった扶養義務等に係る定期金債権の場合は，差押禁止債権の範囲が4分の3ではなく，2分の1となります（民事執行法152条）。

以上を表にしたものが第2章第6節にあります。

4 全額払いの原則

(1) 全額払いの原則とは

労基法24条1項本文では，賃金は，労働者に対し，「その全額」を支払わなければならないと定められており，これを全額払いの原則といいます。

そして，全額払いの原則は，賃金の一部を支払留保することによる労働者の足留めを封ずるとともに，直接払いの原則と相まって，生活の基盤である賃金を労働者に確実に受領させるため，使用者に賃金全額の支払を義務づけるものです。

ここでいう「その全額」を支払わなければならないとは，賃金の一部を控除して支払うことを禁止するということを意味します。

そして，「控除」とは，履行期の到来している賃金債権について，その一部を差し引いて支払わないことをいい，事実行為か法律行為かは問わないとされています。

なお，当然のことながら，労働者の自己都合による欠勤，遅刻，早退があった場合に，その範囲で賃金を支払わないことは，ノーワーク・ノーペイの原則により賃金債権自体がそもそも発生していないので，全額払いの原則には反しません。スト期間中の賃金についても，詳細は後述しますが，原則として同様の考え方の下，支払わなくても全額払いの原則には反しません。

賃金の一部を非常時払その他により前払いした場合に，残部の賃金を支払期日に支給する場合も，前払い分はすでに支払済みであることから，同様です。

また，退職事由によって退職金を不支給または減額支給する就業規則上の規定が設けられている場合，退職金は退職時に具体的な請求権として成立するも

のであるため，退職金の不支給，減額支給の事由に該当する場合，退職金請求権はそもそも発生しないか，減額された範囲で発生するにすぎないと解されることから，全額払いの原則に反しません。

(2) 全額払いの原則の例外

労基法24条1項但書では，「法令に別段の定めがある場合又は当該事業場の労働者の過半数で組織する労働組合があるときはその労働組合，労働者の過半数で組織する労働組合がないときは労働者の過半数を代表する者との書面による協定がある場合においては，賃金の一部を控除して支払うことができる」と定め，労基法24条1項本文が定める全額払いの原則について，例外を設けています。

ア 「法令に別段の定めがある場合」

「法令に別段の定めがある場合」としては，給与所得税の源泉徴収（所得税法183条），社会保険料および労働保険料の控除（厚生年金保険法84条，健康保険法167条，労働保険徴収法31条等），財形貯蓄金の控除（財形促進法6条1項）等があります。

また，減給の制裁（労基法91条）もここでいう法令に該当するものと考えられます。

イ 労使協定がある場合

労使協定に基づいて賃金からの控除を行ったとしても，労基法24条1項に定める全額払いの原則に違反せず，その結果，罰則の対象とはなりませんし，強行法規違反として無効となることもありません（労基法24条1項但書）。

しかしながら，労使協定を締結すれば，無制限に賃金からの控除が許されるということではなく，労使協定の存在が，賃金からの控除自体の有効性を担保するものではありません。

この労使協定はあくまでも刑法上の罰を免じられる効果をもつものにすぎず，

賃金を控除する私法上の効力まで付与するものではありません。賃金からの控除それ自体を私法上，有効に実施するためには，就業規則や労働協約において，使用者が労働者の賃金から控除することができることの根拠規定を設けるか（労組法16条，労働契約法7条），あるいは，労働者との個別の同意（労働契約法6条）を得る必要があります。

また，労基法24条1項但書では，「賃金の一部を控除」と規定されているのみで，控除できる金額の範囲について特段の制約はありません。しかしながら，相殺の場合であれば，民法上の相殺制限（民法510条，民事執行法152条）を受けることになり，受動債権が賃金債権の場合，原則としてその4分の1を超えた相殺は無効となります。当然のことながら，前借金の相殺禁止（労基法17条）の特例を認めるものでもありません。

さらに，労使協定による全額払いの原則の例外は，「購買代金，社宅，寮その他の福利，厚生施設の費用，社内預金，組合費等，事理明白なものについてのみ，法第36条第1項の時間外労働と同様の労使の協定によつて賃金から控除することを認めた趣旨」（昭27．9．20基発675号，平12．3．31基発168号）であることから，事理明白なものでなければ，労使協定によっても控除できないと考えられます。

ここで，事理明白なものといえるか否かについては，後述する調整的相殺に関する福島県教組事件最高裁判決（最一小判昭44.12.18労判96-21）が参考になります。

具体的には，

① 自働債権と労働契約関係（賃金債権）との関連性
② 労働者の経済生活の安定に与える影響の程度

から判断することになると考えられます。

①については，上記最高裁判決も，「賃金と関係のない他の債権を自働債権とする相殺の場合とは趣をことにし」と判示し，自働債権と賃金債権との関連性

を考慮しています。

②については，上記最高裁判決も，「あらかじめ労働者にそのことが予告されるとか，その額が多額にわたらないとか，要は労働者の経済生活の安定をおびやかすおそれのない場合」と判示し，労働者の経済生活の安定に与える影響の程度を考慮しています。

例えば，債権譲渡や債務弁済委任に基づく賃金の第三者払いは，①労働契約関係との関連性が乏しく，また，②労働者の経済生活の安定を脅かすおそれが高いことから，事理明白なものとはいえず，労使協定によっても控除は許されないと考えられます。また，実物給与（現物支給）として支給する目的でその部分の金額を控除することも，少なくとも②労働者の経済生活の安定を脅かすおそれがあることに加え，通貨払いの原則，直接払いの原則に関する脱法行為とも評価できることから，労使協定によっても控除は許されないと考えられます。

なお，賃金控除に関する労使協定は，労基法36条の労使協定（いわゆる三六協定）等と異なり，労働基準監督署長への届出は不要ですが，行政通達では，協定書において，少なくとも「(1)控除の対象となる具体的な項目，(2)右の各項目別に定める控除を行う賃金支払日」は記載すべきとされています。また，賃金控除に関する労使協定は当該事業場の全労働者に及びます。その点で，労使協定は，過半数労働組合との間で締結されたとしても，労働協約とは性質を異にします。ただ，それが労働協約としての要式を備えていれば，その協定は，労働協約としての性質や効力も兼ね備えることになります。

(3) 全額払いの原則と相殺との関係について

使用者が，労働者に対して有する債権を自働債権として，労働者が使用者に対して有する賃金債権との間で相殺することも「控除」として労基法24条1項の定める全額払いの原則に違反することになるかという問題があります。

この点については，関西精機事件最高裁判決（最二小判昭31.11.2判時95-12）と日本勧業経済会事件最高裁判決（最大判昭36.5.31労旬481-17）があります。

関西精機事件は，使用者が労働者の債務不履行（業務懈怠）を理由とする損害賠償請求権を自働債権として労働者の賃金債権との間で相殺を行った事案です。また，日本勧業経済会事件は，労働者の不法行為（背任）を理由とする損害賠償請求権を自働債権として労働者の賃金債権との間で相殺を行った事案です。

　これらの事件において，最高裁は，生活の基盤たる賃金を労働者に確実に受領させることが全額払いの原則の趣旨であることから，同原則は相殺禁止の趣旨をも包含するものと判示しており，そのような考え方は学説上も通説となっています。

　この点，学説では，労基法24条1項本文に定める全額払いの原則は，預り金，社内預金等の天引きの禁止のみで相殺禁止までは含まないとの反対説もあり，同説は，①賃金債権の相殺については前借金との相殺のみを禁止し（労基法17条），その他は民事執行法（152条）上の差押制限（民法510条により相殺制限となる）に委ねたはずであること，②相殺禁止を含むとした場合，労働者が使い込みをして退職する場合であっても，使用者は退職金から使い込み金を差し引けないこととなり著しく不合理であることを論拠としています。

　しかしながら，②については，退職金請求それ自体を権利濫用と捉えて対応し，また，懲戒解雇による退職金の没収・一部減額あるいは合意相殺，賃金債権の放棄で実務上ある程度の対応は可能であり，むしろ，反対説の場合，使用者の労働者に対する自働債権の有無および金額について当事者間に争いがあったとしても，使用者が一方的に金額を決めて相殺することができ，その場合，労働者は賃金請求の訴えを提起しなければならない事態が生じます。

　判例・通説については，労基法24条1項の全額払いの原則は，弱小債権保護を目的とした相殺制限（民法510条，民事執行法152条）とは別個の，労働者保護のための相殺禁止を実現したものであり，労基法17条（前借金との相殺）は，労使協定による例外を認めない労基法24条の特則であると捉えることができ，判例・通説の見解が妥当であると考えます。

　なお，労働者が，賃金債権を自働債権として相殺を行う場合には，使用者が自ら賃金を「控除」したわけではないため，全額払いの原則には違反しません。

(4) 二四協定と最高裁の例外措置

ア 調整的相殺

当月の過払賃金を翌月の賃金で調整することは実務上必要なことがあり、実際にもよく行われています。

それを法律的に整理すると、当月の過払賃金の不当利得返還請求権を自働債権とし、翌月の賃金債権を受動債権とする相殺ということになり、このことを一般に「調整的相殺」と呼んでいます。

この「調整的相殺」が労基法24条1項本文に定める全額払いの原則、つまり賃金債権の相殺禁止の原則に違反しないかという点について、2つの最高裁判例があります。

前述の福島県教組事件最高裁判決では、職場離脱により9月分の月給と年末の勤勉手当において生じた若干の過払分について、翌年1月に過払分の返納を求めるとともに、返納しない場合には2月分の月給から控除する旨通知し、実際に2月分の月給（一部の者については勤勉手当の過払分のみ3月分の月給）から控除した事案において、「賃金支払事務においては、一定期間の賃金がその期間の満了前に支払われることとされている場合には、支払日後、期間満了前に減額事由が生じたときまたは、減額事由が賃金の支払日に接着して生じたこと等によるやむをえない減額不能または計算未了となることがあり、あるいは賃金計算における過誤、違算等により、賃金の過払が生ずることのあることは避けがたいところであり、このような場合、これを清算ないし調整するため、後に支払われるべき賃金から控除できるとすることは、右のような賃金支払事務における実情に徴し合理的理由があるといいうるのみならず、労働者にとっても、このような控除をしても、賃金と関係のない他の債権を自働債権とする相殺の場合とは趣を異にし、実質的に見れば、本来支払われるべき賃金は、その全額の支払を受けた結果となるのである。このような事情と前記24条1項の法意とを併せ考えれば、適正な賃金の額を支払うための手段たる相殺は、同項但書によって除外される場合にあたらなくても、その行使の時期、方法、金額

等からみて労働者の経済生活の安定との関係上不当と認められないものであれば，同項の禁止するところではないと解するのが相当である。その見地からすれば，許されるべき相殺は，過払のあった時期と賃金の清算調整の実を失わない程度に合理的に接着した時期においてされ，また，あらかじめ労働者にそのことが予告されるとか，その額が多額にわたらないとか，要は労働者の経済生活の安定をおびやかすおそれのない場合でなければならないものと解される」と判示し，5カ月前の月給の過払分についての調整的相殺は認めず，2カ月前の勤勉手当の過払分については調整的相殺を認めました。

このように，最高裁は，「調整的相殺」について，①賃金支払事務の実情に照らして「調整的相殺」を認めることが合理的であること，②「調整的相殺」を行ったとしても，結果的に労働者に支払われるべき賃金が全額支払われていることに鑑み，「許されるべき（調整的）相殺は，過払のあった時期と賃金の清算調整の実を失わない程度に合理的に接着した時期においてされ，また，あらかじめ労働者にそのことが予告されるとか，その額が多額にわたらないとか，要は労働者の経済生活の安定をおびやかすおそれのない場合でなければならないものと解される」との一定の制約の下で，労使協定がなくとも，全額払いの原則に違反しないとの立場を明らかにしています。

次に，具体的にどのような場合に「労働者の経済生活の安定をおびやかすおそれのない場合」と評価されるかということが問題になりますが，実務では，「過払のあった時期と賃金の清算調整の実を失わない程度に合理的に接着した時期」について，上記最高裁判決も考慮し，過払の生じた月の翌月か翌々月までを限度とし，事前の予告もしっかり行っておくべきです。

また，相殺する金額も，「労働者の経済生活の安定をおびやかすおそれのない場合」と評価されるためには，民法510条による相殺制限を参考に，月給の4分の1以下を目安とする考え方もありますが，やはり実務では，月給の10％以下に抑えておいた方がよいかと思います。筆者は，2〜3％程度が妥当と考えています。それ以上については，後述する合意相殺の手法をとるべきと考えます。

なお，「調整的相殺」について，最高裁は，「労働者の経済生活の安定をおび

やかすおそれのない場合」には，労基法24条1項但書に定められた労使協定によらずとも，全額払いの原則に反しないと判示していますが，労基法24条1項の趣旨に鑑みれば，原則的には「調整的相殺」についても労使協定により行うべきであることはいうまでもありません。

最高裁も，そのことを前提に，労使協定がない場合の「調整的相殺」について，①実務上の必要性が認められることと②結果的に賃金が全額支払われていることを根拠に，あくまで例外的な救済措置として認めたにすぎないと考えるべきです。

また，実際にも「労働者の経済生活の安定をおびやかすおそれのない場合」といえるか否かの具体的判断が難しい場合が優に想定されます。

そのため，実務上は，あらかじめ「調整的相殺」に関する労使協定を締結し，その労使協定において「調整的相殺」を行う期間や金額の上限，予告方法等について合理的な内容を定めておくことをお勧めします。

イ　賃金債権の放棄

次に，債権の放棄は，民法519条に基づく債務免除を意味しますが，労働者が一方的に賃金債権を放棄した場合，そのために使用者が賃金を支払わないことが全額払いの原則に違反しないかという問題があります。

この点，シンガーミシン事件最高裁判決（最二小判昭48.1.19労判197-11）では，従業員が，在職中の不正経理の弁償として退職金を放棄した事案について，「本件のように，労働者たるXが退職に際しみずから賃金に該当する本件退職金債権を放棄する旨の意思表示をした場合に，右全額払の原則が右意思表示の効力を否定する趣旨のものであるとまで解することはできない」としたうえで，「右全額払の原則の趣旨とするところなどに鑑みれば，右意思表示の効力を肯定するには，それがXの自由な意思に基づくものであることが明確でなければなら」ず，Xの自由な意思に基づくものであると認めるに足る合理的な理由が客観的に存在しなければならないと判示し，当該事案においては合理的な理由があるとして，退職金債権の放棄を有効と判断しています。

つまり，最高裁は，労基法24条1項に定める全額払いの原則が，あくまで使用者に義務づけられるものであって，労働者に賃金全額を受給する義務を負わせるものではない以上，労働者の一方的な意思表示でなされる賃金債権の放棄は，全額払いの原則の対象外であると判断したものと考えられます。

ただ，一般に，賃金債権の放棄それ自体は，例えば相殺の場合とは異なり，法的には，労働者にとって不利益なだけで，それにより得られる利益というものはありません。また，現実にも，労働者の弱者的立場に鑑みれば，労働者が自由な意思に基づかずに賃金債権の放棄を余儀なくされるという事態が想定され，その場合，労働者の経済生活を脅かすおそれがあります。そのため，最高裁は，賃金債権の放棄が労働者の自由な意思に基づいてなされたものかどうかを客観的な事情から慎重に判断する立場をとることで，労働者の保護を図ることにしたと考えられます。

前述の最高裁判決は，労働者自身，会社に対し，不正経理を理由とした損害賠償債務を負っており，事実上，かかる債務を補填する趣旨で退職金債権を放棄しており，実態としては退職金を損害賠償債務の弁済に充てたものであることから，「自由な意思」が認められたものと考えられます。

したがって，労働者が賃金債権を放棄するに際し，自由な意思を有していたと評価されるためには，法律上あるいは事実上，何らかの経済的見返りがあることが必要であり，何らの見返りもなくなされた賃金債権の放棄は，労働者の自由意思に基づかないものとして無効となる可能性が高いといえます。

ウ　合意相殺

賃金債権を受動債権とする相殺を労働者と使用者との合意により行う，いわゆる合意相殺が許されるかという点について，学説では，労基法24条が強行法規である以上，労働者の合意があったとしても，使用者の行為が介在した相殺には変わりないから，全額払いの原則に違反し，適法に合意相殺を行うためには，全額払いの原則の例外としての労使協定が必要であるという見解もあります。

しかし，日新製鋼事件最高裁判決（最二小判平2.11.26労判584-6）は，「労働者がその自由な意思に基づき右相殺に同意した場合においては，右同意が労働者の自由な意思に基づいてされたものであると認めるに足りる合理的な理由が客観的に存在するときは，右同意を得てした相殺は右規定に違反するものとはいえないものと解するのが相当である（最高裁昭和44年（オ）第1073号同48年1月29日第二小法廷判決・民集27巻1号27頁参照）。もっとも，右全額払の原則の趣旨に鑑みると，右同意が労働者の自由な意思に基づくものであるとの認定判断は，厳格かつ慎重に行わなければならない」と判示しています。

　つまり，合意相殺については，労働者がその自由な意思に基づいてなされたものであることを認めるに足りる合理的理由が客観的に存在すれば，全額払いの原則には違反せず適法であり，全額払いの原則についての例外である労使協定も不要であるというのが判例の考え方ということになります。

　上記最高裁判決は，前述した賃金債権の放棄を認めたシンガー・ソーイング・メシーン事件最高裁判決を引用しており，労働者の一方的な意思表示であって，使用者の行為が介在しない賃金債権の放棄と，相殺に対する労働者の合意とに実質的な差異がないところに着目しているものと考えられます。

　また，日新製鋼事件最高裁判決は，従業員が，在職中，会社および金融機関から住宅資金を借り入れ，会社からの借入金については，従業員の毎月の給与および賞与から返済額を控除し，退職の場合には退職金その他より融資残額の全額を直ちに返済する旨の約定が，金融機関からの借入金については，会社が従業員の委任により給与等から控除して支払い，退職の場合には残債務を一括して同様に償還する旨の約定がそれぞれ事前になされていた事案でした。

　このように，未だ在職中で，賃金や退職金に関する具体的な請求権が生じていない段階での同意は，いわゆる包括的同意といわれるもので，それゆえ，上記判決は，労働者がその自由な意思に基づいてなされたものであることを認めるに足りる合理的理由が客観的に存在すれば，個別的同意がなくても，包括的同意で足りると判断したものであるとの見解もあります。

　しかしながら，上記判決の事案では，従業員が，多額の借財により破産申立

てを余儀なくされた状況下で，会社に対し，退職すること，それに伴い発生する退職金を残債務に充てることを申し出て，会社がこれを了承したという経緯が存在することから，合意相殺に関して個別的同意があったというべき事案であって，上記判決から，常に包括的同意で足りるとまで解釈することはできないというべきです。したがって，包括的同意の場合，より労働者の真意性が厳格に認定されることになると考えます。上記判決は，①自発的な相殺手続の依頼，②委任状の作成・提出過程，③労働者にとっての利益性，④相殺約定の認識により，労働者の自由意思を判断しています。

また，包括的同意により賃金債権との合意相殺を行うことが労使であらかじめ確認されていても，合意後，実際に相殺するまでの間に，労働者が相殺を拒否する旨の意思表示がなされれば，それ以降，相殺を行うことができなくなるという事態が生じえます。

しかし，その拒否の意思表示は，約定違反であり，会社に対する一括払いの債務が発生することになるので，実務上はあまり考慮に入れる必要はないものと思われます。

エ　解雇期間中の賃金の支払と中間収入の控除

さらに，解雇期間中の賃金について，労働者が解雇されてから解雇無効判決を得るまでの期間に他の事業所で働いて収入を得ていた場合に，使用者は，この中間収入をバックペイから控除できるかという問題があります。つまり，使用者が，償還請求の方法によらずに，バックペイと中間収入を相殺することは，賃金全額払いに反しないかという問題です（なお，解雇中の賃金の詳細については，第13章第1節を参照してください）。

この点，あけぼのタクシー最高裁判決（最一小判昭62．4．2労判506-20）は，「使用者が労働者に対して有する解雇期間中の賃金支払債務のうち平均賃金額の6割を超える部分から当該賃金の支給対象期間と時期的に対応する期間内に得た中間利益の額を控除することは許されるものと解すべきであり，右利益の額が平均賃金額の4割を超える場合には，更に平均賃金算定の基礎に算入され

ない賃金（労働基準法12条4項所定の賃金）の全額を対象として利益額を控除することが許されるものと解せられる」として，労働者が償還すべき中間収入について，バックペイからあらかじめ控除して支払うことを認めています。

このように，最高裁判決は，解雇された労働者に解雇期間中の中間収入がある場合には，労働者は解雇期間中の平均賃金の6割までは遡及賃金の支払いを確保されるとともに，その額を超える解雇期間中の賃金については，中間収入の対象とされるし，この中間収入をバックペイから直接控除しても全額払いの原則に反しないとしています。したがって，これも賃金全額払いの原則の例外ということができます。

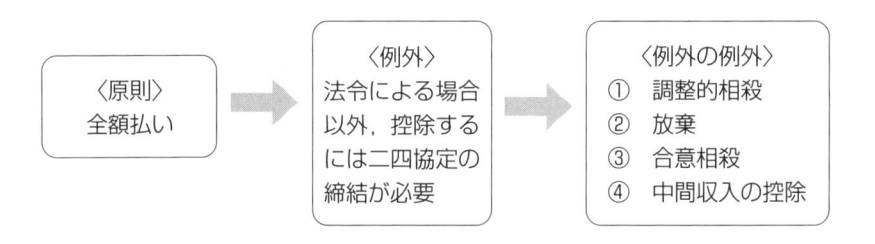

〈原則〉全額払い → 〈例外〉法令による場合以外，控除するには二四協定の締結が必要 → 〈例外の例外〉① 調整的相殺　② 放棄　③ 合意相殺　④ 中間収入の控除

5　毎月1回以上一定期日払いの原則

(1) 毎月1回以上一定期日払いの原則とは

労基法24条2項本文では，賃金は，「毎月一回以上，一定の期日を定めて」支払わなければならないと定められており，これを毎月1回以上一定期日払いの原則といいます。

毎月1回以上払いの原則は，賃金支払時期の間隔が開きすぎることによる労働者の生活上の不安を除くことを目的としています。

そして，一定期日払いの原則は，支払日が不安定で間隔が一定しないことによる労働者の計画的生活の困難を防ぐことを意図し，これらが相まって労働者の定期的収入の確保を図っています。

(2) 毎月1回以上一定期日払いの原則が適用される賃金の範囲

　労基法24条から導き出される諸原則のうち，これまで述べた通貨払いの原則，直接払いの原則，全額払いの原則が適用される賃金の範囲は，労基法11条にいう賃金に該当するすべてを意味します。

　一方，毎月1回以上一定期日払いの原則については，労基法11条にいう賃金すべてに適用させることは不可能であり，臨時に支払わせる賃金，賞与その他これらに準ずるもので厚生労働省令で定める賃金には適用しないこととなっています。

　以下，臨時に支払わせる賃金，賞与その他これらに準ずるもので厚生労働省令で定める賃金とは何か具体的に検討します。

ア　臨時に支払われる賃金

　「臨時で支払われる賃金」とは，「臨時的，突発的事由にもとづいて支払われたもの及び結婚手当等支給条件は予め確定されているが，支給事由の発生が不確定であり，且つ非常に稀に発生するもの」をいうとされています（昭22．9．13発基17号）。

　具体的には，就業規則の定めによって支給される私傷病手当（昭26.12.27基収3857号），病気欠勤または病気休職中の月給日給者に支給される加療見舞金（昭27．5．10基収6054号），退職金等が臨時に支払われる賃金といえます。

イ　賞　与

　「賞与」とは，「定期又は臨時に，原則として労働者の勤務成績に応じて支給されるものであつて，その支給額が予め確定されていないもの」をいい，「定期的に支給されかつその支給額が確定しているものは，名称の如何にかかわらず」賞与とはみなされないとされています（昭22．9．13発基17号）。

ウ 厚生労働省令で定める賃金

臨時に支払われる賃金および賞与以外で毎月1回以上一定期日払いの原則の適用を受けない賃金として，労基則8条は，以下の3つの賃金を定めています。

> ① 1カ月を超える期間の出勤成績によって支給される精勤手当
> ② 1カ月を超える一定期間の継続勤務に対して支給される勤続手当
> ③ 1カ月を超える期間にわたる事由によって算定される奨励加給または能率手当

これらの賃金は，賞与に準ずる性格を有し，1カ月以内の期間では支給額の決定基礎となるべき労働者の勤務成績等を判定するのに短期にすぎる事情もありうると認められるため，毎月1回以上一定期日払いの原則の適用を除外していますので，単にこの原則の適用を回避する目的で「精勤手当」としているもの等がこれに該当しないことは当然です。

(3) 毎月1回以上払いの原則について

ここで，「毎月」とは，暦に従うものと解されるため，毎月1日から末日までの間に少なくとも1回は賃金を支払わなければならないことになります。

また，同原則は，賃金の対象期間や支払期限を制約するものではありません。つまり，賃金の対象期間を当月1日から当月末日までと定めることは義務づけられておらず，例えば前月26日から当月25日までと定めることもできますし，賃金の対象期間経過後，その賃金をいつまでに支払わなければならないかという点についても何ら制約するものではありません。

なお，年俸制は，1年間にわたる仕事の成果によって翌年度の賃金額を設定しようとする制度ですが，年俸の支給方法も，毎月1回以上払いの原則の例外となるものではなく，12分して毎月支払われるのが通常です。

(4) 一定期日払いの原則について

ここで,「一定期日」とは,期日が特定されているとともに,その期日が周期的に到来するものでなければなりません。

例えば,月給について,「毎月15日から20日までの間」のように日が特定していない定めをしたり,「毎月第二金曜日」のように月7日の範囲で変動するような期日の定めをしたりすることは,同原則に違反するものと考えられます。

ただし,月給について,当月の「15日」あるいは「10日及び20日」等といった暦日を指定する必要まではなく,月給の場合,当月の「末日」,週給の場合,「土曜日」といった指定で問題ありません。

6 本条違反の効果

労基法24条1項または2項に違反した使用者は,労基法120条1号に基づき,罰則として30万円以下の罰金を科せられることとなります。

また,直接払いの原則違反における賃金支払の民事上の効果については,①代理受領者が労働者本人に賃金を渡した場合,民法479条が適用され,「弁済を受領する権限を有しない者に対してした弁済は,債権者がこれによって利益を受けた限度においてのみ,その効力を有する」ことから,労働者本人が現実に利益を得た限度においては,使用者は二重払いに応じる義務はないということになります。

一方,②代理人等が使用者から受領した賃金を労働者に渡さずに着服した場合,その賃金支払は,「債務の本旨に従った弁済」(民法493条)ではないことから無効であり,代理人等に対して不当利得の返還請求はできるとしても,労働者本人からの賃金請求には応じなければならないことになります。

労基法施行規則

第7条の2　使用者は，労働者の同意を得た場合には，賃金の支払について次の方法によることができる。

一　当該労働者が指定する銀行その他の金融機関に対する当該労働者の預金又は貯金への振込み

二　当該労働者が指定する金融商品取引業者（金融商品取引法（昭和23年法律第25号。以下「金商法」という。）第2条第9項に規定する金融商品取引業者（金商法第28条第1項に規定する第一種金融商品取引業を行う者に限る。）をいう。以下この号において同じ。）に対する当該労働者の預り金（次の要件を満たすものに限る。）への払込み

　イ　当該預り金により投資信託及び投資法人に関する法律（昭和26年法律第198号）第2条第4項の証券投資信託（以下この号において「証券投資信託」という。）の受益証券以外のものを購入しないこと。

　ロ　当該預り金により購入する受益証券に係る投資信託及び投資法人に関する法律第4条第1項の投資信託約款に次の事項が記載されていること。

　　(1)　信託財産の運用の対象は，次に掲げる有価証券（(2)において「有価証券」という。），預金，手形，指定金銭信託及びコールローンに限られること。

　　　　i　金商法第2条第1項第1号に掲げる有価証券
　　　　ii　金商法第2条第1項第2号に掲げる有価証券
　　　　iii　金商法第2条第1項第3号に掲げる有価証券
　　　　iv　金商法第2条第1項第4号に掲げる有価証券（資産流動化計画に新優先出資の引受権のみを譲渡することができる旨の定めがない場合における新優先出資引受権付特定社債券を除く。）
　　　　v　金商法第2条第1項第5号に掲げる有価証券（新株予約権付社債券を除く。）
　　　　vi　金商法第2条第1項第14号に規定する有価証券（銀行，協同組織

金融機関の優先出資に関する法律（平成5年法律第44号）第2条第1項に規定する協同組織金融機関及び金融商品取引法施行令（昭和40年政令第321号）第1条の9各号に掲げる金融機関又は信託会社の貸付債権を信託する信託（当該信託に係る契約の際における受益者が委託者であるものに限る。）又は指定金銭信託に係るものに限る。）

vii 金商法第2条第1項第15号に掲げる有価証券

viii 金商法第2条第1項第17号に掲げる有価証券（(i)から(vii)までに掲げる証券又は証書の性質を有するものに限る。）

ix 金商法第2条第1項第18号に掲げる有価証券

x 金商法第2条第1項第21号に掲げる有価証券

xi 金商法第2条第2項の規定により有価証券とみなされる権利（(i)から(ix)までに掲げる有価証券に表示されるべき権利に限る。）

xii 銀行，協同組織金融機関の優先出資に関する法律第2条第1項に規定する協同組織金融機関及び金融商品取引法施行令第1条の9各号に掲げる金融機関又は信託会社の貸付債権を信託する信託（当該信託に係る契約の際における受益者が委託者であるものに限る。）の受益権

xiii 外国の者に対する権利で(xii)に掲げるものの性質を有するもの

(2) 信託財産の運用の対象となる有価証券，預金，手形，指定金銭信託及びコールローン（(3)及び(4)において「有価証券等」という。）は，償還又は満期までの期間（(3)において「残存期間」という。）が1年を超えないものであること。

(3) 信託財産に組み入れる有価証券等の平均残存期間（一の有価証券等の残存期間に当該有価証券等の組入れ額を乗じて得た合計額を，当該有価証券等の組入れ額の合計額で除した期間をいう。）が90日を超えないこと。

(4) 信託財産の総額のうちに一の法人その他の団体（(5)において「法人

等」という。）が発行し，又は取り扱う有価証券等（国債証券，政府保証債（その元本の償還及び利息の支払について政府が保証する債券をいう。）及び返済までの期間（貸付けを行う当該証券投資信託の受託者である会社が休業している日を除く。）が5日以内のコールローン（(5)において「特定コールローン」という。）を除く。）の当該信託財産の総額の計算の基礎となった価額の占める割合が，100分の5以下であること。

(5) 信託財産の総額のうちに一の法人等が取り扱う特定コールローンの当該信託財産の総額の計算の基礎となった価額の占める割合が，100分の5以下であること。

ハ　当該預り金に係る投資約款（労働者と金融商品取引業者の間の預り金の取扱い及び受益証券の購入等に関する約款をいう。）に次の事項が記載されていること。

(1) 当該預り金への払込みが1円単位でできること。

(2) 預り金及び証券投資信託の受益権に相当する金額の払戻しが，その申出があった日に，1日単位でできること。

2　使用者は，労働者の同意を得た場合には，退職手当の支払について前項に規定する方法によるほか，次の方法によることができる。

一　銀行その他の金融機関によって振り出された当該銀行その他の金融機関を支払人とする小切手を当該労働者に交付すること。

二　銀行その他の金融機関が支払保証をした小切手を当該労働者に交付すること。

三　郵便為替を当該労働者に交付すること。

3　地方公務員に関して法第24条第1項の規定が適用される場合における前項の規定の適用については，同項第1号中「小切手」とあるのは，「小切手又は地方公共団体によって振り出された小切手」とする。

第2節 非常時払（労基法25条）

> **第25条** 使用者は，労働者が出産，疾病，災害その他厚生労働省令で定める非常の場合の費用に充てるために請求する場合においては，支払期日前であつても，既往の労働に対する賃金を支払わなければならない。

1 趣　旨

　本条は，労働者が通常賃金を重要な生活の糧としていることを重視し，労働者に不測の出費を余儀なくされる事態が生じた場合に，その時点で支払われるべき賃金を労働者に対して支払うことを定めています。

　民法上は，契約上賃金の支払時期については賃金後払いの原則（民法624条1項）がある以外，その支払時期を自由に設定できるのが原則です。

　しかし，労基法は，すでに24条2項の毎月一定期日払いの原則によって，契約上いかなる賃金計算期間を定めるかにかかわらず，最低月1回の賃金支払を義務づけることで労働者の生活維持を図っています。もっとも，かかる期限が到来するまでは，これを支払わなくても履行遅滞の責任を負いません（民法412条）。

　そして，前述したように，労基法23条は，労働者が退職した場合に賃金等の早期かつ確実な清算を実現するべく，同法24条2項の特例として，上記期限が到来する前であっても，賃金等について権利者からの請求から7日以内に支払うことを使用者に義務づけました。

本条は，さらに出産・疾病・災害等の特別な事態が生じた場合に，その支払期日が到来するより前の時点で賃金精算を可能とするものです。そして，その支払時期については，後述するように，本条の趣旨に鑑み，請求があれば直ちに支払うべきものと解すべきです。

　かかる点で，本条は，一定期日払いの原則を定めた労基法24条2項の特則であるとともに，さらにその緊急性から，退職時の金品の返還についての1週間という期間の制約をも排除する規定であるといえます。

　なお，本条によって労働者が請求できる賃金は，既往の（すでにした）労働に対応する部分に限られるので，本条は，労務提供に先立つ賃金の前払いといった特別の効果を認めたものではありません（したがって，前述の労基法17条に抵触するものではありません）。

2　非常の場合

　本条は，不測の出費が余儀なくされる事態について，当該労働者自身が出産し，疾病にかかりまたは災害を受けた場合のみを記載していますが，「その他厚生労働省令で定める非常の場合」として，①当該労働者の収入によって生計を維持する者が出産し，疾病にかかり，または災害を受けた場合，②当該労働者またはその収入によって生計を維持する者が結婚しまたは死亡した場合，③当該労働者またはその収入によって生計を維持する者がやむをえない事由により1週間以上にわたって帰郷する場合を掲げています。

　以上をまとめると，当該労働者またはその収入によって生計を維持する者のいずれかについて，出産，疾病，災害，結婚，死亡，帰郷，のいずれかの事由が生じた場合ということになります。

　なお，「労働者の収入によって生計を維持する者」は親族に限られず同居人でもよく，「疾病」は業務上傷病も私傷病も含み，「災害」は業務災害だけでなく天災地変に被災することも含むと考えられています。

3 支払時期

　本条に基づく非常時払は、退職時の金品返還（労基法23条）と同じく労働者の請求によってはじめて義務づけられますが、同条と異なり支払時期の定めはありません。

　しかしながら、本条が想定する緊急性からしても、その額が比較的少額であると考えられることからしても、当然に、遅滞なく支払われなければならないものといえます。また、本条違反には罰金刑が科されることから（労基法120条1号）、使用者としては、可能な限り早期に支払っておくべきと考えられます。

4 既往の労働

　本条のいう「既往の労働に対する賃金」とは、すでに労働者が提供した労務に対応する賃金を指します。月給制や週給制、あるいは年俸制の場合には、労基則19条に従い日割りで計算することになります。なお、常に既往の労働に対応する賃金全額を払わなければならないわけではなく、労働者の請求額が特定されている場合には、その額を支払えば足ります。

　また、いつの時点までの賃金を「既往の労働」として支払えばよいのか、その基準となる時点は本条に明記されていません。この点については、原則として請求の日を基準として考え、特に請求があった場合には支払の日を基準とする説と、原則として支払の日を基準とする説があります。例えば、賃金の支払期日が4月25日で、同月1日に本条に基づく請求があり、同月10日に非常時払いがなされるとします。この場合、前説によれば、原則として、4月1日までの分を支払い、特に請求があった場合には、請求のあった4月10日までの分を支払うこととなり、後説によれば、原則として4月10日までの分を支払うことになります。実務対応としては、支払日を基準として考えるのが無難です。このように解しても、労務が提供されていない日についてまで支払うわけではな

いので，使用者にとっても不利というほどではありません。

5 非常時払の性質

本条に定める非常時払も，賃金の支払いであることに変わりはありませんから，法24条の規制をクリアしていなければなりません。

6 本条違反の効果

本条に違反した使用者は，30万円以下の罰金に処せられます（労基法120条1号）。

本条の違反により労働者に損害が生じ，損害賠償請求がなされた場合，これに応じなければならないこととなります（民法709条）。

第3節 休業手当（労基法26条）

> **第26条** 使用者の責に帰すべき事由による休業の場合においては，使用者は，休業期間中当該労働者に，その平均賃金の100分の60以上の手当を支払わなければならない。

1 趣 旨

　本条は，労働者が労務提供の意思及び能力もあり勤務場所（弁済場所）において労務提供の意思が示されているにもかかわらず，使用者の責めに帰すべき事由によって，労働者が就業できなかった場合において，使用者は労働者に対し，その休業期間中，平均賃金の100分の60以上の休業手当を支払わなければならないとし，これにより，労働者の生活を保護しようとするものです。

　この点，民法536条2項においては，「債権者の責めに帰すべき事由によって債務を履行することができなくなったときは，債務者は，反対給付を受ける権利を失わない。この場合において，自己の債務を免れたことによって利益を得たときは，これを債権者に償還しなければならない」と定められています。雇用契約の場合には，労務提供を受ける権利を有する面から，同条の「債権者」とは使用者を指し，「債務者」とは労働者を指し，「反対給付を受ける権利」とは賃金請求権を指します。したがって，民法536条2項によっても，「債権者」である使用者の責めに帰すべき事由によって債務を履行できなかったときには，労働者は債権者（使用者）に対し，賃金請求することが可能です。しかしなが

ら，民法536条2項は任意規定ですので，債権者（使用者）と債務者（労働者）の合意により，同規定の適用を排除することができ，労働関係においては，実務上，このような適用を排除する特約が労使で締結される可能性が高いといえます。また，経済的変動に伴い，労働者の責めによらない休業が起こる場合には，同規定だけでは，労働者の保護に十分ではないことから，労働者の最低限の生活を保障するために，本条が定められています。

2　本条の適用場面

本条の適用場面は，第1に，国の使用者に対する労働基準監督行政においてです。つまり，使用者が休業手当の支払義務があるにもかかわらず，本条の規定に違反して休業手当の支払を怠った場合には，労働基準監督官の行政指導の対象となります。また，30万円以下の罰金が科せられます（労基法120条1号）。これにより，使用者に対し，休業手当の支払を間接強制することにより労働者保護につなげようとするものです。

第2に，労働者の使用者に対する民事上の請求の場面で適用されます。つまり，本条は，労働者が使用者に対する休業手当請求の根拠となります。これは，労基法13条において，労基法に定める基準に達しない労働条件を定める労働契約はその部分において無効となり，無効となった部分は，この法律で定める基準によるとされており（強行的・直律的効力），労基法26条において，使用者が労働者に対し，休業期間中，その平均賃金の100分の60以上の休業手当を支払わなければならないという具体的な基準が定められているため，本条に違反する労働契約を締結していた場合であっても，本条で定める最低基準，つまり，使用者が労働者に対し，休業期間中，その平均賃金の100分の60の休業手当を支払うことが労働契約の内容となるからです。

第1の労働基準監督行政の場面においては，行政指導については，労働基準監督官が本条に違反しているかどうかを判断します。また，労働基準監督官は労基法違反の罪については，刑事訴訟法に規定する司法警察官の職務を行うと

されており（労基法102条），送検するかどうかを判断するのも労働基準監督官です。

実務では，使用者が労基法に違反する行為を行っている場合には，通常は，特別の事情がある場合を除き，まず送検する前に行政指導（指導・勧告）を行い，使用者が行政指導に従わなかった場合に送検するか否かの判断をするという運用がなされています。この行政指導は，厚生労働省設置法4条1項41号に掲げる厚生労働省の所掌事務に関する行政指導として行っているというのが，行政の見解です（平成22年11月9日受領答弁第103号「衆議院議員村田吉隆君提出労働基準監督機関の役割に関する質問に対する答弁書」）。なお，筆者は，厚生労働省設置法という法の性格からして，同法を根拠に機関の権限を導き出すことには無理があると考えています。

他方，第2の民事上の請求の場面においては，裁判所が本条の要件を満たすかを判断することになります。

このように，2つの適用場面において，本条の要件を満たすかどうかを判断する主体が異なります。そして，後述するとおり，本条の要件である，「使用者の責めに帰すべき事由」についての解釈基準が，労働基準監督官（厚生労働省が解釈基準を示す）と，裁判所とで，必ずしも同一であるとはいえないと思われます。

そこで，本稿においては，それぞれの適用場面ごとに，解釈基準を検討します。

3 休業手当の発生要件

休業手当の発生要件は以下のとおりです。

① 使用者の責めに帰すべき事由により
② 休業したこと

①の要件については，下記の4で説明します。

②の要件である「休業」とは，労働者が労働契約に従って労働の用意をなし，労働の意思および能力を有するにもかかわらず，その労務提供の実現が拒否され，または不能になった場合をいうと解されます。

すなわち，労働者が，労働契約の債務の本旨に従った労務の提供ができる意思と能力を持っていることが前提となっていると解されます。債務の本旨に従った労務提供については，第1章第3節を参照してください。また，労務提供は持参債務ですので，労働者が就労場所まで行くことができない場合には，労働の能力を有しているとはいえず，本条の「休業」には該当しないと考えます。

また，労働日の全部を休業した場合だけでなく，1日の労働時間のうち一部についてのみ休業した場合も含みます。そして，1日の労働時間のうち一部についてのみ休業した場合には，その日について平均賃金の100分の60に相当する額を支払わなければなりません。すなわち，その日について現実に就労した時間に対して支払われる賃金が平均賃金の100分の60に相当する額以上であれば別途休業手当を支払う必要はありませんが，当該賃金が平均賃金の100分の60に相当する額を下回る場合にはその差額を休業手当として支払わなければなりません（昭27.8.7基収3445号）。

4　労働基準監督行政における「使用者の責めに帰すべき事由」の解釈基準

(1) 総　論

厚生労働省は，「使用者の責めに帰すべき事由」について，「第一に使用者の故意，過失又は信義則上これと同視すべきものよりも広く，第二に不可抗力によるものは含まれない」と解しています（厚生労働省労働基準局編『平成22年版・労働基準法（上）』367頁）。そして，不可効力については，「第一に，その原因が事業の外部より発生した事故であること（性質的要素につき客観的），第

二に、事業主が通常の経営者として最大の注意を尽くしてもなお避けることのできない事故であること（量的要素につき主観説を加味）の2要件を備えたものでなければならない」と解しています（同書369頁）。

そして、事故の発生原因における「事業の内外」については、「最も広義における営業設備の範囲の内外を指すもの」と解するとし、「事業主の監督又は干渉の可能なる範囲における人的・物的すべての設備は、事業の内部に属するものであり、換言すれば、一個の企業を形成するために共同して作用している人又は物の総括体が、取引社会に対して事実上の統一体として現われ、したがって法律的にも例えば発生し得る可能性のある損害賠償義務の主体たる組織体として考えられるときは、この組織体にその原因を有しかつ発生した事故は、事業内部の事故とされて不可抗力を形成し得ない」としています（同書369頁）。

(2) 行政通達

【倉庫充満による一部休業】（昭24．2．5基収4142号）

（問）　○○精麦株式会社においては、精麦が倉庫に充満してこれ以上は一俵も入れる余裕がないので、附近の民家や農業協同組合などおよそ俵を格納できそうな倉庫の所有者に対して会社が極力借用方を交渉したが、いずれも拒絶された。

一方、会社の全倉庫に充満している精麦は、食糧事務所長の指令によって各町村へ配給されるものであって、精麦会社の社長が独断で一俵も動かすことはできないので、社長としては再三食糧事務所長に対して町村へ配給指令を出してもらうよう交渉したが、依然として指令が発せられないので、これ以上は常態の作業を継続することができない。このため指令が発せられ倉庫が空くまで一部操業を縮小し、従業員の一部を休業させようとしているが、このような場合法第26条の使用者の責に帰すべき事由による休業として手当の支給を必要とするか。

（答）　設問の場合、当該精麦株式会社の社長が附近倉庫借用の交渉、配給指令を出すことについての交渉、またかかる事態が予見せられ得た場合であれば、

倉庫の増設のための努力等常態の作業継続のため通常の経営者としてなし得る最善を尽くし，しかも操業を一部短縮するのやむなきに至り，その必要の限度内で労働者の一部を休業せしめることが客観的に明らかである場合は，使用者の責に帰すべき休業とは認められないが，更に具体的事実調査の上判定せられたい。

【原料繭の不足による休業】（昭24.12.3基収3884号）
　（問）　蚕糸企業が原料繭の不足により休業を行った場合，労働者は法26条により休業手当を請求し得るか。
　（答）　一般に原料不足による休業は，使用者の責に帰すべき事由による休業であるから，労働者は法第26条による休業手当を請求することができる。

【下請け工場の資材，資金難による休業】（昭23.6.11基収1998号）
　（問）　親会社からのみ資材資金の供給をうけて事業を営む下請け工場において，現下の経済情勢から親会社自体が経営難のため資材資金の獲得に支障を来し，下請工場が所要の供給をうけることができずしかも他よりの獲得もできないため休業した場合，その事由は法第26条の「使用者の責に帰すべき事由」とはならないものと解してよいか。
　（答）　質疑の場合は使用者の責に帰すべき休業に該当する。

【配給機構不円滑による休業】（昭23.7.20基収2483号）
　（問）　天災事変等の不可抗力に基き，或は割当切符は受けたが現場入荷遅延というような配給機構の不円滑に基づいて生産資材が入らぬことに起因した休業は法第26条の「使用者の責に帰すべき事由」と解されるか。
　（答）　前段天災事変等不可抗力に基づくものは「使用者の責に帰すべき事由」とはならないが，後段配給機構の不円滑による資材入手難の如きは，使用者が通常なすべきあらゆる手段を講じていない限り「使用者の責に帰すべき事由」に該当する。

【綿紡操短による一部休業】（昭27．5．6基収1731号）
　（問）　過般の綿紡績業に対する通産省の操短勧告に基づき，一般に操業短縮に伴い，一定の労働者を不要人員として一定期間規制その他の方法により労働者を帰省その他の方法により労働者を休業せしめる場合は，法第26条の規定による「使用者の責に帰すべき事由」による休業と解して差し支えないか。
　（答）　設問のような場合は，原則として見解のとおり。

【休電による休業】（昭26.10.11基発696号）
　休電による休業については，原則として法第26条の使用者の責に帰すべき事由による休業に該当しないから休業手当を支払わなくとも法第26条違反とはならない。なお，休電があっても，必ずしも作業を休止する必要のないような作業部門例えば作業現場と直接関係のない事務労働部門の如きについてまで作業を休止することはこの限りでないのであるが，現場が休業することによって，事務労働部門の労働者のみを就業せしめることが企業の経営上著しく不適当と認められるような場合に事務労働部門について作業を休止せしめた場合休業手当を支払わなくても法第26条違反とはならない。

【計画停電が実施される場合】（平23．3．15基監発0315第1号）
１　計画停電の時間帯における事業場に電力が供給されないことを理由とする休業については，原則として法第26条の使用者の責めに帰すべき事由による休業には該当しないこと。
２　計画停電の時間帯以外の時間帯の休業は，原則として法第26条の使用者の責めに帰すべき事由による休業に該当すること。ただし，計画停電が実施される日において，計画停電の時間帯以外の時間帯を含めて休業とする場合であって，他の手段の可能性，使用者としての休業回避のための具体的努力等を総合的に勘案し，計画停電の時間帯のみを休業とすることが企業の経営上著しく不適当と認められるときには，計画停電の時間帯以外の時間帯を含めて原則として法第26条の使用者の責めに帰すべき事由による休電には該当し

ないこと。
3　計画停電が予定されていたため休業としたが，実際には計画停電が実施されなかった場合については，計画停電の予定，その変更の内容やそれが公表された時期を踏まえ，上記1及び2に基づき判断すること。

なお，上記3についてはその後の通達（平23．7．14基監発0714第1号）によって，下記のとおりの読み替えがなされています。

平成23年夏期の計画停電に伴う休業の場合の法第26条の取扱いについては，「計画停電が実施される場合の労働基準法第26条の取扱いについて」（平成23年3月15日付け基監発0315第1号）の記の3中「計画停電が予定されていた」とあるのは「政府から電力需給逼迫警報が発出された」と，「計画停電の予定，その変更の内容やそれが公表された時期」とあるのは「当該警報の内容，当該警報が解除された時刻，計画停電の実施又は不実施が電力会社から発表された時刻」と読み替えて適用するものであること。

「東日本大震災に伴う労働基準法等に関するQ＆A（第3版）」（抜粋）

【Q1－4】今回の地震で，事業場の施設・設備が直接的な被害を受け労働者を休業させる場合，労働基準法第26条の「使用者の責に帰すべき事由」による休業に当たるでしょうか。

［A1－4］労働基準法第26条では，使用者の責に帰すべき事由による休業の場合には，使用者は，休業期間中の休業手当（平均賃金の100分の60以上）を支払わなければならないとされています。ただし，天災事変等の不可抗力の場合は，使用者の責に帰すべき事由に当たらず，使用者に休業手当の支払義務はありません。ここでいう不可抗力とは，(1)その原因が事業の外部より発生した事故であること，(2)事業主が通常の経営者として最大の注意を尽くしてもなお避けることのできない事故であることの2つの要件を満たすものでなければならないと解されています。今回の地震で，事業場の施設・設備が直接的な被害を受け，その結果，労働者を休業させる場合は，休業の原因が事業主の関与の範囲外のものであり，事業主が通常

の経営者として最大の注意を尽くしてもなお避けることのできない事故に該当すると考えられますので，原則として使用者の責に帰すべき事由による休業には該当しないと考えられます。

【Q1－5】今回の地震により，事業場の施設・設備は直接的な被害を受けていませんが，取引先や鉄道・道路が被害を受け，原材料の仕入，製品の納入等が不可能となったことにより労働者を休業させる場合，「使用者の責に帰すべき事由」による休業に当たるでしょうか。

［A1－5］今回の地震により，事業場の施設・設備は直接的な被害を受けていない場合には，原則として「使用者の責に帰すべき事由」による休業に該当すると考えられます。ただし，休業について，(1)その原因が事業の外部より発生した事故であること，(2)事業主が通常の経営者として最大の注意を尽くしてもなお避けることのできない事故であることの2つの要件を満たす場合には，例外的に「使用者の責に帰すべき事由」による休業には該当しないと考えられます。具体的には，取引先への依存の程度，輸送経路の状況，他の代替手段の可能性，災害発生からの期間，使用者としての休業回避のための具体的努力等を総合的に勘案し，判断する必要があると考えられます。

【Q1－6】今回の地震に伴って計画停電が実施され，停電の時間中を休業とする場合，労働基準法第26条の休業手当を支払う必要はあるのでしょうか。

［A1－6］今回の地震に伴って，電力会社において実施することとされている地域ごとの計画停電に関しては，事業場に電力が供給されないことを理由として，計画停電の時間帯，すなわち電力が供給されない時間帯を休業とする場合は，原則として，労働基準法第26条に定める使用者の責に帰すべき事由による休業には該当せず，休業手当を支払わなくても労働基準法違反にならないと考えられます。

【Q1−7】今回の地震に伴って計画停電が実施される場合，計画停電の時間帯以外の時間帯を含めて1日全部を休業とする場合，労働基準法第26条の休業手当を支払う必要はあるのでしょうか。

［A1−7］計画停電の時間帯を休業とすることについては，Q1−6の回答のとおり，原則として，労働基準法第26条に定める使用者の責に帰すべき事由による休業には該当しないと考えられますが，計画停電の時間帯以外の時間帯については，原則として労働基準法第26条に定める使用者の責に帰すべき事由による休業に該当すると考えられます。ただし，他の手段の可能性，使用者としての休業回避のための具体的努力等を総合的に勘案し，計画停電の時間帯のみを休業とすることが企業の経営上著しく不適当と認められる場合には，計画停電の時間帯以外の時間帯を含めて，原則として労働基準法第26条の使用者の責に帰すべき事由による休業には該当せず，休業手当を支払わなくても労働基準法違反とはならないと考えられます。

「新型インフルエンザ（A/H1N1）に関する事業者・職場のQ&A（平成21年10月30日」（抜粋）

　新型インフルエンザに関連して労働者を休業させる場合〈中略〉，賃金の支払の必要性の有無等については，個別事案ごとに諸事情を総合的に勘案すべきものですが，法律上，労働基準法第26条に定める休業手当を支払う必要性の有無については，一般的には以下のように考えられます。（※以下は現時点の状況を基にしており，今後の新型インフルエンザの流行状況等に応じて保健所の要請等が変更される可能性がありますのでご留意ください。）

(1) **労働者が新型インフルエンザに感染したため休業させる場合**
　新型インフルエンザに感染しており，医師等による指導により労働者が

休業する場合は，一般的には「使用者の責に帰すべき事由による休業」に該当しないと考えられますので，休業手当を支払う必要はありません。

　医師による指導等の範囲を超えて（外出自粛期間経過後など）休業させる場合には，一般的に「使用者の責に帰すべき事由による休業」に当たり，休業手当を支払う必要があります。

(2)　**労働者に発熱などの症状があるため休業させる場合**

　新型インフルエンザかどうか分からない時点で，発熱などの症状があるため労働者が自主的に休む場合は，通常の病欠と同様に取り扱えば足りるものであり，病気休暇制度を活用すること等が考えられます。

　一方，例えば熱が37度以上あることなど一定の症状があることのみをもって一律に労働者を休ませる措置をとる場合のように，使用者の自主的な判断で休業させる場合は，一般的には「使用者の責に帰すべき事由による休業」に当たり，休業手当を支払う必要があります。

(3)　**感染者と近くで仕事をしていた労働者や同居する家族が感染した労働者を休業させる場合**

　Ｑ３にあるとおり，感染者と近くで仕事をしていた労働者などの濃厚接触者でも，インフルエンザ様症状がない場合は職務の継続が可能となると考えられます。職務の継続が可能である労働者について，使用者の自主的判断で休業させる場合には，一般的に「使用者の責に帰すべき事由による休業」に当たり，休業手当を支払う必要があります。

　なお，大規模な集団感染が疑われるケースなどで保健所等の指導により休業させる場合については，一般的には「使用者の責に帰すべき事由による休業」には該当しないと考えられますので，休業手当を支払う必要はありません。

　なお，(1)から(3)において休業手当を支払う必要がないとされる場合においても，自宅勤務などの方法により労働者を業務に従事させることが可能

な場合において，これを十分検討する等休業の回避について通常使用者として行うべき最善の努力を尽くしていないと認められた場合には，「使用者の責に帰すべき事由による休業」に該当する場合があり，休業手当の支払が必要となることがあります。

【新規学卒採用者の自宅待機】（昭63．3．14基発150号）

　新規学卒者のいわゆる採用内定については，遅くとも，企業が採用内定通知を発し，学生から入社誓約書又はこれに類するものを受領した時点において，過去の慣行上，定期採用の新規学卒者の入社時期が一定の時期に固定していない場合等の例外的場合を除いて，一般的には，当該企業の例年の入社時期（4月1日である場合が多いであろう。）を就労の始期とし，一定の事由による解約権を留保した労働契約が成立したとみられる場合が多いこと。したがって，そのような場合において，企業の都合によって就労の始期を繰り下げる，いわゆる自宅待機の措置をとるときは，その繰り下げられた期間について，労働基準法第26条に定める休業手当を支給すべきものと解される。

5　民事上の請求における「使用者の責めに帰すべき事由」の解釈基準

(1)　民法536条2項の「債権者の責めに帰すべき事由」

> **民法536条**　前2条に規定する場合を除き，当事者双方の責めに帰することができない事由によって債務を履行することができなくなったときは，債務者は，反対給付を受ける権利を有しない。
> 2　債権者の責めに帰すべき事由によって債務を履行することができなくなったときは，債務者は，反対給付を受ける権利を失わない。この場合において，自己の債務を免れたことによって利益を得たときは，これを債権者に償還しなければならない。

民法536条2項の「債権者の責めに帰すべき事由」を，債務不履行における債務者の帰責事由（民法415条）「債務者の故意・過失または信義則上これと同視すべき事由」と同様に解すべきかについて，見解が分かれています。

これについて，債権者は債務者の履行について法律上何ら義務を負っているものではないから，義務違反という意味での帰責事由は考えられず，したがって，債務者の帰責事由とは異なるという見解があります（末川博『契約法上』100頁）。

しかし，債務不履行における債務者の帰責事由と同様に「債権者の故意・過失または信義則上これと同視すべき事由」と解する場合（我妻榮『債権各論（上）』111頁）と具体的場合について結論を異にするほどの差異はないと解されています。

(2) 労基法26条の「使用者の責めに帰すべき事由」

ア 通説

労基法26条の「使用者の責めに帰すべき事由」は，「故意，過失または信義則上これと同視すべき事由」よりも広く，民法上は使用者の帰責事由とならない経営上の障害も天災事変等の不可抗力に該当しない限りはそれに含まれると解されています。すなわち，民法においては「外部起因性」および「防止不可能性」の2要件を満たして使用者の責めに帰すべきでないとされる経営上の障害であっても，その原因が使用者の支配領域に近いところから発生しており，労働者の賃金生活の保障という観点からは，使用者に平均賃金の6割の程度で保障させた方がよいと認められる場合には，休業手当の支払義務を認めるべきと解しています（菅野和夫『労働法〈第9版〉』253頁）。

イ 判例

(ｱ) 扇興運輸事件（熊本地八代支決昭37.11.27労民集13-6-1126）

【事案の概要】

本件は，ある企業から引き受けて行っている運送業務が，その業務内容の8

割を占めている運送会社支店において，当該企業における労働争議による業務の減少を理由とした休業について休業手当を支払わなかったことから，同支店に雇用される従業員が休業手当を請求した事件です。

【判旨】

「労働基準法第26条の「使用者の責に帰すべき事由」とは，同規定が労働者保護のためその最低生活を保障しようとする趣旨にあり，かつ企業経営の利益が使用者に帰属することに対応して企業経営上の障害による損失も使用者が負担すべきであるという衡平の観念よりすれば，民法の解釈とされている使用者の故意過失又は信義則上右と同視すべき事由により広義に理解しなければならないものであって，企業経営者として不可抗力を主張し得ない全ての場合をも含むと解すべく，したがって，経営政策上の事由や経営障害を理由とする休業も使用者の帰責事由となる」

「債務者会社が本件休業に入るに至ったのは，その運輸業務を担当したA工場が争議のため生産業務が一時停止ないし減少したことにともない業務が減少して経営障害を惹起したことによることは明らかであるが，関連企業における業務の変動を原因とする経営障害の場合と雖も，企業経営者としては直ちに不可抗力をもって主張し得ず，客観的に見て通常なすべきあらゆる手段を尽くしたと認める場合にのみ休業手当の支払義務を免れうると解するのが相当である」とした上で，債務者会社が本件休業を防止しようとしてなしたと認められる措置ではいまだ使用者の帰責事由を免れさせるに不十分と考えられるとして休業手当の請求を認めました。

(ｲ) ノースウェスト航空事件（最二小判昭62．7．17労判499-6）

【事案の概要】

本件は，羽田等における組合のストライキによって，スト対象外である大阪・沖縄営業所においても操業が不可能になったとして，ストの間，被上告人らに休業を命じ，賃金をカットしたところ，被上告人らが，主位的に民法536条2項に基づき賃金全額の支払を求め，予備的に労基法26条に基づく休業手当の

支払を求めた事件です。

【判旨】

　「労働基準法26条が「使用者の責に帰すべき事由」による休業の場合に使用者が平均賃金の6割以上の手当を労働者に支払うべき旨を規定し，その履行を強制する手段として附加金や罰金の制度が設けられている（同法114条，120条1号参照）のは，右のような事由による休業の場合に，使用者の負担において労働者の生活を右の限度で保障しようとする趣旨によるものであって，同条項が民法536条2項の適用を排除するものではなく，当該休業の原因が民法536条2項の「債権者の責に帰すべき事由」に該当し，労働者が使用者に対する賃金請求権を失わない場合には，休業手当請求権と賃金請求権とは競合しうるものである」。

　「そこで，労働基準法26条の「使用者の責に帰すべき事由」と民法536条2項の責めに帰すべき事由」との異同，広狭が問題となる。休業手当の制度は，右のとおり労働者の生活保障という観点から設けられたものではあるが，賃金の全額においてその保障をするものではなく，しかも，その支払義務の有無を使用者の帰責事由の存否にかからしめていることからみて，労働契約の一方当事者たる使用者の立場をも考慮すべきものとしていることは明らかである。そうすると，労働基準法26条の「使用者の責に帰すべき事由」の解釈適用に当たっては，いかなる事由による休業の場合に労働者の生活保障のために使用者に前記の限度での負担を要求するのが社会的に正当とされるかという考量を必要とするといわなければならない。このようにみると，右の「使用者の責に帰すべき事由」とは，取引における一般原則たる過失責任主義とは異なる観点をも踏まえた概念というべきであって，民法536条2項の「債権者の責めに帰すべき事由」よりも広く，使用者側に起因する経営，管理上の障害を含むものと解するのが相当である」としたうえで，本件ストライキは，専ら被上告人らの所属する組合が自らの主体的判断とその責任に基づいて行ったものとみるべきであって，上告会社側に起因する事象ということはできない，そのため，本件ストライキの結果命じた休業は，上告会社側に起因する経営，管理上の障害によるも

のということはできないとして，休業手当を請求することはできないと判断しました。

なお，争議行為と賃金・休業手当の関係については第13章第３節で詳細に説明します。

(ウ) 最上建設事件（東京地判平12.2.23労判784-58）
【事案の概要】

本件は，午前８時から午後５時まで（正午から午後１時まで休憩時間）土木工事に従事するとの雇用契約を締結した従業員が，使用者に対し，①休日は第２，第４土曜日，日曜日，祝祭日，年末年始休暇（１週間）と合意したにもかかわらず，実際には平成７年12月29日から平成８年１月７日まで合計10日間仕事を与えなかったことについて，このうち平成７年12月29日および同月30日について休業手当を請求し，また，②使用者に，平成８年４月13日から同月20日まで夜勤を指定され，幹線道路の舗装工事に従事させられたが，元請は雨天の天気予報の場合にはこの工事を中止したため，右期間のうち，工事が中止された４日間につき，休業手当を請求した事件です（なお，同事件は，残業代請求，和解無効確認請求についても争われているが，本章とは関係ないため，以下では，休業手当の部分のみ抜粋する）。

【判旨】

まず，①について，「平成７年12月29日から平成８年１月７日までの間については被控訴人に土木工事の予定がなかったので，被控訴人はこれらの日を休みにしたことが認められ，この事実によれば，被控訴人が平成７年12月29日と同月30日に控訴人に仕事を与えなかったことが被控訴人の責に帰すべき事由による休業であるということはできない」として，休業手当の請求は認めませんでした。

また，②についても，「控訴人は同年４月12日までは専ら昼間に行われる土木工事に従事していたが，同月13日から同月20日までは被控訴人から指示されて夜間に行われる土木工事に従事したこと，仕事の段取り，作業の割り振りは使

用者である被控訴人において決定することは本件雇用契約の合意内容となっていること（ママ），天候次第で元請が工事を中止することがあり，その場合には控訴人に賃金が支払われないことは控訴人もわかっていたこと，以上の事実が認められるから，仮に控訴人が主張するように被控訴人から指示されなければ，控訴人が同月13日から同月20日までの間は昼間に行われる土木工事に従事して被控訴人から所定の日給の支払を受けることができたとしても，その点を勘案して，同月16日，17日，19日及び20日に工事が中止されたことが被控訴人の責に帰すべき事由による休業であるということはできない」と判示しました。

㈏　三都企画建設事件（大阪地判平18．1．6労判913-49）
【事案の概要】
　本件は，1級建築士，1級土木施工管理技師，1級建築施工管理技士の資格を持ち，被告派遣会社を含む数社に登録して土木工事の施工管理業務に従事してきた原告が，被告から派遣された派遣先から被告に対し，原告が①パソコンを使用することができず，②現場における態度が横柄であり，③水道配管工事の知識や技術等に欠け，指導力がないことを理由に，派遣交代要請がなされた結果，原告は当該派遣先での就業を中止し，新たな派遣先もないとして解雇されたため，被告に対し，主位的に当該派遣先に残りの期間も派遣された場合の賃金の未払い分を求め，予備的に，休業手当の請求等を求めた事件です。

【判旨】
　「被告としては，派遣先から，原告の勤務状況が，被告と派遣先との労働者派遣契約上の債務不履行事由に該当すると主張して，原告の就労を拒絶し，その交代を要請されたとしても，原告の勤務状況について，これをよく知る立場になく（その上方は，派遣先企業と原告が有していることになる。），派遣先の主張を争うことは極めて困難というべきである（派遣先や原告から，被告にとって有利な情報を得ることは極めて困難と思われる。）。このような状況下において，派遣先から原告の就労を拒絶された場合，被告としては乏しい資料しかないにもかかわらず，派遣先による原告の交代要請を拒絶し，債務不履行事由の

存在を争って，派遣代金の請求をするか否かを判断することもまた困難というべきである。そうすると，被告が，派遣先との間で，債務不履行事由の存否を争わず，原告の交代要請に応じたことによって，原告の就労が履行不能となった場合，特段の事情がない限り，原告の被告に対する賃金請求権（…）は消滅するというべきである（民法536条2項の適用はないと考える。）。

一方，被告の判断により，派遣先との紛争を回避し，派遣先における原告の就労が不可能となった場合は，原告の勤務状況から，被告と派遣先との労働派遣契約上（ママ）の債務不履行事由が存在するといえる場合を除き，労働基準法26条に言う「使用者の責に帰すべき事由による休業」に該当し，原告は，被告に対し，休業手当の支給を求めることができると考える」として，民法536条2項に基づく賃金請求は棄却したものの，休業手当の請求は認めました。

6 実務対応策

実務においては，具体的事案において，労働監督行政ないし刑法としての，指導，勧告，送検における，労働基準監督官の労基法26条の「使用者の責めに帰すべき事由」の解釈基準と，民事事件としての個別労働紛争における裁判所の解釈基準が，同一であるとは言い切れないのが現状だといえます。

さらに，裁判所の民法536条2項の「債権者の責めに帰すべき事由」の解釈も，必ずしも明確になっているともいえません。

そこで，実務では，会社の責めに帰すべき事由による休業については，次のように対応するのが適切であると考えます。

① 就業規則（給与規程等も含む）に，民法536条2項の適用を排除する旨の規定を定める。
② 労基法26条の「使用者の責めに帰すべき事由」の解釈基準は，厚生労働省の解釈基準で判断する。

すなわち，まず①ですが，就業規則（給与規程等も含む）において，民法536条2項の適用を排除する，すなわち，賃金100％支給を民事上の合意により排除してしまうことです。

この場合の規定例としては，「会社の責めに帰すべき事由により従業員を休業させた場合の賃金の額は，民法536条2項の適用を排除して，平均賃金の100分の60とする」というものが考えられます。この民法上の賃金と休業手当の関係を図にしたものが，次の図になります。なお，入社の際に誓約書で合意を取得する方法もあります。

次に，②ですが，実務では，労基法26条の「使用者の責めに帰すべき事由」の休業手当の発生の有無については，厚生労働省の解釈基準に従って対応することです。理論的には，厚生労働省の解釈基準で休業手当の支払いが否定されても，裁判所でその支給余地が認められるケースが考えられます。しかし，①により賃金100％の支給が排除されていれば，一旦労基署で休業手当の支払いが否定された場合には，その休業手当の支払を求めて裁判を起こす事例はあまり想定されないと思われます。

	債権者の責めに帰すべき事由あり（民法536条2項）		使用者の責めに帰すべき事由あり（労基法26条）	使用者の責めに帰すべき事由なし
民法上の賃金	○ → ×	労使で合意することにより不支給可	×	×
休業手当	○		○	×

休業手当

【注】 ○は支払義務あり，×は支払義務なし。

このような規定および実務対応により，この問題は複雑にすることなく解決できると考えます。

7　本条違反の効果

本条に違反して休業手当の支払いを怠った場合は，労働基準監督官の指導の対象となります。また，30万円以下の罰金を科せられます（労基法120条1号）。もっとも，実際に送検された件数は，平成22年では3件であってほとんどないといえます（358頁参照）。

さらに，休業手当の未払いがあった場合，裁判所は，労働者の請求により，未払いの額のほか，これと同一額の付加金の支払いを命ずることができると定めています（労基法114条1項）。

第4節 出来高払制の保障給（労基法27条）

> **第27条** 出来高払制その他の請負制で使用する労働者については，使用者は，労働時間に応じ一定額の賃金の保障をしなければならない。

1 趣　旨

　本条の趣旨について，裁判例は，出来高払制その他の請負制で使用される労働者の賃金は，労働者が労務提供をした以上，出来高が少ない場合であっても，労務提供に対する対価として労働した時間に応じて一定額の保障がなされるべきであり，その保障を使用者に義務づけ，労働者の生活を保障することにあるとしています（山昌トラック運転手事件＝名古屋地判平14．5．29労判835-67）。

　この趣旨は，労基法に出来高払の保障給が定められた以下のような背景に裏づけられるものです。

　かつては，労働者が行った仕事の量に応じて賃金が支払われた際に，使用者が，仕事の単位量に対する賃金率を不当に低く定めて，労働者を過酷な重労働に追いやることがありました。また，使用者は，一定量の仕事につきその一部に不出来があった場合にはその全部を未完成として，これに対する賃金を支払わないこともあり，そのために労働者の生活は困窮に陥ることもありました。

　このように，いわゆる出来高払制その他の請負制に基づく賃金制度には，古来多くの弊害が見られ，苦汗労働と称される劣悪な労働条件の基盤となっていました。

そこで，出来高払制その他の請負制が採用された場合には，かかる劣悪な労働条件から労働者を保護し，従前の実収入によるレベルの通常の生活を保障するために，出来高にかかわらず，労働時間に応じて一定額を保障するべく，出来高払の保障給が定められたのです。

　なお，この点について，厚生労働省は，「労働者の最低生活を保障する」ために，「出来高払の保障給が定められた」としています（厚生労働省労働基準局編『平成22年版・労働基準法（上）』379頁）。しかしながら，賃金に関する労働者の最低生活の保障については，最低賃金（労基法28条）の定めにより達成されるものであり，出来高払の保障給を定めた趣旨とは一線を画するべきです。

　したがって，本条の趣旨は，出来高払により賃金を支払われている労働者が，その賃金額によって営んでいる通常の生活レベルを保障するということにあると考えます。

2　出来高払制その他の請負制の定義

(1)　出来高払制と請負制の定義とその関係

　出来高払制とは，労働者が製造する物の量・価格や売上高という出来高に応じた一定比率で額が定まる賃金制度をいいます。

　他方で，請負制とは，一定の労働給付の結果または一定の出来高に対して賃率が定められる賃金制度をいいます。その意味では，出来高払制は請負制の一種といえます（同旨　厚生労働省労働基準局編『平成22年版・労働基準法（上）』378頁）。

(2)　出来高払制の具体例

　出来高払制には，単純出来高払制，差別的出来高払制，多率出来高払制等があるといわれています（厚生労働省労働基準局編『平成22年版・労働基準法（上）』378頁）。

単純出来高払制とは，一定の出来高に対して賃率が定められている制度です。これが出来高払制の原則形態であり，実務上見受けられるのも，この単純出来高制がほとんどです。

差別的出来高払制とは，1日の作業量を決定し，それを基準にして短時間で作業を完了し，できあがった製品に何らの欠陥もない場合には，製品1個あたりに高い賃率で賃金を支払い，他方，作業完了に長時間を要し，または製品に欠陥があった場合には，製品1個あたりに低い賃率で賃金を支払う制度です。

多率出来高払制とは，例えば，能率83％に達しない労働者に対する低賃率を基礎として，能率83％から100％の労働者には低賃率の8％から10％増しの賃率，100％に達した労働者には低賃率の20％増しの賃率で賃金を支払う制度です。

(3) 完全出来高払制と一部出来高払制

出来高払制には，完全出来高払制と一部出来高払制とがあります。

完全出来高払制とは，労働者の賃金が，出来高に応じた賃金（出来高給）のみによって構成されている賃金制度をいいます。

一部出来高払制とは，労働者の賃金が，固定化されている賃金（固定給）と出来高に応じた賃金（出来高給）とによって構成されている賃金制度をいいます。

なお，通達では，「賃金構成からみて固定給の部分が賃金総額中の大半（概ね6割程度以上）を占めている場合には，本条のいわゆる『請負制で使用する』場合に該当しないと解される」（昭22．9．13発基17号，昭63．3．14基発150号・婦発47号）とされており，このような一部出来高払制を採用する場合には，本条の適用対象外となります。

(4) その他の請負制の具体例

その他の請負制には，ハルシー制，ローワン制等の賃金制度があるといわれています（厚生労働省労働基準局編『平成22年版・労働基準法（上）』378頁）。

いずれも労働能率を刺激するために考案された能率給，すなわち，労働量の測定方法とそれに対する賃率をどのように決定するかという仕組みの一種です（佐々木常和『改訂版労務管理概論』78頁）。

ハルシー制とは，一定の仕事を行うのに必要な予定時間を従来の経験によって決定し，労働者がこの予定時間を短縮した場合，その短縮した時間に対して割増された賃率（例えば，1時間あたりの賃金×1/3を短縮した時間に乗じて算出された額を割増しとする）で計算した賃金を，通常の賃金に加えて受け取ることができる制度です。

ローワン制とは，一定の仕事について労働者に対して許容時間を定め，労働者が許容時間以下で作業を完成した場合，許容時間を短縮した割合と同じ比率（例えば，1時間あたりの賃金にその1/4を割増しして賃金単価とする）で時間賃率を増加させる制度です。

3　出来高払の賃金性

本条は，出来高払制の場合には「労働時間に応じ一定額の賃金の保障をしなければならない」と賃金の保障給を定めていますが，そもそも，出来高払は民法上の雇用契約における「報酬」ないし労基法上の労働契約における「賃金」といえるのかを考えます。

まず，民法623条では，雇用契約とは「労働者が労働に従事すること」に対して「使用者が報酬を与えること」を約束する双務契約関係であるとされています。

民法623条にいう「報酬」の本質は，使用者の指揮命令下における労務提供の対価ですから，労働者が使用者の指揮命令下において労務提供をすれば，雇用契約に基づき報酬が発生します。出来高払も，使用者の指揮命令下において労務提供をすることについて同意したことに基づき，実際に労働者が使用者の指揮命令下で労務提供をすることで発生する対価です。固定払の場合と異なるのは，成果の量や質という出来高に個人差が生じ，その出来高の差に応じて金額

が変動することを認めた点のみにすぎません。したがって，出来高払も，民法上の報酬といえます。

　他方，労基法11条の「賃金」に該当するかについても，①使用者より支払われる②労働の対価であることは明らかですから，この点も問題ありません。

　さらに，労基法15条１項が明示を求める労働条件としての賃金に該当するかが問題になります。すでに説明したとおり，労基法15条１項後段において「賃金及び労働時間に関する事項」と「その他の厚生労働省令で定める事項」が区別されていることから，「その他の厚生労働省令で定める事項」である「賃金の決定，計算及び支払の方法，賃金の締切り及び支払の時期並びに昇給に関する事項」（同施行規則５条１項３号）とは別に，「賃金に関する事項」として具体的な賃金額が明示されなければならず，具体的な賃金額の合意がない限り労働契約は成立しないといえます（昭51．9．28基発690号，昭63．3．14基発150号，平11．3．31基発168号）。もっとも，具体的な賃金額が一義的に算出されるのであれば，「計算の方法」が明らかになっていることで足りるものと考えます。出来高払制の場合，同通達も，出来高払制の場合には，「仕事の量（出来高）に対する基本単価の額」としており，計算の方法が明らかになっていれば足りると解しているものといえます。

　したがって，出来高払とは，具体的な賃金額を算定するための一義的な計算方法ととらえるべきです。すなわち，「なす債務」である労務提供の履行によって一定の成果が出た場合には労働契約上の賃金債権が発生しますが，使用者と労働者との間に出来高払による賃金の合意があれば，労働者個人ごとの成果の量，質に応じて具体的な賃金額を決めることになります。このように，賃金算出期間における各労働者の成果の量，質に応じて具体的な賃金額を一義的に算出するための計算方法が出来高払であると考えます。

　なお，労基法27条は，労働契約に基づく労務提供である以上，使用者の指揮命令に従った時間を単位とする労務提供の対価性を維持するために，二次的に，労働時間に応じた一定の保障給を定めたものと解されます。

4　完全出来高払制の採用の肯否

本条は，出来高払制の場合には「労働時間に応じ一定額の賃金の保障をしなければならない」と定めていますが，これは，刑罰の威嚇力を用いて使用者に履行を間接強制するものであり，民事上の完全出来高払制の合意を無効にするものではありません。民事上は，「出来高がゼロならば賃金ゼロ」となります。加えて，この規定は具体的な基準を定めるものではないので，労基法13条の直律的効力も発生しません。違反すれば，刑事罰を科せられるだけになります。

5　出来高払制その他の請負制と請負契約の違い

出来高払制その他の請負制は，労務提供に対する対価としての賃金の額の計算方法を定めたものであり，労働契約を前提とするものです。そして，労働契約においては使用者の指揮命令が前提となっており，労働者は使用者の指揮命令に従って労務提供をしなければならないという拘束を受けます。

他方，民法上の請負契約は，労務提供の対価としてではなく，仕事の完成の対価として報酬を支払うものとしています。そして，請負契約においては仕事の完成こそが請負者の債務ですので，自ら仕事に適した場所を選択し，注文者の指揮命令に服することなく，自らの裁量で仕事の完成までにかける時間や経費，業務遂行方法等を決定します。

このように，出来高払制その他の請負制は，使用者の指揮命令に従って労務提供をした対価として賃金を受け取ることを前提としており，民法上の請負契約とは異なるものです。

6　出来高払制その他の請負制と歩合制

出来高払制その他の請負制とは，すでに説明したとおり，一定の労働給付の

結果または一定の出来高に対して賃率が定められる賃金制度です。

　他方，歩合制とは，生産高から直接経費を差し引いた残りを，一定の割合で分配する賃金制度です。生産高の一部を分配するという点では，出来高払とは異なりますが，生産高という一定の出来高に対して一定の割合で支払われる金額が決定するという点では，出来高払と同様です。

　したがって，出来高払制その他の請負制と歩合制とは，労働契約上の賃金の支払方法としては，同義であると考えられます。

7　出来高払制その他の請負制を採用するメリット・デメリット

(1)　出来高払制のメリット

　出来高払制その他の請負制では，労働者自らの出来高に応じて賃金が定まるものですので，出来高にかかわらず一定額となる時給に比べ，労働意欲を刺激する性質があります。そのため，労働者に対してその業務遂行につき逐一監督をせずとも，労働の質の規制や能率向上をもたらすというメリットがあります。

　ただし，労働者個人の出来高が把握できる業務でない限り，出来高に応じた賃金を定めることはできないため，出来高払制その他の請負制を採用するには，労働者個人の出来高が把握できることが前提となります。

　出来高払制その他の請負制を採用できる業務の例としては，顧客との契約数が把握しやすい営業業務や，生産した物の数が把握しやすい製造業務，運送した荷物や人の数が把握しやすい運送業務等が挙げられます。

(2)　出来高払制のデメリット

　他方で，出来高払制その他の請負制では，労働者が出来高に応じた安い賃金に甘んじる選択をした場合や能力不足のために出来高を上げることができない場合には，労働の質や能率の向上が図られず，それにもかかわらず本条の保障給は支払を間接強制されるため，結果としてかえって人件費がかさむことにな

るというデメリットがあります。このデメリットに対しては，勤務態度不良や能力不足による改善指導を実施し，労働の質や能率の向上を図る必要があると考えます。

また，労働者が出来高を上げるために多額の経費を使用し，または長時間の労働を行った場合，出来高に応じて賃金を定めることとすると，使用者にとっては，経費や時間外賃金に充てる支出が収入を上回る事態になりかねないというデメリットもあります。このデメリットに対しては，出来高を上げるために使用できる経費に制限を加えるとともに，出来高を増やそうと労働時間を延長することを安易に認めないということが必要であると考えます。

8　出来高払該当性

どのような賃金制度を採用している場合に本条にいう「出来高払」による賃金ということができるかについて，裁判例は，「請負給の場合には一定の労働時間に対応する一定の賃金が定められておらず，常に実際の出来高等に対応する賃金が請負給として支払われる」としており（名鉄運輸事件＝名古屋地判平3．9．6労判610-79），出来高払制に該当するか否かは，「実際の出来高等」に対応した賃金が支払われるか否かで判断されるといえます。

そして，当該裁判例によれば，実際の出来高等は，個人の物的生産量に応じて算出されるものであることを前提にするものです。したがって，例えば，工場，事業場において一定の生産目標を超えた場合に，一人あたりの生産量を計上できるときは労働者個人にあるいは併せてその集団に対して支給される増産手当または生産奨励手当等の手当は，本条の出来高払による賃金に該当します。ただし，工場，事業場における生産の場合には，一人あたりの生産量を計上できないこともあるため，そのようなときには集団に対して能率刺激的手当として支給される手当もこれに該当するといえます（東京大学労働法研究会『注釈労働時間法』503頁）。

なお，「実際の出来高等」に対応した賃金とは，賃金算定期間内における出来

高に対応した賃金となっていることを要するものと考えます。なぜなら，出来高払制による賃金の場合，一定の労働時間に対応する一定の賃金が定められていないことが前提であり，賃金算定期間以外の出来高等を参照して決定されるのではこの前提を崩すことになるからであり，他方で，このように解することが，後述の「出来高払と時間外賃金」の考え方に合致するからです。

したがって，例えば，一定期間内の出来高に応じて，次の期間における賃金額が決定されるような給与制度は，出来高払による賃金制度とはいえないと考えます。

9 出来高払の保障給の支払義務と内容

(1) 出来高払の保障給の法的性質

出来高払は，労働契約に基づく労務提供の対価としての賃金の計算式であり，賃金という労働条件そのものといえます。

他方，計算の結果，労働者の通常レベルの生活保障がなされない賃金となることを回避するために出来高払の保障給が設けられていることからすれば，この保障給も労務提供の対価としての賃金であると考えられます。

(2) 使用者が出来高払の保障給の支払いを義務づけられる場合

ア 労基法26条の休業手当との関係

労基法26条は，使用者の責めに帰すべき事由による休業の場合において，休業期間中労働者に対して，平均賃金の100分の60以上の手当，すなわち休業手当を支払わなければならないとしています（休業手当の詳細については，第3章第3節参照）。休業手当の趣旨は，労働者の生活保障であり，本条の趣旨と共通します。

しかしながら，労基法26条は，労働者が労働契約の本旨に従った弁済の提供をしたにもかかわらず，使用者の責めに帰すべき事由によりこれを受領するこ

とができない場合の生活保障をするために，休業手当を定めているものです。

他方，本条は，労働者が労働契約の本旨に従った弁済の提供として労務を提供し，使用者がこれを受領した結果，出来高が少なくなったために，出来高に応じた賃金を支払うのでは，労働者の最低生活を維持できなくなることを考慮して，労務提供に対する対価として労働した時間に応じて一定額の保障をするべく定められたものです。

したがって，労基法26条と本条とは，適用される場面が異なるといえます。

イ 出来高払の保障給を支払う義務がある場合

本条は「労働時間に応じ一定額の賃金の保障をしなければならない」と定めるにとどまり，どのような場合に出来高払の保障給を支払わなければならないかについては必ずしも明らかではありません。

本条の趣旨は，労働者が労務提供をした以上，出来高が少ない場合であっても，労務提供に対する対価として労働した時間に応じて一定の保障がなされるべきであり，それによって労働者の通常の生活を保障することにあります。このことからすれば，労働者が労働契約の本旨に従った労務の提供をした場合に限り，出来高払の保障給が義務付けられるものと考えます。

厚生労働省は，出来高払の保障給の支払を義務づけられる場合について，「労働者が就業しなかった場合，それが労働者の責めによるものであるときは，使用者は賃金支払の義務はないから，本条の保障給も当然支払うことを要しない」とし（昭23.11.11基発1639号），「労働者が就業したにもかかわらず，材料不足のため多くの待ち時間を費やしたとか，あるいは原料粗悪のために出来高が減少した場合のように，その実収賃金が低下した場合である」としています（厚生労働省労働基準局編『平成22年版・労働基準法（上）』378頁）。この「労働者が就業した」場合とは，労働契約の本旨に従った労務の提供をしたことを前提としていると考えられます。

(3) 出来高払の保障給の内容

ア 「労働時間に応じ」た保障給とは何か

㋐ 原則は時間給である

　本条は，「労働時間に応じ一定額の賃金の保障をしなければならない」としています。したがって，本条の保障給は，労働時間に応じた一定額の賃金でなければならず，原則として１時間につきいくらと定められる時間給です（厚生労働省労働基準局編『平成22年版・労働基準法（上）』378頁）。

　もっとも，この原則を貫けば，労働１時間ごとに保障給の要否を判断する必要があり，ある１時間には出来高がゼロであったため保障給が必要となり，次の１時間では出来高が多くそれに応じた賃金の支給を受けることができることになりかねず，本条の通常の生活を保障する趣旨を超える結果となります。そして，何より，労働１時間ごとに保障給の要否を判断することは，使用者に過度の負担をかけるものであり，労務管理実務上の不都合が大きすぎるといわざるをえません。

　この点，労基法は，保障給が労働時間に応じて定められるものであることを要求しているにとどまり，労働１時間ごとに保障給の要否を判断することまでを定めていません。したがって，後述のとおり，少なくとも出来高払による賃金の計算期間と同期間において，労働時間に応じた保障給を算出し，出来高払による賃金が保障給の額を上回る場合には，保障給の支給は不要であり，逆に下回る場合には，保障給の支給が必要になると考えるのが実務に即していると思われます。

　例えば，日払いとなっている場合には，出来高払による賃金の計算期間は１日であり，保障給の要否を判断するには，日払いとして支払われる出来高払による賃金額と，１日の労働時間に応じた保障給の額とを比較し，前者が後者を上回っていれば，保障給の支給は不要であるということになります。同様に，週払いとなっていれば，１週間の出来高払による賃金額と１週間の労働時間に応じた保障給の額を比較し，月払いとなっていれば，１カ月間の出来高払によ

る賃金額と1カ月間の労働時間に応じた保障給の額を比較することになります。

なお、このように解釈しても問題ないといえるのは、後述のとおり、労基法27条に明確な基準が定められておらず、労基法13条を通じて労働契約の内容とはならないからです。

(イ) 出来高払の保障給の計算期間（締切期間）

出来高払による賃金（出来高給）を支払う場合、賃金の計算期間は、労基法24条2項の定める「毎月1回以上、一定の期日を定めて支払わなければならない」との制限範囲内で使用者が任意に定めることができます。他方、出来高払の保障給も賃金の性質を有するものなので、原則として、労基法24条2項の定めに従い、使用者が任意に定めることができます。

しかしながら、本条の趣旨は、出来高が少ない場合であっても、労務提供に対する対価として労働した時間に応じて一定額の保障がなされることで労働者の従前の実収入に応じたレベルの通常の生活を保障することにあります。そして、労働者の出来高の質および量を把握し、出来高に応じた賃金額を計算するのは、出来高給の計算期間を基準としますので、この出来高給の計算期間内において出来高が少ない場合でも一定額の保障がなされることが本条の趣旨に合致します。したがって、出来高払の保障給について、出来高給の計算期間よりも長いスパンの計算期間を定めることはできないと考えます。

この点について、厚生労働省も、「保障給の計算期間はそれが定められる出来高払制等の賃金の計算期間と合致している必要があり、いかなる場合もそれより長く定められてはならない」としています（厚生労働省労働基準局編『平成22年版・労働基準法（上）』380頁）。

(ウ) 保障給を固定給で支払うことの是非

本条の保障給は時間給であることを前提とすれば、労働者の実労働時間と無関係に一定期間について一定額を保障するような固定給は、本条の保障給には該当しないと考えられます（厚生労働省労働基準局編『平成22年版・労働基準

法（上）』379頁，前掲山昌トラック運転手事件と同旨）。

　もっとも，一定期間について一定額の保障給を定める場合であっても，当該保障給につき基準となる労働時間数が設定され，労働者の実労働時間数がこれを上回ったときにはその上回った時間に応じて保障給が増額されることになっているのであれば，それは労働者の実労働時間に応じて支給される時間給であるということができます。したがって，このような増額措置がとられている場合には，このような保障給も本条の保障給に該当するといえます。

　なお，一定期間について一定額の保障給を定める場合に，労働者の実労働時間数が保障給の基準となる労働時間数を下回ったとき，その下回った時間数に応じて減額されないのであれば，厳密にいえば，この一定額の保障給は労働者の実労働時間数に応じた時間給の性質を有しませんので，本条の保障給には該当しないようにも見えます。しかし，本条の趣旨は，労働者の出来高が少ない場合であっても，労務提供に対する対価として労働した時間に応じて一定の保障がなされることにありますから，減額されないとしても問題はないといえます。したがって，減額措置がなくとも，労働者の実労働時間に応じて増額措置がとられている限り，本条の保障給に該当すると考えます（厚生労働省労働基準局編『平成22年版・労働基準法（上）』378頁参照）。

　他方，固定給と出来高払を組み合わせて賃金を支払う一部出来高払制をとる場合，この固定給部分が保障給になるかが問題となります。

　この点について，厚生労働省は，「出来高給との相関関係がなく，一定の期間につき一定額が支払われるものはいわゆる月給等の固定給であって，本条本来の保障給ではない」としながら，「一定水準の実収入を確保するという観点からすれば月給は広い意味では保障給に類するから，出来高給が月給等の固定給と併給されている場合，固定給部分と本条の保障給との合計額が通常の実収賃金と余りへだたらない程度になるように保障給を定めていれば，たとえその保障給の部分が著しく少額であっても，本条の趣旨に反するとは解されない」としています（昭22.9.13基発17号，昭63.3.14基発150号・婦発47号）。

　本条の趣旨からして，固定給部分と出来高払の保障給部分の合計額が，本条

の定める保障給の額を上回っていれば，本条違反になることはないと考えます。

イ 保障すべき「一定額」とは何か

本条は，出来高払制において，「労働時間に応じ一定の額の保障をしなければならない」と定めています。この「一定の額の保障」とはどのような額をいうかについて，厚生労働省は，「常に通常の実収賃金と余りへだたらない程度の収入が保障されるように保障給の額を定めるように指導すること」としています（昭23.9.13基発17号，昭63.3.14基発150号，婦発47号）。そして，「大体の目安としては，休業の場合についても前条（休業手当）が平均賃金の100分の60以上の手当の支払を要求していることからすれば，労働者が現実に就業している本条の場合については，少なくとも平均賃金の100分の60程度を保障することが妥当と思われる」としています（厚生労働省労働基準局編『平成22年版・労働基準法（上）』379頁）。実務としては，この通達も一定の参考になると考えます。しかし，使用者の責に帰すべき事由を前提とする労基法26条とそれが前提となっていない本条の違いを考慮すれば，必ずしも上記通達に拘束されることはないといえます。

ウ 出来高払の保障給に個人差を設けることができるか

個々の労働者の能力，経験，年齢等に応じて賃金に差を設けることは広く一般に行われていることです。また，従事する業務の内容に応じて賃金に個人差を設けることも同様です。

そして，保障給も賃金としての性質を有するものですので，個々の労働者が労働契約において同意しさえすれば，その保障給が最低賃金を下回らない限り，出来高払の保障給に個人差を設けることはできると考えます。

この点について，厚生労働省も「同種の労働を行っている労働者が多数ある場合に，個々の労働者の技量，経験，年齢等に応じて，その保障給額に差を設け，また同一の労働者に対しても，別種の労働に従事した場合には，異なる金額の保障給を支給することとすることは差し支えない」としています（厚生労

働省労働基準局編『平成22年版・労働基準法（上）』380頁）。

10　出来高払の保障給を支給しなかった場合

(1)　出来高払の保障給を支給しなかった場合（労基法27条違反）

　使用者が出来高払の保障給を支給しなかった場合とは，例えば，完全出来高払制を採用し，賃金額の計算の結果ゼロ賃金となったとして，使用者が労働者に一切賃金を支払わなかった事例が考えられます。

　そして，この事例は，①出来高払の保障給の額を労働契約等に定めていた場合と②出来高払の保障給を何ら定めていないか，その額を具体的に定めていなかった場合とに分けられます。

(2)　労基法上の罰則

　まず，①及び②いずれの場合においても，使用者が本条の規定に違反して出来高払の保障給を支払わなかった場合には，30万円以下の罰金に処せられます（労基法120条1号）。

(3)　労働契約に基づく請求

　次に，労働者が労働契約に基づく請求ができるのかを検討します。

　①の場合には，出来高払の保障給の額が雇用契約書等に定められていながら，その契約内容に反して保障給を支給しないことは債務不履行にあたります。したがって，労働者は労働契約に基づき保障給を支払うよう民法上の履行請求をすることができます。

　他方，②の場合には，以下の理由から，労働者は民法上の請求をできないと考えます。

　まず，労働契約上は完全出来高払制となっており，加えて出来高払の保障給の定めがないもしくは具体的額が定められていない以上，出来高に応じてゼロ

賃金となったとして賃金を支払わず，また，契約に一切の定めがないもしくは契約に具体的な額の定めがないために保障給の額が確定できないとして支払わなかったとしても民法上の債務不履行はありませんので，債務の履行として賃金支払を求めることはできません。

また，保障給を定めずもしくは保障給の具体的な額を定めないままに完全出来高払制という賃金額の計算方法を合意したことそのものが，仮に民法90条の公序良俗違反となっても，賃金額の計算方法が無効となるにすぎず，それ以外に賃金額の合意がない以上，具体的な賃金請求権が生じるとはいえません。

さらに，労働者が使用者側に対し，民法703条，704条の不当利得に基づく返還請求ができるかについても，労働者の労働による出来高がありませんから，使用者側にも利得はなく，使用者が不当に利益を得ているということはありませんので，その利得を返還するよう求めることはできません。

加えて，労働者が使用者に対して不法行為に基づく損害賠償請求ができるかについても，使用者と労働者が，保障給を定めずもしくは保障給の具体的な額を定めないままに完全出来高払制とする合意をし，使用者がその合意内容に従ってゼロ賃金としたことをもって違法と評価することは難しく，損害賠償請求をするのは難しいと考えます。

(4) 労基法に基づく請求

すでに説明したとおり，①および②いずれの場合にも，本条は出来高払制を採用した場合には労働時間に応じ一定額の賃金の保障をしなければならないとしていますので，これに反して一切の保障をしなかった場合には労基法違反となります。

労基法違反があった場合には，労基法13条の定めに従い，当該違反部分について無効となり，労基法が具体的な基準を定めていれば，それが契約内容となりますが，労基法27条の規定する「労働時間に応じ一定額の賃金の保障」が具体的に何を意味するのかが規定からは明らかではありません。そのため，①の場合は別として（この場合には，民法上の請求が可能になります），②の場合に

おいて労基法27条違反があるゆえに労働契約内容が無効となり、労基法13条を経由して労基法27条の基準が労働契約の内容となるという労基法13条の効力論には直ちにはつながらないことになります。

したがって、②の場合において、労基法に基づく請求をすることも難しいと考えます（同旨　石井照久他『註解Ⅰ』404頁、第三慈久丸事件＝名古屋高判昭37．2．14判タ160-48、三宝商事事件＝東京地判昭43．1．19労民集19-1-1)。

(5) 最低賃金法に基づく請求

すでに説明したとおり、出来高払の保障給は賃金としての性質を有するものです。そして、労働契約および労基法に基づく請求もできないとしても、労基法28条は「賃金の最低基準に関しては最低賃金法の定めるところによる」と定め、最賃法4条2項は「最低賃金の適用を受ける労働者と使用者との労働契約で最低賃金額に達しない賃金を定めるものは、その部分については無効とする。この場合において、無効となった部分は、最低賃金と同様の定めをしたものとみなす」と定めており、使用者は、労働者に対し、最低賃金法の定める最低賃金を支払う義務があります（最低賃金の詳細については、本章第5節をご参照ください）。

そして、労基法28条の定める最低賃金は、最低賃金法により具体的に定められているため、労基法13条の定めに従い、労働契約の内容となります。

したがって、出来高払の保障給の定めがないときには、労働者は、使用者に対し、労働契約に基づき最賃法所定の最低賃金を支払うよう請求できることになります。

11 労働条件としての出来高払の保障給の定め

(1) 労基法27条「保障をする」の意義

ア 厚生労働省の行政解釈

　厚生労働省は,「保障をする」の意義について,「現実に保障給を支払うという意味だけではなく, 保障給を定めるという意味をも含むものと解されるから, 保障給を定めないというだけでも本条違反が成立すると考えられる (同旨　有泉『労働基準法』145頁, 吾妻『労働基準法』153頁)。ただし, 本条はその定めの形式を問わないから, 労働契約その他によって定められていればよく, 就業規則に定めのないことが直ちに本条違反となるものではない」としています (厚生労働省労働基準局編『平成22年版・労働基準法 (上)』380頁)。

　確かに, 本条は「一定額の賃金の保障をしなければならない」としており, 例えば労基法24条1項が「賃金は…支払わなければならない」と定めるのとは規定の仕方を区別していること, 労働基準法案帝国議会審議の解説によれば, 本条を定めた趣旨の解説にあたり「出来高払制の場合には必ず一定額の最低保障給を定めることを要することにした」と説明していたこと, また, 本条の趣旨は労働者の最低生活を保障することにあること等を考慮すると, 当該行政解釈が示すように, 単に保障給を現実に支払うだけではなく, 保障給を定めることまでを要求しているとも考えられます。

　しかしながら, 本条に違反した際には, 30万円以下の罰金に処せられる (労基法120条1号) ことはすでに説明したとおりです。このように, 労基法は, その違反者に対して刑罰を科す「労働刑法」としての性質を有するため, 使用者にとって, その違反について予測可能性が担保されていなければならず, 使用者に不利益な方向で解釈を広げることは許されてはならないと考えます。

　また, 労働契約は, 労働者が使用者の指揮命令に従って労務提供し, 使用者が労務提供の対価として賃金を支払うこと (賃金額も含む) の合意によって成

立するところ，出来高払ではその賃金算出の計算式さえ決まっていれば，労働契約の成立要件として足りるのであって，保障給の定めまで求められるものでもありません。

したがって，本条の「保障する」とは，現実に保障給を支払うことのみを意味すると考えます。

イ 山昌トラック運転手事件の解釈

この点，前掲山昌トラック運転手事件において，裁判所は，「同条（労基法27条）が定める保障給とは，労働時間に応じた一定額であるから，時間給であるのが原則であり，実労働時間に応じて支払われなければならないものであるから，労働者に実労働時間とは無関係に一定額を保障するものは固定給であって，同条にいう保障給とはいえない。同条は，使用者に対し，上記のような保障給の定めをし，かつ，当該保障給以上の給与を労働者に支払う義務を課しているというべきである」としていることから，前記厚生労働省の行政解釈と同様に，「保障をする」とは，「現実に保障給を支払う」ことに加え，「保障給を定める」ことも意味するとしているようにも見えます。

しかし，同裁判例は，「ただし，当該労働契約が労基法27条に反して無効となるか否かの判断にあたっては，保障給の定めが明確になされていなくても，現実に同条の上記の趣旨（実収賃金の確保ないし減少防止を通して労働者の生活を確保すること）に合致するような給与体系が確立されており，適正に運用されていると認められれば，当該労働契約が無効であるとはいえないと解される」と判示しており，保障給の定めが明確になされていない場合であっても，本条の趣旨に合致した給与体系や賃金支払の適用がなされていれば，直ちに本条に反するとはしていません。

(2) 出来高払の保障給と労基法15条及び同法89条の関係

ア 出来高払の保障給は労基法15条の定める明示すべき「労働条件」か

労基法15条は，「使用者は，労働契約の締結に際し，労働者に対して賃金，労

働時間その他の労働条件を明示しなければならない」と定めています。

確かに，出来高払の保障給が賃金の性質を有することはすでに説明したとおりであり，労働契約の成立のためには具体的な賃金額もしくは一義的に具体的な賃金額が算出できる計算方法を明示し，合意する必要があります。そして，通達も出来高払による賃金の場合には，出来高払の際の単価もしくは出来高払の保障給の時間単価を明示することが必要であるとしています。

しかしながら，出来高払制の場合，出来高払による賃金こそが一次的な賃金であり，出来高払の保障給は，出来高払による賃金が労働者の通常レベルの生活を保障するに足りない場合に支給を義務づけられるものであり，二次的な労働条件にすぎません。労働者との関係では，労基法15条の定める「労働条件」としての賃金は，出来高払による賃金であると解するべきです。

したがって，出来高払の保障給は，労働契約締結時において労働者に明示されなければならない労働条件には該当しないと考えます。そのため，雇用契約書等（労働条件明示書，雇入通知書等を含む）において，出来高払の保障給の定めをおく必要はないと考えます。

イ 出来高払の保障給の定めは労基法89条の定める就業規則の絶対的必要記載事項か

出来高払の保障給は賃金としての性質を有していますが，すでに説明したとおり，出来高払制を採用している場合，労働者との関係では，出来高払による賃金が「労働条件」であると解するべきです。そして，「賃金の決定，計算及び支払の方法」についても，出来高払による賃金の決定，計算，支払の方法を就業規則等に定めておけば足り，出来高払の保障給は，労基法89条の定める「次に掲げる事項」の1つに該当しないと考えます。

また，就業規則は集団的，画一的労働条件を定めるものであり，個別に算出される出来高払の保障給を記載するには適していません。

したがって，出来高払制の保障給の定めは，就業規則の絶対的必要記載事項ではなく，出来高払制を採用する場合，就業規則において出来高払の保障給の

定めを置く必要はないと考えます。

12　出来高払制と時間外賃金

(1)　労基法37条，労基則19条1項6号の規定

ア　固定給および歩合給の時間外賃金の算出方法

　時間外賃金は，割増賃金単価に時間外労働時間を乗じて算出されます。

　そして，日給や月給等の場合の割増賃金単価は，法定時間外労働1時間当たりに支払われる通常賃金の額（＝1）に，通常賃金に割増賃金率（＝0.25）を乗じて計算される額を加えて算出されます。そして，日給制・月給制の場合の通常賃金は，日給や月給等を所定労働時間で除して算出します（労基法37条，労基則19条1項2号ないし4号。なお，時間外賃金に関する詳細は，本章第6節をご参照ください）。

　これに対し，歩合給の場合の割増賃金単価は，歩合制（出来高払制その他の請負制）によって計算された賃金の総額を当該賃金算定期間における総労働時間数で除した金額に割増賃金率（＝0.25）を乗じて算出されます。そして，歩合給の場合の通常賃金は，歩合給を総労働時間で除して算出します（労基法37条，労基則19条1項6号）。

　このように，割増賃金単価の通常賃金の算出方法が異なるのは，日給や月給は労働契約上の所定労働時間に対する賃金として支払われているのに対し，歩合給は労働契約上の所定労働時間ではなく，労働者が実際に労働した時間すべてに対して支払われているという違いがあるからです。この点については，名鉄運輸事件（名古屋地判平3.9.6労判610-79）において，「出来高払制その他の請負制によって定められた賃金については，その賃金算定期間において出来高払制その他の請負制によって計算された賃金の総額を当該賃金算定期間における総労働時間数で除した金額（同条（労基法37条）6項）である。総労働時間数は実労働時間の総数であり，所定労働時間の内外を問わず，時間外又は休

日労働時間数も含まれる。また、日給制や月給制によって賃金が定められている場合には、通常の労働時間の賃金に２割５分以上の加給をした金額が支払われなければならず、１時間当たりの金額にかけるべき割増率は1.25であるのに対し、出来高払制その他の請負給制によって賃金が定められている場合には、時間外における労働に対しても通常の労働時間の賃金（右割増率の１に相当する部分）はすでに支払われているのであるから、割増部分に当たる金額、すなわち時間あたりの賃金の２割５分以上を支給すれば足りるのである」と判示され、明らかとなっています。

イ 歩合給制の場合における時間外賃金の算出方法の具体例

ある年の６月において、以下のような労働時間について業務を遂行した事例の時間外賃金の算出方法を検討します。

月	1	8 h	8	8 h	15	8 h	22	10 h	29	8 h
火	2	10 h	9	9 h	16	8 h	23	8 h	30	8 h
水	3	10 h	10	8 h	17	9 h	24	9 h		
木	4	12 h	11	10 h	18	8 h	25	9 h		
金	5	8 h	12	8 h	19	8 h	26	8 h		
土	6	8 h	13	8 h	20		27	8 h		
日	7		14		21		28			

この事例では、１日の所定労働時間は８時間、１ヵ月の所定労働時間が176時間であり、売上高の10％を賃金として支払うという労働契約となっているとして考えてみます。

そうすると、労働者が１ヵ月間働いて売上高が176万円であった場合には、当該１ヵ月間の所定労働時間ではなく、総労働時間に対してその10％である17万6,000円を支払うという約束になっています。

もっとも、１日８時間、１週40時間を超えて法定時間外労働となる42時間分については、別途時間外賃金を支払う必要があります。ただし、この42時間に

ついては1カ月間の総労働時間の一部として通常賃金が支払われていますので，時間外賃金を計算する割増賃金単価は，通常賃金に割増率を乗じた額（＝0.25）のみになります（なお，この場合には，通常賃金1,000円に割増率0.25を乗じた250円が割増賃金単価となります）。

そして，月給制の場合と同様に，この割増賃金単価に時間外労働時間を乗じれば時間外賃金が算出され，この例の場合には，割増賃金単価の250円に時間外労働時間の42時間を乗じた1万500円が時間外賃金となります。

(2) 歩合給制（出来高払制）における時間外賃金請求事案

ア 高知県観光事件（高知地判平元．8．10労判564-90，高松高判平2．10.30労判653-14，最二小判平6．6．13労判653-12）

高知県観光事件では，時間外・深夜労働に対する割増賃金の支払方法として通常時間の賃金と割増賃金を合わせたものとを一定の賃率による歩合給として採用し，これを一律に支払うとしていました。賃金はすべて歩合給という決定方法によるとするものであり，完全出来高払制（オール歩合制）の事案です。

この事案において，裁判所は，労基法37条の趣旨を「法定外労働に対して通常時間の賃金の一定率以上の割増賃金を支払うべきことを使用者に義務づけることによって，同法の規定する労働時間の原則の維持を図るとともに，過重な労働に対する労働者への補償を行おうとする」ことであるとし，「少なくとも同条所定の最低額の賃金が割増賃金として支払われればその趣旨は満たされ，それ以上に割増賃金の計算方法や支払方法を同条の予定しているとおりに履行することまでも義務づけているとはいえない」ことを前提に，「（本件の）歩合給に割増賃金が含まれていることが明らかである以上，直ちに同条に違反するものではないと解すべきである」と判示しました。すなわち，通常時間の賃金と割増賃金とを合わせてそれに一定の賃率を乗じることによって歩合給を算出するという方法で，時間外・深夜労働に対する割増賃金を定めること自体は，裁判例上肯定されています。

もっとも，裁判所は，「同条及び同法施行規則の定める計算方法によって算出

された現実の法定外労働時間に対応した割増賃金の額が右の含まれている割増賃金相当額を超えている場合には，その不足分を支給すべきことは当然」とし，「右支払方法が適法であるためには，歩合給中のいくらが割増賃金に当たるのかをそれ以外の賃金部分と明確に区別することができ，その割増賃金相当部分を控除した基礎賃金（これが通常時間の賃金に当たる。）によって計算した割増賃金の額と右割増賃金相当額とが比較対象できることが必要である」とも判示しています。このことからすれば，通常時間の賃金と割増賃金とを合わせてそれに一定の賃率を乗じることによって歩合給を算出するという方法を採用する場合には，通常時間の賃金である基礎賃金と時間外・深夜労働に対する割増賃金相当額とを明確に区別しておかなければならないことになります。

　そして，本件では，通常時間の賃金である基礎賃金と時間外・深夜労働に対する割増賃金相当額とを明確に区別することなく，歩合給には割増賃金相当額が含まれているとしていたにとどまったため，使用者側は，割増賃金を支払わなければならないとされました。

　この事案を例にして検討すれば，使用者は，労働者に支払われる歩合給の何割かが割増賃金見合いであると明確に就業規則に定めておくことによって，時間外・深夜割増賃金の支払いを一定程度回避することが可能です。つまり，例えば歩合給の2割を時間外・深夜割増賃金見合いと定めた場合，出来高払制の保障給としては残る8割が最低賃金を上回っているかどうかを検証し，それを上回っていれば本条違反はありません。そして，就業規則において歩合給の2割を時間外・深夜割増賃金見合いとして明確に定めておけば，労働者が時間外・深夜労働を行い，実際に時間外・深夜割増賃金が生じた場合でも，その2割相当額を補填し，不足分を支払うという対応をすれば労基法37条違反も生じないのです。

　したがって，通常時間の賃金と時間外・深夜割増賃金を合わせたものを歩合給とする場合には，就業規則等において両者を明確に区別するよう定めをおくことが実務上重要なことであると考えます。

イ　徳島南海タクシー事件（最三小決平11.12.14労判775-14）

　徳島南海タクシー事件では，基本給，乗務給，皆精勤手当，超勤深夜手当（歩合割増給）という固定給を定め，これらの固定給合計と，正規責任水揚額を超えた場合に水揚額に所定の賃金比率を乗じた金額からこれら固定給合計額を差し引いた額を歩合加給として加算するという賃金体系が採用されていました。賃金は固定給と歩合給を組み合わせるというものであり，一部出来高払制（一部歩合制）の事案です。

　この事案において，賃金体系は使用者と労働組合との労使協定によって定められたものであったところ，裁判所は「労使間で，時間外・深夜割増賃金を，定額として支給することに合意したものであれば，その合意は，定額である点で労働基準法37条の趣旨にそぐわないことは否定できないものの，直ちに無効とすべきものではなく，通常の賃金部分と時間外・深夜割増賃金部分が明確に区別でき，通常の賃金部分から計算した時間外・割増賃金との過不足が計算できるのであれば，その不足分を支払えば足りると解する余地」としつつ，それに加えて「名目的に定額の割増賃金を固定給に含ませる形の賃金体系がとられているにすぎない場合に，…前記のような時間外・割増賃金の計算が可能であるとし，その部分について使用者が割増賃金の支払を免れるとすれば，労働基準法37条の趣旨を没却することになる。したがって，…右のような超勤深夜手当に係る定めは，実質的にも同条の時間外・深夜割増賃金を含める趣旨で合意されたことを要するというべきである」としました。つまり，固定給と歩合給を組み合わせて賃金とし，固定給の一部に形式的に割増賃金見合いの手当を設けていたとしても，その手当が，労使間において割増賃金見合いとされることについて合意されていなければ，実際に時間外・深夜割増賃金が発生した際に，当該手当を充当して不足分を支払うのでは足りないとされたのです。

　そして，本件では，「水揚額が責任水揚に等しい場合及びそれを超える場合の総支給額は，水揚額に賃金比率を乗じた額に等しくなっている」ことからすれば，「（本件の）賃金体系は，その内容自体，形式的な定めとは異なり実質歩合制であると考える方が自然である」とし，「定められた超勤深夜手当は低額であ

るが，その算定根拠は明らかではなく，また被控訴人（労働者）らに交付された賃金明細書も歩合給であることを疑わせるものがあり，労働基準監督署の勧告等に対する控訴人（使用者）の対応も控訴人自身が実質歩合制であることを認めていたとも考えられるのであって，これらを総合すると，…超勤深夜手当が，水揚額に賃金比率を乗じた総支給額の中の多目的な内訳であるという以上に，労働基準法37条の定める時間外・深夜割増賃金の実質を有するものとはいいがたく，本件協定等において，時間外・深夜割増賃金を固定給に含める旨の実質的な合意があったとはみとめられない」とされました。

　この事案を参考にすれば，固定給と歩合給を組み合わせる賃金を採用し，固定給部分に時間外・深夜割増賃金見合いの手当を定めて，通常の賃金部分と明確に区別していたとしても，それが形式的なものにとどまり，実質的には当該手当について労使間に時間外・深夜割増賃金見合いとする旨の合意があると認められない限り，それを時間外・深夜割増賃金として扱うことは労基法37条違反となります。

　そこで，実務においては，時間外・深夜割増賃金見合いの手当であることを形式的に定めて「枠」を作っておくだけではなく，実際の賃金計算上も当該手当を割増賃金見合いとして扱い，発生した時間外・深夜割増賃金に充当し，不足があれば支払うという運用をしておくことが重要であると考えます。

(3)　出来高払制における時間外賃金に関する就業規則の規定例

ア　完全出来高払制の場合

> 　時間外賃金は，次に定める割増賃金単価に，法定時間外労働時間数を乗じて算出する。
> ①　1カ月間（賃金計算期間）の出来高給額が保障給額よりも多い場合
> 　　割増賃金単価＝出来高給／総労働時間×0.25
> ②　1カ月間（賃金計算期間）の出来高給額が保障給額よりも少ない場合
> 　　割増賃金単価＝保障給／総労働時間×0.25

イ 一部出来高払制の場合

1 時間外賃金は、固定給部分の時間外賃金と出来高給部分の時間外賃金を合算した金額とする。
2 固定給部分の時間外賃金は、次に定める割増賃金単価に、法定時間外労働時間数を乗じて算出する。

　　割増賃金単価＝(固定給)／１カ月平均所定労働時間×(１＋0.25)

3 出来高部分の時間外賃金は、次に定める割増賃金単価に、法定時間外労働時間数を乗じて算出する。
　① １カ月間(賃金計算期間)の出来高給額が保障給額よりも多い場合
　　割増賃金単価＝出来高給／総労働時間×0.25
　② １カ月間(賃金計算期間)の出来高給額が保障給額よりも少ない場合
　　割増賃金単価＝保障給／総労働時間×0.25
※(注)　２項の固定給には、労基法37条５項に定める、家族手当、通勤手当その他厚生労働省令で定める賃金（労基則21条）は含まれません。

第 5 節

最低賃金（労基法28条）

> **第28条** 賃金の最低基準に関しては，最低賃金法（昭和34年法律第137号）の定めるところによる。

1　趣　旨

　本条は，労基法1条の「人たるに値する生活」を確保させるために，労働者の労働条件のうち最も重要である賃金の最低基準，すなわち最低賃金について，労基法の姉妹法ともいうべき最賃法の定めるところによることを規定しています（厚生労働省労働基準局編『平成22年版・労働基準法（上）』381頁）。

　労基法の制定当時は，28条から31条にかけて，行政官庁が必要であると認めた場合に最低賃金を定める（旧28条）とした最低賃金制度が法定されていました。しかし，実際にはこれらの規定に従って行政官庁によって最低賃金が定められることはありませんでした。

　そして，昭和34年に最賃法が成立したことに伴い，労基法も改正され，本条のように改められ，29条ないし31条は削除されました。

2　最低賃金の意義

　最低賃金制度とは，「国が，労働契約における賃金の最低額を定めて，使用者に対してその遵守を強制する制度」（菅野和夫『労働法〈第9版〉』255頁）です。

本来，賃金額は契約の自由として，使用者と労働者による合意に委ねるべきものですが，実際の使用者と労働者は必ずしも対等な立場にあるものではなく，契約自由の原則を貫けば，労働者が不当に低廉な賃金で労務を提供せざるをえなくなり，生活が困窮するおそれがあります。加えて，このような労働者の犠牲のうえに，企業間の価格競争が行われることを助長することも考えられます。そこで，憲法25条の趣旨を受けて，最低賃金制度が法定され，労働者の著しく低廉な賃金の改善と企業間の不公正な競争も防止されているのです。

最賃法1条には，目的として，

① 賃金の低廉な労働者について，賃金の最低額を保障することにより，労働条件の改善を図ること
② 労働者の生活の安定，労働力の質的向上および事業の公正な競争の確保に資するとともに，国民経済の健全な発展に寄与すること

が定められています。

このような救済は，労働組合に団体交渉権を付与する等，労使の対等化を図ることである程度実現されます。しかし，賃金が低額に抑えられるのは，多くの場合未組織労働者であることを受けて，このようなより直接的な救済がなされているのです。この意味で，最低賃金制度は，未組織労働者に対する補完という意味をも有しているといえます。

3　最賃法と労基法の関係

最賃法は2条において定義を定め，労働者，使用者及び賃金の概念について，それぞれ労基法9条の「労働者」（同居の親族のみを使用する事業または事務所に使用される者及び家事使用人を除く），同10条の「使用者」，同11条の「賃金」と同一であることを明らかにしています。

これは，最賃法がもともと労基法28条ないし31条の規定から派生したもので

あることから当然のこととといえます。

4 最賃法の適用関係

(1) 最賃法の適用対象

　最賃法は，労基法と同様に，同居の親族のみを使用する事業および家事使用人（労基法116条2項参照）を除いた全労働者に適用されます。ただし，船員については労基法の適用はないものの最賃法は適用されます（地域別最低賃金については適用対象外）。

　最低賃金の適用除外について，平成19年改正以前は，一部の労働者について，一般の労働者との労働能力の相違を理由として，最低賃金を適用することによりかえって雇用の機会が失われるおそれがあり，また，一般の労働者の保護にとっては極めて低額な最低賃金額を定めざるをえないこととなる（労働調査会出版局編『改訂3版最低賃金法の詳解』32頁）等として個別の許可を条件とした上での適用除外を認めてきました。しかし，改正法では，最低賃金制度の機能を強化するという観点から，適用対象をなるべく広範囲なものとし，適用対象外とするよりも減額措置を可能とすることとして，特例規定が設けられました。

　すなわち，最賃法7条においては，

① 精神または身体の障害により著しく労働能力の低い者
② 試みの使用期間中の者
③ 基礎的な技能および知識を習得させるための職業訓練を受ける者
④ 軽易な業務に従事する者その他の厚生労働省令で定める者
　→断続的労働に従事する者（最賃法施行規則3条2項）

について，一定の（最賃法施行規則5条）で定める減額率を乗じて得た額を減

額した額により，法4条の規定を適用するものとしています。

これにより，改正前は，許可を受ければ罰則の適用等を免れたことに対し，減額が認められるにとどまる現行法では，減額した額を下回っていればなお，最賃法のその他の効力を受けることになるのです。

(2) 最低賃金に含まれる賃金

最低賃金の対象となる賃金は，基本的に所定労働時間または所定労働日に対して支払われる賃金に限定されています。この意味で，以下の付加的な賃金が最低賃金の対象から除外されます（最賃法4条3項）。

① 1月を超えない期間ごとに支払われる賃金以外の賃金（最賃法4条3項1号）
　→臨時に支払われる賃金
　　1月を超える期間ごとに支払われる賃金
　　　　　　　　　　　（最賃法施行規則1条1項）
② 通常の労働時間または労働日の賃金以外の賃金（最賃法4条3項2号）
　→所定労働時間を超える時間の労働に対して支払われる賃金（最賃法施行規則1条2項1号）
　　所定労働日以外の労働日に対して支払われる賃金（同規則1条2項2号）
　　午後10時から午前5時までの間の労働に対して支払われる賃金のうち通常の労働時間の賃金の計算額を超える部分（同規則1条2項3号）
③ 当該最低賃金において算入しないことを定める賃金（最賃法4条3項3号）

このうち，①に該当するのは，結婚手当等の慶弔金（臨時に支払われる賃金）や賞与（1月を超える期間ごとに支払われる賃金）です。

また，②に該当するのが時間外手当，休日手当，深夜労働手当（の割増賃金部分）になります。
　最賃法施行規則1条2項1号の「所定労働時間」または「所定労働日」とは，これら労基法の規定に定められた制限の範囲内で労働協約，就業規則または労働契約で労働すべき時間または日として定められたものである（昭34.9.16基発114号）とされています。
　③については，「精皆勤手当，通勤手当などは，通常は毎月支払われ，労働者の生活費の一部となっているので，通常の賃金として最低賃金の対象とするのが適当であるが，業者間協定等においてこれを除外して賃金の最低額を定めており，これらを除外することが当該当該業種の実情に即するものである場合には，これらを本条第3項第3号の賃金とすることができる」とされているものです（昭34.9.16基発114号）。そして，現在決定されている最低賃金において精皆勤手当，通勤手当および家族手当でありこれらが最低賃金の対象となる賃金から除外されています。

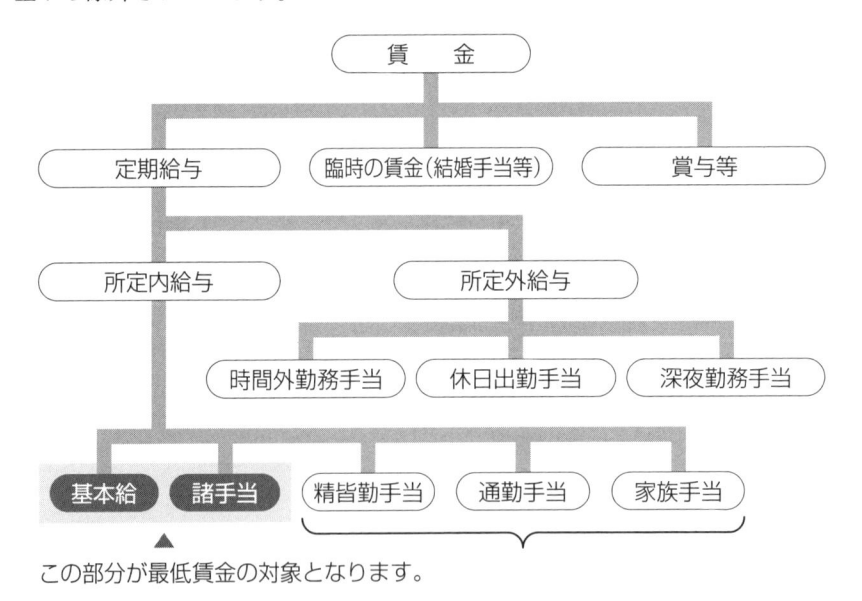

```
                        賃　　金
           ┌──────────────┼──────────────┐
        定期給与      臨時の賃金(結婚手当等)    賞与等
     ┌─────┴─────┐
  所定内給与        所定外給与
                ┌──────┼──────┐
            時間外勤務手当  休日出勤手当  深夜勤務手当
  ┌───┬───┐  ┌──────┬──────┬──────┐
基本給 諸手当   精皆勤手当  通勤手当  家族手当
  ▲
```

この部分が最低賃金の対象となります。

【出典】　厚生労働省ウェブサイト（http://pc.saiteichingin.info/index.html）より

(3) 派遣労働者の適用について

　最低賃金は，後述するように，地域別最低賃金を基本として，この他に特定最低賃金として一部産業別賃金が定められています。

　どの地域の最低賃金が適用されるかは，原則として使用者たる事業主の事業場の所在地によって決まりますが，派遣労働者の場合，雇用関係のある派遣元と，実際に指揮命令関係にある派遣先とのどちらを基準として適用を受けるかが問題となります。

　この点，最賃法13条が，「派遣中の労働者については，その派遣先の事業の事業場の所在地を含む地域について決定された地域別最低賃金において定める最低賃金額」によることを定めています。加えて，特定最低賃金についても，最賃法18条が規定し，派遣先の事業と同種の事業またはその派遣先の事業の事業場で使用される同種の労働者の職業について適用を受けることが定められています。

5　最低賃金の計算方法

(1) 最低賃金額の単位

　最低賃金額は，時間によって定めるものとされています（最賃法3条）。平成19年の改正前は，時間の他，日，週，月のいずれにもよりうるものとされ，さらに労働時間が把握し難いなどの理由によって期間的単位によることが不適当である場合には，別の定めも可能でした。しかし，実際には週や月，期間的単位によって定められることはなく，平成14年度以降は地域別最低賃金について時間額の表示が採用されていました。

　そこで改正法でも，最低賃金の表示単位期間が時間に一本化されたのです。

(2) 最低賃金の計算

このように、最低賃金額は時間によって定められますが、賃金の支払形態として時間給を採用していない使用者は、時間あたりの所定労働時間の労働に対して最低賃金額以上の賃金を支払えば足ります。

この場合の計算方法については、最賃法施行規則が定めており、以下のように1時間あたりの金額に換算することになります（同2条）。

ア 日給の場合

日によって定められた賃金については、その金額を1日の所定労働時間数（日によって所定労働時間数が異なる場合には、1週間における1日平均所定労働時間数）で除した金額。

$$日給／1日の所定労働時間数 \geq 最低賃金額$$

イ 週給の場合

週によって定められた賃金については、その金額を週における所定労働時間数（週によって所定労働時間数が異なる場合には、4週間における1週平均所定労働時間数）で除した金額。

$$週給／1週の所定労働時間数 \geq 最低賃金額$$

ウ 月給の場合

月によって定められた賃金については、その金額を月における所定労働時間数（月によって所定労働時間数が異なる場合には1年間における1月平均所定労働時間数）で除した金額。

$$月給／1月の所定労働時間数 \geq 最低賃金額$$

エ　その他の期間（旬給等）の場合

時間，日，週または月以外の一定の期間によって定められた賃金については，アからウまでに準じて算定した金額。

オ　出来高給その他の請負制によって定められた賃金の場合

出来高払制その他の請負制によって定められた賃金についてはその賃金算定期間（賃金締切日がある場合には，賃金締切期間。以下同じ）において出来高払制その他の請負制によって計算された賃金の総額を当該賃金算定期間において出来高払制その他の請負制によって労働した総労働時間数で除した金額。

カ　その他アからオに含まれない賃金の場合

月によって定められた賃金とみなして計算する。

キ　時間給，アないしオの組み合わせによる場合

例えば，手当ごとに賃金の計算単位が異なる場合等については，それぞれの手当ごとにアないしオに従って時間額を算出する。

6　最低賃金の決定方式と種類

(1) 地域別最低賃金

最賃法は，地域別最低賃金を原則的な形態とし，最低賃金の決定に際しては労働者の生計および賃金並びに通常の事業の賃金支払能力を考慮して定めなければならないとしています。さらに，この労働者の生計費の考慮には，労働者が健康で文化的な最低限度の生活を営むことができるよう，生活保護にかかる施策との整合性に配慮するものとすると定めています（最賃法9条）。

地域別最低賃金については，厚生労働大臣または都道府県労働局長が，最低賃金審議会の調査審議を求め，その意見を聴いて決定しなければなりません

地域別最低賃金

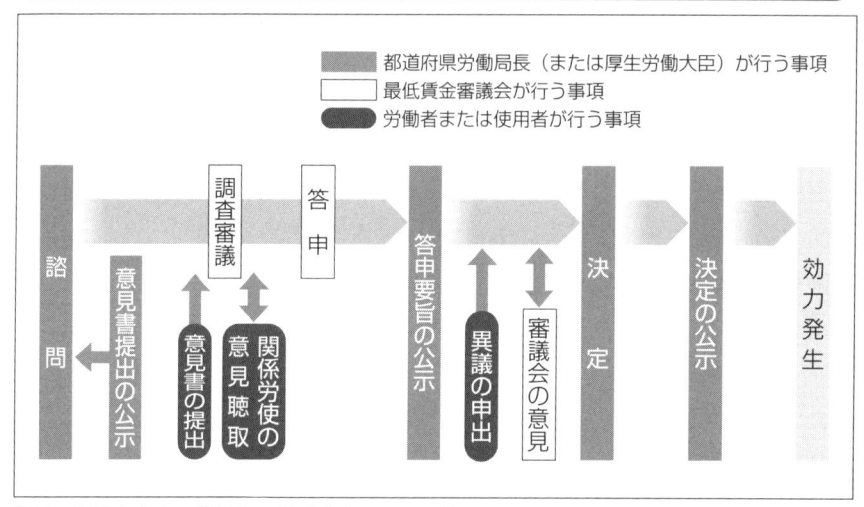

凡例：
- 都道府県労働局長（または厚生労働大臣）が行う事項
- 最低賃金審議会が行う事項
- 労働者または使用者が行う事項

フロー：諮問 → 意見書提出の公示 → 意見書の提出 → 調査審議 ⇔ 関係労使の意見聴取 → 答申 → 答申要旨の公示 → 異議の申出 ⇔ 審議会の意見 → 決定 → 決定の公示 → 効力発生

【注】 労働者または使用者が異議を申し出る場合には，異議の内容および理由を記載した異議申出書を公示のあった日から15日以内（審議会方式による場合）に都道府県労働局長（または厚生労働大臣）に提出することにより行うこととされている。
【出典】 厚生労働省ウェブサイト（http://pc.saiteichingin.info/index.html）より

（同10条1項）。地域別最賃金に関する決定は公示され，公示の日から30日を経過した日に効力を生じます（同14条）。

(2) 特定最低賃金

地域別最低賃金は行政機関が決定するものであるのに対し，労使の申出によって，一定の事業または産業にかかる最低賃金である特定最低賃金が決定できます。特定最低賃金については，労働者または使用者の全部または一部を代表する者の申出を受けた厚生労働大臣または都道府県労働局長が，必要があると認めるときは，最低賃金審議会の意見を聴いて決定することができるとされています（最賃法15条）。特定最低賃金の額は，当該特定最低賃金の適用を受ける使用者の事業場が属する地域についての地域別最低賃金の額を上回るものでなければなりません（同16条）。

特定最低賃金については，平成22年9月1日現在で250件定められています。

特定（産業別）最低賃金

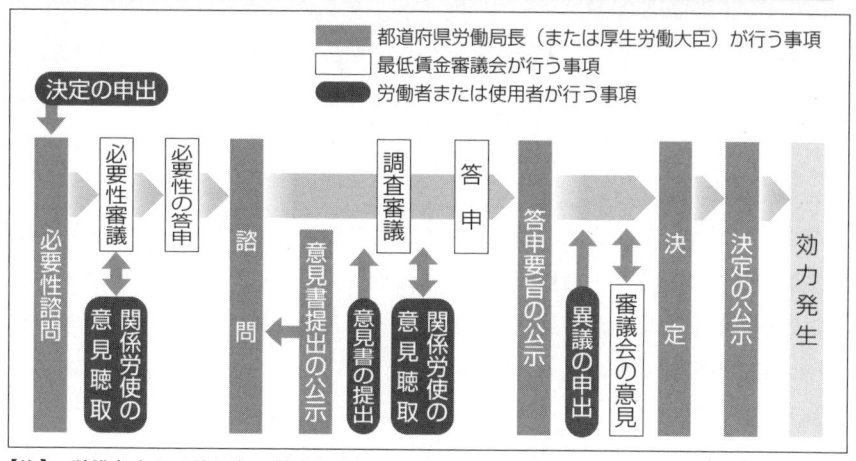

凡例：
- 都道府県労働局長（または厚生労働大臣）が行う事項
- 最低賃金審議会が行う事項
- 労働者または使用者が行う事項

フロー：決定の申出 → 必要性諮問 → 必要性審議（関係労使の意見聴取）→ 必要性の答申 → 諮問 → 意見書提出の公示 → 調査審議（意見書の提出、関係労使の意見聴取）→ 答申 → 答申要旨の公示 → 異議の申出 → 審議会の意見 → 決定 → 決定の公示 → 効力発生

【注】 労働者または使用者が異議を申し出る場合には、異議の内容および理由を記載した異議申出書を公示のあった日から15日以内（審議会方式による場合）に都道府県労働局長（または厚生労働大臣）に提出することにより行うこととされている。
【出典】 厚生労働省ウェブサイト（http://pc.saiteichingin.info/index.html）より

7　最低賃金の効力（使用者の義務）

　使用者は、最低賃金の適用を受ける労働者に対し、その最低賃金額以上の賃金を支払わなければなりません。使用者と労働者とで締結した労働契約において最低賃金額に達しない賃金を定めるものは無効となります。そして無効となった部分については最低賃金額を同様の定めをしたものとみなされます（最賃法4条）。なお、労働者が2以上の最低賃金の適用を受ける場合については、最低賃金額のうち最高のものが適用されます（同6条）。

　さらに、最賃法には罰則も規定されており、地域別最低賃金額（船員については特定最低賃金額）以上の賃金を支払わなかった使用者は、50万円以下の罰金に処せられます（同40条）。特定最低賃金については、最賃法上に罰則の定めはありません。しかし、前述のように、特定最低賃金についても、法4条を通じて、労働契約の内容となるため、実際の支払賃金額が地域別最低賃金額以上

で特定最低賃金額未満である場合には労基法24条違反となるとされています（平20.6.25基発625009号）。

このように，最賃法は，労基法と同様に，私法上は強行的効力，直律的効力を有したうえで，公法的な効力として罰則をも有することで，双方の面から使用者に遵守を強制しています。このようにして，最低賃金の履行確保が図られているのです。

なお，この他，使用者は，最低賃金の概要について，労働者に対して周知する義務を負っています。具体的には，①最低賃金の適用を受ける労働者の範囲，②これらの労働者にかかる最低賃金額，③算入しない賃金，④効力発生年月日について，常時作業場の見やすい場所に掲示する等の方法により周知する必要があります（同8条）。

8 最低賃金に関する実務上の注意ポイント

(1) 割増賃金と最低賃金

基本給に割増賃金を含む給与規定，例えば，「基本給月額20万円，但し，時間外労働及び休日出勤の45時間分の割増賃金を含む。」というような給与規定を近時見かけるようになりました。割増賃金の固定支払として時間数が特定されることにより，割増賃金額（通常賃金の1に0.25を加算する額）が計算可能であり，かつ法規定による計算額をそれが下回る場合，その金額を清算する旨が明らかであれば適法な支払方法となります。

しかし，この給与規定には，隠れた問題があります。それは，45時間分の割増賃金を引いた金額を1カ月の所定労働時間で割った1時間あたりの金額が最低賃金を下回っていないかどうかという問題です。この点は，法的側面から必ず確認しておく必要があります。また，実務から見て，賃金は従業員との信頼関係確立・維持に重要なものといえます。

したがって，見せかけの金額がいくら多くとも，計算すると最低賃金に近い

数字で働かせていることは、その企業規模、業種、そして地域的事情等の相場感と相まって、従業員とのトラブルの種になるといえます。企業内での労働組合の組成や合同労組への個人加盟等の集団労使紛争の原因にもなりかねないので十分に注意する必要があります。

(2) 完全月給制と所定時間外労働の賃金

例えば、所定労働時間1日7時間の会社で、完全月給制が採用されており、さらに給与規定において、8時間までの所定時間労働については、給与を支給しないと定めている場合に、この1時間に最賃法の適用があるかが問題となります。

すなわち、病気のような事情で所定労働内勤務がなくともその賃金が支払われ（ノーワーク・ペイ）、勤務があってもその賃金が支払われない（ワーク・ノーペイ）というように、労働量と賃金支払が切断していれば、その合意は有効であり、その月給額÷（所定労働時間数＋所定時間外労働時間数）の金額が1時間あたりの最低基準額を超えていれば、法違反にはならないと考えます。

完全月給制の場合、この所定時間外労働を別に取り扱い、この時間に最低賃金規制の適用があるとし、この部分に支払を強制するのは形式的な議論といわなければなりません。

(3) 出来高払の保障給と最低賃金

労基法27条の適用がある出来高払制であっても、最賃法の適用は当然のことながらあります。

したがって、出来高払の保障給の定めによる支払が最低賃金を割るような場合、さらには、その保障給の定めがない場合にも最賃法の適用が出てきます。

特に、タクシー運転手で完全歩合制の会社では、1日の拘束時間が休憩時間を除き労働時間とされるときには、この最低賃金の請求が大きな経営リスクとなる可能性があります。

したがって、各日の労働時間中に本当に稼働していたのか、報告書やタコメーター等から常に把握する必要があります。完全歩合制であっても、放置して

よいことにはなりません。

(4) 管理職の賃金と最低賃金

労基法41条2号の「監督若しくは管理の地位にある者」に該当する管理職の場合，労基法32条，34条ないし37条の適用がありません（ただし，深夜割増賃金の適用はあります）。

そこで，実務は最低賃金の基準となる賃金を所定労働時間で割った金額が，最低賃金を上回っているか否か確認することになります。

しかし，管理職が，所定労働時間を超えて長時間の契約上の時間外労働を行っていることは明らかです。

したがって，管理職について，健康面からだけでなく，この最低賃金面からの労働時間数の状況を概算で把握する必要があるといえます。もちろん，大企業の管理職にこのような心配はありませんが，ファーストフードやコンビニ等の店長については，この点の問題があると考えます。

この点を意識している通達があります。

【多店舗展開する小売業，飲食業等の店舗における管理監督者の範囲の適正化について】

〈時間単価〉

　実態として長時間労働を余儀なくされた結果，時間単価に換算した賃金額において，店舗に所属するアルバイト・パート等の賃金額に満たない場合には，管理監督者性を否定する重要な要素となる。

　特に，当該時間単価に換算した賃金額が最低賃金額に満たない場合は，管理監督者性を否定する極めて重要な要素となる。

（平20.9.9基発0909001号）

これはまさに，上記のような問題意識を持っていることを示していると思われます。

第6節

割増賃金規制（労基法37条）

第37条 使用者が，第33条又は前条第1項の規定により労働時間を延長し，又は休日に労働させた場合においては，その時間又はその日の労働については，通常の労働時間又は労働日の賃金の計算額の2割5分以上5割以下の範囲内でそれぞれ政令で定める率以上の率で計算した割増賃金を支払わなければならない。ただし，当該延長して労働させた時間が1箇月について60時間を超えた場合においては，その超えた時間の労働については，通常の労働時間の賃金の計算額の5割以上の率で計算した割増賃金を支払わなければならない。

2　前項の政令は，労働者の福祉，時間外又は休日の労働の動向その他の事情を考慮して定めるものとする。

3　使用者が，当該事業場に，労働者の過半数で組織する労働組合があるときはその労働組合，労働者の過半数で組織する労働組合がないときは労働者の過半数を代表する者との書面による協定により，第1項ただし書の規定により割増賃金を支払うべき労働者に対して，当該割増賃金の支払に代えて，通常の労働時間の賃金が支払われる休暇（第39条の規定による有給休暇を除く。）を厚生労働省令で定めるところにより与えることを定めた場合において，当該労働者が当該休暇を取得したときは，当該労働者の同項ただし書に規定する時間を超えた時間の労働のうち当該取得した休暇に対応するものとして厚生労働省令で定める時間の労働については，同項ただし書の規定による割増賃金を支払うことを要しない。

4　使用者が，午後10時から午前5時まで（厚生労働大臣が必要であると認める場合においては，その定める地域又は期間については午後11時から午前6

> 時まで）の間において労働させた場合においては，その時間の労働について
> は，通常の労働時間の賃金の計算額の2割5分以上の率で計算した割増賃金
> を支払わなければならない。
> 5　第1項及び前項の割増賃金の基礎となる賃金には，家族手当，通勤手当そ
> の他厚生労働省令で定める賃金は算入しない。

1　趣　旨

　本章のはじめに，労基法に割増賃金が定められている趣旨について解説します（なお，割増賃金に関連する付加金については第4章第6節，時効の問題は，第4章第7節を参照してください）。

(1)　割増賃金規制とは

　労基法37条は，時間外・休日・深夜労働をさせたときは，その時間数に応じて割増賃金を支払わなければならないと定めています。この条文によれば，使用者が時間外・休日・深夜労働をさせるほど，通常の賃金にその時間数に応じた額の割増賃金を上乗せして支払う必要があります。

　このような割増賃金規制が定められているため，今の法規制のもとでは，「1カ月の給与は固定的に〇〇万円とする。時間外・休日・深夜労働を行ってもこの給与額は一切変動しない」といった純粋な月給制をとることは，労基法41条の適用除外（いわゆる管理監督者等）を除き，労基法37条違反になってしまいます（これに近い制度をとるには，後述する裁量労働制や割増賃金の固定払いを用いる必要があります）。

　出来高制や年俸制をとったとしても，以上の点に変わりはありません。

(2)　民法上の定めと戦前・戦後の労働法規制

　労働者と使用者との雇用契約には，まず，契約に関する一般法である民法が

適用されますが，民法は，雇用契約における「報酬」の種類や金額について特に制限を定めていません（民法2章8節）。割増賃金の支払いを定める条文もありません。つまり民法上は，時間外・休日・深夜労働に割増賃金を支払うかどうかは，契約ごとに自由に設定できるものということができます。

次に，特別法である労働法に目を移すと，戦前は，労基法の前身といわれる工場法，商店法，鉱業法といった労働法規がありましたが，これらの法律には，割増賃金規制を定める条文が定められていませんでした。民間企業では，事実上，時間外労働等に対して割増賃金を支払う制度が実施されていたといわれていますが，そうした制度は，法律で実施を義務づけられるものではありませんでした。

その後，第二次世界大戦後の昭和22年，憲法25条（生存権），27条2項（勤労条件の法定）を受けて，労基法が成立しました（施行も同年）。この労基法37条に割増賃金に関する条文が定められました。これにより，わが国で初めての割増賃金規制が創設されたということになります。

こうして，現在の法規制のもとでは，労基法37条により，使用者は，時間外・休日・深夜労働に割増賃金を支払うことを義務づけられています。この条文は強行法規なので，就業規則や契約書に「割増賃金を支払わない」と定めても，その定めは無効であり，労基法13条・37条を通じて割増賃金の支払義務が課されます。

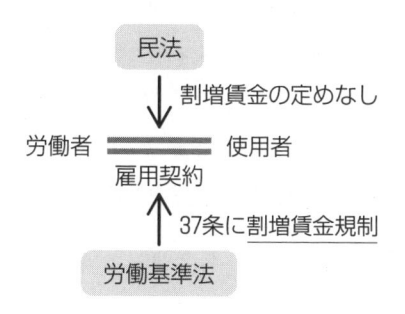

```
            ┌─────┐
            │ 民法 │
            └─────┘
               │ 割増賃金の定めなし
               ↓
   労働者 ═══════════ 使用者
               雇用契約
               ↑ 37条に割増賃金規制
            ┌───────┐
            │ 労働基準法 │
            └───────┘
```

(3) 割増賃金規制の意味

　労基法に割増賃金規制が定められた趣旨は，次の2点にあるといわれています。ただし，深夜労働は，労基法32条・35条の法定労働時間制・週休制の原則とは関係ありませんので，①の趣旨は当てはまらず（ただ深夜割増賃金も深夜労働を抑制する機能をもつものといえます），②の趣旨（労働者に対する補償）のみ該当します。その点で時間外・休日労働の割増賃金とは，規制の趣旨に異なる部分があります。

---

① 　使用者に経済的負担を与えることで，時間外・休日労働を抑制し，労基法32・35条の法定労働時間規制，週休制の原則を維持すること
② 　負担を伴う労働について，労働者に対する補償を行わせること
　　　　　　　　　　　　（※深夜労働は②の趣旨のみ当てはまる）

---

(4) 企業の賃金制度との関係

　企業の労働費用（労働者を雇用する際に必要となる直接・間接の費用）は，次頁の図のように，現金で支払われる現金給与額と，退職金・福利費等の現金給与以外の労働費用とに分かれます。現金給与額は，毎月決まって支給する給与と賞与・期末手当とに分かれ，さらに前者は，所定労働時間の勤務に支払われる所定内給与（基本給・諸手当）と，それを超える時間の勤務に支払われる所定外給与とに分かれます。なお，次頁の図は，厚生労働省平成23年就労条件総合調査，毎月決まって支給する給与と賞与・期末手当の割合は毎月勤労統計調査（2010年年報），所定内給与と所定外給与の割合は平成23年毎月勤労統計調査を参考にしたものです。

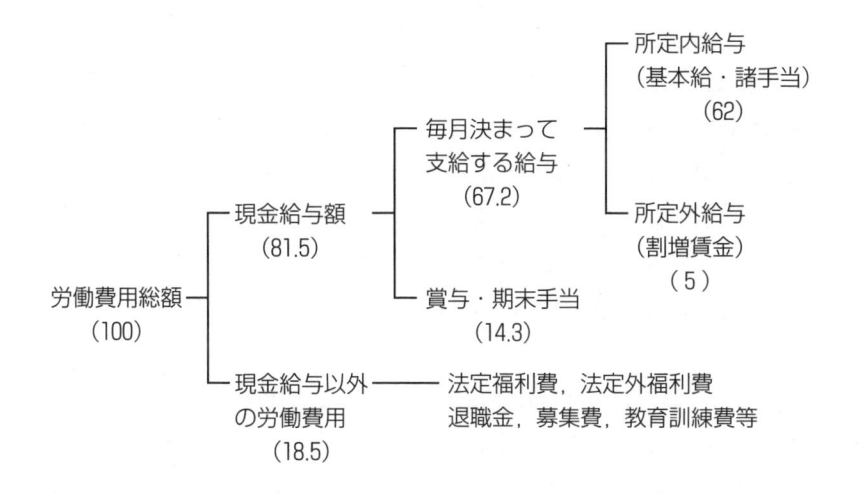

```
                                      ┌─ 所定内給与
                                      │  (基本給・諸手当)
                       ┌─ 毎月決まって ─┤      (62)
                       │  支給する給与  │
                       │    (67.2)     │
         ┌─ 現金給与額 ─┤               └─ 所定外給与
         │    (81.5)   │                  (割増賃金)
労働費用総額 ─┤         │                     (5)
  (100)      │         └─ 賞与・期末手当
             │              (14.3)
             │
             └─ 現金給与以外 ── 法定福利費，法定外福利費
                の労働費用     退職金，募集費，教育訓練費等
                  (18.5)
```

　現金給与のうち，所定内給与と賞与・期末手当は，企業が職能給や成果主義といった考え方をベースに賃金制度のあり方や基準を設計することができます。

　これに対し，所定外給与は，労基法37条に計算方法が強行法規として定められているので，企業がこれと異なる制度を定めても，法に基づく金額に満たなければ差額分の割増賃金は支払わなければなりません。

2　労基法37条の概要

(1)　労基法37条の概要

　割増賃金とは，使用者が労働者に①時間外労働，②休日労働，③深夜労働をさせたときに支払わなければならない賃金をいいます。その根拠は，労基法37条に定められています。

　同条1項は，時間外・休日労働（①②）の割増賃金の根拠条文です。割増率は「政令で定める率」とされていますが，時間外労働については2割5分，休日労働については3割5分という率がそれぞれ政令（割増賃金令）で定められています。また同条但書は，1カ月60時間を超える時間外労働の割増率を5割

以上としています（平成22年4月1日施行の改正で引上げ）。

同条2項は，政令で割増率を定めるにあたって，労働者の福祉，時間外・休日労働の動向その他の事情を考慮するとしています。その結果，割増賃金令により上記の割増率が定められているということになります。

同条3項は，平成22年4月1日施行の改正で新設された「代替休暇」について定めています。代替休暇については265頁で解説します。

同条4項は，深夜労働（③）の割増賃金の根拠条文です。割増率は2割5分以上とされています。

同条5項は，割増賃金を計算する際の基礎となる賃金から除外すべきもの（除外賃金）として，家族手当，通勤手当を挙げたうえで，その他の除外賃金は厚生労働省令（労基則21条）に定めるとしています。基礎賃金については260頁で解説します。

(2) 時間外・休日・深夜労働とは

次に，労基法37条で割増賃金の支払対象とされる，①時間外労働，②休日労働，③深夜労働の意味を解説します。ここでのポイントは，割増賃金の対象は法律上定められる「時間外労働」「休日労働」であり，就業規則等で定められるものとは必ずしも一致しないという点です。

ア 時間外労働とは

労基法32条は，使用者は労働者を1週間に40時間を超えて，かつ1日に8時間を超えて労働させてはならないと定めています（例外として，常時10人未満の労働者を使用する商業，映画演劇業，保健衛生業，接客業は，1週44時間，1日8時間。労基法40条，労基則25条の2）。

このように労基法が定めている1週間・1日あたりの労働時間数の上限を「法定労働時間」といいます。

また，労基法36条1項は，使用者が労働者に法定労働時間を超える労働，つまり「法定時間外労働」をさせるには，過半数労働組合，それがない場合は労

働者の過半数を代表する者との間で労使協定（いわゆる三六協定）を締結し，それを行政官庁（所轄の労働基準監督署長）に届け出なければならないと定めています（なお，労基法36条のほか，同法33条に非常事由による時間外・休日労働の規定があります）。

そのうえで，使用者が労働者に法定時間外労働をさせたときはその時間数に応じて割増賃金を支払わなければならないと定めているのが，労基法37条1項です。

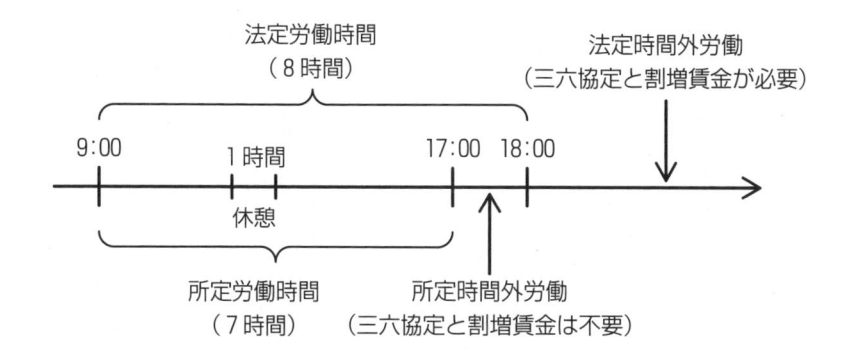

```
              法定労働時間           法定時間外労働
              （8時間）             （三六協定と割増賃金が必要）
                                        ↓
    9:00    1時間         17:00  18:00
     |------|----|--------|------|----------→
             休憩                 ↑
         所定労働時間        所定時間外労働
         （7時間）        （三六協定と割増賃金は不要）
```

使用者が割増賃金の支払を求められているのは，労基法32条の法定労働時間を超える部分（法定時間外労働）です。

これに対し，使用者が就業規則等で定めている勤務時間（始業時刻から終業時刻までの時間から休憩時間を引いた時間）のことを「所定労働時間」といいますが，これを超える部分（所定時間外労働）は労基法の規制対象ではありません。したがって，所定時間外労働は，1週40時間を超える法定時間外労働にあたらない限り，三六協定の締結・届出や割増賃金規制の適用を受けません。

例えば，所定労働時間が7時間の企業で，7時間を超え8時間以下の労働（所定時間外労働）に割増賃金（0.25の部分）を支払うかどうかは，企業が就業規則等で決めることのできる事項といえます（就業規則の定めについては283頁を参照して下さい）。

ただ，所定時間外労働についても，別段の合意を行わない限り，通常の労

時間の賃金（1の部分）を支払う必要はあります（詳しくは276頁を参照して下さい）。

イ　休日労働とは

　労基法35条1項・2項は，使用者は労働者に対して1週間に1日，あるいは4週間を通じて4日の休日を与えなければならない旨を定めています（後者の変形週休制をとるには，就業規則等で単位となる4週間の起算日を定める必要があります）。同条に基づき付与が義務づけられる休日を「法定休日」といいます。

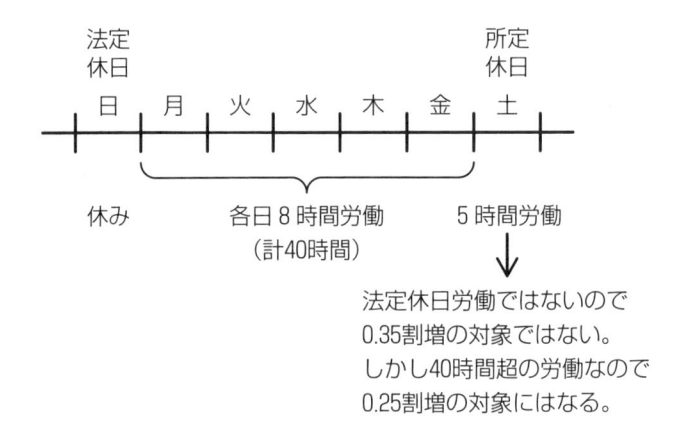

```
    法定                              所定
    休日                              休日
  ┼──┼──┼──┼──┼──┼──┼──┼
    日  月  火  水  木  金  土
    休み  ＼_____各日8時間労働_____／   5時間労働
                （計40時間）              ↓
                                  法定休日労働ではないので
                                  0.35割増の対象ではない。
                                  しかし40時間超の労働なので
                                  0.25割増の対象にはなる。
```

　休日労働についても，割増賃金を支払わなければならないのは，法定休日に労働した場合（法定休日労働）です。

　これに対し，法定休日のほか，就業規則等により契約上定められる休日を「所定休日」といいます。この所定休日に労働した場合（所定休日労働）には，割増賃金の支払義務は生じません。

　ただし，所定休日労働を行った結果，その労働が1週40時間を超える法定時間外労働に当たる場合には，上記アの時間外労働の割増賃金（0.25）を支払う必要があるので，注意が必要です（1カ月60時間を超える時間外労働になるときは割増率50％）。

ウ 深夜労働とは

深夜労働とは，午後10時から午前5時までの時間帯に労働することをいいます。

深夜労働に関しては，時間外・休日労働と異なり，深夜労働をしたときに三六協定の締結・届出をしなければならないといった規制（労基法36条参照）はありません。

他方，労基法37条の割増賃金規制との関係では，深夜労働をさせたときは割増率25％以上の割増賃金を支払わなければならない旨が定められています（労基法37条4項）。

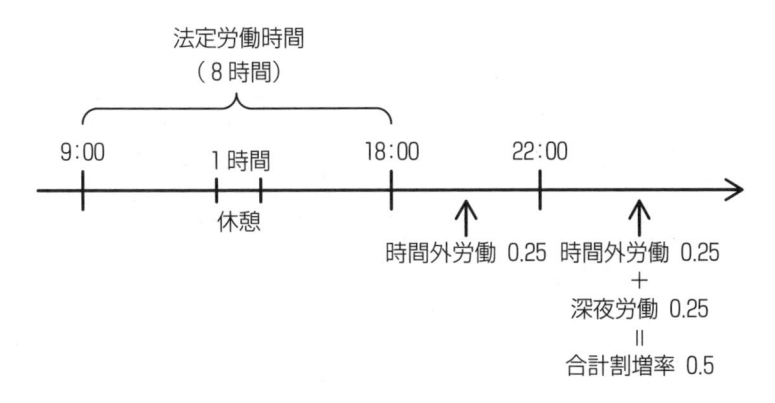

```
           法定労働時間
            （8時間）
     ┌─────────────┐
  9:00    1時間    18:00   22:00
  ─┼──────┼───────┼───────┼───────┼──────→
          休憩            ↑       ↑
                      時間外労働 0.25  時間外労働 0.25
                                  ＋
                                深夜労働 0.25
                                  ＝
                                合計割増率 0.5
```

注意を要するのは，深夜労働の割増賃金は，労基法41条の適用除外（いわゆる管理監督者等）にあたる場合も支払いが必要であるという点です（ことぶき事件＝最二小判平21.12.18労判1000-5。労働が行われる時間帯に着目する深夜労働の規制は，労働時間に関する労基法中の他の規定と趣旨目的が異なっており，同法41条の「第6章及び第6章の2で定める労働時間，休憩及び休日に関する規定」に含まれないと解しているため）。

これに対し，上記ア・イの時間外・休日労働の割増賃金は，同法41条にあたる労働者に対する支払義務がありません。

なお，労基法37条4項は，深夜時間帯につき「厚生労働大臣が必要と認める場合においては，その定める地域又は期間については午後11時から午前6時

としていますが，これに基づき地域または期間の指定が行われたことはありません。

(3) 時間外・休日・深夜労働の割増率

割増率は，それぞれ次のように定められています（労基法37条1項・4項，割増賃金令）。平成22年4月1日施行の労基法改正により，1カ月60時間を超える時間外労働の割増率の引上げが行われています。この割増率引上げは，当分の間，中小事業主の事業については適用されません（労基法138条）。いつまで猶予されるかについて，政府は，平成25年3月31日を経過した時点で検討のうえ，必要な措置を講じるとしています。

	通常労働時間又は労働日の賃金の計算額の
時間外労働	25%以上
1カ月60時間を超える時間外労働	50%以上
休日労働	35%以上
深夜労働	25%以上

時間外・休日・深夜労働が重なった場合（例：休日に8時間を超えて労働）の割増率は，次のとおりです。

	通常労働時間又は労働日の賃金の計算額の
休日労働＋時間外労働	35%以上
時間外労働＋深夜労働	50%以上（25%＋25%）
1カ月60時間を超える時間外労働＋深夜労働	75%以上（50%＋25%）
休日労働＋深夜労働	60%以上（35%＋25%）

上記は，休日労働と時間外労働が重なった場合は休日労働の割増率（35%以上）のみが適用され，それ以外の場合はそれぞれの割増率が加算されることを

意味します。

　休日労働＋時間外労働の場合に割増率が加算されないのは，238頁で述べたように両者の規制の趣旨が同様であり，割増原因が同じ性質のものであるため，高い方の割増率を適用すると説明されています。

　これに対し，時間外・休日労働が深夜の時間帯に行われた場合は，割増率が加算されます（労基則20条）。これは，深夜労働が労働する時間の位置（時間帯）に着目した規制であり，法定労働時間規制・週休制の原則に基づく時間外・休日労働とは割増原因が異なるためと説明されています。

(4) 労基法37条に基づく割増賃金は100％部分を含むか

　労基法37条で支払いが義務づけられるのは，割増部分（時間外労働なら25％部分）のみか，それとも通常賃金の100％部分を含むのか，という点について，若干深い議論にはなりますが，同条の基本的な理解にかかわるため，ここで触れておきます。

ア　125％説と25％説

　時間外労働を実際に計算する際に最後に乗じる率は125％（1.25）です（ただし，就業規則等でそれ以上の率を定めている場合はその率）。例えば基礎賃金2000円の場合，時間外労働1時間分の賃金額は2000円×1時間×1.25＝2500円となります（休日労働であれば1.35）。

　他方，(3)で見たように，労基法37条に基づく割増率は時間外労働が25％（0.25），休日労働が35％（0.35）です。

　両者の差である100％部分の法的根拠が何であるかは，労基法37条にいう「割増賃金」の範囲をどう解するかに関連します。この点に関しては，①100％部分を含む125％が労基法37条に基づき支払いを義務づけられるとする考え方（125％説）と，②労基法37条に基づき支払いを義務づけられているのは割増部分の25％のみとする考え方（25％説）とに分かれています。

　125％説によれば100％部分も含め労基法37条に基づく割増賃金であり，25％

説によれば100％部分は労基法37条ではなく，同法24条によって支払いが保障される通常の賃金（労基法37条でいうところの「通常の労働時間…の賃金」）ということになります。

```
        割増賃金
         25％
割増
賃金     通常
125％    賃金
        100％
```

イ　どう考えるべきか

　行政通達は「37条が割増賃金の支払いを定めているのは当然に通常の労働時間に対する賃金を支払うべきことを前提とするものである」として125％説をとっています。裁判例にも125％説を前提とするものが存在します（藤香田事件＝広島高判昭25．9．8刑事裁判資料55-636）。

　しかし(3)でも見たように，労基法37条の文言は「2割5分…の率で計算した割増賃金」としており，25％部分の支払い義務のみを定めています。文言を素直に読めば②の25％説が妥当といえます。またこの考え方によれば，25％しか要求されないことが明らかな出来高払制（労基則19条1項6号）を整合的に解することが可能です。学説では25％説をとるものが有力であり（東京大学労働法研究会編『注釈労働時間法』491頁），筆者もこの説が妥当であると考えています。

　125％説と25％説のいずれをとるかによって，労基法37条違反の成立する範囲が異なります。例えば，労基法114条に基づく付加金の額につき，現在の裁判実務では125％をベースに定めるのが一般的ですが，25％説によれば，100％部分には労基法37条違反が成立しないので，付加金支払いの対象にならないと考えられます。裁判実務が上記の議論を踏まえたうえでこうした取扱いをしてい

るかは疑問であり、125％の付加金の支払いを求める原告側の訴状を追認している印象も受けるところです。

(5) 労働密度の低い時間の割増賃金額は

割増賃金の算定基礎となる「通常の労働時間…の賃金」には、その労働にとって通常の賃金という意味があります。

したがって、ある特定の作業に対して付加的に手当が支払われる契約内容の場合（例えば、特殊作業や危険作業に従事すると「特殊作業手当」や「危険作業手当」が支給される場合）において、その作業が法定時間外に及ぶとき、そのような付加的手当も「通常の労働時間…の賃金」に算入されます（昭23.11.22基発1681号）。

労働密度の低い時間につき異なる賃金額の定めをしている場合に関しても、同様に解されます。例えば、1時間あたりの賃金額が原則として2,000円と定められているが、研修時間については、労働密度の低さを考慮して1時間当たり1,000円とする旨の別段の合意が契約上定められている場合において、研修時間が法定時間外に及ぶときには、割増賃金の算定基盤となる「通常の労働時間…の賃金」は、あくまでその勤務実態に即して設定された1,000円になると考えられます。

もっとも、このように労働密度の低い時間に関する賃金額を設定するにあたっては、最賃法に違反することがないよう留意が必要です。また、最低賃金を上回っていても、他の勤務の労働密度との比較からして金額が不当に低いという場合には、公序良俗に反するものとして、その金額設定が無効になる可能性もあります（民法90条）。

したがって、このような別段の合意を行う際には、金額が労働密度に見合うものといえるか、という観点からの検証も必要になるといえます。

3 割増賃金が支払われる時間とは

(1) はじめに

> **冒頭事例**
>
> X社の始業・終業時刻は午前9時～午後6時（休憩1時間）である。X社では毎週月曜に始業の30分前（午前8時30分）から社内の全体ミーティングを行うことになっていた。X社の社員は，会社の指示に基づき，毎週月曜は午前8時30分までに出社していた。

　第1項で見たように，労基法37条が割増賃金を支払うよう定めているのは，①時間外労働，②休日労働，③深夜労働の3種類です。

　もっとも，時間外・休日・深夜に何らかの活動を行ったとしても，ただちに割増賃金の支払対象になるとは限らず，前提としてその活動が労基法32条の「労働時間」である必要があります。

　上記事例において，午前8時30分～午前9時のミーティングは所定時間外に行われています。したがって，この30分が「労働時間」に該当すれば，遅刻や早退がない限り1日8時間を超える法定時間外労働となり，割増賃金の支払いが必要になります。

　そこで，そもそも「労働時間」の意味するところは何か，上記事例の30分間は「労働時間」にあたるのか，という点が問題となります。

(2) 労基法32条の労働時間の判断方法

ア　最高裁判例の定式

　労働時間とは何かという疑問をもって労基法32条を見ても，単に「労働」と書かれているだけで，具体的にどのような活動がそれにあたり，あるいはあた

らないかは判然としません。

しかし，労基法32条の労働時間の意義に関しては，平成10年代に3つの最高裁判決が出され，実務上の指針となる基準を示しています。最高裁の基準を図に表すと次のようになります。以下では，この図をもとに最高裁判決から示される「労働時間」の考え方について解説していきます。

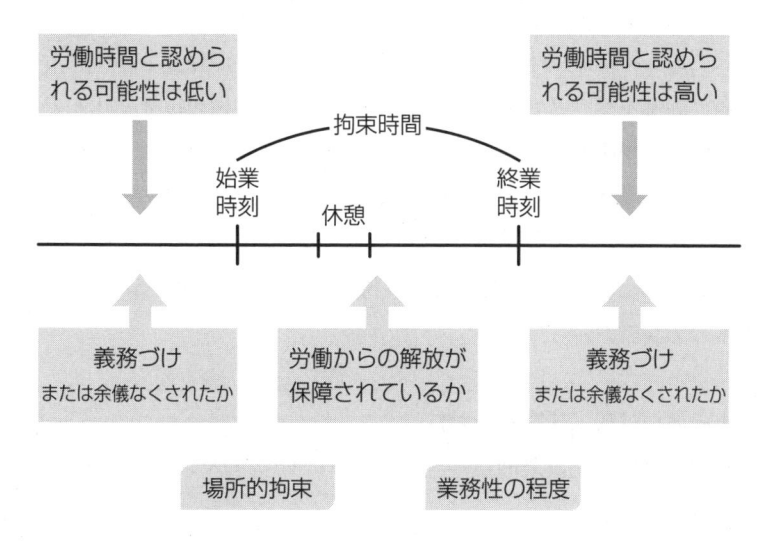

```
労働時間と認めら              労働時間と認めら
れる可能性は低い              れる可能性は高い
          ↓      拘束時間      ↓
              始業           終業
              時刻   休憩    時刻
    ────────┼──────┼────┼────────
              ↑      ↑      ↑
          義務づけ  労働からの解放が  義務づけ
      または余儀なくされたか  保障されているか  または余儀なくされたか

            場所的拘束    業務性の程度
```

イ　拘束時間の内か外かで基準が変わる

まず，労働時間性の判断基準は，問題となっているのが拘束時間の「内側」の活動か，「外側」の活動かによって異なってきます。拘束時間とは，始業時刻から終業時刻までの時間（所定労働時間に休憩時間を加えた時間）をいいます。

第1に，拘束時間の「外側」は，元来使用者の指揮命令下に置かれていない時間です。したがって，労働時間と評価されるのは，使用者から業務等の義務づけ（指示）が別途なされた場合です。あるいは，使用者の義務づけ（指示）がなくても，業務等に従事することを余儀なくされている場合，つまり業務等を行わないことによる不利益や不都合（懲戒処分や人事上の不利益取扱い等）から当該業務等に従事せざるをえないという場合も，労働時間に該当します。これに対し，労働者がこうした義務づけや不利益によらず，自主的に早出して

業務を行っても，それは労働時間とは評価されません。

以上は，三菱重工業長崎造船所事件（最一小判平12.3.9労判778-11）の判旨から導かれるものです。なお，休日も本来労働する義務を課されていないため，拘束時間の外側として，以上と同様に考えます。

第2に，拘束時間の「内側」は，使用者の指揮命令下に置かれていることが原則です。したがって，別途使用者の義務づけ等があったかを見るのではなく，前提としてある指揮命令下の状態から解放されることが保障されているか，という観点で評価すべきとされています。したがって，休憩室等で休んでいても，業務対応の必要が生じたときに業務に就かなければならないのであれば，労働からの解放が保障されているとはいえないので，労働時間にあたる可能性があります。

この点は，大星ビル管理事件（最一小判平14.2.28労判822-5）の判旨から導かれるものです。

- 拘束時間の外側（休日を含む）
  → 義務づけまたは余儀なくされた状態にあったか
- 拘束時間の内側
  → 労働からの解放が保障されていたか

ウ　場所的拘束の有無，業務性の程度

以上のほか，場所的拘束の有無，業務性の程度といった要素も，労働時間を判断する際の考慮対象になります。

第1に，場所的拘束とはその行動を特定の場所で行わなければならないという制約が課されているかという問題です。平成12年の三菱重工業長崎造船所事件判決では，保護具を所定の更衣所で着脱しなければならないという制約（場所的拘束）があることが，着脱時間の労働時間性を認める際の前提とされています。これに対し，自動車通勤の銀行の女性社員等，自宅から制服を着てくる

ことが可能で、社内の更衣所で着替えをするよう求められていない場合は、場所的拘束の要素がないので、制服の着替え時間は「労働時間」にあたりません。始業時刻前、終業時刻後に行われた着替え時間は、それが社内で行われたとしても、場所的拘束の要素がない以上、割増賃金の支払対象にはならないと考えられます。

　第2に、業務性とは、問題となっている活動内容が業務的なものといえるか、という問題です。例えば、職場の宴会は業務性がほとんどない活動です。したがって、上司から「今度の飲み会にぜひ出なよ」といわれていたり、職場内に参加しなければならない雰囲気があったという程度では、労働時間にあたるものではありません。

エ　始業時刻前か，終業時刻後か

　同じ拘束時間の「外側」でも、始業時刻前と終業時刻後では、労働時間と評価される可能性の度合いが異なります。

　始業時刻前に業務活動を行ったという場合、その日はまだ一度も使用者の指揮命令下に置かれていない中、従業員が出社して業務等を行ったということになります。この場合、始業時刻前に早出した時間は、基本的に従業員の自主的な活動と考えられるため、ただちに使用者の指揮命令に基づくものとして労働時間と認められるわけではありません。その早出活動につき、使用者の義務付け、あるいは余儀なくされたといえる状況にあったかを見る必要があります。

　これに対し、終業時刻後の場合、従業員は始業終業時刻の枠内でいったん使用者の指揮命令に置かれ、その延長線上で業務活動を行うということになります。したがって、終業時刻後も業務を継続している場合、それは原則として使用者の指揮命令下の行動の延長にあるものと評価され、少なくとも黙示の義務づけ（命令）による労働時間の存在が認められる可能性が高いといえます。

　こうした場合には、使用者の側で「今日はもう退社するように」と明示的に指示すべきです。それにもかかわらず、その日にその業務をやる必要がないのに残業したとしても、それはもはや使用者の指揮命令下の活動とはいえなくな

るので，そのような指示を行った後の時間は労働時間とならず，割増賃金の支払対象にもならないと考えられます。

オ　冒頭事例について

以上述べたところを前提に，248頁の冒頭事例をもう一度見てみます。

30分間の全体ミーティングは，始業時刻前，つまり拘束時間の「外側」の活動です。したがって，ミーティングへの参加につき使用者の義務づけ（命令）があったか，あるいは参加しないと懲戒等の不利益があるため参加を余儀なくされていたかという基準によって労働時間にあたるかの判断を行います。

冒頭事例の事案によると，始業前30分間のミーティングに参加することを会社が明確に指示していたという事実が認められます。この指示は，使用者の義務付け（明示の命令）と評価されるものです。

このように，使用者の義務づけが存在することから，ミーティングに要した30分間は労基法32条の「労働時間」にあたるものと解されます。よって，その日の法定時間外労働30分間について割増賃金の支払義務がX社にあるということになります。

(3)　労働時間をめぐる諸事例の検討

次に，上記(2)でみてきた考え方をもとに，労働時間に関する事例を3つほど検討していきたいと思います（ここでとり上げる事例以外の詳しい解説は『労働時間規制の法律実務』の第2編第3章を参照してください）。

ア 手待ち時間

> **事例1**
>
> X社の社員は、お昼休みに当番制で電話番をすることになっている。当番になった社員は、お昼休み中、自分の机で新聞を読んだり、お弁当を食べたりしていてもよいが、電話が鳴った場合にはそれに対応するよう会社から指示されていた。

　この場合、実際に電話対応した時間（点）が労働時間になるのは当然として、電話番を指示されたお昼休みの時間全体（線）が労働時間になるのか、が問題となります。

　上記は拘束時間の「内側」の問題です。したがって、労働からの解放が保障されているかが問題となりますが、電話当番の社員は、電話が鳴った場合には電話対応を行うよう指示されており、電話が鳴っても無視して新聞を読み続けていてよいというわけではありませんから、労働からの解放が保障されているとはいえません。

　したがって、お昼休みの時間全体（線）が労働時間となり、その結果、1日の労働時間が8時間を超える場合には、割増賃金の支払が必要となります。割増賃金の発生を避けるのであれば、あくまで電話対応の必要のない自由な休憩を保障しなければならないということです。

　またこの場合、その社員にはお昼休みを与えていないことになるので、労基法34条の休憩の規定に違反する可能性があります。そのため、同条に違反しないよう電話当番の社員には別途休憩を付与する必要があります。併せて、他の社員とは別の時間に休憩を取ることになるので、労基則31条の例外事業にあたらないかぎり、労基法34条2項本文の一斉休憩との関係で、同条但書の労使協定を締結しておく必要があります。

イ　教育・研修

> **事例2**
>
> 　X社は、新入社員を対象として、終業時刻後の2時間を使い、新人研修を実施している。新入社員は研修に参加するよう指示されており、もし欠席したら、人事考課において不利益に考慮される可能性がある。

　この研修は、拘束時間の「外側」の問題です。したがって、義務づけまたは余儀なくされたといえるかが問題となります。

　事例の新入社員は、会社から参加の指示を受けており、また欠席すると不利益を受ける可能性がありますから、義務付けも余儀なくされたといえる状況も認められます。よって、研修の2時間は労働時間にあたると評価されます。その結果、研修が1日8時間を超える法定労働時間に及ぶのであれば、その時間について割増賃金を支払う必要があります。

　所定内給与とは別に割増賃金を支払いたくないという場合には、研修の時間を所定労働時間内に移して実施すべきです。あるいは、所定労働時間外における研修に関し、通常賃金とは異なる賃金額を設定する合意を行うことも考えられます（247頁参照）。

　これに対し、研修が自由参加であり、欠席しても特に不利益がないという場合には、研修内容が業務に関連するものであっても、義務づけ等がない以上、労働時間にはあたりません。行政通達でも、「労働者が使用者の実施する教育に参加することについて、就業規則上の制裁等の不利益取扱いによる出席の強制がなく自由参加のものであれば、時間外労働にならない」とされています（昭26.1.20基収2875号、昭63.3.14基発150号・婦発47号）。

ウ　移動時間

> **事例3**
>
> 　営業社員のYは，埼玉県エリアの担当としてエリア内の顧客を対象に外回り営業を行っている。Yはある日，午前7時に自宅を出て県内A市の営業先に直行し，午前9時に営業先に到着，営業活動を行った。その後，午後1時にそこを出発し，午後3時に今度は県内B市の営業先に到着，営業活動を行った。
>
> 　この場合，①午前7時〜午前9時の直行時間，②午後1時〜午後3時の移動時間が労働時間に当たるのだろうか。
>
> ```
>           AM      AM       PM      PM
>           7:00    9:00     1:00    3:00
>
>     [自宅] → [A市の営業先] → [B市の営業先]
>              移動              移動
> ```

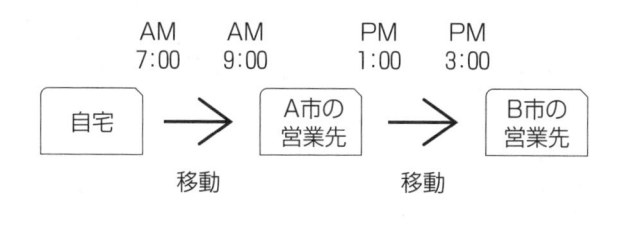

　上記は移動時間の問題ですが，通勤時間，すなわち自宅から就労場所までの移動時間に関しては，移動中に貴重品の監視といった特段の指示（義務付け等）を受けていない限り，労働時間にあたらないとされています（昭23.3.17基発461号，昭33.2.13基発90号参照）。

　事例の営業社員Yの就労場所は，労働時間の判断との関係では，埼玉県エリアがそれにあたると解されます。そのため，①の直行時間は，自宅から就労場所までの移動時間，すなわち通勤時間と同様のものと捉えることができます。したがって，①の直行時間は，移動中に特段の指示を受けていない限り，労働時間にあたるものではありません。朝早く出て直行したとしても，割増賃金の支払いの必要はないと考えられます。この点は，直帰時間についても同様です。

　他方，②の移動時間は拘束時間の「内側」の問題です（就労場所から就労場所への移動なので通勤時間とは異なります）。そのため，労働からの解放が保障されているかが問題となります。

営業先から営業先への移動中，社員はまっすぐに次の営業先に向かうことが要求されます。通勤途中であれば，行きがけに保育園に子供を送りに行ったり，医院の早朝診療に寄ったりすることも可能ですが，勤務時間中ですのでそのような自由は認められていません。したがって，労働からの解放が保障されているとはいえず，②は労働時間にあたると評価され，移動中に業務離脱時間が認められればその時間分は労働時間から控除されます。

このように移動時間は，自宅と就労場所との移動（直行直帰）と，就労場所間の移動の場合とで考え方が分かれてきます。

```
   AM       AM        AM       AM
  7:00     7:30      8:00     9:00

 ┌────┐         ┌─────┐         ┌──────┐
 │自宅│   ⇒    │営業所│   ⇒    │A市の │
 │    │         │      │         │営業先│
 └────┘         └─────┘         └──────┘
           移動            移動
```

ここでいう就労場所には，会社の営業所も含まれます。そのため，営業先に直行するのではなく，いったん会社の営業所に立ち寄り，営業所で業務連絡や業務作業を行った後に営業先に赴くよう明示的に指示を受けている場合，自宅から営業所までの移動（AM 7：00〜 AM 7：30）は通勤時間になりますが，営業所からA市の営業先までの移動（AM 8：00〜 AM 9：00）は就労場所間の移動になります（上図参照）。

この就労場所間の移動は所定労働時間外であり，通常は拘束時間の「外側」の問題ですが，本件では営業先に立ち寄って業務連絡や業務作業を行うようにとの指示が明示的になされているため，この段階でいったん会社の指揮命令下に入ったものと考えられます。したがって，その後の移動時間（AM 8：00〜 AM 9：00）は，上記②と同様に拘束時間の「内側」の問題と捉えられます。

そうすると，移動中に業務から離脱して別の場所に立ち寄ってもよいといった自由がない限り，AM 8：00〜 AM 9：00の移動は「労働時間」と評価され，1時間分の割増賃金が生じる可能性があります。

このように，時間帯としては所定労働時間の「外側」であっても，会社の指

示等により指揮命令下に入っていると認められる場合は，拘束時間の「内側」と捉える考え方は，大林ファシリティーズ（オークビルサービス）事件（最二小判平19.10.19労判946-31）でとられたものです。ただし，同判決は，業務マニュアルに所定労働時間外でも一定の労働をするようにとの指示が明記されていたことから，そのように認めた事案であって，単発の指示が行われた場合に同判決と同じように解されるかは疑問も残るところです。

しかし，単発であっても本件のように明示的な指示のある事案では，拘束時間の「内側」と捉えたうえで割増賃金の発生ありとされるリスクは否めません。こうした点に鑑み，割増賃金コストを発生しないようにしたいという場合には，営業所への立寄りを義務づけるのではなく，上記①のように直行直帰の自由を認める取扱いとすべきです。

4　割増賃金額の計算方法

(1)　はじめに

> **冒頭事例**
>
> 　Yは，ある勤務日に，始業時刻である午前9時から，1時間の休憩をはさんで午後11時まで労働を行った。また，Yは法定休日に5時間の労働を行った。
> 　Yのその年の所定労働日数は240日，1日の所定労働時間は8時間である。
> 　以上の労働につき，Yに支払うべき割増賃金の額は，どのように計算されるのだろうか。

割増賃金の計算方法は，労基法37条，労基則19条から21条に定められています。労基法の定めとは異なる計算を行い，その結果，支払った割増賃金の金額が労基法の計算方法に基づく金額を下回ると，その分の未払いが生じることになります。

計算方法が異なっていても，支給額が結果として法所定の計算から導かれる額を上回っていれば，労基法37条違反になりません。しかし，金額に不足が生じていれば同条違反となるため，潜在的な未払いリスクを避けるためにもこの点の正しい理解は重要といえます。

なお，以下は，通常の労働時間制度を前提とする計算の説明です。特別な労働時間制度，すなわち変形労働時間制（労基法32条の2，4，5），フレックスタイム制（同法32条の3），事業場外労働のみなし制（同法38条の2），裁量労働制（同法38条の3，4）における計算方法は，『労働時間規制の法律実務』205頁，237頁，269頁，473頁，491頁を参照してください。

(2) 労基法に基づく計算式

割増賃金額の計算式は，わが国の正社員の多くにとられる月給制の場合，次のとおりです。

$$\frac{1カ月の基礎賃金額}{1カ月の所定労働時間数} \times 時間外・休日・深夜労働の時間数 \times 割増率$$

$$= 1時間あたりの賃金額$$

上記の計算式に基づき，次のような手順に沿って，その金額を計算していくことになります。以下の(3)～(5)では，これら①～③の手順を順番に見ていきたいと思います。

> ① 従業員に支給される賃金のうち，割増賃金の算定基礎に含める賃金（基礎賃金）と，そうでない賃金（除外賃金）とを振り分ける。
> ② 基礎賃金額から，1時間当たりの賃金単価を算出する（時給換算）。
> ③ 1時間当たりの賃金単価に，割増率と時間数をかける。

(3) 割増賃金の算定基礎となる賃金(手順①)

ア 冒頭事例について

冒頭事例のYの給与明細,Yに適用される就業規則の定めは次のとおりであったとします。以下を前提に,Yに支給される給与を基礎賃金と除外賃金とに振り分ける作業を行います。

○年○月度	営業	Y 殿		給与明細書
支給	基本給 300,000	営業手当 50,000	家族手当 30,000	住宅手当 10,000
	通勤手当 5,000	時間外手当 ??	休日勤務手当 ??	深夜勤務手当 ??
控除				
勤怠				
累計				○○株式会社

【給与規程(抄)】
第○条(営業手当)
1 営業職の従業員に対し,月額50,000円の営業手当を支給する。
2 前項の営業手当のうち,30,000円は,第○条ないし第○条の時間外・休日・深夜勤務手当として支給する。
第○条(家族手当)
　家族手当は従業員が扶養する次の者がある場合に月額次のとおり支給する。ただし,子については2人を限度とする。
　　　　配偶者　月額2万円　　18歳未満の子　月額1万円／人
第○条(住宅手当)
　住宅手当は次の区分に従い月額次のとおり支給する。
　　　　持ち家居住者　1万円　　賃貸住宅居住者　2万円
第○条(通勤手当)
1 通勤手当は,通勤のため常に公共交通機関を利用する従業員に対し,非課税限度額の範囲内で実費支給する。ただし,片道2km以内の場合は支給しない。
2 実費の支給は,最も簡便な公共交通機関を使用するものと会社が認めた場合について行う。

イ　基礎賃金と除外賃金

割増賃金の算定基礎から除外される賃金は，次のとおりです。

① 家族手当
② 通勤手当
③ 別居手当
④ 子女教育手当
⑤ 住宅手当
⑥ 臨時に支払われた賃金
⑦ １カ月を超える期間ごとに支払われる賃金
⑧ 実質的に割増賃金に充当する趣旨の手当

①②は，労基法37条5項に定められ，③から⑦は，省令に定める賃金として労基則21条に列挙されています。⑧はこのような賃金の計算を基礎に置くと趣旨が重複することから，除外賃金に当たると解されています（大日本警備センター事件＝大阪地判昭57．2．26労判385-〔付録〕29）。

これらは限定的に列挙されるものなので，①から⑧以外を除外賃金とすることはできません。①から⑧以外の「賃金」は，すべて基礎賃金に含める必要があります（賃金の定義については第1章第2節を参照してください）。

ウ　諸手当（①～⑤）

①から⑤が除外されるのは，労働の内容とは関係なく個人的な事情によって支給される賃金であるからです。

したがって，①から⑤にあたるかは，手当の名称にかかわらず，実質に照らして判断しなければならないとされています。例えば，家族手当という名称の給与であっても，扶養家族の有無・人数とは関係なく，一律の金額が支給される場合等は，除外賃金にはあたりません。逆に，①とは異なる名称（生活手当，物価手当など）であっても，賃金支給の仕組みが扶養家族の有無・人数に応じ

たものになっていれば，除外賃金に該当します。

【除外賃金に当たる例】
- 扶養家族の有無・数に応じて算定される手当（→①の家族手当に該当）
- 通勤の距離・実費に応じて算定される手当（→②の通勤手当に該当）
- 住宅に要する費用（賃貸住宅の家賃，持ち家のローン月額・管理費用など）に応じて算定される手当（→⑤の住宅手当に該当）

【除外賃金に当たらない例】
- 扶養家族の有無・数と関係なく一律に支払われる家族手当
- 通勤の距離・実費と関係なく一定額，一定率が支払われる通勤手当
- 賃貸住宅，持ち家等の住宅形態ごとに支払われる住宅手当（持ち家居住者は1万円，賃貸住宅居住者は2万円等）

このように，基礎賃金に含めるかどうかの判断は，手当の実質を見たうえで行わなければなりません。給与明細の賃金項目を見るだけではこの点は分からないので，就業規則や契約書の条項を見て，その手当の支給条件等をチェックする必要があります。

エ　臨時に支払われた賃金（⑥）

⑥の臨時に支払われた賃金とは，「臨時的，突発的事由にもとづいて支払われたもの，及び結婚手当等支給条件は予め確定されているが，支給事由の発生が不確定であり，且つ非常に稀に発生するもの」をいいます（昭22.9.13基発17号）。平均賃金に関する労基法12条4項に定められる同一文言と同じ意味です。

例としては，私傷病手当，加療見舞金，退職金，結婚手当等が挙げられます。

除外の趣旨は，毎月支払われるものではないので，計算技術上の困難を伴うためと説明されています。

オ 賞与等（⑦）

⑦の1カ月を超える期間ごとに支払われる賃金とは、労基法24条2項但書の「賞与その他これに準ずるもので厚生労働省令で定める賃金」のことであり、具体的には、次のものを意味します（労基則8条）。除外の趣旨は、⑥と同じです。

- 賞与
- 1カ月を超える期間の出勤成績によって支給される精励手当
- 1カ月を超える一定期間の継続勤務に対して支給される勤続手当
- 1カ月を超える期間にわたる事由によって算定される奨励加給または能率手当

この点、行政通達によれば、上記の「賞与」は、支給額があらかじめ確定されていないものをいうと解されています（昭22.9.13発基17号）。これによれば、年俸制において、月額給部分と賞与部分を合計したものがあらかじめ年俸額として確定している場合の賞与部分は、除外賃金に該当しないことになります。

カ 事例について

以上を前提に、冒頭事例のYの給与を基礎賃金と除外賃金に振り分けると、次のようになります（○は基礎賃金、×は除外賃金）。基本給以外の諸手当は、給与規程の定めを見て、除外賃金にあたるかを判別する必要があります。

	結論	理　　由
基本給	○	──
営業手当	2万円部分のみ○	営業手当5万円のうち3万円は、割増賃金に充当する趣旨なので、⑧の除外賃金にあたる。
家族手当	×	①の除外賃金にあたる。
住宅手当	○	住宅費用に応じて算定される手当ではないので、⑤の除外賃金にあたらない。
通勤手当	×	②の除外賃金にあたる。

したがって，Yの1カ月あたりの基礎賃金額は，30万円＋2万円＋1万円＝33万円と計算されます。基礎賃金に算入すべき賃金を誤って除外してしまうと，算出される割増賃金額が減り，その分未払いが生じてしまうので，労基法のルールを正しく理解する必要があります。

(4) 1時間あたりの単価を算出する

ア 基礎賃金額を時給ベースに換算

次のステップとして，基礎賃金額を所定労働時間数で割ることにより，1時間あたりの賃金単価を算出します（労基則19条1項4号）。賃金額を時給ベースに換算するということです。

冒頭事例のYの賃金形態は月給制なので，次のような計算式になります。

　　　基礎賃金÷1カ月の所定労働時間＝1時間あたりの単価

月給制以外の賃金形態の場合は，それぞれ次のような計算式が適用されます。

賃金形態	単価計算
時間給	時間給の金額
日　給	日給額÷1日の所定労働時間数 （※日によって所定労働時間数が異なるときは，1週間における1日平均の所定労働時間数）
週　給	週給額÷1週間の所定労働時間数 （※週によって所定労働時間数が異なるときは，4週間における1週平均の所定労働時間数）
旬給・半月給等	当該期間の給与額÷当該期間の所定労働時間数 （※期間によって所定労働時間数が異なるときは，1カ月，1年等の一定期間における平均所定労働時間数）
請負給 （出来高払等）	賃金算定期間の賃金総額÷賃金算定期間における総労働時間数
複数の賃金形態からなる場合	各部分につき，それぞれ上記の計算方法によって算定した額の合計額 （※例えば，月給部分と出来高払部分の単価をそれぞれ計算したうえで，算出された数値を合計）

例えば、日給額が8,000円、1日の所定労働時間数が8時間であれば、1時間あたりの単価は1,000円です。また時間給制で時給額850円であれば、それがそのまま単価になります。

出来高払制における割増賃金の計算方法は、詳しくは第3章第4節を参照してください。

イ　事例について

冒頭事例のYの1カ月の所定労働時間は、（240日÷12カ月）×8時間＝160時間です。Yの1時間あたりの単価は、(3)カで計算した金額からこの時間数を割ることによって、33万円（基礎賃金）÷160時間≒2,063円と算出されます（小数点以下切上げ）。

(5) 割増率と時間数をかける

最後に、1時間あたりの単価に、割増率と、時間外・休日・深夜労働の時間数をそれぞれ乗じることで、割増賃金の金額を算出します。

冒頭事例のYは、午前9時から1時間の休憩をはさんで午後11時まで労働しています。つまりこの勤務日には、午後6時から午後10時まで、1日8時間を超える法定時間外労働が生じ（4時間）、午後10時からは、法定時間外労働に深夜労働が重複して生じている（1時間）ことになります。さらにYは、5時間の法定休日労働を行っています。

割増率は本節2ですでにみたとおりです。通常賃金たる100％部分の支払いもそれぞれ必要になります。

Yの1時間あたりの基礎賃金額は、上記のとおり2,063円ですから、これに基づきYの割増賃金額を計算すると、次のとおり合計2万7,335円の割増賃金の支払義務が発生していることになります。

	基礎賃金	時間数	割増率	割増賃金額
時間外労働		4時間	100%＋25%	10315円
時間外＋深夜	2063円	1時間	100%＋50%	3095円
休日労働		5時間	100%＋35%	13925円
合計		―		27335円

(6) １カ月60時間を超える時間外労働の割増賃金

ア　改正による割増率引上げ

　平成22年４月１日施行の労基法改正により，１カ月60時間を超える法定時間外労働の割増率は，50％以上に引き上げられています（労基法37条１項但書）。なお，前述したとおり，当分の間，中小事業主の事業については適用が猶予されています（労基法138条）。

　この「60時間」のカウント対象になるのは法定時間外労働です。所定時間外労働，法定休日労働は「60時間」のカウント対象にはなりません。所定休日労働は，それが１週40時間または１日８時間を超える法定時間外労働に該当する場合には「60時間」のカウント対象になるので注意が必要です。

イ　代替休暇とは

　代替休暇とは，１カ月60時間を超える時間外労働の割増率（50％以上）のうち，通常の割増率（25％以上）に上乗せされた部分につき，割増賃金の支払に代えて，有給の休暇を付与できるという制度です（労基法37条３項）。

　アのとおり，平成22年４月１日施行の労基法改正で，１カ月60時間を超える時間外労働の割増率が25％以上から50％以上に引き上げられました。代替休暇も同改正により導入された制度で，労働者の健康確保の観点から，上乗せ部分について割増賃金支払の代わりとなる休暇を与えられるようになったものです。

```
割増賃
金25%    ┐
         ├ 上乗せ部分
割増賃    ┘  ⇩
金25%       この部分の支払いに代えて
            有給の休暇付与も可能

通常
賃金
100%
```

　企業にとっては，休暇を付与することで割増賃金コストを抑制できるメリットがある反面，労働時間管理が複雑になる側面があるため，制度の実施率は22.9%にとどまっています（平成23年就労条件総合調査）。

　代替休暇を付与するには，事業場の過半数労働組合，それがない場合は労働者の過半数代表者との間で，以下の事項を定めた労使協定を書面で締結する必要があります（労基則19条の2）。

---

① 代替休暇の時間数の算定方法
② 代替休暇の単位（1日または半日）
③ 代替休暇を付与できる期間（2カ月以内）

　代替休暇の計算方法は次のとおりです。例えば，特別の割増率50%，通常の割増率25%の会社で，ある従業員が1カ月に92時間の法定時間外労働を行ったとすると，代替休暇の時間数は（92時間－60時間）×（0.5－0.25）＝8時間と計算されます。

　　（1カ月60時間を超える時間外労働数）×（特別の割増率－通常の割増率）

ウ　代替休暇の付与単位

代替休暇の単位は1日または半日です。したがってイの事例の場合，1日（8時間）の休暇を付与するか，半日（4時間）の休暇を2回付与することができます。時間単位年休（労基法39条4項）等と合わせて休暇を取得することもできるので，代替休暇の時間数が6時間の場合に，2時間の時間単位年休と合わせて1日（8時間）の休暇を付与するという取扱いも可能です。

また，代替休暇を付与できる期間は，労使協定で定める期間に限定されます。この期間は，60時間を超える時間外労働が行われた月の後の2カ月以内にすべきものとされています。1カ月の途中で時間外労働が60時間を超えても，その月に代替休暇を付与することはできず，付与できるのは，翌月から2カ月以内の労使協定で定める期間です。

労使協定で期間を「2カ月」と定めた場合，1カ月目に発生した代替休暇と2カ月目に発生した代替休暇を，3カ月目に合算して付与することもできます。

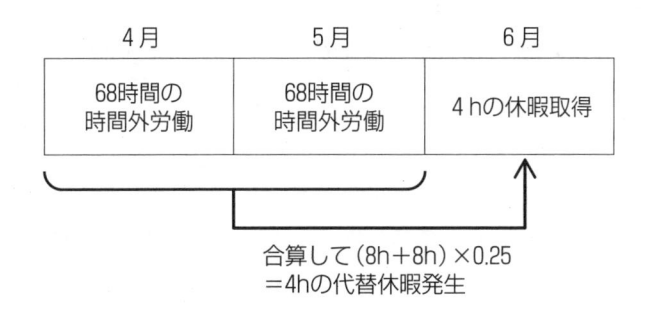

4月	5月	6月
68時間の時間外労働	68時間の時間外労働	4hの休暇取得

合算して(8h＋8h)×0.25
＝4hの代替休暇発生

エ　代替休暇の効果

代替休暇が実際に取得されると，対応する時間外労働につき，「上乗せ」部分の割増賃金支払義務が消滅し，通常の割増率（25％以上）による割増賃金を支払えば足りるようになります。

5 割増賃金規制が適用されない労働者

> **第41条** この章,第6章及び第6章の2で定める労働時間,休憩及び休日に関する規定は,次の各号の一に該当する労働者については適用しない。
> 一 別表第1第6号(林業を除く。)又は第7号に掲げる事業に従事する者
> 二 事業の種類にかかわらず監督若しくは管理の地位にある者又は機密の事務を取り扱う者
> 三 監視又は断続的労働に従事する者で,使用者が行政官庁の許可を受けたもの

労基法41条は,労基法第4章,第6章,第6章の2で定める労働時間・休憩・休日に関する労基法上の規定を適用することが適当ではない業態・業種の労働者について,これらの規定を適用しないことを定めています。

労基法41条に基づき,適用除外の対象になるのは以下の労働者です。

① 農業,畜産,養蚕,水産の事業に従事する者
② 監督もしくは管理の地位にある者,または機密の事務を取り扱う者
③ 監視または断続的労働に従事する者で,使用者が行政官庁の許可を受けたもの

これら①~③の労働者については,法律上,時間外・休日労働の割増賃金を支払う義務はありません(労働時間・休日に関する規定を前提とするため)。

これに対し,前述したとおり,深夜労働の割増賃金は,適用除外の対象者にも支払いの必要があるため,注意が必要です(深夜業に関する規定は適用除外とされていないため)。

(1) 農業，水産業等に従事する労働者（1号）

　労基法41条1号は，「別表第1第6号（林業を除く。）又は第7号に掲げる事業に従事する者」を適用除外の対象者と定めていますが，具体的には，以下の事業に従事する者をいいます。

　これは，この種の事業が天候等の自然条件に左右されるため，法定労働時間，週休制の原則に性質上なじまないことによるものです。

> - 土地の耕作若しくは開墾又は植物の栽植，栽培，採取若しくは伐採の事業その他農林の事業（※ただし，林業については労基法41条の適用対象者には含まれない）
> - 動物の飼育又は水産動植物の採捕若しくは養殖の事業その他の畜産，養蚕又は水産の事業

(2) 監督若しくは管理の地位にある者（2号）

ア　監督若しくは管理の地位にある者とは

　労基法41条2号は，「監督若しくは管理の地位にある者」を適用除外の対象者としています。

　この規定があったことにより，企業は，課長等一定の職位以上の労働者を管理職と位置づけ，管理職には残業代を支払わなくてもよいという取扱いを一般的に行ってきました。もっとも，企業の定める管理職と，労基法41条2号にいう「監督若しくは管理の地位にある者」とは別個の概念であり，すべての管理職が労基法の定める労働時間・休日・休憩に関する規定の適用を受けないわけではありません。

　行政通達（昭22.9.13発基17号）でも，「監督若しくは管理の地位に在る者」かどうかは，次のとおり，名称にとらわれず実体的に判断すべきとされています。

> 監督又は管理の地位に在る者とは、一般的には局長、部長、工場長等労働条件の決定、その他労務管理について経営者と一体的な立場に在る者の意であるが、名称にとらわれず出社退社等について厳格な制限を受けない者について実体的に判別すべきものであること。

イ 通達・裁判例による判断基準

行政通達（昭63.3.14基発150号）は、「監督若しくは管理の地位にある者」の判断基準について、職務内容、責任と権限、勤務態様のほか、給与等の待遇についても一般労働者に比して優遇措置がとられているかを検討するとしています。

裁判例においても、以下の3つの要素が挙げられており、行政通達と同様の考慮要素をもとに判断が行われています（株式会社ほるぷ事件＝東京地判平9.8.1労判722-62等）。

> ① 事業主の経営に関する決定に参画し、労務管理に関する指揮命令権限を有するなど経営者と一体的な立場にあること
> ② 自己の出退勤を始めとする労働時間について自由裁量があること
> ③ 一般の従業員と比較して、その地位と権限にふさわしい賃金上の処遇を与えられていること

ウ 「監督若しくは管理の地位にある者」の該当性をめぐる対応

通達・裁判例の一般的な判断基準は上記のとおりですが、「監督若しくは管理の地位にある者」の判断基準を直接示した最高裁判決はなく、実務上、確固たる判断基準が確立されているわけではありません。

例えば、「経営者と一体的な立場」にあるために必要な権限の範囲について、

①企業経営全体についての関与を求める裁判例（日本マクドナルド事件＝東京地判平20．1．28労判953-10）がある一方で，②事業所単位における権限を問題とする裁判例（前掲株式会社ほるぷ事件，三栄珈琲事件＝大阪地判平3．2．26労判586-80）が存在します。日本マクドナルド事件後に出された行政通達（平20．9．9基発0909001号）でも，あくまで店舗（＝事業所）に所属するアルバイト等の採用権限，店舗における労働時間管理の権限を有するかが判断要素として挙げられていました。

このように，「監督若しくは管理の地位にある者」の該当性の問題は，未だ判断基準として不透明な部分も残っているのが現状です。

もっとも，現実に部下もいないなど管理職としての実態が明らかに欠ける従業員まで「監督若しくは管理の地位にある者」と扱うことは妥当ではなく，そうした場合には従業員の権限等につき見直しを行うことが適切です。以下では，このような観点から現状考えられる対応について見ていきたいと思います。

(ア) 管理職の権限の見直し

「監督若しくは管理の地位にある者」に該当する管理職として，以下の監督権限または管理権限を有するべきです。

> ① 監督権限：使用者のために労働者の労働状況を観察し，指揮監督により労働者の労務提供を確保する権限
> ② 管理権限：使用者のために労働者の採用，解雇，昇給，転勤等の人事管理を行う権限，あるいは本社の企画，調査等の企業全体の事業経営に関する重要事項に直接関与する権限

権限の場所的範囲については，上記のとおり企業経営全体の権限と解する裁判例もありますが，一店舗・一事業場における監督権限，管理権限があれば十分と考えます（労基法9条・10条の文言から，事業所単位の権限があれば「使用者」として経営者と一体的な立場にあるということが可能であるため）。

(イ)　勤務時間に関する自由裁量について

　裁判例では，自己の勤務時間に関する自由裁量の有無も「監督若しくは管理の地位にある者」の該当性を判断する基準とされています。このような観点から，管理職と非管理職との間で勤務時間に関する裁量のあり方を明確に区別するという方法があります。

　具体的には，①欠勤・遅刻・早退につき，管理職は事後に報告・届出すれば足りるものとする一方，非管理職は承認事項とする，②管理職は賃金と時間を切断して欠勤・遅刻・早退による控除を行わない一方で，非管理職は賃金と時間を連動させてこれらの場合に賃金控除を行うなどノーワークノーペイを徹底させる，③同様に非管理職は賞与と時間を連動させ，管理職は両者を切断するという形で，管理職については労働時間についての自由裁量を確保することが考えられます。

(ウ)　管理職としての賃金処遇について

　通達・裁判例は，「監督若しくは管理の地位にある者」の判断基準として，一般従業員に比してその地位と権限にふさわしい賃金上の処遇を与えられていることを挙げています。

　しかし，労基法41条2号には，こうした賃金面の要素は定められていません。そもそも賃金面の要素は，労基法の立法当初において想定されていたものではありませんでした（その現れとして昭和22年の行政通達ではこの点が考慮要素として挙がっていません）。

　このように，「監督若しくは管理の地位にある者」の該当性を検討するにあたり一般従業員との賃金比較という観点を考慮に入れることには疑問があります。

　もっとも，通達・裁判例が考慮している関係から，割増賃金を含む月例給与において管理職とその会社との間で金額の逆転が生じている場合は，賞与の分配において管理職に手厚い配分を行うことで，年収ベースでは管理職の収入の方が多くなるように調整するということも検討すべきではないかと考えます。

(エ) 「管理」「監督」業務の比率

近年の会社組織のフラット化，リストラ等による人員不足等を背景に，管理職自らも部下と同じ業務を行い，かつその際に自らの上長による指揮命令を受けている場合も考えられるようになりました。プレイングマネージャーといわれる勤務実態を持つ管理職です。

このようなプレイングマネージャーについては，「監督もしくは管理の地位にある者」の該当性を検討するにあたり，①「監督」「管理」の業務（マネージ部分）が主であるか，②それとも自ら指揮命令を受けて行う業務（プレイ部分）が主であるかという比率も問題となります。

行政通達（平20.9.9基発0909001号）でも，「管理監督者としての職務も行うが，会社から配布されたマニュアルに従った業務に従事しているなど労働時間の規制を受ける部下と同様の勤務態様が労働時間の大半を占めている場合に，管理監督者性を否定する補強要素となる」としており，業務比率を問題としています。

したがって，実務で「監督若しくは管理の地位にある者」の該当性を検討するに際しては，プレイングマネージャーの①マネージ部分と②プレイ部分のどちらにウェイトがあるかを見るという点がポイントになります（例えば，①が7割を占めていれば該当性を肯定でき，逆に②が7割を占めているようであれば該当性に疑義が生じるため，権限・責任の範囲等を是正する，「監督若しくは管理の地位にある者」の範囲を見直すといった対応を行うなど）。

(3) 機密の事務を取り扱う者（2号）

労基法41条2号は，「機密の事務を取り扱う者」を適用除外の対象者と定めています。行政通達（昭22.9.13発基17号）は，その解釈について，「秘書その他職務が経営者又は監督若しくは管理の地位に在る者の活動と一体不可分であって，厳格な労働時間管理になじまない者」と述べています。

典型例としては，秘書の業務が挙げられますが，その該当性については，「監督若しくは管理の地位にある者」と同様，その職務，勤務態様からして，労働

時間の規制になじまないといえるかを個別に判断することになります。

(4) 監視・断続的労働者（3号）

ア　監視・断続的労働者の範囲

労基法41条3号は、「監視又は断続的労働に従事する者で、使用者が行政官庁の許可を受けたもの」を適用除外の対象者と定めています。

行政通達は、監視労働、断続的労働の意味について、以下のように述べています（昭22.9.13発基17号、昭23.4.5基発535号、昭63.3.14基発150号）。

> ① 監視労働：原則として一定部署にあって監視するのを本来の業務とし、常態として身体の疲労または精神的緊張の少ないもの
> ② 断続的労働：作業自体が本来間歇的に行われる者ものであるため、作業時間が長く継続することなく中断し、しばらくして再び同じような態様の作業が行われ、また中断するというように繰り返されるもの

このような業務に従事する労働者の例としては、守衛、小中学校の校務員、役員専用の自動車運転手、マンション管理人、警備員等が挙げられます。

監視・断続的労働は、通常の労働と比較して労働密度が低く、労働時間、休憩、休日の規定を適用しなくても必ずしも労働者保護に欠けないことから、適用除外とされたものです。したがって、監視中、待機中の精神的緊張の高いものは、行政官庁において許可しないものとされています（例えば、危険・有害な場所での監視業務等）。

イ　行政官庁の許可が必要

労基法41条3号の適用除外とするには、行政官庁の許可が必要です。具体的には、従事する労働の態様、員数を様式14号によって所轄の労働基準監督署長から許可を受けなければなりません（労基則34条）。

許可は労基法41条3号の効力発生要件です。そのため、この許可を得ていな

い場合は，実態として「監視又は断続的労働」にあたるとしても適用除外は認められず，割増賃金を支払う必要が生じてきます。

ウ　宿日直の取扱い

通常の勤務を行う労働者が通常勤務の傍ら宿日直に従事する場合は，「監視又は断続的労働」の一類型として，所轄の労働基準監督署長の許可に基づき，適用除外の対象とすることが可能です（労基則23条）。

宿日直に関する許可の基準は，行政通達において定められています（昭22.9.13発基17号，昭63.3.14基発150号）。主な内容は次のとおりです。

ただし，③の「日直は月1回を限度とする」との基準は，週休1日制の頃を前提とするものであり，週休2日制の現在においては「月2回」とすべきものと考えます。

【宿日直の許可基準】

① 勤務の態様

　常態として，ほとんど労働をする必要のない勤務であって，定期的巡視，緊急の文書又は電話の収受，非常事態に備えての待機等を目的とするもの

② 宿日直手当

　宿直，日直の勤務に対して相当の手当てを支給すること。金額の基準としては，原則として賃金の1人1日平均額の3分の1を下回らないこと

③ 宿日直の回数

　原則として，宿直は週1回，日直は月1回を限度とすること

④ 設備

　宿直勤務については，相当の睡眠設備の設置を条件とすること

6 割増賃金に関する実務問題

> **Q1：所定時間外労働の割増賃金**
>
> 所定時間外労働，いわゆる法内残業に対する割増賃金の支払は？
> たとえば，所定労働時間7時間の会社における7時間を超え8時間の労働に対する割増賃金は，どのように支払うべきか？

(1) 問題点

本節2で触れたように，労基法37条の規制対象は，あくまで法定時間外労働（8時間超の労働）です。事例のような所定時間外労働（法内残業）は，労基法の規制するところではありません。したがって，この部分について労基法37条に基づく割増賃金の支払義務は生じません。

しかし，労働者が所定労働時間を超える労務提供を行っている以上，そこに労務提供の対価である賃金が発生するのではないか，という問題はあります。

(2) 別段の合意がなければ通常賃金を支払う

この点について，行政通達は「法定労働時間内である限り所定労働時間外の1時間については，別段の定めがない場合には原則として通常の労働時間の賃金を支払わなければならない。但し，労働協約，就業規則等によって，その1時間に対し別に定められた賃金額がある場合にはその別に定められた賃金額で差し支えない」としています（昭23.11.4基発1592号）。

つまり，所定時間外労働は，①労基法37条の問題ではないが，労働契約に基づき労務提供の対価たる賃金を支払わなければならない，②その額は，別段の合意があればその額に従うが，そうでなければ所定労働時間中の通常賃金の額に従うということです。

したがって，所定労働時間における賃金額が1時間あたり2,000円であれば，上記の所定時間外労働には原則として2,000円を支払えばよく，25％の割増部分（500円）を支払う必要はありません。また，所定時間外労働の賃金額を1時間あたり1,500円にする合意があれば，合意に基づく1,500円を支払えば足りることになります。完全月給制の場合の当職の考え方は第3章第5節を参照してください。

Q2：遅刻・早退した場合

遅刻，早退をした従業員にも，割増賃金を支払わなければならないのか？たとえば，始業・終業時刻9時〜18時（休憩1時間）の会社において，1時間遅刻して10時に出社した社員が，19時まで勤務した場合の取扱いは？

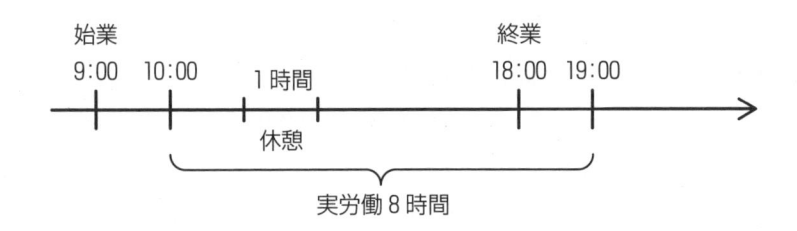

```
始業                    終業
9:00  10:00   1時間   18:00 19:00
 |─────|─────|─────|─────|─────|─────>
              休憩
       └──── 実労働8時間 ────┘
```

質問事例では，終業時刻後においても1時間の労働が発生しています。この1時間の労働につき割増賃金が発生するのかという問題です。

本節2で見たように，労基法37条が割増賃金を支払えと定めているのは「法定時間外労働」＝1日8時間を超える労働です。終業時刻を超えた労働に対して割増賃金を支払えと定めているわけではありません。

質問事例では，終業時刻を1時間超えて労働していますが，始業時刻から1時間遅れて労働を開始しているので，実労働時間としては8時間です。したがって，「法定時間外労働」は生じておらず，割増賃金を支払う必要はありません。

ただし，就業規則等に「終業時刻を超えて労働した場合には時間外手当を支

給する」と定めている場合には注意が必要です。この場合，終業時刻後に労働した以上，就業規則の定めに基づき時間外手当を支払う必要が生じてしまいます（1時間遅刻した分の賃金を控除できますが，0.25の割増部分の支払いが残ります。ただし，これは労基法37条に基づく割増部分ではないので，同法24条が問題となる）。

就業規則の規定上は，後述の規定例のように「1日実働8時間を超えて労働した場合には」と定めるべきです。

Q 3：10分程度のロス時間

始業・終業時刻9時〜18時（休憩1時間）の会社において，18時10分までの10分間については時間外労働としては取り扱わず，割増賃金を支払っていない場合，労基法37条に違反するか？

Q 2で見たように，終業時刻を超えたら直ちに割増賃金を支払わなければならないというわけではなく，あくまで問題とされるのは，実労働時間が8時間を超えているかどうかです。

したがって，8時間10分の労働を行っていれば，10分間の時間外労働につき割増賃金を支払う必要がありますが，私用電話・私的会話・トイレ休憩・喫煙・私的なインターネット閲覧等をしている時間は，実労働時間としてカウントされません。そして，通常のホワイトカラーの職場においては，始業から終業までの8時間と実労働時間8時間とは一致しない方が一般的といえます。実際の社内の勤務ぶりからすると，所定労働時間8時間をフル稼働している従業員がいるとは考えられません。

しかし，30分〜1時間も一律に実労働時間から切り捨てるとなると，実労働時間の把握義務は使用者にあるので，使用者の側でそのようなロス時間があることを労働基準監督官等に証明しなければなりません。このような証明は，実際上極めて困難です。逆に，切り捨てるのが10分程度であれば，10分程度のロ

ス時間があることの方が常識的であり，こうした経験則からすれば，労働者の方でそのロスがないことの証明をするようにいえると考えられます。

　以上から，質問事例のような取扱いは適法といえるものと考えます。ただし，実際に８時間10分をフルに労働していたという場合には別ですので，例えば製造業のようにベルトコンベアーの流れに応じて勤務するブルーカラーなど，一般的なホワイトカラーにおけるロス時間が生じないと考えられるケースでは，このような取扱いをしない方が無難といえます。

Q4：端数の処理

割増賃金の計算において，端数を切り捨て処理することは可能か？

　行政通達は，次のような端数処理を行うことにつき，「常に労働者の不利となるものではなく，事務簡便を目的としたものと認められるから，法第24条及び第37条違反としては取り扱わない」としています（昭63．3．14基発150号）。

---

① １カ月における時間外労働，休日労働，深夜労働の各々の時間数の合計に１時間未満の端数がある場合，30分未満を切り捨て，30分以上を１時間に切り上げること
② １時間あたりの賃金額および割増賃金額に１円未満の端数が生じた場合，50銭未満を切り捨て，50銭以上を１円に切り上げること
③ １カ月における時間外労働，休日労働，深夜労働の各々の割増賃金の総額に１円未満の端数が生じた場合，上記②と同様，50銭未満を切り捨て，50銭以上を１円に切り上げること

---

　①は，１カ月間の時間外労働，休日労働，深夜労働の時間数に端数が生じた場合の処理です。注意すべきは，端数処理が許されるのは１カ月間の合計時間数であるという点です（１カ月の時間外労働が30時間10分，休日労働が９時間

50分の場合に，それぞれ30時間，10時間として処理する）。

これに対し，毎日の時間外労働等の時間数を端数処理することは許されません。そのような処理をすると，30分未満の時間外労働が常に賃金ゼロになり，たとえば毎日20分ずつの残業を行ったという場合に一切割増賃金が発生しないという妥当性を欠いた処理になってしまうためです。

②は，1時間あたりの基礎賃金額，割増額（1.25等の割増率を乗じた額）の端数処理，③は，1カ月間の割増賃金額に関する端数処理です。

①～③のいずれも，切上げと切捨ての両方を認める処理でなければならないとされています。そのため，1時間未満または1円未満の端数があるときに常に切捨てを行うといった処理は許されません。

Q5：固定払い

割増賃金の固定払いを適法に行うための留意点は？
例えば，50万円の基本給に割増賃金を含ませて支払うこと，営業手当5万円を割増賃金として支払うことは可能か？

(1) 固定払いを適法に行うには

質問の固定払いとは，毎月一定額を割増賃金として固定的に支払うというものですが，このような割増賃金の支払方法も，次の事項を満たしていれば適法と解されています。

① 支給される基本給または手当が割増賃金に相当することが明示されていること
② 支給される基本給または手当のうち，どの部分が割増賃金に相当するかが金額，割合，時間等により明確に区分されていること

したがって，このような支払方法をとる場合，①基本給または手当を割増賃金として支払う旨を就業規則，契約書等に明示することが必要といえます。

さらに，②単に「割増賃金として支払う」と規定するだけではなく，「基本給のうち5万円を時間外手当として支払う」「営業手当のうち3万円を時間外手当として支払う」というように，割増賃金に相当する部分を明確に区分しなければなりません。手当の全額を割増賃金として支払う場合には，「営業手当はその全額を…」というように全額である旨を明示すべきです。

以上を満たしていれば，質問のような支払方法も適法といえます。

(2) 実務上の留意点

ただし，労基法37条に基づく割増賃金の計算方法は，本節4で見たように，同条で厳密に定められています。したがって，上記の固定払いの額が労基法37条の計算方法から算出される「金額」に満たない場合には，差額分を別途支払う必要はありますので，この点は注意が必要です。さらに万全を期する意味で，後述の規定例のように「差額は別途支給する」旨の定めを就業規則等に規定することが考えられます。

このような差額の支払いがなるべく生じないようにしたいという場合には，従業員の時間外労働の実態を検証して，実態をやや上回る額を固定払いの金額として設定することが考えられます。

また，固定払いの問題は，労働者との間でトラブルになりやすい側面があるので，入社時の労働条件通知書等によって，労働者にそのような契約内容である旨をきちんとアナウンスしておくのが適切といえます。

Q6：年俸制と割増賃金

年俸制を導入すれば，割増賃金を支払う必要はなくなるのか？

(1) 年俸制それ自体に割増賃金を免れさせる効果はない

この点は，実務上誤りの生じやすい点と思われます。

年俸制は，1年間の仕事の成果によって翌年度の賃金額を設定しようとする制度，つまり労働の「質」に応じた賃金システムに適しています。その意味で，労働の「量」に応じて割増賃金が支払われる労基法37条の仕組みとはなじみにくい面があります。

しかし，労基法には，年俸制につき割増賃金の支払いを免れさせるといった定めは置かれていません。すなわち，年俸制それ自体に割増賃金の支払いを免れさせる効果はなく，年俸制においても，労基法41条2号の「監督若しくは管理の地位にある者」，労基法38条の3，4の裁量労働制の適用がない限りは，労基法37条に基づく割増賃金の支払義務が生じることになります（ただし，裁量労働制でも，みなし時間数の定め方によっては時間外労働の割増賃金が生じ，また休日・深夜労働の割増賃金を支払う必要がある点に注意）。

(2) 年俸制における割増賃金の支払い方法

年俸制では，年俸の中に賞与部分が設けられていることがあります。

賞与に関しては，本節4で見たように「1カ月を超える期間ごとに支払われる賃金」に当たるため，通常は割増賃金の基礎に含まれません。

しかし，労基法にいう「賞与」とは，あらかじめ支給額が確定されていないものをいうとされています（平12.3.8基収78号）。そのため，賞与部分を含め年俸額が前年度末に確定している年俸制の賞与は，労基法にいう「賞与」とはみなされず，これも基礎賃金に含めて割増賃金の計算を行うことになります（具体的には，賞与部分を含めた年俸額を年間の所定労働時間数で除する）。

このように，年俸制をとれば割増賃金は支払わなくてもよいという誤解に基づいた運用がなされている場合，賞与部分を含む高額の賃金を基礎とする未払いが生じかねないので，注意が必要です。

年俸額に加えて労働の「量」に応じた割増賃金が加算されていく仕組みが制

度本来の想定と異なるという場合には，前述した固定払いの方法をとることが考えられます。例えば，「年俸額のうち20％に相当する部分は時間外・休日・深夜手当として支払う」旨を就業規則，契約書等に明記する方法です。

割増賃金に相当する割合に関しては，平均的な時間外・休日・深夜労働の時間数から導き出した金額を設定して差額は別途支払う方法や，平均的な時間数を上回る金額を設定して差額支払いの必要を生じにくくする方法が考えられます。

なお，固定払いを適法に行うには割増賃金に相当する部分を明確に区分する必要があるのは前述のとおりですが，年俸制に関しては，行政通達で以下のように述べられており（平12．3．8基収78号），その旨の明示がなくても固定払いが有効と認められる可能性があります。もっとも実務上は，リスク回避の観点から事前に就業規則や契約書の規定上，割増賃金に相当する部分を明確に区分しておくべきです。

> 事案の場合，割増賃金相当部分と通常の労働時間に対応する賃金部分とを明確に区別していないが，当該労働者の前年度実績からみて一定の時間外労働等が存在することが想定され，その分の割増賃金を含めて年俸額が決められていることは労使双方認識しているところである。よって，事案の場合，労働基準法第37条違反とは取り扱わないこととする（※ただし，労基法15条の労働条件明示義務違反が成立するとされる）。

7 割増賃金と就業規則の定め

時間外・休日・深夜勤務手当に関する就業規則の規定例は次のとおりです。本文中でも触れたように，実労働時間をベースにすること，割増賃金の支払の対象を労基法どおりにするのであれば法定時間外労働，法定休日労働を割増手当の支払対象とすべきことがポイントです。

(時間外勤務手当)
第○条　就業規則第○条（時間外労働）により，1日実働8時間又は1週実働40時間を超えて労働した場合には，時間外勤務手当を支給する。
2　前項の時間外勤務手当は，次のイの計算方法により算出した割増賃金額に原則としてロの計算方法により算出した時給分を加算した額を支給する。
　　イ　割増賃金額
　　　　（基本給＋住宅手当）÷（1月平均所定労働時間）×0.25×時間数
　　ロ　時給分
　　　　（基本給＋住宅手当）÷（1月平均所定労働時間）×1×時間数
※社員研修のような場合には，時給額について別途の定めの可能性がある。

(休日勤務手当)
第○条　就業規則第○条（休日労働）により，休日に労働した場合には，休日勤務手当を支給する。なお，就業規則第○条により振替休日が与えられた場合，休日労働にあたらず，本規定に定める休日勤務手当は支給しない。
2　前項の休日勤務手当は，次の各号のとおり計算した額を支給する。
　①　休日労働が，法定休日（1週1日の休日）である場合
　　　次のイの計算方法により算出した割増賃金額に原則としてロの計算方法により算出した時給分を加算した額
　　イ　割増賃金額
　　　　（基本給＋住宅手当）÷（1月平均所定労働時間）×0.35×時間数
　　ロ　時給分
　　　　（基本給＋住宅手当）÷（1月平均所定労働時間）×1×時間数
※社員研修のような場合には，時給額について別途の定めの可能性がある。
　②　休日労働が法定休日（1週1日の休日）以外の休日である場合
　　　次の計算方法により算出した時給分のみ支給する。ただし，この休日労働が前条の時間外労働に該当する場合，同条に基づき時間外勤務手当を支給する。

（基本給＋住宅手当）÷（1月平均所定労働時間）×1×時間数
3　就業規則第〇条に基づき代休が付与された場合の休日労働については、時給分は支給せず、次の計算方法により算出した割増賃金分のみを支払う。
　①　法定休日労働の場合
　　　（基本給＋住宅手当）÷（1月平均所定労働時間）×0.35×時間数
　②　法定休日以外の休日労働の場合で前項2号但書の場合
　　　（基本給＋住宅手当）÷（1月平均所定労働時間）×0.25×時間数
（深夜勤務手当）
第〇条　午後10時から午前5時までの深夜時間帯に労働させた場合には、深夜勤務手当を支給する。
2　前項の深夜勤務手当は、次のとおり計算した額を支給する。
　　　（基本給＋住宅手当）÷（1月平均所定労働時間）×0.25×時間数

また、本節6のQ5で見た固定払いの規定例は次のとおりです。

（営業手当）
第〇条　営業職の従業員に対し、月額50,000円の営業手当を支給する。
2　前項の営業手当は、その全額を第〇条ないし第〇条の時間外・休日・深夜勤務手当として支給する。
（※又は）
　　2'　前項の営業手当のうち、30,000円は、第〇条ないし第〇条の時間外・休日・深夜勤務手当として支給する。
3　第〇条ないし第〇条の規定（時間外・休日・深夜勤務手当）にかかわらず、前項に定める営業手当を支給された従業員について、第1項に定める営業手当の額を超えて、時間外割増賃金、休日割増賃金、深夜割増賃金が発生した場合には、別途、その差額を時間外勤務手当として支給する。

8　本条違反の効果

この項では，割増賃金を支払わなかった場合にどのようなリスクがありうるのかを①刑事，②行政，③民事の3つの観点から見ていきます。

(1)　労基法119条の罪による送検・起訴（刑事）

労基法119条は，労基法37条に違反した場合，つまり割増賃金を支払わなかった場合には，6ヵ月以下の懲役または30万円以下の罰金に処すると定めています。

> **第119条**　次の各号の一に該当する者は，これを6箇月以下の懲役又は30万円以下の罰金に処する。
> 　一　第3条，第4条，第7条，第16条，第17条，第18条第1項，第19条，第20条，第22条第4項，第32条，第34条，第35条，第36条1項ただし書，第37条，第39条，第61条，第62条，第64条の3から第67条まで，第72条，第75条から第77条まで，第79条，第80条，第94条第2項，第96条又は第104条第2項の規定に違反した者
> （2～4号略）

このように，労基法は，使用者が同法37条に違反して割増賃金を支払わなかった場合を刑罰の対象としています。つまり労基法上は，割増賃金の未払いが生じると，労働基準監督署が労働基準法違反事件として送検し，検察官が起訴し，最終的に裁判所において法定刑の範囲内での有罪判決を受ける可能性があるということです。

しかし，実際の送検状況を見ると，37条違反を理由として送検される例はそれほど多くはありません（358頁参照）。平成22年で37件と，都道府県ごとに1件あるかないかという件数です。他方，24条違反（賃金不払い）の件数は，37

条違反の10倍以上に上ります。

　これは、24条違反が労働者の生活の糧となる通常賃金を支払わず、労働者の最低限度の生活を奪いかねないものであるのに対し、37条は、通常の賃金が支払われたうえで、さらに法定の割増賃金の支払いが行われているかという問題であり、労働者の最低限度の生活（憲法25条）との関連性がおのずから異なるためです。

　実際にも、37条違反で送検されるのは、労働者の健康を害するような長時間の残業実態があり、かつそれに対する割増賃金の支払いも行われていない場合、あるいは労働基準監督官の幾度の指導・勧告にもかかわらず未払いを是正しないといった極めて悪質な事例が通常です。

(2) 監督機関の指導、勧告（行政）

ア　労働基準監督官による指導、勧告とは

　労基法の実効性を確保するため、国は、専門的行政機関として厚生労働省の下に労働基準主管局を、また各都道府県に都道府県労働局を置き、さらに現場の監督にあたる労働基準監督署を置いています。これらの監督機関には、労働基準監督官が配置され、日々労基法が遵守されているかの監督活動を行っています。

　こうした監督活動の結果、労働基準監督官が使用者に対して指導、勧告を行うことがあります。指導の際には指導票、勧告の際には是正勧告書がそれぞれ使用者に交付されます。これら2つは次のような区分によって交付されます。

- 指導票：法違反には該当しないが、改善した方が好ましい場合
- 是正勧告書：労働基準監督官が監督に際して法違反に該当すると認めた場合

　労基法37条との関係では、割増賃金の未払いが認められた場合は労基法37条違反に該当するため、是正勧告書が交付されます。未払いは認められないが、将来の法違反を未然に防ぐために改善が必要と労働基準監督官が考えたときは、指導票が交付されます。例えば、割増賃金の計算に留意すること、労働者の始

業・終業時刻を適切に管理すること等が指導事項として挙げられます。

このように，割増賃金の未払い（あるいはその温床となる状況）が存在する場合，使用者は労働基準監督官から指導，勧告を受ける可能性があります。

平成23年10月19日付厚生労働省発表によれば，平成22年度の1年間で割増賃金が不払いであるとして是正指導した事案のうち，1企業当たり100万円以上の割増賃金が支払われた事案の状況は次のとおりです。事案によっては多額の是正支払が行われているのが分かります。

- 是正企業数　　　　　　　　　1,386企業
- 支払われた割増賃金合計額　　123億2,358万円
- 対象労働者数　　　　　　　　11万5,231人
- 支払われた割増賃金の平均額は1企業当たり889万円，
  　　　　　　　　　　労働者1人当たり11万円
- 割増賃金を1,000万円以上支払ったのは200企業で全体の14.4％，その合計額は88億5,305万円で全体の71.8％
- 1企業での最高支払額は3億9,409万円（旅館業），次いで3億8,546万円（卸売業），3億5,700万円（電気通信工事業）の順

これらは企業にとって潜在的なコストになりかねないものですので，日頃から適切な割増賃金の計算を行い（詳しくは本節4），それを前提に賃金全体の支払を管理する必要があるといえます。

もっとも，本節1(4)で見たように，企業の労働費用は，現金給与の割合が約80％，そのうち毎月決まって支給する給与が約65％，賞与が約15％という内訳になります。つまり企業は，賞与の約15％と法定外福利費の約3％を合わせて，約18％程度のフローを持っていることになります。

したがって，毎月決まって支給する給与65％のうち，所定内給与が約62％，所定外給与が約5％と考えれば，割増賃金の未払い分を支払っても，在職者の昇給，賞与，福利厚生を調整すれば，総額人件費に変化は生じません。このよ

うに，労働基準監督官の指導・勧告があった場合，それに基づいて割増賃金を支払うとしても，上記のフローによって調整することで総額人件費への影響を抑えることは可能といえます。

イ　指導，勧告に従う法的義務はあるか

これらの指導，勧告を受けた場合，使用者はそれに沿った措置を講じる法的義務が生じるかというと，指導，勧告はそうした法的義務を生じさせるものではありません。

この点は，裁判例でも「労働基準監督官が行う是正勧告は，行政指導として行われているものであって，それ自体何ら法的効果を生じさせるものではないし，被勧告者において，是正勧告に従わなかったとしても，そのこと自体を理由に何らかの不利益処分を課されたり，義務を負わされたりすることはないのであり，被勧告者の法的地位に何らの影響を及ぼすものではない」とされています（国・亀戸登記所監督官（エコシステム）事件＝東京地判平21.4.28労判993-94，札幌東労働基準監督官（共永交通）事件＝札幌地判平2.11.6労判576-59）。

このように，労働基準監督官からの指導，勧告に従う法的義務はありません。ただその後に控えている送検等を避けるために，指導，勧告がなされた場合に労基法違反の事実（あるいは将来的に違反になりかねない状態）自体を是正する必要はあるといえます。

監督機関から連絡を受けた場合の詳しい実務対応については『労働時間規制の法律実務』742頁以下で解説しています。

(3) 労働者による割増賃金請求（民事）

最後に，割増賃金の未払いがある場合，使用者は，雇用契約に基づく民事上の請求として，労働者から未払いとなっている割増賃金の請求を受ける可能性があります。

この点に関しては，請求認容額の支払いというリスクのほか，弁護士費用の

発生，社内担当者の負担と時間的コスト，あるいはその事件が社会的な耳目を集める場合にはレピュテーションリスクの発生も考えられるところです。

ア　割増賃金をめぐる紛争とその解決機関

割増賃金請求は，訴訟等の紛争解決機関の手続に至る前に，労働者から内容証明等の形で未払い額を支払うよう連絡がなされるのが通常です。このような当事者間の話し合いで未払い問題が解決しなかった場合，(使用者が債務不存在確認を求めることも可能ですが) 通常は労働者の申立てによって，紛争解決機関に場所を移して解決が図られることになります。

こうした個別労使紛争の解決機関の最たるものが裁判所を通じた司法手続であり，民事通常訴訟 (本案訴訟)，保全訴訟 (仮処分)，労働審判，民事調停，少額訴訟といった種類があります。行政手続としては，労働局の紛争調整委員会，都道府県労政主管部局，都道府県労働委員会によるあっせん等の種類があります。

司法手続のうち，割増賃金の紛争に本来なじむのは民事通常訴訟 (本案訴訟) といえます。

まず保全訴訟 (仮処分) は，労働者とその家族の生活の困窮を避ける必要 (保全の必要性) のあるときに用いられる制度のため，通常賃金を支払ったうえでのプラスアルファが問題となる割増賃金請求には通常なじみません。

また労働審判は，原則3回以内の期日で審理を終えるため，残業時間等の認定に多量の作業を要する割増賃金の事案にはなじみにくいという側面があります。残業時間の事実認定に争いがなく，割増賃金の算定方法等に意見相違が見られるのみというケースでは，早期解決を図る仕組みとして活用することができますが，そうでない場合，上記の短い審理期間の中で残業時間がラフに認定され，請求額の7～8割といった大ざっぱな調停案が示される懸念もあります。この点は民事調停，少額訴訟にも同様のことがあてはまります (少額訴訟とは，訴額60万円以下の金銭請求事件について原則1回の期日で審理を完了し，ただちに判決に至るという制度です)。

イ 割増賃金訴訟の実際

近年,労働事件全体の事件数は増加傾向にあります(平成11年が訴訟1,802件,仮処分848件の計2,650件に対し,平成20年が訴訟2,500件,仮処分410件,労働審判2,077件の計4,987件)。その中でも,割増賃金請求を含む事件が増えている傾向にあるといわれています(松田典浩「東京地裁労働部の事件概況」判タ1324=61,早田尚貴「東京地方裁判所労働部の事件処理の現状」NBL952=44)。

割増賃金請求を内容とする訴訟は,労働者が裁判所に訴状を提出し,訴えを提起することにより開始します。

訴状の「請求の趣旨」には,請求を求める内容が次のように記載されます。第1項の遅延損害金の割合(年6分)は,退職していない労働者で,使用者が商人である場合を念頭に置いたものです(商法514条)。これに対し,退職者による請求の場合は年14.6%です(賃金の支払の確保等に関する法律6条)。第2項は労基法114条に基づく付加金を求める内容です(付加金についての詳細は第4章第6節参照)。付加金に対する遅延損害金は,付加金の支払を命じる判決が確定した翌月から発生し,その利率は年5分とされています(江東ダイハツ自動車事件=最一小判昭50.7.17労判234-17)。

【請求の趣旨】
1　被告は,原告に対し,○○万○○円及びこれに対する平成○年○月○日から支払済みまで年6分の割合による金員を支払え
2　被告は,原告に対し,○○万○○円及びこれに対する本判決の確定の翌日から支払済みまで年5分の割合による金員を支払え
3　訴訟費用は被告の負担とする
との判決並びに仮執行宣言を求める。

また,訴状には「請求の趣旨」に記載された請求権の発生を基礎づける具体的事実たる「請求原因」が記載されます。割増賃金請求の請求原因の枠組みは次のようなものです。上記1・2の摘示事実から,基礎賃金額,割増率に関す

る主張が行われます。

> 【請求原因】
> ① 雇用契約の成立，内容
>   当事者，契約締結日，期間の定めの有無
>   賃金額，締め日，支払日
>   所定労働時間，所定休日　等
> ② 時間外・休日・深夜労働に対する賃金支払の合意内容
>   就業規則等の定めが法定割増率より有利な場合
> ③ 請求に対応する期間における時間外・休日・深夜の労務提供
>   時間外・休日・深夜労働の事実，時間数

これに対し，使用者（被告）は，答弁書において請求の棄却を求めるとともに，訴状記載の事実に対する反論，被告側の主張を行います。被告側の認否反論，主張の枠組みはおおよそ次のようなものになります。ⓓ～ⓛの被告主張は，原告労働者の属性，被告会社のとっている制度内容に応じて，案件ごとに妥当する事項を主張するものです。

> 【請求原因に対する反論】
> ⓐ 雇用契約の内容に関する反論
>   例：原告の主張する賃金額，支払日，所定休日は事実と異なる。
> ⓑ 基礎賃金額，割増率に関する反論
>   例：基礎賃金額の計算に誤りがある。
> ⓒ 時間外・休日・深夜労働の事実，時間数に関する反論
>   例：原告が時間外・休日・深夜労働を行った事実はない。または原告が主張するような時間数の時間外・休日・深夜労働は行われていない。
> 【被告主張（抗弁）】

ⓓ 監督若しくは管理の地位にある者に該当すること（法41条2号）
　　例：いわゆる管理監督者にあたるため，時間外・休日割増賃金の支払対象にならない。
ⓔ 変形労働時間制の適用対象者であること（法32条の2，4，5）
　　例：変形労働時間制が適用されるため，1日8時間を超えても法定時間外労働にあたらない。
ⓕ フレックスタイム制の適用対象者であること（法32条の3）
　　例：フレックスタイム制が適用されるため，1日8時間を超えても法定時間外労働にあたらない。
ⓖ 事業場外労働のみなし制の適用対象者であること（法38条の2）
　　例：事業場外労働のみなし制が適用されるため，所定労働時間労働したものとみなされる結果，法定時間外労働は発生しない。
ⓗ 裁量労働制の適用対象者であること（法38条の3，4）
　　例：裁量労働制が適用されるため，協定・決議に定める時間数労働したものとみなされる結果，法定時間外労働は発生しない。
ⓘ 農業，畜産・水産業の事業に従事する者であること（法41条1号）
ⓙ 機密の事務を取り扱う者であること（同条2号）
ⓚ 監視または断続的労働に従事する者で使用者が行政官庁の許可を受けたこと（同条3号）
ⓛ 割増賃金の固定払い（弁済の抗弁）
　　例：基本給のうち10万円は時間外手当として支給する旨就業規則に明記されており，割増賃金の未払いは生じていない。
ⓜ 消滅時効（労基法115条），除斥期間（法114条但書）
　　例：原告は平成24年3月31日に訴え提起したが，その時点で平成22年3月25日を支払日とする平成22年3月分までの債権はすでに時効が完成しているため，本書面をもって時効の援用を行う。

　これらの主張の中で特に労力を要するのが，残業時間数の認定作業です。請

求原因③，反論ⓒがそれにあたります。

　残業を行った事実とその時間数を主張立証する責任は，労働者の側にあります。そして，この点を立証する証拠としてタイムカード等の記録が提出されます。

　タイムカード等の記録には，出社・退社の時刻を把握できる一方で，出社・退社時刻を把握するのみでは正確な労働時間を把握できない，タイムカード等に記録される時刻がそのまま労働時間を示すものではないという限界があります。しかし，多くの訴訟の場においては，タイムカードが証拠として提出されると，そこに記載された時間から一定の休憩時間見合いの時間を控除した時間数につき，その時間に労務の提供があったものとして労働時間にあたるという推認を及ぼしています。

　その場合，被告である使用者の側で，タイムカードの打刻時間が労働時間を示すものではないといえる事情を，上記の推認を覆す事情として反証する必要があるのが現状です。具体的には，途中での外出，業務懈怠，第三者による打刻の事実，打刻前後にかかる業務以外の時間等が反証事実になりえます。その根拠となる証拠としては，例えばPCのログ記録や営業車両に搭載されたカーナビ記録，最近ではTwitterやfacebookの書込み等が考えられるところです。

　また，残業時間数の認定に関しては，各種証拠から認められる勤務実態を前提としてその活動が労基法32条の「労働時間」に該当するものか，という法的評価の問題も関連しますが，この点は本節3で述べたとおりです。

　こうした点を含め，上記の請求原因，被告主張の当否をめぐって双方が主張を交わし，一定の整理がついたところで証人尋問を実施した後，判決に至ります。労働関係訴訟における第1審の平均審理期間は11カ月から1年間ですが，割増賃金訴訟も傾向としてはこの程度の期間といえます。判決に不服がある場合は，控訴を提起し，その後の控訴審，上告審へと続きます。

　判決に至る経過の中で裁判官の勧試のもと和解交渉が行われることもあり，その結果，和解成立に至った場合はそれにより事件終了となります。

　なお，民事訴訟におけるタイムカードの証拠価値としては上述のとおりです

が，労働基準法違反の刑事手続の場合，実働8時間を超えたことを「合理的疑いを容れない程度」という高度の主張・立証を検察官が行う必要があり，タイムカードではその証拠として不十分と考えます。

第4章

賃金に関する労基法の各規制の説明(3)

＊本章では，労基法が最低基準効として刑罰をもって使用者にその遵守を求める，賃金に関する法規制のうち，39条6項，59条，89条，91条，108条，114条及び115条について説明します。

第1節

年次有給休暇の賃金
（労基法39条7項）

> **第39条**
> 7　使用者は，第1項から第3項までの規定による有給休暇の期間又は第4項の規定による有給休暇の時間については，就業規則その他これに準ずるもので定めるところにより，それぞれ，平均賃金若しくは所定労働時間労働した場合に支払われる通常の賃金又はこれらの額を基準として厚生労働省令で定めるところにより算定した額の賃金を支払わなければならない。ただし，当該事業場に，労働者の過半数で組織する労働組合がある場合においてはその労働組合，労働者の過半数で組織する労働組合がない場合においては労働者の過半数を代表する者との書面による協定により，その期間又はその時間について，それぞれ，健康保険法（大正11年法律第70号）第99条第1項に定める標準報酬日額に相当する金額又は当該金額を基準として厚生労働省令で定めるところにより算定した金額を支払う旨を定めたときは，これによらなければならない。

1　趣　旨

　労基法39条は，年次有給休暇について定めています。
　年次有給休暇は，労働者の健康で文化的な生活の実現に資するため，労働者に対し，休日のほかに毎年一定日数の休暇を有給で保障する制度です。
　年次有給休暇を労働者に与えた場合には，使用者は，本条7項が定める賃金

の支払をしなければなりません。これは、休暇を取得する労働者に賃金面での不利益を被らせないことによって、休暇の保障を確実にすることを目的としています。

2　年休手当が賃金に該当するか

　本条7項の年休手当が労基法11条の「賃金」に該当するかが問題となります。
　この点、本条7項が、「賃金」と定めていることおよび労務提供との間に具体的な対応関係はなくても「労働の対償」と解することはできることから、年休手当は労基法11条の「賃金」に該当するといえます。
　したがって、本条7項の年休手当についても、労基法が定める賃金としての保護が及ぶこととなります。

3　年休手当の額

　年次有給休暇の際に支払うべき賃金は、①平均賃金もしくは②所定労働時間労働した場合の通常の賃金、または、③健康保険法による標準報酬日額に相当する金額のいずれかです。
　このうち、①または②が原則とされており、いずれとするかは、就業規則等に定めをし、その定めに従うことが必要です。
　③を選択する場合は、労使協定を締結することが必要です。この労使協定は、健康保険法上の標準報酬日額が、平均賃金、通常賃金の額を下回る場合でも、本条違反の成立を否定する効力（免罰的効力）を有するにとどまります。
　したがって、労働契約の内容とするためには、就業規則等に、労使協定で定めた計算方法を規定し、それを周知することが必要です。
　①の平均賃金については、本書の第2章第4節で説明をしています。また、②の通常賃金については、労基則25条により計算することが必要ですが、これは第3章第6節の割増賃金の計算方法と同じです。詳しくはそちらを参照して

ください。

4　本条違反の効果

　本条に定める賃金を支払わない場合は，6カ月以下の懲役又は30万円以下の罰金を科されることとなります（119条1号）。また，労基法114条により，裁判所は，付加金の支払を命ずることができます。

第2節 未成年者の賃金請求権（労基法59条）

> **第59条** 未成年者は，独立して賃金を請求することができる。親権者又は後見人は，未成年者の賃金を代って受け取ってはならない。

1 趣　旨

　賃金の受領は準法律行為であり，民法上，未成年者は，法定代理人の同意がなければ，賃金の受領をすることができません（民法4条1項）。また，民法上，親権者または後見人は，法定代理人として，未成年者の賃金の代理受領権を有しています（民法824条，859条1項）。
　その結果，従来，使用者が賃金を未成年労働者に支払わず，親元に支払うという事態が多く生じました。
　労基法24条は，使用者に対して，賃金を労働者に直接支払う義務を定め，このような弊害の防止を図っていますが，使用者に対する義務だけでは不十分ですので，本条は，未成年労働者に賃金の独立請求権を付与し，親権者または後見人による代理受領を禁止しています。

2 独立の賃金請求権

　未成年者は，独立して賃金を請求することができます（本条前段）。
　民法6条は，「営業を許された未成年者は，その営業に関しては，成年者と同

一の行為能力を有する」と定めています。

したがって、親権者等の許可を得て労働契約を締結した未成年労働者は、「営業を許された未成年者」として、独立の賃金請求権を有すると解することも可能です。

しかし、使用者と労働契約を締結して、その指揮命令に従って労務提供をする場合が、民法6条の「営業」に該当するかは不明確です。

そこで、本条は、未成年労働者が独立の賃金請求権を有することを、明文化しました。本条により、未成年労働者は、親権者等の同意を得なくても、使用者に対し、賃金の支払を請求することができます。使用者も、未成年労働者に賃金の支払いをすれば、その義務を免れることになります。

次に、未成年者が賃金の支払いを求めるため、独立して訴訟を行うことができるかについては、民事訴訟法31条が、「未成年者は、独立して法律行為ができる場合を除いて、法定代理人によらなければ、訴訟行為をすることはできない」旨定めています。

本条が、独立の賃金請求権を明文化していますから、未成年者は、賃金請求訴訟については、「独立して法律行為ができる場合」として、法定代理人によらずに、独立して行うことができることになります。

3 賃金の代理受領の禁止

親権者または後見人は、未成年者の賃金を代わって受け取ることはできません（本条後段）。

親権者または後見人には、未成年労働者の賃金の代理受領権はありませんので、使用者は、親権者や後見人から賃金の支払請求を受けても、それを拒絶することができます。一方、親権者または後見人に支払っても、賃金債務を免れることができません。

この点親権者又は後見人が、未成年者から真意により委任を受けたことが明らかな場合は、任意代理人として支払いを受けることができるとする見解もあ

ります。

　しかし、「代わって受け取ってはならない」という文言からすれば、このような任意代理人としての受領をも禁止する趣旨であることは明らかです。また、これを認めると、脱法行為により本条の目的が達成できないことになります。

　したがって、本条は、親権者等が任意代理人として受領することも禁止するものと解すべきです。

　理論上は、親権者又は後見人が、未成年労働者の「使者」として、賃金の支払を受けることはできると考えられます。

　しかし、未成年者と親権者等との能力の違い、親権者等の方が通常優位な立場にあることからすると、「使者」に該当する場合は、限られると考えられます。したがって、使用者は、慎重に対応をする必要があります。

　例えば、未成年労働者が会社に来ることができないような病気、けがを負い賃金の受領ができない場合に、未成年労働者が同居するその親に賃金の受領を頼んだような場合であれば、その親に対する賃金の支払いは、使者に対する支払いとして、有効であると考えられます。

4　本条違反の効果

　本条に違反して、未成年労働者の賃金を受領した親権者または後見人は、30万円以下の罰金を科されることとなります（120条1号）。

　労基法は、本来、「使用者」に対し、刑罰をもって法の遵守を求める間接強制システムであることを考えると、この規定は、刑罰をもって未成年を保護する趣旨であるといえます。

第3節 就業規則の作成および届出の義務（労基法89条）

第89条 常時10人以上の労働者を使用する使用者は，次に掲げる事項について就業規則を作成し，行政官庁に届け出なければならない。次に掲げる事項を変更した場合においても，同様とする。

一　始業及び終業の時刻，休憩時間，休日，休暇並びに労働者を二組以上に分けて交替に就業させる場合においては就業時転換に関する事項

二　賃金（臨時の賃金等を除く。以下この号において同じ。）の決定，計算及び支払の方法，賃金の締切り及び支払の時期並びに昇給に関する事項

三　退職に関する事項（解雇の事由を含む。）

三の二　退職手当の定めをする場合においては，適用される労働者の範囲，退職手当の決定，計算及び支払の方法並びに退職手当の支払の時期に関する事項

四　臨時の賃金等（退職手当を除く。）及び最低賃金額の定めをする場合においては，これに関する事項

五　労働者に食費，作業用品その他の負担をさせる定めをする場合においては，これに関する事項

六　安全及び衛生に関する定めをする場合においては，これに関する事項

七　職業訓練に関する定めをする場合においては，これに関する事項

八　災害補償及び業務外の傷病扶助に関する定めをする場合においては，これに関する事項

九　表彰及び制裁の定めをする場合においては，その種類及び程度に関する事項

十　前各号に掲げるもののほか、当該事業場の労働者のすべてに適用される定めをする場合においては、これに関する事項

1　趣　旨

(1)　就業規則の本来的意義

ア　就業規則は労働条件と服務規律を定めるものか

　就業規則の意義について、代表的な見解によれば、多数の労働者を協働させる事業においては、労働条件を公平・統一的に設定し、かつ職場規律を規則として設定することが、効率的な事業経営のために必要となり、使用者はこのような事業経営上の必要上、職場規律や労働条件に関する規則類を「就業規則」などの名称で制定するのが通例であるとされています（菅野和夫『労働法〈第9版〉』111頁）。このように、就業規則とは、労働条件と服務規律を定めるものと定義ないしは説明されることが一般です。

　しかしながら、私有財産制、契約自由および過失責任主義を基本原理とする市民法秩序の下においては、本来、賃金、労働時間、休日及び休暇など、労働契約の内容としての労働条件は、使用者と労働者の民事上の合意、すなわち個々の契約により定められるべきものであり、使用者が一方的に定めることが可能な就業規則に定められるべきものではありません（労働契約法1条、同3条1項、同6条、同8条、同9条本文参照）。

イ　就業規則の本来的意味は

　就業規則は、「就業に関する規則」というその言葉の本来的意味からしても、労働者が就業するにあたって遵守すべき規則としての服務規律を定めるのが本来の姿といえます。すなわち、企業経営は、多数の労働力を組織的かつ効率的に利用することにより成り立ちます。かかる集団的労務提供の場にあっては、

多数の労働力の組織的効率的利用のために企業秩序が必要であり，かかる秩序維持のために就業に関する規則が定められる必要がありました。

そのため，企業における実務慣行として，職場内の規律を明確にすべく就業に関する規則が明文化され，当該企業における規範として機能していたものであり，これが，就業規則が元来有していた本来的意義といえます。

そして，かかる本来的意義が故に「就業規則」は，使用者が一方的に作成することが前提となっているといえるのです。

(2) 今日の雇用社会における就業規則の意義

ア　憲法の理念

憲法25条1項は「すべて国民は，健康で文化的な最低限度の生活を営む権利を有する」として生存権を保障し，同27条2項は「賃金，就業時間，休息その他の勤労条件に関する基準は，法律でこれを定める」として労働条件の設定に国家が直接介入することを明らかにしています。

本来的には(1)でも述べたように，私有財産制，契約自由および過失責任主義を基本原理とする市民法秩序の下においては，労働者が使用者に対して労務を提供して賃金を得る労働契約関係は，対等な当事者間の自由合意に基づく契約関係と捉えられるべきであるのが原則です。

しかしながら，現実には労使は事実上明らかに対等関係にはなく，かかる労働契約関係において市民法秩序の基本原理を貫いた結果生じた弱者の立場にある労働者搾取等の不都合は歴史の示すところです。

そのため，憲法27条2項に基づき，刑罰による強制力をもってわが国の最低労働条件を定めるものとして制定されたのが労基法です。

イ　労基法の定め

そして，前述したとおり労基法13条は，労基法自身が定める最低労働条件を下回る労働契約を無効とし，その最低労働条件を労働契約内容とする，すなわち最低効を付与することにより労働者の保護を図っています。

それのみならず，労基法は，平成19年法律第128号による改正前の93条において，就業規則で定める労働条件の内容よりも不利な内容の労働契約を締結しても無効となり，労基法の最低労働条件を超えて就業規則で定める内容の水準まで引き上げられることとして，就業規則にも当該事業場における労働条件の最低基準を画する機能（最低基準効）を付与しました。

　それに加えて，本条は，就業規則の労働基準監督署長への届出を通じて国家的監視の下に置くとともに，賃金等の絶対的必要記載事項をはじめとした一定の労働条件を定めることを使用者に義務づけて明確化し，労働条件が不明確であることによる労使間の紛争を防止すること等を通じて労働者保護を図るという機能を付与されています。

　このように本条は，改正前93条と相まって，就業規則に定められた労働条件を事業場の労働条件の最低基準効として機能することが求められ，交渉力の弱い個々の労働者についても，労基法の定める労働条件の保障を超えて，その労働条件を相対的に引き上げることを可能にして労働者の保護を図るという役割を担うこととなりました。

ウ　今日の雇用社会における就業規則の意義

　以上のように，就業規則が担うこととなった役割は，改正前93条が平成19年法律第128号により改正されて労働契約法12条に移設されたことから，現代においてもなお強く要請されているものといえます。

　したがって，今日の雇用社会における就業規則の意義は，本来的な服務規律としての機能のみならず，事業場の最低労働条件として労働条件を相対的に引き上げることによって労働者の保護を図るという機能をも有する点にあるといえます。

(3)　本条の趣旨

　以上より，①賃金等の絶対的必要記載事項をはじめとした一定の労働条件を定めることを使用者に義務づけて明確化し，労働条件が不明確であることによ

る労使間の紛争を防止すること，また，②事業場における最低労働条件としての就業規則上の労働条件を明確化することによって，労働契約法12条（改正前労基法93条）に基づく相対的な労働条件の引上げをサポートし，よって労働者保護に寄与することというのが本条の機能であり，その目的とするところです。

本書においては，本の性質上，賃金に関する部分のみの説明にとどめ，就業規則の詳細な説明については，「就業規則の法律実務」に譲ることとします。したがって，本書では，2号の「賃金（臨時の賃金等を除く。以下この号において同じ。）の決定，計算及び支払の方法，賃金の締切り及び支払の時期並びに昇給に関する事項」，3号の2の「退職手当の定めをする場合においては，適用される労働者の範囲，退職手当の決定，計算及び支払の方法並びに退職手当の支払の時期に関する事項」，4号の「臨時の賃金等（退職手当を除く。）及び最低賃金額の定めをする場合においては，これに関する事項」に限って説明します。

2 2号「賃金（臨時の賃金等を除く。以下この号において同じ。）の決定，計算及び支払の方法，賃金の締切り及び支払の時期ならびに昇給に関する事項」

(1) 「賃金（臨時の賃金等を除く）」

「賃金」とは，本法11条に定める賃金であって，「賃金，給料，手当，賞与その他名称の如何を問わず，労働の対償として使用者が労働者に支払うすべてのもの」をいいますが，本号においては，「臨時の賃金等」が除外されています。

「臨時の賃金等」とは，「臨時に支払われる賃金，賞与その他これに準ずるもので厚生労働省令で定める賃金」をいいます（本法24条2項但書）。この概念については，後述4（本条4号）で詳しく説明しますが，私傷病手当，退職金，賞与（支給額があらかじめ確定されていないもの）等が該当し，したがって，これらについては本号の賃金からは除外され，毎月支払われるべき賃金が本号の「賃金」を指します。したがって，家族手当，通勤手当等の手当で法律上毎月の支払いが強制されている賃金の一部を構成するものについては，本号の賃

金にあたります。

(2) 賃金の「決定，計算の方法」

賃金の「決定，計算の方法」とは，賃金ベースまたは賃金額そのものではなく，学歴，職歴，年齢等の賃金決定の要素とこれらを用いて形成される賃金体系をいいます。もっとも，前述のとおり，労働契約の成立には具体的賃金額が決定されることが必要と考えますから，原則として契約成立時に確定額を明示する必要があると考えます（第1章第2節参照）。したがって，就業規則に確定額が記載されていない場合には，労働契約締結の際に労働者に対して就業規則を明示するのみならず，賃金の確定額が分かるように説明をする必要があります。

割増賃金について特別の割増率を定めている場合にはその割増率を，また，賃金の端数計算処理を行っている場合にはその方法を記載しなければなりません。

(3) 賃金の「支払の方法，賃金の締切り及び支払の時期」

賃金の「支払の方法」とは，直接支給，銀行振込み，定期券による通勤手当支払等の方法をいい，「賃金の締切り及び支払の時期」とは，日給か月給か，月給なら月の何日に締め切って，何日に支払うかということを意味します。なお，当職は，通勤手当は賃金に該当しないと考えますので，記載不要との立場です。

(4) 「昇給に関する事項」

「昇給に関する事項」とは，昇給期間，昇給率その他昇給の条件等をいいます。

なお，この昇給を絶対的記載事項に規定したことから，日本の雇用社会に昇給しかなく，降給がないという事態が発生したともいえます。「給与改定（昇給・降給）に関する事項」と規定されていなかったことが，バブル崩壊後の雇用社会の混乱の原因の1つになったといえます。

3 3号の2「退職手当の定めをする場合においては，適用される労働者の範囲，退職手当の決定，計算及び支払の方法並びに退職手当の支払の時期に関する事項」

(1) 「退職手当」

本号の「退職手当」とは，支給条件が明確であり，その請求権が退職を要件として在職中の労働全体に対する対価として具体化する権利であれば，退職一時金や退職年金でもこれに該当すると解されています。

また，行政解釈によれば，中小企業退職金共済制度等の社外積立退職金制度もここでいう退職手当にあたるものと解されており，社外積立退職金制度の規定を就業規則と一体のものとして取り扱う方法もありうるとされています（昭63．3．14基発150号）。

(2) 「定めをする場合」

「定めをする場合」とは，3号の2以下の事項について明文の規定を設ける場合はもちろん，不文の慣行または内規として実施されている場合をも含みます。このような場合には，本条の規定により，当該事項を就業規則に記載しなければなりません。つまり，制度として実施する諸規律であれば，就業規則上記載することが要求されている事項といえます。したがって，3号の2以下の事項について定めがある場合には，その取扱いは，1号から3号までの絶対的必要記載事項と異なるところがありません。

(3) 「退職手当の決定，計算及び支払の方法」

「退職手当の決定，計算及び支払の方法」とは，行政解釈によれば，例えば，勤続年数，退職事由等の退職手当額の決定のための要素，退職手当額の算定方法および一時金で支払うのか年金で支払うのかなどの支払の方法を記載しなければならないとされています（昭63．1．1基発1号，平11．3．31基発168号）。

また，退職手当について懲戒解雇等を理由とする不支給事由または減額事由を設ける場合には，これは退職手当の決定および計算の方法に関する事項に該当するので，就業規則に記載する必要があるものとされています（昭63．1．1基発1号，平11．3．31基発168号）。

(4) 「退職手当の支払の時期」

「退職手当の支払の時期」については，できる限り具体的に定めるべきとされています。行政通達によれば，確定給付企業年金制度に基づき年金あるいは一時金が支払われる場合で，保険会社の事務的理由等によりあらかじめ支払時期を設定することが困難なときには，確定日とする必要はありませんが，いつまでに支払うかについては明確にしておく必要があるとされています（昭63.31.14基発150号）。

なお，労基法23条1項には，労働者が退職する場合において，権利者の請求のあった日から7日以内に支払うこととする金品の返還についての定めがありますが，退職金については，通常の賃金の場合と異なり，あらかじめ就業規則等で定められた支払時期に支払えば足りるとされています（昭26.12.27基収5483号，昭63.3.14基発150号）。

そして，退職金の支払については，あらかじめルールを明確にしておけば，支払時期は使用者が決定できるものであり，また，支払方法としても分割で支払うことも可能です。

以上のように，退職金については，法律上記載すべき事項が定められ，その解釈について各種の行政通達が定められており，記載すべきとされている事項が多数あります。さらに，そもそも退職金制度を持つか否かは自由であるため，公序良俗に反する内容でない限り，当該企業におけるルールを就業規則に定めればこれに従い運用することが可能です。

しかしながら，繰り返し説明しているように，ひとたび就業規則に定めを置けば，労働契約内容として労働者からの権利主張の根拠となるものです。特に，退職金については，実際に企業側に金銭支払義務が生ずるものであり，労働者

としても重大な利害が生ずるため，ともすれば実務上労使間でのトラブルにも発展しかねないといえます。

よって，就業規則上退職金について定める場合は，特に慎重にその記載内容を検討する必要があると考えます。

4　4号「臨時の賃金等（退職手当を除く。）及び最低賃金額の定めをする場合においては，これに関する事項」

「臨時の賃金等」とは，行政解釈によれば，労基法24条2項但書で定められる臨時に支払われる賃金，賞与および労基則8条各号に掲げられる賃金のこととされています。そして，労基則8条では，「法第24条第2項但書の規定による臨時に支払われる賃金，賞与に準ずるものは，次に掲げるものとする」とされ，「1箇月を超える期間の出勤成績によって支給される精勤手当」（1号），「1箇月を超える一定期間の継続勤務に対して支給される勤続手当」（2号），および「1箇月を超える期間にわたる事由によって算定される奨励加給又は能率手当」（3号）が定められています。すなわち，「臨時の賃金等」とは，労基法89条2号で絶対的必要記載事項とされている毎月支払われるべき賃金以外の賃金をいいます。

これらの賃金については，法律上支払うことが義務づけられているものではありませんが，当該企業にその制度があるならば，その支給条件，支給額の計算方法，支払時期等を明確に就業規則に定めておく必要があるとされています。

また，賞与については，その性格上，支給額について規定することは困難かと思われますが，支払うことが制度として確立されているのであれば，支給条件，支給時期等については定められるべきとされています。

以上のように，賞与等の臨時の賃金についても，各種記載事項が必要であるとして説明がされていますが，前記3で説明した退職金の場合と同様に，ひとたび就業規則に定めを置けば労働契約内容として，労働者からの権利主張の根拠となるということを忘れてはいけません。

退職金の場合と同じく、賞与等についても、実際に企業側に金銭支払義務が生ずるものであり、労働者としても重大な利害が生ずるため、これをもとにして実務上トラブルが生ずる可能性は十分あります。

よって、就業規則上賞与等について定める場合は、特に慎重にその記載内容を検討する必要があると考えます。

5　本条違反の効果

使用者が本条の就業規則を作成しなかった場合、作成したとしても記載すべき事項を記載しなかった場合、または、届出をしなかった場合には本条違反として30万円以下の罰金に処せられます（本法120条1号）。さらに、実態が変わったにもかかわらず就業規則を変更せず、又は、変更したとしても届出をしない場合も同様です。

もっとも、必要的記載を欠いた就業規則であっても、その効力発生についての他の要件を具備する限り有効であると解されていますので（昭25．2．20基収276号）、当該就業規則について実質的周知がなされていれば、労働契約の内容になります。

第4節 制裁規定の制限（労基法91条）

> **第91条** 就業規則で，労働者に対して減給の制裁を定める場合においては，その減給は，1回の額が平均賃金の1日分の半額を超え，総額が一賃金支払期における賃金の総額の10分の1を超えてはならない。

1 趣 旨

使用者が労働者に対して加える制裁の中でも，「減給の制裁」とは，労働の結果発生した賃金債権を減額する懲戒処分をいいます。その額があまりにも多額であると，労働者の生活を脅かすおそれがあります。

そこで，労基法91条は，減給の制裁の最高限度を定めています。

2 「減給」とは

本条の「減給」とは，労働者が労働債務を履行し，賃金請求権が発生しているにもかかわらず，その賃金から一定額を差し引くことをいいます。減給，過怠金，罰金等，名称のいかんは問いません。

3 減給の制裁の最高限度

まず，同法91条前段は，減給の制裁は「1回の額が平均賃金の1日分の半額

を超えてはならない」と定めています。

　この「1回の額」は，「1件の懲戒事案についての減給額」を意味します。したがって，1件の懲戒事案についての減給額は，平均賃金の1日分の半額を超えてはならないことになります。1件の懲戒事案について，平均賃金の1日分の半額を複数回にわたって減額することもできません（昭23．9．20基収1789号）。

　この「平均賃金」の算定については，減給の制裁の意思表示が労働者に到達した日をもって，これを算定すべき事由が発生した日とされています（昭30．7．19　29基収5875号）。

　次に，同法91条後段は，複数の懲戒事案について，複数回の減給をする場合の最高限度を定めています。複数の懲戒事案について，前段の上限の範囲内で，複数回の減給をする場合であっても，その総額が当該賃金支払期の10分の1を超えることはできません（昭23．9．20基収1789号）。

　前段の制限とは異なり，制限を超える減給ができないわけではありませんが，制限を超える減給をしようとする場合は，次期以降に延ばさなければなりません。

　使用者の中には，「もっと減給できるのではないか」と思われる方もいるかもしれませんが，こうした誤解は，「公務員が不祥事を起こして大幅な減給処分を受けた」，「会社の役員が経営責任をとって役員報酬の多額の返上をした」といった報道が影響していると思われます。

　国家公務員の減給については，人事院規則12-0第3条により，「1年以下の期間，俸給の月額の5分の1以下に相当する額を給与から減ずるものとする」と定められており，民間企業の労働者よりも，多額の減給処分が可能とされているのです。また，会社の役員の報酬の返上は，本人の同意によりなされているもので，会社からの一方的な制裁によりなされているものではありません。

　民間企業の労働者には，本条の適用がありますので，注意が必要です。

4 「減給」に該当するか否かが問題となる場合

以下で，本条の「減給」に該当するか否かが問題となる場合を検討します。

(1) 遅刻，早退，欠勤を理由とする賃金カット

前述のとおり，本条の「減給」とは，労働者が労働債務を履行し，賃金請求権が発生しているにもかかわらず，その賃金から一定額を差し引くことをいいます。

この点，遅刻，早退，欠勤を理由とする賃金カットは，労務不提供を理由として賃金請求権自体が発生しませんので，その額をカットするのであれば，本条の「減給」には該当しません。

しかし，本来差し引くべき額を超える賃金カットは，超える部分について，本条の「減給」に該当します（昭63.3.14基発150号）。

例えば，30分未満の遅刻，早退について，30分に切り上げて賃金カットをするような場合は，実際の遅刻，早退の時間を超える部分は，本条の「減給」に該当し，本条の制限が及びます。

なお，本条の上限の範囲内であれば，このような減給処分ができるかが問題となりますが，30分未満という軽微な遅刻，早退について，「減給」の懲戒処分をすることは，処分の相当性を欠き，懲戒権の濫用として無効となると考えます（労働契約法15条）。

(2) 降給・減俸

降給や減俸は，将来にわたって賃金を一定額引き下げるという意味で用いられることが多いといえます。

このような意味での降給について，通達は，「従前の職務に従事せしめつつ，賃金額のみを減ずる趣旨であれば，減給の制裁として法91条の適用がある」としています（昭37.9.6基発917号）。

しかしながら、本条の「減給」は、労働者が労働債務を履行し、賃金請求権が発生しているにもかかわらず、懲戒処分としてその賃金から一定額を差し引くことをいいます。したがって、降給や減俸が人事処分として行われるのであれば、本条の適用はありません。また、懲戒処分として行われる場合も、減給や減俸が将来にわたり賃金を引き下げるものですから、本条の「減給」とは区別すべきものであり、本条の適用はないと考えます。

このような場合には、賃金切下げ、すなわち、労働条件の不利益変更の問題としてとらえることになると考えます。

(3) 降格・降職

降格には、職位や役職を引き下げるものと、職能資格制度上の資格や職務等級制度上の等級を低下させるものがあります。前者を降職と呼ぶこともあります。

降格または降職により賃金額が下がる場合があり、これが本条の「減給」に該当するかが問題となります。

この点について、このような降格または降職も、人事処分として行われるのであれば、本条の適用はありません。また、懲戒処分として行われる場合も、降格や降職が将来にわたり賃金を引き下げるものですから、本条の「減給」とは区別すべきであり、本条の適用はないと考えます。

通達も、交通事故を惹起した運転手を制裁として助手に格下げし、賃金も助手のそれに低下させる場合について、「賃金の低下は、その労働者の職務の変更に伴う当然の結果であるから法第91条の制裁規定の制限に抵触するものではない」としています（昭26.3.14基収518号）。

(4) 昇給停止

昇給停止は、将来にわたって一定期間の昇給を停止するというものです。

この昇給停止が人事処分として行われるのであれば、本条の適用はありません。

また、懲戒処分として行われる場合も、昇給は将来に向かって一定の労働に対する賃金を増額させることで、昇給が停止されても従来の賃金額は支払われ、減額されるわけではありませんので、本条の「減給」には該当せず、本条の適用はないと考えます。

通達も、「就業規則中に懲戒処分を受けた場合は昇給せしめないという欠格条件を定めるとき、これは法第91条に該当しない」としています（昭26.3.31基収938号）。

(5) 出勤停止

「出勤停止」とは、労働契約を存続させながら、制裁として就労を一定期間禁止することをいいます。出勤停止期間中は賃金が支給されないのが通常です。

出勤停止の場合、労働者本人に責めに帰すべき事由によって労務提供がなされず、賃金債権が発生しないのですから（民法536条2項）、この場合の賃金の不支給は、本条の「減給」には該当せず、本条の適用はありません。

通達も、「出勤停止期間中の賃金を受けられないことは、制裁としての出勤停止の当然の結果であって、通常の額以下の賃金を支給する法第91条の規定には関係はない」としています（昭23.7.3基収2177号）。

(6) 賞与からの減額

賞与も、労働協約や就業規則で支給時期と額の決定方法等が定められていて、それに従って各時期に決定・支給されるものであれば賃金と認められます。

そこで、賞与におけるマイナス査定が、本条の「減給」に該当するかが問題となります。

この点、①査定に基づいて支給額が決定される場合と、②基本給を基礎に自動的に算定されるというように固定支給される場合とに分けて考える必要があります。

まず、①の査定に基づいて支給額が決定される場合は、査定がなされてはじめて賞与（賃金）請求権が発生すると解されます。したがって、この場合のマ

イナス査定は，それにより賞与（賃金）請求権が発生するもので，発生した賞与（賃金）請求権から一定額を減額するものではありませんので，本条の「減給」には該当しないと考えられます。

　裁判例でも，賞与の不支給条項に該当するとして賞与査定を行わず，代替措置として1カ月分の基本給に相当する額を賞与として支給した事案で，「一般的に賞与が功労報償的意味を有していることからすると，賞与を支給するか否かあるいはどの程度の賞与を支給するか否かにつき使用者は裁量権を有するというべきである」と述べたうえで，「労基法91条は，従業員が具体的賃金請求権を取得していることを前提に従業員の非違行為に対する制裁としてこれを減給する場合に適用される規定であると解すべきところ，一審被告がこの期の賞与として1カ月分の基本給に相当する額を支給したのは，この期に支払うべき賞与額を査定した結果であり，一審原告はこの査定によって初めて具体的賞与請求権を取得したものというべきであるから，上記一審原告の主張（賞与を不支給とすることが労基法91条に違反する旨）も理由がない」としたもの（マナック事件＝広島高判平13．5．23労判811-21）があります（賞与査定の限界については，第10章第5節を参照して下さい）。

　一方，②の固定支給される場合については，マイナス査定は，自動的に算定されて発生した賞与（賃金）請求権から，一定額を減額することになりますので，本条の「減給」に該当し，本条の適用があります。

　したがって，固定支給される賞与から減額をする場合も，1回の事由については平均賃金の2分の1を超え，また総額については一賃金支払時期における賃金，つまり賞与額の10分の1を超えてはならないことになります（昭63．3．14基発150号）。

(7) 不良品の生産に対する賃金減額

　不良品を生産した場合の賃金減額は，賃金が製品の量や質に応じて定められており，その定めに従った減額であれば，もともとその額の賃金請求権しか発生せず，発生した賃金請求権から減額するものではないため，本条の「減給」

には該当しません。

しかし、そのような定めがなくて時間給である場合や、定めがあっても、その定めを超える減額である場合は、本条の「減給」に該当します。

(8) 懲戒処分としての規制

以上のとおり、労基法91条の「減給」は、労働者が労働債務を履行し、賃金請求権が発生しているにもかかわらず、懲戒処分としてその賃金から一定額を差し引くことをいいます。将来にわたり賃金を引き下げる減給、減俸、降格および降職や、賃金請求権自体が発生しない出勤停止等とは区別すべきです。

もっとも、これらの処分についても、懲戒処分としての規制は及びますから、この点から、当該処分の効力が否定されることがあります。

すなわち、使用者が懲戒権限を有するためには、労働者の同意を得るか（労働契約法6条）、就業規則に合理的な定めをして、それを周知する必要があります（同法7条）。

また、懲戒処分が有効とされるためには、就業規則の懲戒事由への該当性が必要です。さらに、懲戒権濫用の法理により、当該処分が、労働者の行為の性質及び態様その他の事情に照らして、客観的に合理的な理由を有し、社会通念上相当と認められることが求められます（同法15条）。これらを欠く降給や減俸は、無効とされます。

例えば、従来と同じ職務に従事させつつ、将来にわたり賃金を引き下げることを内容とする降給または減俸といった懲戒処分は、労働者に与える不利益の程度が大きいため、労基法91条の適用がなくても、懲戒権の濫用として無効とされる場合もあると考えます。

5　就業規則以外による減給

本条は、「就業規則で、労働者に対して減給の制裁を定める場合においては」と定めています。

この「就業規則」は，作成・届出義務を負う常時10人以上の労働者を使用する使用者が定めた就業規則に限らず，就業規則一般を含むと解されます。
　就業規則に減給の定めがなく，例えば事業場の内規や不文の慣行に基づいて減給の制裁をする場合に，本条の適用があるかが問題となります。
　この点，一般的には，本条の趣旨は，減給の制裁の限度を規制する趣旨であり，これが，通常，就業規則という形式で定められていることを想定して本条のような表現をとっているものであるとして，事業場の内規または不文の慣行に基づいて減給の制裁を行った場合でも，本条の適用があると解されているようです（厚生労働省労働基準局編『平成22年版・労働基準法（下）』913頁）。
　しかしながら，労基法は，刑法的性格を有しているため，厳格解釈が求められ，類推解釈は許されません。このことからすると，私見としては，本条が，「『就業規則で』労働者に対して減給の制裁を定める場合においては」と明記している以上，「就業規則に減給の制裁の定めがない場合」にまで，本条の適用をすることは，許されないと考えます。
　このように解したとしても，事業場の内規や不文の慣行といった就業規則以外に基づき減給の制裁をする場合については，労基法89条により，制裁の定めは就業規則の相対的必要記載事項とされており，その違反として，30万円の罰金が科されることになりますので，処罰の隙間が生じることはありません（120条1号）。
　また，民事上の効力についても，前述したように使用者が懲戒権限を有するためには，労働者の同意を得るか（労働契約法6条），就業規則に合理的な定めをして，それを周知する必要があります（同法7条）。したがって，内規や不文の慣行で減給の制裁をする場合は，内規や慣行について黙示の合意が成立しているような場合を除き，使用者に懲戒権限自体がなく，懲戒処分は無効となると考えられます。
　したがって，私見でも，民事上，刑事上の効力についての結論は，上記の一般的な見解と同様になることが多いと考えます。
　次に，労働協約による減給の制裁に本条の適用があるかも問題となります。

裁判例では、「同条（労基法91条）の立法趣旨は、賃金を減額する制裁は、賃金を生活の拠りどころとする労働者の生活を脅かし苛酷な結果になりがちなため、これを一定の限度に制限することにある」としたうえで、「この制限を超える制裁規定を定めることは、たとえこれが労働協約によって労働組合の合意のもとになされた場合であっても強行法規に抵触し無効であり、個別的労働関係を規律する効力を持たない」とし、労働協約による減給の制裁にも、本条の適用を認めたものがあります（新日鉄室蘭製鉄所事件＝札幌地室蘭支判昭50．3．14労判223-13）。

　このような見解が、一般的であると考えられます（厚生労働省労働基準局編『平成22年版・労働基準法（下）』914頁）。

　しかしながら、やはり、労基法には厳格解釈が求められていることからすると、私見としては、本条が、「『就業規則で』労働者に対して減給の制裁を定める場合においては」と定めている以上、就業規則で減給の制裁を定めていない場合にまで、本条の適用をすることはできないと考えます。

　もっとも、労働協約で減給の制裁を定めている場合は、就業規則でも同様の定めがある場合が多いと考えられます。このような場合は、私見でも、労基法91条の適用はありますので、結論としては、一般的な見解と差異が生じることは少ないと考えます。

6　本条違反の効果

　本条違反に対しては、30万円以下の罰金を科されることとなります（120条1号）。

第5節 賃金台帳（労基法108条）

> **第108条** 使用者は，各事業場ごとに賃金台帳を調製し，賃金計算の基礎となる事項及び賃金の額その他厚生労働省令で定める事項を賃金支払の都度遅滞なく記入しなければならない。

1 趣　旨

　労基法108条は，使用者の賃金台帳の作成義務を定めています。賃金台帳の調製を必要とする理由は，①国の監督機関が各事業場の労働者の労働条件（賃金）を随時たやすく把握することができること，②労働の実績と支払賃金との関係を明確に記録することによって，使用者のみならず労働者にも労働とその対価である賃金に対する認識を深めさせることにあると説明されています（厚生労働省労働基準局編「平成22年版・労働基準法（下）」1009頁）。

　ここでは，なぜそのような制度が定められるに至ったのか，賃金台帳の起源にまでさかのぼって経緯を見ていきたいと思います。

2 賃金台帳の起源

(1) 賃金統制令

　賃金台帳は，工場法においては定めがなく，戦時中の賃金統制令において初

めて登場しました。賃金統制令とは，戦時中の国家のすべての人的・物的資源を政府が統制運用できる旨を規定した国家総動員法6条（政府ハ戦時ニ際シ国家総動員上必要アルトキハ勅令ノ定ムル所ニ依リ従業者ノ使用，雇入若ハ解雇又ハ賃金其ノ他ノ従業条件ニ付必要ナル命令ヲ為スコトヲ得）に基づいて発布された勅令です。

戦時においては，物価が高騰し，また，特に軍需産業において労働力，特に熟練工が不足し，熟練工の引抜き争奪も行われ，より高賃金を求める労働移動も見られるようになりました。そこで国家は，低物価政策の一環として，もっぱら賃金の高騰を抑えることを目的として，賃金統制令を発布しました。

賃金統制令は，昭和14年の勅令第128号（以下「第一次賃金統制令」），同年勅令第705号（「賃金臨時措置令」）を経て，昭和15年勅令第675号（以下「第二次賃金統制令」）により整理されました。その内容は，賃金規則の作成，最低賃金の公定，最高初給賃金の公定，最高賃金の公定，賃金総額の制限等，広範かつ多岐にわたるものでした。

なお，賃金の定義は第1章第2節で説明したように，第一次賃金統制令において初めて登場し，第二次賃金統制令3条でも定められていましたが，戦前においては，「賃金」とはブルーカラー（労働者・労務者）に対して使われる用語であり，ホワイトカラー（職員）の給与とは明確に区別されていました。賃金統制令は，その名のとおりブルーカラーの「賃金」のみを統制するものであり，ホワイトカラーの給与は，「会社職員給与臨時措置令」により統制され，「会社職員給与臨時措置令」は，後に「会社経理統制令」の中に整理されました。もっとも職員の給与については，「賃金台帳」に対応する台帳の調製義務は，定められていませんでした。

(2) 賃金台帳の登場

> **第二次賃金統制令**
>
> **第29条** 同一ノ工場，事業場，事務所其ノ他ノ場所ニ於テ常時10人以上ノ労務者ヲ雇用スル雇用主ハ命令ノ定ムル所ニ依リ賃金台帳ヲ作成シ其ノ工場，事

> 業場、事務所其ノ他ノ場所ニ備置クベシ

　賃金台帳は、第二次賃金統制令の29条に初めて登場しました。これは、賃金統制の実効性を確保するためには、行政官庁が随時報告を求め、臨検検査を行う必要があるところ、その際に賃金支払実態を明らかにする書類が必要であると考えられたため、雇用主に賃金台帳の作成義務が課されたものです。

　同条のいう「命令」とは賃金統制令施行規則を指します。賃金統制令施行規則では、賃金台帳について、賃金台帳は個人票・総括票・特別手当台帳・生産台帳・昇給台帳とすること、個人票及び総括票の様式は、工場および鉱山では様式第16号および様式第17号、その他の事業場では様式第19号によること等を定めていました。

　様式16号は、工場および鉱山の「個人票」の記入方法を定めるものですが、その記載事項や形式は、現行の様式20号と非常によく似ており、現行の「賃金台帳」は、賃金統制令における「個人票」に該当するものだと考えられます。

　ところが、賃金統制令では、「個人票」のほかに「総括票」「特別手当台帳」「清算台帳」「昇給台帳」を調整することとされていました。例えば「生産台帳」（様式21号）では、「生産品ノ種類、単位生産量、許可ヲ得タル単位生産量ニ対スル賃金額、生産量ニ対スル賃金額」等、生産量とそれに対する賃金支払状況について詳細に記入しなければならず、使用者にとって非常に手間がかかるものであったと思われます。

(3) 賃金統制目的から労働者保護目的へ

　上記のとおり、賃金統制令における賃金台帳は賃金統制の実効性確保を目的とするため、詳細な事項の記載が求められ、使用者に相当な負担を課すものでした。

　しかし、一方で、賃金の正確な把握が可能となるため、労務管理のために資する面もあると評価されました。そして、戦後の労働基準法の制定にあたり、引き続き制度としてとり入れられることとなりました。労基法の草案に関与し

た寺本廣作氏は、その著書『労働基準法解説』において次のとおり述べています。

「賃金台帳は（中略），事務的には相当繁雑なものとされて来たが，一面，労働条件を明確にし，労務管理の改善に寄与した所も少なくなかった。本法（注：労基法）では賃金の支払のみでなく，災害補償，休業手当，解雇予告その他の幾多の場合に精確な賃金を知ることが必要であるので，賃金台帳の備え付けが要求されることになった。」

一方で，労基法の制定にかかる国会審議では，やはりその記入が大変な手間であることが指摘され，「その点，これからご研究になって色々お定めになるならば，実情を能くご研究の上でお決めいただきたい」との要望が出されています。ここからも，賃金統制令下の賃金台帳が，使用者にとって非常に負担の大きいものであったことが伺われます。結果として，労基法における賃金台帳は，賃金統制令の「個人票」に該当する様式20号（日雇労働者の場合は様式21号）のみとされました。

(4) まとめ

以上のとおり，労基法において賃金台帳の調製義務が定められた趣旨は，1つには，労基法においては，解雇予告手当や休業手当の支払いを行う場合には，平均賃金の算定が必要となるので，賃金支払の都度遅滞なく必要事項を記入させることが，労務管理のために役立つと考えられたためです。

また，労基法101条は，労働基準監督官の権限として「労働基準監督官は，事業場，寄宿舎その他の付属建設物に臨検し，帳簿及び書類の提出を求め」ることができると規定していますが，ここでいう「帳簿」には賃金台帳が含まれますので，国の監督行政の資料とすることも予定されています。

3 賃金台帳の作成方法

(1) 賃金台帳の作成

賃金台帳は,「各事業場ごとに」作成し,「労働者各人別に」,「賃金支払の都度遅滞なく」記入する必要があります（労基法108条,労基則54条）。

ア 「各事業場ごとに」
賃金台帳は,各事業場ごとに作成しなければなりません。したがって,使用者が複数の事業場を持っている場合は,それぞれの事業場ごとに別個の賃金台帳を作成しなければなりません。

イ 「労働者各人別に」
賃金台帳は,労働者ごとに記入しなければなりません。ここでいう労働者とは,労基法9条の労働者を意味し,アルバイトや日雇労働者等もすべて含まれます。

(2) 賃金台帳の記載事項

賃金台帳の記載事項として,労基法108条により次の①および②が,労基則54条により③～⑩が定められています。

① 賃金計算の基礎となる事項（労基法108条）
② 賃金の額（同上）
③ 氏名（労基則54条1項1号）
④ 性別（同2号）
⑤ 賃金計算期間（同3号）
⑥ 労働日数（同4号）

⑦　労働時間数（同5号）
⑧　時間外労働，もしくは休日労働または深夜労働をさせた場合は，延長時間数，休日労働時間数および深夜労働時間数（同6号）
⑨　基本給，手当その他賃金の種類毎にその額（同7号）
⑩　労使協定に基づいて賃金の一部を控除した場合には，その額（同8号）

ア　記載事項①「賃金計算の基礎となる事項」

　賃金台帳の様式（様式20号及び様式21号）には，「賃金計算の基礎となる事項」という欄はありません。ただし，様式20号には，「所属」および「職名」を記入する欄が設けられていますので，所属や職名が，「賃金計算の基礎となる事項」として想定されていると推測できます。

　また，後述するとおり，様式は必要な事項の最小限度を記載すべきことを定めるものなので，所属や職名以外に，「賃金計算の基礎となる事項」（たとえば，等級やグレード等）があれば，それを記入すべきであると考えます。

イ　記載事項②「賃金の額」

　労基法108条の定める記載事項の「賃金の額」は，労基則54条1項7号の定める「基本給，手当その他賃金の種類毎にその額」と同一であると考えます。

ウ　記載事項⑤「賃金計算期間」

　労基則54条4項は，「日々雇入れられる者（1箇月を超えて引き続き使用される者を除く。）については，第1項3号は記入するを要しない」と定めています。したがって，1カ月以内しか使用しない日雇労働者については，賃金台帳に賃金計算期間を記入する必要がありません。

　後述するとおり，日々雇入れられる者（1カ月を超えて引き続き使用される者を除く）については，様式21号に従って賃金台帳を調製することになりますが，様式21号には賃金計算期間の記入欄がありません。

エ　記載事項⑦「労働時間数」および⑧「時間外労働，もしくは休日労働または深夜労働させた場合は，延長時間数，休日労働時間数及び深夜労働時間数」について

　労基則54条5項は，「(労基)法41条各号の一に該当する労働者については第1項第5号及び第6号は，これを記入することを要しない」と定めています。したがって，労基法41条に定められる労働時間に関する規定の適用除外の労働者については，労働時間数および延長時間数，休日労働時間数，深夜労働時間数を記入する必要がないのが原則です。

　しかし，行政は，労基法41条該当者についても深夜割増賃金を支払う必要があると指導していることと関連して，法41条に該当する労働者が深夜業をした場合は，「『深夜労働時間数』は賃金台帳に記入するよう指導されたい」との通達を出しています（昭23．2．3基発161号）。

　したがって，労基法41条該当者の賃金台帳には，労働時間数および延長時間数，休日労働時間数は記入する必要がありませんが，深夜労働時間数は記入する必要があります。

　以上の点については，法を無視するものであって，当職は非常に不満ですが，すでに説明したとおり，前述したことぶき事件最高裁判決（最二小判平21.12.18労判1000-5）で，労基法41条2号の「監督若しくは管理の地位にある者」に対する深夜割増賃金の支払義務があることについては決着がついていますので，やむをえない対応と考えます。

オ　記載事項⑧「延長時間数，休日労働時間数，深夜労働時間数」

　労基則54条2項は，記載事項⑧の「延長時間数，休日労働時間数，深夜労働時間数」について，「就業規則において法の規定に異なる所定労働時間又は休日の定をした場合には，その就業規則に基いて算定する労働時間数を以てこれに代えることができる」と定めています。

　つまり，労基法36条は1日8時間を労働時間数の上限と定めていますが，例えば就業規則で1日の所定労働時間を7時間と定めている企業において，労働

者が1日9時間労働した場合は,「時間外労働時間数」を「2時間」と記入して構わないということです。

カ 記載事項⑨「基本給,手当その他賃金の種類毎にその額」

労基則54条3項は,記載事項⑨の「基本給,手当その他賃金の種類毎にその額」について,「賃金の種類中に通貨以外のもので支払われる賃金がある場合には,その評価総額を記入しなければならない」と規定しています。

通貨以外のもので支払われる賃金とは,法令または労働協約の定めに基づく現物給与を指しますが,現時点で「法令」に該当するものは存在しませんので,労働協約に定めがある場合に限られます(詳細は第1章第2節参照)。そして,労働協約で現物給与について定める場合には,その評価額をも定めなければならないとされているので(労基則2条2項),現物支給した賃金の評価総額を記入します。

キ 年次有給休暇の記入方法

労働者が年次有給休暇を取得した場合には,休暇取得期間について,労働に従事した日数および労働時間数とみなして,合計日数および合計労働時間数を該当欄に記入し,さらに,その日数および労働時間を括弧書で付記することが要請されています(昭23.11.2基収第3815号)。

また,年次有給休暇手当を支払った場合,賃金台帳の「手当」の欄に,「年次有給休暇手当」として記入すべきとする行政通達があります(昭22.12.26基発573号)。

ク 宿日直勤務の記入方法

宿日直勤務については,様式の「手当」の欄に,「宿直手当」および「日直手当」の項目を設けて額を記入し,さらに,その回数を括弧書で付記することが要請されています(昭23.11.2基収3815号)。

ケ　休業手当の記入方法

　行政通達には，労基法26条に基づく休業手当を支払った場合，賃金台帳の「手当」の欄に，「休業手当」として記入すべきとするものがあります（昭22.12.26基発573号）。

コ　追給の場合の記入方法

　賃金の追給の場合の賃金台帳の記入方法については，例えば，労働協約によって過去4～7月の4カ月分の賃金として，8月に追加額が支払われる場合，過去4カ月分の賃金であることを明記して，8月分の該当欄に記入すべきとする行政通達があります（昭22.11.5基発233号）。

(3)　賃金台帳の様式（労基則55条）

ア　様式20号および様式21号

　賃金台帳は，常時使用される労働者については様式20号，日々雇入れられるものについては様式21号によって調製しなければなりません。ただし，日々雇入れられる者であっても，1カ月を超えて引き続き使用される者の賃金台帳は，様式20号によらなければなりません（労基則55条）。この点は三六協定等が定まった様式により作成しなければならないことと比べて，取扱いに差異があるといえます。

　しかし，様式は必要な事項の最小限度を記載すべきことを定めるものであって，必要事項が漏れなく記載されていれば，任意の書式で作成して構わないとされています（労基則59条の2）。

　また，労基則55条の2は，賃金台帳と労働者名簿の記載の重複を避けて事務上の簡素化を図るため，労働者名簿と賃金台帳を併せて調整することができると定めています（労基則55条の2）。ただし，賃金台帳と労働者名簿で共通の記載事項は「氏名」と「性別」のみです。

イ　マイクロフィルム，磁気ディスク等による調製

賃金のマイクロフィルム化については，①マイクロフィルム化した賃金台帳に法定記載事項を具備し，かつ，各事業上ごとにそれぞれリーダープリンターを備える等の措置を講ずること，②労働基準監督官の臨検等賃金台帳の閲覧，提出が必要とされる場合に，直ちに必要事項が明らかにされ，かつ，写しを提出しうるシステムとなっていること，という2つの要件を備えれば，マイクロフィルム化した賃金台帳も，労基法108条の賃金台帳として取り扱うとした行政通達があります（昭50.10.3基収652号）。

ウ　2分冊による調製

必要記載事項を数冊の台帳に分割して記載することも，同一労働者の賃金台帳記載事項について，総合的に監督しうるものであれば差し支えないとされています。その場合は，各労働者について通し番号を付し，各台帳の記載順を番号順にすることが望ましいとされています（昭25.1.13基収4083）。

エ　賃金台帳の保存期間

労基法109条は，「使用者は，労働者名簿，賃金台帳及び雇入，解雇，災害補償，賃金その他労働関係に関する重要な書類を3年間保存しなければならない」と定めています。賃金台帳の保存期間の起算日は，「最後の記入をした日」です（労基則56条2号）。

4　賃金台帳に関するその他の論点

(1)　閲覧請求権

労働者に，賃金台帳の閲覧請求権があるかという問題があります。本節1で説明したとおり，厚生労働省労働基準局編「平成22年版・労働基準法（下）」(1009頁）では，賃金台帳の目的の1つとして，「労働の実績と支払賃金との関

係を明確に記録することによって，使用者のみならず労働者にも労働とその対価である賃金に対する認識を深めさせること」が挙げられていますので，その目的達成のためには，労働者に閲覧請求権が認められるようにも思えます。

しかし，当職は，労基法108条は使用者に作成・保存義務を課しているにすぎず，労働基準監督官に賃金台帳の提出を求める権限を与えているにすぎないので，労働者に当然に閲覧請求権はないと考えます。

この点に関連して，労働組合が，未払賃金の訴訟を提起するために未払額の明細を知る必要があることを理由として賃金台帳等の閲覧を求める仮処分を申し立て，棄却された事例があります（備前ゴム事件＝広島高岡山支決昭26.4.16労民集2-6-645）。

(2) 民事訴訟における使用者の賃金台帳提出義務

使用者と労働者との間で，賃金をめぐる訴訟が行われている場合に，訴訟手続の中で，労働者側から，使用者の賃金台帳の提出を求める「文書提出命令の申立て」（民事訴訟法221条）がなされることがあります。

ア 文書提出命令の申立ての概要

文書提出命令の申立てとは，訴訟の一方当事者が，相手方または第三者の所持する文書を証拠として提出することを望む場合に，裁判所に，文書の所持者に対して当該文書の提出を命じることを求める申立てをいいます。民事訴訟法220条は，次の各号の場合は，文書の所持者はその提出を拒むことができないと定めています。

① 当事者が訴訟において引用した文書を自ら所持する場合（「引用文書」）
② 挙証者が文書の所持者に対しその引渡しまたは閲覧を求めることができる場合（「引渡・閲覧請求権文書」）
③ 文書が挙証者の利益のために作成され（「利益文書」），または挙証者と文書の所持者との間の法律関係について作成されたとき（「法律関係文

書」)
④　文書が，除外事由に該当しない場合（「一般義務文書」）

上記④の除外事由とは，次のとおりです。

イ　証言拒絶権該当事由
ロ　公務秘密文書
ハ　職業秘密文書
ニ　専ら文書の所持者の利用に供するための文書（自己利用文書）
ホ　刑事関係文書

　文書提出命令を申し立てる場合は，文書提出義務の原因（①～④のいずれの提出義務か）を明らかにして行わなければなりません（民訴法221条1項5号）。また，④に該当することを原因として申し立てる場合は，文書提出命令以外の方法では書証の申出ができない場合に限定されています（同2項）。
　上記提出義務のうち，①～③を個別義務等と呼ぶのに対し，④を一般義務などと呼びます。つまり，①～③のような特別の場合に該当しなくとも，上記のイ～ホの除外事由に該当しない限り，文書の所持者は一般的に提出義務を負っています。ただし，④を文書の提出義務の原因とする場合には，書証の申出を文書提出命令の申立てによってする必要がある場合でなければできません（民訴法221条2項）。

イ　賃金台帳の提出義務

　労働関係訴訟において，賃金台帳の提出命令が申し立てられる場面としては，割増賃金請求事件や，差別訴訟における差額賃金請求事件が考えられます。割増賃金請求事件では，原告たる労働者は，自己の賃金台帳の提出を求めれば足ります。しかし，差別訴訟の場合，他の労働者との比較が問題となることから，例えば男女差別を主張する場合は，自己の賃金台帳のほか，自己と同学歴・同

年齢の男性の労働者全員の賃金台帳の提出を求めることになります。そこで，秩序維持等のために他の労働者の賃金台帳を拒む使用者との間で争われることになります。

　旧民訴法下では，賃金台帳の提出義務については，3号の利益文書または法律関係文書に該当するか否かを巡って多数の議論がなされました。裁判例としては，提出を命じたものもありますが，提出義務を否定した裁判例もありました。しかし，平成8年の民訴法改正により，上記アで述べたとおり，文書の一般提出義務が定められたので，現行法の下では，賃金台帳は4号を根拠として提出命令を申し立てることが一般的になり，3号文書該当性を争う必要性はなくなったといえます（現行法下でも，3号を根拠に申し立て，認められた裁判例もあります）。

　現行民訴法下において使用者側が提出を拒もうとする場合，一般提出義務は存在するので，除外事由に該当することを主張することになります。通常は，除外事由のハ「職業関係秘密」またはニ「自己利用文書」に該当するとして争われます。なお，除外事由に該当しないことの主張立証責任は挙証者（労働者側）にあります。

(ア)　労働者本人の賃金台帳の提出義務

　旧民訴法下においても，本人の賃金台帳は，3号の利益文書または法律関係文書であると認められ，提出義務が肯定される場合がありました。現行法下では，3号（利益文書）を原因としても，4号（一般義務）を原因としても，提出義務が肯定されるといえます。

(イ)　他の労働者の賃金台帳の提出義務（差別訴訟）
ⅰ　プライバシーを理由に提出義務を否定できるか

　住友生命保険（賃金台帳提出命令）事件（大阪地決平11．1．11労判760-33）では，既婚女性である原告らが，既婚者と未婚者との間に査定差別，昇給差別，昇格差別があったとして，差額賃金相当額等を請求したところ，判決は，

「自己の賃金水準を公表されたくないという従業員のプライバシーは、それ自体保護に値するものではあるが、賃金水準を公表されることによる不利益は、賃金台帳を提出させることにより適切な事実認定をすることができるという利益と比較考量すると、当該文書提出の必要性を上回るほど重大なものではない」と判示し、原告らと同期入社・同学歴の女子従業員の2年間分の賃金台帳の提出を命じました。

また、高砂建設（賃金台帳提出命令）事件（浦和地川越支決平11．1．19労判760-32）は、女性である原告が、原告と同程度またはそれ以下の経験を有する男性職員と比較して認められる賃金格差は性差別を理由とするものであるとして、差額相当の損害賠償等を認めた事案において、全従業員の賃金台帳のうち、昭和62年1月から平成8年3月までの各年度における4月分の賃金を示す部分及び同期間に採用された従業員の初任給を示す部分の提出を命じました。同判決は、プライバシーの問題については次のように言及しています。

「確かに、原告以外の他の従業員の賃金台帳は、各人の具体的給与額が記載されている点で、第三者のプライバシーに関する事実が記載されているといえるが、民事訴訟法220条は、同条4号イロハに各記載の例外事由にあたらない限り、一般的に当該文書の所持者に提出義務を課したものであって、これは第三者のプライバシーに関する事実が記載されている文書であっても例外ではない。しかるに、被告は同号の例外事由について何ら主張しておらず、本件記録を精査しても、これに該当するような事由は認められないから、被告は申立てにかかる各文書を提出する義務があるというべきである。」

ⅱ　ハ（職業秘密文書）または除外事由ニ（自己利用文書）に該当するか

京ガス（賃金台帳提出命令）事件（京都地決平11．3．1労判760-30）は、以下に述べるとおり、賃金台帳は、民事訴訟法220条4号の除外事由ニ（自己利用文書）にもハ（職業秘密文書）にも該当しないとして、昭和56年から平成10年までに採用された全従業員の、平成3年から平成10年3月までの賃金

台帳の提出を命じました。

　同判決は、まずニ（自己利用文書）に該当するかについては、「賃金台帳は、労働基準法によって作成を義務づけられているのであって、必要な場合には監督官庁等に提出させることを目的としているものであり、このような文書は、民事訴訟において提出されることも予定していると解するのが相当であるから、自己使用文書には該当しないものというべきである」と説示しました。

　次に、ハ（職業秘密文書）に該当するかについて、「『職業の秘密』とは、その秘密が公表されると、その職業に経済上重大な打撃を与え、社会的に正当な職業の維持遂行が不可能又は著しく困難になるようなものをいうと解すべきところ、従業員の賃金や労働時間の状況等が公開されたとしても、相手方の業務遂行が不可能又は著しく困難になるような事情を認めることはできないから、賃金台帳が、同法（注：民事訴訟法）220条4号ロに該当する文書であるということはできない」と説示しました。

　同事件では、会社が文書提出命令に対して抗告を申し立てましたが、抗告審（大阪高決平11．7．12労判762-80）は、原審と同様に、除外事由ハにもニにも該当しないとしたうえで、「しかし、賃金台帳には、他人のプライバシーに関する事項が含まれ、プライバシーの尊重は、憲法等が要請するところである。賃金台帳の性格に照らすと、法は賃金支払いの適法性の立証のため、一定限度でプライバシーの制約もやむなしとの態度をとっているものと解されるが、それは適正な事実認定を行うため、必要不可欠な最小限度に限られ、右限度を超えたプライバシーの侵害まで許すものではない」と説示し、提出すべき賃金台帳の範囲を原告とほぼ同時期に入社した者に限定し、さらに、具体的氏名の記載を除いて提出を命じました。

(ウ)　小　括

　平成8年の民事訴訟法改正の直後、上記のような賃金台帳の提出命令に関する裁判例が数多く出されました。結論としては、賃金台帳は除外事由のハにもニにも該当しないとされ、提出義務が肯定されています。上記の裁判例以後の

裁判例も，ほぼ同様の結論を維持し，使用者には法的に賃金台帳の提出義務があるという結論はほぼ固まっているといえます。

ウ　文書提出命令の実務

民事訴訟法には，文書所持者が文書提出命令に従わない場合の制裁規定があります。文書所持者が訴訟当事者の場合は，挙証者（文書提出命令申立人）の主張が真実であると認められ，所持者が第三者であれば20万円以下の過料が科せられます（民事訴訟法224条，225条）。賃金台帳の場合は，通常，労働者が挙証者で，使用者（訴訟当事者）が所持者なので，使用者が提出命令に従わなければ，労働者の主張する事実（差別訴訟であれば，差別があるという事実）が真実であると認められることになります。

一般的に，文書提出命令の申立てがあった場合，所持者が訴訟当事者の場合は，裁判官が任意の提出を促し，所持者がこれに応じることが多いようです。その結果，文書提出命令が実際に発令される事例は少ないといえます。

しかし，労働事件の場合は，使用者は企業の秩序維持を重視して，人事関係の書類を外に出すことを拒否することが多いといえます。裁判官の談話では，訴訟上の不利益（労働者側の主張が真実と擬制されること）を受忍してでも，文書提出命令に応じないという使用者も少なくないようです。

5　本条違反の効果

使用者が，労基法108条に違反して，賃金台帳を作成しない場合，または賃金台帳に必要記載事項を記載していない場合は，30万円以下の罰金に処せられます（労基法120条1号）。

ただし，送検される事例は1年に1～2件程度で，罰則が適用される例はほとんどありません。しかし，労働基準監督官による指導は，非常に多いといえます。平成22年の「労働基準監督年報」によると，労基法108条違反は8,352件あったとされています。

第4章／賃金に関する労基法の各規制の説明(3)

様式第20号（第55条）

賃金台帳

氏名				性別	所属			職名	

賃金計算期間	労働日数	労働時間数	休日労働時間数	早出残業時間数	深夜労働時間数	基本賃金	所定時間外割増賃金	手当	手当	手当	手当	小計	非課税分の給与	臨時の給与	合計	健康保険料	社会保険厚生年金保険料	雇用保険料	小計	差引残額	控除 所得税	控除 市町村民税	小計	実物給与	差引支給額	領収者印

（常時使用される者に対するもの（雇用労働者のもの））

様式第21号(第55条)

支払月日	氏名	性別	労働日数	労働時間数	早出残業時間数	深夜労働時間数	基本賃金	所定時間外割増賃金	手当	計	控除額			計	差引支払額	実物給与	領収印
			日	時間	時間	時間	円	円	円	円	円	円	円	円	円	円	

賃金台帳（日々雇い入れられる者に対するもの）

第6節 付加金の支払（労基法114条）

> **第114条** 裁判所は、第20条、第26条若しくは第37条の規定に違反した使用者又は第39条第7項の規定による賃金を支払わなかった使用者に対して、労働者の請求により、これらの規定により使用者が支払わなければならない金額についての未払金のほか、これと同一額の付加金の支払を命ずることができる。ただし、この請求は、違反のあった時から2年以内にしなければならない。

1 趣 旨

(1) 付加金制度について

労働基準法は、

① 使用者が解雇予告手当（同法20条）
② 休業手当（同法26条）
③ 時間外・休日・深夜労働を行った場合の割増賃金（同法37条）
④ 年次有給休暇を取得した場合の賃金（同法39条7項）を支払わなかった場合

に裁判所は、労働者の請求により、未払額のほか、これと同一額の付加金の支払を命ずることができると定めています（同法114条1項）。

この付加金の請求は，支払義務の違反があったときから，2年以内に請求しなければならないと定められています（同条2項）。

この制度は，アメリカ公正労働基準法16条による付加金制度の趣旨を導入したもので，労基法114条は「所定の違反に対する一種の制裁たる性質を有し，これによって同法条所定の未払金の支払を確保しようとする」ために設けられたものです（壺阪観光事件＝大阪高判昭58.5.27労判413-46）。

(2) 割増賃金についての付加金支払命令

労基法37条は，労働者を時間外，休日，深夜に労働させた場合，法定の割増率で計算した割増賃金を支払わなければならないと定めています。

時間外労働等に対する割増賃金の未払いがある場合，裁判所は，労働者の請求により，使用者に対して未払い額と同額の付加金の支払いを命じることができることとされています（同法114条）。つまり，裁判所から付加金の支払いを命じられた場合，使用者は，未払い額の倍の金銭的負担を負うことになります。

なお，裁判所が付加金の支払いを命じるにあたっては，使用者に特別の帰責事由があることが要件とされているわけではありません。裁判所で時間外手当の未払いがあると認定された場合，併せて付加金の支払いを命じられる可能性はかなり高いという印象があります。

2 付加金支払命令と弁済

(1) 付加金支払義務の発生時期

労基法が定める支払義務の違反があった場合，使用者がいつの時点から付加金の支払義務を負うのかについては，付加金の法的性質とも関連して複数の説があります（後述する細谷服装事件最高裁判例解説）。

第1は，付加金の支払義務は，労働者の請求により，請求があったときに発生し，使用者は労働者の請求時以後，債務不履行を生ずるとする説です。

第2は，使用者に労基法違反の未払いがあったときは付加金支払義務が発生するが，付加金支払義務の債務不履行は，労働者の請求を待って，その請求があったときから生ずるとする説です。

第3は，付加金は，労働者にとって重要な金銭の支払義務に違反した使用者に対する制裁であり，付加金の支払義務は裁判所の命令によってはじめて発生するとする説です。

最高裁（細谷服装事件＝最二小判昭35．3．11労旬464-11，江東ダイハツ自動車事件＝最一小判昭50．7．17労判234-17）は，付加金の支払義務は，使用者が予告手当等を支払わない場合に当然に発生するものではなく，労働者の請求により裁判所がその支払いを命ずることによってはじめて発生するものであるとして，第3の説に立っています。

(2) 弁済すれば付加金は生じない

最高裁は，付加金の支払義務は，労働者の請求により裁判所がその支払いを命ずることによってはじめて発生するものであると解したうえで，使用者に労基法違反の未払いがあっても，使用者が未払い金の支払いを完了し，その義務違反の状態が消滅したときには，もはや労働者は付加金の請求を申し立てることができないとしています（前掲細谷服装事件判決ほか）。

したがって，労働者から割増賃金の未払いがあるとして未払い額と付加金の支払いを請求する訴訟を提起された場合でも，口頭弁論が終結する前に，使用者が未払いの割増賃金を支払った場合には，裁判所は付加金の支払いを命ずることができないことになります。

実務上，労働者との間で，実労働時間数，割増賃金の計算の基礎となる賃金の範囲，あるいは時効の中断事由である催告の有無等をめぐって争いがあるも，使用者としても一定範囲では時間外等の割増賃金の未払いがあることを認めて争っていないというケースがあります。そのようなケースでは，付加金や遅延損害金の負担を考え，争いのない限度で時間外等の割増賃金を支払ってしまうという対応も考えられます。

(3) １審判決後の弁済と控訴審における弁済部分についての付加金支払命令の可否

　裁判所が付加金の支払いを命じるためには，使用者による支払義務違反の状態がいつの時点までに解消されていることが必要なのか，具体的には，第１審判決で割増賃金の未払いと付加金の支払いを命じられた使用者が，控訴審の判決前に未払いの割増賃金のみを支払った場合，控訴審は，１審判決の付加金の支払いを命じる部分を取り消さなければならないかが問題となります。

　この点について，明示的に判断を示した裁判例は見当たらないものの，わが国の控訴審の構造は，控訴審の口頭弁論終結時を基準として，１審判決に対する控訴・附帯控訴による不服申立ての当否を判断するという続審主義がとられています。これを前提とした場合，理論的には，１審の口頭弁論終結前の弁済と控訴審の口頭弁論終結前の弁済を区別する理由はないと考えられます。

　杉本商事事件（広島高判平19．9．4労判952-33）は，１審判決で未払いの時間外手当とその半額の付加金の支払いを命じられた使用者が，１審判決に従って認容された時間外勤務手当と付加金の全額を支払ったにもかかわらず，労働者側が１審判決で認められなかった部分の付加金の支払い等を求めて控訴したという事案ですが，高裁は「裁判所が付加金の支払を命ずるには，過去のある時点において時間外勤務手当が未払であったというのみでは足りず，口頭弁論終結時点において不払事実が存在することが必要である」との判断を示しており，上記の考え方によったものといえます。

　実は，判決は，「控訴人の付加金請求は理由がないが，その一部を認容した原判決につき被控訴人からの不服申立てはないから，控訴人の付加金請求に関する控訴を棄却するにとどめることになる」と続けています。

　したがって，１審判決後の弁済により，１審判決の認容した付加金支払命令も根拠を失い，付加金分として支払われた金額の返還請求の可能性があると考えられます。

3 付加金の範囲（0.25か1.25か）

(1) 労基法37条が定める割増賃金の範囲（0.25か1.25か）

　労基法37条により支払義務が課される「割増賃金」には，「通常の労働時間又は労働日の賃金」である100％部分は含まれず，同条の「割増賃金」は，割増部分の25％のみを指すという解釈が，条文に忠実な解釈であることは，前述（第3章第6節）したとおりです。
　この解釈を前提とすれば，「通常の労働時間又は労働日の賃金」である100％部分の未払いは，賃金全額払いの原則を定める労基法24条違反の問題を生じるとしても，割増賃金の支払義務について定める労基法37条違反の問題にはならないことになります。

(2) 付加金の範囲

　付加金は，使用者が労基法37条に違反し，同条により支払うべき額を支払わなかった場合に命じうるものとされており，同条が定める「割増賃金」の範囲をどのように解するかは，付加金の金額にも影響することになります。
　現在の裁判実務では，割増賃金の未払いがあった場合における付加金の額は，「通常の労働時間又は労働日の賃金」である100％部分を含んだ125％を定めるのが一般的のようです。
　しかし，前述のとおり，100％部分は，労基法37条違反の問題ではなく，労基法24条違反の問題なので，労基法114条の付加金の支払対象とはなりません。
　現在の裁判実務が前述の議論まで踏み込んだうえでこのような取扱いをしているかは疑問であり，125％の付加金の支払を求める原告側の訴状をそのまま追認している印象も受けるところです。

4 供　託

(1) 供託の効果

　労働者が，使用者から提供された時間外手当が，自己の請求額に満たないとして，提供された時間外手当の受領を拒否する場合，労働者の受領拒絶を理由に時間外手当を供託（民法494条）するという対応が考えられます。

　民法494条は，債権者（賃金についていえば労働者）が弁済の受領を拒絶する場合，債務者（使用者）は供託できると定めており，供託をした場合，弁済と同様，債務を消滅させる効果が発生することとになります。つまり，供託が有効に行われれば，支払義務違反の状態が消滅し，付加金の支払いを命じられることはなくなります。

(2) 一部弁済の提供，一部供託の有効性

　弁済の提供ないし供託した金額が，最終的に判決で確定される時間外手当の総額に満たない場合，すなわち債務の一部にとどまる弁済提供・供託であっても有効といえるか否かという点が問題になりえます。

　なぜなら，弁済提供，供託は，債務の本旨に従ってなされる必要があり，可分な金銭債務といえども，弁済提供・供託した金額が債務の全額に満たなければ，原則として弁済提供・供託としては有効とは認められず，例外的に，供託金額の不足が極めて僅少な場合は信義則上，有効とされうると解されているためです（最判昭35.12.15民集14-14-3060）。

　例えば，金銭消費貸借契約に基づき100万円という確定した貸金返還債務を負う借り主が，10万円の限りで返済をしようとした場合，貸し主はこれを受領する義務を負うものではなく，貸し主が任意に受領しない限り，10万円についても有効な弁済の提供があったとは認められないことになります。

　しかし，過去2年間にさかのぼる時間外手当の請求といった場合，実体法上

は，その２年間の各給与支払日に発生する数個の債権を請求していると考えられます。供託した金額が，最終的に判決で確定される時間外手当の総額に満たない場合でも，弁済期が先に到来した時間外手当請求権に順次充当されていき（民法489条３号），数個の時間外手当請求権のいくつかについては全額の供託があったと考えることが可能といえます。

(3) 一部弁済の提供，一部供託の有効と判断される場合

また，当事者公平の観点から，債務の一部の弁済提供ないし供託であっても有効となりうることを示した裁判例（最二小判決平６．７．18判時1506-103）もあります。

交通事故による損害賠償請求訴訟の控訴審係属中に，加害者が１審判決によって支払を命じられた賠償額を被害者に提供し，受領を拒まれたため供託したという事案において，裁判所は，加害者が弁済提供し，供託した金額が損害賠償債務の全額に満たないことが控訴審における審理の結果，判明したときであっても，弁済提供および供託はその範囲で有効であると判断しました。

同判決は，

① 弁済提供ないし供託された金額が，１審判決によって認容された額であるという一定の客観性が担保されていること
② 債務者が，判決が確定して初めて自己の負担する債務の全額を知るという立場にあり，弁済提供ないし供託を無効とすると債務者に酷な結果となること
③ 債権者が弁済提供ないし供託された金額を一部弁済として受領ないし還付を受けることができ，そうすることによって何ら法的不利益を受けるものではないこと

から，一部弁済・供託を有効とするのが当事者公平に適うと判断したものと解されます（最高裁判所判例解説・民事篇平成６年度466頁）。

時間外手当請求訴訟でも，訴訟の係属中，使用者がタイムカードに基づき算出した時間外手当の弁済を提供したにもかかわらず，労働者が受領を拒んだため，その金額を供託したという場合には，上記の趣旨があてはまるといえます。

つまり，①タイムカードの記録は，正確な労働時間を反映していないとしても，一定の推定力を有すると裁判所では取り扱われており，供託金額がタイムカードの記録という一定の客観的事情に基づき算出されていること，②会社が合理的な理由により，時間外手当の支払義務について争っており，③労働者が供託金を一部弁済として受領することによって何ら不利益を生じない場合には，供託を一部供託として有効と認めるべきであると考えます。

下級審の裁判例の中には，昭和51年から53年までの間の未払い割増賃金の請求に対して，被告の会社が昭和52年から53年までの間の割増賃金分を供託したという事案において，供託した範囲では，「法37条違反の状態はすでに消滅した」として付加金の請求を認めなかったもの（壺阪観光事件＝大阪高判昭58.5.27労判413-46）や，使用者がタイムカードに基づき算出した時間外手当の弁済を提供したにもかかわらず，労働者が受領を拒んだという事例において，上記第1から3のような趣旨から供託を一部供託として有効と認め，供託した額の限度で（民法491条参照），時間外手当の未払い状態は解消されていると判断したもの（徳島地判平22.12.24判例集未掲載）もあります。

5　労働審判と付加金

(1)　労働審判では付加金を命じられない

付加金は，労基法114条によると，「裁判所」が支払を「命ずる」ものです。労働審判は，労働審判委員会が行い（労働審判法20条1項），適法な異議の申立てがなかった場合でも，裁判上の和解と同一の効力を有するにとどまります（同法21条4項）。

したがって，労働審判手続において，労働者から付加金の支払いを請求する

旨の申立てがなされた場合，当該申立ての部分については，労働審判の対象外と解するのが相当とされています。

(2) 労働審判申立てと付加金請求の除斥期間との関係

付加金の請求は，支払義務の違反があったときから，2年以内に請求しなければならないと定められています（同条2項）。この2年という期間は，除斥期間と解されています。

労働審判に対する適法な異議申立てで訴訟に移行すると，申立書が訴状とみなされます。しかし，この申立書に付加金請求の記載がない場合，訴訟移行時において訴状に代わる準備書面で付加金請求をしたとしても，労働審判手続の申立ての時点に遡って付加金の除斥期間内の請求権行使の効力が生ずると解する根拠が見当たらないとの見解もあります。

そのため，実務上，この除斥期間との関係で，申立書に付加金支払請求の記載がなされることが考えられ，実際も多く見られます。

この場合，東京地裁労働部では，同請求の削除や取下げを求めることはせず，労働審判をする場合，同請求については請求棄却ないし請求放棄という判断を示す取扱いをしているとのことです。一方，大阪地裁労働部では付加金請求については受け付けない運用をしているようです。

第 7 節

時効（労基法115条）

> 第115条　この法律の規定による賃金（退職手当を除く。），災害補償その他の請求権は2年間，この法律の規定による退職手当の請求権は5年間行わない場合においては，時効によって消滅する。

1　趣　旨

本条は，退職手当を除く賃金について2年間，退職手当については5年間の短期消滅時効を定めています。

(1)　月例賃金等

一般の債権については消滅時効は10年と定められていますが（民法167条），使用者は商人（商法4条1項）ですので，賃金請求権等は商事債権として消滅時効は5年となるのが原則です（商法3条1項，522条本文）。

ただし，「月又はこれより短い時期によって定めた使用人の給料にかかる債権」については1年の短期消滅時効（民法174条1号）が定められており，こちらが適用されます（商法522条但書）。

したがって，私法（民法・商法）上の原則に従うと，月給制の労働者であれば，生活の糧となる月例賃金請求権の消滅時効は1年となりますが，それでは短すぎて労働者の保護として十分でないことになります。

そこで労基法は，「月又はこれより短い時期によって定めた」賃金請求権の消

滅時効を2年に延長しています（同法115条）。この「2年」という数字は，労基法施行前の労働者保護法である工場法で，災害扶助の請求権について2年の短期消滅時効が定められていた点にならったといわれています。

なお，年俸制の賃金は1年を経過した後に報酬請求権があるとされていますが（民法624条2項），労基法により毎月1回以上支払うことが使用者に義務づけられています（労基法24条2項）。そのため，1年の短期消滅時効（民法174条1号）が適用されるものと考えますが，それを労基法が2年に修正しています。

(2) 賞 与

年に2回支給されるのが一般的な賞与については，短期消滅時効の適用はなく，商事債権として消滅時効は5年となるのが原則です。しかし，労基法11条の賃金と評価される賞与請求権については，消滅時効が2年に短縮されることになります。

(3) 退職手当

退職手当請求権についても，商事債権として消滅時効は5年となるのが原則ですが，従来の労基法の定めにより2年の消滅時効が適用されていました。最高裁も，合併前の3会社間で退職金額に著しい格差があることから設けられた合併に伴う経過規定により，本来であれば退職金額が約189万円のところ約62万円しか支給されず，最初の請求時には退職金債権の履行期（退職日の1カ月後）から2年を経過していた事案で，「本件退職金が労働基準法第11条の「労働の対償」としての賃金に該当し，その請求権は，同法115条に基づいて，2年間これを行使しなかったことにより時効消滅したものとする原審の判断は，正当である」と判断していました（九州運送事件＝最二小判昭49.11.8判時764-92）。

しかし，①退職手当は，通常高額でかつ資金調達不可能等を理由に支払いに時間がかかることがあること，②労使間において退職手当の受給に関し争いが生じやすいこと，③退職手当の権利行使は，定期賃金に比べ，必ずしも容易で

あるとはいえず，定期賃金と同様に取り扱うことは労働者保護に欠ける面があったこと，④中小企業退職金共済制度による退職金，厚生年金基金制度による給付の消滅時効が5年であることとバランスを失すること等を理由として，法改正により昭和63年4月から時効期間が5年に延長されています（平賀俊行『改正労働基準法』228-229頁）。

2 本条にいう「賃金」と「退職手当」

(1) 賃　金

本条にいう「賃金」は，退職手当を除く労基法11条の賃金をいいます（第1章第2節を参照）。月給・日給等の定期的に支払われる賃金はもちろん，夏季・冬季の賞与等の臨時の賃金，現物給与，割増賃金，有給休暇中の賃金も含まれます。

(2) 退職手当

本条にいう「退職手当」には，労働契約，就業規則，労働協約等によって支給条件があらかじめ明確になっており，会社が具体的に支払義務を負う退職金が該当します。

なお，中小企業退職金制度（中退共）や厚生年金基金，確定給付企業年金（規約型・基金型）といった退職金の支払いに使用者が関与しない社外積立型の退職手当については，本条の「退職手当」に該当しません。それらの消滅時効については，次頁の表のように取り扱われています。

	時　効	根拠法
中小企業退職金共済法による退職金	退職金等の支給を受ける権利　5年間	中小企業退職金共済法33条
厚生年金基金	年金たる給付及び一時金たる給付を受ける権利　5年間	厚生年金保険法170条1項
確定給付企業年金	年金給付の受給権の基本権　第1回支払日から20年又は最後の支払日から10年。 年金給付の受給権のうち支分権　それぞれの支払日から5年	民法168条・169条 ＊時効期間を約款により短縮することは可能。

3　時効の起算点

　時効の起算点については，労基法は特別の定めを置いていないため，民法の一般原則に戻って考えることになります。したがって，賃金および退職手当請求権の支払期限である各支払日の翌日（民法140条）が，時効の起算点となります。請求者本人が未払部分があることに気づいていなかったとしても，時効の起算点に影響はありません。

　その各支払日は，賃金については就業規則の絶対的必要記載事項（労基法89条2号），退職手当について相対的必要記載事項（同条3号の2）とされ，当該就業規則の包括的同意（労働契約法6条）ないし合理的な労働条件を定めるものとして（労働契約法7条）労働契約内容となっています。

　なお，退職金の支払日が定められていない場合には，退職後いつでも請求できると考えられますので，退職日の翌日から時効が進行することになります。

4　時効の中断

　時効の中断についても，労基法は特別の定めを置いていないため，民法の一般原則に戻って考えることになります。民法は時効中断の事由として，以下の

ものを定めています（民法147条）。

① 請求（1号）
② 差押え，仮差押えまたは仮処分（2号）
③ 承認（3号）

以下では，労働事件で争われる主な手続に沿って，時効中断を考えてみます。

(1) 本訴での請求

労働者が使用者に対して，未払割増賃金の支払いについて訴訟を提起すれば（訴状を裁判所に提出すれば），その割増賃金支払請求権の時効が中断します（民法147条1号，民事訴訟法147条）。訴訟係属中は中断事由があるため時効は進行せず，請求を認める判決が確定したときから，時効が新たに進行することになります（民法157条）。

割増賃金請求権であれば前述のとおり2年の時効にかかりますが，判決が確定して再度進行する場合は10年に延長されることになります（民法147条の2）。

なお，本人が訴えを取り下げたり，訴訟要件が不備で訴えを却下された場合には，時効中断の効力は生じません（民法149条）。ただし，この場合でも下記(5)で説明する催告の効力として時効中断の効力が認められることがあります。

(2) 仮処分

労働者が解雇された場合，審理に約1年の期間がかかる本訴を提起する前に，仮に賃金を支払うよう命ずる仮処分の申立てをすることがあります。この賃金仮払仮処分を申し立てれば（申立書を裁判所に提出すれば），そこで請求している範囲の賃金債権の時効が中断します（民法147条2号，民事保全法7条，民事訴訟法147条）。この手続中は中断事由があるため時効は進行せず，手続が終了したときから，時効が新たに進行することになります（民法157条）。

なお，本人が申立てを取り下げたり，申立てが却下されたりした場合には，

時効中断の効力は生じません。また，いったん仮処分命令が出た後に取り消された場合も同様です。ただし，この場合でも下記(5)で説明する催告の効力として時効中断の効力が認められることがあります。

(3) 民事調停

　労働者が使用者に対して，未払割増賃金の支払いについて民事調停の申立てをすれば，その割増賃金支払請求権の時効が中断します（民法147条1号）。調停手続中は中断事由があるため時効は進行せず，請求権を認める調停が成立したときから，時効が新たに進行することになります。この場合，調書の記載は裁判上の和解と同一の効力を有するとされており（民事調停法16条），確定判決と同一の効力を有することになりますので（民事訴訟法267条），再度進行する場合は時効が10年に延長されることになります（民法147条の2）。

　なお，本人が申立てを取り下げたり，申立てが却下されたりした場合，また調停が成立せず1カ月以内に訴えを提起しない場合には，時効中断の効力は生じません（民法151条）。一方，1カ月以内に訴えを提起した場合は，調停の申立て時に訴えの提起があったものとみなされ（民事調停法19条），調停申立ての時から時効中断の効力が生じます（民法147条1号，149条）。

　ただし，時効中断の効力が生じない前者の場合でも，下記(5)で説明する催告の効力として時効中断の効力が認められることがあります。

(4) 労働審判

　労働者が使用者に対して，未払割増賃金の支払いについて労働審判に申立てをすれば，その割増賃金支払請求権の時効が中断すると考えられます（民法151条類推適用）。労働審判手続中は中断事由があるため時効は進行せず，請求を認める調停が成立した，または労働審判が確定したときから，時効が新たに進行することになります。この場合，調書の記載は裁判上の和解と同一の効力を有するとされており（労働審判法29条，民事調停法16条），確定判決と同一の効力を有することになりますので（民事訴訟法267条），再度進行する場合は時効

が10年に延長されることになります（民法147条の2）。

　なお，本人が申立てを取り下げたり，申立てが却下されたりした場合には，時効中断の効力は生じません。労働審判に異議が申し立てられると通常訴訟に移行し，労働審判手続の申立ての時に訴えの提起があったとみなされますが（労働審判法22条1項），その後訴えを取り下げたり，訴えが却下されたりした場合には，時効中断の効力は労働審判手続の申立ての時から生じないこととなります。ただし，この場合でも，下記(5)で説明する催告の効力として時効中断の効力が認められることがあります。

(5) 催　告

　催告は，上記(1)〜(4)のような裁判所の手続での請求ではなく，多くは配達証明付内容証明郵便での私的な請求をいい，口頭による請求でもかまいません。この催告にも時効中断の効力が与えられていますが，催告から6カ月以内に，上記(1)〜(4)のような裁判所の手続での請求をしなければ，時効中断の効力は生じなかったことになります。

　上記(1)〜(4)との違いとしては，裁判所の手続では裁判所に訴状や申立書が提出されれば時効が中断しますが，私的な請求である催告は，その請求が相手に到達した時に効力が生じることが挙げられます。

　なお，催告を6カ月ごとに繰り返しても，それだけで時効中断の効力は生じないとされています。

(6) 紛争調整委員会によるあっせん

　労働者が使用者に対して，未払割増賃金の支払について紛争調整委員会によるあっせん申立てをしても，労働局長が必要と認めない限り，あっせんは行われませんので，申立てをしたからといって時効が中断するわけではありません。

　仮に必要と認められてあっせんに付されれば，相手方に支払請求の意思が記載された申立書が届きますので，その到達時に催告による時効中断の効力が生じると考えられます。

なお、あっせんが打ち切られた場合には、その旨の通知後30日以内に訴えを提起すれば、時効の中断に関してはあっせん申請があった時点で訴えの提起があったものとみなされますので（個別労働関係紛争解決促進法16条）、その場合には、あっせん申請時に訴え提起による時効中断の効力が生じることになります（民法147条1号）。

5　未払時間外割増賃金の時効消滅と不法行為に基づく損害賠償請求

未払いの時間外割増賃金については、請求時にすでに労基法115条の2年の時効により消滅していたものの、時間外割増賃金の不払いが不法行為であるとして争われた事案（杉本商事事件＝広島高判平19．9．4労判952-33）があります。

この事案では、平成18年4月に退職した元従業員が同年7月に請求しており、裁判所は、「被控訴人代表者においても、広島営業所に所属する従業員の出退勤時刻を把握する手段を整備して時間外勤務の有無を現場管理者が確認できるようにするとともに、時間外勤務がある場合には、その請求が円滑に行なわれるような制度を整えるべき義務を怠ったと評することができる。広島営業所の管理者及び被控訴人代表者の上記の義務違反が職務上のものであることは明らかである。したがって、控訴人は、不法行為を理由として平成15年7月15日から平成16年7月14日までの間における未払時間外勤務手当相当分を不法行為を原因として被控訴人に請求することができるというべきである」と判断しています。

この判決により、未払賃金等の支払請求権の時効が事実上3年（不法行為による損害賠償請求の時効）となったかのようにいわれることもありますが、賃金等の未払いは単なる労働契約上の債務不履行であり、その時効は2年です。理論的に当該未払いが悪質と評価され不法行為を構成する場合があることは否定できないとしても、最低賃金額を大幅に超えた総額人件費の枠の中で生じた未払いであれば、不法行為まで成立する事例は非常に限られるだろうと考えます。

定期監督状況・法違反状況（平成22年）

労 基 法	事　　項	合　計（件）
3条	均等待遇	0
4条	男女同一賃金	8
15条	労働条件の明示	14,816
23条・24条	賃金不払い	4,679
37条	割増賃金	21,826
39条	年次有給休暇	278
89条	就業規則	15,491
108条	賃金台帳	8,352

【出典】　平成22年労働基準監督年報（一部抜粋）

送検事件状況（平成22年）

労 基 法	事　　項	合　計（件）
3条	均等待遇	1
15条	労働条件の明示	24
23条	金品の返還	4
24条	賃金の支払	412
26条	休業手当	3
37条	割増賃金	37
89条	就業規則作成及び届出義務	4
91条	制裁規定の制限	1
108条	賃金台帳	1

【出典】　平成22年労働基準監督年報（一部抜粋）

第 5 章

賃金体系論

第1節 賃金体系

1 賃金項目

　企業において支給される賃金は，通常毎月決まって支給される賃金（月例賃金）と特別に支給される賃金の２つに大きく分けられます。

　これらの賃金の構成を図で整理すると，以下のようになります。

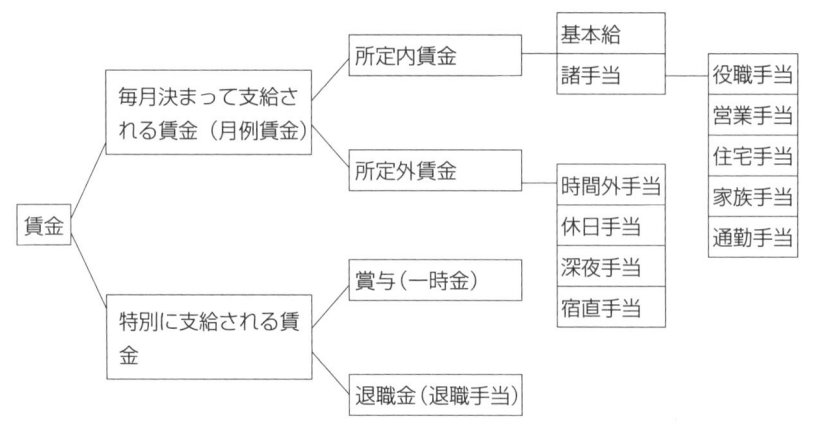

```
                    ┌─ 所定内賃金 ─┬─ 基本給
                    │              └─ 諸手当 ─┬─ 役職手当
毎月決まって支給さ──┤                        ├─ 営業手当
れる賃金（月例賃金）│                        ├─ 住宅手当
                    │                        ├─ 家族手当
                    │                        └─ 通勤手当
                    └─ 所定外賃金 ─┬─ 時間外手当
賃金 ──┤                          ├─ 休日手当
       │                          ├─ 深夜手当
       │                          └─ 宿直手当
       │
       │            ┌─ 賞与（一時金）
       └─ 特別に支給される賃金 ─┤
                    └─ 退職金（退職手当）
```

※賞与，退職金の賃金性については，第10章および第11章参照

(1) 毎月決まって支給される賃金（月例賃金）

　月例賃金は，所定労働日・所定労働時間の労働に対して支払われる所定内賃金と，所定外の労働に対して支払われる所定外賃金に区別できます。

ア 所定内賃金
(ア) 基本給
基本給は所定内賃金の主たるものとして位置づけられます。基本給は大きく以下の3つに区別できます。

---
① 定額給 ：1時間（＝時給制），1日（＝日給制），1週（＝週給制），1月（＝月給制），1年（＝年俸制）といった単位に対して定額で支払われるもの
② 出来高給：出来高に応じて金額が決定するもの
③ 総合給 ：定額給と出来高給を併用したもの

(イ) 諸手当
基本給以外の所定内賃金にあたる諸手当としては，大きく以下の2つに区別できます。

---
① 仕事手当：一定の仕事内容に対する対価として支給される手当
　　　　　　例）技能手当，特殊勤務手当，特殊作業手当，交代手当
② 生活手当：仕事内容とは関係なく，労働者の生計費を勘案して支給される手当
　　　　　　例）家族手当，住宅手当，通勤手当

イ 所定外賃金
所定外賃金とは，所定内賃金とは別に，所定労働日，所定労働時間を超えてなされた労働実績に応じて支給される賃金であり，例えば，時間外手当（時間外割増賃金），休日手当（休日割増賃金），深夜手当（深夜割増賃金）等があります。

(2) 特別に支給される賃金

毎月決まって支給されるものではなく,特別に支給される賃金の主なものとしては,賞与,退職金の2つが挙げられます。

なお,賞与,退職金に関する詳細は,第10章（賞与),第11章（退職金）にて触れています。

ア 賞 与

賞与は通常就業規則等により,支給時期・金額の決定方法が規定されていますが,金額の決定方法としては,基本給等の算定基礎賃金に,その時々の経済状況等により決まる支給率および支給対象期間における出勤率・成績係数等を乗じて算定するという意味で,功労報償的な性格を有しています。

また,それに加えて企業の利益分配としての意味,生活保障としての意味,将来の労働への意欲向上策としての意味および賃金の後払い的性格としての意味を有しているともいえます。

イ 退職金

退職金は通常,算定基礎賃金に退職金規程等で所定の支給率を乗じて算定される場合が多く,賃金の後払い的性格を有すると位置づけられます。

一方で,自己都合退職と会社都合退職で支給率が異なる,あるいは懲戒事由がある場合における没収・減額がありうるなど,功労報償的な性格も有しているといえるものです。

また,これらに加えて生活保障的な性格も有しているともいえます。

このように,退職金は「賃金の後払い的性格」,「功労報償的性格」,「生活保障的性格」の3つを併有しているものといえます。

2 賃金決定の考慮要素

賃金は，大きく二分すると，賃金を労働力の対価として捉えるか（能力主義賃金），または（実際になされた）労働そのものの対価として捉えるか（成果主義賃金）に区別することができます。

(1) 能力主義賃金

賃金を労働力対価として捉え，労働力を基準として賃金を決定する考え方です。

能力主義賃金は，労働力再生産コスト，すなわち労働力を提供する人間の生活コストとしての「生活給」，勤続に応じて労働力価値が高まるという前提に立っての「年功給」，身に付けている能力レベルに応じた「職能給」の3つからなるものです。

また，これら能力主義賃金は定期昇給になじむものといえます。

ア 生活給（年齢給ないし家族手当）

年齢別生計費をベースとして年齢に応じて昇給していく賃金が年齢給，そして世帯人員別生計費をベースとして支払われる賃金が家族手当です*。

これらの生活給には，年齢が上がるにつれて高まっていく生活費をカバーし，将来の労働力となる子女育成コストをまかなう，という意味があり，「食える（生活できる）最低の賃金額」という概念との親和性の高い賃金といえます（いわゆる電産型賃金体系**）。

* 総務省統計局の家計調査（平成23年平均：全国・2人以上の世帯）によると，1世帯あたり1カ月間の生計費（消費支出）は年齢とともに増加し，50〜54歳をピークとして，その後は減少しています。
** 電産型賃金体系とは，終戦直後の1946年に電気産業労働組合が要求した賃金体系をいいます。その特徴は，①理論生活費を計算ベースにしたこと，②物価上昇に伴うスライド賃上げを供給したこと，③賃金は生活保障給（本人給，家族給），能力給，勤続給に

よる基本賃金と，地域手当，特殊手当で構成されることにあり，窮乏の時代を反映して極めて生活保障的な色彩の強いものと考えられています。

イ　年功給

年功給とは，勤続給，本人給といった名称で呼ばれることもありますが，職務経験の長さ（すなわち在籍年数）を労働力の価値とみなして支払われる賃金です。

このような年功給は，職務経験の長さに応じて労働力価値，すなわち職務遂行能力が向上するという前提に立っているものです。そのため，職務経験に応じて職務遂行能力が向上するという前提の成立する業務，例えば，単純業務を行う熟練工の労働者の賃金体系に合致する制度ということができます。

ウ　職能給

年功給が職務経験の長さを労働力の価値として評価するのに対し，職務経験の中で身に付けた仕事に対する習熟度や保有する知識・技能等を評価して決定する賃金が職能給です。

その具体的仕組みとしては，職能資格制度等が挙げられます。職能給においては，習熟による昇給と，職能資格の昇格による昇給がありますが，一度身に付けた習熟度，知識・技能等は失われるものではないという考えから降級，降格は想定されていません。

また，事実上年功によって資格等級が決定されているなど，年功給と変わらない運用となっていることもあり，この点が批判にさらされたこともあります。

(2)　成果主義賃金

成果主義賃金とは，賃金を労働対価として捉え，労働による現実の算出価値を基準として賃金を決定する考え方です。「労働による現実の算出価値」の評価・算定の仕方により，職位給，職務給，職責給，役割給，業績給，成果給といった給与に区別されます。職位給，職務給，職責給，役割給は担当業務に対

して支払われる給与であり，業績給，成果給は実際の業績に対して支払われる給与という区別もできます。

なお，ここでいう，「職位」，「職務」，「職責」，「役割」，「業績」，「成果」の関係を一般的な成果主義の流れに則して示すと，以下のようになります。

---

i　各人を能力に応じて一定の「職位」に配置する。
　　↓
ii　配置された職位の範囲で，実力に応じて一定の「職務」，「職責」を付与する。
　　↓
iii　職責ごとに各人が自らの目標（具体的行動計画）を策定する。
　　↓
iv　上司との面談等を通じて設定目標の具体性，実現可能性，効率性，貢献性を確認したうえで，（例えば１年間等）一定期間における「役割」を確定する。
　　↓
v　一定期間の終了時に，設定した目標の達成度を「業績」，「成果」として評価する。

ア　職位給

職位給とは，例えば，営業部長50万円／月，営業課長40万円／月というように配置されているポスト（職位）に応じて支払われる賃金です。

イ　職務給

職務給とは，担当している職務の性質・価値に応じて支払われる賃金です。職務給の下では，職務が変わらない限り，賃金の上昇もないということになります（職務分析*がなされることになります）。

＊職務分析とは，職務の情報を収集し，記録する一連の作業をいいます。個々の職務について課せられている仕事の内容を洗い出し，職務遂行過程で要求される知識や能力（精神的能力，身体的能力），職務遂行過程で受ける負荷（精神的負荷，身体的負荷）等を明らかにすることをいいます。職務分析は1900年代初頭より中頃にかけアメリカで発達し，わが国には第2次世界大戦後に導入されました。職務情報の収集方法には，面接法，記述法，観察法，体験法があります。これらの方法で得られた情報により職務記述書が作成され，職務評価のための基礎資料となります。

ウ　職責給

職責給とは，実力に応じて上司等から一定の職責を与えられ，その職責による仕事の守備範囲，困難度に応じて支払われる賃金です。

エ　役割給

役割給とは，職責ごとに各人が自らの目標（具体的行動計画）を設定し，その設定目標について具体性，実現可能性，効率性，貢献性を上司等との話し合いにより確認したうえで決定される当該労働者の一定期間における役割，すなわち当期に期待される成果に対して支払われる賃金です。

オ　業績給

業績給とは，エで説明した目標に対する達成度（＝目標達成度×目標のレベル）に応じて支払われる賃金です。

カ　成果給

成果給とは，オの業績に，長期的な視点からの功績を加味し，会社にどの程度の貢献をしたかという点から支払われる賃金です。

第6章

賃金決定と人事制度

第1節

賃金決定と人事制度

1 人 事

　人事とは，「人」（能力）と「組織」（仕事）と「コスト」（賃金）の結びつけを扱う分野をいうと考えます。

　人事の基本は，より高い能力を持つ人材を従業員として確保し，付加価値の高い仕事に就かせ，それに見合った賃金を支払うという形で，人と組織とコストの高位均衡を図ることにあります。

人事労務管理の基本

```
                    高位均衡
    人              組織            コスト
   能力 ←─────→   仕事 ←─────→   賃金
    ↓               ↓               ↓
   能力*    ⇒     目標      ⇒     賃金
    ＋              成果
   健康         適正配置       適正評価
    ＋          採用
  勤務態度       教育         *成果に結びつける行動様式を含む。
    ＋        職場環境
   私生活
```

より高い能力を持つ人材を確保し，付加価値の高い仕事をさせ，それに見合った賃金を支払うことで「人・組織・コスト」の均衡を図ることが人事労務管理の基本目的

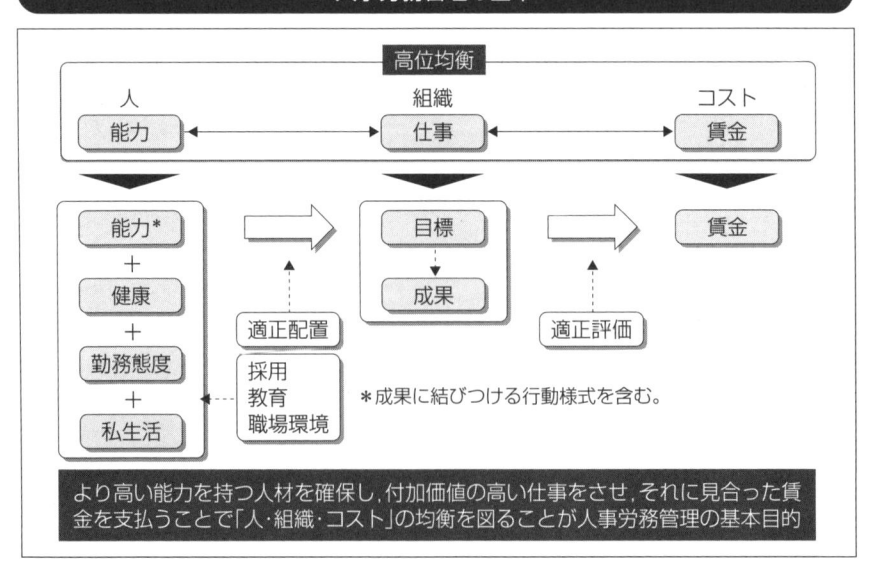

この観点からすると，コストである賃金を算定するにあたっては，職務の内容について要求される知識や能力，そして職務遂行過程で受ける負荷（精神的・身体的負荷）等を分析して，その職務について価値づけを行ったうえで算定する職務給（属仕事給）が人事の理想に近いといえます。

しかし，日本では長らく，そして現在においても，原則として，職務給という賃金システムはとられてきませんでした。それは，日本の雇用社会との関係で職務給を採用することによる不都合が大きかったためです。日本は，戦後，特に技術革新を進めることを最優先にしてきました。技術革新が進むことによって，余剰の人員が発生します。本来なら余剰人員は解雇となります。そうすると，労働者は，余剰人員として解雇されるのを防ぐため，合理化反対闘争というような集団労使紛争を起こし，この問題の解決のため，技術革新そのものに反対することになります。

技術革新が常に集団的労使紛争を伴って進展してきたことは，歴史の示す事実です。次のケースを想定してみると，そのことはわかりやすいものとなります。

現状ではAの機械で10人の人が仕事をしているとします。これをBの機械に置き換えれば，今までの作業量を5人でできるようになるとします。このような場合，使用者は当然，Bの機械を導入したいと考えます。このとき，「5人の余剰人員については雇用契約を解消しよう」と考えるのが，使用者として通常の経営判断といえます。しかし，実際に雇用契約を解消しようとすると，現在働いている10人は「だれが辞めさせられるのだろう」「自分も辞めさせられる人の中にいるかもしれない」と不安になります。そこで，このような不安を取り除くため10人全員が団結し，自分たちの仕事を確保しようとすることになります。つまり，Aの機械からBの機械に置き換えるという会社の合理化策を集団的な対応によって阻止しようとするのです。

この典型的な例が産業革命期のイギリスで起こった「機械打ち壊し運動」です。機械が導入されることによって，労働者は職を失うことになります。そこで，労働者は，自分たちの敵は機械だと考えたのです。

技術革新を円滑に進めるためには，集団労使紛争を極力避けなればなりません。そこで使用者は，「会社の業績向上のため，Ａの機械をＢの機械に置き換えることはどうしてもやらなければなりません。それによって余剰人員が出ますが，この余剰人員は解雇せず，別の仕事を用意してあるので雇用は守ります」と，労働者側に提案することになります。すなわち，職種変更によって雇用維持を図ったのです。日本はこのようにして，終身雇用制を維持することによって，技術革新による集団労使紛争を抑えたのです。

　上で述べたように，日本の会社は雇用を守るためにしばしば職種変更を行う必要がありました。しかし，職種変更による職務の変更によって賃金が下がると，当該労働者との間でまた別の争いが発生してしまいます。すなわち，職種変更は，要するに，経験を積んだ仕事から労働者を切り離して，新しい仕事に就けるわけですから，業務遂行能力は当然に落ち，それに合わせて賃金も下がるはずです。これを回避するためには，「仕事」と賃金を結び付けるのではなく，人の「能力」に賃金を結び付け（属人的システム），職務変更権を行使され職務が変わったとしても賃金に差が生まれないようにする必要があったのです。日本で職務給が普及しなかった理由は，このような事情によります。

　このように，日本の人事システムにおいては，賃金を決定するにあたっては，人の「能力」を基準として判断を行うことになります。そして，人の「能力」については，勤続年数が長くなるに従って職務遂行能力（熟練度）が向上すると想定し，勤続によって労働者の能力を判断することになりました。すなわち，勤続が人の能力を図る代替手段となったのです。

2　年功主義人事

　年功主義人事とは，職務経験年数を労働力の価値として評価し，賃金に結び付ける人事制度です。すなわち，賃金と結び付けられた人の「能力」を測る方法として，勤続年数を代替指標としたのです。

　この勤続年数によって人の「能力」を測り，賃金を決定するという年功主義

人事は，製造業等の熟練工の世界において発展しました。製造業においては，労働者の大半は中卒であり，能力に差がない状態でした。また，製造業における労働者が行う単純作業は，勤続を重ねると熟練していくので，勤続年数によって労働者の「能力」が向上していきます。そして，この向上した能力に合わせて，賃金が向上していくようにしたのです。すなわち，熟練工システムでは，勤続という指標によって人の「能力」を見ていくことができるのです。

以上のように，熟練工の世界では，能力を判断する指標として，勤続を代替使用したのです。そして，この勤続が上がることによって賃金が上がるという制度設計は，長期間勤続することに対するインセンティブにもつながることになり，熟練工の囲い込みのための方法としても活用されました。

しかし，勤続で能力を見ることによって人を管理していくと，入社年齢が変わることによって，勤続と年齢のアンバランスが生じる場合があります。そこで，勤続と年齢を合わせるようにする必要が出てきます。この勤続と年齢を合わせるために最適な制度が新卒一括採用です。このようにして，新卒一括採用が，賃金を人に付けざるをえなかった長期雇用システムの枠の中で展開してきたのです。

そして，この年功は，勤続，年齢，学歴，性別を基準として判断されました。

年功主義人事における賃金の基本給は，年齢給と勤続給で構成されています。そして，この基本給に手当が加えられて，賃金が算定されました。この賃金は，生計費を基礎に決定されています。結婚・出産・家の購入・子供の教育などライフサイクルに合わせて賃金を増加させ，定年後には退職金まで用意するという生涯にわたる生活保障システムとして構築されました。

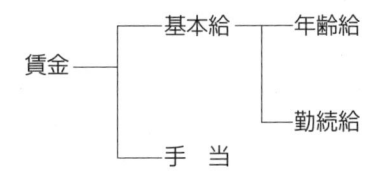

```
                    ┌─ 基本給 ─┬─ 年齢給
        賃金 ──────┤           │
                    │           └─ 勤続給
                    └─ 手　当
```

このような年功主義人事は，いわゆる新卒一括採用，終身雇用制における人

事管理に適合するものとして広くとり入れられ，特に職務経験年数に応じて能力が向上する熟練工等において機能する制度であったといえます。

　しかし，人の「能力」を「勤続」の代替指標として判断する前提が，社会変化の中で揺らいできました。それは，技術革新によって中途採用をせざるをえなくなったこと，高学歴化が生じてきたことおよび女性の職場進出が進んできたことが原因です。

　第1として，この年功人事は，低学歴社会を前提としたシステムであるので，労働者が高学歴になってきた時代では，その前提を欠くことになります。前述したとおり，年功人事は中学を卒業して入社してくる「金の卵」たちをモデルとした熟練システムです。中卒者には仕事に対する予備知識もなく，経験もなく，したがって入社時においては能力にまったく差がないことを前提に，業務の経験年数を軸に処遇するのが年功人事でした。ところが，高学歴化が進むと，専門的な教育を受けた人々が数多く入社してきます。この人々には入社時点で能力に明らかな差があり，最初から同じにスタートというわけにはいきません。そうすると，単純に勤続年数を基準に賃金を決めることはできなくなります。

　第2として，社内で技術を身に付けても，技術革新が速くなることによって，中途採用をせざるをえなくなります。勤続年数の長さで処遇が決まるシステムでは，同じ年齢，同じ能力でも，途中入社の社員は新卒で入社した社員より低い位置に置かれることになります。しかし，能力の高い中途入社者に対しては高い賃金を払うことになるため，賃金と勤続のバランスを崩すことになります。

　第3として，年功主義人事は，男性正社員に対して家族を含む生計費を基礎に賃金を支払うシングル・インカム，つまり，女性差別のシステムでしたが，女性の社会進出が進み，長期雇用化してくると，このシステムに行きづまりが生じてきます。

　そして，ホワイトカラーを念頭に置くと，学歴が上がるので，勤続年数＝能力という代替指標の客観的な要件がなくなってしまったのです。

3　職能主義人事

　職能主義人事とは，上記2の年功主義人事によるデメリットの克服を目的として昭和50年頃に主張されたもので，「職務経験年数＝能力」と単純に評価するのではなく，その職務経験により身に付けた職務遂行能力を評価して，賃金に結び付ける人事制度です。
　職能主義人事の代表的なものとしては，職能資格制度，すなわち企業における職務遂行能力を職掌として分類したうえで（例えば総合職や専門職等），各職掌の中で職務遂行能力の程度に応じてランク・序列化し，その職掌・序列に応じて賃金を決定する制度が挙げられます。
　この人事制度の運用にあたり重要となるのが，職務遂行能力を適切に評価することです。職務遂行能力の適切な評価がなされない場合，例えば，職能資格制度において，一定の年数の経過によりほぼ自動的に上位のランクに昇格させるなど，運用次第では，上記2の年功主義人事とあまり変わりのない賃金決定がなされるということも考えられます。
　また，この人事制度の運用にあたっては，能力の陳腐化をいかに評価に組み込むかということが課題になります。例えば，技術が進歩し，古い技術と新しい技術が対応しなくなった場合には，古い技術に対応した技能ではなく，新しい制度に対応した技能を評価することが望ましいのですが，この技術進歩のペースが急激になってくると，技術進歩のペースに合わせた技能評価を人事評価に組み込むことが困難になります。
　このような点で，今日の職能主義人事においては，技術の進歩等の事業環境の変化を踏まえて必要とされる能力を，どのようにして人事評価に組み込むかが課題となります。
　なお，職能資格制度が提唱された当初から，習熟昇給と昇格昇給はあるが降級と降格はないとされており，実際に職能資格制度を導入した多くの企業は降級や降格についての規定を持っていないといわれています。裁判例上，職能資

格を引き下げる措置には，そのような降格についての就業規則上の根拠規定が必要であるとされており（チェース・マンハッタン銀行〔賃金切下げ〕事件＝東京地判平6．9．14労判656-17等），降級・降格に関する規定がない場合，一度上げた資格・ランクを引き下げることができない，ということになります。

　これは，もともと一度身に付けた能力は失われないという考え方によるものと思われますが，今日的には，先に挙げた技術進歩のペースおよび能力の陳腐化ということを考慮に入れ，降級・降格規定を設ける意義が生じているといえます。

　職能主義人事における賃金体系は基本給と家族手当で構成されます。そして，基本給は職能給（4割）と年齢給（6割）で構成されています。このうち，年齢給と家族手当は生活保障的な性格が強く，両者の合計額で最低限の生活費をカバーできるように設計されています。

　さらに，昇給システムをみると，職能給部分が習熟昇級と昇格昇級とに分かれています。この習熟昇級と年齢給は，賃金が毎年上昇するようにして，いわゆる定期昇給に相当するようにしました。その意味で，職能人事も「食える（生活できる）賃金」の保障を踏襲していることになります。一方，昇格昇給は，本人の業務遂行能力が向上し，上位の資格等級に昇格したときに昇給するシステムです。したがって，本人の努力によって業務遂行能力が向上すれば，それに合わせて賃金も大幅に上がるというものです。

　しかし，多くの企業では，この昇格を年功的に運用していたのが実態といえます。昇格が年功で運用されれば，昇格昇給という大きな昇給部分が年功で上がることになり，結局は職能主義人事も年功主義人事と変わらなくなってしまいます。ここに，職能給システムが年功主義賃金の補完機能を担うにすぎないとの批判を受ける原因があります。また，能力と見合わない資格についしまって人件費が高くつく割に業務が進まないという矛盾も生じました。加えて，職務遂行能力が高いと評価されていても，実際に業務遂行課程でその能力が発揮されなければ成果が上がらないわけですから，能力と成果が直結しないという面もあります（なお，規定の内容に「合理性」がある降格規定の例として，

408頁に添付の規定例を参照してください)。

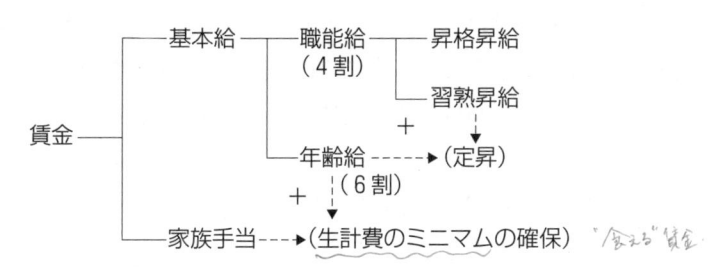

```
         ┌─ 基本給 ─┬─ 職能給 ─┬─ 昇格昇給
         │        │ (4割)   └─ 習熟昇給
         │        │      ＋
賃金 ─┤        └─ 年齢給 ----▶ (定昇)
         │          (6割)
         │           ＋
         └─ 家族手当 ----▶ (生計費のミニマムの確保)  "食える賃金"
```

＊上記職能給と年齢給の割合は，昭和50年以降の制度導入当初のイメージです。(原型)

4　成果主義人事　　解雇自由の前提

　成果主義人事とは，各労働者が保有する職務遂行の「能力」よりも，その職務遂行で実際に得られた「成果」自体を処遇の中心に据える人事制度です。
　成果主義人事は，職能資格制度による資格等級への格付けが実質年功によって行われていること，「高い能力」が必ずしも「高い成果」に結びつくものではないこと，さらに，能力は向上することがあっても低下することはないという考えのもと事実上降格がなされず適切な人事評価がなされていないといった職能主義人事の問題点を克服するものとして提唱され，導入されるようになったものです。この成果主義人事は，年功によって引き上げられる総額人件費の増加を抑制し，役割間，年齢間の賃金不平等感を解消し，さらに企業内労働市場と外部労働市場を接合するものとして求められていたといわれています。
　成果主義人事においては，成果の測定・評価をいかに行うかが重要となりますが，典型的には各期のはじめに使用者と労働者の話し合いによって目標設定を行い，期末に当該目標の達成度を評価するということを本人と上司との間の意見調整により行う「目標管理制度」が用いられています。　パワハラの要因の1つとなっている

　成果主義を実現する動きが始まると，実務では，年齢給の廃止と職能給への一本化，職能給制度における能力・成績主義の強化，上級管理職への年俸制の導入，年功給化した職能給の「職務等級制」・「役割等級制」への組替え，業績

賞与の設置，生活手当の縮小・廃止等が行われました。

上級管理職の年俸制は，賃金の全部または相当部分を労働者の業績等に関する目標の達成度を評価して年単位に設定する制度といえますが，賞与も含めて組み替えるのか，諸手当はどの程度残すのかなど，設計方法は多様に考えることができます。年俸の支給方法は，労基法24条2項に規定されている毎月1回以上一定期日払いの原則により12分して毎月支払われるのが原則ですが，社会保険料等の関係で賞与部分を設ける場合も多いといえます。

一般社員については，成果主義を導入する方法として，職務等級制を採用する例も見られます。職務等級制は，職務分析を実施し，企業内の職務を役割や責任の大きさに応じて等級に分類・序列化し，等級ごとに賃金額の最高値，中間値，最低値等による給与範囲（レンジ）を設定する制度です。そして，その給与範囲の中で，人事考課で賃金の上げ下げを行います。

また，職務分析を行わず，職務上の役割を幹部職，中間管理職，専門職等に大きく分類したうえ，それぞれの役割について少数の広い給与範囲をもった給与等級を設定するブロードバンド制を採用する企業もあります。

職務概念が明確ではない企業では，従業員の仕事の職責・役割を職務分析なしに分類し等級化して，その等級に応じた給与範囲の中で各自の各期の目標達成度や能力発揮度を評価して賃金額を決める制度を採用しているところがあります。この場合の評価制度を役割等級制と呼ぶことがあります。

年俸制は上級管理職や高度専門職に適した成果主義賃金制度であるのに対し，職務等級制や役割等級制は，成果主義的な能力主義を一般従業員にまで及ぼす際の賃金制度として利用されています。

5　コンピテンシー人事

コンピテンシー人事とは，成功者の行動特性から抽出された能力を評価基準とする人事制度です。高い成果を生み出す人に共通する具体的な行動特性（コンピテンシー）について，従来の職能資格制度で見られた協調性や積極性とい

コンピテンシー人事

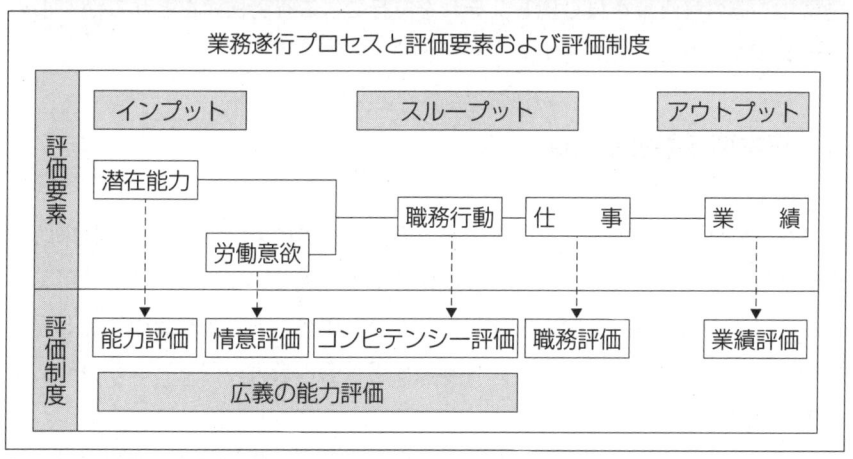

業務遂行プロセスと評価要素および評価制度

評価要素	インプット	スループット	アウトプット
	潜在能力 / 労働意欲	職務行動 / 仕事	業績

評価制度	能力評価	情意評価	コンピテンシー評価	職務評価	業績評価
	← 広義の能力評価 →				

【出典】　今野浩一郎＝佐藤博樹『人事管理入門』（日本経済新聞社，2002年）

った曖昧さの残る能力評価基準ではなく，プレゼンテーション力や情報収集力，コミュニケーション力等，具体的な行動特性（実力）を評価基準として処遇につなげます。このように，コンピテンシー人事は，インプット（能力）からアウトプット（業績），さらにはスループット（行動様式）に評価の基準を変更したといえます。

　この基準は，職能資格制度における資格ごとの能力要件と共通する部分がありますが，職能資格制度は「標準者」としての能力要件を問題にしているのに対し，コンピテンシーは「ハイパフォーマー」と想定して，行動特性・能力を抽出しているという違いがあります。

　コンピテンシーによる評価は，成果主義の「結果第一主義」を修正するもので，能力主義と成果主義をつなぐものといわれています。一方，コンピテンシーによる評価基準は，過去の成功者における行動特性であり，時代の変化に対応しきれない部分が大きいといえます。そして，時代の変化に対応しようとしても，要求されるものの変化のスピードが速くなってしまうと，そもそも要件化することが不可能になってしまいます。このようになってくると，決められ

た行動様式をとることができるのかではなく，成果が出ないときに，問題点を発見し，その解決策を自ら探し，それを実行できる行動様式をとるかが求められるようになると考えます。

6　日本型成果主義とは

　企業の命は「人」です。その企業が，単に現在の成果だけでなく，将来的に安定経営をするためにも，人材の育成は必要不可欠です（昭和の長期雇用システムは，この人材育成を含んだ体制でしたが，現在，非正規社員の増加と短期雇用は，この人材育成が進まず，日本の雇用社会の最大の弱点となりつつあると考えています）。

　したがって，人事システムとしては，従来どおり，職能資格制度の中で人材の育成を続けていく必要があります。したがって，極端な成果主義や，ハイパフォーマー者を基準とするコンピテンシー人事には賛成できません。その能力が向上すれば，それに応じて賃金を上げる職能給は維持すべきといえます。

　しかし，「能力」があっても，「成果」が出るわけではありません。成果が出ない限り，企業は生き残れない以上，やはりその能力を発揮して，成果に結び付ける行動様式をとれる社員を求めることになります。

　特に，技術革新のスピードが速く，変化が激しく，そして高い能力が求められる一方，高年齢化の中で，やる気や意欲の減退等の多くの事情で，「能力＝成果」とならない雇用社会となっています。

　そこで，企業は，社員を「能力」から「実力」で評価する必要に迫られたといえます。

　すなわち，「能力主義」から「実力主義」へ「能力＝コンピテンス」から「実力＝コンピテンシー」への評価基準の変更です。

　実力主義の人事では，この実力が発揮される職務に人を配置することになります。そして，その職務の職責も同時に決めることになります。その決定方法は，上司と部下が目標相談を行って決めることになります。

その手順は，次のように考えればよいと考えます。

① 上司が，今年の部下に求めるもの（職務の責任範囲（職責））を部下の実力に従って示します。
② 部下は，①の職責に従って，具体的目標計画を自ら考え，提出します（チャレンジング目標）。

このように，職責に目標が設定されて役割（ミッション）が決まります。
この役割の向上により賃金を決めるので，役割給と呼びます（能力の向上で決めるのが職能給です）。この役割給が成果主義となります。
この職能給と役割給により基本給を構成します。

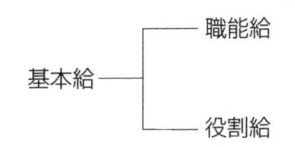

$$
\text{基本給} \begin{cases} \text{職能給} \\ \text{役割給} \end{cases}
$$

そして，役割の達成度を業績と位置づけます。そして，この業績は，適正配置，職場環境，社会の経済状況等，様々な影響を受けますので，基本給に結び付けず，賞与で処遇することになります（業績変動賞与と呼んでいます）。
さらに，1年の業績ではなく，長期間（10～20年スパン）の業績の積上げを貢献度として役割昇進や幹部昇進で利用することになります。
このフレームがなぜ，日本型成果主義と名付けられるかは，

① 能力主義（人間基準）から入ること（成果（仕事基準）から入るのではない）
② チャレンジ目標を出させること（自由裁量度が出てくる）
③ 業績は，賞与に結び付け，基本給には結びつかないこと

という点にあるといえます。

賃金カーブの修正

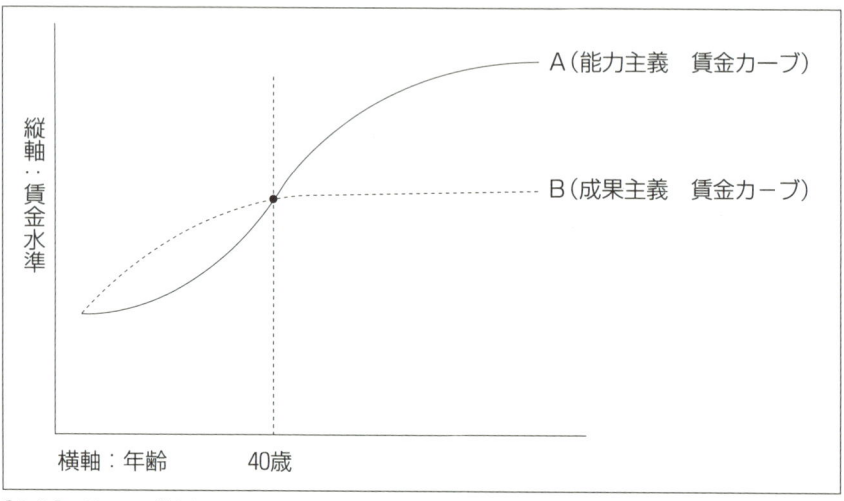

縦軸：賃金水準
横軸：年齢　40歳

A（能力主義　賃金カーブ）
B（成果主義　賃金カーブ）

【出典】　楠田丘『賃金とは何か―戦後日本の人事・賃金制度史』287頁

このフレームによって，賃金は次のように考えることになります。

① 基本給は，職務給と役割給で35歳までは職能給のウエートを高くする。それ以降は，役割給のウエートが高くなる
② 職能給には定昇があり，役割給には定昇がない
③ 職能給には降給がなく，役割給には降給がある

この日本型成果主義での年齢別賃金カーブのイメージは上の図のようなものと説明されています。

すなわち，生涯労働の折返し点（60才定年制を前提に）を40才と考えます。

そうすると，35才で賃金のピークがくることにします。そして，折返し後の後半は，「実力」による賃金支払いとなるといえます。

（なお，以上については，楠田丘著，石田光男監修・解題『賃金とは何か―戦後日本の人事・賃金制度史』を参考にさせていただきました。）

7 人事制度と賃金に関する私見

上記の日本型成果主義も，大企業の新卒一括採用のゼネラリストのイメージが前提にあるような気がします。

加えて，コンピテンシーモデルの作成は，小零細企業ではその能力もなく，その継続的賃上げにも耐えられないといえます。その日暮らしが現実です。

賃金は本来，個別に合意して決めるものです。したがって，小規模少人数ならば，個別に契約で決めることでよいといえます。しかし，労務提供が集団性を有している場合には，労働条件を統一的・画一的に決める必要があります。この労務提供の集団性から，個別の合意ではなく，客観的で公平な給与規程を決めることが必要となったのです。したがって，給与規程による賃金決定システムは，一定の企業規模があることが前提となっているといえます。

しかし，賃金システムは，それ単体だけで評価するものではありません。雇

日本型成果主義のフレーム

```
年齢給                           役割給    賞 与    幹部昇進
職能給 ←――〔基本給〕――→

          コ
          ン       職 職   チ        ロ         長
          ピ  実    位 責   ャ     達  ン         期
      能   テ  力         レ  役  成  グ  業       的
      力   ン                ン  割  感  ラ  績       な
      シ                ジ        ン         成
      ー                目            の         果
                        標            貢
                                      献
 〔職能資格制度〕         目標面接
 ←―――――→←―――→←――――→←――――――――→
   能力主義   実力主義   加点主義      成果主義
```

【出典】 社会経済生産性本部　日本型成果主義研究委員会　楠田丘編『日本型成果主義―人事・賃金制度の枠組と設計―』(生産性出版) より

用社会において機能するか否かは，他の基本的な人事システムと調和できるか否かにかかっています。

　市場のグローバル化が急激に進展する1993年に成果主義が華々しく登場しますが，しかし，これは本来，解雇自由の雇用システムを前提としています。成果主義も職務給と同様に，職務が変更されないことが基本にあります。誰でも成果を上げられる職務もあれば，上がらない職務もあるからです。

　したがって，成果主義下では，職種変更は困難となり，人事が停滞することになります。

　しかし，日本の大企業新卒一括採用のゼネラリストには，長期雇用システムが採用されています。したがって，リストラ（技術革新による）や，長期雇用下における経営環境の変化に伴う職務の変化に対応して職務変更が必要となってきます。

　その際，トラブルのない人事権の行使には，職務が変更されても賃金は変わらないことが必要不可欠になります。

　そこで，能力に賃金を結び付ける属人給がマッチすることになるのです。したがって，職能給は，日本の雇用慣行にマッチします。加えて，労働者は賃金で生活する以上，労働者の生計費の上昇を無視した賃金の支払方法等あるはずがありません。したがって，若い世代には絶対に定昇システムは必要です。

　このように，日本の雇用慣行の中では，昭和50年に導入された職能給は，十分に合理性を備えたシステムであったといえます。

　しかし，現在のマーケットにおいて，当時のままの支払方法を維持することは困難です。したがって，成果主義（役割給）を導入して調和を図ろうとする日本型成果主義に一定の合理性があると考えます。

　しかし，この賃金システムを議論するときに忘れてはならないことは，使用者と労働者の間に信頼関係がなければならないということです。この信頼関係が企業全体の業務を円滑に動かす基本です。そして，この信頼関係確立にとって一番重要なことが使用者と労働者の利益バランスがとれた賃金システムを採用するということになります。したがって，各企業は賃金システムの議論に振

り回されることなく，当該企業の規模，業績，地域，業務内容を前提に，一番両者の信頼関係に寄与する賃金支払方法を考える必要があるといえます。

第2節 人事制度変更と不利益変更

　年功・職能主義人事から成果主義人事への変更等，既存の人事制度を別の人事制度に変更するにあたり，賃金原資を維持・増額する場合，不利益変更の問題が発生するのかという疑問が生じます。しかし，この制度は，個別の賃金額が人により，あるいは年・期によって増額・減額することが考えられます。このように労働者にとって，従来より不安定な賃金支払となります。判例（第一小型ハイヤー事件＊＝最二小判平４．７.13労判630-6）は，タクシー運転手の賃金規定の変更について，変更の前後で賃金額が全体として変化しない場合であっても，客離れの影響で歩合給が減額される可能性があり得るということを理由に不利益性を肯定しています。このような不安定な賃金支払となる人事制度の変更については「労働条件の不利益変更」と捉えています。

　＊第一小型ハイヤー事件
　　【事案】
　　　運賃値上げに伴いタクシー運転手の歩合給の計算方法を変更した事案。運賃を値上げしたため，支給率が引き下げられても，現実の賃金額の変動は生じていない。
　　【判旨】
　　① 原審の右判断のうち，本件就業規則の変更が労働条件を不利益に変更するものであるという部分はこれを是認することができる。
　　② 新計算方法に基づき支給された乗務員の賃金が全体として従前より減少する結果になっているのであれば，運賃改定を契機に一方的に賃金の切下げが行われたことになるので，本件就業規則の変更の内容の合理性は容易には認め難いが，従前より減少していなければ，それが従業員の利益をも適正に反映しているものである限り，その合理性を肯認することができるというべきである。

　そのため，このような賃金の増額・減額を伴う人事制度の変更は，労働条件の不利益変更として，その変更の「合理性」が問題となります。

そこで、賃金にポイントを置きながら、まず労働条件の不利益変更論に関する説明をします。

1 労働条件の不利益変更

(1) 労働条件不利益変更の原則

労働条件の内容は、契約当事者の合意、すなわち当該労働契約の内容により決定され、その変更も当事者（使用者と各労働者）の合意によることが必要となります。つまり、労働条件を不利益変更する場合には、当該労働者の同意なしには行えないというのが原則になります（労働契約法8条、9条）。

この同意の取得について、実務的には、経営難ないし事業再構築の理由の下、労働者の同意、特に「黙示の同意」を得て実施してきた例が多く見られます。ここでいう「黙示の同意」とは、例えば、社長が朝礼の場で、賃金の切下げを宣告し、労働者がその朝礼の場で発言せず、給与日には切り下げられた額の賃金が口座に振り込まれ、それを労働者がそのまま受領することにより、当該労働者が労働条件の変更について異議を唱えないということをもって黙示的に同意しているものとして扱うことをいいます。

このような黙示の同意を認めた裁判例としては、エイバック事件（東京地判平11.1.19労判764-87）があり、営業会議の席上で給与体系の変更を求められたことに対し、即座に異議を述べなかったこと、その後に変更後の給与が振り込まれたことについても異議を述べていないこと等から給与の変更について黙示に合意したものと判断しています。

しかし、近年の裁判例はこのような「黙示の同意」の成立に関して厳しい判断をしているといえます。

例えば、「労基法24条1項本文の賃金全額払いの原則の趣旨からして、就業規則に基づかない賃金の減額・控除に対する労働者の承諾の意思表示は、賃金債権の放棄と同視すべきものであることに照らし、それが労働者の自由な意思に

基づいてされたものであると認めるに足りる合理的な理由が客観的に存在するときに限り，有効であると解すべきである」（更生会社三井埠頭事件＝東京高判平12.12.27労判809-82，日本構造技術事件＝東京地判平20.1.25労判961-56）として，単なる外形上承諾と受け取られるような不作為だけでは，労働者の自由な意思に基づくとは認められないとしています。

したがって，このような裁判例の考え方からすると，「黙示の同意」により賃金のような重要な労働条件の変更について同意を得るという考え方が認められ難いことを前提に，反対する労働者の労働条件の不利益変更がいかなる場合に有効となるかを検討する必要が生じているといえます。

(2) 労働協約による不利益変更

ア　組合員に対する不利益変更

労働条件に関して労働協約が締結された場合，労働協約に定めた内容が従前よりも不利益な内容であっても，原則として組合員に対する拘束力を有することになります（労組法16条）。

この点について，諸外国ではドイツのように，労働協約は最低労働条件を定めるものとして，労働契約でそれより有利な定めをすることは有効である旨，法律上明記されている例もありますが（これを「有利性原則」といいます），わが国ではそのような規定はありません。むしろ，わが国では，労働協約に規定された労働条件は最低条件ではなく，現実の労働条件として交渉・協約化されているのが通常であり，有利性原則はとっていないと考えられます。したがって，わが国では，労組法16条の法の効果で，不利益変更が肯定されることになります。

ただし，例外的として，ことさら特定の組合員を不利益に扱う場合には無効になるものとされています（朝日火災海上保険〔石堂〕事件＊＝最判平9.3.27労判713-27）。なお，この裁判例の事件では，協約締結までの経緯，当時の会社の経営状態，協約に定められた基準の全体としての合理性といった事情を考慮に入れて，ことさらに特定の組合員を不利益に扱ったものではないと判断して

います。そこで，この判例の「殊更特定の組合員を不利益に扱う場合」として考えられる事案は，みちのく銀行事件判決**（最一小判平12．9．7労判787-6）のような事案と思われます。

　＊朝日火災海上保険（石堂）事件
　　【事案】
　　　定年年齢を63歳から57歳に引き下げ，退職金支給率を71から51に引き下げる労働協約が締結された事案。労働条件の不利益変更を内容とする労働協約の，組合員に対する効力が問題となった。
　　【結論】
　　　特定または一部の組合員をことさら不利益に取り扱うことを目的として締結されたなどの事情がないとして，労働協約の効力を肯定。
　＊＊みちのく銀行事件
　　【事案】
　　　満55歳以上の管理職を専任職に移行させ，賃金総額を内容とする就業規則の変更を実行した事案。標準賃金額の減額幅は33～46％。
　　【結論】
　　　変更の必要性は認められるものの，不利益が大きいこと，若年層は給与が増額したのに，高齢の特定層にのみ不利益を受忍させていることから，就業規則の変更は無効と判断。

イ　非組合員に対する不利益変更

　労働協約は原則として，協約当事者となる労働組合の組合員に対して適用されるものですが，労働協約が，当該事業場の同種の労働者の4分の3以上で構成されている労働組合が締結したものであれば，「他の同種の労働者」に対してもその不利益な内容が及ぶことになり，これが非組合員であっても不利益な内容が及ぶこととなります（労組法17条）。

　ただし，その場合でも，非組合員に著しく不利益な内容であれば，その拘束力は否定されることになります（朝日火災海上保険〔高田〕事件＊＝最三小判平8．3．26労判691-16）。

　＊朝日火災海上保険（高田）事件
　　【事案】
　　　合併後不統一となっていた定年制を統一して63歳から57歳とし，退職金支給率を勤続

30年で71カ月分から51カ月分に引き下げる就業規則の変更及び労働協約の締結が行われた事案。労働協約に関しては，非組合員への拡張適用（労組法17条）が問題となった。
【結論】
　不利益性が大きすぎるとして，就業規則の変更，労働協約の拡張適用ともに否定。

　また，この点については見解が分かれますが，少数派組合独自の団結権，団体交渉権を尊重すべきとの観点に立つと，少数派組合の組合員には，その効力は及ばないと考えられます。加えて監督的地位にある者（労働組合法2条但書1号）についても，「他の同種の労働者」には該当しないため，その効力は及びません。

ウ　労働協約内容の合理性推定論

　過半数労働組合はストライキ権（スト権）を有しており，かつ労基法が定める労使協定の締結権限を有していることから，使用者が過半数労働組合の意向を無視した場合には，円滑な業務遂行への支障となりえます。一方で，過半数労働組合としても，使用者が経営危機等に陥った場合，組合員の雇用と賃金等の労働条件に不安が発生するため，双方が誠意をもって団体交渉に臨み，労使の利益が調整された合意をするであろうということが，一般的な経験則として考えられます。

　このような一般的な経験則を踏まえ，判例も過半数労働組合の締結した労働協約の内容が，集団的な労働条件に関し統一的・画一的な処理を必要とするもので，世間相場に応じた内容であれば，当該企業の使用者と労働者の利益が調整されているものとして合理性があるものと推定するものと考えていると評価できます（第四銀行事件＊＝最二小判平9．2．28労判710-12）。

＊第四銀行事件
【事案】
　労働組合との協約締結のうえ，定年を55歳（ただし，健康な男性は58歳まで勤務を継続することができる慣行的事実あり）から60歳と変更し，あわせて55歳以後の年間賃金を54歳時の6割台に減額する変更を行った就業規則変更の有効性が争われた事案（この結果，3年間で得ていた収入が5年間働かなければ得られないという不利益を受けること

になった)。
【結論】
　本件就業規則の変更は，行員の約90パーセントで組織されている組合（中略）との交渉，合意を経て労働協約を締結したうえで行われたものであるから，変更後の就業規則の内容は労使間の利益調整がされた結果としての合理的なものであると一応推測することができるとして有効性を肯定。

　この使用者と過半数労働組合との労働協約の内容の「合理性」推定論は，非組合員の就業規則による不利益変更の実現を容易にしています。使用者は，労働協約の内容と同一の就業規則内容を規定すればその内容は合理性が推定されることになるからです。

(3) 就業規則による不利益変更

ア　総　論

　就業規則は本来，使用者が一方的に作成するものであり，労基法93条，労働契約法12条で事業場の最低労働条件とする機能を付与されていますが，労組法16条のような不利益な場合にも拘束する規範的効力を認める条文はありません。

　したがって，労働条件は労働契約の内容であるため，本来使用者と労働者の合意によってのみ変更が可能であり，使用者が一方的に作成する就業規則による労働条件の不利益変更はできないというのが原則となります。

　ところで，仮に解雇が自由になしうる場合を想定すると，（労働者の能力等の個性を無視して考えると）使用者による一方的な労働条件の不利益変更による人件費の調整にこだわる実益はありません。解雇が自由である場合，労働条件の変更に労働者が合意しなければ，当該労働者を解雇して，変更後の労働条件で新たな労働者を採用するなど労働条件の不利益変更によらない人件費調整がなしうるからです。まさに，資本主義社会の需要と供給の関係によって処理されることになります。

　しかし，判例法理において「解雇権濫用法理」が確立されたことで，解雇が制限されることとなる結果，時代の変化による経営環境の変化や経営状況に応じた人件費の調整が困難になったことから，本来，いったん決められると，両

当事者の合意がない限り変更できないはずの労働条件について，使用者が（一定の範囲で）一方的に変更できるという「就業規則による不利益変更の法理」が，判例法理として確立されています。

しかし，この判例法理のもととなった秋北バス事件判決*（最大判昭43.12.25労判71-14）の事案が定年制の問題であったため，当該判決後も，下級審には，賃金に関する不利益変更に関しては，労働者の同意がなければならないとする立場を採用するものがありました。その賃金減額の事案においても「就業規則による不利益変更の法理」により，内容の変更に「合理性」があれば有効となる旨，判断を明確にしたのが次のタケダシステム事件**最高裁判決（最二小判昭58.11.25労判418-21）です。

＊秋北バス事件
【事案】
　就業規則変更により定年制を改正して，主任以上の職にある者の定年を55歳と定めたことで，当該定年により解雇となった労働者が就業規則の変更，解雇の有効性を争った事案。
【判旨】
　「労働条件を定型的に定めた就業規則は，一種の社会的規範としての性質を有するだけでなく，それが合理的な労働条件を定めているものであるかぎり，経営主体と労働者との間の労働条件は，その就業規則によるという事実たる慣習が成立しているものとして，その法的規範性が認められるに至っているものということができる。」
　「新たな就業規則の作成又は既得の権利を奪い，労働者に不利益な労働条件を一方的に課することは，原則として，許されないと解すべきであるが，労働条件の集合的処理，特にその統一的かつ画一的決定を建前とする就業規則の性質からいって，当該規則条が合理的なものであるかぎり，個々の労働者において，これに同意しないことを理由として，その適用を拒否することは許されないと解すべき」として変更の有効性を肯定。

＊＊タケダシステム事件
【事案】
　生理休暇について，従来の「女子従業員は毎月生理休暇を必要日数だけ取ることができる。そのうち年間24日を有給とする。」との就業規則の規定に，「そのうち月２日を限度とし，１日につき基本給１日分の68パーセントを補償する」との後段を加える旨の改訂を行ったことについて，その有効性が争われた事案。
【判旨】
　「本件就業規則の変更が被上告人らにとって不利益なものであるとしても，右変更が合

理的なものであれば，被上告人らにおいて，これに同意しないことを理由として，その適用を拒むことは許されない。」
　この上告審判決を受け，差戻審（東京高判昭62.2.26労判492-16）は，規定の変更自体による従業員の被る不利益の程度は僅少であること，基本給の約30％増額が行われたことによりさほど大きい不利益を及ぼされていないこと，有給生理休暇権の濫用があったこと，組合の承諾が得られなかったことはやむをえないこと，賞与等については相当の配慮をしたこと等から，十分な合理性があるとして有効性を肯定。

　さらに，次の大曲市農協事件最高裁判決*（最二小判昭63.2.16労判512-7）が，賃金は重要な労働条件であるから，その不利益変更には「高度の業務上の必要性」が要求されるとして，他の労働条件の不利益変更と区別する姿勢を打ち出しました。

　＊大曲市農協事件
　　【事案】
　　　農協の合併に伴う労働条件の統一の一環として，ある農協の勤務者との関係では退職金が減額される内容の就業規則改定がなされたことにつき，その有効性が争われた事案。
　　【判旨】
　　　「当該規則条項が合理的なものであるとは，当該就業規則の作成又は変更が，その必要性及び内容の両面からみて，それによって労働者が被ることになる不利益の程度を考慮しても，なお当該労使関係における当該条項の法的規範性を是認できるだけの合理性を有するものであることをいうと解される。特に，賃金，退職金など労働者にとって重要な権利，労働条件に関し実質的な不利益を及ぼす就業規則の作成又は変更については，当該条項が，そのような不利益を労働者に法的に受忍させることを許容できるだけの高度の必要性に基づいた合理的な内容のものである場合において，その効力を生ずるものというべきである。」
　　　「新規程への変更によって被上告人らが被った不利益の程度，変更の必要性の高さ，その内容，及び関連するその他の労働条件の改善状況（給与調整の累積額が請求額程度に達していること，休日・休暇，諸手当，旅費等の面において有利な取扱いを受けること，定年が男子が１年，女子が３年延長されること）に照らすと，本件における新規程への変更は，それによって被上告人らが被った不利益を考慮しても，なお上告組合の労使関係においてその法的規範性を是認できるだけの合理性を有する」として変更の合理性を肯定。

　そして，前述の第四銀行事件が今までの最高裁判決を整理する形で賃金を含む労働条件の「就業規則による不利益変更の法理」の基準を明確に示しました。

これによれば，以下の①から⑦の各要素等を総合考慮して,「合理性」の有無を判断すべきものとされています。

① 就業規則の変更によって労働者が被る不利益の程度
② 使用者側の変更の必要性の内容・程度
③ 変更後の就業規則の内容自体の相当性
④ 代償措置その他関連する他の労働条件の改善状況
⑤ 労働組合等との交渉の状況
⑥ 他の労働組合または他の従業員の対応
⑦ 同種事項に関するわが国社会における一般的状況

この「就業規則による不利益変更の法理」を，就業規則による労働契約内容の変更として明文化したものが，労働契約法8条から10条です。

> **労働契約法**
> **(労働契約の内容の変更)**
> **第8条** 労働者及び使用者は，その合意により，労働契約の内容である労働条件を変更することができる。
> **(就業規則による労働契約の内容の変更)**
> **第9条** 使用者は，労働者と合意することなく，就業規則を変更することにより，労働者の不利益に労働契約の内容である労働条件を変更することはできない。ただし，次条の場合は，この限りでない。
> **第10条** 使用者が就業規則の変更により労働条件を変更する場合において，変更後の就業規則を労働者に周知させ，かつ，就業規則の変更が，労働者の受ける不利益の程度，労働条件の変更の必要性，変更後の就業規則の内容の相当性，労働組合等との交渉の状況その他の就業規則の変更に係る事情に照らして合理的なものであるときは，労働契約の内容である労働条件は，当該変更後の就業規則に定めるところによるものとする。ただし，労働契約におい

> て，労働者及び使用者が就業規則の変更によっては変更されない労働条件として合意していた部分については，第12条に該当する場合を除き，この限りでない。

　労働契約法10条は，労働条件の不利益変更について，以下の4つの要素，その他就業規則の変更に係る事情を照らして，合理的といえるか否かを判断するという判断枠組みを示しています。

① 労働者の受ける不利益の程度
② 労働条件の変更の必要性
③ 変更後の就業規則の内容の相当性
④ 労働組合との交渉の状況

　労働契約法10条では考慮要素として，「その他の就業規則の変更に係る事情」も挙げていますが，このような事情としては，従来労働条件の不利益変更の法理により考慮されていた以下の3つの要素が挙げられると考えます（判例法理では，この①～⑦の各要素を考慮要素として挙げており（前掲第四銀行事件），この意味で，労働契約法10条は従来の判例法理を変更するものではないといえます）。

⑤ 代償措置その他関連する労働条件の改善状況
⑥ 他の労働組合または従業員の対応
⑦ 同種事項に関する一般的な社会状況

　今後は，以上の①から⑦の各要素を考慮して，就業規則による労働条件の不利益変更の有効性が検討されることになります。

イ 業務上の必要性の程度に関する考察

まず，判例は「特に賃金，退職金など労働者にとって重要な権利，労働条件」を不利益に変更する場合には，当該変更が「高度の必要性に基づいた合理的な内容のもの」であることが必要であるとして，（通常の）業務上の必要性と，高度の業務上の必要性を区別しているといえます。

ここでいう「高度の必要性」を認めた最高裁判決の事例としては，合併による統一労働条件を設定する必要がある場合（前掲・大曲市農業協同組合事件），55歳以上の高年齢者の賃金是正の必要がある場合（前掲・みちのく銀行事件）が挙げられます。

さらに基準内賃金，特に基本給切下げについて，前述したみちのく銀行事件最高裁判決（前述）では，「企業においては，社会情勢や当該企業を取り巻く経営環境等の変化に伴い，企業体質の改善や経営の一層の効率化，合理化をする必要に迫られ，その結果，賃金の低下を含む労働条件の変更をせざるを得ない事態となることがあることはいうまでもなく，そのような就業規則の変更も，やむを得ない合理的なものとしてその効力を認めるべきときもあり得るところである。特に，当該企業の存続自体が危ぶまれたり，経営危機による雇用調整が予想されるなどといった状況にあるときは，労働条件の変更による人件費抑制の必要性が極度に高い上，労働者の被る不利益という観点からみても，失職したときのことを思えばなお受忍すべきものと判断せざるを得ないことがあるので，各事情の総合考慮の結果次第では，変更の合理性があると評価することができる場合があるといわなければならない」と判示しており，「極度の業務上の必要性」の概念を示したものといえます。そして，同判決では会社の存続自体が危ぶまれる状況及び経営危機による雇用調整が予想される状況の２つを極度の業務上の必要性が認められる場合として挙げています。

このように，業務上の必要性の程度を以下の３つに区分して，その程度に応じて合理性を検討しているのが，判例の考え方といえます。

① （通常の）業務上の必要性

② 高度の業務上の必要性
③ 極度の業務上の必要性

ウ　労働条件の不利益の程度

「労働者の受ける不利益の程度」については，変更される労働条件の内容及び変更の程度の両面から検討する必要があります。

このうち，変更される労働条件の内容については，その重要性が一般化されており，以下のようなランク付けができると考えられます。

（不利益）

小 ▲　① 福利厚生（※）
　　　② 労基法15条により明示を義務付けられた労働条件（ただし，③④を除く）
　　　③ 労働時間・休日・休暇
大 ▼　④ 賃金・退職金

※ただし，賃金か福利厚生であるかの区別が難しいことは，すでに第1章第2節において述べたとおりです。

したがって，賃金か否か明確な区別が難しい福利厚生は①とは考えず，④に類するものとして考えることが無難だといえます。

特に通勤定期券を現物で支給する場合，筆者は福利厚生として通貨払いの原則に反せず，労働協約の定めは必要ないと考えますが，この不利益変更の場面では，④に類するものとして，少なくとも高度の業務上の必要性が求められると考えます。

他方，変更の程度については，事案によって異なるため，個別の事案に応じて判断することとなります。

エ　変更後の就業規則の内容の相当性，代償措置等

「変更後の就業規則の内容自体の相当性」として考えるべきことは，業務上の必要性と労働者の不利益の均衡がとれており，その内容が，世間相場からみても妥当かというものです。また，労働条件の不利益変更が特定の労働者（年齢層など）に対し，特に大きな不利益を及ぼすことのないようにしなければならないということです。特定層に不利益が偏在する場合には，そうした不利益を緩和するため，前述した代償措置その他関連する他の労働条件の改善状況，あるいは経過措置によりバランスをとることが必要不可欠になると考えられます。

そして，業務上の必要性と労働者の不利益の比較衡量において後者が大きい場合には，「代償措置・関連労働条件の改善」によって両者のバランスをとり，変更の合理性を基礎づける必要があると考えます。

このように，代償措置や関連労働条件の改善でもバランスがとれない場合には，労働者の不利益を緩和するため，変更までに猶予期間を設けるなど，十分な「経過措置」が求められることとなると考えます。

オ　労働組合等との交渉の状況

「労働組合等との交渉の状況」に関連して，前述した過半数労働組合の締結した労働協約の内容の合理性推定論という議論があります。

もとより，当該労働組合の組合員については，労組法16条に基づく労働協約の規範的効力により当該組合員の労働条件は変更されることになりますが，当該組合に加入していない非組合員および少数派組合員について就業規則による労働条件の不利益変更がなされる場合についても，すでに説明した過半数労働組合との労働協約の締結を行ったうえでその協約内容と同一の内容を就業規則に規定すれば，その規定の内容に合理性が推認される可能性が高く，就業規則による労働条件の不利益変更が有効とされる可能性が高いことになります。そのため，労働条件の不利益変更にあたり，過半数労働組合との労働協約締結は非常に重要な意義を有していると考えられます。

また，過半数労働組合がない場合は，大多数の労働者が不利益変更に同意し

ているという事情が，不利益変更にあたり重要な意味を持つことになります。

　この点に関し，当職は次のとおり考えています。

　就業規則は，集団たる従業員の労働条件を統一的・画一的に定めています。したがって，この労働条件を不利益に変更するとすれば，従業員の個々の意向に従うというのではなく，従業員の集団の意向に従う，すなわち多数決に従うのが民主主義の原則といえます。まさに，就業規則の不利益変更はこの適用の一場面と考えます。

　反対する従業員は，この不利益を受ける代償として，雇用の安定を得られているのですから，多数の意向に従うことに合理性があるといえます。

　もちろん，特定層にことさら不利益を与えるものであれば，それは，変更の「合理性」が否定されることにより，従来の労働条件は保護されるので，この論理でも十分通用するはずです。

カ　労働契約法7条の「合理」と同10条の変更の「合理性」の異同

　この「合理性」の差は，前述の秋北バス事件最高裁判決から意識されてきたものといえます。

　そして，電電公社帯広局事件最高裁判決（最一小判昭61.3.13労判470-6）で，労働契約法7条の合理的労働条件を定めている限り就業規則の規定内容が「労働契約内容になる」と明らかにし，前述の第四銀行事件最高裁判決が，同法10条の就業規則変更の合理性に関する判断要素を明らかにしました。

　そして，この両者の決定的な差は，7条の「合理性」は，その規定内容の「合理性」そのものだけが問われることになりますが，10条の変更の「合理性」は，規定内容の「合理性」に加え，比較する変更前の労働条件が存在し，その労働条件で私生活を築いているという事情を踏まえ，変更前の労働条件に対し，急激かつ大幅な低下による私生活への大きなダメージを許さないという考えから，変更前の労働条件と比較してもなお合理的であることが求められる点にあります。

　この点は，仮に0から10までの労働条件があったとして，7条の「合理性」

を4から6までとすると，10条の変更の「合理性」は次のように考えるのではないかと思います。

変更前の労働条件が「7」で，これを「6」に低下させるのであれば，7条の「合理性」があることを前提に10条の変更の「合理性」が肯定され，「10」でこれを「6」に低下させるのであれば，急激かつ大幅な低下があるとして否定されることになるといえます。

もちろん，このように単純化できるものではなく，代償措置や関連労働条件の改善や経過措置等，他の考慮要素も重要な判断基準となってきますが，両者の差を意識して説明するとすれば，このように考えればよいと思います。

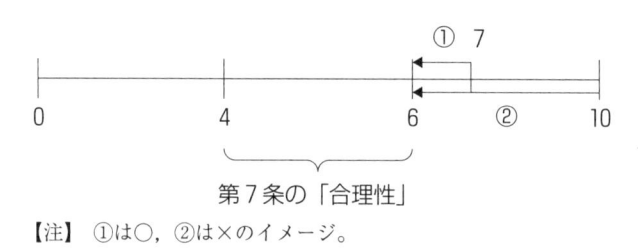

【注】 ①は〇，②は×のイメージ。

2　人事制度変更と不利益変更

(1) 人事制度の変更と労働条件の不利益変更

成果主義人事やコンピテンシー人事に人事制度が変更される場合，変更後の人事制度下における評価次第では，旧人事制度下における賃金額が維持されなくなる可能性があります。人事制度の変更により，このような不安定性が生じること自体が不利益変更であると捉えられることは前述したとおりです。

そのため，人事制度の変更に伴い，賃金額に不安定性が生じる場合，労働条件の不利益に該当することを前提に，その有効性を検討する必要があります。すなわち，人事制度の変更内容について「合理性」が求められることになります。

(2) 合理性判断のポイント

　そこで，人事制度の変更にあたっては，前述した第一小型ハイヤー事件の判旨②を踏まえると，人事制度の変更により総額人件費を維持するものであるかどうかが合理性判断の重要なポイントになります。この点は，その後の裁判例においても重視されています＊。

>＊ノイズ研究所事件（東京高判平18.6.22労判920-5）
>【事案】
>　年功型賃金体系から成果主義型賃金制度への変更が問題となった事案。
>【結論】
>　賃金原資総額を減少させるものではなく賃金原資の配分を合理的に改める変更であること，昇格・昇給に平等な機会が与えられていること，組合との実質的交渉を経ていること等から，就業規則の変更を有効と判断。経過措置の期間が2年間と短い点が指摘されたが，なお変更の合理性を否定する理由とはいえないと判示。

　人事制度の変更にあたり総額人件費が減少する場合は，人事制度の変更とは別に賃金切下げとしての有効性を検討することになると考えられますが，裁判例において，総額人件費を下げ，かつ成果主義的な人事制度変更を有効とした裁判例はないのではないかと思います。

　一方，総額人件費が維持または増加する場合は以下のポイントを考慮することになります。

ア　労働条件の変更の必要性

　総額人件費が減少しない前提に立つと，人事制度の変更が，従業員の実質的公平を図ることが目的であれば，企業の競争力の確保・向上のため等の理由で，業務上の必要性を肯定できると考えられます。したがって，実務で総額人件費が維持されていれば，今日の市場の中で，企業が生き抜くために，この変更の必要性はほぼ肯定されるといえます。

　ところで，総額人件費が維持されていることの意味については，常にその額が維持されていなければならないかというと，総額人件費は，変更時の会社の

経営状況（特に収益）を前提としているものであるため，会社の経営内容（収益の変化）に応じて，一定の増減はあるものと考えています。

イ　労働者の受ける不利益の程度

不利益の程度としては，主に以下の3点を考慮する必要があります。

① 普通の成績をとっている労働者（中位者）の賃金が減少するか否か
② 大幅・急激な減額になっていないか
③ 一部の労働者のみ不利益となっていないか

①については，「普通の成績」の概念は個別の事案に応じて明らかにする必要がありますが，一般的に中位者にあたる労働者の賃金が維持されているかが問題となります。

当職は，2割の従業員の賃金が上昇し，6割が維持され，2割が減少するようなイメージを持っています。他方，上位者2割だけ上昇し，8割が減少するような人事制度では，公平性を失い，「合理性」は否定される可能性が大きいと考えます。また，実務としても，これでは従業員の信頼を失い，企業が円滑な業務運営をできないと思います。

②については，変更の程度については，業種，年収，年齢，各地域の平均賃金等の事情により一概にはいえませんが，人事制度の変更に伴い賃金が減額する労働者について，減額幅が月例給与で約5％，賞与を合わせた年収で約15％程度の減額の範囲内であり，かつ2～3年程度調整手当の支給等により経過期間を設けるのであれば，大幅・急激と判断されるリスクは低いと考えられます。

この発想は，日本の基本的な年収を基準月例12カ月＋賞与5カ月＝17カ月と考え，かつ，賞与が長期ローンのような支払いにあてられているという状況で，3カ月は固定されているイメージを前提にしています。そして，賞与の2カ月は会社業績で動くと考え，それを個人業績で動かすことにして，11.7％の減資をして，かつ月例も労基法91条を意識して，5％程度の減資をすることにより，

最大15％程度の減をイメージしました。ただし，年収800万円前後の従業員を基本モデルとして考えています。

　この点，ハクスイテック事件*（大阪高判平13．8．30労判816-23），県南交通事件**（東京高判平15．2．6労判849-107）は，一定期間の調整給や代償措置を講じていることも理由として，就業規則の不利益変更を有効と判断しています。

　＊ハクスイテック事件
　【事案】
　　年功型賃金体系から，成果主義型賃金制度への変更が問題となった事案。
　【結論】
　　成果主義賃金制度導入の高度の必要性があったこと，新制度の下で相当数の従業員が昇給していること，一定期間の調整給（改定時の給与を下回らないように規定）や補償措置（調整給支給終了後に，賃金減額分の補償を行う）が設けられていること等を考慮して，就業規則の変更を有効と判断した。
　＊＊県南交通事件
　【事案】
　　賞与の廃止，月例給への一本化，年功給の廃止とそれに代わる奨励給の創設を内容とする就業規則の変更が問題。
　【結論】
　　同業他社との競争等経営体質の強化上高度の必要性があること，代償措置（年功給と賞与の支払原資の一部をもとに奨励金を新設）の実施，組合との交渉手続を経ていること等から，就業規則の変更を有効と判断。

　③については，年齢のみを基準として引き下げを行うなど，特定層の労働者が本人の能力・成果とは関係なく，不利益に変更される場合には，変更の合理性が否定される可能性が高くなります。

　年功主義人事から，他の人事制度に変更するにあたり，高年齢者が新人事制度において従来の賃金を維持できる余地がないような制度設計となっている場合等にも，特定層の労働者が不利益となっているという問題が生じることになります＊。

　＊キョーイクソフト事件（東京高判平15．4．24労判851-48）
　【事案】
　　賃金制度を年功序列型から業績重視型に改めることを目的とした就業規則の変更が問

題となった事案。
【結論】
変更の内容は，高年齢層から低年齢層に賃金を再配分するという，高年齢層にのみ不利益を強いるものになっていること，代償措置が十分でないことに加えて，組合との交渉の経緯も会社側が新賃金規定を一方的に説明したにとどまったこと等から，就業規則の変更は無効と判断。

ウ　労働組合との交渉の状況等

また，関係組合や従業員との十分な協議・交渉に努め，実際上多数組合ないし多数従業員の同意を得ることが重要です。

当該事業場に過半数組合が存在しない場合でも，勤務する従業員の大多数が人事制度の変更について個別に合意しているといった事情があれば，合意していない他の従業員との関係においても，人事制度変更の合理性を基礎づける事情になるといえます。

エ　評価手続等の制度整備

裁判例は，以上の諸点を重視して判断していると評価していると考えられますが，やはり，従来よりも賃金の配分に大きな格差が発生するわけですから，下記のような制度導入の手続の整備も重要なポイントになると考えます。

①　人事考課制度の再検討を行う必要

人事考課の項目，評価要素等について成果主義を前提として合理的な内容の設定が必要です。

②　考課者の訓練の徹底

従来の能力主義下より大きな格差を伴う賃金の配分を行う判断の基礎となる評価を実施することになる以上，導入時に再度徹底的な考課者訓練を行い，その責任の重大性を意識させる必要があるといえます。

③　考課内容のフィードバックの実施

評価の結果について，十分な説明を行い，成績向上のために改善点などを十分に指摘すべきです。

④　苦情処理手続の導入

　考課結果に不満な労働者については，その申立てによる評価の適正性に関し，十分に再評価する機会をつくる必要があります。

　このような制度の整備は，この人事制度の有効性の判断要素になるだけでなく，使用者と労働者の信頼関係の確立にも重要だと思います。

第3節 年俸制の導入と個別問題

年俸制の導入は，まさに成果主義人事制度への変更であり，不安定な賃金体系の導入として不利益変更といえます。その変更の「合理性」については，前述した基準により判断することになります。

年俸制の場合，多くは1年単位で目標管理制度を導入し，その目標の達成度を評価して次年度以降の年俸額を決定することになります。

その達成度の評価について，使用者と労働者が対立した場合，その最終決定権は，専門能力者を中途採用し，個別契約で年俸制を合意したというような場合は別として，長期雇用システム下で賃金決定システムとして導入している場合，人事考課の評価と同様に，使用者にあると考えます。これに関する裁判例として，中山書店事件＊（東京地判平19.3.26労判943-41）や，日本システム開発研究所事件＊＊（東京高判平20.4.9労判959-6）があります。

しかし，労使のトラブルの原因となりますので，導入時に契約書等にその点を明確に規定し，合意しておくべきです。

＊中山書店事件
【事案】
被告に雇用されている原告らが，原告らの同意なく年俸額を減額することは許されないと主張して，被告に対して，すでに合意されている年俸額と実際の支給額との差額を請求した事案。
【判旨】
本件年俸制において，社員の年俸額は，被告と当該社員との面談を経て決定に至ることは前記1のとおりであるが，両者の協議が整わない場合には，使用者である被告が社員との協議を打ち切って，その年俸額を決定することができると解するのが相当であり，この場合には，被告のした決定に承服できない当該社員は，被告が決定した年俸額がその裁量権を逸脱したものかどうかについて訴訟上争うことができると解するのが相当である。

＊日本システム開発研究所事件

【事案】
　第1審被告は，20年以上前から就業規則を変更することなく，主に40歳以上の研究職員を対象として，個別の交渉によって賃金を決定してきたが，業績評価の基となる資料の提出を研究室長らが拒み，業績評価ができない年があった。そのため，第1審被告が作成した評価に基づく業績評価によって個別の交渉を行ったが，年俸額が大幅に引き下げられていたことから，合意に至らなかった。そこで第1審被告は暫定的に算定した額に基づき賃金を支払ったが，これに対し，第1審原告らが従前の賃金との差額を請求した事案。

【判旨】
　第1審被告における年俸制のように，期間の定めのない雇用契約における年俸制において，使用者と労働者との間で，新年度の賃金額についての合意が成立しない場合は，年俸額決定のための成果・業績評価基準，年俸額決定手続，減額の限界の有無，不服申立手続等が制度化されて就業規則等に明示され，かつ，その内容が公正な場合に限り，使用者に評価決定権があるというべきである。上記要件が満たされていない場合は，労働基準法15条，89条の趣旨に照らし，特別の事情が認められない限り，使用者に一方的な評価決定権はないと解するのが相当であるとし，本件では，上記要件がないため，評価決定権がないとした。

　当該年俸変更が確定した場合，1年間はその金額を使用者は一方的に変更できないことになります。

　しかし，職位や業務につき異動すべき場合等においては，その変更権を規定してあれば，その変更権を行使することにより（給与規定例参照）実施することができ，その行使につき権利濫用の問題が残るだけになります。

〈就業規則規定例（給与規定，改定）〉

第●条
1　年俸は，毎年4月1日に改定する。
2　前項の規定に関わらず，対象期間途中において，就業規則第●条ないし第●条に基づく異動（昇進，解任，降格）が発令された場合は，必要に応じて改定を行うことがある。

　なお，年俸制と割増賃金の問題については，第3章第6節を参照してください。

第4節 降格制度と不利益変更

降格については，組織付けという本来の人事権に関連する部長や課長という職位を下げる意味と，賃金処遇等に関連する資格を下げるという意味の両面があります。

そして，職位を下げる場合でも，制度として一定の年齢に達すると自動的に職位離脱する場合と，個人の職位に関しその属性等から下げる場合が考えられます。

(1) 職位の変更の場合

ア 制度変更

55歳役職離脱といった人事制度の変更により一律職位が下がることについては，次のような裁判例があります。

裁判例（みちのく銀行事件＝仙台高判平8．4．24労判693-22）では，55歳役職離脱・専任職施行に伴う基本給（業績給）の段階的5割削減，手当の変更の可否について，「業績給とは，人事考課に基づき各役職別テーブルに従い決定されるものであって，職務遂行能力を発揮した度合いに応じて支給される職能給たる性質を有するものであり，役職手当・管理職手当は，それぞれ役職・管理職にあることの故に支給されるものであることが認められる。そうすると，軽易な業務内容の職位として位置付けられる専任職に移行することによって業績給が減額されるのは，その程度はともかくとして，やむを得ないところであるし，役職・管理職から外れれば，役職手当・管理職手当が支給されなくなるのは当然である」と判断しています。

このように，裁判例においても，地位が変われば業績の評価も変わったとみ

て，一律に低減させることを認めているといえます。

しかし，この裁判例も，当時60歳定年制への延長の中で，55歳以上の者に役職離脱させ，若手層にその地位に就任させ，そして，そこで意欲をもって業務遂行にあたらせることが，企業の活性化に資するという業務上の必要性があることを前提にしているものです（前掲・第四銀行事件）。

したがって，40代での一律役職離脱のような手法では，人事制度の変更の「合理性」は否定されると考えます。

イ 個別人事

個別の人事異動により，部長から課長に下がるといった職位の変更の場合は，もともと使用者が人事権に基づき組織付けている権限行使の問題であるため，ある人が部長としての職務遂行能力や適性を有しているかどうかの評価次第です（もちろん，役職の減という業務上の必要性からも発生します）。その人事権行使が濫用にあたるものでない限り，職位の変更も可能ですし，職位変更の結果として役職手当等，職位と直結した賃金の切下げも可能となります。

このように，個人に対する降格のような人事権行使であれば，その降格が権利濫用にあたるかを考えることになります。

この点は，

① 使用者側における業務上・組織上の必要性の有無およびその程度
② 能力・適性の欠如等の労働者側における帰責性の有無およびその程度
③ 労働者の受ける不利益の性質およびその程度
④ 当該企業体における昇進・昇格の運用状況

などによって判断します（上州屋事件＝東京地判平11.10.29労判774-12，医療法人財団東京厚生会〔大森記念病院〕事件＝東京地判平9.11.18労判728-36）。そして，多くの場合は，この職位の変更は有効とされる裁判例が多いといえます。

(2) 職能資格制度における等級の降格の場合

　一方で，職能資格制度の下で，仕事の内容を変えずに資格等級を下げる場合は，職能資格制度上，降格制度が根拠づけられている必要があります。

　すなわち，裁判例（アーク証券事件〔第二次仮処分〕＝東京地決平10.7.17労判749-49）では，「使用者が，従業員の職能資格や等級を見直し，能力以上に格付されていると認められる者の資格・等級を一方的に引き下げる措置を実施するにあたっては，（中略）就業規則等における職能資格制度の定めにおいて，資格等級の見直しによる降格・減給の可能性が予定され，使用者にその権限が根拠付けられていることが必要である」としています。

　この点，職能資格制度の生みの親である楠田丘先生が，この制度には，降格，降級はないとの前提であったので，ほとんどの企業はこの規定を有していませんでした。したがって，この降格制度の導入は，不利益変更として労働契約法10条の契約内容の変更（この場合，正確には不利な義務の新設）の合理性を求められることになります。

　なお，降格規定を新設する場合のイメージは，以下のとおりです。

〈就業規則規定例（降格）〉

（目的）

第1条　本規程は，降格・降級について，基準及び手続を定めることにより，職務遂行能力を反映した適正な処遇形成と，資格階層の合理的秩序管理を実現することを目的とする。

（適用範囲）

第2条　本規程は，当社就業規則第2条第1項の定める正社員を適用対象とする。

（用語定義）

第3条　資格及び等級の定義は，別に定める職能資格制度規程の定めるところによる。

2　降格とは，客観的判断により，当該従業員につき，職能資格制度規程の定める資格が不適切とされた場合，現行より下位の資格に下げることをいう。

3　降級とは，客観的判断により，当該従業員につき，職能資格制度規程の定める等級が不適切とされた場合，現行より下位の等級に下げることをいう。

(対象者)
第4条　降格・降級の対象者は，別に定める人事考課基準による直近2年間の査定結果がDランク以下の者とする。

(手続)
第5条　降格・降級審査委員会は，前条の定める対象者につき，当該対象者の所属長の意見を確認の上，適正配置の有無・職場環境（セクハラ・パワハラを含む）・能力・勤務態度・勤務成績及び適正に評価がなされているか等を総合的に考慮して，相当と判断した場合に降格・降級の決定をする。

2　前項の降格・降級審査委員会は，社長の指名する委員長（部長以上の職にある者1名）及び委員（課長以上の職にある者4名）の合計5名で組織する。原則として人事担当部長または課長は委員に指名される。

(弁明の機会)
第6条　降格・降級審査委員会は，第4条に定める対象者が希望する場合には，同委員会において，弁明の機会を付与する。

(不服申立)
第7条　第5条第1項の決定の通知を受けた従業員で決定に不服のある者は，通知を受けた時から2週間以内に，不服の理由を示して，降格・降級審査委

員会に対して再審査を申し立てることができる。
2　前項の申立を受けた降格・降級審査委員会は，速やかに従業員の審尋を行い，再審査の上，判断を示す。
3　従業員は前項の判断について，不服申立をすることはできない。

この規定新設の合理性判断のポイントは，次のとおりです。

①　降格基準は，客観的な基準とすること（規定例4条）
②　基準に該当した従業員を必ず降格させるのではなく，候補とすること（規定例5条）
③　降格の基準に該当する評価が，本人の責めに帰すべきか否か十分に意識すること（規定例5条）
④　帰責の際，希望する従業員には弁明をさせること（規定例6条）
⑤　苦情処理手続を設けること（規定例7条）

　次に，職能資格制度上，規定例にあるような降格制度が導入されていれば，使用者が降格権を有することになり，権利の濫用に至らない限度で，降格を実施することができます。
　一方で，規定がない場合に，仕事の内容を変えることなく降格すれば，職位と資格が分離され資格が賃金処遇と連動しているこの制度下では，賃金の切下げとなります。そして，第2節1(3)ウで挙げたとおり，賃金は重要な労働条件であるため，その変更には高度の合理的必要性が要求されることになります。したがって，事実上降格は否定されることになる可能性が大きいといえます。

(3)　職務等級制度における等級の降格の場合

　職務等級制度は，職務の価値である職務評価をランク付けした職務等級（グレード・バンド）に対応させて賃金その他待遇を定めるものであることはすでに説明したとおりです。

そして，この制度導入時については，就業規則で降格規定が整備されているのが通常です（この点が職能等級との決定的差であったといえます）。

この成果主義的な職務等級制度の導入については，前述の不利益変更論で「合理性」を議論することになります*。

そして，導入後の従業員の降格に関しては，本人の業務遂行や目標達成度の状況から，現在担当の職務への適性がないとして職務が変更され，それにより，等級が降格になり，賃金が減額される場合は，職能資格制度の降格と同様の権利濫用による規制のイメージでよいと考えます。裁判例として，個別の降格・賃金減額の有効性が裁判等で争われた場合には，①当該職務等級制度による（イ）降格制度の内容，（ロ）降格基準が合理的なものか，②そして降格の判断にあたっての（イ）評価・（ロ）手続が適切になされているか，を判断したうえで，降格・賃金減額の有効性を判断しているといえます（ただし，①は制度導入時の「合理性」の判断基準であり，権利濫用論は②で考えるべきものです）** ***。

*エーシーニールセン・コーポレーション事件（東京地判平16．3．31労判873-33）
【事案】
　営業譲渡によって導入された新人事制度（成果主義を導入）の適用を受け，数年後の人事評価において低評価とされ降給を受けた原告が，旧会社の人事制度（成果主義を導入していない）による賃金を請求した事案。
【結論】
　原告らの労働条件は，新会社との雇用関係が発生した日に施行された就業規則に合意したことによって決定されているとし，就業規則等に定める成果主義給与制度の下における降格については，降給の仕組みには合理性と公正さを認めることができ，この仕組みに沿って本件降給が行われたものであり，特に不合理ないし不公正と認めるべき事情がないので，本件降給は有効である。

**マッキャンエリクソン事件（東京高判平19．2．22労判937-175）
【事案】
　給与等級7級から同6級に降級処分となった広告代理店従業員が降級前の管理職たる7級の地位にあることおよび降級前の賃金と降級後の賃金との差額支払を求めた事案。
【結論】
　人事評価の結果に即して降級の内規に該当したからといって直ちに就業規則の定める

降級の基準に該当するものではなく，本人の顕在能力と業績が，本人が属する資格（＝給与等級）に期待されるものと比べて著しく劣っていると判断することができることを要するが，本件においてその立証はなく，本件降格は無効である。

なお，この裁判例は，職務等級制における等級引下げについては，従業員に明らかにされている降格基準で行うことを求めていますが，これは当然の結論であると考えます。

＊＊＊国際観光振興機構事件（東京地判平19.5.17労判949-66）
【事案】
　原告のバンコック事務所在勤中の人事評価について，元々の評価権者ではない本部管理部長が人事評価を修正した結果，最下位の評価になったため，原告が降格，降級された事案。本部管理部長がなした降格等は人事権の濫用に当たり違法無効であるかが問題となった。
【結論】
　人事制度の仕組み自体は合理性を欠くとはいえないとしたが，直属の上司でない本部管理部長による修正は，人事評価の前提ルールを超え，本部管理部長の感情等を強く反映したもので合理性を欠き，同評定に基づく降格等は人事権の濫用にあたり無効とした。

しかし，職務等級制の降格に関する独特の問題は，会社の業務上の必要性により，職務が変更され，それに伴って等級が下がる場合があることです。これに関して，裁判例（日本ガイダント仙台営業所事件＝仙台地決平14.11.14労判842-56）は，入社以来就いていた営業係長（給与等級PⅢ）から営業事務職（給与等級PⅠ）に配転した事案において，「労働者の業務内容を変更する配転と業務ごとに位置づけられた給与等級の降格の双方を内包する配転命令の効力を判断するに際しては，給与等級の降格があっても，諸手当等の関係で結果的に支給される賃金が全体として従前より減少しないか又は減少幅が微々たる場合と，給与等級の降格によって，基本給等が大幅に減額して支給される賃金が従前の賃金と比較して大きく減少する場合とを同一に取り扱うことは相当ではない。従前の賃金を大幅に切り下げる場合の配転命令の効力を判断するにあたっては，賃金が労働条件中最も重要な要素であり，賃金減少が労働者の経済生活に直接

かつ重大な影響を与えることから，配転の側面における使用者の人事権の裁量を重視することはできず，労働者の適性，能力，実績等の労働者の帰責性の有無及びその程度，降格の動機及びその目的，使用者側の業務上の必要性の有無及びその程度，降格の運用状況等を総合考慮し，従前の賃金からの減少を相当とする客観的合理性がない限り，当該降格は無効と解すべきである」と説示しています。

なお，上記裁判例は，当該給与等級の引下げが無効であるから配転命令も無効であるという論理をとっていますが，職務等級制度は職能資格制度と異なり，職務の内容が変わることでの給与等級引下げが問題となっているので，等級引下げを含む配転命令自体の権限濫用を判断するという論理が適切であると考えます。そして，当職は，純然たる会社命令による職種変更の場合には，賃金の減額については，数％，大きくとも５％を超えることは難しいと考えています。

また，変更後，新しい職務に対する研修を実施するとともに，１～２年は，その評価についても，変更に伴う不利益がないよう配慮する必要があると考えます。

すでに説明したように，年功主義人事や職能主義人事の下では，年功や能力といった人を基準に賃金を決定する属人給であったために，職種が変更されても賃金が下がらず，使用者に広範な配転権限が認められていました。一方，職務等級制度をとって仕事に賃金を貼り付ける部分が大きくなる場合，職種が変更されることによって賃金が下がる場合が出てきますが，その場合は賃金という労働者の重要な労働条件が変更されるため，使用者の配転権限の裁量範囲は狭まらざるをえないと考えられます。したがって，職務等級制度のもとで会社の業務上に必要に基づく職種変更に加えて賃金引下げを伴う場合，配転命令の権利濫用について厳しく判断されると考えます。

また，前述のマッキャンエリクソン事件判決は，職務等級制における等級引下げについては，従業員に明らかにされている降格基準で行うことを当然のこととながら求めています。

なお，ブロードバンド制，役割等級制も同様に考えることになると考えます

が，従来の職位に対する手当相当の金額を，職位が下がるないしはなくなるような事案についてどう処理するかの問題は残ると思います。したがって，導入時にこの点も明確な基準を示すほうがよいといえます。

第7章

経営難と賃金切下げ（不利益変更）

第1節 経営難を理由とする労働条件の不利益変更

1 労働条件の不利益変更のイメージ

経営難を理由とする不利益変更と人事制度の変更を理由とする労働条件の不利益変更の違いは，次のような具体例によってイメージすることができます。

(1) 経営難を理由とする不利益変更のイメージ

ある船主が航海を予定し，船を動かすために船員（従業員）を10人雇用しました。船員には，1人につきパン（賃金）を1個与えると約束して，船主はその約束を果たすために，パンを10個船に積み込みました。

しかし，航海の途中で嵐に遭い，パンが1個海に流出してしまいました（極度の経営難）。

当初の約束を守るためには，やむなく船員1人を海に放り出し，残る9人が1人1個ずつパンを食べることにせざるをえませんが（整理解雇），船員10人が9個のパンを分け合って1人0.9個ずつ食べることにすれば，船員は全員船に残れることになります（賃金切下げ）。

この例において，船主が船員に与える約束をしていたパンが「賃金」，パンが海に流れてしまったことが人件費を縮減しなければならない「経営難」の状況，船員1人をやむなく海に放り出すのが「整理解雇」，残った9個のパンを10人で分け合うのが「経営難を理由とする賃金切下げ」のイメージとなります。

(2) **人事制度の変更を理由とする労働条件の不利益変更のイメージ**

　上記の例と同様に，船主は，船員を10人雇用し10個のパンを用意しました。この船は「みかん」を紀州から江戸へ運ぶ船であり，この航海では，終始天候も晴れ，海も穏やかでした。

　この航海においては，船主の船の他にも「みかん」を積んで紀州から江戸に向かっている船がいくつかありました。そのうち一番早く江戸に着いた船が「みかん」を一番高く売ることができるため，船主は自分の船を速く進めたいと考えました（業務上の必要性）。

　船主は，船員に必死で船を漕いでほしいため，頑張っている船員１人に対して，パン（賃金）を0.1個多く支給しようと考えます。もっとも，その不足分0.1個を捻出しようとしても，船主には，パン10個という総量を変更する経営上の余力はありません。そこで，少しサボっており，漕ぐ力のない船員１人のパンを0.9個とすることにしました。

　この例において，パンが「賃金」，船を速く進めようとすることが賃金の不利益変更に関する「業務上の必要性」，頑張っている船員とサボっていて漕ぐ力のない船員とを区別することとしたのが「人事制度変更」，その区別によって後者にあたる船員のパンを0.9個にしたことが「人事制度の変更を理由とする賃金切下げ」のイメージとなります。

2　経営難に伴う賃金切下げの合理性

　経営難の状況下において会社が取りうる人件費削減策については，整理解雇と賃金切下げという２つの方法が考えられます。すなわち，人件費削減のためには，賃金を維持して人員を削減する整理解雇と，人員を維持して（雇用を維持して）賃金を減額する賃金切下げのいずれかの方法があります。この意味で，整理解雇と賃金切下げは，表裏の関係ともいえます。

　そして，法律上は，使用者は解雇については自由に行うことができますが

（ただし，判例上の解雇権濫用法理が存在することは周知のとおりです），賃金切下げについては使用者の一方的意思表示によって労働契約の内容を変更することは許されていません。

ここで，どのような経営状況の場合に賃金を切下げられるのかという点を明らかにしたのが，みちのく銀行事件最高裁判決（最一小判平12.9.7労判787-6）です。

第6章で述べたようにこの事件において，最高裁判決は，秋北バス事件（最大判昭43.12.25労判71-14），大曲市農協事件（最三小判昭63.2.16労判512-7），朝日火災海上保険事件（最三小判平8.3.26労判691-16），第四銀行事件（最二小判平9.2.28労判710-12）の各最高裁判例を引用して一般的な判断枠組みを示しました。

そして，この判決で特に重要なのは，「企業においては，社会情勢や当該企業を取り巻く経営環境等の変化に伴い，企業体質の改善や経営の一層の効率化，合理化をする必要に迫られ，その結果，賃金の低下を含む労働条件の変更をせざるを得ない事態となることがあることはいうまでもなく，そのような就業規則の変更も，やむを得ない合理的なものとしてその効力を認めるべきときもあり得るところである。特に，当該企業の存続自体が危ぶまれたり，経営危機による雇用調整が予想されるなどといった状況にあるときは，労働条件の変更による人件費抑制の必要性が極度に高い上，労働者の被る不利益という観点からみても，失職したときのことを思えばなお受忍すべきものと判断せざるを得ないことがある」と判示したことです。

この判決の内容から，最高裁判決は，

① 会社の存続自体が危ぶまれる状況
② 経営危機による雇用調整が予想される状況

においては，労働条件の変更による人件費抑制の極度の業務上の必要性があるとして，賃金の切下げもやむをえないものと考えているといえます。特に，今

日における，単価の下落により仕事量は確保されているが，収入が下がっているという事案においては，整理解雇という人件費削減策が機能せず，賃金切下げという方法でしか危機を回避できないため，この最高裁判決は重要な意味を有しています。このような事案では，使用者は，多数の労働者が反対した場合にも，賃金切下げを実施できると考えられます（九州運送事件＝大分地判平13.10.1労判837-76）。

　もっとも，このように賃金切下げを実施できるとしても，使用者は経費削減の努力をする必要があります。ただし，整理解雇の場合とは異なり，正社員の希望退職の募集や非正規社員の雇用削減までは不要であると考えます。

3　経営難における賃金切下げの合理性判断のポイント

　経営難における賃金切下げの合理性判断のポイントは，まず，「1年の時限立法にすること」です。労働者の多くは，経営難の状況下においては，賃金の切下げに一定の理解を示してくれると考えられますが，その反面，業績が回復した場合，従来の水準に戻してくれるのか否かが重要な関心事項だといえます。したがって，労働者が被る不利益の程度の観点からも，労働者との信頼関係の面からも，1年の時限立法にし，その期間終了時点でそのときの業績を前提に期間を延長するか否か考えるべきです。

　次に，「賃金切下げの程度は，月例賃金の場合，10％以内にとどめるべき」です。労基法91条は，懲戒事由が複数存在したとしても月例給与からの減給額を10％以内に抑える旨規定していますが，この規定の趣旨は労働者の生活を保障することにあります。この趣旨からしても，労働者が被る不利益の程度に配慮して，賃金切下げの程度を月例賃金の10％以内にとどめるよう考えるべきです。

　特にこのような経営難の場合，賞与の支給がゼロに近い状況になっていると考えられるので，この切下げの幅は必要最小限度にすべきと考えられます。

　さらに注意しなければいけない点は，この賃金切下げを管理職だけにとどめず，「従業員全員で応分の負担をして賃金切下げの痛みをできるだけ公平に分

かち合うこと」です。この要件は，不利益変更の「合理性」を肯定する上で非常に重要なものであることはすでに述べたとおりです。前掲・みちのく銀行事件最高裁判決でも，「企業経営上，賃金水準切下げの差し迫った必要性があるのであれば，各層の行員に応分の負担を負わせるのが通常であるところ，本件はそのようなものではない」と判示し，「応分負担」が通常の対応であると示唆しています。

したがって，経営難による賃金切下げの場合，多数の従業員が「賃金」よりも「雇用」を優先するとして賛成しない限り，使用者は，整理解雇（指名解雇）を選択せざるをえないことになります。

しかしながら，前掲みちのく銀行事件最高裁判決は，「労働者の被る不利益という観点から見ても，失職したときのことを思えばなお受忍すべきものと判断せざるを得ないことがある」と説示しており，事案によっては解雇よりも賃金切下げを優先して実施することも許容していると考えます。

加えて，前掲みちのく銀行事件最高裁判決が示したように，労働組合等との交渉の経緯や，他の労働組合または他の従業員の対応にも配慮し，できる限り多数者の賛成を得られるよう，真摯に説得活動を行うべきです。例えば，説得の結果として過半数労働組合との労働協約が締結できた場合に，その協約と同内容の就業規則の規定に変更すれば，規定内容の合理性が推認されるとも考えられます（前掲第四銀行事件参照）。

そして，最後に就業規則にその旨の規定を明確にして労働基準監督署長に届け出ることになります。

以上のポイントをまとめたものが次の表になります。

① 業務上の必要性	賃金等の重要な労働条件を不利益変更する場合には「高度の業務上の必要性」以上のものが求められる。特に総額人件費を下げる場合は，「極度の業務上の必要性」が要求されると解する。
② 切下げ幅	切下げ幅は，労基法91条が月例賃金からの減給額を10％以内に抑えていることからも，月例賃金の場合は10％以内にとどめるべきといえる。

③	応分負担	高齢者や管理職層等，特定の層のみに不利益を課すことのないようにする。部長は10％，課長は5％，一般社員は3％というように応分負担とする。
④	多数者の賛成	就業規則変更が多数の者の賛成の下で行われていることは，変更の合理性を担保する事情となる。ただし，トラック運送業のように，従業員を1人解雇するとトラックが1台余ることとなり，売上が不可避的に減少するような場合には，例外的に多数者の反対があっても賃金切下げが可能であると考える。
⑤	緩和措置・暫定性	代替措置ないし関連労働条件の是正も考慮される。また，例えば1年間だけ暫定的に賃金カットを行うというように，一定の期限を定めて賃金の不利益変更を行う方法も考えられる。
⑥	就業規則への明示	就業規則への規定，意見聴取，周知，届出等の就業規則変更の手続を行う必要がある（労契法11条，労基法89条，91条）。

なお，この点，労働契約法は実質的周知のみを有効要件と考えているようです（労契法10条）。実質的周知とは，労基法106条1項において求められる周知方法による必要はなく，実質的に見て事業場の労働者に対して当該就業規則の内容を知りうる状態に置いていたといえれば足りると解することができます。例えば，作業場とは別棟の食堂や更衣所に就業規則をファイルに綴じて備え付け，労働者が見ようと思えばいつでも見ることができるような状態をいいます。

4 就業規則の改訂

賃金の切下げを行う際には，前述のように，就業規則にその旨を明示する必要があります。

(1) 賃金表がある場合

賃金表で金額が特定している場合には，その金額を減額することにより就業規則の改訂を行います。

(2) 賃金表がない場合

賃金表がない場合には，次のように規定することにより，就業規則への明示

を行います。

> 〈就業規則の規定例〉（給与計算期間が1日から月末の場合）
> 附則
> 　平成24年4月1日から同25年3月31日までの従業員の基本給を次の基準で減額する。
> 　　① 部長　　　　　7％
> 　　② 課長　　　　　5％
> 　　③ 一般社員　　　3％
>
> なお，割増賃金等の算定も，この減額した基本給に基づいて計算する。

5　雇用か賃金の選択における実務のあり方

　当職は，経営難の状況下においては，整理解雇よりも賃金切下げを優先的に実施するよう助言しています。そして事案によりますが，非正規社員の契約解消や正社員の希望退職よりも優先的に実施します。理由は，以下のとおりです。

　キャッシュフローが重要視される今日の経営環境の下では，速やかにキャッシュアウトを防ぐ必要があり，賃金切下げは，キャッシュアウトを防ぐうえで即効性を有しています。企業は経営の危機を乗り切り，経営が回復してきた段階で切り下げた分の賃金を賞与等で従業員に支給し，従業員の被害を回復すれば足ります。これにより会社に対する従業員の信頼関係を回復できる可能性もあります。

　また，整理解雇よりも賃金切下げの方が訴訟を含めた実務上のリスクが低いといえます。なぜなら，整理解雇の場合，被解雇者は，従業員の地位を奪われ，収入の道を閉ざされてしまいます。なぜ，自分が人選されたのかという強い不満も残ります。したがって，被解雇者は生活のために訴訟等で争う可能性が高

くなります。

　これに対して，賃金切下げの場合，確かに労働者にとっては辛い対応ですが，賃金の一部ですので生活の根底から覆されることはなく，また，応分負担の原則から，従業員全員に同様の不利益が生じる点において，従業員も許容する可能性が高いといえます。

　さらに，訴訟になった場合，整理解雇の場合には，全従業員に影響があるわけではなく，被解雇者だけが当事者となるため，合同労組や弁護士の支援を受けて早期の金銭解決を図ることが可能ですが，賃金切下げは全従業員に影響があるため，極端な場合には最高裁まで争われることになり，従業員の1人だけが早期の解決を図ることは事実上困難です。このように，賃金切下げの場合には，従業員にとって訴訟で争うことは得策ではないといえます。

　したがって，賃金切下げにより訴訟等のトラブルになるリスクは，整理解雇の場合よりも低いといえます。

　しかし，賃金切下げが従業員の会社に対する信頼を損なうことは明らかですので，従業員に対してその必要性を十分に説明し，かつ切下げ額も，会社の経営内容，規模，業種，従業員の生活への影響等を十分に考慮し，必要やむを得ない額にとどめることが実務上最も重要だといえます。

6　将来の経営難による倒産予防と賃金切下げ

　経営難による整理解雇と賃金切下げは表裏の関係にあることはすでに説明したとおりです。

　ところで，今日，整理解雇の業務上の必要性は次の3つのパターンに分類されています。まず，倒産回避型の整理解雇があります（Ⅰ型）。会社が赤字に陥り，経営難になった状況において，賃金切下げを実施する場合がこれにあたります。次に，将来倒産予防型の整理解雇があります（Ⅱ型）。この将来倒産予防型には，現在は黒字であるけれども，近い将来において赤字に転落するおそれがある場合と，現在もすでに赤字に転落し，これを放置してしまえば倒産のお

整理解雇と賃金切下げ（私見）

	整理解雇	業務上の必要性の程度	賃金切下げの可能性
Ⅰ型	倒産回避型	「極度の業務上の必要性」	可能性あり
Ⅱ型	将来倒産予防型	黒字の場合 「高度の業務上の必要性」	争いとなる
Ⅱ型	将来倒産予防型	赤字の場合 「高度の業務上の必要性」	可能性あり
Ⅲ型	攻撃型	否定的	否定的

それがある場合とがあります。さらに攻撃型の整理解雇もあります（Ⅲ型）。会社は黒字で成長しているものの、新たに事業を開拓したり、より一層成長したりするために、事業所を統合する等を行うことにより業務が消滅する場合等がこれにあたります。

上記Ⅰ型の場合、前述のみちのく事件最高裁判決は、明確に賃金切下げの可能性を認めています。しかし、Ⅱ型の場合に、賃金切下げが可能であるかについては、明らかではありません。

当職は、今日のマーケット変化のスピードを考えると、Ⅱ型の状況でリストラを遅らせるなどとは考えられず、それでは本当に倒産の憂き目に遭うしかないと思っています。したがって、Ⅱ型で「赤字」の場合であれば当然、「黒字」の場合であっても、事案によっては賃金の切下げは許されるべきと考えています。

そして、後者の場合には、特に従業員の多数の賛成があるか否かが重要な判断要素になると考えます。

他方、Ⅲ型については、業務上の必要性を否定的に評価されると考えます。

この私見を表にすると、上記の図のようになります。

7 経営難に伴う賃金切下げと裁判例

(1) 前掲・みちのく銀行事件の判断枠組みの踏襲

　前掲みちのく銀行事件最高裁判決は，経営難における賃金切下げの有効性を判断するための一般的判断枠組みを示しました。その後の裁判例においても，かかる判断枠組みは踏襲されています。

　もっとも，最高裁判所によって示された判断枠組みは，「総合考慮」の枠組みであるため，どのような要素が重視されて有効・無効の判断となるのかは，裁判例における事案ごとの個別判断である点は否めません。

　そこで，前掲みちのく銀行事件最高裁判決以降の，特に経営難における基準内賃金の切下げが問題となった裁判例に限定して，その内容を検討しておくこととします。

(2) 裁判例の検討

ア　杉本石油ガス事件（東京地決平14.7.31労判835-25）

【事案の概要】

　従業員数約66名を雇用するLPガス会社が，LPガス値下げによる売上減少により約19億円の負債を負ったとの経営状況下において，就業規則を変更し，正社員の賃金の約25％に相当する額を減額するとともに，契約社員の日給額や手当を減額した事案。

【結論】

　本件における賃金切下げは無効と判断されました。

【判断ポイント①】

　本判決のポイントは，LPガスの売上減少分を経費の削減や資産の売却等により埋め合わせを行う必要性があったものと認められた一方で，賃金を25％削減する必要があるという会社の説明が合理的ではなく不十分であったとされた

点です。経費削減の必要があることと，賃金の25％削減の必要があることとは，次元を異にするものです。「経費削減の必要性」＝「人件費削減の必要性」ではなく，経費のうちの人件費を削減しなければならない必要性を主張立証することが求められているということです。

【判断ポイント②】

　全従業員の賃金一律25％削減を目的とするものであるならば，暫定的，一時的な事情による変動を除いて全従業員においてほぼ一律に25％削減するものでなければならないところ，会社の判断で従業員によって削減率を恣意的に調整することが可能な運用となっており，かかる恣意的調整を防止するための客観的合理的基準がないことが問題とされた点も重要です。「応分負担」の観点からすれば，恣意的に特定層の従業員にのみ賃金減額がなされるような運用とならないよう，客観的合理的基準の策定が必要となります。

【ポイント③】

　労働組合等との交渉経緯において，説明が十分であったのか，誤解を招くものでなかったのかということが問題とされた点もポイントとして挙げられます。「多数者の賛成」の観点に関連しますが，正確かつ十分な説明が行われてはじめて多数者の賛成が得られるものですから，多数の賛成を得るための前提として重要なことです。また，少なくともかかる説明を行うことが手続の適正な履践としても重要になります。

【ポイント④】

　従業員66名中23名のみが反対意思を明示しているにとどまる場合でも，賃金25％の削減は重大な不利益であり，過半数が反対していない事実は重視すべき事情とはいえないとされた点も重要です。過半数の従業員が反対していない，つまり賛成しているという状態であれば，労働条件の変更内容について一定の合理性があるとも考えられますが，賃金の25％を削減するということの不利益の程度から，過半数が反対していないというだけで変更内容が合理的であるとまではいえないという判断がなされたものと考えます。

イ　全日本検数協会事件（神戸地判平14.8.23労判836-65）

【事案の概要】

　阪神淡路大震災等の影響を受けて経営が悪化していた公益社団法人が，労働協約の改訂・破棄，就業規則の変更等を繰り返した後，10事業場の１つである神戸支部の従業員についてのみ，基準内賃金の額を50％（41歳未満の者は30％）引き下げる旨，就業規則の変更を行ったという事案。

【結論】

　本件における賃金切下げは無効と判断されました。

【判断ポイント①】

　本判決のポイントは，阪神淡路大震災以降大幅な減収状況が継続しており，会社が経営改善施策や各支部ごとの独立採算的運営など基盤計画を実施したものの大幅な赤字が続いているとして，経営逼迫の状況が認められ，賃金カットによる人件費の圧縮という経費削減策が経営上必要かつ有効な収支改善策のひとつであることは否定できないとされたにもかかわらず，基準内賃金50％を３年間カットされることの不利益が大きく，従業員の生活実態を考慮した合理性を有するものとは認められないとした点です。人件費の圧縮の必要性との比較において賃金の減額率が大きすぎる場合には，それのみによって賃金切下げが無効となるリスクがあることを意味します。その点で「切下げ幅」には注意が必要です。

【ポイント②】

　神戸支部職員組合が本件賃金カットと同様のカット率について同意している事実がありながら，不利益の大きさに照らすと，合理性を裏付けるものとは認められないとした点もポイント②として挙げられます。「多数者の賛成」があることは，賃金減額の合理性を裏付ける事情になりえますが，それがあったとしても賃金減額幅が大きすぎる場合には，やはり賃金切下げが無効となりうることを意味します。この意味でも「切下げ幅」には注意を要します。

【ポイント③】

　会社の赤字の原因は，阪神淡路大震災という客観的外部的要因の影響が大き

く，それによる不利益を神戸支部の従業員のみに負担させるのは酷であり，独立採算的経営を重視しているとしても，全国規模の単一事業体である会社であれば，他の支部においても相応の負担をするという運営が考慮されて然るべきであるとした点です。外部的要因による独立採算部門の経営赤字の場合，その企業が全国展開しているのであれば，当該部門のみの「応分負担」にとどまらず，他の部門においても「応分負担」を検討する必要があることを示唆しているといえます。

【ポイント④】

賃金カットの代償措置として，賃金減額率の低い派遣会社へ転籍させたうえで神戸支部の業務に従事させる転籍斡旋制度を導入したことについて，1年間の有期労働契約の下で派遣社員として働くこととなるものである以上，従業員は著しく不安定な身分に陥ることとなり，十分な代償措置とはいえないとした点です。代償措置には，転籍や出向，労働時間の短縮，業務内容の軽減等の様々な手法がありますが，形ばかりの措置であり，労働者が不利益を被ることへの「代償」と評価できるものでないと，十分ではないと評価されるリスクがあることを意味します。

【ポイント⑤】

団体交渉の経緯として，会社が，神戸支部労組との暫定協定締結直後に破棄通告をし，賃金カットを含む再生計画の提案を行ったことは唐突な提案であり，また，容易に妥結に至ると思われない賃金カットの提案にもかかわらず，神戸支部労組との交渉が妥結に至らなかったという理由から，提案後3カ月余りの後に就業規則の変更による賃金カットの実施に及んだことは性急に過ぎるとした点です。この点からすれば，「多数者の賛成」を得るためのプロセスとして，労働組合や従業員に対し，適切な時期に，適切な時間をかけて十分な説明を行うという手続が評価されるといえます。

ウ　新富自動車事件＊（富山地判平15.1.16労判849-121）

【事案の概要】

　営業収入の減収により赤字を計上し，平成12年3月から7月の賃金支払を遅滞するに至ったタクシー会社が，就業規則の変更により，従業員らの賃金体系を完全歩合制とした事案。

【結論】

　本件における賃金切下げは有効と判断されました。

【判断ポイント①】

　労働者が被る不利益の程度は，個々の不利益を見るのではなく，全体的に評価すべきであるとした点です。改訂された就業規則・賃金規程を適用した場合に，個々の労働者ごとに不利益の程度が異なる場合に，ある労働者の不利益の程度が大きい場合には，不利益の程度としては全体的に評価されるといえます。ただし，特定の労働者層のみに大きな不利益を与えるような改訂を行えば，「応分負担」の観点から，別途問題となりえます。

【判断ポイント②】

　完全歩合制を導入するとしても，基本給歩合率は勤務形態に関係なく同一とすべきであり，勤務形態ごとに基本給歩合率を設定することは不合理であるという従業員の主張について，全体的な営業収益が減少している状況下において，一定の修正をすることは許されるとした点です。「応分負担」という場合には，原則として全員を一律に扱うことが求められます。しかし，全員を一律に扱う結果，特定の労働者層については不利益の程度が大きくなることがあります。そのような場合には，特定の労働者層の不利益を緩和すべく一定の修正をすることが，実質的な「応分負担」となるといえます。

【判断ポイント③】

　会社が労働組合との間において13回にわたる交渉を行い，過半数を上回る従業員が新賃金体系に異議を述べていない事実を評価した点です。この点は，「多数者の賛成」を得るための団体交渉という手続を経たこと，そしてまさに「多数者の賛成」が得られたことにより，賃金切下げの内容の合理性が肯定され

たことを意味します。

＊なお，本件は，経営難を理由に，徹底した成果主義に変更した事案といえます。

エ　東豊観光〔賃金減額〕事件（大阪地判平15.9.3労判867-74）

【事案の概要】

従業員74名を雇用する一般旅客自動車運送事業を営む会社が，約4,300万円の赤字を計上したことの打開策として，就業規則の変更を行い，従業員の固定給を15％減額して支給した事案。

【結論】

本件における賃金切下げは無効と判断されました。

【判断ポイント①】

就業規則の変更前後の収支状況を考慮し，特に変更後の営業収支，経常収支いずれも黒字であったこと，会社の利益が大きく伸びていることを理由に，就業規則の変更について高度の必要性を基礎づける事情が認め難いとした点です。この点，「業務上の必要性」の判断において，就業規則の変更前の事情を考慮することは当然ですが，変更後の事情を考慮することについては疑問があるといわざるをえません。変更後の事情が使用者にとって容易に予測可能であれば別ですが，変更時において予測できないような事情をもとに就業規則変更の高度の必要性がなく，賃金切下げが無効となるものではないと考えます。

【判断ポイント②】

労働分配率について，TKC経営指標平成13年版のバス業界黒字中位グループとの対比においてその平均を下回っていたことを考慮した点です。この点も，「業務上の必要性」に関連しますが，経費削減の必要があったとしても，労働分配率が低ければ人件費が経営を圧迫しているものではないと評価される場合がありうるといえます。人件費削減の必要性を検討する際には，労働分配率にも着目する必要があります。

オ　名古屋国際芸術文化交流財団事件（名古屋地判平16.4.23労判877-62，名古屋高判平17.6.23労判951-74）

【事案の概要】

美術館の運営等を行う，職員16名が在籍（うち就業規則の適用を受ける者は5名）する財団法人が，平成12年度末において約4億2,810万円の赤字を計上し，次期繰越金が44億円から7億6,135万円まで減少していた状況において，職員の同意を得ず，職員ごとに個別具体的事情を勘案して本給を定める，月額2万円の調整手当を支給する，55歳を超えた職員を管理職から外すとともに本給を60％削減する，退職金に在籍年数による削減率を設定し，退職事由により支給基準を変更するという内容の就業規則（賃金規程）の変更を行った事案。

【結論】

本件における賃金切下げは，第1審，第2審ともに，無効と判断しました。

〈第1審〉

【判断ポイント】

第1審は，賃金規程の改定手続に瑕疵があり，また，就業規則の適用を受ける職員らに対する説明において，承諾しなければ解雇する旨述べるなどの問題があったことを指摘しました。この点において，「多数者の賛成」を得るためのプロセスにおいて，手続上の瑕疵や不適切な説明，言動があると賃金切下げの合理性に影響を及ぼすことが明らかにされています。

〈第2審〉

【判断ポイント①】

財団法人の経営が危機的状況にあり，自助努力としての経費削減等が必須であったことは否定しないとしつつ，5名の職員らに支払われる人件費合計が当該財団法人の支出総額の3％程度にすぎず，経費削減の効果は計数的にはわずかであると指摘しました。経費削減の必要があっても，人件費削減の必要があるといえるのかについては，別途検討しなければならないものであることはすでに指摘したとおりです。

【判断ポイント②】

激変緩和措置（代償措置）として設けられた調整手当2万円は3年間の特例措置にすぎないと評価した点です。「代償措置」としての手当の支給は，賃金切下げによる不利益を直接的に緩和するものですが，3年間の激変緩和措置では足りないとされる場合があることを意味します。ただし，常に3年間の経過措置では足りないというものではなく，「切下げ幅」との関係において，労働者の生活水準を急激に低下させず，緩やかに低下させる措置であれば，「代償措置」として機能すると考えます。

【判断ポイント③】

職員5名のうち2名が改定に反対し，改定に関する承諾書を提出しなかったにもかかわらず，財団法人は新賃金規程を予定どおりに実施した事実を指摘した点です。3名が承諾書を提出していたとしても，わずか5名の職員しかいない場合には，3名の同意のみで合理性を担保するのは難しく，反対者に対してもある程度の時間をかけて説得を行うことが重要であることを示唆しているといえます。

カ　住友重機械工業事件（東京地判平19.2.14労判938-39）

【事案の概要】

連結対象子会社91社を擁する企業グループの中核である会社が，企業評価の低下による資金調達の支障を生じかねない状況が発生したとして，かかる状況を打開するために，賃金の減額を伴う転籍ないし休職出向，希望退職募集，総労働費の削減（年間約15％，基準賃金で平均10％）を内容とする再構築策をまとめ，この再構築策に基づき就業規則を改定した事案。

【結論】

本件における賃金切下げは有効と判断しました。

【判断ポイント①】

企業評価の低下による資金調達の支障を生じかねない状況に対し，どのような措置・対応策を講じるのかの判断は，事後の経済情勢および金融情勢の予測

を基礎とする高度な経営上の判断を伴うものであることから，措置・対応策として相応の合理性が認められるものである限り，企業経営に携わっている経営専門家の関与の下で決定された会社の経営判断として尊重されるべきものであるとし，その一環としての就業規則の改訂は合理性を有するとしつつ，当時の会社の企業評価は低下していたことを認めて，2年間の時限的措置としてされた労務費削減は相当・適切なものであったということができるから，就業規則の改定は，高度の必要性に基づいてなされたものと認めた点です。経営上の判断としての経費削減については，相応の合理性が認められる限りにおいて会社の判断が尊重されることを示しました。そして，2年間の時限措置は，不利益の「暫定性」の観点から評価されたものといえます。

【判断ポイント②】

　基準賃金10％前後の減額が従業員に与える不利益は少なくなく，代償措置として労働時間の短縮や担当業務の負担軽減等がないなどと認定しつつ，会社従業員らの約99％によって組織される各労働組合が合意した事実に着目し，かかる労働組合の各妥結状況は，労働費削減を含めた重大な労働条件の変更につき，その対象者となる従業員の意見を集約し，また，その利益を代表する立場である労働組合が会社との十分な利害調整を経て妥結されたことを推認させるものであると判示した点です。これがまさに「多数者の賛成」により，就業規則変更による賃金切下げの内容の合理性が推認されたことを示すものです。不利益を被る労働者が99％加入する各労働組合との間において団体交渉を行い，利害を調整し，妥結したのであれば，その不利益の程度は自ずと合理的であるという推認がなされたといえます。

キ　東武スポーツ〔宮の森カントリー倶楽部・労働条件変更〕事件
　　（東京高判平20.3.25労判959-61）

【事案の概要】

　東武鉄道の完全子会社であるカントリー・クラブを管理・運営する会社が，長年赤字状態となっていたために，キャディ職について，期間の定めのない雇

用契約を変更して1年単位の契約社員とし，基本給及び役職手当，住宅手当，家族手当，正月手当等の各種手当からなる賃金制度を廃止して，ラウンド給（ラウンドに出ると支給される）とアフレ手当（ラウンドに出ないと支給される）および正月手当を中心とした賃金制度に変更し，さらに退職金制度も廃止するとした事案（なお，本件では，別途保育士職の地位確認についても争われています）。

【結論】
　本件における賃金切下げは無効と判断されました。

【判断ポイント①】
　賃金切下げの経営上の必要性について，ゴルフ場が単独の企業体であれば到底事業継続が不可能な状態にあったこと，わが国におけるゴルフ場経営が景気の後退等に伴い一般的に困難となっていることを認めつつ，会社が「東武鉄道の完全子会社であり，その事業継続に要する費用の全額が東武鉄道に帰属する契約関係となっていたのであるから，本件ゴルフ場の人件費削減の必要性については，その削減割合が微細である場合には受託契約関係の合理的な存続のために，当該部門に限定した経営上の高度の必要性を検討することで足りる場合のあることは否定しがたい。しかし，その削減割合が微細とはいえない場合は，損益が帰属する東武鉄道における経営上の高度の必要性を合わせ検討すべきである」と示し，企業グループ自体の存立に影響を与えるほどの差し迫った事態ではなく，キャディ職従業員の賃金額を一気に従前額の約4分の3に減少させるまでの必要性があったかについては疑問であるとした点です。この点は，「業務上の必要性」の判断において，完全子会社の場合に親会社の経営上の高度の必要性を検討する必要があると示すものです。確かに，法人格が否認されるような場合には，そのような検討が必要となることは否定しがたいところですので，実務上は注意が必要です。しかしながら，法人格が否認されないような場合にまで，親会社の経営状況をも考慮しなければならないとする点には疑問があります。また，当該裁判例においては，削減割合が微細か否かによって場合分けをしていますが，そのような基準は極めてあいまいであるとしかいえま

せん。

【判断ポイント②】

　会社がキャディ職従業員に対して行った人件費削減の必要性，賃金体系変更の概要の口頭説明と，同従業員らの契約書による了解の手続について，約4分の1の賃金減額，雇用期間の有期化という重大な労働条件の変更である以上，十分な検討資料と検討時間を与える必要があるとした点です。本件では，口頭説明ではややずさんであると評価され，検討期間2週間では十分な期間であったのかが疑問として残るとともに，契約書における「会社との契約金額とする」との記載では賃金の減額に同意することは何ら明記されていないとしており，改定の手続には問題があったといわざるをえないとしています。改訂の手続は，「多数者の賛成」を得るために必要なプロセスであることはすでに説明したとおりです。当該裁判例は，具体的にどのような説明方法をとるべきか，どのような同意をとるべきかを示唆しているといえます。

ク　手当の減額に関する裁判例

　その他基準内賃金のうち，基本給ではなく，手当を就業規則の規定を変更することによって減額した裁判例として，全国信用不動産事件（東京地判平14.3.29労判827-51。結論は賃金切下げ無効），栄光福祉会事件（福岡高判平18.5.18労判950-73。結論は賃金切下げ無効）があります。

　これらについても，賃金の切下げであることに変わりはありませんので，前掲・みちのく銀行最高裁判決の基本的判断枠組みに従って，賃金の不利益変更の有効性が検討されることになります。

　なお，手当の減額の場合には，合意書を個別に取得したとしても就業規則の給与規定が従来の金額のまま放置されていると，労基法93条および労働契約法12条により，この個別合意が無効ではないかとの議論が生じますので，必ず就業規則の給与規定も変更しておく必要がある点に注意が必要です。

第8章

非正規社員の賃金

第1節

労働者の雇用と賃金

1　労働法の保護対象は労働者の「雇用」「賃金」「安全」「健康」

　憲法25条1項は,「すべて国民は,健康で文化的な最低限度の生活を営む権利を有する」と定め,国民の生存権を保障しています。また,生存権を保障する手段として,憲法27条1項が国民の勤労の権利義務を規定しているため,国民は,労働して賃金を得ることによって生活することが原則とされています。

　労働契約については憲法22条により契約自由の原則が妥当し,これは相互に独立対等な当事者間の関係を前提としています。しかし,現実的には,使用者と労働者との間には事実上の交渉力の差があり,その結果,交渉力に劣る労働者が契約自由の名の下で,低賃金・長時間労働といった劣悪な条件を強いられることになり,人間的な生活を送ることができなかったということは過去の歴史が示すところです。

　そこで,憲法27条2項は,勤労条件に関する基準を法律で定めることとし,労働者が健康で文化的な最低限度の生活を営むための最低労働条件を法定化するものとし,さらに憲法28条において労働者の団結権・団体交渉権・争議権を保障し,集団の力で法定化された最低労働条件の遵守を求めることに加えて,よりよい労働条件の獲得を目指した交渉が可能となるようにしています。

　国民の多くは労働者として勤労し,賃金を得て生活をしています。この労働者の健康を保つには,職場での「安全」と「健康」の保護が必要であり,また,文化的な最低限度の生活を送るためには「賃金」,そして「賃金」を得るための「雇用」が前提となります。

したがって，労働法の保護対象のキーワードは「雇用」「賃金」「安全」「健康」であるといえます。

2　正規社員と非正規社員の雇用と賃金の決済システム

平成一桁代までは，終身雇用制によって雇用を保障し，年功序列制によって賃金を保障することで労働者の生活は保護されていました。労働者の雇用と賃金は安定していたため，企業の労務管理は，企業風土や人間関係によって行われ，契約や約束といった概念を特に意識することなくなされていました。すなわち，雇用と賃金が保障されている正社員については，約束の概念が存在しなかったわけではありませんが，入社してから退職するまでの間に労働者の労務提供の価値と賃金等の処遇が一致していることによって暗黙のうちに約束が守られていたと考えられます。このように，雇用が保障された正社員の賃金等の処遇は，いわば長期決済システムによって処理されてきました。

他方，雇用の保障のない非正規社員もいましたが，正社員に対して約束の概念が意識されていなかったため，非正規社員との関係でも約束の概念が意識されていませんでした。

しかし，後で述べるように，マーケットが変化し，バブル経済崩壊後には非正規社員が急増しました。現在の非正規社員の割合は，総務省の労働力調査（平成23年平均）によると，35.2％で，全体の3分の1以上を占めています。このような非正規社員に対しては，個々の契約ごとの約束が守られることが信頼関係を形成するうえで非常に重要です。このように，非正規社員の賃金等の処遇は，いわば短期決済システムによって処理されているといえます。しかも，非正規社員は，正社員とは異なり雇用が保障されないというだけでなく，時給や日給についても最低賃金に近い低廉な額で雇用されていることが多いため，非正規社員の労務管理にあたっては，正社員以上に約束を遵守する姿勢が極めて重視されることを意識する必要があります。

第2節 非正規社員の賃金差別

　平成二桁代から，正社員と同一時間，同一内容での仕事をしながら，正社員よりも低い賃金で働く非正規社員が急増しました。非正規社員の増加の背景については，第6節で説明しますが，リーマンショック後に多数の「派遣切り」が生じたこともあって，雇用形態の差による賃金等の処遇に格差が生じていることが大きな社会問題となっています。

　もっとも，非正規社員等の雇用形態の差による区別が，労基法3条の「社会的身分」に該当するかという問題については，すでに説明したように，丸子警報器事件判決（長野地上田支判平8.3.15労判690-32）において「労働基準法3条に定める社会的身分とは，生来的のものにせよ，後天的なものにせよ，自己の意思によって逃れることのできない社会的な分類を指すものであり，「正社員」「臨時社員」の区別は，雇用契約の内容の差異から生じる契約上の地位であるから，同条に定める身分には該当しない」とされ，日本郵便逓送事件（大阪地判平14.5.22労判830-22）においても「労働基準法3条及び4条も雇用形態の際に基づく賃金格差までを否定する趣旨ではない」とされています。このように，雇用形態の差による区別は，あくまで契約自由の範疇の問題であるといえます。

　したがって，非正規社員の賃金には，最低賃金や割増賃金といった労基法上の規制のみが及ぶことになります。

第3節 丸子警報器事件

1 事案の概要

　原告ら28名（以下「Xら」とする）は，自動車部品製造会社であるY社に2カ月の雇用契約により採用され，4年ないし25年にわたって契約を反復更新され続けてきた臨時社員（女性）です。Xらは，女性正社員と同一勤務日数，同一勤務時間で（ただし，1日の所定労働時間は正社員よりも15分短い），同じ組み立てラインに配置され，同内容の仕事に従事しました。しかし，Xらの賃金は，正社員よりも低額であり，正社員と臨時社員との賃金格差は，勤続年数が長くなるにつれて大きくなっていきました。

　そこで，Xらは，このような女性正社員との賃金格差は，①男女差別（労働契約法4条違反），②社会的身分による差別（労働契約法3条違反），③同一労働同一賃金の原則違反（公序良俗違反）にあたるとして，Y社に対して，不法行為に基づき，正社員との賃金差額分相当および慰謝料等の損害賠償請求をしました。

2 判決要旨

　①　判旨は，まず，「同一（価値）労働同一賃金の原則」について，「労働関係を規律する一般的な法規範として存在していると認めることはできない。すなわち，使用者が雇用契約においてどのように賃金を定めるかは，基本的には契約自由の原則が支配する領域であり，労働者と使用者との力関係の差に着目

して労働者保護のために立法化された各種労働法規上の規制を見ても，労働基準法3条，4条のような差別禁止規定や賃金の最低限を保障する最低賃金法は存在するものの，同一（価値）労働同一賃金の原則についてこれを明言する実定法の規定は未だ存在しない」と述べています。

② 次に，「公の秩序」については，「明文の法規はなくとも「公の秩序」としてこの原則が存在すると考えるべきかと言うと，これについても否定せざるを得ない。それは，これまでのわが国の多くの企業においては，年功序列による賃金体系を基本とし，さらに職歴による賃金の加算や，扶養家族手当の支給などさまざまな制度を設けてきたのであって，同一（価値）労働に単純に同一賃金を支給してきたわけではないし，昨今の企業においては，従来の年功序列ではない給与体系を採用しようという動きも見られるが，そこでも同一（価値）労働同一賃金といった基準が単純に適用されているとは必ずしも言えない状況であるからである。しかも，同一価値の労働には同一の賃金を支払うべきであると言っても，特に職種が異なる労働を比べるような場合，その労働価値が同一であるか否かを客観性をもって評価判定することは，人の労働というものの性質上著しい困難を伴うことは明らかである」として，同一労働同一賃金の原則の法規範性を否定しました。

③ もっとも，判旨は，「このように，同一（価値）労働同一賃金の原則は，労働関係を一般的に規律する法規範として存在すると考えることはできないけれども，賃金格差が現に存在しその違法性が争われているときは，その違法性の判断にあたり，この原則の理念が考慮されないで良いというわけでは決してない。けだし，労働基準法3条，4条のような差別禁止規定は，直接的には社会的身分や性による差別を禁止しているものではあるが，その根底には，およそ人はその労働に対し等しく報われなければならないという均等待遇の理念が存在していると解される。それは言わば，人格の価値を平等と見る市民法の不偏的な原則と考えるべきものである。前記のような年齢給，生活給制度との整合性や労働の価値の判断の困難性から，労働基準法における明文の規定こそ見送られたものの，その草案の段階では，右の如き理念に基づき同一（価値）労

働同一賃金の原則が掲げられていたことも想起されなければならない」と述べました。
　④　そして，最後に，「同一（価値）労働同一賃金の原則の基礎にある均等待遇の理念は，賃金格差の違法性判断において，ひとつの重要な判断要素として考慮されるべきものであって，その理念に反する賃金格差は，使用者に許された裁量の範囲を逸脱したものとして，公序良俗違反の違法を招来する場合があると言うべきである」として，結論としては「原告らの賃金が，同じ勤続年数の女性正社員の8割以下となるときは，許容される賃金格差の範囲を明らかに越え，その限度において被告の裁量が公序良俗違反として違法となると判断すべきである」としました。

　なお，本事件は控訴審において和解していますが，その内容について労使双方の説明が異なっており，判然としないところがあります。

第4節 裁判官協議会における協議の概要

1 協議会の開催

　丸子警報器事件判決後，平成10年10月27日に，最高裁判所において，労働関係民事・行政事件担当裁判官協議会が開催され，その中で，正社員と臨時労働者との間において，勤続年数，労働内容，労働時間等に差がない場合でも，賃金格差を設けることができるかということについて協議がなされました。

2 協議の概要

　上記1の問題について，協議会は，「賃金額の決定は，原則として当事者間の合意にゆだねられるべき事項であり，法による規制は，最低賃金法によるもののほか，労働基準法3条，4条，労働組合法7条によるものに限られている」と述べています。
　そして，正社員と臨時労働者とで賃金に差を設けることについては，「このような職制上の地位は，労働基準法3条にいう「社会的身分」に当たらないから，同条の禁ずる差別的取り扱いには当たらず，また，実定法上，同一労働同一賃金の原則を定めた規定も見当たらないことから，公序に反する場合でない限り，有効と解すべきである」とする点ではほぼ見解が一致しました。
　続いて，丸子警報器事件についても言及がなされ，「賃金格差の違法性判断において重要な判断要素として考慮される均等待遇の理念に反する賃金格差は，どのような場合に公序に反すると考えるべきか」という点について議論がなさ

れました。この点に関しては，
① 「一般に，正社員と随時労働者とでは，採用時の基準（たとえば，競争試験か面接だけかなど）のほか，提供すべき労務に対する要求水準，使用者側からの継続雇用の期待度等も異なるのが通常であるから，両者間で賃金に差を設けたとしても，そのことだけで直ちに公序違反とはならない」との意見が多数でした。

ただ，
② 「勤続年数，労働内容，労働時間等について差がないことに加えて，採用時の基準や提供すべき労務に対する要求水準，使用者側からの継続雇用の期待度等においても差異がないといった極めて例外的な場合であって，極端な賃金格差が長年にわたって放置されてきた結果，使用者が雇用区分を存続することについての合理性がもはや失われたものとみられるときには，正義の観念に反するものとして，公序違反となりうる」とする意見が有力でした。これは，後述するパートタイム労働法8条が職務内容同一短時間労働者であって，かつ通常の労働者と同視すべき短時間労働者という極めて限定的な範囲で差別的取扱いを禁止していることにつながるものといえます。
③ さらに，どの程度の格差があれば公序違反となるかという点については，「臨時労働者の賃金が正社員の6割，あるいは8割以下となっていれば公序違反と考えるべきではないかとの意見や，一律に賃金が正社員の何割以下となっていれば違反となるといった基準を設定することは困難であり，格差発生の発生事情等も踏まえ，具体的な事案に応じて検討すべきである」とする意見が出されました。
④ なお，雇用区分の存置につき，「試験等により臨時労働者から正社員に移行できる制度がある場合には，公序違反性の有無の判断における考慮要素になる」との指摘もなされました。
⑤ これに対して，「雇用区分によって賃金格差を設ける実質的理由がないと評価し得るような場合に，どのような公序に違反するといえるか問題が

あるので，公序違反という法律構成ではなく，使用者側の取扱いが信義則違反ないし権利濫用となると考えるべきではないか」との見解も出されました。

第5節 日本郵便逓送事件

1 事案の概要

　原告ら4名（以下「Xら」とする）は、郵便局間の郵便物の運送および郵便ポスト等からの集荷業務を扱う会社であるY社に3カ月の雇用契約により採用され、4年ないし8年にわたって契約を反復更新され続けてきた臨時社員です。Y社においては、正社員も臨時社員も職務内容は郵便運送車の運転業務に従事するという内容でしたが、正社員の所定労働時間が1日8時間、1週40時間であるのに対して、臨時社員の所定労働時間は1日7時間15分、1週39時間53分とされていました。また、正社員には国内の広域の転勤が予定され、昇進・降格の制度があるのに対して、臨時社員は各統括支店内での異動が予定されているのみでした。さらに、正社員は定年が60歳とされ、65歳まで準社員として再雇用されることもあり、退職金支給制度も存在するのに対して、臨時社員は65歳まで就労可能とされつつも、退職金支給制度はなく、一定の契約終了一時金が支払われるだけでした。

　そこで、Xらは、このような正社員との賃金格差は、同一労働同一賃金の原則違反にあたるとして、Y社に対して、不法行為に基づき、正社員との賃金差額分等の損害賠償請求をしました。

2 判決要旨

① 判旨は、前掲丸子警報器事件と同様、「原告らが主張する同一労働同一賃

金の原則が一般的な法規範として存在しているとはいいがたいのであって，一般に，期間雇用の臨時従業員について，これを正社員と異なる賃金体系によって雇用することは，正社員と同様の労働を求める場合であっても，契約の自由の範疇であり，何ら違法ではないといわなければならない」と述べ，同一労働同一賃金の原則の法規範性を否定しました。

② さらに，「長期雇用制度の下では，労働者に対する将来の期待を含めて年功型賃金体系がとられてきたのであり，年功によって賃金の増加が保障される一方でそれに相応しい資質の向上が期待され，かつ，将来の管理者的立場に立つことも期待されるとともに，他方で，これに対応した服務や責任が求められ，研鑽努力も要求され，配転，降級，降格等の負担も負うことになる。これに対して，期間雇用労働者の賃金は，それが原則的には短期的な需要に基づくものであるから，そのときどきの労働市場の相場によって定まるという傾向をもち，将来に対する期待がないから，一般に年功的考慮はされず，賃金制度には，長期雇用の労働者と差違が設けられるのが通常である。そこで，長期雇用労働者と短期雇用労働者とでは，雇用形態が異なり，かつ賃金制度も異なることになるが，これを必ずしも不合理ということはできない」と述べ，公序良俗違反の点に言及することなく原告の請求を棄却しました。

3 まとめ

以上のように，日本郵便逓送事件は，裁判官協議会と同様，正社員と非正規社員の賃金設定も契約自由の問題であるとしており，「同一（価値）労働同一賃金の原則の基礎にある均等待遇の理念は，賃金格差の違法性判断において，ひとつの重要な判断要素として考慮されるべきものであって，その理念に反する賃金格差は，使用者に許された裁量の範囲を逸脱したものとして，公序良俗違反の違法を招来する場合がある」とした丸子警報器事件判決は否定されたと評価できます。

もっとも，裁判官協議会において，「勤続年数，労働内容，労働時間等につい

て差がないことに加えて，採用時の基準や提供すべき労務に対する要求水準，使用者側からの継続雇用の期待度等においても差異がないといった極めて例外的な場合であって，極端な賃金格差が長年にわたって放置されてきた結果，使用者が雇用区分を存続することについての合理性がもはや失われたものとみられるときには，正義の観念に反するものとして，公序違反となりうる」との意見が出されているように，当事者間の合意によって賃金額を自由に設定できるとしても，極端に不合理な賃金額が設定されている場合，民法90条の公序に反し違法と判断される可能性があり，この点に注意が必要です。

第6節 非正規社員の増加とその原因

1 平成一桁代の非正規社員

　昭和30年代から40年代の非正規社員の典型は，製造業における通常業務の人手不足を補うために雇われた契約期間の定めのある臨時工でした。臨時工は，高度経済成長期以降に，労働組合による社員化要求によって正社員化が進み，急激に減少していきました。

　そしてこの時期，正社員も含めて全体の雇用者が増加していく中で，臨時工の減少とは対照的に，パートタイマーが急増しました。これらのパートタイマーは，「主婦パート」，すなわち，結婚退職後に子育てや家庭生活の事情等から就労を控えていた女性が，子育てを一段落させて，家庭生活との両立を図りつつ，家計補助者として短時間のパートタイマー等として就労の機会を得ようとする女性でした。

　したがって，「労働力調査」における雇用形態別雇用者数の推移を見てみると，平成一桁代のバブル崩壊直前までの時代は，短時間勤務であるパートタイマーが増加していますが，これは，急激に減少した臨時工に代わる非正規労働力を求める労働市場の需要と，副収入を得る目的で働くダブルインカム者の事情が適合した結果であるといえます。

　これらの「主婦パート」は，賃金が時間給で，勤続による上昇が少なく，退職金も全くかほとんどない一方，勤務地の変更や残業がないなど，明確に正社員とは異なる待遇がなされていました。そのため，「主婦パート」は，自らパートタイマーという雇用形態を選択している者が多数であり，企業にとっては契

約解消の際にもトラブルになりにくいというメリットがありました。

2 平成二桁代の非正規社員

「労働力調査」における雇用形態別雇用者数の推移を見てみると，平成二桁代は，正社員とほぼ同じ労働時間を働くフルタイムの期間雇用者や派遣社員を中心とした非正規社員が増加していることがわかります。

平成元年にベルリンの壁が崩壊し，平成3年には旧ソ連が崩壊し，アメリカが一国強国になりました。そして，その結果，マーケットは一気にグローバル化し，アメリカは，コンプライアンスの遵守と品質と価格による競争を各国に押しつけてきました。他方，日本は平成3年にバブル経済が崩壊し，平成5年から6年の経済状況は苦しい状況にありました。そのため，日本の製造業は，安価な労働力を求めて海外に進出していきました。しかし，この時代，まだ新興国では高度な技術に対応できる技術者が成長しておらず，しかも，現地生産によって日本の高度な技術やノウハウが盗まれてしまうという問題もありました。その結果，日本の製造業は，高度な技術分野については海外から撤退し，国内に戻ってきました。そして，国内に戻ってくる際に，企業は，労働力コストを抑えるため，請負契約を締結しながらも直接指揮命令を行うという偽装請負を行うなど，非正規社員によって安価な労働力を調達しようとしました（なお，当時，工場への労働者派遣は禁止されていました）。

世界のマーケットがグローバル化する中で，日本では，平成9年に山一證券が自主廃業し，平成10年には日本長期信用銀行（長銀）と日本債券信用銀行（日債銀）が倒産し，金融不安が起こりました。その結果，日本経済の製造大国から金融大国への転換という野望は失敗に終わりました。

企業は，不良債権の処理を進める一方，国内の深刻な需要縮小や海外企業との厳しい価格競争に直面しました。そして，徹底した人件費削減のため，リストラと正社員雇用の抑制を行い，その結果，非正規社員が増加しました。このように，バブル崩壊後のいわゆる「失われた10年」には，新卒者の正社員とし

ての雇用が減少したため，就職氷河期と呼ばれました。

また，平成11年に派遣法が改正されたことにより，一般業務への派遣が解禁され（ネガティブリスト化），平成15年には製造業への派遣が解禁されたこともこの時期に非正規社員が増加した原因として考えられます。

さらに，同時期，ITバブルが起こりましたが，わずか数年で崩壊し，日本はIT大国という野望にも失敗しました。

その後，平成14年頃から一時景気が回復しましたが，これは平成13年からの金融緩和政策による外需産業の伸びによるものであって，日本国内の労働生産性は上がりませんでした。その結果，日本の労働者に対して賃金分配が行われず，国内消費は回復しなかったため，この戦後最大の景気回復は，「実感なき成長」といわれました。

就職氷河期以降に就職活動期を迎えた若者たちは，新卒採用枠から外されたことによって，非正規社員として働くことを余儀なくされたにもかかわらず，まさに正社員と同一時間・同内容の仕事をする者もいました。この時期の非正規社員は，平成一桁代に増加したパートタイマーとは異なり，正社員と同程度の労働時間を働き，生活の主たる収入を得るシングルインカム者であったといえます。

これらの非正規社員は，正社員と同内容の仕事をしながらも，正社員とは異なり，キャリア形成につながるような十分な教育を受けられず，正社員への転換も困難な状況に陥っているというのが現状です。また，真面目に働いても生活保護レベルの賃金しか得られない「ワーキング・プア」も存在するため，正社員に比して賃金・待遇が格段に低いことに対する不満や批判が増加しました。これに追い打ちをかけて，平成20年9月のリーマンショック後には，いわゆる「派遣切り」が多発したため，雇用形態の違いによる格差の問題についての社会的関心が高まりました。

第7節 パートタイム労働法における均等待遇

1 営業の自由と契約自由の原則

　わが国は，憲法を頂点とする法体系をとっており，労働法も憲法の趣旨を受けて制定される関係にあります。そこで，非正規社員の賃金のあり方を考えるうえでも，憲法の考え方を基本にする必要があります。

　すでに述べたように，憲法22条1項により，国民に対して経済的自由と私有財産制が保障されており，そこから私的自治の原則及び契約自由の原則が導かれます。

　労働契約についても，私人間の契約ですから，私的自治の原則が妥当し，正社員と非正規社員について，異なる賃金体系によって雇用することも，契約自由の原則の範疇であるということになります。これは，前述した日本郵便逓送事件によっても述べられているところです。したがって，正社員と非正規社員の賃金については，特別の立法がなされない限り，この判例解釈は揺るがず，原則として，契約自由の原則によって処理されることになると思われます。

2 労働契約における均衡処遇の理念

　平成一桁代のいわゆる「主婦パート」の多かった時代の主要な労働問題は，就業規則が整備されておらず，労働条件の内容が不明確であるなど，企業の労務管理に関するものでした。そのため，平成5年に「短時間労働者の雇用管理の改善等に関する法律」（以下，「パートタイム労働法」という）が制定され，

労基法の適用の徹底，あるいはパートタイマーの労働契約における労働条件の明確化等がなされました。

バブル経済崩壊後は，企業における人件費削減の必要性などを背景として，パートタイマーや契約社員といった非正規社員が増加し，特に，リーマンショック後には多数の派遣切りがなされたため，正社員と非正規社員との間の賃金・待遇に関する格差が社会問題化したことは，前述したとおりです。

このような社会的関心を背景として，まずは，平成20年3月1日に労働契約法が施行されました。同法は，1条で「通常の労働者との均衡のとれた待遇を確保すること」を目的として掲げ，3条2項では，「労働契約は，労働者及び使用者が，就業の実態に応じて，均衡を考慮しつつ締結し，または変更すべきものとする」と規定し，労働契約における均衡処遇の理念を明示しました。

3　パートタイム労働法における均等待遇

次いで，平成20年4月1日には，改正パートタイム労働法が施行され，同改正により，法目的として「通常の労働者との均衡のとれた待遇の確保等を図ること」という文言が盛り込まれました。

また，同法8条は，以下の3つの要件がすべて正社員と同じであるパートタイマーについては，短時間労働者であることを理由に賃金等のすべての待遇について正社員と差別的取扱いをしてはならないと規定し，同法9条は，8条の対象となるパートタイマーを除くすべてのパートタイマーを対象として，職務に関連する賃金については，職務の内容，職務の成果，意欲，能力又は経験等を勘案して決定するよう努力義務を定めています。

〈労働契約法8条が定める3つの要件〉
① 職務の内容（業務の内容および責任）
② 人材活用の仕組みや運用など（人事異動の有無および範囲）
③ 期間の定め

職務同一性の判断手順

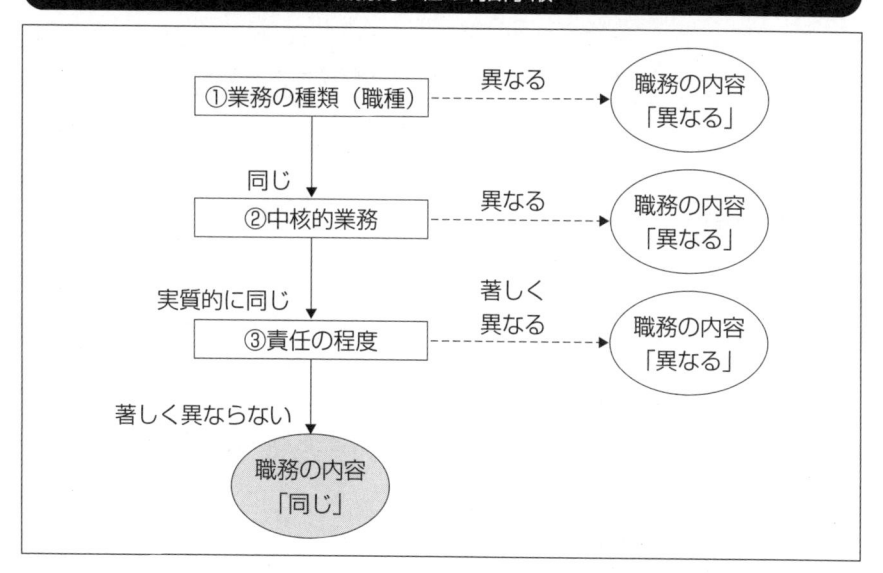

```
①業務の種類（職種） ──異なる──→ 職務の内容「異なる」
        │同じ
        ↓
②中核的業務 ──異なる──→ 職務の内容「異なる」
        │実質的に同じ
        ↓
③責任の程度 ──著しく異なる──→ 職務の内容「異なる」
        │著しく異ならない
        ↓
   職務の内容「同じ」
```

　①「職務の内容」については，業務の内容と責任の程度によって判断されますが，作業内容等が完全に一致していなくても，業務の内容が実質的に同じで，責任の程度も著しく異なっているといえない場合には，「職務の内容」が同一であると判断されます。

　次に，②「人材活用の仕組みや運用など」が同じとは，職務の内容及び配置が通常の労働者の職務の内容及び配置の変更の範囲と同一の範囲で変更されると見込まれることとされています。具体的には，職種変更や転勤等の人事異動の有無及び範囲が，全雇用期間を通じて正社員と同じであることが就業規則や慣行等で見込まれているか否かによって判断されます。

　最後に，③「期間の定め」のない労働契約については，同条2項で「反復して更新されることによって期間の定めのない労働契約と同視することが社会通念上相当と認められる期間の定めのある労働契約を含む」とされています。

　以上の①から③の要件を満たすと，賃金等の待遇について正社員との差別的取扱いが禁止されますが，この8条に違反しても，パートタイム労働法には罰

人材活用の仕組みや運用などの同一性の判断手順

```
①転勤の有無 ─── 正社員のみ転勤有り ──→ 人材活用の仕組み「異なる」
    │
    │双方転勤有り    双方転勤なし
    ↓
②転勤の範囲 ─────── 異なる ───────→ 人材活用の仕組み「異なる」
    │
    │同じ
    ↓
③職務内容と配置の変更の有無 ── 正社員のみ変更有り ──→ 人材活用の仕組み「異なる」
    │
    │双方変更有り   双方転勤なし
    ↓
④変更の範囲 ─────── 異なる ───────→ 人材活用の仕組み「異なる」
    │
    │同じ
    ↓
人材活用の仕組み「同じ」
```

則規定がなく，行政の対応として厚生労働大臣による助言・指導勧告がなされるのみで（16条），企業名公表の対象にもなりません。

　しかも，今日の日本の雇用社会では，雇用形態に差があれば労働条件に差があることが当然とされているため，パートタイム労働法が上記のような均等待遇の規定を定めたからといって，これに違反した場合に民法90条の公序良俗違反として不法行為に基づく損害賠償請求がなしうるとは考えられません。

　したがって，パートタイマーの均等待遇については，基本的には立法政策論であり，個別労働紛争になったとしても調停での話し合いの可能性があるのみで，これが拒絶されるともはや救済の途はないということになります。

　もっとも，企業が同一待遇論をめぐる議論に巻き込まれないためには，正社員との待遇の違いが職務の内容や責任の違いである点を明確にした労務管理を行うことが重要です。

第8節

今後の非正規社員の正社員との同一待遇論

　就職氷河期以降に正社員として就職できず，非正規社員として働くことを余儀なくされた若者の多くは，仕事の内容や仕事量も正社員と変わらないにもかかわらず，正社員への転換を図ることができず，非正規社員のまま勤続年数だけが長くなるという状況にあります。

　また，前述したように，同一労働同一賃金に関して，裁判官会議では，「勤続年数，労働内容，労働時間等について差がないことに加えて，採用時の基準や提供すべき労務に対する要求水準，使用者側からの継続雇用の期待度等においても差異がないといった極めて例外的な場合であって，極端な賃金格差が長年にわたって放置されてきた結果，使用者が雇用区分を存続することについての合理性がもはや失われたものとみられるときには，正義の観念に反するものとして，公序違反となりうる」との意見が出されています。

　さらに，平成24年4月6日に公布された改正派遣法（同年10月1日施行予定）において，均衡を考慮した待遇の確保として，派遣元に対して，派遣労働者の賃金決定に際し，派遣先で従事する業務と同種の業務に従事する派遣先の労働者の賃金水準との均衡を考慮することが求められています。

　また，有期労働契約に関する労働契約法の改正については，国会上程中ですが，平成23年3月23日に国会に提出された法案では，「有期労働契約の内容である労働条件については，職務の内容や配置の変更の範囲等を考慮して，期間の定めを理由とする不合理なものと認められるものであってはならない」と規定されています。これは，パートタイム労働法8条とは規定の仕方が異なりますが，これは，同条の3要件に該当するパートタイム労働者が，調査対象となったパートタイム労働者の0.1％（厚生労働省の調査では1.3％）しかおらず，実

効性に乏しいためであると考えられます。

　このような状況からすると，今後裁判所が個別事案として，正社員と同一労働時間で同一職務内容の非正規社員を救済する可能性は大いにあるといえます。

　したがって，非正規社員を正社員と同じ待遇にするよう要求されたり，正社員の賃金に応じて非正規社員にも比例付与すべきであるといわれたりしないようにするためには，雇用形態別の就業規則を用意して，時間外・休日労働，始業・就業時刻等についての仕組みが雇用形態ごとに違うことを規定して，職務内容・責任の違いを明確化するとともに，期間の定めを明示して，更新手続を厳格に行うことが重要です。

　このような雇用形態別の就業規則の例を挙げておきますので，参考にしてみてください。

雇用形態別規程例　比較表

正社員	期間雇用者（疑似パート）	パート
1．契約形式・採用 （従業員の定義） 第○条　本就業規則の適用対象となる従業員とは，本規則第○章第○節に定める採用に関する手続を経て，期間の定めなく正社員として採用された者をいう。	（期間の定め） 第○条　期間雇用者の雇用契約は期間の定めのあるものとし，その期間は6カ月以内とする。	（期間の定め） 第○条　パートタイマーの雇用契約は，期間の定めのないものとする。 または 第○条　パートタイマーの雇用契約は期間の定めのあるものとし，その期間は6カ月以内とする。
（採用基準） 第○条　会社は，正社員として就職を希望する者について，書類選考，所定回数の採用面接，及び筆記試験等の選考手続を経て採用する者を決定する。	（採用基準） 第○条　会社は，期間雇用者として就職を希望する者について，書類選考及び所定回数の採用面接の選考手続を経て採用する者を決定する。	（採用基準） 第○条　会社は，パートタイマーとして就職を希望する者について，書類選考及び所定回数の採用面接の選考手続を経て採用する者を決定する。
（採用決定者の提出書類） 第○条　採用決定者には，採用決定後速やかに次の書類を提出させる。ただし，会社はその一部の書類の提出を求めないことがある。 ①　誓約書 ②　身元保証書 （以下略）	（採用決定者の提出書類） 第○条　就業規則第○条（採用決定者の提出書類）の規定を期間雇用者に準用する。但し，第②号に規定する身元保証書の提出は求めない。	（採用決定者の提出書類） 第○条　就業規則第○条（採用決定者の提出書類）の規定をパートタイマーに準用する。但し，第②号に規定する身元保証書の提出は求めない。
（試用期間） 第○条　第○条により採用された者については，3カ月間の試用期間を設ける。ただし，会社が特に必要ない	（試用期間） ※なし	（試用期間） ※なし

正社員	期間雇用者（疑似パート）	パート
と認めた者については，試用期間を設けないことがある。 2．賃金規程関係 （基本給） 第○条　基本給は月額をもって定め，職務の重要度・困難度・責任度，年齢・経験・能力，勤務成績・勤務態度等を考慮して各人別に決定する。	（給与） 第○条　給与は日給制とし，その金額は期間雇用者との雇用契約締結時に学歴，年齢，職歴，職務遂行能力，地域の賃金相場等を考慮して決定する。	（給与） 第○条　給与は時給制とし，その金額はパートタイマーとの雇用契約締結時に学歴，年齢，職歴，職務遂行能力，地域の賃金相場等を考慮して決定する。
（給与改定） 第○条　給与改定（昇給・降給）は会社の業績等をも勘案して原則として毎年4月に行う。ただし，特別に必要のある場合は，臨時に給与改定を行うことがある。	（昇給） 第○条　期間雇用者に対し，定期昇給は行わない。	（昇給） 第○条　パートタイマーに対し，定期昇給は行わない。
（賞与） 第○条　賞与は会社の業績に応じ各従業員の勤務成績・勤務態度等を考慮して支給する。ただし，業績の著しい低下その他やむを得ない事由がある場合には，支給日を変更し，又は支給しないことがある。	（賞与） 第○条　賞与は会社の業績に応じ，各期間雇用者の勤務成績・勤務態度等を考慮して支給することがある。	（賞与） 第○条　パートタイマーに対し，賞与は支給しない。
（退職金） 第○条　退職金規程は，就業規則第○条に定める従業員（正社員）のうち，勤続3年以上の者に適用する。	（退職金） 第○条　期間雇用者に対し，退職金は支給しない。	（退職金） 第○条　パートタイマーに対し，退職金は支給しない。
3．人事異動関係 （職種変更） 第○条　会社は，従業員に対	（担務・職種変更） 第○条　会社は，業務上の	（担務変更） 第○条　会社は業務

正社員	期間雇用者（疑似パート）	パート
し，業務上の必要性により<u>職種変更を命じる</u>ことがある。	必要性がある場合，期間雇用者の担当職務の変更を命じることがある。 2　会社は，業務上の必要性がある場合，期間雇用者の同意を得て，<u>職種変更を行う</u>ことがある。	上の必要性がある場合，パートタイマーの担当職務の<u>変更を命じることがある。ただし，職種変更に該当する変更は行わない</u>ものとする。
（転勤） 第〇条　会社は，従業員に対し，業務上の必要性により<u>転勤を命じる</u>ことがある。	（転勤） ※なし	（転勤） ※なし
（出向） 第〇条　会社は従業員に対し，業務上の必要性がある場合，他社に出向を<u>命じる</u>ことがある。	（出向） ※なし	（出向） ※なし
（転籍） 第〇条　会社は，従業員に対し，他社への転籍を求める場合，原則として本人の同意を得るものとする。 2　雇用調整・高齢者対策ないし分社化・営業譲渡等の業務上の必要性がある場合，子会社・関連会社・分社先ないし営業譲渡先に対し転籍を<u>命じる</u>ことがある。	（転籍） ※なし	（転籍） ※なし
（昇進） 第〇条　会社は，従業員に対し，業務上の必要性がある場合，上位職位に昇進を<u>命じる</u>ことがある。	（昇進） 第〇条　会社は，業務上の必要性がある場合，期間雇用者の<u>同意を得て</u>，上位職位に昇進させることがある。	（昇進） ※なし

4．労働時間管理関係
（所定労働時間）
第〇条　所定労働時間は実働8時間とし，始業・終業の

（所定労働時間）
第〇条　所定労働時間は実働8時間とし，始業・終

（労働時間）
第〇条　所定労働時間，始業・終業時

正社員	期間雇用者（疑似パート）	パート
時刻及び休憩時間は<u>次のとおりとする。</u> ①始業：午前9時00分 ②終業：午後6時00分 ③休憩：午前12時から午後2時の間の1時間	業の時刻及び休憩時間は<u>次のとおりとする。</u> ①始業：午前9時00分 ②終業：午後6時00分 ③休憩：午前12時から午後2時の間の1時間	刻，休憩時間は原則として次のとおりとし，実労働時間数を含めて<u>個別の雇用契約で決定する。</u> ①　Aパターン 始業：午前9時00分 終業：午後3時00分 休憩：1時間 ②　Bパターン 始業：午前10時00分 終業：午後4時00分 休憩：1時間 ③　Cパターン 始業：午前11時00分 終業：午後5時00分 休憩：1時間 ④　Dパターン 始業：午後2時00分 終業：午後6時00分 休憩：なし
（休日） 第○条　休日は，<u>次のとおりとする。</u> ①土曜日 ②日曜日 ③国民の祝日に関する法律に定められた休日 ④年末年始（12月29日から翌年1月3日まで） ⑤その他会社が休日と定めた日	（休日） 第○条　休日は，<u>次のとおりとする。</u> ①土曜日 ②日曜日 ③国民の祝日に関する法律に定められた休日 ④年末年始（12月29日から翌年1月3日まで） ⑤その他会社が休日と定めた日	（勤務日・休日） 第○条　パートタイマーの勤務日・休日は，曜日をもって定めるものとし，<u>個別の雇用契約書で決定する。</u>
（時間外労働） 第○条　会社は，<u>業務上の必要性がある場合，</u>従業員に対し，第○条に定める所定労働時間外の勤務を<u>命じる</u>ことがある。	（時間外労働） 第○条　会社は，<u>次の各号に定める事由がある場合，</u>期間雇用者に対し第○条に定める所定労働時間外の勤務を<u>命じる</u>ことがあ	（時間外労働） 第○条　会社は，パートタイマーに対し，第○条に定める所定労働時間外の勤務をさせるこ

正社員	期間雇用者（疑似パート）	パート
	る。 ①納期に完納しないと重大な支障を起こすおそれがある場合 ②賃金締切日等の切迫による計算業務，又は棚卸し業務並びにこれに関する業務 ③業務内容によりやむを得ない場合 ④その他前各号に準ずる理由のある場合	とはない。
（休日労働） 第○条　会社は，次の各号に定める事由がある場合，従業員に対し，第○条に定める休日に勤務を命じることがある。 ①納期に完納しないと重大な支障を起こすおそれがある場合 ②賃金締切日等の切迫による計算業務，又は棚卸し業務並びにこれに関する業務 ③業務内容によりやむを得ない場合 ④その他前各号に準ずる理由のある場合	（休日労働） 第○条　会社は，業務上の必要性がある場合，期間雇用者の同意を得て，第○条の定める休日に勤務させることがある。	（休日労働） ※なし
5．休職関係 （休職） 第○条　会社は，従業員が次の各号の1つに該当するときは，休職を命じることがある。 （以下略）	（休職） ※なし	（休職） ※なし
6．懲戒関係 ※懲戒規定あり	※懲戒規定なし	※懲戒規定なし

正社員	期間雇用者（疑似パート）	パート
7．秘密保持関係 （競業避止義務） 第○条　従業員は，在職中及び退職後2年間は，会社と競合関係にある企業ないし会社と競合関係にある企業の提携先企業に就職，役員就任，その他形態のいかんを問わず関与すること，会社と競合する事業を自ら開業又は設立すること，その他これに準ずる行為を行わないものとする。	（競業避止義務） ※なし	（競業避止義務） ※なし
8．災害補償関係 ※労災上積補償金適用あり	※労災上積補償金適用なし	※労災上積補償金適用なし
9．労働条件の不利益変更 （労働条件の変更） 第○条　本就業規則に定める服務規律及び労働条件等については，法律の改正，社会状況の変動及び会社の経営内容・方法の変動等の業務上の必要性により就業規則の変更手続により変更することがある。	（労働条件の変更） ※なし	（労働条件の変更） ※なし

第 9 章

裁判官協議会における協議内容に対する当職見解

労働関係民事・行政事件担当裁判官協議会における協議の概要

(最高裁秘書第353号)
最高裁判所事務総局　2001年7月10日

【当職見解】

ここでは，最高裁で実施された裁判官協議会の協議の内容紹介（労働法律旬報1524-14）と，その解説・意見を述べていきます。

特に，協議会の実施日である平成10年10月27日というのは，非常に興味深い時期であったといえます。本書にも紹介されていますように，

---

① 平成4年7月13日　最高裁判決
　第一小型ハイヤータクシー事件〜成果主義型への移行
② 平成8年3月15日　長野地裁上田支部判決
　丸子警報器事件〜雇用形態による賃金格差
③ 平成8年4月24日　仙台高裁判決
　みちのく銀行事件〜高年齢者の賃金減額
④ 平成8年11月27日　東京地裁判決
　芝信用金庫事件〜女性の賃金・昇格差別
⑤ 平成9年2月28日　最高裁判決
　第四銀行事件〜定年延長による賃金減額
⑥ 平成9年3月26日　最高裁判決
　朝日火災海上保険（高田）事件〜非組合員に対する退職金支給率引下げ
⑦ 平成9年3月27日　最高裁判決
　朝日火災海上保険（石堂・本訴）事件〜組合員に対する退職金支給率引下げ

と，労働協約ないし就業規則による労働条件（特に賃金減額）の不利益変更，

雇用形態格差による賃金差別論，女性差別論に関する判決が続き，さらには平成9年6月18日に改正雇用機会均等法が成立したという状況で行われたところに，最高裁の実施意図を感じることができます。

そして，この会議後の⑧平成12年9月7日にはみちのく銀行事件（高年齢者の賃金減額）の最高裁判決が出され，この会議の内容は，その後の判決に影響を与えることになったと思われます。

　　平成10年10月27日，最高裁判所において，労働関係民事・行政事件担当裁判官協議会が開催され，賃金を巡る諸問題を中心話題として協議が行われた。そこで，協議内容のうち主要なものの概要を紹介することとする。
１．就業規則等に関するもの
(1)　就業規則に関するもの
【１】　就業規則としての賃金規定の内容が，年齢，勤続年数に応じて賃金が増額していく，いわゆる「年功賃金体系」から，能力，業績評価を徹底し，評価次第では基本給の減額もあり得るとする，「能力主義賃金体系」に変更された。このような変更について以下の点をどのように考えるべきか。
１　就業規則による労働条件の不利益変更に当たるか。
２　変更の合理性を肯定するための要件として，公正な評価を担保するための制度が存することが必要であると解するべきか。必要であると解する場合，その具体的内容としてどのようなものが考えられるか。
３　２を肯定する場合，労働者は使用者に対し，評価基準の開示請求権を有すると解することができるか。
４　２を肯定する場合，公正な評価を受けられなかったと主張する労働者は，債務不履行（公正査定義務違反）を理由とする損害賠償を請求することができるか。さらに，公正な評価を受けた場合に得られたはずの賃金との差額賃金を請求することはできるか。
（協議の概要）
１　小問１について

不利益性については，比較的緩やかに，肯定してよいとする見解が多かったが，基本的な考え方については，実際に賃金減額が生ずるのかどうかを問題とする見解（第１説）と，資金減額が生ずる可能性があればそれだけで不利益性を肯定してよいとする見解（第２説）とに分かれた。それぞれの見解の概要は次のとおりである。

(1)　第１説

　不利益性を肯定するためには，労働者に具体的な不利益が生ずることが必要であり，これが肯定されるならば労働条件の不利益変更に当たると解してよい。不利益性の判断手法としては，①年功賃金体系下の最低賃金と，能力主義賃金体系下の最低賃金とを比較し，標準的な就労期間に得られる総賃金を比較して能力主義賃金体系の方が低くなるかどうかを判断すべきであるとする見解，②平均的労働者を基準として賃金を比較することを原則とするが，例外的に，当該原告が低い評価を受けているのであれば，当該原告を基準として比較をすべきであるとする見解等が唱えられた。

(2)　第２説

　能力主義賃金体系においては，評価次第では年功賃金体系下における賃金額が維持されなくなる可能性があり，このような不安定性が生ずることそれ自体を不利益ととらえてよいのではないか。なお，最高二小平４・７・13判（集民165号185頁，第一小型ハイヤー賃金請求事件）は，タクシー運転手の賃金規定の変更につき，変更の前後で賃金額が全体とし変化しない場合であっても，客離れの影響で歩合給が減額される可能性があり得るという程度で不利益性を肯定しており，第２説の考え方は，この最高裁判決にも沿うものといえるのではなかろうか。

【当職見解】

　賃金が増額するいわゆる「年功賃金体系」から減額の可能性を有する「能力主義賃金体系」への変更は（実際には「成果主義賃金体系」への変更といえますが），第２説のように，その「不安定性」の点を捉えて，労働条件の不利益変

更と捉えることになるといえます。

また，その後の成果主義賃金体系への移行で争われた下級審判決も同様の立場をとっていると評価できます。

2　小問2について

変更の合理性に関する基本的な考え方については，最高二小平9・2・28判（民集51巻2号705頁第四銀行就業規則の不利益変更事件）が参考となり，この判決によれば，①就業規則の変更により労働者が被る不利益の程度，②使用者側の変更の必要性の内容・程度，③変更後の就業規則の内容自体の相当性，④代償措置その他関連する他の労働条件の改善状況，⑤労働組合等との交渉の経緯，⑥他の労働組合又は他の従業員の対応，⑦同種事項に関する我が国社会における一般的状況等が考慮の対象となる。もっとも，合理性の判断は，社会状況，経済状況等に応じて考えていかざるを得ないから，長期にわたる経済不況の下において合理性を判断するに当たっては，代償措置を要求することは困難であり，変更の必要性や，労働組合との交渉過程，同種企業における状況等に比重を置いた検討をすべきであるとの指摘や，総賃金原資が減少するかどうかが重要であり，総賃金原資が減少しない場合には，合理性を肯定しやすくなるのではないかとの指摘があった。小問2で掲げられた公正な査定のための制度や，その前提となる公正査定義務の有無の問題は，前記の考慮要素のうち，変更後の就業規則の内容自体の相当性の問題と位置付けることができる。もっとも，労働者に生ずる不利益性の程度（評価によってどの程度の賃金減額が生ずる可能性があるのか）や，能力主義賃金体系が適用される職種（能力や成績が客観的に現れる職種なのかどうか）等の要素との相関関係において判断すべき事柄であるから，一律に，公正査定義務があるかどうかを論ずることは困難であるとの見解が多かったが，その上で，基本的な考え方として次の二つの見解が唱えられた。

(1)　第1説

人事考課については、使用者に、経営判断や人事政策に基づく広い裁量権を認めるのがこれまでの裁判例の考え方であり、公正査定義務はないとされるか、仮にあるとしても、その違反が肯定されるのは極めて限定された場合に限られるとされてきたように思われる。能力主義的賃金体系が導入された場合であっても、やはり、使用者の裁量権は肯定せざるを得ず、従来の考え方を大幅に変更することはできないのではなかろうか。その意味で、公正査定義務を強調する見解には疑問がある。

(2) 第2説

能力評価次第では賃金が減額されることがあり得るという賃金体系においては、査定の公正さということがより強く要求されることとなろう。労働者の側からすれば、どのような働き方をすれば評価されるのかが明らかにされる必要がある。そうすると、能力主義賃金体系においては、公正な評価基準を定め、その基準に基づいた公正な評価を行うということが必要とされる場合が多くなってくるのではなかろうか。その結果、使用者の裁量権はある程度制約されることになるが、それは、能力主義賃金体系を導入したことに伴う制約として、やむを得ないものというべきであろう。この立場に立った場合に要請される制度の具体的な内容は、事案に応じて検討していく必要があるが、①評価基準の設定と開示、②評価結果の本人への開示、③苦情処理制度の整備が重要であるとの見解や、複数人によるチェックや第一次査定権者の査定をチェックする制度等、手続的な整備という方向も考えられるとの見解等が述べられた。

【当職見解】

変更の合理性に関する基本的な考え方については一般論が述べられていますが、「総賃金原資が減少するかどうかが重要であり、減少しない場合には、合理性を肯定しやすくなるのではないかとの指摘があった」との点は非常に重要なポイントです。なぜなら、その後の成果主義への賃金体系の変更の「合理性」判断の最も重要な要素となっていると評価できるからです。これが維持されて

いれば，変更による労働者の不利益の程度をどう考えるかに判断が移ることになります。また，公正な査定のための制度は，今後の新しい賃金制度の下では，減額も含めて，大きな格差が生じる可能性がある以上，さらにその制度の適正化を進める必要があり，理論的には，人事考課の評価は，使用者の裁量性が認められると考えますが，実務は，第2説を前提に運用されてしかるべきと考えます。特に制度として①評価基準の設定と開示，②評価結果の本人への開示，③苦情処理制度の整備は，重要な要素だと考えます。

> 3 小問3について
> 　評価基準の開示請求権が認められるかどうかは就業規則の解釈問題であり，解釈上開示請求権を認めることができない場合に，信義則等を根拠として開示請求を認めることは困難である（もっとも，評価基準が開示されていないことを理由に，就業規則による労働条件の変更そのものが無効とされる場合はあり得る。）との見解が有力であった。

【当職見解】
　前記のように考えても，人事考課は使用者の人事権行使の一環として裁量性がある以上，特別な合意がない限り，信義則等の根拠で開示請求権が出てくることはないと考えます。また，この制度の担保がなくとも，変更そのものが無効になると考えるべきでなく，その個別評価の有効性が争われた場合，権利濫用として，その違法性判断に影響を与えることになると考えます。

> 4 小問4について
> 　公正査定義務を肯定する場合，その違反を理由として債務不履行に基づく損害賠償請求権を肯定することは可能であるとの点については見解が一致したが，差額賃金請求については次のような見解が述べられた。
> (1) 第1説
> 　就業規則等によって昇進，昇格には使用者の査定が必要であると定めら

れている場合には，査定があって初めて昇進，昇格が認められることになる。このことは，公正査定義務が肯定される場合でも同様であるから，査定がされていない以上は，差額賃金請求権を肯定することは困難である。

(2) 第2説

昇進，昇格については第1説のいうとおりであるが，賃金の減額査定の場合には，これが無効になれば減額査定前の賃金額が復活すると解することも可能であるから，減額前後の差額賃金請求を肯定することができるのではなかろうか。

【当職見解】

公正査定義務は否定されるべきであることは明らかですが（現在の裁判例もこの義務を肯定しているものはありません），さらに第2説のような立場は理論上も難しいといえます。

【2】 年功的賃金体系を採用している企業が，定年を延長する代わりに，従前の定年年齢に達した後の期間の賃金を，その定年前の賃金よりも減額する旨の就業規則の変更を行った。このような場合において，
1 従前の定年年齢に達した後の賃金を減額することは年齢による差別であるといえるか。
2 同一労働同一賃金の原則に違反するか。
3 就業規則による不利益変更の合理性についてどのように判断すべきか。

（協議の概要）

1 小問1について

年功賃金体系をどこまで継続することができるかは，高齢化に伴う労働能力の低下や賃金コストとの見合いで定めざるを得ないものであり，一定の年齢に達した後は年功賃金体系を適用しないことだけで直ちに年齢による差別に当たるとみるのは困難ではないかという意見が多かった。

【当職見解】

当然の結論といえます。

> 2 小問2について
> 同一労働同一賃金の原則については，実定法上根拠がなく，この原則自体を認めることができないとする見解が多数であった。

【当職見解】

当然の結論といえます。

> 3 小問3について
> 結論は事案次第であるが，基本的な判断枠組みについては，【1】記載の最高二小平9・2・28判（民集51巻2号705頁，第四銀行就業規則の不利益変更事件）が参考となろう。具体的には，減額の幅がどの程度なのか，定年延長の必要性と従前の定年年齢に達した後について賃金を減額することの必要性（人件費増がどの程度当該会社の経営を圧迫するのか），労働組合等との協議が成立しているかどうか，他の企業における取扱い等を考慮して判断していくことになるとの見解が述べられた。

【当職見解】

この点を議論する前に重要な事実関係の確認が必要です。仮に，定年が延長されても，従来の定年制（例えば55歳）で退職しても，従来の待遇（退職金等）が変わらず，新定年（例えば60歳）を選択した場合は，その後の賃金が減額になるだけでなく，57歳での退職は自己都合退職となるという事案であれば，当事者の選択であり，従来の権利は確保されているので，不利益変更の問題とはならないはずです。

ところが，従来の定年での待遇が保障されず，その後の退職が自己都合のような不利益な部分が発生すれば，不利益変更論として上記のような議論となる

ことには異論はありません。

【3】 会社が経営状態の悪化を理由として，一定の年齢以上の労働者の賃金を切り下げる旨の就業規則の変更を行った。このような事案において，
1　就業規則による賃金の切下げを認めるための「高度の必要性」とは，経営が危機的状況にあることを意味するものというべきか。危機的状況にまでは至らなくても「高度の必要性」を肯定できる場合があるというべきか。例えば，経営が黒字である場合はどうか。
2　他の会社における同年齢の労働者の賃金との比較も考慮の対象となるか。
　　賃金の切下げに至る経緯が異なる（例えば，他の会社では定年延長に伴って，従来の定年後の賃金を減額することとしたが，当該会社では定年後の賃金も従来の水準を維持することとされ，今回の経営状況の悪化を契機として見直しが行われることになった。）場合はどうか。
3　前記の就業規則の変更が，労働組合との協議に基づいて実施されている場合，この点は，合理性の判断にどのような影響を及ぼすか。
（協議の概要）
1　小問1について
　「高度の必要性」が認められるのは，経営危機に直面しているといった場合に限られるものではなく，労働者が受ける不利益性の程度や，今後の展望（例えば，高コスト体質で経営の行き詰まりが予想される状況かどうか），見直しの対象となった労働条件そのものの合理性や他企業における状況との比較等を総合判断する必要があるとの見解が有力であった。
　経営が黒字である場合については，そのような場合には「高度の必要性」が認めにくいとする見解と，前記のような要素の判断次第では「高度の必要性」が認められる場合もあり得るとの見解が述べられた。

【当職見解】

　経営状態の悪化を理由とする賃金切下げの必要性は，まさに整理解雇の必要性と表裏一体の関係にあるといえます。そして，この協議後の平成12年１月21日にナショナル・ウェストミンスター銀行事件の決定が，整理解雇の必要性につき，
　　Ⅰ型　倒産回避型
　　Ⅱ型　将来倒産予防型
　　Ⅲ型　攻撃型
を区別し，それぞれにつき解雇回避義務の内容程度に差をつけるという論理展開を行います（労働関係事件の会同・協議会（1981年冊子化）正式名称不明：季刊労働法196-60参照）。
　この決定に照らして考えると，この「将来倒産予防型」の場合には，賃金切下げの「高度の必要性」が認められるかが論点になりますが，赤字であれば，今後の展望（高コスト体質で経営の行きづまりが予想される状況）で肯定されるイメージであり，黒字の場合は意見が分かれるという内容です。
　当職は，黒字でも肯定される場合もあるとの見解に賛成ですが，特に，私立学校や自動車学校のような人口減，そして少子化の時代の変化の中で将来の経営内容を展望するのであれば，これを否定することは，将来の経営において雇用問題を引き起こすことになり，さらなる労務問題を引き起こすだけだといえます。
　そして，前記⑧の平成12年９月７日みちのく銀行事件は，前述のⅠ型パターンについては，「極度の業務上の必要性」があるとして基本給等の大幅な賃金減額の可能性を示唆するとともに，「特に，当該企業の存続自体が危ぶまれたり，経営危機による雇用調整が予想されるなどといった状況にあるときは，労働条件の変更による人件費抑制の必要性が極度に高い上，労働者の被る不利益という観点からみても，失職したときのことを思えばなお受忍すべきものと判断せざるを得ないことがある」として，解雇より賃金切下げを優先させる可能性についてまで言及し，今日，整理解雇より先に賃金切下げを行う実務方法の定着

をみています。

　さらに、このみちのく銀行事件最高裁判決は、経営難で賃金を減額する場合には「従業員の応分負担」の原則を打ち出していますので、設例のような「一定年齢以上の労働者の賃金切下げ」はその原則に抵触することになり、その有効性を否定されることになるといえます。

2　小問2について

　最高二小平9・2・28判（民集51巻2号705頁、第四銀行就業規則の不利益変更事件）からしても、他企業における状況は考慮の対象になり得るとの見解が有力であった。もっとも、労働条件の変更に至る経緯が異なる場合には、全く同列のものとして比較をするのには疑問があり、経緯の違いを踏まえた比較が必要であるとの意見が述べられた。

【当職見解】

　当然の結論といえます。

3　小問3について

　労使協議の成立、特に、労働組合との間で協議が成立していることは、合理性を肯定する重要な考慮要素になるとする点ではほぼ認識が一致したが、重要性の度合については若干ニュアンスの違いがあり、次のような見解が述べられた。

(1)　第1説

　労働条件は、本来団体交渉によって形成されることが予定されているものといえるから、労使交渉による合意が成立していることは、合理性を肯定する重要な要素になる。特に、労働者の75パーセント以上の者を擁する労働組合との間で合意が成立している場合には、そのような労働組合が労働協約を締結したときには労働組合法17条所定の一般的拘束力が生じ得ることを考慮すると、当該合意に係る労働条件の変更は、合理性があるもの

と推定され，原告である労働者側から特段の反証がない限りは合理性を肯定してよい。

(2) 第2説

基本的には第1説と同様に考えてよいが，当該労働条件の変更が，一部の労働者に不利益を与えるものである場合には，不利益を受ける者の意見がどの程度反映されているのかという点について検討が必要である。

(3) 第3説

労使交渉による合意が成立していることが，合理性を肯定するための重要な要素となり得ることは否定しないが，就業規則の変更に関しては労働組合法17条のような規定が存在するわけではない以上，この点は，合理性を肯定するための間接事実という位置付けにとどまるものと考えられる。したがって，合意が成立している場合には，労働者の反証がない限り合理性を肯定するというところまで踏み切るのには若干疑問があり，他の要素についても認定判断することが必要なのではなかろうか。

【当職見解】

この議論は，非常に興味深いものです。過半数労働組合との間に協議が成立している場合，合理性を肯定する重要な考慮要素になることは，理論的にも判例上も前記⑤の第四銀行事件でも明らかです。

その重要性の度合いについて，第1説は明らかに③のみちのく銀行事件の高裁判決を意識したものです。多数（過半数）組合との丁寧な交渉を評価して，その不利益変更の有効性を肯定しているからです。

第2説も第3説も，その重要性の評価に若干の差があるという程度にとどまっています。

しかし，この事案は，組合員の多数を占める若年層が賛成しているわけですが，彼らの賃金は大幅に改善してメリットを受けて，55歳以上の高年齢者のみが大幅な不利益を受けるという⑦の朝日火災海上保険（石堂・本訴）事件の労組法16条の民事的効力が例外的に及ばないという特定集団への殊更の狙い撃ち

ともいうべきものでした。そこで最高裁は、③、⑤の流れにのらず、⑦の最高裁判決を意識したのか、労働者の多数労働組合と合意がありますが、それには重きを置かないとして、不利益変更を有効とした高裁判決を破棄しています。

ただし、この⑧のみちのく銀行事件最高裁判決は、⑤の第四銀行事件の合理性推定論を否定したものでなく、その例外事案に関する判決であったとするのが、今日の学説をも含めた考え方になっています。

【4】タクシー運転手の賃金規定の改定が、全体として労働者の賃金を減少させるものと認められる場合、その合理性判断はどのように行うべきか。また、経営上の必要性が非常に高いと認められる場合には、それだけで合理性を肯定してよいか。
（協議の概要）
1　合理性の判断基準

最高二小平4・7・13判（集民165号185頁、第一小型ハイヤー賃金請求事件）は、タクシー運賃改定の際に行われるタクシー運転手の賃金規定の改定については、全体として労働者の賃金を従前より減少させるものでなければ、それが従業員の利益をも適正に反映しているものである限り、その合理性を肯認することができると判示し、従業員の利益を適正に反映しているものであるかどうかについての判断基準についても言及している。一方、同判決は、全体として労働者の賃金を従前よりも減少させる場合については、その合理性を容易には認め難いとするのみで、具体的にどのような基準に基づいて判断するかについては触れていない。

同判決が、労働者の賃金を従前より減少させるものでない場合について前記のような判断を示したのは、タクシー運転手の賃金は、運賃改定の際にそれに伴って改定されるのが通常であるという認識を前提とし、それが、運賃改定による増収分を労使で適正に配分するものである限り、合理性を肯定してよいとの考え方を示したものと理解することができるという点では見解がほぼ一致した。これに対し、労働者の賃金を従前より減少させる

> ような場合については，そのような賃金改定は，運賃改定による増収分の配分ではなく，賃金の減額そのものなのであるから，「高度の必要性」に基づく合理性という通常の判断基準に基づいて，その合理性を検討すべきであるとの見解が有力であった。

【当職見解】

当然の結論といえます。

なお，この最高裁判決後は，その後の下級審判決で単にタクシー業界における事例的な判決でなく，成果主義賃金体系への移行の際の不利益変更の合理性の一般的な判断基準とされ，この移行において，（ⅰ）総額人件費が維持されているか，（ⅱ）対象者の減額の程度が急激かつ大幅か否かを認定していく手法が定着したといえます。

> 2 経営上の必要性が高度な場合の合理性判断
> (1) 第1説
> 　経営上の必要性が高度な場合には，もはや，他の手段を採用する余地はないのであるから，その他の事情を判断するまでもなく合理性が肯定されることになるのではなかろうか。
> (2) 第2説
> 　経営上の必要性が高度であることは，合理性を肯定する重要な要素といえようが，やはり，総合考慮の一事情にとどまり，他の事情も検討する必要があろう。例えば，変更後の労働条件がそれ自体として合理的かどうか，労使交渉等が行われているかどうかといった点の検討を欠くことはできないのではなかろうか。

【当職見解】

第2説が適当と考えられます。

特に実務は，この点も十分考慮する必要があります。なぜなら，社員との信

頼関係を維持することこそ，将来の企業の業績に結びつくからです。

【5】法人が，系統組織の協力を得て経営再建をすることとなったが，協力の条件として，一定額の債務圧縮を要求され，そのためには，退職金を従前の額の半額とせざるを得ないとして，職員全体会議を実施し，その了解を得た上で，退職金額を半額にする旨の退職金規程の改正を行った。この改正の合理性を検討する場合に考慮すべき要素としてはどのようなものがあるか。

(協議の概要)

このような事案についても，最高二小平9・2・28判（民集51巻2号705頁，第四銀行就業規則の不利益変更事件）の判断枠組みが参考となろう。これを具体的事案に即して検討していくことになるが，考慮すべき要素としては，例えば，①経営再建策全体の中での退職金削減措置の位置付け，②他の同種法人における経営再建策との比較，③その業界一般における退職金額と変更後の退職金額との比較，④減額規程の段階的適用，猶予措置の有無，⑤職員全体会議の実態等が問題となろう。

前記の要素の中でも，⑤の職員全体会議の実態はかなり重要な要素になるとの意見が多かった。なぜならば，設問のように，「雇用か賃金か」といった究極的な選択を迫られるのに等しい事態の下においては，労使間の自主的な決定を重視せざるを得ないし，真に職員全体会議での任意の決定がされたとみられるのであれば，労働条件の変更についての個別的な同意が成立したとみる余地も生じてくるからである。そして，このような任意の自主的決定がされたとみられるかどうかを判断するのに当たっては，職員全体会議の経過，特に，不利益を受ける度合の高い労働者の意見がどの程度反映されていたのかをみていく必要があるとの指摘がされた。

【当職見解】

当然の結論といえます。

特に「雇用」か「賃金」かの究極の選択のような状況であれば，退職金規程が，集団的労務提供を前提に，統一的・画一的に決定・運用されてきたものである以上，その集団の多数の意思で決定していくしかないといえます。

(2) 労働協約に関するもの
【6】賃金体系の変更（例えば，若手従業員の賃金を増額させる代わりに，高齢従業員の賃金を減額させる。）を内容とする労働協約が締結された場合，当該賃金体系の変更によって不利益を受ける組合員に対しても労働協約の規範的効力が及ぶか否かについては，どのような観点から判断をすべきか。
（協議の概要）
　規範的効力の限界をどのように考えるべきかについては，最高一小平9・3・27判（集民182号673頁，朝日火災海上保険労働協約の規範的範囲事件）が参考となろう。同判決は，労働協約によって定年の引下げと退職金算定方法の変更がされた場合につき，「これにより上告人（編注，労働者）」が受ける不利益は決して小さいものではないが，同協約が締結されるに至った以上の経緯，当時の被上告会社の経営状態，同協約に定められた基準の全体としての合理性に照らせば，同協約が特定又は一部の組合員を殊更不利益に取り扱うことを目的として締結されたなど労働組合の目的を逸脱して締結されたものとはいえず，その規範的効力を否定すべき理由はない」と判示している。
　この判決は，労働組合の目的を逸脱して締結された労働協約について規範的効力を否定するとの考え方に立つものであり，その例として，「特定又は一部の組合員を殊更不利益に取り扱うことを目的として締結された」場合を挙げている。そして，その具体的判断のために，①労働者の受ける不利益，②協約が締結されるに至った経緯，③使用者の経営状態，④協約に定められた基準の全体としての合理性等を考慮している。これらを全体としてみると，同判決は，労使間の合意を尊重するという立場から，労働協

約の規範的効力の有無の判断に当たっては、それが「労働組合の目的を逸脱して締結されたもの」かどうかという観点から審査するのにとどめるとの考え方を採用しているものと考えられる。そして、前記①ないし④の要素は、就業規則による労働条件の変更についての合理性判断と共通するものではあるが、それと同一ではなく、その設定基準は緩やかなもので足りるといえよう。

以上の点については、ほぼ認識が一致していたが、労働協約によって一部の組合員が不利益を受ける場合には、「特定又は一部の組合員を殊更不利益に取り扱うことを目的」としたことにならないかという問題提起があり、これに対しては、それだけでは、上記の要件に当たるとはいえず、不当な動機（例えば、執行部反対派の切崩し等）があった場合や、そのような不当な動機は認められなくとも、一部の組合員にとって余りに過酷な結果となる場合等がこれに該当するのではないかとの意見が述べられた。

そのほか、規範的効力の有無の審査においては、労働協約による集団的な労働条件変更の場合であるという性質上、労使協議の経過やその過程において、不利益を受ける労働者に対する意見聴取等その者の意見を反映させるための手続が採られていたかどうかが重要な要素になるとの指摘があった。

【当職見解】

当然の結論といえます。

特に、「特定又は一部組合員を殊更不利益に取り扱うことを目的」としたか否かの点につき、不当な動機がなくとも、「一部の組合員にとって余りに苛酷な結果となる場合」等が該当するので、との意見の趣旨は、まさに、みちのく銀行事件最高裁判決が、多数の同意があっても不利益変更を否定した趣旨と同様の考え方であると思います。

2 賃金等の格差に関するもの

【7】正社員と臨時労働者との間において，勤務年数，労働内容，労働時間等に差がない場合でも，賃金格差を設けることが許されるか。

【8】「傭員」という雇用区分に属するという理由に基づき資金及び昇職の上で長年にわたって他の正規社員と異なる取扱いをすることは，社会的身分による不合理な差別をするもの，あるいは公序良俗，公理に反するものといえるか。

（協議の概要）

1　賃金額の決定は，原則として当事者間の合意にゆだねられるべき事項であり，法による規制は，最低賃金法によるもののほか，労働基準法3条，4条，労働組合法7条によるものに限られている。そして，正社員と臨時労働者とで賃金に差を設けることについては，このような職制上の地位は，労働基準法3条にいう「社会的身分」に当たらないから，同条の禁ずる差別的取扱いには当たらず，また，実定法上，同一労働同一賃金の原則を定めた規定も見当たらない（【2】参照）ことから，公序に反する場合でない限り，有効と解すべきであるとする点でほぼ見解が一致した。

【当職見解】

当然の結論といえます。

なお，臨時労働者という中には，いわゆる「疑似パート」としてほとんど正社員化しているものも存在するとの指摘がされたが，長野地上田支平8・3・15判（判タ905号276頁，丸子警報器臨時職員賃金格差事件）は，そのような事案について，臨時労働者の賃金が同じ勤務年数の正社員の8割以下となるときには，公序良俗違反として違法となるとしている。

2　そこで，どのような場合に公序に反すると考えるべきかが問題となる

> が，一般に，正社員と臨時労働者とでは，採用時の基準（例えば，競争試験か面接だけかなど）のほか，提供すべき労務に対する要求水準，使用者側からの継続雇用の期待度等も異なるのが通常であるから，両者間で賃金に差を設けたとしても，そのことだけで直ちに公序違反とはならないとの意見が多数であった。ただ，勤務年数，労働内容，労働時間等について差がないことに加えて，採用時の基準や提供すべき労務に対する要求水準，使用者側からの継続雇用の期待度等においても差異がないといった極めて例外的な場合であって，極端な賃金格差が長年にわたって放置されてきた結果，使用者が雇用区分を存置することについての合理性がもはや失われたものとみられるときには，正義の観念に反するものとして，公序違反となり得るとする意見が有力であった。

【当職見解】

丸子警報器事件判決が誤ったものであることは明らかです。司法が勝手に「8割」等の基準を設定すること自体が許されないはずです。

しかし，合議の一般論による基準にまで該当すれば，公序良俗違反とされることもやむをえないといわざるをえないといえます。この考え方は，現在のパートタイム労働法8条の通常労働者と同一のパートタイマーの均等待遇論に発展したものと考えます。

しかし，パートタイム労働法は労働行政法にしかすぎず，私法上の効力を論ずるのであれば，議論の前提である労働時間が同一かという点も重要な要素といえます。

> このように考えた場合には，さらに，どの程度の格差があれば公序違反となるかが問題となるが，この点については，臨時労働者の賃金が正社員の6割，あるいは8割以下となっていれば公序違反と考えるべきではないかとの意見や，一律に賃金が正社員の何割以下となっていれば違反となるといった基準を設定することは困難であり，格差発生の背景事情等も踏ま

え，具体的な事案に応じて検討すべきであるとする意見が出された。
　なお，雇用区分の存置につき，試験等により臨時労働者から正社員に移行できる制度がある場合には，公序違反性の有無の判断における考慮要素になるとの指摘もあった。

【当職見解】
　どのような場合が公序良俗違反となるかは，何割以下のような数字で決まるものではなく，具体的な事案に応じて考えられるべきとする意見が妥当であることは明らかです。
　また，正社員登用制度の導入の有無を考慮要素に入れることは，妥当な考え方です。

3　これに対しては，雇用区分によって賃金格差を設ける実質的理由がないと評価し得るような場合に，どのような公序に違反するといえるか問題があるので，公序違反という法律構成ではなく，使用者側の取扱いが信義則違反ないし権利濫用となると考えるべきではないかとする見解も出された。

【当職見解】
　意見としては成り立つ考え方といえます。

【9】性差による賃金差別がされているか否かを判断するに当たり，重視するべき事情として，どのような事項が考えられるか。
（協議の概要）
　具体的な事件において，当該男女間の賃金格差が男女差別によるものか否かを判断するに当たっては，通常，同期，同学歴，同年齢の男子労働者との比較がされることが多いが，その比較において，どのような事情を考慮すべきかについては，個々の事案ごとに様々な事情があるので，一般的

な基準を述べることは困難であるが、考慮の対象となるような要素として、①当該賃金格差をもたらしている賃金規定の中で明確に「男子」「女子」という文言が使われているか否か、②当該企業における賃金の性格が年功給的なものか、それとも職務給的なものか（前者であれば、具体的に従事する職務内容にかかわらず、女子も年功に応じて男子と同一の処遇をされるべきであるということになりやすいであろう。）、③男子労働者と女子労働者が同一の採用基準・手続で採用されたか否か、④男子労働者と女子労働者の労働内容が同一であるか否か、違いがあるとしてその違いが明確なもので、合理的な理由に基づくものか否か、⑤全体的にみたときに、当該企業では男子労働者と女子労働者とで処遇上顕著な差異があるかなどの点が考えられるという点で認識がほぼ一致した。

なお、この点に関連して、男女差別の場合にもいわゆる大量観察方式を用いることができるのではないかという意見も出された。

【当職見解】

当然の意見、認識といえます。

【10】同期同給与年齢の男女職員間に8対2の昇格比率の差がある場合、非合理な差別が存在しているといえるか。仮に、非合理な差別があり、かつ、差別を受けた女性職員に昇格請求権があるとした場合、どの範囲の女性職員に昇格を認めるべきか。

（協議の概要）

男女職員間の全体的な昇格比率というのは、それだけで差別の存在を根拠付けるものとはいえず、一つの間接事実にとどまるものというべきであろう。

また、通常、昇格は使用者の査定を待って初めて認められるものであることからすると、昇格請求権を認めることは困難であろう。

仮に、男女職員間に昇格において非合理な差別が存在し、かつ、差別を

受けた当該女性職員に昇格請求権があるとした場合に，どの範囲の女性職員について昇格を認めるのかという問題があるが，基本的には，当該女性職員について，個別的に比較対象となる男性職員を選んでこれと比較し，勤務成績等にそん色がないかどうかを判断すれば足りるものと考えられるから，女性職員全員につき，比較対象となる男性社員と比べてみてそれぞれ勤務成績等にそん色がないと認められるというのであれば，女性職員全員について昇格を認めるということになるのではないかと思われる。

なお，男女雇用機会均等法の改正により，平成11年4月1日からは，配置，昇進等についての差別的取扱いに関する規定が，努力義務規定から禁止規定に改められるため，この点についても留意すべきであるとの意見も出された。

【当職見解】

昇格請求権は，使用者の決定があってはじめて具体的に発生するものであり，仮の議論は意味がないものです。

なお，昇格請求権を認めた平成8年11月27日の芝信用金庫地裁判決は，就業規則の規定と労使慣行による労働契約の解釈により肯定したもので，女性差別の是正方法として一般的に昇格請求権を認めたものではありませんし，平成12年12月22日の高裁判決は，労基法13条の類推適用という労基法が労働刑法であることを無視したもので，到底許されるものではないといえます。

【11】賃金差別（差別的な人事考課）があったとされる場合，賃金差額相当の損害額をいかに算定すべきか。

【12】性差別を理由とする賃金差額相当額の損害賠償請求につき，損害額の認定はどうすべきか。
（協議の概要）
　男女労働者間の賃金格差が，性差別によって生じているとともに，勤務

成績，能力，作業内容等の面での差異に基づくものもあると認められる場合，男女差別がなければ本来支払われたであろうはずの金額の立証は容易でなく，事案ごとに考えざるを得ないが，この場合の損害額の算定については，次のような意見が述べられた（思想差別その他の差別の場合も，基本的な考え方はほぼ同様である。）。

1　第1説
　事案によっては，最低限この程度の額は認められるというような控え目な形で金額を認定することが可能な場合もあり，そのような場合には，一部にせよ損害賠償請求が認容されるが，そうでなければ，賃金差額別相当額の損害賠償請求は棄却し，慰謝料請求のみを認容するということにならざるを得ないであろう。

2　第2説
　この場合においても，民事訴訟法248条を適用して，相当な損害額を認定することができるのではなかろうか。

【当職見解】
　原則として慰謝料請求のみを認容するしかないと考えますので，第1説に賛成です。

【13】使用者が長年にわたり差別的意思に基づき考課査定を行い，これに基づき不当に低額の賃金を支払い続けていた場合において，当該労働者の不法行為に基づく損害賠償請求権（差額賃金相当損害金及び慰謝料請求権）の消滅時効の起算点につき，どのように考えるべきか。
（協議の概要）
1　使用者が長年にわたり差別的意思に基づき考課査定を行い，これに基づき不当に低額の賃金を支払い続けていた場合における不法行為に基づく損害賠償請求権は，民法724条前段により3年の消滅時効にかかるが，この消滅時効の起算点をどのように考えるべきかという問題は，当該不

法行為のとらえ方により異なってこよう。
2　長年にわたり繰り返し不当に低額な賃金の支払が行われている場合の不法行為のとらえ方については、次のような見解が述べられた。
(1)　第1説
　一個の差別的意思に基づく賃金差別は、差別的意思が続く限り継続した行為といえるから、全体として一個の不法行為と解すべきである。
(2)　第2説
　使用者が行う考課査定というのは、当該従業員の今後1年間における毎月の賃金額の基準となる評定値を定めるものであって、各年ごとに独立して行われる行為であるから、不法行為としては、毎年行われる考課査定ごとに別個のものと解すべきである。
　そして、毎月の具体的な賃金支払行為によって差別的意思が具現化することからすれば、差別的査定と賃金支払行為の両者をもって不法行為と構成すべきである。
　ただ、この説に立った場合、当該使用者の具体的な考課査定の方式が、①過去の査定内容をすべて見直して、毎年、一から新たに査定を行うという見直し方式のケースと、②それまでの査定を踏まえて当該年度の査定だけを積み上げるという積み上げ方式のケースとで、一応分けて考えておく必要があろう。①のケースでは、過去の不法行為の点は査定の全面見直しによって問題にならないと考えられるのに対し、②のケースでは、過去の差別的査定が賃金の支払という形でその後も引き続き継続しているものとみることになろう。
3　継続的な賃金差別の民法724条前段の3年の起算点について
　第1説に立つと、一連の行為が終了しない限り時効の問題は生じないことになろう。
　第2説に立つ場合には、以下のことがいえよう。
(1)　経済的損害（賃金差別による差額賃金相当額）の場合
　当該考課査定に基づいて毎月の賃金支払が行われるたびごとに、それに

よって発生した差額賃金相当額（標準的な評価を受けていれば支給されたであろう給与額と実際に支給された給与額との差額相当額）の損害について，当該労働者がその損害の発生を知った日から，その都度別個に消滅時効が進行すると解することになろう。

(2) 精神的損害（賃金差別による慰謝料）の場合

この場合も，経済的損害の消滅時効の起算点と同じように考えることができる。精神的損害の内容については，差別的査定そのものによって発生するものと，低い賃金を受給することによって発生するものとが考えられるが，これらの消滅時効の起算点は，考課査定がされてそれが不当に差別されたものであることを認識したときから，また，差別的な賃金が支払われるたびごとに，それが不当に差別されたものであることを認識したときから，それぞれの都度逐次に消滅時効が進行すると解することができよう。

【当職見解】

第2説による処理が妥当と考えます。

※この協議会は，下記「3．その他」として，事例14ないし19までの事案が議論されていますので，参考のために紹介します。

3　その他

【14】一時金支給に関する労使協定が未成立である場合において，一時金請求権が発生しているといえる場合があるか。また，既に発生した一時金支払債務は営業譲渡によりだれが負担することになるか。

（協議の概要）

1　一時金請求権発生の有無について

就業規則の定めが「特別の事由があるときは臨時給与を支給する」という抽象的な規定にとどまり，労使協定も未成立である場合には，原則として具体的な一時金請求権は発生していないといわざるを得ないであろう。

ただし，最低限前年度の一時金額と同額の一時金は支払うという事実が長期間反復継続し，それが使用者と労働者の双方の規範意識に支えられるに至っていると認められるような場合には，労使慣行の成立により前年度と同額の一時金請求権の発生が認められる場合もあり得よう。だが，実際上は，会社の業績いかんにかかわらず前年度以上の一時金を支払うという規範意識が使用者側にまで形成されていると認められる場合は例外的ではなかろうか。

2　営業譲渡と一時金支払債務の承継について

(1) 第1説

　営業譲渡の意思解釈の問題であるが，別段の合意がない限り併存的債務引受の意思があると推定できる場合が多いであろう。併存的債務引受と認定できれば，譲渡会社と譲受会社とが連帯して支払義務を負うことになる。

(2) 第2説

　営業譲渡の意思解釈の問題であることは第1説と同様であるが，商法26条及び28条が一定の場合に譲渡人，譲受人双方に責任を負わせていることからすれば，これに該当しない場合は，原則として履行の引受にとどまると解すべきであろう。そうすると，譲受会社は譲渡会社に対して一時金支払債務を免れさせる義務を負うが，労働者に対し支払義務を負うのは譲渡会社だけであるということになる。

【15】　解雇無効に基づく未払賃金請求事件につき，解雇期間中外国で就労して得た収入を控除する場合，円換算をいつの時点で行うのが相当か。
(協議の概要)

1　賃金等の本来の支給日を基準とする見解（第1説）

　使用者は，本来支払いをすべき賃金の支給日に中間利益を控除して支払うべき額を算出するはずであるから，その支給日を基準とすべきである。そして，中間利益が平均賃金の4割を超えるとき（労働基準法26条。なお，最高二小昭37・7・20判（民集16巻8号1656頁，米極東空軍山田部隊解雇

事件）参照）は、当該期間に対応する一時金等の平均賃金の算定を基礎とならない賃金から控除することになるが、この場合もその一時金等の支給日が円換算の基準となる。

2　労働者が中間利得を得た日を基準とする見解（第2説）

解雇無効の場合の未払賃金支払債務は、民法536条2項に基づくものであるが、同項は得た利益を金銭で償還することを予定しており、同項と考え方の基礎を一にする不当利得においては、価格返還する場合、悪意の受益者は受益時の利益を金銭換算して返還するものとされていることを考えると、同項の場合も受益時を基準に換算すべきである。そうすると、受益時の円換算レートをもって換算することになろう。

3　現実の清算時（訴訟においては事実審の口頭弁論終結時）を基準とする見解（第3説）

受益時に金銭換算すべきであるというところまでは第2説と同じ。ただ、一般に利益等を金銭に換算するときに日本円でなければならない理由はなく、例えば、交通事故の被害者がドルで給与をもらっている外国人であったような場合、逸失利益等の損害をドルで換算しておき、弁済時（事実審口頭弁論終結時）の円換算レートを用いて円に換算することも許されるのと同様に、受益時には外国通貨で評価しておき、清算時（事実審口頭弁論終結時）の円換算レートで円に換算することも許されるのではなかろうか。

【16】死亡退職金の支払に労働基準法24条の直接払の原則が適用されるか。
（協議の概要）

1　適用説

通常の退職金については、一般に労働基準法11条所定の賃金に該当し、性質上許す限り同法24条1項本文の直接払の原則が適用又は準用されると解されており（最高三小昭43・3・12判（民集22巻3号562頁、小倉電話局退職金請求事件）参照）、就業規則において従業員の死亡が他の事由と並んで退職事由とされている場合には、死亡退職金についても通常の退職金と

同様に考えてよいであろう。そして，退職金には一般に生活保障的意味があるといわれるが，死亡退職金についても受給権者の生活保障の意味があると考えられるので，実質的にも妥当である。
2　非適用説
　労働基準法24条の賃金直接払の原則は，親方，職業仲介人等が代理受領によって中間搾取をするなどの弊害を除去して労務の提供をした労働者本人の手に賃金全額を帰属させることを目的としたものであるから，労働者本人が死亡し，もはや同原則によって保護しようとした者が存在しない場合には，原則として同原則の適用はないと考えてよいのではなかろうか。

【17】懲戒解雇無効確認及び未払賃金請求事件において，従業員にも相当な非違行為があった場合に，過失相殺の法理を類推適用したり，権利の濫用として請求額を一部減額することができるか。
（協議の概要）
1　減額肯定説
　いかなる場合であっても賃金全額払の原則（労働基準法24条）により労働者は保護されるべきであるという考えには疑問があり，権利の濫用等によって減額することが認められてもよいだろう。実質的にも，従業員の非違行為により使用者側に損害が発生した場合，別途損害賠償請求訴訟を提起せよというのはう遠な紛争解決方法である。
2　減額否定説
　使用者が労働者の債務不履行を理由とする損害賠償請求権を自働債権として労働者の賃金債権と相殺することは賃金全額払の原則（労働基準法24条）に反する（最高二小昭31・11・2判，民集10巻1号1413頁，関西精機賃金請求事件），又は労働者の不法行為を理由とする損害賠償請求権を自働債権として労働者の賃金債権と相殺することは同原則に反する（最高大昭36・5・31判，民集15巻5号1482頁，日本勧業経済会賃金請求事件）という最高裁判決があり，過失相殺の類推適用や権利の濫用によって賃金を

減額することは，不法行為等による損害賠償請求権との相殺を認めたのと同様になり原則として許されない。確かに，賃金請求権発生の基礎を完全に失わせるような重大な背信行為があった場合などには賃金請求権の行使それ自体が権利の濫用となる場合はあり得ようが，賃金請求の一部が権利濫用であり減額されるということは考えにくいであろう。

【18】会社が併存する三組合のうち，一つの組合について三六協定を締結しなかったことが不当労働行為に当たるか。また，不法行為が成立するか。
（協議の概要）
1　不当労働行為の成否

　複数組合併存下においては，使用者には各組合との対応に関して平等扱い，中立義務が課されているが，各組合は，それぞれ独自に使用者との間で労働条件等について団体交渉を行い，労働協約を締結するかしないかを決める権利を有するのであるから，各労働組合が異なる対応をした結果，各組合により労働条件が異なることになっても原則として不当労働行為の問題は生じないが，当該交渉事項について，当該組合に対する団結権の否認や嫌悪の意図が決定的動機となって行われた行為があり，団体交渉がその既成事実を維持するために形成的に行われていると認められる特段の事情がある場合は，団体交渉の結果としてとられている使用者の行為も不当労働行為（労働組合法7条3号）となると解される（最高一小昭60・4・23判（民集39巻3号730頁，日産自動車救済命令取消事件）参照）。

　前年度は3つの組合すべてと三六協定を締結し時間外労働が行われており，しかもその時間外労働の実質が，労働基準法の改正によって労働時間が前年度より14時間短縮されたことに対応してその14日勤務分を時間外労働として割り振ったという事実関係の下では，このような時間外労働を平成10年度からは一つの組合の組合員だけには行わせない合理的な事情が肯定されない限り，前記の特段の事情が肯定され，不当労働行為（労働組合法7条3号）を構成することになるであろう。

2 不法行為の成立について

一般論としては，不当労働行為制度と不法行為制度とは，その制度の目的，成立要件を異にするから，不当労働行為が成立するからといって直ちに不法行為が成立するものではないといえよう。しかし，実質的に考えると，不当労働行為が許されないということは私法秩序においても公序を成しているということができ，労働組合法7条1号及び3号の不当労働行為が成立する場合は，使用者が不当労働行為意思をもって（故意），同条によって個々の労働者に保護が与えられている利益（組合に所属することを理由として労働条件に関し差別されない利益）を侵害するものであるから（違法性），それによって生じた損害を賠償すべき責任が生ずるというべきであろう。

【19】労働事件の処理において，新民事訴訟法における各種争点整理手続の選択，効率的な手続運営のための方策について，配慮すべきことは何か。
（協議の概要）

労働事件は，傍聴人が多く，弁論準備手続で争点整理を行うのは困難であるという意見もあったが，弁論準備手続を原則としている庁も少なくなく，単独事件について，通常民事事件と同様に争点整理をして集中証拠調べを行っている庁もあった。そして，事件の内容に応じて争点整理案を適宜作成している庁が数庁あり，主尋問の代用となるような陳述書を弁論段階から提出させて活用している庁もあった。

また，計画審理の例として，弁論の更新をせずに自分の代で事件を終わらせるために，判決すべき期日から逆算して審理計画を立て，進行協議期日に代理人にその旨を伝えて協力を得て進行させた例，終局時期を明確にして人証を選択し審理を進めた例，主任裁判官が転勤するまでに判決できるように予め期日を決めて審理した例，予め人証は何人と決めておき，その人は必ず尋問することを保障した上で尋問事項が重複しないようにしている例，終結までの全期日を指定した例等が紹介された。さらに，計画審

理においては，代理人に対して，自分又は当該合議体の構成で判決する旨を宣言し，その協力を求めることが有効であるとの意見が出された。

第10章

賞　与

第1節

賞与の性格

1　賞与の意味

(1)　賞与とは

　わが国においては，使用者が労働者に対し，毎月固定的に支払われる月例賃金とは別に年に数度（通常は，夏季と冬季の2回），一時金を支払うケースが多く存在します。この一時金のことを一般的に賞与やボーナスといいます。

　賞与は，江戸時代に，大商店の主人や親方らが奉公人に対し，盆・暮れに季節に応じてお仕着せや小遣い銭を与える習慣があったことがその由来といわれています。なお，第11章で詳述するとおり，退職金も江戸時代の「のれん分け」がその由来であるといわれています。

　賞与は，月例賃金とは異なり，本来，使用者に支払義務はありません。

　そのため，当該労働契約で合意した場合に，はじめてその支払義務が発生することとなります。

(2)　賞与請求権の性質

　賞与支給を行う場合は，就業規則（給与規程）や労働協約に賞与支給に関する規定が置かれ，その記載内容が労使間の賞与に関する契約内容となっていることが一般的です。その場合，規定の定め方により，労働者の取得する請求権の性質が異なります。

　例えば，賞与の支給額までが労働契約内容となっている場合は，使用者がそ

の支払いをしなければ，労働者は使用者に対し，支払いを請求することができます。このような権利を「具体的請求権」と呼びます。

次に，「支給する」ことだけが定められている場合や，使用者が都度決定する支給率等により金額が確定することが定められている場合は，労働者は，金額が確定するまではその支払いを請求することができません（当職は，債務不履行による損害賠償請求は可能性があると考えます）。本書では，このような権利を「抽象的請求権」と呼びます。

(3) 賞与支給に関する労働契約内容

一般的には以下のような規定が就業規則等になされ，当該規定（労働契約）に基づいて支給がなされています。

① 支給の有無および支給額が都度決定されるケース（①ケース）

〈規定例〉
賞与は，会社の業績に応じ，諸般の事情を考慮して支給する。ただし，会社業績の著しい低下その他やむを得ない事由がある場合には，支給日を変更し，又は支給しないことがある。
賞与の支給額は，会社の業績に応じ，能力，勤務成績，勤務態度等を人事考課により評価し，その結果を考慮して，その都度決定する。

賞与は，あらかじめ支給額を確定しないことが一般的です。そして，通常は，上記規定例のように，会社業績の著しい低下等の一定の留保を付けつつ，会社業績に応じて賞与を支給することとし，支給額については，その都度，諸般の事情を考慮したうえ，決定する旨を定めています。

また，賞与支給の決定方法や考慮要素を「業績，能力，勤務成績，勤務態度」等の記載より，より詳細に就業規則（賞与規定）や労働協約等により定める場合や，その下位規範において定めるケースも多く存在します。

もっとも，中小企業を中心に「賞与は年2回，業績により支給する」というような，より抽象的な規定がなされることもあり，支給の際の判断要素，額の決定方法等が不明確なケースも存在しています。

なお，これらの場合，賞与の具体的金額，具体的支給基準（当該基準により，一義的に支給額が定まる基準）が決定するまでは，賞与の具体的請求権は発生しておらず，労働者は，賞与の抽象的請求権を取得していることになります。

② 支給額があらかじめ確定しているケース（②ケース）

〈規定例〉
賞与は，6月と12月に年俸額の16分の2ずつを支給する。
又は
賞与は，6月と12月に基本給の●カ月分を支給する。

本ケースのように賞与の具体的金額や具体的支給基準がすでに確定している場合は，労働者は，使用者の支給額の決定手続を待つまでもなく，所定の支給月に具体的請求権を取得することになります（上記規定例の場合は，所定月の末日と考えます）。

また，支給額が確定しているケースとしては，すでに確定した年俸額の一定割合を賞与に振り分けて支払うケースと月給制＋固定賞与のケース等があります。

③ 支給の有無が明確でないケース（③ケース）

〈規定例〉
賞与は，会社の業績等により支給する場合がある。

このようなケースでは，賞与を支給するか否か，支給する場合にいくら支給

するかは、使用者の裁量に委ねられており、使用者に賞与支払義務は生じていません。

そして、労働者は、使用者が賞与の支給を決定し、その具体的支給額が確定するまでは、具体的にも、抽象的にも請求権を取得していないことになります。

(4) 賞与の賃金性

賞与は、その支給条件が就業規則等で明確に定めてある場合には、当該規定に基づき支払われる金銭は、「労働の対償」として労基法上の賃金（労基法11条）となります。

したがって、前項の①、②のケースにおいては、支給条件が就業規則において明確になっているものといえ、労基法上の賃金といえます。

一方、前項③のケースにおいては、その支給自体が使用者の任意で決定されるものであるため、任意的・恩恵的給付といえ、労基法上の賃金とはなりません（「業績等により」と定められていても、業績が良ければ必ず支給するという義務が生じているわけではありません）。

すなわち、労働契約上、賞与として支給されている金銭のすべてが労基法上の「賃金」として取り扱われるわけではありません。

ただし、労基法により保護される「賃金」にあたらないとしても、税法上は、使用者が労働者に支給するものは広く給与所得と取り扱われます。賞与として現物を支給することも、労基法24条の規制（通貨払いの原則）の対象外なので可能となりますが、その場合、その現物支給による「経済的利益」が給与所得となります。

2　賞与の労基法上の取扱い

(1) 毎月1回以上一定期日払いの原則

労基法上の「賃金」は、毎月1回以上、一定の期日を定めて支払わなければ

なりませんが（労基法24条2項），「賞与」については，毎月1回以上一定期日払いの原則は適用されません（労基法24条2項但書）。

　労基法上，「賞与」に関する具体的な定義はありませんが，行政通達においては，労基法24条の「賞与」について，「定期又は臨時に，原則として労働者の勤務成績に応じて支給されるものであつて，その支給額が予め確定されていないものをいうこと。定期的に支給されかつその支給額が確定しているものは，名称の如何にかかわらず，これを賞与とみなさないこと。従ってかかるもので施行規則第8条に該当しないものは，法第24条第2項の規定により毎月支払われなければならないこと」とされています（昭22.9.13発基17号）。

　この通達を前提とすると，年俸制において年俸額を16分割して16分の1ずつを月例賃金として支払い，残りの16分の4を夏季と冬季に16分の2ずつ支払う場合や，月給制における固定賞与（②ケースの場合）は，毎月1回以上一定期日払いの原則の適用を受けることになり，このような賞与の支給方法は，労基法に違反し，30万円以下の罰金に処せられる可能性が出てきます（労基法120条1項）。しかし，このような取扱いでは，固定的に賞与を支払うことは常に労基法に反するということになりかねず，現実的妥当性を欠きます。

　この点，通達の「賞与」に関する定義を前提に，年俸制の賞与が毎月1回以上一定期日払原則の適用を受けるのは，解釈としていかにも形式的であり，年俸制については，同条の適用を否定すべきであるとする見解があります（土田道夫『労働契約法』267頁）。

　結論は賛成ですが，「賞与」に関する通達は，昭和22年のものであり，固定的に支払われる賞与というものをあまり想定していなかった時代のもので，現在の「賞与」に関する定義としては適切ではないと考えます。また，年俸制または賞与の固定支給は，賞与支給額があらかじめ決まっていない場合よりも，むしろ労働者の保護になるといえ，そのような賞与の支給方法が刑罰の対象となるのは妥当ではありません。したがって，労働契約上，賞与として，1月を超える期間ごとに支払われる労基法上の賃金としての性質を有する金銭については，24条2項但書の賞与として取り扱うのが妥当であると考えます。

(2) 割増賃金の算定基礎

　割増賃金の算定基礎額においては，家族手当，通勤手当（以上労基法37条5項），別居手当，子女教育手当，住宅手当，臨時に支払われた賃金，1箇月を超える期間ごとに支払われる賃金（以上労基則21条）が除外賃金とされています。そして，「1箇月を超える期間ごとに支払われる賃金」とは，1箇月を超える期間ごとに支払われる「賞与」などが該当するとされています。

　もっとも，通達においては，年俸制で毎月払い部分と賞与部分を合計してあらかじめ年俸額が確定している場合の賞与として支払われている部分は，「賞与」に該当せず，「臨時に支払われた賃金」および「1箇月を超える期間ごとに支払われる賃金」のいずれにも該当しないため，割増賃金の算定基礎から除外できないものであるとされています（平12.3.8基収78号）。

　このような取扱いについて，年俸制は，あらかじめ年間賃金額を確定し，支払方法として，年俸額を16等分して一部を賞与として支払うこととしているものなので，1箇月を超える期間ごとに支払われる賃金とはいえないとの取扱いは形式的すぎると考えます。

　さらに，実務においては，月給制における固定賞与についても，年俸制と同様に取り扱い，割増賃金の算定基礎として算入すべきとされています。当職は，この点には問題があると考えます。

　そもそも日本では，年俸制は，管理職に成果主義人事を導入する1つの手法として実施されてきました。つまり，年俸制は使用者の都合により導入されたともいえます。したがって，その結果として賞与部分もが割増賃金の算定基礎に算入されたとしても，使用者はそのデメリットを受忍すべきであるとも考えられます。

　他方，賞与は，解雇が不自由である日本の雇用社会において，企業の業績変動に応じて年間賃金を変動させるシステムとして採用されてきました。年収は12カ月分を基本として設定し，業績がよければ月給の5カ月分程度の賞与が支給され，年間で月給の17カ月分程度に達します。この5カ月分は変動的なもの

であり，多くの企業では，就業規則等に「業績により支給する」などと規定して，具体的な賞与支払債務を負わないような手法をとってきました。したがって，賞与は変動的な賃金なので，割増賃金の算定基礎から除外することとされました。

この点，月給制における固定賞与は，変動部分を確定させるものですから，(1)で述べたとおり，労働者の利益になると考えます。使用者のデメリットのうえに労働者のメリットがあるともいえます。したがって，通常の（固定でない）賞与とのバランスを考えれば，固定賞与額を割増賃金の算定基礎に算入するのは妥当ではないと考えます。固定賞与は，通常の（固定でない）賞与との比較で考えるべきであり，年俸制との比較で考えるべきではありません。

また，金額の固定により割増賃金の算定基礎に算入されるとなれば，使用者は賞与金額の固定を避ける方向に考えることが予想され，むしろ労働者の利益が阻害されかねません。したがって，金額の固定している賞与も，「1箇月を超える期間ごとに支払われる賃金」に該当し，割増賃金の算定基礎から除外すべきものと考えます。

(3) 平均賃金の算定基礎額

平均賃金の算定基礎となる「賃金の総額」からは，「臨時に支払われた賃金」，「3箇月を超える期間ごとに支払われる賃金」，「通貨以外のもので支払われた賃金」が除外されるとされています。「3箇月を超える期間ごとに支払われる賃金」とは，年2期の賞与等が該当するとされています。

もっとも，通達においては，あらかじめ年俸額が確定している年俸制における平均賃金の算定については，割増賃金の算定と同様に解し，賞与部分を含めた年俸額の12分の1を1カ月の賃金として平均賃金を算定するものであると解するとされています（平12.3.8基収78号）。

この点については，割増賃金と同様に，年俸制については，妥当であると考えますが，月給制＋固定賞与については，「3箇月を超える期間ごとに支払われる賃金」に該当するものと考えます。

(4) 就業規則への記載

　就業規則の記載事項を定める労基法89条は、2号で絶対的必要記載事項として「賃金」を定めていますが、この「賃金」からは「臨時の賃金等を除く」としています。そして、同条4号が、「臨時の賃金等」について、「定めをする場合」は、「これに関する事項」を相対的必要記載事項としています。

　賞与は、この「臨時の賃金等」に該当します（労基法24条2項但書、労基則8条）。したがって、賞与について、何らかのルールを設ける場合は、そのルールを就業規則に記載する必要があります。

　なお、行政解釈では、「賞与については、その性格上支給額について規定することは困難であろうが、その支給が制度として確立しているものであれば、支給条件、支給時期等については定められるべきである」とされていますが（厚生労働省労働基準局編『平成22年版・労働基準法（下）』900頁）、前項の③のケースのように、支給の有無や額が使用者の裁量に委ねられている場合は、その旨を記載すれば足りると考えます。

3　賞与の性格

　賞与は、月例賃金のように、「労働の対償」として使用者に支給が義務づけられているものではありません。使用者と労働者の合意により労働契約となるため、賞与をどのような目的で支給するかも、合意によることになります。

　賞与は、一般的に以下のような性格を有するものとされています。

① 企業業績の利益配分的性格
② 労働者の功労報償的性格
③ 将来の労働への意欲の発揚、労働への期待としての性格
④ 生活補填的性格
⑤ 賃金の後払い的性格

このように，賞与は，様々な性格を有していますが，これらの性格のうち，どの性格が強いのかなどは，各企業の賞与制度の実態によって異なります。

そして，裁判例上も「賞与は，労働の対価たる側面を有することは否定できないものの，賃金のように，労働契約上当然に使用者に支払いが義務づけられるものではなく，対象期間における使用者の収益や労働者の勤務状況，勤務態度等多くの要素を考慮して支給の有無やその額が決められるもので，使用者の利益の配分や労働者に対する報奨的性質も強く，その性格は一義的に説明できるものではない」（錦タクシー事件＝大阪地判平８．９．27労判717-95）とされており，それぞれの制度設計によって，賞与が様々な性格を有するとの認識を示しています。

4　規定の定め方

以下では，一般的な賞与に関する規定の定め方（①ケース）を記載しましたので，参考にしてください。

〈規定例〉

（賞与）

第●条　賞与は，会社の業績に応じ，○○を考慮して総額を決定し，支給する。

ただし，会社業績の著しい低下その他やむを得ない事由がある場合には，支給日を変更し，又は支給しないことがある。

※賞与は，本来使用者に支払義務はなく，当該労働契約で合意した場合にその支払義務が発生するものです。本条は，会社業績に応じて賞与を支給する旨を定めています。また，「○○」の部分には，上記①～⑤の賞与の性格を記載して，支給目的を明確にすべきです。本条により，従業員は，賞与請求権については抽象的請求権として取得することになります。そして，本条但書で，会社の業績低下等の場合には賞与が発生しないことを明らかにしています。

(支給額)

第●条　賞与の個人ごとの支給額は，会社の業績に応じ，能力，勤務成績，勤務態度等を人事考課により評価し，その結果を考慮して，その都度決定する。

　　※本条は，賞与の支給額については，会社業績および個人の業績等の人事考課等によってその都度決定することを明らかにした規定です。

(支給時期)

第●条　賞与を支給する場合は，原則として年2回，6月及び12月に支給する。

　　※本条は，賞与を雇用社会の通例に習い，年2回，時期については6月と12月に支給する旨を規定したものです。また，支払回数および時期について事情によって変更できるように「原則として」と明記しています。

(支給対象期間)

第●条　賞与の支給対象期間は，次のとおりとする。

　上期：前年11月1日～当年4月30日
　下期：当年5月1日～当年10月31日

　　※賞与の支給額については，上記で定めたとおり，会社業績および個人の業績等によって決定しますので，本条は，その判断をするために対象となる支給対象期間を定めたものです。

(支給対象者)

第●条　賞与は，前条で定める支給対象期間にすべて在籍し，かつ支給日に在籍する従業員に支給する。

　　※本条は，支給対象者の範囲を定めたものであり，賞与が支給されるための要件として，①前条の規定例で定める支給対象期間にすべて在籍し，②支給日に在籍することを定めています。

第2節 賞与請求権

1　具体的請求権

　賞与の具体的請求権とは，使用者から労働者に対して，賞与の支払がなされない場合，裁判所に対し，使用者が具体的金額として確定している賞与支給の履行を行うよう求めることができる権利のことをいいます。

　労働契約において，使用者の支給額の決定手続を待つまでもなく，賞与の具体的金額がすでに確定しているケース（前節1(2)の②ケース）においては，支給日において，約束した賞与額の支払いがなされない場合，使用者の債務不履行となり，労働者は，裁判所にその請求を求め救済を受けることができます。

　一方，会社内に賞与制度が存在する場合であっても，就業規則や労働協約上，具体的な支給基準や支給日が記載されていないケース（同①ケース）においては，制度の存在自体から，直ちに賞与の具体的請求権が発生するわけではありません。

　このような場合には，具体的支給基準や額は，次の手順により具体的支給額が確定し，具体的請求権が発生します。

　ア　労働組合が存在しない場合
　　使用者が，基準に従い査定して支給額を決定します。

　イ　労働組合が存在する場合
　　使用者と労働組合との団体交渉により合意された金額が支給額となりま

す（ただし、組合員に限る）。

労働協約により賞与制度が定められている場合は、団体交渉では総額と分配基準のみが合意され、その後、考課により具体的支給額を確定するのが一般的です。

また、労働組合と合意が成立しない場合には、賞与決定に同意約款が存在するような例外的な場合を除き、使用者が支給額を決定して組合員に支給することも可能です。しかし、この場合、不誠実団体交渉（労組法7条2号）、支配介入（同3号）等として不当労働行為救済申立てがなされる事例もあり、特に慎重に対応する必要があります。

また、前節の③ケースにおいても、使用者が支給および具体的支給額を決定し、周知した後は、労働者に具体的請求権が発生します。

2　労使慣行により、賞与請求権が発生するか

賞与は、月例賃金とは異なり、当該権利義務は、当該労働契約によって創設されるものなので、支給基準はある程度明確に定められることが望ましいといえます。

しかしながら、賞与に関する支給基準等が明確になっていない場合も多く、その具体的な支給方法等は、規定に基づかず決定されることもあります。また、賞与に関する規定は何らないにもかかわらず、賞与を支払ってきたという場合もあります。

このような、就業規則等の成文の規範に基づかない取扱いが反復継続された場合、その慣行的事実により、賞与の具体的請求権が発生するか否かが問題となります。

(1) 労使慣行一般論

労使関係においては、成文の規範に基づかないで一定の取扱いが長い間反

復・継続されている場合，そのような取扱いが行為準則となることがあり，このような取扱いを「労使慣行」といいます（菅野和夫『労働法〈第9版〉』86頁）。

労使慣行は，あくまでも事実の積重ねですから，法的効力（将来的拘束力）は持たないのが原則です。しかし，ある一定の場合には，黙示の合意が成立していたと解したり，あるいは民法92条の「事実たる慣習」に該当し当事者がその慣習による意思を有していると認められるときは，労働契約の内容になり，労使双方を法的に拘束することがあります。

労使慣行が法的効力を持つ場合，その効力としては次の2つの類型があります。

① 労使慣行が単体で労働契約内容となる場合
② 労使慣行が労働協約または就業規則と一体となり労働契約内容となる場合

労使慣行が，労基法等の強行法規や公序（民法90条）に反する場合，法的効力を持たないことは，当然の前提です。

判例上，①の労使慣行が法的効力を有するための要件は，以下のとおり整理することができます。

イ 同種の行為または事実が一定の範囲において長期間反復継続して行われていたこと
ロ 労使双方が明示的に当該慣行に従うことを排除，排斥していないこと
ハ 当該慣行が労使双方の規範意識によって支えられていること

また，就業規則や労働協約等の労働契約の内容に反する労使慣行については，成文の規定が存在しない場合や②の成文の規定の解釈を埋める場合とは異なり，イについて，その慣行が相当長期間，相当多数回にわたり広く反復継続していること，ロ，ハについては，労働協約締結権限を有する者や就業規則を改廃す

る権限を有する者が規範として認める意思を有していることが必要とされる等，厳格に判断されており，かかる労使慣行に法的効力が認められるのはごく例外的なケースとされています（商大八戸ノ里ドライビングスクール事件＝大阪高判平５．６.25労判679-32，東京中央郵便局〔休息権〕事件＝東京高判平７．６．28労判686-55）。

　この点，当職は，法的効力を有する労使慣行は，労働契約の内容になるのですから，労使慣行にも労働契約法12条，労組法16条が適用されるべきであり，就業規則に定める労働条件に達しない労働条件に関する労使慣行，労働協約に定める労働条件に違反する労使慣行は当然に無効となると考えます。

(2) 賞与に関する労使慣行

ア　賞与支給規定がない場合

　賞与支給に関する成文の規定がないにもかかわらず，長年，賞与支給を継続してきたような場合，その慣行が法的効力のある労使慣行となりうるかが問題となります。

　この点，裁判例（大島園事件＝東京地判昭52．３.30労判284-56）は，労働契約締結の際に「賞与は年２回支払う」という程度の合意があり，実際に毎年７月と12月に賃金１カ月分以上の賞与が支給され，使用者も最低基準を１カ月分とし，裁量により支給額を決定するという方針で処理していた事案で，「少なくとも，経営状態が著しく劣悪でその支給により経営維持が危うくなるとか当該従業員の勤務成績が著しく不良であるとかの特段の事情のない限り，毎年７月及び12月に各賃金１月分以上の賞与を支給すべきことが労働条件の内容となっていたものと解するのが相当であ」るとして，法的効力のある労使慣行の成立を認めました。

　また，ノース・ウエスト航空〔賞与請求〕事件（千葉地決平14.11.19労判841-15）は，就業規則には賞与の定めはないものの，30年間にわたり毎年，労働組合との交渉を経て労働協約（有効期間１年）を締結し，賞与を支給してきたところ，賞与支給の前提条件を組合が承諾しなかったため，賞与を不支給とした

事案で,「従前から支給されていた経緯,支給金額,他の従業員に対する支給状況,会社の経営内容,従前支給されていた賞与の性格等の諸事情を考慮し,支給しないことが従前の労使関係に照らして合理性を有せず,支給しない状態を是認することにより労働者に対して経済的に著しい不利益を与える場合には,前提条件の存在を主張すること自体が信義則違反となり,無条件の賞与請求の申入れと解すべきであり,同申入れを組合が承諾した場合には合意が成立したものと同様に扱い,一時金(賞与)請求権の発生を認めるべきである」としたうえ,従前からの同一水準による賞与の支払い,賞与の固定収入額の割合等を考慮し,使用者の無条件の賞与申入れ,そして,賞与請求権の成立を認めました。

　当該裁判例は,そもそも,使用者からの条件付きの賞与支給の申入れがあったという特殊な事案です。しかしながら,本件で,28年間同一水準で賞与を支払っている(そのうち,1年は,経営危機により水準を下げましたが,その後,差額が支払われています)ことや賞与が年間収入額に占める割合が大きく,固定賃金たる性格を有していること等を重視し,信義則をもとに賞与請求権の発生を認めていることは,法的効力のある労使慣行が例外的に発生する場合の考察に資するものといえます。また,当該事案は,年間賞与額が年間固定支給額の約6割と大きな部分を占めていたという事情も影響しているものと考えます。

　以上をもとに考えれば,毎回,一定の支給基準(例えば,一定の月数×基本給)の賞与支給を長期間にわたって継続的に行っている場合は,例外的に法的効力のある労使慣行が成立しているとされる可能性はあるものと考えます。

　そして,賞与支給が労使慣行として法的効力を持ち,労働契約の内容となるためには,ⅰ)毎回例外なく,そして,ⅱ)一定額,一定の具体的支給基準に基づいて支給していること,ⅲ)そのことを明確なルールとしていること等,具体的賞与支給額が労使慣行から明らかであることが必要であると考えます。

　また,重要なことは,そのような慣行が法的効力を有するのは,経営状態に変化がないなど,支給にあたっての基礎的事実が同様である場合に限られ,基礎的事実に変動があるときは,これまでの労使慣行は法的効力を有しないもの

と解します。この点が，就業規則上の賞与請求権との大きな差異になると考えます。

ただし，当職は，毎年の労使交渉により賞与の支給を決定している以上は，その支給は合意によるものであり，その義務履行をもって事実の反復を前提とする労使慣行の成立とするとの議論は誤りであると考えています。

イ 賞与支給規定がある場合

次に，就業規則等に賞与支給規定があるものの，支給額については「業績による」などと抽象的な基準が定められている場合に，長期間にわたって同一基準または同一額の賞与支給を継続してきたという事実が，賞与支給額について労使慣行として法的効力を持つかが問題となります。

(ア) 一定の水準以上の賞与支給を行ってきた場合

賞与は，労働者の生活面への配慮等から，ある一定水準以上の支給が慣行となっている場合があります。

しかし，そのような場合であっても，賞与支給は，業績による財源の問題，雇用情勢，経営環境等様々な状況に左右されるものであり，通常，使用者の意識として，一定水準以上の賞与支給を必ず行うとの認識を有しているとは考えられません。

したがって，かかる慣行的事実をもって，原則的に賞与の支給額の水準に関し，具体的請求権を基礎づける労使慣行の成立を認めることは困難であると解します。

この点，裁判例（松原交通事件＝大阪地判平9．5．19労判725-72）は，「労働慣行は，同種行為又は事実が長期間反復継続され，当事者に継続的な行為の準則として意識されたことによって，当事者の明示又は黙示の意思を媒介とし，法律行為の内容を形成することによって初めて法的効力を持つに至るものであって，当事者の合理的意思に反しては成立しないものであると解する」としたうえで，「従前前年度実績を下らない額の賞与が支給されてきたからといって，

原告らの主張する具体的な賞与請求権を基礎づける労働慣行の存在を認めることはできない」と判断しています。

もっとも、前記裁判例（大島園事件）のように、たまたま一定水準以上を支払っていたということではなく、最低基準額以上支払うとの使用者の明確な規範意識に基づき賞与支給がなされていた場合には、当該継続的事実の積み重ねによって、法的効力が認められる可能性があることには留意が必要です。

(イ) 一定の算定方法で支給を行ってきた場合

規定上、支給基準は、抽象的であるものの、使用者が一定の算定方法により賞与の支給を行ってきたケース、例えば、タクシー運転手の運賃収入額や営業社員の営業実績等によって賞与額が機械的に算定されてきたようなケースにおいて、当該算定方法が法的効力のある労使慣行となりうるかが問題となります。

このようなケースにおいては、長年、賞与の支給額を運賃収入や営業成績から機械的に算出してきたのですから、使用者の意識として、賞与支給は当該算出方法によるとの規範意識が形成されていたと認められる可能性が高まるものと考えます。

(ウ) 規定に反し賞与支給を行ってきた場合

契約社員の契約書等に「賞与は支給しない」との規定があるにもかかわらず、規定に反して賞与支給を継続してきた場合に、法的効力のある労使慣行が成立するかが問題となります。成文の規範に反する労使慣行のケースです。

このような賞与支給は事実上のものにすぎず、成文の規定に反する賞与支給に対する使用者の意識としては、労働者に対する誠意・褒賞、他の雇用形態との比較、労働者の労働意欲を発揚するための恩恵的措置と考えられ、使用者が、必ず賞与を支給するとの規範意識を有しているとはいえません。よほどの特別事情がない限り、賞与支給義務が発生するとは考えられません。

3 賞与を不支給にすることは可能か

　例年，賞与支給を行ってきた場合に，業績や経営環境等を理由に賞与を不支給とすることができるのかが問題となります。

　なお，いずれのケースにおいても労使慣行が存在しているかの検討が別途必要になります。

(1) 賞与の支給の有無，及び支給額が都度決定されるケース(①ケース)

ア　不支給規定がある場合

　賞与制度を有している企業の多くは，「会社業績の著しい低下その他やむを得ない事由がある場合には，支給日を変更し，又は支給しないことがある」等の不支給規定を設け，賞与支給に一定の留保を付けています。

　このような場合，不支給の要件を満たす事態が発生していれば，使用者は，賞与を不支給とすることも可能です。

　それでは，当該要件を満たさないにもかかわらず，賞与を不支給とすることは可能であるかが問題となります。

　この点，前記のとおり，①ケースにおいては，具体的支給額や具体的支給基準が決定するまで労働者は具体的な賞与請求権を有しないことからすれば，支給額をゼロとすること（賞与請求権は発生しない）もできるものと考えます。

　もっとも，不支給要件を満たさないにもかかわらず不支給とする場合は，期待権侵害として，不法行為責任が生じる可能性があります（ただし，損害額が確定できるかは別の話です。通常は慰謝料として処理されます）。

　もっとも，不支給規定の要件に該当しないにもかかわらず，賞与を不支給としたり，大幅な減額をしたりすることは，労使間の信頼関係，労働者の労働意欲等を勘案すれば，労務管理上問題があり，決して使用者にとってプラスではありません。約束したことは，使用者の方から守るべきです。

イ 不支給規定がない場合

①ケースにおいて，前記アのような不支給規定が存在しない場合，使用者には，幾らかの賞与を支給することが要求されているとも考えられます。

しかしながら，前記のとおり，①ケースでは使用者が具体的支給額や具体的支給基準を決定して，はじめて賞与の具体的請求権が発生することからすれば，諸般の事情を考慮したうえで，支給額をゼロとすること（賞与請求権は発生しない）もできるものと解します。

この点，「業績に応じて支給する」と規定してあるのに，不支給としたり，大幅な減額をしたりすることについて，債務不履行責任ないし労働者の期待権を侵害し，不法行為責任が成立するかという問題がありますが，業績の悪化等の正当な事由があれば，違法性が阻却されると考えます。（ただし，前項のとおり，損害額が確定できるかは別の話です）。

この点，会社がある労働者の就労を拒否し，その期間の賞与支給が問題となった裁判例（毅峰会〔吉田病院・賃金請求〕事件＝大阪地判平11.10.29労判777-54）が，「賞与は，被告の単なる恩恵的な給付に留まらず，報奨的性質等を併せ有するとしても，基本的には対象期間の勤務に対する賃金の一部というべきであって，被告が正当な理由もなく右基準額を減額したり不支給とすることは許されることではな」いと判断していることが参考になります。

また，このような不支給や大幅減額が労務管理上問題あることは前項のとおりです。

(2) 賞与額があらかじめ確定しているケース（②ケース）

②ケースにおいては，使用者の支給額の決定手続を待つまでもなく，予め賞与支給額や具体的支給基準が確定していますので，原則として，賞与を不支給としたり，減額したりすることはできません。

このような場合は，使用者の債務不履行として，労働者は裁判所に救済を求めることができます。使用者は，賞与を支給しないこととしようとする場合は，就業規則の不利益変更手続により，当該規定を変更する必要があります。

(3) 賞与の支給が明確でない場合ケース（③ケース）

③ケースでは，賞与支給は使用者の任意で行われるものであるため，賞与の支給は努力義務であり，労働者は，具体的にも抽象的にも賞与請求権を取得していませんので，賞与を不支給とすることも可能です。

4 解雇中の賞与請求権

労働者を解雇した場合，その解雇が有効であれば，当然，解雇後の賞与支給に関する請求権は発生しません。

しかし，当該解雇が裁判等で争われ，解雇が無効となった場合には問題があります。この点については，第13章第1節（解雇期間中の賃金）を参照してください。

5 賞与の代わりに現物を支給することは許されるか

賃金は，日本国内で強制通用力のある通貨で支払わなければなりません。

そして，前述のとおり，支給条件が就業規則等で明確に定めてある場合の賞与は，労基法上の賃金に該当し，通貨払いの原則が適用されます。

この取扱いの例外は，労働組合と労働協約を締結した場合のみに限定されており，その事業場に労働組合がない場合は，通貨払いの原則を遵守するしかありません。また，労働組合と労働協約を締結し，賞与を会社製品等の現物で支給するという合意は，当該組合の組合員にしか効力がありません。この労働組合には，多数派組合だけでなく，少数派組合も該当します。

なお，労働協約を締結した労働組合が，当該事業場の常時使用される同種の労働者の4分の3以上の組合員で構成されていた場合には，労組法17条の定める一般的拘束力により，非組合員にも当該労働協約が適用されると考えますが，労組法2条但書の監督者や少数派組合の組合員にはその効力が及びませんので，

全社員に賞与を現物で支給することは法的には難しいと考えます。

　なお，実務的には，②ケースのように具体的な請求権になっていない事案であれば，賞与をゼロとすればよいと考えます。そして，福利厚生の一環として自社製品を現物支給するという方法で，会社の業績回復の一手法とすることが可能であると考えます。

第3節 支給日在籍要件

1 退職者への賞与の支給（支給日在籍要件が存在しない場合）

　労働者が賞与対象期間経過後，または賞与対象期間中退職した場合，当該退職者への賞与支給がどうなるかが問題となります。
　この問題は，退職時期によって以下のように分類することができます。

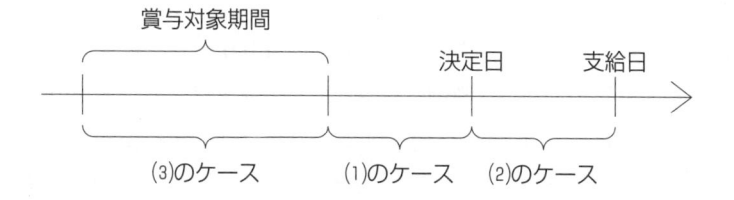

```
         賞与対象期間                決定日      支給日
    ├──────────────┤           │          │
    ├──────────────┼───────────┼──────────┼───────→
    └──────┬───────┘└────┬─────┘└────┬────┘
        (3)のケース    (1)のケース  (2)のケース
```

(1) 賞与対象期間経過後，支給日（支給額決定前）までに退職した場合

　賞与額決定の過程においては，賞与支給日前に会社内部において，支給額（または具体的支給基準）決定の手続が行われることが想定されます（例えば，支給日が6月30日，賞与支給額を決めるための幹部社員の会議が6月10日に行われる場合等）。

ア　賞与の支給の有無および支給額が都度決定されるケース（①ケース）

　①ケースにおいて，賞与は，会社の業績に応じ，能力，勤務成績，勤務態度等の査定に基づき，各従業員に対する支給額がその都度決定されるものですから，賞与対象期間勤務したことによって，当然に発生する月例賃金とは性質を

異にするものであり，賞与対象期間勤務したからといって当然発生するものではありません（カツデン事件＝東京地判平8.10.29労判714-87参照）。

したがって，賞与の対象期間の全部を勤務した後，支給額決定前に退職した場合については，たとえ賞与対象期間を全部勤務したとしても，支給額が決定する前に退職しているため，労働者は，具体的な賞与請求権を有しないものと考えます（安西愈『賃金・賞与・退職金の法律実務』336頁同旨）。

イ　賞与額があらかじめ確定しているケース（②ケース）

②ケースにおいては，賞与は，あらかじめ具体的支給額および具体的支給基準が定まっていますので，支給にあたって使用者の決定等は必要ありません。

したがって，賞与対象期間すべて勤務したことにより，使用者は，当然，あらかじめ定まっている額・基準に基づく賞与額を支給日に支払わなければなりません。

この点，管理職について，あらかじめ年間の賞与が6月と12月で合計7カ月と定められていたとされた裁判例（日本ルセル事件＝東京高判昭49.8.27労判218-58）は，「（賞与は，）会社が従業員に対し労働の対価として，その支払いを義務付けられた賃金の一部であると認めるのが相当である。（略）右計算期間全部を勤務した従業員に対しては，右従業員がその後も在職しているか否かを問わず，当然，その期の賞与を支給すべき義務がある」と判断しています。

ウ　賞与の支給が明確でないケース（③ケース）

③ケースの場合，賞与は，任意に支給されるものであり，使用者も賞与を支給する義務はありません。したがって，例えば，使用者の意向の支給がなされる場合であっても，支給額が決定するまでに退職した労働者は，具体的な賞与請求権を有していません。

(2) 支給額決定後，支給日までに退職した場合

ア 賞与の支給の有無および支給額が都度決定されるケース（①ケース）

賞与が，対象期間勤務したからといって当然発生するものでないことは，これまでも述べたとおりですが，①ケースにおいても，退職前にすでに具体的金額が確定していますので，その時点で，賞与対象期間就労している当該退職者についても，在職している他の従業員と同様，具体的賞与請求権を取得するものと考えます。

したがって，使用者は，当該退職者についても，賞与の支払いが必要となるものと考えます。

イ 賞与額があらかじめ確定しているケース（②ケース）

②ケースにおいては，あらかじめ具体的支給額および具体的支給基準が定まっていますので，(1)と同様，使用者は退職者に対し当然に，あらかじめ決まっている額・基準に基づく賞与額を支給日に支払わなければなりません。

ウ 賞与の支給が明確ではないケース（③ケース）

③のケースにおいても，退職時に使用者が賞与の支給額を決定している場合については，当該退職者は，すでに賞与の具体的請求権を取得していますので，賞与の支払いが必要となります。

しかし，使用者は，その決定の際，退職予定者を除き支給を決定することができますので，実務においては，明確になっている退職予定者は賞与の支給対象とならないのではないかと考えます。

(3) 賞与対象期間中に退職した場合

ア 按分規定がある場合

賞与対象期間中に労働者が退職した場合について，賞与対象期間に対し，勤務した期間の占める割合に比例して，賞与を支給するとの按分規定があるので

あれば，その規定に従うことになります。

支払いについては，退職者からの請求があった場合，7日以内に賃金を支払わなければならないとされていることから問題となりえますが，特別な規定がなければ，所定の支給日の到来が支給の条件となっていますので，退職者についても，他の従業員と同様，賞与を請求できるのは，支給日以降ということになります（労基法23条1項参照）。

イ 按分規定がない場合
(ア) 賞与の支給の有無および支給額が都度決定されるケース（①ケース）

賞与対象期間中に退職した場合には，すでに勤務した期間がある以上，勤務した割合に応じて，具体的賞与請求権を取得するのではないかとも考えられます。

しかし，賞与対象期間中に退職した労働者は，対象期間の労務提供を完遂していません。また，このケースの賞与は，月例賃金とは異なり，必ずしも，勤務期間との対応で日々請求権が発生するものではありません。さらに，民法上，労働に対する報酬は，労働が終わった後でなければ請求できず，また，期間によって定めた労働に対する報酬は，その期間を経過した後でなければ請求することはできません（民法624条）。

そして，このケースについては，賞与対象期間中勤務した人について，査定等を行い，具体的支給額が決定してはじめて，具体的請求権が認められるのであり，また，対象期間中すべてを勤務し，受給の要件を満たしているわけでもありませんから，労働者に賞与の具体的請求権は発生せず，使用者に支給義務はないものと解します。

なお，この点，昭和53年の裁判例（ビクター計算機事件＝東京地判昭53．3．22労判297-48）においては，「従業員はその支給対象期間の全部を勤務しなくとも，またその支給日に従業員たる身分を失っていたとしても，原則として支給対象期間中勤務した期間の割合に応じて賞与の支給を受けるものと解するのが相当である」として，実際に支給された従業員の最低の支給率，また，期間

については，対象期間6カ月中5カ月間勤務していたことから，6分の5の割合で賞与を支給しています。

しかしながら，この裁判例には賞与の具体的金額の決定の有無，さらに本旨弁済（賞与はその計算期間全部に対し労務提供することの対価である）という視点が欠けており，判決として先例の意味は持たないと考えます。

(イ) 賞与額があらかじめ確定しているケース（②ケース）

このケースについては，年俸制の場合と，月給制＋固定賞与とでは異なる取扱いとなりますので，それぞれのケースを検討します。

i 年俸制の場合

あらかじめ具体的支給額や具体的支給基準が確定している賞与においては，査定，決定等を経ることなく，具体的請求権が発生することになります。

また，年俸制の場合，本来12等分して支払うべき賃金を，支払方法の選択として一部を賞与として支払っているにすぎませんから，月例賃金と同様に，使用者は，すでに勤務した部分については当該勤務期間に応じて賞与を支給せざるを得ないと考えます。

そして，わが国においては，月給制の場合，一般的にその実質は日給月給制であり，この場合，1日ごとの賃金額が確定しているため，月の途中で退職しても日割り計算で賃金が支払われることになるなど，その単位期間は1日となっています。他方，日給制の下で半日しか働かなかった場合，最低限度の単位期間（1日）に満たない労務提供であることから，半日分の賃金請求権が発生するとは考えられないことから，やはり単位期間としては1日が相当であると考えられます（なお，時給制であれば賃金は発生し，使用者は半日の債務不履行責任のみを請求できることになろうかと考えます）。

したがって，賞与のように1カ月を超えて支払われる賃金は，1日を単位として，賞与対象期間勤務した割合により按分支給することになり，本ケースにおいて賞与対象期間中に退職した場合も1日を単位として，按分請求が

可能となるものと考えます。もっとも、労働者が賞与を請求できるのは、所定の支給日が到来してからです。

ⅱ　固定賞与の場合

　固定賞与の場合もあらかじめ具体的支給額や具体的支給基準が確定しているため、賞与算定期間すべてを働いた場合、査定や決定等を経ることなく、具体的請求権が発生することは、年俸制と同様です。

　しかしながら、固定賞与の場合は、あらかじめ定まっている賃金の支払時期の問題ではなく、単に賞与額が一定額とされているにすぎません。

　したがって、賞与期間中に退職した労働者は、対象期間の労務提供を完遂していませんので、民法上の原則（民法624条）や月例賃金とは異なり、必ずしも勤務期間との対応で請求権が発生するものではないことから、労働者に賞与の具体的請求権は発生せず、使用者に支給義務はないものと解します。

(ウ)　賞与の支給が明確でないケース（③ケース）

　③ケースにおいては、支給の有無および支給額が決定するまでに退職した労働者は、具体的な賞与請求権を有しておらず、使用者に賞与の支給義務はありません。

2　支給日在籍要件が規定されている場合

　それでは、支給日在籍要件が定められている場合に、退職者への賞与の支払はどのようになるのかを検討したいと思います。

(1)　支給日在籍要件の適法性

　賞与の支給については、支給日に会社に在籍していることを要件と定める取扱いが一般的になっています。いわゆる支給日在籍要件です。

　このような取扱いについては、賞与対象期間中、就労したにもかかわらず、

支給日に在籍していないという事実だけをもって、賞与を不支給とすることは、賞与が賃金の後払い的性格をも有することから、不合理との考え方もあります（土田道夫『労働契約法』242頁参照）。

　しかしながら、賞与の支給義務は、支給対象期間労働することにより当然に発生する月例賃金と異なり、労働契約上当然に生じるものではなく、当該労働契約締結時の労使の合意によって生じるものです。

　そして、このような合意（賞与支給）をするかは自由なのですから、賞与支給を行う場合に一定の条件を付けることも有効です。

　したがって、就業規則に支給日在籍要件の規定を設けておけば、その就業規則施行後、労働契約を締結した社員に対しては、その内容が労働契約として、効力が及ぶことになります。

　そして、支給日在籍要件については、受給資格者を明確な基準で確定する必要から定められたものであり、規定の合理性が認められ、最高裁裁判例（大和銀行事件＝最一小判昭57.10.7労判399-11、京都新聞社事件＝最一小判昭60.11.28労判469-6等）において、「内容においても合理性を有する」もしくは「内容において不合理なものということはできず」として、その有効性が認められています。

　したがって、賞与対象期間中の労働に対する比率で賞与を支払ったり、また賞与支給対象期間中、すべての期間労働した労働者に対して、例えば少なくとも2分の1は支払わなければならないということもありません。

　使用者は、前項1のような議論に巻き込まれるのを避けるためにも、就業規則で支給日在籍要件、計算期間のすべての在籍を要件とする等の規定を設けておくべきです。

(2) 労使慣行

　明文の規定に基づかず、従前より、賞与支給日に在籍していた労働者のみ、賞与を支給していた場合、そのような労使慣行は、法的効力を持つといえるのかが問題となります。

このような労使慣行は，成文の規範に反する労使慣行ではないことを前提に，前記510頁のイ，ロ，ハの要件を検討することになります。

この点，賞与は，月例賃金とは異なり，本来，使用者に支払義務がないものであり，また，退職時の賞与の支払という特殊事情からすれば，そのような取扱いが長期間反復継続されている場合には，使用者は，支給日に在職している労働者にのみ賞与を支給するとの規範意識を有するものと認められ，当該労使慣行は，法的効力を有します。

また，前掲京都新聞社事件も「賞与の受給権の取得につき当該支給日に在籍することを要件とする前記の慣行は，その内容において不合理なものということはできず，上告人がその存在を認識してこれに従う意思を有していたかどうかにかかわらず，事実たる慣習として上告人に対しても効力を有するもの」と判断しています。

(3) 任意退職の場合

任意退職者，すなわち支給日まで在籍するか否かを自ら決定できる場合については，支給日在籍要件規定についての前記の結論は，当然に妥当します。

そして，この任意退職には，希望退職制度により，退職した場合も含みます。なお実務上は，多くの場合，支給することを条件として希望退職の募集を行っているものと思われます。

(4) 定年退職の場合

それでは，定年退職の場合に，支給日在籍要件に基づき，賞与を不支給とすることが有効となるのかが問題となります。

この点，賞与が賃金の後払的性格を有し，その安定性・確実性の要請が生ずることや，支給日在籍要件が労働者の退職の自由・職業選択の自由を制約する面を持つこと等から，定年退職者や被解雇者（解雇の理由は問わない）の場合は，自ら退職日を選択できず，将来の勤務への期待という要素もないので，支給日在籍要件は，賃金の一方的剥奪にあたり，公序違反として無効（民法90条）

であり，支払義務を負わせるべきだという説（土田道夫『労働契約法』242頁）もあります。

しかしながら，定年退職日は就業規則上，入社当初から明確になっており，退職時に賞与が支払われないことも明確になっています。したがって，労働者にとって不測の損害というわけではありませんので，支払義務はないと考えます。

この点，前掲カツデン事件は，「賞与の前記性質及び支給日在籍要件も給与規程に明記されていることからすれば，支給対象期間経過後支給日の前日までに退職した者に不測の損害を与えるものとはいえないし，支給日在籍者と不在籍者との間に不当な差別を設けるものということもできない」と判断し，定年退職者に対する支給日在籍要件を有効としています。

(5) 解雇の場合

次に，解雇については，前記のとおり，解雇理由に関係なく解雇者に対する支給日在籍要件は公序に反し無効であるとする考え方もあります（土田道夫『労働契約法』242頁）。

しかし，支給日前に労働者を普通解雇，懲戒解雇した場合には，解雇が正当なものである限り，支給日に在籍できないのは労働者の責に帰すべき事由ですから，支払義務はないといえます。

次に，整理解雇の場合にも，同様に支払義務はないものと解しますが，会社都合の解雇であり，かつ，その正当性には厳しい要件が課せられており，賞与計算期間を在籍した社員に賞与を支給せずに解雇すれば，権利の濫用として無効となる可能性も考えられますので，実務上は，支払義務が事実上課せられているのと同様の状況といえます。

(6) 支給日在籍要件を新たに規定すること

従前から，支給日に在籍していた労働者に対し賞与を支給するとの慣行が存在していた場合に，そのことを就業規則等に明文化した場合には，当該慣行を

明確にしたものですから，新たに就業規則等に規定することは合理的であり，問題はありません。

しかしながら，従前は，賞与を支給日に在籍していた人に限らず，退職者についても，賞与対象期間の勤務日数等の一定の割合で支給していた場合には，新たに支給日在籍要件を設けることは問題となります。

この場合，すべての労働者はいずれ退職することから，特定の従業員にだけ不利益が生じるわけではありませんし，それぞれの従業員が通常半年の勤務に対する1回の不利益であり，また，支給日在籍要件が多くの企業で採用されていることから，社会的相当性も認められ，過半数労働組合や過半数代表者との協議が尽くされている場合や多くの従業員が同意している場合には，新たに設けた支給日在籍要件の規定には，合理性が認められるものと解します。

なお，支給日在籍要件を適用するのは，次期の賞与対象期間に対応する賞与からにすべきであり，この点が合理性を基礎づける要素ともなります。

さらに，在籍要件規定を導入後，3年以内に定年退職する従業員には，この要件を適用しないとの暫定措置を入れるのも1つの方法だと考えます。

3　支給日が遅れた場合

賞与の支給日が本来の支給日からずれ込んだというような場合についても，支給日在籍要件を適用して賞与を不支給とすることができるかは，問題があります。

(1) 支給日が明確となっている場合

支給日在籍要件とともに，支給日について，例えば「6月とする」「6月10日とする」というように，支給月または支給日が明確に定められている場合，支給日在籍要件の解釈として，支給日たる「6月又は6月10日に在籍」することを支給要件としているものであると考え，支給日在籍要件は本来の支給日の不在籍者のみに適用があるとして，支給日に在籍しなかった者の賞与請求権を認

めるべきであるとする考え方もあります（土田道夫『労働契約法』243頁）。

　しかしながら，支給日を，実際の支給日と規定上の支給日のいずれと解するかにかかわらず，あらかじめ賞与額が確定していない場合においては，退職時に具体的支給基準が確定していない以上，退職した従業員には，賞与の具体的請求権が発生していませんので，当該退職者は賞与を請求することはできないものと解します。

　もっとも，賞与支給が遅れた原因や退職理由によっては，期待権の侵害と評価され，不法行為責任が成立する可能性はあります。

　なお，明確に定められた支給日が遅れた場合についての代表的な裁判例（ニプロ医工事件＝東京高判昭59．8．28労判437-25）は，賞与支給基準に関する労使交渉の遅れから，賞与支給日が規定より2カ月以上遅れたため，任意退職者が賞与支給を受けることができなかった事案において，「右支給時期の変更に伴い，当然に支給対象者の範囲に変更を生じ，当該支給日在籍者を支給対象者とする旨の被控訴人主張のような慣行が適用されるものではないとするのが相当である。（略）被控訴人と組合間において，本件賞与の支給日を同月13日とし，右支給日在籍者を支給対象者とする旨の合意が成立したとしても，右合意は，（略）慣行に反するものであると同時に，控訴人らの本件賞与を受給する権利を一方的に奪うものであることは明らかであるから，控訴人らの同意ない限り，少なくとも本件賞与を支給日在籍者にのみ支給する旨の右合意の効力は，控訴人らには及ばない」と判断しており，前者の見解と同様の立場をとっていると考えられます。

　また，須賀工業事件（東京地判平12．2．14労判780-9）は，賞与支給の組合員平均月数を決める労使交渉の遅れから，賞与支給日が規定より3カ月以上遅れたため，任意退職者が賞与支給を受けることができなかった事案において，本件賃金規則の支給時点の在職者とは，「下期賞与の支給が予定されている毎年6月10日，上期賞与の支給が予定されている毎年12月10日に，それぞれ被告に在籍している従業員に対してのみ下期賞与，上期賞与を支給することは被告の慣行であるといえるのであってこのことも併せ考えれば，本件賃金規則22条に

いう「支給時点の在籍者」とは、下期賞与の支給が予定されている毎年6月10日、上期賞与の支給が予定されている毎年12月10日に、それぞれ被告に在籍している従業員を意味するものと解され、そのような意味である限り」、支給日在籍要件には合理性があるものと認められ、「現実に賞与が支給される日が団体交渉の妥結の遅れや被告の資金繰りなどの諸般の事情により本件内規において支給日と定めた特定の日より後にずれ込むことも考えられない事態ではないが、(略)そのような場合についても、賞与の支給対象者を本件内規において賞与の支給日と定めた特定の日に被告に在籍する従業員ではなく、現実に賞与が支給された日に被告に在籍する従業員とすることは、(略)賞与請求権を取得した者の地位を著しく不安定にするもので、合理性があるとは言い難い」と判断しています。

しかしながら、やはり、退職時に具体的賞与額が決定しておらず、賞与の具体的請求権が発生していないにもかかわらず、当該退職者が賞与を請求できると考えることはできませんし、支給日まで辞めなければよかったのです。

また、実際の支給日の在籍を支給の要件とする労使合意がなぜ慣行に反するとして劣後するのか、という点についても論理的に説明できておらず、妥当な判決とはいえません。

したがって、定年退職者については、任意退職者と異なり、本人の意思による選択がありませんので、賞与請求は認められると考えます。普通解雇や懲戒解雇されたものは、約束どおり誠実に労務提供していればよかっただけですから、使用者に賞与の支給義務は発生しないと考えます。

(2) 支給日が記載されていない場合

例えば、「賞与は年2回支給する」というように賞与の支給日について、何ら記載がなされていない場合については、まさしく、実際の支給日に在籍することが、賞与支給の要件となります。

また、前項と同様、そもそも賞与の具体的支給額が決まっていない段階においては、賞与の具体的請求権が発生しておらず、退職者は賞与を請求すること

はできず，さらに支給日の具体的記載がない場合については，賞与への期待権侵害による不法行為責任が成立する可能性は低いものと考えます。

(3) 実務的対応

使用者としては，上記のような議論に巻き込まれるリスクを避けるため，支給日在籍要件の規定の中に，「現実の支給日が賞与規定とずれた場合，現実の支給日のほうを支給日在籍要件の支給日とみなす」との規定を入れ，対応することが適切です。

4　支給後の在籍を要件とすること

さらに，支給日以降一定期間の在職を賞与支給の条件とし，一定期間内に退職した場合には，賞与の全額または一部の返還を求めるとの規定の有効性について問題となります。

この点，支給日在籍要件と同様，賞与支給をするかは自由なのですから，賞与支給を行う場合にこのような条件を付けることも有効であること，また賞与が単に過去の勤務に対する対価だけでなく，将来の労働に対する期待をも含んでいることから，有効であるとも考えられます。

しかしながら，一定の場合に賞与支給後の返還を求めることにより長期間労働者の退職を防止することは，退職の自由との関係でも問題となりえます。また，一度支給した賞与を返還させるという対応については，労務管理上適切ではありませんし，後記裁判例のように一定割合について返還を認める裁判例もありますが，この裁判例を前提としても，いつまで退職を制限することができるのか，返還できる割合はどの程度かなどの複雑な問題が生じえますので，このような取扱いは，実務上避けるべきであると考えます。

この点，支給日後，約半月以内に退職する者については，給与規程の委任を受けた賞与支給基準を変更する旨の賞与支給基準書の規定に基づき，退職者に対し，賞与額の8割以上の返還を求めた裁判例（ベネッセコーポレーション事

件=東京地判平8．6．28労判696-17）は，従業員に対する将来の期待部分を賞与の趣旨に含めて賞与額に反映させることが禁じられるものではないが，年内退職予定者に対して，過去の賃金とは関係のない純粋な将来に対する期待部分について，非退職者との間に一定の範囲を超えて格差を設けることは，労基法24条の趣旨に反し，民法90条に違反し，また，給与規程の委任の枠を超え，原告における賞与制度の趣旨を阻害するものであるとしたうえで，「その範囲・割合については，本件支給基準書に記載された従業員の各類型毎の支給基準を対比し，在社期間の短い中途入社者は将来に対する期待部分の割合が比較的多い類型の従業員であると思われること等の諸事情を勘案し，弁論の全趣旨に照らして判断すると，当時の被告については，これと同一の条件の非年内退職者の賞与額の2割とするが相当である」と判断して，賞与額の2割の返還を認めています。

　上記裁判例については，判例上その有効性が認められている支給日在籍要件との関係で，当該規定を民法90条により無効とすることには論理的整合性がとれているのか疑問であり，また，なぜ将来部分が2割と判断されたのかなど，種々の問題を含んでいます。

第4節 賞与制度設計の際の考慮要素

1 賞与制度

　前記のとおり，賞与は本来，月例賃金とは異なり，本来，使用者に支払義務はありません。

　そのため，労働契約で合意した場合に，はじめてその支払義務が発生することとなります。

　そして，通常は，就業規則（給与規程）に賞与支給およびその支給基準が，定められ，当該規定が契約の内容となるため，当該規定に基づき，賞与支給がなされます。

　支給にあたっては，抽象的な就業規則（給与規程）の規定内容に従って，使用者がその都度支給額を決める場合や就業規則の授権を受けた別規定において，詳細な基準を規定化したうえ，賞与支給を行う場合等があります。

　このような場合，支給要件，査定要素，賞与算定方法等の支給基準について，どのような制度設計にするかは，使用者が自由決定することができます。

　もっとも，制度設計にあたっては，以下のような点に注意することが必要となります。

2 規定した基準以外での賞与の査定について

　就業規則等に明文化した賞与に関する規定は，当事者を拘束し，労働契約の内容となりますので，賞与額の決定については，当然，その規定に従うことに

なります。

そこで賞与額決定に関して、例えば「会社の業績により決定する」旨の規定しかない場合に、労働者の個人の成績等を加味することはできるのかが問題となります。

この点、本来、賞与支給は使用者に義務づけられていない任意のものであること、また賞与が功労報償的性格、将来の労働への期待、賃金の後払い的性格等、多面的な性格を有していることからすれば、会社の業績のみならず、個人の成績等も加味することができるものと考えられます。もっとも、明確性、労働者の予見可能性等からすれば、就業規則等に、会社の業績のみならず、労働者個人の成績等も加味する旨の規定を追加すべきです。

なお、賞与に関する事項は、就業規則の相対的必要記載事項であり、本来、支給が任意なものである賞与の判断要素について、わざわざ就業規則に記載したのであれば、判断要素をこれに限定する趣旨として、契約内容となってしまい、記載していない事項については、判断要素として加味することはできないのではないか、また、判断要素を増減させるには労働者の合意がいるのではないかという議論も生じえます。

したがって、実務上、判断要素の記載をする場合、判断要素に「等」という文言を記載すべきであります。

3　欠　勤

(1)　欠勤に応じて賞与額を控除すること

出勤率は、会社への貢献度や労働意欲等を判断する1つの要素といえますので、欠勤、遅刻、早退を賞与の勤務態度等を査定するうえで、マイナス査定の考慮要素とすることは問題ありません。

それでは、賞与の算定にあたって、欠勤数に応じて一定の割合で賞与額を減額する取扱いが行われる場合、このような取扱いは、労基法91条（制裁規定の

制限）の適用を受けるのではないか，賞与の賃金的性格との関係で問題となります。この点については，第4章第4節（労基法91条）を参照してください。

(2) 一定の出勤率を賞与の支給条件とすること

賞与支給にあたり，一定割合のカットではなく，一定の出勤率をその支給の要件とすることができるかが問題となります。

前述のとおり，賞与は，使用者が具体的金額，具体的支給額を決定してはじめて具体的請求権が認められるのですから，いかなる基準を設けるかは，使用者の裁量に任せられており，労働者の出勤率の低下防止の観点から，支給要件として，出勤率の低い者について賞与を支給しないとすることは可能であると考えます。

この点，賞与の支給要件として出勤率が90％であることを必要とする規定（90％条項）において，出勤率の算定上，産前産後休業を欠勤扱いとしていたことが争われた判例（東朋学園事件＝最一小判平15.12.4労判862-14）において，後記のとおり，産前産後休暇を欠勤率の算定上，欠勤と扱うことは，公序に反し無効であるとしたものの，「従業員の出勤率の低下防止等の観点から，出勤率の低い者につきある種の経済的利益を得られないこととする措置ないし制度を設けることは，一応の経済的合理性を有するものである。（略）90％条項は，賞与支給対象者から例外的に出勤率の低い者を除外する旨を定めるものであって，賞与支給の根拠条項と不可分一体のものであるとは認められず，出勤率の算定にあたり欠勤扱いとする不就労の範囲も可分であると解される」と判断したうえで，無効となった部分以外の本件90％条項，すなわち通常の欠勤で出勤率算定し，90％以上出勤していることを賞与の支給要件とすることを有効としました。

このような，出勤率条項は，賞与の支給だけでなく昇給の場合にも争われた事例があります（日本シェーリング事件＝最一小判平元.12.14労判553-16）。昇給の場合は，その影響がその後一生継続する可能性があり，重大な不利益となるおそれがありますが，賞与は半年の勤務に対する報酬の問題と考えれば，

昇給と賞与では大きな差があるといえます。

4　年次有給休暇

　賞与額決定の過程において，支給対象期間中の出勤率を賞与の判断要素とすることがあります。
　そこで賞与支給額の決定の過程で年次有給休暇を欠勤扱いとし，賞与額決定において，マイナス要素として考慮することができるのかが問題となります。

(1) 有給休暇取得による不利益取扱いと法の規制

　労基法136条は「使用者は，第39条第１項から第４項までの規定による有給休暇を取得した労働者に対して，賃金の減額その他不利益な取扱いをしないようにしなければならない」としています。
　この規定が強行法規であれば，賞与計算上，年次有給休暇取得を欠勤扱いとして，賞与額の一部を控除することは，不利益な取扱いとして違法となります。
　この点，学説においては，労基法39条自体を強行法規と解し，不利益取扱いを同条違反として，無効と解する見解が多数説を占めています（土田道夫『労働契約法』346頁）。
　しかしながら，判例（沼津交通事件＝最二小判平５.６.25労判636-11）は，「右規定は，それ自体としては，使用者の努力義務を定めたもの」と判断し，この規定を禁止規定とは捉えず訓示規定と解し，またそのうえで，労基法上の権利の行使を理由に何らかの不利益措置をとる場合の効力について，「その趣旨，目的，労働者が失う経済的利益の程度，年次有給休暇の取得に対する事実上の抑止力の強弱等諸般の事情を総合して，年次有給休暇を取得する権利を抑制し，ひいては同法が労働者に右権利を保障した趣旨を実質的に失わせるものと認められるものでない限り，公序に反して無効となるとすることはできない」としました。
　したがって，不利益な取扱いがすべて労基法39条に反し無効となるのではな

く，労基法136条が訓示規定であることを前提に，不利益な取扱いにより，労基法が有給休暇を保障した趣旨を実質的に失うものとなるか否かを，その制度の趣旨，目的，労働者の不利益の程度等から判断し，民法90条の公序良俗違反により無効となるかを検討することになります。

(2) 有給休暇取得と不利益取扱い

　そこで，賞与支給の際に年次有給休暇取得日を欠勤扱いとして賞与の算定を行うという取扱いが，公序良俗により無効となるのかが問題となりますが，結論として，当該取扱いはできるだけ避けるべきであると考えます。

　なぜなら，年次有給休暇を取ることにより，賞与において，マイナス評価されるのであれば，やはり，年休権の行使を妨げるものといえるからです。

　この点，判例（エス・ウント・エー事件＝最三小判平4．2．18労判609-12）は，「使用者に対し年次有給休暇の期間について一定の賃金の支払を義務付けている労働基準法39条4項（現39条5項）の規定の趣旨からすれば，使用者は，年次休暇の取得日の属する期間に対応する賞与の計算上この日を欠勤として扱うことはできないものと解するのが相当である」と判断しています。

　なお，年次有給休暇取得を皆勤手当や賞与額決定の際に欠勤扱いとした裁判例（皆勤手当について前記沼津交通事件，賞与額決定について前掲錦タクシー事件）が，それぞれの規定や取扱いを公序に反する無効なものとはいえないと判断していることからすれば，賞与の減額幅が大きいものではなく，労働者が受ける不利益の程度が低ければ，そのような取扱いをすることも可能であると考えることもできます。

　しかしながら，当該裁判例は，規定および制度の趣旨が，経営がタクシーの運賃収入に依存するため，乗務員の出勤確保の必要性が非常に高いタクシー会社において，タクシーの実働率向上と運転手の出勤率維持という目的を重視した上，経済的不利益が比較的小さいことを理由に判断したものです（タクシー会社の場合，安全運転の面から代替労働力を簡単に用意できないという事情があります）。

そのため，このような収入を労働者の乗務による運賃収入に依存しているという特殊性が共通する業態（例えば，運送業におけるドライバーなどが考えられます）では，タクシー会社の場合と同じように，精勤手当の減額ないし不支給が有効とされる可能性がありますが，他の業種一般に妥当するものではないといえます。

(3) 業績に差が出る場合

もっとも，年休を多く取得している者と取得しない者との間で業績に差が生じている場合，例えば，年次有給休暇をすべて消化する営業社員と全く消化しない営業社員の間に，顧客獲得数の多寡が存在する場合，年次有給休暇取得それ自体ではなく営業成績等を人事考課で評価し，評価に差をつけることについては，当然のことながら問題がありません。

(4) 特別有給休暇の場合

ところで，労基法で定められた年次有給休暇日数以上に付与されている特別有給休暇については，労基法の制約がありませんので，使用者が本来自由に取扱いを決めても構わないものであり，取得した者を賞与の算定上，欠勤として扱うことも可能であると考えます。

しかし，漫然と法定の年次有給休暇と同様に取り扱われるかのような規定をしており，労働者が法的な有休休暇を取得したのか，それとも特別有休休暇を取得したのか判別がつかない場合には，欠勤扱いにできなくなると解します。

5 生理休暇

労基法68条は，生理日における休暇の制度を規定していますが，年次有給休暇のように賃金の支払いを義務づけてはいません（ノーワーク・ノーペイの原則）。そして，休暇中の賃金は，労働契約，労働協約または就業規則で定めるところによって，支給しても支給しなくても差し支えないとされています（昭63.

3.14基発150号・婦発47号等)。

したがって，賞与制度において，欠勤として取り扱い，出勤率に応じて減額の要素とすることも可能です。

もっとも，賞与を欠勤として取り扱い，欠勤1日につき，150分の50カットするというような場合には，その経済的不利益の程度が大きく，生理休暇の権利を差し控えるよう機運を生じさせることになりますので，そのような取扱いは，無効となる可能性があると解します。

この点，精勤手当の支給について生理休暇取得を欠勤として扱った判例（エヌ・ビー・シー工業事件＝最三小判昭60.7.16労判455-16）は，欠勤扱いとすることについて「その趣旨，目的，労働者が失う経済的利益の程度，生理休暇の取得に対する事実上の抑止力の強弱等諸般の事情を総合して，生理休暇の取得を著しく困難とし同法が女子労働者の保護を目的として生理休暇について特に規定を設けた趣旨を失わせるものと認められるのでない限り，これを同条に違反するものとすることはできない」としたうえ，精勤手当は，「所定の要件を欠く生理休暇及び自己都合欠勤を減少させて出勤率の向上を図ることを目的としたものであって，生理休暇の取得を一般的に抑制する趣旨に出たものではない」等を理由として，生理休暇の欠勤扱いを有効としています。

また，賃上げは稼働率80％以上の者とするとの労使協定の規定（80％条項）に関し，年休，産休，労災休業等と並んで，生理休暇についても，欠勤として扱い，稼働率を計算する取扱いがなされていた判例（前掲日本シェーリング事件）においては，生理休暇も含め，「労基法又は労組法上の権利に基づく不就労を稼働率の算定の基礎としている点は，労基法又は労組法上の権利を行使したことにより経済的利益を得られないこととすることによって権利の行使を抑制し，ひいては，右各法が労働者に各権利を保障した趣旨を実質的に失わせるものというべきであるから，公序に反し無効である」と判断していますが，当該判例は，「本件80％条項に該当した者につき除外される賃金引上げにはベースアップ分も含まれているのであり，しかも，上告会社における賃金引上げ額は，毎年前年度の基本給額を基礎として決められるから，賃金引上げ対象者から除

外されていったん生じた不利益は後続年度の賃金において残存し、ひいては退職金額にも影響するものと考えられるのであり、条項に該当した者の受ける経済的不利益は大きなものである」として、その不利益性が高いことを重視しています。

したがって、原則として、生理休暇を欠勤として取り扱うことは問題ありませんが、その経済的不利益の程度如何によって、公序良俗に反し、無効となる可能性があります。

なお、賃金の支払いに関して、当該女性に著しい不利益を課すことは法の趣旨に照らして好ましくないとされている（昭63.3.14基発150号・婦発47号等）ことには注意が必要ですが、「著しい」がどの程度のことを指すのかが不明確であるため、当該通達は適切なものとはいえません。

なお、当然のことながら、ノーワーク・ノーペイの原則の適用は不利益取扱いではありません。

6　産前産後休暇

労基法は、生理休暇と同様、産前産後における休暇の制度を規定しています（労基法65条）が、賃金の支払いを義務づけてはいません。

したがって、生理休暇と同様に産前産後休暇も欠勤として取り扱い、減額の要素にすることは可能であると考えます。

しかし、生理休暇においても、その経済的不利益の程度が大きく、産前産後休暇の権利を差し控えるような機運を生じさせることになりますので、そのような取扱いは、無効となりうると解します。

この点、判例（前掲東朋学園事件）は、賞与の支給要件として出勤率が90％であることを必要とする規定について、「出勤すべき日数に産前産後休業の日数を算入し、出勤した日数に産前産後休業の日数及び勤務時間短縮措置による短縮時間分を含めないものとしている部分は、上記権利等の行使を抑制し、労働基準法等が上記権利等の行使を抑制し、労働基準法等が上記権利等を保障し

た趣旨を実質的に失わせるものというべきであるから，公序に反し無効であるというべきである」としたものの，「上記各計算式の適用に当たっては，産前産後休業の日数及び勤務時間短縮措置による短縮時間分は，本件各回覧文書の定めるところに従って欠勤として減額の対象となるというべきである」と判断しています。

これは，産前産後休業を取得した場合，その間就労していないのですから，欠勤として扱い賞与の減額を行うことは許されるものの，90％条項の出勤率算定の基礎として産前産後休業を欠勤として取り扱うことは，90％という出勤率の数値からみて，従業員が産前産後休業を取得し，または勤務時間短縮措置を受けた場合には，それで同条項に該当し，賞与を受けられなくなるのであるから，その不利益は大きく，産前産後休暇の権利を差し控えるよう機運を生じさせ，その事実上の抑止力は相当大きいものであることを理由とするものです。

なお，産前産後休暇は，前掲日本シェーリング事件においても，80％条項の稼働率算定上，欠勤として取り扱うことは，公序に反するとされています。

7　業務災害による休業

労基法は，業務上の災害により負傷または疾病にかかり休業した場合，休業補償等の各補償義務を定めています（労基法75条ないし77条）。

また，年次有給休暇付与の際の要件である出勤率の計算において，出勤したものとみなされることになっています（労基法39条7項）。さらに，労災による療養期間およびその後30日は解雇することができないと規定されています（労基法19条）。

このように労基法は，業務災害による休業期間中については，使用者に対して一定の補償義務を課して経済面の補償を行うことを明らかにしていますが，それは法で保護の範囲を確定しており，賞与の査定に関しては理論的には欠勤と同様に扱うことになると考えます。

業務災害による休業であっても，労務提供がなされていないことには変わり

ありませんので，業務災害による休業を欠勤として扱い，減額の要素とすることや出勤して成果を上げている労働者と貢献度等の点で差を設けることは可能であると考えます。

　もっとも，業務災害による休業が使用者の安全配慮義務違反に起因する場合には，業務災害によって生じた逸失利益である不就労により生じた賞与の減額部分に相当する損害賠償責任が使用者に生じるおそれがあることには注意が必要です。

8　業績連動型賞与

　企業業績によって，賞与原資を決定する制度を業績連動型賞与といい，業績連動型賞与は全社業績連動型賞与と部門業績連動型賞与に分かれます。

　制度設計としては，賞与の固定部分を定め，業績連動部分によって賞与原資を変動させる企業が多く，企業業績向上により，賞与額が増加することから，労働者へのインセンティブを高める制度となります（土田道夫『労働契約法』244頁）。

　当該制度について，賞与の後払的性格，生計費補填の性格を踏まえると，固定賞与部分をゼロや僅少としたりする場合には，それに基づく具体的な賞与決定が濫用となるとの考え方もあります（前掲土田244頁）。

　しかし，賞与は，本来，使用者は賞与を支給する義務はなく，支給する場合には自由に制度設計できるのが原則です。

　したがって，賞与制度設計にあたって，原資をどの程度にするかなどについても使用者の自由であり，固定部分がゼロの場合に，業績悪化により賞与が不支給とされても問題は生じないものと解します。

　ただし，部門業績連動型賞与の場合には，同じ会社の従業員でありながら，支給額に大きな差がある場合，バランスを失し，労務管理上問題があることには注意が必要です。

第5節　賞与査定の限界

1　人事考課による査定

(1)　賞与査定と人事考課

　前述のとおり，賞与制度設計にあたって，いかなる制度を設計するかは使用者の自由ですが，大企業では，会社の業績によって「基本給等の基準額×支給率（○カ月）」というように算定される固定部分と，労働者個別の査定により算出される変動部分からなるケースが多くなっています。

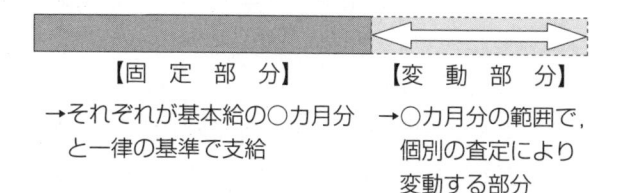

```
【固 定 部 分】          【変 動 部 分】
→それぞれが基本給の○カ月分　→○カ月分の範囲で，
　と一律の基準で支給　　　　　個別の査定により
　　　　　　　　　　　　　　　変動する部分
```

　そして，個別に査定する部分について，いかなる要素で査定するか，また査定要素を抽象的に規定するか詳細に規定化するかは使用者の任意ですが，労働者に公平性を疑われないように一定の客観性を保つ基準を設定しておくことが労務管理上適切となります。

　このような方法として，通常，採用されているのがいわゆる人事考課制度です。

　そして，本書が提示した典型的な賞与規定例のように，賞与による変動部分

については，就業規則（給与規程）等に勤務成績，勤務態度等を人事考課により査定したうえで決定されるのが一般的なケースといえます。

また，就業規則（給与規程）には抽象的に人事考課により査定する旨を定め，別途，詳細な人事考課方法を定める会社が多く存在しています。

なお，人事考課とは，人事管理の一環として，人事上の決定に必要な従業員に関する個人別の情報を把握するために行う評定のことをいいます。また，評定とは，一定の尺度に従って，価値・品質等を定めることをいいます。

そして，人事考課で決定された，個別の評価を賞与支給上の基準にあてはめ，賞与の変動部分の支給額が算定されるケースが通常です。

(2) 賞与査定の際に重視される人事考課要素

人事考課は，職能資格制度とセットで導入されたものですが，職能資格制度における昇格，昇級に限らず，定期昇給，賞与の査定，職務等級制度における昇級等，様々な場面に用いられます。

人事考課における査定においては，能力考課（知識，技能，判断力，企画力，技術力，指導力等），情意考課（挑戦度，責任感，協調性，規律性，顧客志向等），業績考課などにわたって所定の幅と基準に従って行われています（菅野和夫『労働法〈第9版〉』232頁）。

従前，賞与に関する人事考課においても，毎年の評価の積み重ねによって行われる長期的評価であることを特徴としており，勤続に基づき蓄積した知識や技術力等の能力考課，また，会社への貢献や忠誠心（ロイヤリティ）を判断するための情意考課等，年功的部分が重視されていました。

しかし，近年では，評価の割合について，年齢や勤続年数等の年功的部分を縮小・廃止し，個人の成績や部門の成績等の業績部分を重視した評価方法をとる会社が増加しています。

この点は，平成21年就労条件総合調査において，賞与を支給した企業のうち，賞与額決定の主たる要素について，57.1％の企業が「会社及び個人の業績や成果」としており，中でも，「短期の個人の業績・成果」とする企業（管理職18.1％，

管理職以外30.4％）が最も多くなっていることからも明らかです。

(3) 賞与査定と裁量権

これまで述べたとおり，賞与支給は任意のものであり，月例賃金と異なり，会社業績により賞与の原資をどれくらいにするのか，査定要素をどのようなものにするか，査定に基づき労働者にいくら支給するか等は，使用者の裁量に任せられています。

また，人事考課等での査定の際，個別にどのような評価を行うかも使用者の裁量に任せられています。

もっとも，すべて裁量に任せられていて，どのような判断を行ってもよいというわけでは，当然ありません。

この点，職能資格制度における不当な人事考課により，不当な等級に位置づけられたとして，賃金および退職金の差額等を請求した裁判例（光洋精工事件＝大阪高判平9.11.25労判729-39）は，「人事考課をするに当たり，評価の前提となった事実について誤認があるとか，動機において不当なものがあったか，重要視すべき事項を殊更に無視し，それほど重要でもない事項を強調するとか等により，評価が合理性を欠き，社会通念上著しく妥当を欠くと認められない限り，これを違法とすることはできないというべきである」と判断し，原則として，使用者の広い裁量が認められているが，社会通念上著しく妥当を欠く場合には，違法となりうることを明らかにしています。

また，長期にわたって経済的不利益を生じやすい，昇格等に関する人事考課より，一時的な金銭の支給にかかわる賞与に関する人事考課の方がより，広い裁量が認められるものと考えられます。

2 裁量権の限界事例

(1) 評価対象期間

　前述のとおり、賞与額決定の際の労働者の査定については、使用者の広い裁量が認められる一方、社会通念上著しく妥当を欠く場合には違法となります。

　そして、賞与支給に関する査定を行う際、査定は、規定に定められた対象期間について行わなければならず、対象期間外の事由を評価することはできません。

　この点、経営陣批判をした管理職が当該批判を行った時期と対応（支給対象期間）する賞与のみならず、その次の賞与支給時においても賞与不支給とされ、その他の賞与査定においても最低ランクの評定がなされたことが争われた裁判例（マナック事件＝広島高判平13.5.23労判811-21）は、「賞与を支給するか否かあるいはどの程度の賞与を支給するか否かにつき使用者は裁量権を有するというべきである。（略）本件人事考課規程により、支給額決定のための評点を決定するにつき、業績評定の実施手順や評定の留意事項を詳細に定めていることからすると、1審被告の賞与査定にこれらの実施手順等に反する裁量権の逸脱があり、これにより1審原告の本件賞与規程及び人事考課規程により正当に査定されこれに従った賞与の支給を受ける利益が侵害されたと認められる場合には、1審被告が行った賞与査定が不法行為となるものと解する」としたうえで、経営陣批判を行った時期と対応する賞与の査定に裁量権の逸脱はないが、その他の期間の賞与査定において、当該経営陣批判を査定対象としている点で裁量権を逸脱し、違法である旨判断しています。

(2) 手続の遵守

　また、使用者が明文により定めた査定方法等については、規定を遵守して、適正に手続および査定を行う必要があります。

そして，賞与支給にあたって，査定が行われると規定されている場合には，使用者は，規定に基づき査定を行う義務が発生します。

この点，裁判例（金融経済新聞社〔賃金減額〕事件＝東京地判平15.5.9労判858-117）は，「賞与は，会社の毎決算期の業績に応じて，本人の職務遂行能力及び勤務成績等を考慮した賞与支給のための査定考課に基づき，毎期夏期及び冬期に支給すると定められているのであるから，(略)賞与の減額は合理的な査定を行うことによって初めて可能であり，査定を行うことなく給与額の減額を行うことは労働契約違反」であるとしたうえで，賞与の減額は，人事考課を経て決定する旨の規定があるにもかかわらず，会社が主張するような査定が行われていなかったとして，賞与の減額を無効と判断しました。

(3) 評価者が適切でない場合

人事考課について使用者に裁量があるといっても，評価は当該労働者の勤務態度等の評価要素を把握しうる立場にある者が行うべきです。評価者が把握し難い事情を評価しているような場合には，そのような評価が無効となる可能性があります。

この点，給与や配置等に反映させる人事考課について，1次考課者で直属の上司である海外事務所所長が評価点を35点としていたものを，日本に在籍し，原告の勤務状況を把握し難い状況にあり，第2次考課者である本部管理部長が評価点を29点とした点について争われた裁判例（国際観光振興機構事件＝東京地判平19.5.17労判949-66）は，「本件評定を決定的としたB部長の本件修正では，本件人事制度の実施の際の原告の不手際やこれに関する原告の態度が大きく反映しているとみるほかないが，このような事情はマイナス評価を受け得るものであることは否定できないものの，本件評価対象期間における原告の職務行動等を把握する上では断片的なものであるばかりか，主観的な受け止めによるところが大きい事情であるから，かかる事情から直ちに原告の本件評価対象期間中の職務行動等を徴表させる事情として重視するのは危険である。(略)また，上記のような事情は本件評価対象期間における日常の原告の職務行動等

の観察を通じて評価するのが適切であり，したがって，その評価については，日頃職員の勤務態度等に接している直属の上司のそれを尊重することが，本件人事制度においても当然の前提となっていると解される。(略)本件修正は，上記の人事評価の前提的ルールを超え（日頃の勤務態度に接していないB部長が，原告に関する人事評価を全面的なやり直したに等しい。），同部長の感情や同部長を基準とした見方を強く反映していたとみるのが相当である」として，本件人事評価は合理性を欠き，人事考課に基づく降格等は人事権を濫用したものとして無効となると判断しました。

　この裁判例は，賞与の評価にも妥当するものといえます。

第6節 非正規社員と賞与

1 パートタイマーについて

　賞与について，パートタイマーを支給対象とするか否かは自由です。通常は，パートタイマーには賞与が支給されないか，正社員と比較してごく少額しか支給されないのが一般的です。

　そこで，パートタイム労働法6条は，パートタイマーを雇い入れた際には，労基法15条で定める明示すべき労働条件に加えて，「賞与の有無」についても文書で明示しなければならないと定めています。

　パートタイマーに賞与を支給するとしても，インセンティブの意味で，随時に支給することがある程度の制度として設計しておくべきと考えます。この場合，労働契約締結の際の「賞与の有無」の明示では，「業績に応じて，賞与を支給することがある」などといった記載となります。

　なお，実務上は，契約期間の定めがあれば，契約更新時に賞与見合いのものを支給すればよいと考えます。

　すでに説明しているとおり，パートタイマーが通常の労働者と以下の要素を比較して，「通常の労働者と同視すべきパートタイム労働者」に該当する場合，「短時間労働者であることを理由として，賃金の決定，教育訓練の実施，福利厚生施設の利用その他の待遇について，差別的取扱いをしてはならない」ことになり（パートタイム労働法8条），賃金は月例賃金に限らず，賞与・退職金・各種手当等についても差別してはならないものとされます。

① 職務の内容（業務の内容及び責任）
② 人材活用の仕組みや運用など（人事異動の有無及び範囲）
③ 期間の定め

　しかし，このパートタイム労働法8条に違反しても，同法は罰則を有しておらず，行政の対応としても厚生労働大臣による助言・指導，勧告を行うのみであって（同法16条），企業名公表の対象にもなりません。加えて，同法8条違反が民事上の損害賠償請求の根拠になるとも考えられないため，本条は実質的な効力を持たないものといえます。

　加えて，パートタイム労働法8条に該当するパートタイマーは，全体の0.1％にすぎないという統計もあり，実務では問題にならないといえます。

2　フルタイマーについて

　賞与について，フルタイマーを支給対象とするか否かも自由です。

　なお，フルタイマーに対して賞与を支給するとしても，生活保障給的に確定額の賞与支給を確約することはあまり一般的ではないといえます。フルタイマーが，人件費の流動費化を目的とした労働力であるという前提からも，業績等に応じ，インセンティブの意味で，随時に支給することがあるといった程度の制度としておくべきと考えます。

第11章

退職金

第1節

退職金の性格

1 退職金の意味

(1) 退職金とは

　退職金とは，労働契約の終了に伴い，使用者が労働者に支払う一定の金員のことをいいます。この退職金には，その支払方法により，一般的に退職金と称される退職時に一度に支払う「退職一時金」と，年金方式により支払われる「企業年金（退職年金）」があります。

　退職一時金は，江戸時代，年季奉公明けの職人に対し，「のれん」を分けることに端を発しているといわれています。これは，商家において，長年，丁稚から年季奉公を行った者に対する功労報償的な給付でした。

　その後，産業の変化とともに，「のれん」ではなく「貨幣」を渡すようになり，また1900年代に入ると，特に八幡製鉄等の企業で働く熟練工の引留め策として，退職金が機能するようになりました。

　第2次大戦前の不況下においては，失業者に対する生活保障としての機能も期待され，昭和11（1936）年に制定された退職積立金及退職手当法においては，一定の規模を有する事業について退職金の積立ておよび支払いが義務づけられていました。

　戦後になると，退職積立金及退職手当法は，厚生年金保険法に代替する形で廃止され，以降退職金制度が法的に義務化されることはなくなりました。しかし，戦後直後の混乱期の人員整理等をめぐる労使交渉の中で，退職金が大きく

クローズアップされ，退職後の生活保障として大きな役割を持つ退職金について，労働組合の制度化の要求もあり，慣行ではなくその支給根拠が明確になるように，労働契約の枠の中で制度化されるようになりました。

昭和34年に中小企業退職金共済法が制定されると，大企業だけでなく，独自の力で退職一時金制度を設けることができない中小企業においても，労働者の労働条件の向上，有能な人材の確保等の観点から，退職一時金制度が普及していくこととなりました。

他方，企業年金制度は，明治期の先進的な経営者がドイツの制度をとり入れて実施したのが始まりと考えられていますが，退職一時金と実質的な目的を同じくするものとして，並行して普及していきました。

そして昭和37年に，税制上の優遇措置が受けられる適格退職年金制度，昭和41年には同じく税制上の優遇措置が受けられる厚生年金保険法に基づく厚生年金基金制度が創設されると，企業年金制度を導入する企業も増えていきました。

現在では，退職一時金と企業年金とは，まとめて「退職金」や「退職手当」等と呼ばれ，一時金制度か年金制度かは支払方法の違いであると整理されることが多いようです（こうした観点から，企業年金制度はしばしば「退職年金」とも呼ばれます）。

厚生労働省の統計を見ると，平成20年就労条件総合調査（以下「平成20年調査」）によれば，83.9％の企業が退職金制度を有しており，このうち，退職一時金制度のみの企業が55.3％，企業年金制度のみの企業が12.8％，両制度を併用している企業が31.9％となっており，今も多くの企業で退職金制度が導入されていることがわかります。

また従業員1,000人以上の企業では，95.2％の企業が退職金制度を有し，このうち，退職一時金制度のみの企業が19.3％，企業年金制度のみの企業が23.7％，両制度を併用している企業が56.7％となっており，大手企業では企業年金制度を設けているケースが多く，その割合は8割を超えています。

企業年金制度の具体的な制度内容については，本来的には各企業と労働者が自由に契約によって決定できるものですが，日本では生活保障政策の一環とし

ていくつかの類型の企業年金について特別に定義し，主として税法上の保護を与えるという立場をとっています。そうした保護を受ける制度として，適格退職年金制度（平成24年3月末で税法上の保護措置は廃止），厚生年金基金制度，平成13年10月施行の確定拠出年金法による確定拠出年金制度，平成14年4月施行の確定給付企業年金法による確定給付年金制度等があります。他方，社内に年金原資を積み立てる自社年金には，法律上特別の保護は与えられていません。

以上のような各種の企業年金に関しては第12章に譲り，本章では「退職一時金」のことを中心に取り扱います。また，本章では特段の断りがなければ，退職金とは退職一時金のことを指します。

(2) 退職一時金の制度設計

平成20年調査によれば，退職金制度を設けている企業のうち，87.2%の企業が退職一時金制度を有しています。

退職一時金の制度設計としては，以下のような制度があります。

① 月例賃金と連動する制度
② 月例賃金と連動しない制度

ア 月例賃金と連動する制度

従前，退職金の額については，算定基礎額を退職時の賃金の一部（多くは基本給）として，当該算定基礎額に勤続年数別の支給率を乗じて算定される仕組みが採用されることが多くなっていました。こうした仕組みでは，旧来の年功的な賃上げに伴って算定基礎額も増加していくことになります。

また，その支給率については，勤続年数に応じて逓増する制度が多く見られ，勤続への高いインセンティブとなっていましたが，他方で上記算定基礎額の増加もあり，退職金の増加に歯止めがきかない傾向が見られました。

加えて，昭和60年代から平成10年代にかけての定年延長政策に伴う高齢化によるコスト増，平成一桁代後半から深刻化してきた資産運用環境の悪化による

利回り減，平成13年3月期から導入された新退職給付会計基準による退職金債務の表面化等を背景に，各企業は平成10年代以降，退職金制度の改定を本格化させていきます。

その1つの方策として，基本給を分割し（第1基本給，第2基本給等），その一部（第1基本給）を退職金の算定基礎額とすることが挙げられます。平成20年調査によれば，退職一時金制度を設けている企業のうち，22.4％が算定基礎額を基本給の一部としています（すべての基本給を基礎としているのは34.2％）。また，支給率についても，勤続年数に応じて逓増する仕組みではなく，60歳定年延長等を契機として，一定の年齢以降については支給率の上昇率を逓減させる制度や一定年齢で支給率の上昇を停止する制度を採用するケースも増えています。

> 退職一時金の額＝退職時の月例の基本給×支給率
> ＊月例の基本給はその一部を計算基礎とするケースもある。
> ＊支給率については，勤続に比例し逓増するだけでなく，ある一定の年齢以降は，増大しないケースもある。

イ 月例賃金と連動しないタイプ

前述のとおり，退職金の額が退職時の基本給と連動する制度では，年功型の賃金や賃上げにより上昇した退職時の基本給の額を計算基礎として，さらに年々上昇する支給率によって退職金額が算定されるため，退職金額が増大することや，賃金改定によって退職金の額も変動するため，賃金改定の制約要因となること等から，現在では，退職金の額が退職時の基本給と連動しない制度を採用するケースも増えています。

㋐ ポイント制方式

そうした制度の中で企業が最も多く採用している制度が，ポイント制方式で

す。

　ポイント制方式とは，労働者の在職中の資格・等級，勤続年数等を基準として１年あたりのポイントを設定したうえ，当該基準に応じてポイントを付与し，退職時に取得ポイント数に単価を乗じることによって退職一時金額を算出する制度です。

　当該制度は，退職金の額を月例の基本給から断ち切ることにより，月例の基本給とは異なるコントロール下に置くことができるほか，労働者の在職途中の能力や貢献を退職金に反映しやすくなり，また流動化した労働市場において，勤続だけでは評価することができない中途入社の労働者について，退職金の面においても適正に評価することが容易になる等の利点を有しています。

　また，在職途中の能力や貢献を退職金に反映することができるため，成果主義人事制度と親和性を有する制度といえます。

　もっとも，ポイント制を採用する企業では，ポイント付与の基準として勤続年数を要素とする企業が多く，その意味では従来の退職金制度との連続性が保たれています。

　実際，平成20年調査によれば，退職一時金制度を設けている企業のうち，18.0％の企業がポイント制退職金を採用しており，また，従業員が1,000人以上の大企業においては，55.2％がポイント制退職金制度を採用しています。

　また，全国の主要企業の退職金に関する実態調査（137社が回答，労政時報「退職金・年金事情」17頁）によると，2002年以降，2006年９月までに退職一時金制度を改定した企業は，全体の43.8％であり，そのうち，52.2％がポイント制退職金に移行しています。

退職一時金の額＝在職時の通算獲得ポイント×１ポイントあたりの単価
　＊ポイントは，労働者の資格・等級，勤続等を基準として，在職１年ごとに獲得ポイントが決まる。

(イ) 定額方式

　もう1つの退職金額が退職時の基本給と連動しない制度として，定額方式があります。

　定額方式とは，主として勤続年数別，資格・職務別の退職金額を一覧表等に明記しておき，当該基準に基づき退職金の額を直接決定する制度です。

　当該制度は，退職一時金の額を月例の基本給から断ち切ることができますが，勤続年数等により退職金が決定するため，在職時の能力や貢献を反映しづらいという面を有しています。

　実際，平成20年調査によれば，退職一時金制度を設けている企業のうち，11.1％の企業が定額方式を採用しています。企業規模別に見ると，従業員100人以下の企業で12.8％と多く，それ以上の規模では概ね7～8％前後となっています。

> 退職一時金の額＝退職時の勤続年数や資格・職務等に応じてあらかじめ定まっている額

(ウ) 別テーブル方式

　別テーブル方式とは，月例の基本給とは別に，勤続年数，等級，役職等に応じて算定基礎額を別に定めておき，これに支給率をかけ合わせることにより退職一時金額を算出する方式です。別テーブル方式も退職一時金の額を月例の基本給から断ち切ることができますが，在職時の能力や貢献を反映しづらいという面を有しています。

　そして，平成20年調査によれば，退職一時金制度を設けている企業のうち，15.7％の企業が別テーブル方式を採用しており，企業規模によらず概ね一定の割合（7～8％前後）を占めています。

> 退職一時金の額＝賃金以外の要素に応じてあらかじめ定まっている算定基礎額×支給率

(3) 賃金性

　退職金が労基法11条の賃金に該当し，労基法上の種々の規制を受けるか否かの詳細は第１章第２節（賃金の意味）を参照してください。

　それを踏まえて説明すると，使用者は，月例賃金等とは異なり，必ずしも労働者に退職金を支給しなければならないものではありません。

　しかし，退職金ついて，労働協約，就業規則，労働契約等によってあらかじめ支給条件を明確なものとしている場合は，労基法上の賃金に該当することになります（昭22．9．13発基17号）。

　これに対し，明文の規定がなく支給が任意であり，支給する場合であってもいかなる基準で支払うかは使用者の気持ち次第ということであれば，任意的・恩恵的給付といえ，労基法上の賃金には該当しません。

2　退職金の労基法上の取扱い

　この点についても，第１章第２節（賃金の意味）に一般論の説明がなされていますが，ここで退職金に限定して説明を加えておきます。

(1) 就業規則への記載

　労基法上，退職手当の定めをする場合においては，就業規則の相対的必要記載事項とされ，①適用される労働者の範囲，②退職手当の決定，計算および支払の方法，③支払時期を就業規則に記載しなければならないとされています（労基法89条３号の２）。

　労基法89条３号の２は，昭和62年改正によって新設されました。改正前の条

文では,「退職手当その他の手当,賞与及び最低賃金額の定めをする場合においては,これに関する事項」を記載することとされているだけであったため,退職手当に関する規程が不十分になりがちで,労使間の紛争の原因になっていたことから,これを是正するために詳細に記載事項を定めたものです。

　②の「退職手当の決定,計算及び支払の方法」とは,例えば,勤続年数,退職事由等の退職手当額の決定のための要素,退職手当額の算定方法および一時金で支払うのか年金で支払うのか等の支払の方法をいいます（昭63.1.1基発1号,平11.3.31基発168号）。

　そして,労基法上,退職金に関する具体的な定義はありませんが,労基法89条3号の2の「退職手当」とは,①労使間において,労働契約等によってあらかじめ支給条件が明確になっていること,②その受給権が退職により在職中の労働全体に対する対償として具体化する債権であるという要件を満たすものであればよく,その支給形態が退職一時金であるか,退職年金であるかを問わないとされています（厚生労働省労働基準局編『平成22年版・労働基準法（下）』899頁）。

　したがって,労基法上の賃金となるあらかじめ支給条件が明確となっている退職金については,「退職手当」として就業規則へ記載しなければなりませんが,労働契約上何ら明確な定めがなく,支給が任意であり,労基法上の賃金に該当しないような退職金については,就業規則に記載する義務はありません。

　なお,上記の規制が課されるのは,使用者が内部積立をして退職金の原資とし,労働者に対して支払いを直接行う退職一時金や退職年金の支給についてです。中小企業退職金共済や確定給付企業年金といった社外積立型の退職金制度では,使用者とは異なる主体が退職一時金や企業年金を支給することになりますので,「退職手当」に該当しないはずです。この点について,厚生労働省は,労基法89条3号の2の「退職手当」に該当すると解釈して,本来就業規則で記載すべき事項の記載を求めています（昭63.3.14基発150号,厚生労働省労働基準局編『平成22年版・労働基準法（下）』899頁）。しかし,労基法が労働刑法として厳格解釈されなければならないことを失念するもので,解釈として適切で

はありません。

　もっとも，確定給付企業年金のうち規約型については，使用者が権利を有する者の請求を受けて受給権者としての地位と受給内容について裁定を下し，保険会社等の金融機関に支払指図をする関係にありますので，労基法89条10号の「当該事業場の労働者のすべてに適用される定め」に該当する可能性はあります。その場合，その退職金制度について就業規則に記載することが求められますが，3号の2のような記載事項の定めはありませんので，「規約型確定給付年金規約による」等との記載で足りると考えられます。この点は，厚生労働省も「なお，社会積立退職金制度の規定を就業規則と一体のものとして取り扱う方法もありうる」と指摘しています。

　他方，中小企業退職金共済や基金型確定給付企業年金は，使用者とは異なる主体が，権利を有する者から請求を受けて受給権者としての地位と受給内容について裁定し給付するので，上記10号にも該当しないこととなります。したがって，これら退職金制度について就業規則に記載しなくても，労基法違反は生じないと考えられます。

　もっとも，実務上は，従業員の定着率や意欲向上のために，会社が設ける制度を周知する方法の1つとして，「退職金は，基金型確定給付年金規約による」等の形で就業規則に記載されることが多いと思われます。こうした記載をしても，これによって同規約が雇用契約の内容となるわけではないと考えられます（りそな企業年金基金・りそな銀行〔退職年金〕事件＝東京高判平21.3.25労判985-58参照）。

　なお，厚生労働省は，社外積立型退職手当制度を利用している場合，保険会社の事務的理由等により，あらかじめ支払時期を設定することが困難であるときは，支払時期について確定日とする必要はないが，いつまでに支払うかについては，明確にしておく必要があるとの解釈を示していますが（昭63.3.14基発150号），10号の記載事項であれば，法律の文言上支払時期の記載は求められていません。

(2) 平均賃金の算定基礎額

平均賃金の算定基礎となる「賃金の総額」からは，「臨時に支払われた賃金」，「3箇月を超える期間ごとに支払われる賃金」，「通貨以外のもので支払われた賃金で一定の範囲に属しないもの」が除外されます（労基法12条4項）。

そして，退職金については，「臨時に支払われた賃金」に該当する（昭22.9.13発基17号）とされており，平均賃金の算定基礎額から除外されます。

(3) 毎月1回以上一定期日払原則

労基法上の賃金に該当する場合には，使用者は，当該賃金を毎月1回以上，一定の期日を定めて支払わなければなりませんが（労基法24条2項），退職一時金については，退職時に支払われるものですから，当然，同原則は適用されず「臨時に支払われる賃金」（労基法24条2項但書）として，同原則の例外とされています。

(4) 割増賃金の算定基礎

割増賃金の算定基礎額においては，すでに述べたとおり，家族手当，通勤手当，別居手当，子女教育手当，住宅手当，臨時に支払われた賃金，1カ月を超える期間ごとに支払われる賃金が除外賃金とされています（労基法37条4項，労基則21条）。

そして，「退職金」については，「臨時に支払われた賃金」に該当するとされており，同原則の例外となっています。

(5) 時　効

労基法115条は，従前，賃金請求権について，例外なく時効を一律2年間と定めていました。

この点，合併前の3会社間で退職金額に著しい格差があることから設けられた合併に伴う経過規定により，本来であれば退職金額が約189万円のところ約

62万円しか支給されず，最初の請求時には退職金債権の履行期（退職日の1カ月後）から2年を経過していた事案で，最高裁（九州運送事件＝最二小判昭49.11.8判時764-92）は，「本件退職金が労働基準法第11条の「労働の対償」としての賃金に該当し，その請求権は，同法115条に基づいて，2年間これを行使しなかったことにより時効消滅したものとする原審の判断は，正当である」と判断していました。

しかしながら，①退職手当は，通常高額で，かつ資金調達不可能等を理由に支払に時間がかかることがあること，②労使間において退職手当の受給に関し争いが生じやすいこと，③退職手当の権利行使は，定期賃金に比べ，必ずしも容易であるとはいえず，定期賃金と同様に取り扱うことは労働者保護に欠ける面があったこと，④中小企業退職金共済制度による退職金，厚生年金基金制度による給付の消滅時効が5年であることとバランスを失すること等と理由として，昭和63年の労基法改正により，時効期間が5年に延長されています（平賀俊行『増補改正労働基準法―背景と解説』345頁）。

3　退職金の性格

(1)　退職金の性格

退職金は，月例賃金のように，「労働の対償」として使用者に当然に支給が義務づけられるものではありません。使用者が，労働契約の内容として特に退職金制度を設けるのであって，その退職金にどのような性格を持たせるかも自由に設定できます。

一般的には，退職金は以下のような性格を有しているとされています。

① 賃金の後払い的性格
② 功労報償的性格
③ 生活保障的性格

退職金がこれらのうち，どの性格を強く有しているかは退職金制度の実態によって異なりますが（例えば，支給率が逓増していく場合，自己都合退職と会社都合退職とで異なる取扱いをしている場合は，功労報償的性格が強いといえます），通常，退職金は，程度の差はあれ上記①から③の性格を併せ持つものとされています。

　そして，これらの性格が退職金をめぐる問題にも関わっています。

(2) 賞与との違い

　退職金も賞与と同様，月例賃金のように，「労働の対償」として使用者に当然に支給が義務づけられているものではなく，その支給条件を労働協約，就業規則，労働契約等によってあらかじめ明確に規定した場合に労基法上の賃金と評価されるという点においても類似性を有しています。

　しかしながら，両者における大きな違いは，退職金と賞与の一般的ケースである①ケース（賞与の支給の有無および支給額が都度決定されるケース，499頁参照）に見てとれます。

　すなわち賞与については，制度が存在していたとしても，具体的な支給額は，その都度決定されるため，その決定があるまで，労働者は抽象的な権利しか有していません。一方，退職金については，後述するように退職するまでは具体的請求権は発生しませんが，退職前においても，支給基準が明確で一定の金額が想定されるため，すでに権利性が強いものといえます。

4　規程の定め方

　以下では，一般的な退職金に関する規程の定め方を記載しましたので，参考にしてください。

〈規定例〉
(目的)
第1条　この規程は，就業規則第●条（退職金）の規定に基づき，従業員の退職一時金について定めることを目的とする。

　　※本条は，就業規則本則●条で，退職一時金に関する事項については，別規程に委任して定めるとしたことを受け，その目的を定めたものです。退職金にどのような性格を持たせるかは会社の自由ですので，この目的を定める本条に，当該退職金の性格を記載することも考えられます。

(適用範囲)
第2条　この規程は，就業規則第●条に定める従業員のうち，勤続3年以上の者に適用する。ただし，次に該当する者には適用しない。
　　① 期間雇用者
　　② パートタイマー
　　③ 定年後嘱託者
　　④ 契約社員
　　⑤ その他特殊雇用形態者

　　※本条は，労基法89条3号の2に基づく就業規則の相対的必要記載事項とされる退職手当に関する事項として，「適用される労働者の範囲」について定めたものです。特に，特殊雇用形態者（業務委託方式による受託者も想定しています）については，トラブルを回避するためにも適用除外とすることを明確に定めておく必要があります。

(支給額その1)
第3条　従業員が次の事由により退職する場合，退職時における基本給の月額に勤続年数に応じて別表の支給基準率の●欄に定める率（略）を乗じて算出した退職金を支給する。

① 死亡
② 業務上の事由による負傷又は疾病
③ 就業規則第●条第●号の事由による解雇（整理解雇）
④ 定年
⑤ 事業の縮小その他やむを得ない業務の都合による退職勧奨

※本条は，労基法89条3号の2に基づく就業規則の相対的必要記載事項である退職手当の「決定，計算の方法」に関し，退職手当額決定の要素について定めたものです。この支給事由のうち2～5号は会社都合と呼ばれることが多く，次条に定められる事由と比較して退職金金額が上積みされていることが多いといえます。

　なお，1号は従業員本人の問題ですが，在職中の死亡ということで，会社都合に準じた金額が支給されるのが一般的です。

（支給額その2）
第4条　従業員が次の事由により退職する場合は，退職時における基本給の月額に勤続年数に応じて別表の支給率●欄に定める率（略）を乗じて算出した退職金を支給する。
① 自己都合
② 業務外の事由による負傷又は疾病
③ 就業規則第●条第●号ないし第●号の事由による解雇（整理解雇以外の普通解雇）

（注1）1号を合意退職と辞職に区別して，退職金の額を設定することも考えられます。

※本条は，労基法89条3号の2に基づく就業規則の相対的必要記載事項である退職手当の「決定，計算の方法」に関し，手当額決定の要素について定めたものです。この支給事由は従業員自身の事情により労働契約が解消されることから，前条の事由と区別して退職金金額を決定しています。

　このように，一般的には規定例3条と本条で区分するように，会社都合

と自己都合に分けて金額が設定されていますが，さらに本条注記にあるように，自己都合による退職のうち，退職時期等につき会社の事情も考慮して合意退職する場合と，会社の事情を全く無視して一方的告知による辞職をする場合では，退職金金額に一定程度差をつけることも考えられます。

（退職金の減額・不支給・返還）
第5条　次の各号の1つに該当する場合，退職金の一部を減額するかないしは退職金の支給をしないことがある。なお，すでに退職金が支給されている場合は，その全部又は一部の返還を求める。
　①　諭旨解雇されたとき
　②　懲戒解雇されたとき
　③　在職中の行為に諭旨解雇ないし懲戒解雇に相当する行為が存したとき
　④　退職後に守秘義務ないし競業避止義務に違反したとき
2　前項第4号の競業避止義務違反を理由に退職金の全額の不支給を決定するときは，会社に対する顕著な背信性がある場合に限る。

　※本条1項本文は，退職金の減額・不支給・返還に関して規定したものです。退職金に関する事項は，労基法89条3号の2により就業規則の相対的必要記載事項とされていることからも明らかなように，労働契約上当然に発生する権利義務関係ではなく，支給の有無については当該労働契約において合意があるかどうかによります。したがって，支給に関し条件を付けることは理論上可能といえます。

　典型的な場合は，2号の懲戒解雇されないことを条件に退職金を支給するという合意です。本条1項は，懲戒解雇だけでなく，さらに1号，3号，4号の事由も懲戒解雇と同様の取扱いとすることを規定しています。

　しかし，判例はこの合意につき限定解釈を行い，退職金につき，懲戒解雇が有効でも今までの功労を無に抹消するほどの重大な背信性がない限り，その全額不支給を無効とする傾向があります。さらに，懲戒解雇の事由によって退職金の一部減額しか認めなかった裁判例も出てきています。した

がって，その点を意識して退職金不支給規定だけではなく，減額規定も入れることによって，柔軟な対応ができるよう規定しています。

　この点，裁判例を見ていると，全額不支給については，裁判所としても異論を差し挟むことが多いようですが，使用者自ら一部減額にとどめ，具体的な割合については就業規則に基づき決定しているような場合にまで踏み込んで議論されることは少ないのではないかと考えます。その意味でも，就業規則に減額条項を定め，当該事案ごとにこれに基づき具体的妥当性のある判断をしていくのが適切と考えます。

　さらに，退職後に懲戒解雇事由が判明するような場合もありますので，不支給・減額事由の1つとして3号を規定しています。加えて，本条1項なお書では，退職金がすでに支給済みの場合，返還規定を入れることにより，実務上の具体的対応について万全を期しています。

　また，本条1項の不支給・減額等の事由のうち，1～3号は在職中の行為を規定していますが，4号は退職後の事由であり，競業避止義務については，職業選択の自由という問題も考慮しなければなりません。そこで本条2項では，その不支給の場合については，会社に対する顕著の背信性がある場合に限ることを明記することによって，その正当性をできるだけ担保しようとしていますが，実際に行使できる場面は少ないと理解しておいた方がよいと考えます。

（勤続年数の算出）

第6条　勤続年数は入社日から起算し，退職の日までとする。ただし，勤続年数1年未満の端数を生じた場合は切り捨てる。

　※本条は，労基法89条3号の2に基づく就業規則の相対的必要記載事項である退職手当の「決定，計算の方法」に関し，勤続年数の計算方法について定めたものです。

（金額の端数計算）

第7条　退職金の最終計算において1円未満の端数があるときは，これを切り上げる。

　　※本条は，労基法89条3号の2に基づく相対的必要記載事項である退職手当の「決定，計算の方法」に関し，金額の端数の処理の方法を定めたものです。

（支払の時期及び方法）
第8条　退職金は，退職日の翌日から1カ月以内にその金額を通貨で支払う。ただし，従業員の同意があるときは銀行振込により各自の指定する口座に振り込んで支払うことがある。
2　退職金は，その支払いに際し，以下のものを控除する。
　　① 法令で定めるもの
　　　　源泉所得税
　　　　住民税
　　② 従業員の過半数を代表する者との協定により定めたもの
　　　　会社貸付金の返済分
　　　　会社立替金の返済分
　　　　賃金過払い分
　　　　その他

　※本条は，労基法89条3号の2に基づく就業規則の相対的必要記載事項である退職手当の「支払の方法」（労基法24条1項が規定する通貨払い，直接払い，全額払いの例外である控除）および「支払の時期」（支払日）について定めたものです。実務上は，3カ月以内の支払や分割払いを定める会社もあります。

（受給権者）
第9条　従業員が死亡した場合の退職金は，労働基準法施行規則第42条から第45条の定めるところに従って支払う。

※本条は，死亡退職金につき受給権者を規定したものです。このような定めをすると，死亡退職金は相続財産とは解されず，当該死亡退職金の請求権は受給権者固有の権利と評価されます（詳細は576頁参照）。

（廃止ないし減額）
第10条　この退職金規程は，経済情勢の変化，社会保障制度の改正又は会社の経営状況等により廃止，又は支給額を減額することがある。

　（注2）退職年金規程の場合にも上記（廃止ないし減額）の規定が実務上必要です。ただし，退職者（受給権者）の取扱いの問題が発生するので，「この退職年金規程の改廃は，すでに退職した従業員（受給権者）にも適用される」との規定を追加すべきです。そして，年金通知書にもこの改廃規定を明示しておくこととなります。

※本条は，本規程に基づく退職金制度の廃止や支給額の減額を定めた規定です。

　この規定がない場合でも，経済情勢の変化や会社の経営状況等により退職金制度を廃止したり支給額を減額したりする場合には，就業規則による労働条件の不利益変更として処理されることになります。しかし，将来の期待権的性格を有する退職金については，事情の変更により制度の廃止ないし支給額の減額があることを明示することにより，その変更権を使用者に留保することは，経営の柔軟性を確保する必要から，重要な意味があると考えます。もっとも，このような規定があっても，権利行使の濫用の議論において，一般的な就業規則による労働条件の不利益変更において求められる「合理性」の要素が考慮されることになりますが，一定程度緩和されると考えてよいと思います。

（付則）
第11条　この規程は，平成　年　月　日より施行する。

第2節

退職金請求権

1 具体的請求権

(1) 具体的請求権

　会社内に退職金制度が存在する場合であっても，勤続年数ごとに具体的請求権が発生するものではなく，労働者が退職時に支給要件を満たし，具体的金額が確定してはじめて具体的請求権が発生します。

　もっとも，前述のとおり，退職金の場合は，労働者が退職しておらず，具体的金額が決定していない時点においても，支給基準に基づいて算出されるその時点（退職した場合）の客観的な金額を観念でき，当該金額については，すでに権利性が強いものとなっているといえます。

　また，退職金の支給が規定に基づかず，任意によるものであっても，退職金の支給および具体額が決定した後は，労働者に具体的請求権が発生します。

(2) 会計の取扱い

　従前，退職給付に係る会計処理については，支給方法（一時金か年金か）により異なっており，退職一時金については，期末時点までに発生していると退職給付債務額の一定割合を退職給付引当金として計上し，企業年金については，掛金の拠出時に費用計上していました。

　しかしながら，積立資産の運用利回りの低下，資産の含み損等により，将来の退職金給付に必要な資産の確保に懸念が生じ，退職給付に関わる隠れ債務を

財務諸表に適切に表示することが，投資情報としても企業経営の観点からも極めて重要となったこと，企業会計の国際的調和を図る観点等から，平成13年4月より，退職給付会計が適用されるようになりました。

退職給付会計とは，一時金，年金の区別なく，退職時に見込まれる退職給付のうち，当期までに発生した金額の現在価値額を退職給付債務として算出し，また，このうち当期の負担に属する額を当期の費用として引当金に繰り入れ，そして，退職給付債務から期末時点における年金資産の時価を差し引いた金額を退職給付引当金として貸借対照表の負債の部に計上するものです。

このような会計処理の背景には，退職給付は，その発生が当期以前の事象に起因する将来の特定の費用的支出であり，他の負債性引当金と同様，発生した期間に費用として認識することが妥当であるとの基本的な考え方があります。

このような考え方は，退職金の賃金の後払い的性格，退職前においても，すでに権利性が強いということと整合性を有しています。

しかし，当時の実務において，この会計上の変更に従いそのまま負債に計上したのでは債務超過を招く団体を多く生み出すことになり，その回避策として，労働者の同意をとって退職給付の既得権部分を不利益変更して計上額を圧縮するという方法がとられました。そして，労働者が退職する際には，変更前の規定を適用して退職金を支払い，トラブルとならないようにするなど，会計法の潜脱に追い込まれるほどだったのです。こうした会計上の取扱いの変更は企業の生き死にを分けるほどのものであり，安易な変更をすべきではありません。

2　労使慣行により退職金請求権が発生するか

月例賃金とは異なり，退職金の支給は任意的なものであり，退職金支給に関する規定や合意がない場合は，使用者に支給義務はなく，退職金請求権は発生しません。

しかしながら，退職金に関する規定がないにもかかわらず，使用者が退職者に対して，一定の退職金を支払っていたという場合があります。

このような就業規則等の規定に基づかない取扱いが反復継続された慣行的事実により，法的効力のある労使慣行となり，退職金の具体的請求権が発生するか否かが問題となります。

(1) 一般の従業員について

賞与の章で述べたとおり，判例上，労使慣行が法的効力を有するために要件は，以下のとおり整理することができます。

① 同種の行為または事実が一定の範囲において長期間反復継続して行われていたこと
② 労使双方が明示的に当該慣行に従うことを排除，排斥していないこと
③ 当該慣行が労使双方の規範意識によって支えられていること

そして，規定および合意がないにもかかわらず，従前，退職金支給を反復継続してきたような場合，退職金支給が任意のものであることからすれば，原則として，規定に基づかない退職金支給に対する使用者の意識としては，労働者に対する誠意・褒賞等の恩恵的措置と考えられ，このような事実をもって，退職金の具体的請求権を基礎づける法的拘束力のある労使慣行は成立しないものと考えます。

しかしながら，従前から行ってきた退職金支給の支給条件が明確である等，退職金額が特定できるような場合においては，使用者の退職金支給の必要性に対する認識が形成されていると解されることから，法的拘束力を有する労使慣行が成立する場合もあります。

この点，退職金財団の運営規則に則った退職金が長年支払われていた裁判例（学校法人石川学園事件＝横浜地判平9.11.14労判728-44）は，「右基準による退職金の支給は被告において確立した慣行になっていた」と判断しています。この裁判例も，退職金支給の反復継続，そして，具体的額の確定が可能なことを判断の理由としているものと考えられます。

退職金支給に関する労使慣行は，賞与のように支給時期が多数あり，支給額や支給の有無が変動するような性質のものではないため，支給の有無及び支給に関する一定の基準が明確なことが多く，そのような場合は，法的拘束力を持つ労使慣行となることが多いものと思われます。

　また，正式な退職金規程ではなく，退職金規程案があり，その案に基づいた継続的な退職金支給は，規程案という客観的な基準があるため，退職金の具体的金額を確定できるものといえ，法的拘束力を持った労使慣行となる可能性が高まります（吉野事件＝東京地判平7．6．12労判676-15）。

(2) 執行役員の退職慰労金について

　執行役員に対する退職慰労金の継続支給が法的拘束力をもつ労使慣行となるためには，一般の従業員に対する退職金支給と比較して，より長期の継続的支給及び具体的支給金額の明確性が求められます。

　なぜなら，執行役員は，従業員に比して，月額の報酬においても高待遇であり，執行役員への退職慰労金は，従業員に対する退職金と比較して，功労報償的な性格が強く，使用者の支給の必要性に対する認識が希薄になるためです。

　この点，従業員として31年間勤務後に退職金を受領したうえで，高待遇の執行役員として，委任契約を締結し，4年間在職した事案において，退職金額と執行役員在任中に得た報酬総額（支払われるはずであった退職慰労金を含まず）との合計額が，従業員としての最高職位である部長職を4年間務めたと仮定した場合の給与総額と退職金額の合計よりも約3,000万円多額であることを踏まえ，「退職慰労金は，功労報償的な性格が極めて強く，執行役員の退任の都度，代表取締役の裁量的判断により支給されてきたに過ぎないものと認められるから，被上告人が退任する執行役員に対し退職慰労金を必ず支給する旨の合意や事実たる慣習があったということはでき」ないと判断された裁判例（三菱自動車工業〔執行役員退職金〕事件＝最二小判平19.11.16労判952-5）がありますが，当然の結論といえます。

3 支払時期・支払方法

(1) 支払時期

ア 支払時期等の定め方

　退職金の支払時期については，退職金の制度設計が自由であることから，公序良俗に反しない限り，使用者が自由に設定できると考えます。

　また，現在，退職後30日以内に支払うという規定が多くみられるようですが，退職後3カ月ないし6カ月という規定であっても，違法とはならないと考えます。また，2ないし3分割で支払う規定を設けても違法ではないと考えます。

　なお，更生計画遂行中の造船会社が就業規則を変更して，退職金を減額し，15年間の分割払いとする就業規則の変更が有効とされた事案で，「退職金について一時払を定める就業規則を長期の分割払に変更することは労基法23条等に違反し，無効であると主張する。しかし，退職金は通常の賃金とは異なり，退職後直ちに全額を支払うことを要するものではなく，すなわち，労基法23条1項等の適用はないものと解され，年金型の退職金制度も許容されているのであるから，原告らの右主張は採用することができない」と判断された裁判例（日魯造船事件＝仙台地判平2.10.15労民集41-5-846）があります。この裁判例は，更生会社において，退職金の支払を実行するための例外的措置として認められたものですので，通常の状態にある企業が退職後15年後の支払いや15年の分割払いとの規定を設けることは，公序良俗に反すると考えます。

　そして，退職手当を定める際，その支払時期と支払方法が就業規則の記載事項となりましたので，就業規則の規定により処理されることになります。

イ 労基法23条1項との関係

　労基法23条1項が，労働者の足留防止と労働者またはその遺族の生活保障の見地から，労基法24条の特例として，労働者の死亡または退職の場合において，

権利者の請求があった場合、使用者は、7日以内に賃金を支払わなければならないとしていることから、退職金についても労基法23条が適用されるのではないかが問題となります。

この点、退職金については、上記規定がそのまま妥当するものではありません。

月例賃金等の通常の賃金については、契約した労働を終わった後でなければ報酬を請求できないとされています（民法624条1項）。そして、これを規制するため、毎月一定期日払い（労基法24条）や非常時払い（労基法25条）が定められ、また労基法24条の特例として、労基法23条が定められています。

しかしながら、退職金については、退職前、労働者に具体的請求権はなく、また、退職金制度を設けるか否かについても法律は関与していないことから、使用者が制度設計を自由にすることができるものであり、就業規則にその支払日を定めてあれば、通常の賃金とは異なり、その定めた支払日が優先し、あらかじめ特定した支給日が到来するまでは、退職金を支払わなくても差し支えありません（昭26.12.27基収5483号、昭63．3．14基発150号、厚生労働省労働基準局編『平成22年版・労働基準法（上）』340頁、前掲日魯造船事件参照）。

また、労基法23条1項の規定は、労基法が制定された当初から存在していましたが、その当時は、まだ、一般的な企業において、退職金制度が普及していませんでした。したがって、立法者は、賃金たる退職金について念頭において同条項を定めたとも解されないことからも、このような取扱いは正当といえます（退職金制度の導入率は1951年時点の調査で82.3％。大湾秀雄・須田敏子『なぜ退職金や賞与制度はあるのか』日本労働研究雑誌585-18）。

労基法施行後に賃金としての性格を有する退職金が普及したものの、かかる点について、整合性のある改正ができていないのが現状といえます。

なお、就業規則等に記載がない場合については、労働者から請求があった後7日以内に支払わなければ、労基法23条1項に反することになります。しかし、これも実務慣行に従って一定時期に支払えば、労働基準監督官の指導・勧告の対象とはなっても、送検されることはあまり考えられないといえます。

(2) 支払方法

ア 通貨以外の支払方法

労基法24条1項本文は，賃金は通貨で支払わなければならないとしています。

しかし，同但書は「命令で定める賃金については，確実な支払の方法で命令で定めるものによる場合」は，通貨以外のもので支払うことができるとしています。

そして，労基則では，労働者の同意があれば，退職金を銀行その他の金融機関が自己宛に振り出しもしくは支払保証をした小切手または郵便振替によって支払うことができるとしています（労基則7条の2）。

また，支払方法についても，退職金の全部または一部を年金として支払うなども可能です。

イ 遺族への支払方法

労働者が在職中に死亡した際に退職金が支払われることがありますが，退職金規程に労働者が在職中に死亡した際の支払先が特に定められていなければ，当該労働者が使用者に対して持っていた退職金の請求権を相続人が承継すると考えられます。

一方で，退職金規程に死亡退職金として支払先が相続人とは異なる遺族という形で定められていた場合，その請求権を相続財産であるとみるか，それとも，支払先とされた遺族固有の権利であり相続財産ではないとみるかの見解の対立があります。

この点についてリーディングケースとして説明される最高裁判決（日本貿易振興会事件＝最二小判昭55.11.27労判366-18）がありますが，この事案は日本貿易振興会法に基づいて設立された特殊法人に関するものです。その「職員の退職手当に関する規程」には，死亡による退職の場合には遺族に退職手当を支給すること及び遺族の範囲と順位について国家公務員等退職手当法11条と同様の趣旨の定めがあり，具体的には，「受給権者の第一順位が内縁の配偶者を含み，

配偶者があるときは子は全く支給を受けない」,「直系血族間でも親等の近い父母が孫よりも先順位とされる」,「嫡出子と非嫡出子が平等に扱われる」,「父母や養父母については養方が実方に優先する」,「死亡していた者の収入によって生計を維持していたか否かにより順位に差異が生じる」というもので,民法上の相続の順位とは大きく異なるものでした。

　また,同法11条が適用される国家公務員の死亡退職手当の請求権は,死亡した職員の遺族の生活の安定を図る目的から,法定の遺族にその固有の権利として付与されるもので,相続財産には属さないと解されています。

　そのため,上記退職手当に関する規定の定めについても遺族の生活保障的性格が強いと評価され,当該規定に基づく死亡退職金請求権が相続財産ではなく遺族固有の権利であると判断されたと考えられます。

　同様のことは,民間企業において,「死亡退職金の支払いは,労基法施行規則42～46条の定めによる」と規定している場合にもあてはまります。労基則42条から46条は業務災害における遺族補償の支給手続を定めていますが,まさに上記事案におけるのと同様の受給権者の順位を定めています。したがって,このように規定する死亡退職金は遺族の生活保障的性格が強いと評価され,当該規程に基づく死亡退職金請求権は遺族固有の権利と判断されると考えられます。

　ここで問題となるのは,使用者が死亡退職金の支払先を自由に定められるのかというものです。例えば,「死亡退職金は会社設立の乙財団に支払う」という規定であった場合が考えられますが,乙財団への支払いには相続財産から外して支払先固有の権利とする意味合いは何ら見出すことができません。したがって,死亡従業員の相続財産ではなく,乙財団の固有の権利とすることは,公序良俗の観点からは認められるものではなく,この規定は民法90条により無効となると解されます。そうすると,規定がない状態になりますので,原則通りに相続財産になると考えます。

　このように,使用者の規定の仕方には限界があると考えますが,実務上,内縁の配偶者の事実確認のために住民票記載のある者に限ったり,異父兄弟や異母兄弟については生活保障的意味合いが薄くなるために支払対象としないとい

った取扱いぐらいであれば，その生活保障的性格を失わせず，規定は有効としてその支払先に支払われ，またその遺族の固有の権利となると考えます。

実務では，遺族からの退職金の請求の際には，担当者は，自社の規程をきちんと確認して対応しなければ，本来の請求権者でない人に払うことになりかねませんので注意が必要です。

4　退職金の相殺・放棄

退職金の相殺及び放棄については，第3章第1節を参照してください。

第3節 退職金の不支給・減額

1 退職金不支給・減額規定

(1) 退職金不支給・減額規定の有効性

　退職金の制度設計をする場合，就業規則等に諭旨解雇ないし懲戒解雇された者に対しては退職金の全部または一部を支給しない（不支給または減額）とする規定が設けられることが一般的となっています。

　こうした規定について，退職金の賃金の後払い的性格を強調する見解からは，退職金請求権は勤続年数ごとに発生しており，使用者は退職まで支払猶予の抗弁権を有しているにすぎないから，退職金を不支給または減額することは，全額払いの原則に反し無効であると考えています（青木宗也『退職金』体系(5)147頁）。

　しかし，退職金制度を設けるか否かは使用者の自由であり，労働契約上当然に使用者に支払義務が生ずるものではありません。つまり，本来的に支払義務のないものですから，当事者間で退職金の支払いを合意するにあたって，不支給や減額に関する条件を設けることは，その条件が公序良俗に反するものでない限り有効とされるのです。

　また，退職金請求権は，当事者間で合意した条件を満たすことで退職時に発生するものであり，勤続によって当然に発生するものではありません。条件を満たしていない場合には，そもそも退職金請求権が発生しないのであり，全額払いの原則は問題とならないのです。

さらに，退職金が功労報償的性格を有していることからすれば，懲戒解雇された者に支給しない条件が公序良俗違反として無効と解されることはないと考えます。

　この点，退職金没収のリーディングケースとなっている三晃社事件（最二小判昭52．8．9労経速958-25）においても，退職後同業他社へ就職した場合には，退職金を一般の自己都合退職の半額とする規定について，「本来退職金が功労報償的な性格を併せ有することにかんがみれば合理性のない措置であるとすることはできない。（略）右の定めは，その退職金が労基法上の賃金にあたるとしても，所論の労基法3条，16条，24条及び民法90条等の規定にはなんら違反するものではない」と判断しています。

　また，その後の裁判例（東北ツアーズ協同組合事件＝東京地判平11．2．23労判763-46）も「そもそも使用者には退職金の支払義務があるわけではないから，労働契約に反しない限り，その支給条件をどのように定めることも自由であると考えられること，一般に退職金には賃金後払いの性質だけではなく，功労報償の性質もあることは否定し難いことにかんがみれば，懲戒解雇された従業員には退職金を支給しないという内容の附款が一般的に不合理なものとして効力を有しないということはできない」と説示し，当該規定の有効性を認めています。

　なお，上記判例等は，規定の合理性ないし不合理性を議論していますが，退職金支給について民法90条に反しない条件であれば認められるとすれば，その判断基準は公序良俗違反か否かないし著しく合理性を欠くか否かで判断を示すべきだったと考えます。

　なお，国家公務員退職手当法8条は，懲戒免職の場合には退職手当を支給しない旨を定めています。

(2)　不支給・減額条件の規定の必要性

　退職金の不支給または減額の規定は，退職金支給の条件であり，当該条項は「退職手当の決定及び計算の方法」，にあたりますので，就業規則の相対的必要

記載事項として，就業規則に記載しなければなりません（労基法89条3号の2）。また，入社時に当該規定を含む就業規則を遵守する旨の誓約書の提出等により内容に合意したとして（労働契約法6条），または合理性のある規定として（労働契約法7条），労働契約の内容となります。

　労働契約の内容となっていますから，その不支給事由に該当しない限り，使用者は退職金の支払を拒めないことになります。例えば，懲戒解雇の場合を退職金不支給と規定している場合には，たとえ懲戒解雇事由があったとしても，労働者を普通解雇とした場合には，退職金を不支給とすることはできません。

　したがって，上記のような場合に退職金の不支給・減額を考えるならば，その条件として，「在職中の行為に諭旨解雇ないし懲戒解雇に相当する行為が発見されたとき」等と規定しておく必要があります。

　この点，裁判例には，「懲戒解雇になった者には退職金を支給しない」，「就業規則に定める懲戒基準に該当する反則が退職の原因となった者に対しては，その者の算定額から50％以内を減額することができる」との規定はあったものの，懲戒解雇事由該当行為の発覚が遅れ自主退職した者からの退職金請求の事案で，「懲戒解雇にともなう退職金の全部又は一部の不支給は，これを退職金規定等に明記してはじめて労働契約の内容となしうると解すべき」としたうえで，「懲戒解雇に相当する事由がある者には退職金を支給しない旨の規定は存在しない」と認定し，仮に懲戒解雇相当の行為があったとしても，現に懲戒解雇をしていない以上，使用者は退職金の支払を拒むことはできないと判断したものがあります（アイ・ケイ・ビー事件＝東京地判平6.6.21労判660-55）。

　もっとも，こうしたケースでは退職金請求が権利濫用にあたるという構成により，その支払を拒絶することができる場合があります。

(3) 返還請求の規定

　退職金支払後に退職金不支給事由が判明した場合や競業避止義務違反のように退職後に退職金不支給事由が発生する場合，本来ならば不支給または減額規定により労働者には退職金を請求する権利がなかったわけですから，使用者は

退職金相当の利益について不当利得であるとして，その存する限度で返還請求を行うことができます（民法703条）。

この点，前掲三晃社事件でも，退職金減額規定により，本来受領できるはずでなかった退職金半額について，不当利得による返還請求を認めています。

もっとも，実務上は争われるのを防ぐため，不支給・減額規定に返還に関する規定も入れておくことが必要です。

(4) 退職金不支給・減額規定の新設・変更の合理性

退職金不支給・減額規定の新設または変更は，退職金が支給される場合が狭められることになるので，労働条件の不利益変更に該当し，その変更の合理性が議論されます。

この点，不支給事由の追加変更についてですが，従来から「懲戒解雇または解雇により退職したものは，退職金，退職金記念品料の全部または一部を支給しないことがある」と定めていたところ，「迷惑退職・直前退職（14日以内）」を追加して，その変更の合理性が争われた裁判例（洛陽総合学院事件＝京都地判平17.7.27労判900-13）があります。

当該事案では，次年度の時間割や講座担当教諭も決まっていた後の突然の退職等でも退職金を全額支払わなければならなかった不都合な事態を受けて，従業員に対する綱紀を粛正する趣旨もあって本件変更を行ったものであること，一般に使用者は，労働契約関係に基づいて企業秩序維持のために必要な措置を講ずる権限を持ち，他方，従業員は企業秩序を遵守すべき義務を負っていることをも考慮して，変更の必要性を認めました。また，当該変更が退職金の支給基準や支給額そのものを変更するものではなく，迷惑退職や直前退職に該当する事由がある場合に限って退職金が不支給または減額となること，職員会議で迷惑退職や直前退職に該当する事由について説明する機会を設けていること，従業員の側に一定の責めに帰すべき事由が存在し，それにより被告が迷惑を被った場合に限る趣旨と理解されることを考慮して，従業員の被る不利益がことさらに大きいものとまでいうことは困難とし，不利益変更の合理性を認めてい

したがって，退職金不支給・減額規定の新設の場合も，不支給・減額事由が従業員の側に一定の責めに帰すべき事由が存在するものを定めることおよびどういう場合が退職金の不支給・減額に該当するのかを従業員に説明し，一定の場合に限っている等の事情，さらに多数労働者の賛成があれば，その不利益変更の合理性は認められる可能性が高いと考えられます。したがって，懲戒解雇の場合に退職金不支給・減額の規定を新設することはできると考えます。ただし，競業避止義務違反の場合は，後に述べる理由（594頁）から，規定を新設した場合でもその不利益変更の合理性が肯定される場合は限定されると考えます。

2　規定に基づく適用の有効性

　上記1(1)～(3)のとおり，退職金不支給・減額の規定の有効性は認められるものの，むしろ問題となっているのは，不支給・減額規定の適用の合理性・有効性です。
　裁判例上，使用者が設定した退職金の不支給・減額規定に基づく取扱いが必ずしもすべて有効となっているわけではなく，その適用において退職金の趣旨・性格に照らして限定解釈を行うケースも多くなっています。
　そして，これらの判断は，退職金の性格等と関連づけられて判断されています。すなわち，退職金が賃金の後払い的性格を有していることとの関係では，在職中すでに提供した労働の対価として部分も含めて退職金額を不支給・減額とすることが正当かという観点，功労報償的性格との関係においては，労働者のこれまでの功労がどの程度減少しているのかという観点，また退職金が退職後の生活資金として重要な意味を持っているという観点からの考察が必要となってくるのです。
　そして，不支給，減額規定に基づく取扱いの有効性については，以下の点を総合的に検討することとなります。

① 退職金制度の性格（功労報償的要素が強いものであるかどうか）
② 労働者の行為の重大性，背信性の程度
③ 使用者の損害，被害度

　判例実務では，上記①～③を判断要素として，「労働者の永年の勤続の功労を抹消してしまうほどの不信行為」という労働者の行為の重大性，背信性の程度等を検討して，当該退職金の不支給および減額の有効性を判断しています。そして近時では，退職金の不支給・減額規定の適用のみならず，不支給の割合まで判決で定める傾向があります。

　なお，退職金の性格の中に功労報償的要素がどの程度占めているかについては，退職金の制度から判断することになります。一般的に，会社都合と自己都合で支給率が異なる場合，支給事由として「会社都合による解雇，ただし大量解雇を含まない」「自己都合による円満な退職」，不支給・減額事由として「自己の利益のため会社の意志に反して退職した者」「在職中勤務状況好ましからず，又は不都合の行為があると認められた者」と規定している場合等には，功労報償的要素が大きくなると考えられています。また，功労報償的要素が全くないのであれば不支給の根拠がないともいえますが，我が国においては，退職金には，少なからず当該要素が含まれていると考えるのが通常です（山口幸雄ほか『労働事件審理ノート〔第3版〕』140頁）。

　以下では，いくつかの類型を検討したいと思います。

(1) 懲戒解雇した場合

　懲戒解雇が退職金不支給事由となっている場合，従来は当該懲戒解雇が有効であれば，特に議論されることなく退職金不支給も有効と判断されることもありました。

　しかし現在では，退職金が純然たる功労金とはいえず，賃金の後払い的要素を有すること，退職金が非常に高額となり，退職後の生活資金として重要な意味を持つこと等から，労働者の行為により会社に多大な損害が生じた等の背信

性が大きいと評価される行為があった場合に限定して不支給規定を適用すべきとする実務上の取扱いが定着しています。裁判例では，上記の行為を，「労働者の永年の勤続の功労を抹消してしまうほどの不信行為」と表現しています。

また，永年の勤続の功労を抹消してしまう程度に至らなくても，労働者の行為が「勤続の功労を減殺してしまう背信行為があった」と評価される場合には，退職金の減額が認められています。

後掲小田急電鉄（退職金請求）事件（東京高判平15.12.11労判867-5）は，懲戒解雇を相当としつつ，退職金については3割の支払を命じています。

今後の実務としては，不支給規定だけでなく，一部不支給規定を設け，事案により柔軟に対応する必要があると考えます。

裁判例	契約終了理由・事案	退職金制度の特徴	損害・背信性	不支給・減額
橋元運輸事件 名古屋地判 昭47.4.28 労判170-61	懲戒解雇（有効） 懲戒解雇により，退職金不支給とされた労働者が退職金請求を行った事案。	懲戒解雇の場合は，不支給または減額	先代社長の遺産争いに端を発して，副社長，製材所所長，作業係長，課長らが会社と競業関係に立つ別会社を設立し，取締役に就任。	△ 40％支給 退職金の全額を失わせるに足りる懲戒解雇の事由とは，労働者に永年の勤続の功を抹消してしまうほどの不信があったことを要する。労働者らの所為が16年にわたり会社に勤続した功を一切抹消するに足るほどの不信行為とはいえないから，所定退職金額の6割を超えて没収することは許されない。
東京メディカルサービス・大幸商事事件 東京地判 平3.4.8 労判590-45	懲戒解雇（有効） 懲戒解雇により，退職金不支給とされた労働者が退職金請求を行った事案。	懲戒解雇の場合は不支給	経理部長の地位にある労働者が会社の仕入取引に関し，自己が代表者を務める会社を介在させ利益を上げていた。この点について，調査・照会等を行ったところ，会社に出勤しなくなり，重要書類在中の鍵の引渡しを求めたところこれを拒否。	○ 会社の取扱い相当 （不支給） 懲戒解雇が有効であるから，退職金請求権は発生しない。

事件	退職事由	退職金支給の有無	問題となった行為	判決・理由
東京コンピューターサービス事件 東京地判 平7.11.21 労判687-36	合意退職 合意退職したものの, 懲戒解雇事由があるとして, 退職時にそのことを会社が知っていれば, 懲戒解雇処分だったとして, 退職金が不支給とされた労働者が退職金請求を行った事案。	懲戒解雇された場合は退職金不支給	在職中に他の従業員に対し, 新会社設立の意思やその経営方針について説明しており, 新会社に移籍するようになんらかの勧誘したことが推測されないではない。 在職中に職務上代理受領した部下の出張旅費の仮払金合計12万円を部下に支払わないまま退社。	× 原告の退職金請求が認められる。 原告の行為は, 懲戒解雇に該当するような背信性の強い行為ではなく, 退職金請求が権利濫用に該当するということはない。
旭商会事件 東京地判 平7.12.12 労判688-33	自己都合退職 (懲戒解雇事由が存在) 自己都合退職したものの, 普通解雇事由, 懲戒解雇事由があったとして退職金を不支給とされた労働者が, 退職金請求を行った事案。	普通解雇, 懲戒解雇事由の行為が発覚した場合, 退職金不支給	得意先を回ることに熱心でなく, 営業成績が他の従業員より劣っていた。会社からポケットベルで呼び出されても応答しないことがあった。 営業日報の提出が遅れがちで, 一部不正確な記載があった。 得意先への配達を怠ったため, 苦情が寄せられたこと。 毎月なすべき得意先への集金が遅れがちであったこと。 会社の車両を使い, 運送会社に代わって夜間に配送の業務を行い, 1回5,000円の謝礼を受けとっていた。	× 原告の退職金請求が認められる。 原告に在職中, 問題となる行動があったことは否定できないが, それが, 原告の15年にわたる勤続の功労を全く無に帰させるほどのものとはいえない。また, 運送会社から謝礼をもらって配送を代行したこと以外については, 退職金不支給事由にも該当しない。
NTT西日本テレカ事件 大阪地判 平9.4.25 労判732-81	懲戒解雇 (有効) 懲戒解雇により, 退職金不支給とされた労働者が退職金請求を行った事案。	懲戒解雇の場合は不支給	テレホンカードの管理責任者が大量の換価性の高いテレホンカードを施設外である部下の社宅に移し, 隠匿。新会社発足に際し, テレホンカードの余剰の存在を帳簿上明確にすべき必要性があるにもかかわらず, これを怠り, 支店長にも報告しなかった。実害はなかったが, 新会社が発足すれば, 帳簿上の記載がなく, もはや発見が困難で返済を催促される可能性も少なかった。	○ 会社の取扱い相当 (不支給) 企業秩序のみならず明らかに社会秩序に反する行為であって, それまでの勤続の功労を抹消してしまう程度の著しく信義に反する行為があった場合に該当する。

丸和證券事件 東京地判 平11.12.24 労判787-82	自己都合退職 （懲戒解雇事由が存在） 自己都合退職したものの、懲戒解雇事由があったとして退職金を減額された労働者が減額分の退職金を請求した事案。	懲戒解雇事由ある場合は原則として不支給。情状により減額支給する場合がある	顧客の知識、経験等に照らし不適当な過剰勧誘、かつ大量取引を行わせた。無断取引を行い、その結果立替金勘定を発生させた。顧客に他人名義の信用取引口座設定約諾書に署名させた。	会社の取扱い相当 （3分の2を減額） 証券取引法、日本証券業協会制定の証券従業員に関する規則、会社の営業管理規則等に反するだけでなく、顧客に重大な損害を与え、会社の信用を著しく失墜させるものというべきであることに照らせば、減額支給は正当 ※減額割合については規定がなく、会社の裁量に任せられているが、裁量を逸脱すれば、減額は許されないと解する余地あり。
東芝事件 東京地判 平14.11.5 労判844-58	依願退職 （懲戒解雇事由が存在） 懲戒解雇に準じる理由により依願退職扱いとなり、退職金が自己退職時の50％となった労働者が身体の故障を理由とする退職であるから、通常よりも高額な退職金を受け取れるとして請求した事案。	ポイント制退職金制度。懲戒解雇に準じる理由での退職の場合は不支給（自己都合の50％を限度として支給する場合あり）普通解雇は自己都合の50％	会社の管理職として、企業秩序維持するべき立場にあり、出向中において次長として重要な職責を担っていたにもかかわらず、業務の重要な時期に何ら届出をすることなく突然職場を約1ヵ月にわたって無断欠勤した。	○ 会社の取扱い相当 （50％） 功労を減殺するに足りる信義に反する行為といわざるを得ない。
小田急電鉄 （退職金請求）事件 東京高判 平15.12.11 労判867-5 1審：東京地判 平14.11.15 労判844-38	懲戒解雇（有効） 懲戒解雇により、退職金不支給とされた労働者が退職金請求を行った事案。	懲戒解雇の場合は不支給	平成12年5月に他社の電車内での痴漢で条例違反により略式起訴（罰金20万円）。この際、このような不祥事を発生させた場合はいかなる処分に従う旨の始末書提出。なお、その際、平成9年12月にも他社の電車内で痴漢をして罰金刑（5万円）に処せられていたことが発覚。しかし、前記行為から半年後の平成12年11月に再び、他社の電車内で痴漢を行い、懲役4カ月、執行猶予3年。また、その際、平成3	30％支給 退職金全額を不支給とするには、それが労働者の永年の勤続の功を抹消してしまうほどの重大な不信行為があることが必要である。それが、職務外の非違行為である場合には、それが会社の名誉信用を著しく害し、会社に無視し得ないような現実的損害が生じさせるなど、横領・背任等に匹敵するような高度な背信性があることが必要である。もっとも、当該非違行為がそのよう

事件	解雇種類	在職中の行為への取扱い	事案	判旨
(続き)			年に痴漢を行っていたことも発覚。	な強度な背信性を有するとまではいえない場合であっても常に退職金全額を支給すべきであるとはいえない。このような場合には，当該不信行為の具体的内容と被解雇者の勤続の功などの個別事情に応じ，退職金のうち，一定割合を支給すべきものである。
東京貨物社（解雇・退職金）事件 東京地判 平15.5.6 労判857-64	普通解雇 （懲戒解雇事由あり，解雇自体は争っていない） 普通解雇されたものの，在職中の行為に懲戒解雇に相当する行為があったとして，退職金が不支給とされた労働者からの退職金請求の事案。	在職中の行為で懲戒解雇に相当するものが発見されたときは，退職金不支給	労働者が単独または他人と共同して会社の犠牲のもとに利益を得ていた。また，会社と競合する会社の経営者と共同して，競合会社にマージンが入るように受注し，その利益の一部を得ていた。	△ 55％支給 懲戒事由に該当する事実には大きな背信性を認めるものの，原告のこれまでの功労を否定し尽くすだけの著しく重大なものであるとまではいえないが，これを相当程度減殺するに十分な重大性を有している。勤務期間，問題行動の開始時期，背信性が高いことを総合考慮。
日音（退職金）事件 東京地判 平18.1.25 労判912-63	懲戒解雇（有効） 懲戒解雇により，退職金不支給とされた労働者が退職金請求を行った事案。	懲戒解雇の場合は不支給	会社に事前の連絡なく一斉に退社し，本社営業部等の機能を麻痺させた。後任者に事務を引き継ぐことなく退社し，このような行為が会社を大混乱に陥らせることを認識していた。会社に無断で在庫商品を運び出したり，顧客台帳等のデータをフロッピーに移した上で消去したりした。	○ 会社の取扱い相当 （不支給） それまでの勤続の功を抹消してしまうほどの著しく信義に反する行為。
ヤマト運輸事件 東京地判 平19.8.27 労経速1985-3	懲戒解雇（有効） 懲戒解雇により退職金不支給とされた勤続約34年の元労働者が退職金の支払を請求した事案。	懲戒解雇の場合は退職手当金を支給しない。ただし，事情によりその全額または一部を支給することがある	大手運送業者である会社に長年にわたり勤続するセールスドライバーが，業務終了後の飲酒により自家用車を運転中，酒気帯び運転で検挙された。	△ 3分の1支給 原告の行った行為は情状は良いとはいえないが，他に懲戒処分を受けた経歴はうかがわれないこと，この時も酒気帯び運転の罪で罰金刑を受けたのみで，事故は起こしていないこと，反省文等から反省

					の様子も看て取れないわけではないことなどを考慮すると，原告の行為は，長年の勤続の功労を全く失わせる程度の著しい背信的な事由とまではいえない。
千代田事件 東京地判 平19.5.30 労判950-90	懲戒解雇（有効） 懲戒解雇により退職金不支給とされた元労働者が退職金の支払を請求した事案。	懲戒解雇の場合は退職金不支給		会社の金銭を業務上横領した（延べ10件，総額96万余円の横領行為）及びその後さらに社内的に顧客の名義，印鑑を冒用した偽造伝票を作成した非違行為（12件）。	○ 事案に照らした顧客業務という被告の対外的信用にかかわる原告の非違行為及びその後さらに社内的に顧客の名義，印鑑を冒用した偽造の注文伝票を作成した非違行為からすると，被告である会社に対する背信性が相当程度強いものがあり，それまでの原告の被告に対する勤続の功を抹消してしまうほどのものではないとまでは言い切れない。

(2) 退職後に懲戒解雇事由が判明した場合

　労働者が自主退職後，退職金の不支給・減額事由である懲戒解雇事由に該当する行為が判明した場合，退職金を不支給ないし減額することができるのかが問題となります。

　理論的には，労働者はすでに退職して雇用契約が終了していることから，新たに使用者による雇用契約を終了させる旨の懲戒解雇の意思表示はできません。したがって，会社が懲戒解雇を理由として退職金を不支給ないし減額することはできないと考えられます。

　この点，「背信行為など就業規則に反し懲戒処分により解雇する場合は退職金を支給しない」との退職金の不支給規定はあるものの，不支給事由である懲戒解雇する前に従業員が辞職して雇用契約が終了している中で退職金の支払いを請求された事案において，「退職金不支給事由を懲戒解雇と関係させて規定している場合，その規定の趣旨は，現に従業員を懲戒解雇した場合のみならず，

懲戒解雇の意思表示をする前に従業員からの解約告知等によって雇用契約関係が終了した場合でも，当該従業員に退職金不支給を相当とするような懲戒解雇事由が存した場合には，退職金を支給しないものであると解するのは十分に可能である」と説示して，退職金の不支給を認めた裁判例（大器事件＝大阪地判平11．1．29労判760-61）があります。

　しかし，不支給事由は「懲戒処分により解雇する場合」と規定されている以上，「懲戒解雇事由がある場合」にまで拡大して解釈することはできないと考えられますので，退職金請求権は残っているはずです。ただし，懲戒解雇事由が存する中での退職金請求権の行使が権利濫用として，退職金請求が認められないとの結論となると考えます。

　実際，懲戒解雇を退職金の不支給事由としている会社において，労働者が自己都合退職した後，懲戒解雇事由が発覚した事案において，原告は被告会社から懲戒解雇されていないのであるから退職金不支給事由に該当せず，原告は退職金請求権を有するとしたうえで，「従業員につき自己都合退職後に在職中懲戒解雇事由が存在していたことが判明した場合においては，右懲戒解雇相当事由が当該従業員の永年の勤続の功を抹殺してしまうほどの重大な背信行為である場合には，当該退職者が退職金請求権を行使することは，権利濫用として許されなくなると解するのが相当である」と判断する裁判例（東京ゼネラル事件＝東京地判平8．4．26労判697-57）があります。

　もっとも，実務上は，このような議論に巻き込まれないためにも，「在職中の行為に懲戒解雇に相当する行為が存在したとき」と不支給事由を規定して対応する必要があります。

　この点，「本人在職中の行為で懲戒解雇に相当するものが発見されたときは退職金を支給しない」との定めは，従業員の退職前に懲戒解雇事由を認知していた場合に懲戒解雇を選択すれば退職金不支給とできるが，退職前にその事由を認知し得ない場合には退職金を支給しなければならないという不均衡を是正するものと説示する裁判例（東京貨物社〔解雇・退職金〕事件＝東京地判平15．5．6労判857-64）があります。

3　競業避止義務違反

　在職中に自社の機密情報や重要な顧客に関する情報にアクセスできる社員が同業他社に転職することは，会社の重要な情報が他社に流れることにもなりますので，企業にとって，退職者が同業他社に転職することを防止する対策を立てることは，重要な関心事項であるとされています。

　そのため，企業においては，就業規則や誓約書等において，退職後に競争的性格を持つ同業他社に転職したり，あるいは自ら経営する会社を設立するなどして，前使用者のもとで在職中に獲得した知識，技術，技能，人間関係を利用して競争的性格を持つ職業活動に従事することを禁止する旨の規定（競業避止義務規定）を明記し，その実効性を確保するため，当該規定に違反すれば退職金の不支給・減額，返還を求める旨の規定を置く例が多くなっています。

　そして，競業避止義務規定の有効性について裁判例は，主に次の点について総合的に勘案しながら，限定的に解釈しています。

> ①　労働者の地位・職種（管理職以上，機密事項を取り扱う者，研究職等）
> ②　期間（競業されることにより会社が損害を被るおそれがある期間に限定。業種における変化の程度によるが，1～2年が一般。3年は長い）
> ③　場所的範囲（競業されることにより会社が損害を被るおそれのある範囲に限定。その業種により，一定地域とするか，日本国内全域とするか，アジア圏とするか等が決まる）
> ④　対価的補償（競業避止義務を課されることの代償が求められるのが一般。手当支払，その他補償）

　したがって，この有効性が認められるか否かにおいては，会社の企業秘密に直接携わっているような社員で，かつ，その業務に応じて秘密遵守手当等の金銭が支払われていること等が重要な要素となります。

また，その合意が労働契約解消時に成立したものか否かが重要な意味を持ちます。労働契約解消時の合意であれば，その同意が真意に基づいていると評価されやすいといえます。しかし，実務では，退職時の合意は，その制約の代償措置として相当程度の金銭を提示しなければとれないのが普通です。

　したがって，競業避止義務規定（ないしそれに基づく合意）が有効か否かは，前述の①から④までの事情に加えて，

> ア　労働契約締結時の合意
> イ　役職やプロジェクトに就任時の合意
> ウ　労働契約終了時の合意

等，いつの時点の合意なのかと，上記ウの場合にはその同意取得の際の事情を十分吟味する必要があります。そしてその規定（合意）が有効だとしても，その違反に対する法的効果は，

> カ　競業行為（他社就労）の差止め
> キ　競業行為に対する不法行為を理由とする損害賠償
> ク　退職金の不支給・減額

が考えられますが，前述のように実務では，カ・キが肯定されることは少ないといえます。

　この点，元従業員が退職後に同種の事業を立ち上げて会社の取引先から仕事を受注するようになった事案について，最高裁（サクセスほか〔三佳テック〕事件＝最一小判平22.3.25労判1005-5）は，競業行為が社会通念上自由競争の範囲を逸脱した違法なものかという観点から事実関係を評価しています。本件では，退職のあいさつの際等に取引先の一部に対して独立後の受注希望を伝える程度のことはしているものの，取引先の営業担当であったことに基づく人的関係等を利用することを超えて，会社の営業秘密に係る情報を用いたり，会社

の信用をおとしめたりするなどの不当な方法で営業活動を行っていないこと，会社の取引先のうち3社との取引は退職から5カ月ほど経過した後に始まったものであり，退職直後から取引が始まった取引先については会社が営業に消極的な面もあり，会社と取引先との自由な取引が競業行為によって阻害されたという事情はうかがわれないこと等から，当該競業行為が不法行為に該当しないと判断しています。

　なお，カの競業行為の差止めについて，競業他社への就職が予定されている執行役員について，競業避止の合意に基づいて，2年間，会社と競業関係にある生命保険会社の取締役や執行役員等の地位に就任することや営業部門の業務に従事することの差止めを求めた事案（アフラック事件＝東京地決平22．9．30労判1024-86）があります。まず，競業避止条項に係る合意は，不利益に対して相当な代償措置が講じられており（執行役員の地位で純粋に労働の対価であることはできない相当な厚遇），転職先の生命保険会社の取締役，執行役および執行役員の業務並びに同社の営業部門の業務に関する競業行為を同人が退職した日の翌日から1年間のみ禁止するものであると解する限りにおいて合理性を否定することはできず，同人の職業選択の自由を不当に害するものとまではいえないから，公序良俗に反して無効であるとは認められないと判断しました。そして，同人の競業行為によって会社の営業上の利益を侵害される具体的なおそれと保全の必要性があるとして差止請求を認めています。しかし，こうした差止請求は，役職就任時の合意や相当の代償がなければ，認められるのは難しいといえます。不法行為に基づく損害賠償請求についても，積極的に検討はしますが，なかなか認められるものではありません。そこで，競業避止義務違反があった場合に会社がとる現実的な手段としては，退職金の不支給ないし減額ということになります。

　なお，この違反者が営業秘密を使用者から開示されている場合には，不正競争防止法の適用問題が発生し，その法違反に対し，刑事罰のほか，ⅰ）差止め，ⅱ）創作品の破棄，ⅲ）損害賠償，ⅳ）謝罪広告のような強い法的効果が付与されますので，この点は十分に検討すべきです。

(1) 退職金不支給・減額規定の有効性

　退職後の競業避止義務違反を退職金の不支給事由・減額事由とする規定の有効性が問題となりますが，すでに述べたとおり，退職金が功労報償的性格を有していることからすれば，直ちに公序良俗違反（民法90条）として無効と解することはできません。

　しかし，当該規定の有効性については，懲戒解雇の場合とは異なり，慎重に考える必要があります。なぜなら，懲戒解雇は労働者が企業秩序遵守義務を負っている在職中の行為を問題にするものですが，競業避止義務はすでに労働契約が解消されており，労働者が職業選択の自由の一環として自由に再就職先を選択できる退職後の行為を問題にするからです。

　退職者が少しでも有利な労働条件を獲得するためには，自らが蓄積してきたノウハウや技能を生かせるところに転職したいと考えるのは自然なことですし，企業も各分野で専門性を求める時代にあるため，退職者が競業会社に就労することが多くなるのは当然の帰結ともいえます。

　したがって，競業避止義務違反による退職金の不支給ないし減額による返還請求は，在職中の行為を問題にした懲戒解雇よりも難しいと考えることになります。

　この点，裁判例においても規定の有効性自体が問題となった事案があります。退職後の競合関係にある同業他社への就職や競合関係を有する会社を設立した場合等に退職金を不支給としている規定について，「競業避止については，場所的，時間的範囲の制限が一切なく，文言からはおよそ無制限に競業避止を義務付けているとしか解することができない」，「およそ無制限の競業避止義務を遵守しなければ退職金の支給は全く受けられないということになるのである。こうした規定は，労働者に対し，職業選択の自由を著しく制約するもので，また，基本的に賃金としての性格を有する退職金を一切支給しないというもので労働基準法違反の疑いもあるのであって，原告ソフトウェア開発の必要性に比して労働者に与える不利益が重大かつ深刻にすぎるというべきであり，（退職金規

程の当該条項）は公序良俗に反し無効」と判断した裁判例（ソフトウエアほか事件＝東京地判平13．2．23労判804-92）があることに注意が必要です。

　なお，退職後の行為である競業避止義務違反を理由に在職中の労働の対価である退職金を不支給・減額とすること自体が問題と解され，むしろ，退職金請求権を認めたうえ，競業の態様が従業員の大量引抜きを伴うなど，退職金請求権の喪失を正当化するほどの顕著な背信性が認められる場合に退職金請求権の濫用を認める構成のほうが妥当であるとする見解もあります（土田道夫『労働契約法』250頁）。

　しかし，この見解では支給後の返還に対応できないと解される可能性があるといえます。

(2) 退職金不支給・減額取扱いの有効性

　裁判例は，競業避止義務違反を理由とする退職金不支給ないし減額の規定が有効であったとしても，全額不支給については，全額不支給とするのが相当であると考えられるような顕著な背信性がある場合に限られるとしています。その背信性の判断は，以下の諸事情を総合的に考慮しています。

① 不支給規定の適用の必要性
② 退職に至る経緯
③ 退職の目的
④ 退職した社員の違反行為により会社が受けた損害

　具体的には，裁判例の傾向として，①単に経験を生かして同業他社に就職した程度では足りず，多額の投資をして特殊なノウハウを身に付けさせており，その者がいなければ会社の当該部門の営業が成り立たないこと，②当該部門の多数の社員を勧誘して離脱させたため，当該部門を閉鎖せざるをえなかったこと，③職務上知りえた秘密（営業秘密であれば不正競争防止法の対象であるからそれに該当しない場合でも）をみだりに使用して会社の利益を害したことを

要するとする傾向にあると説明されています（山口幸雄ほか『労働事件審理ノート〈第3版〉』140頁）。もっとも，②のケースでは不法行為責任を追及すれば足りる場合もあると考えられ，③のケースでは不正競争防止法の問題として処理される事案も多くあると考えられます。

このように，競業避止義務規定に関する退職金不支給条項については規定自体の有効性についても問題となることがあり，適用の有効性とあわせて二重の制約がかかっているといえます。

したがって，この競業避止義務違反に関する退職金不支給条項についても，減額規定を追加し，かつ懲戒解雇の場合以上に適用を厳格に制限すべきであり，一般社員にこの規定が当然に適用されるとは考えない方がよいと思います。

裁判例	事 案	競業避止に関する規定・その有効性	損害・背信性等	不支給・減額
三晃社事件 最二小判 昭52.8.9 労経速958-25 1審：名古屋地判 昭50.7.18 労判233-48 2審：名古屋高判 昭51.9.14	広告代理店において，入社に際し，同業他社で働く時は，事前に会社の承認を得る旨の誓約及び退職金受領時に，今後同業他社に就職した場合は，退職金の半額を返還する旨を約した労働者が退職後10日あまりで同業他社に就職していることが判明したことから，会社が退職金の半額の返還を求めた事案。	「退職後同業他社へ転職するときは自己都合退職の2分の1の乗率にて退職金が計算される」 同業他社に就職した退職社員に支給する退職金を自己都合退職の場合の半額と定めることも本来退職金が功労報償的性格を併せ有することにかんがみれば，合理性のない措置であるとすることはできない。（略）右の定めは，その退職金が労基法上の賃金にあたるとしても，所論の労基法3条，16条，24条及び民法90条等の規定にはなんら違反するものではない。	本件退職金減額規定のみならず，競業避止に関し，入社時，退職時にも約していたにもかかわらず，退職後直ぐに副分部長として，同業他社へ就職。 同社のような中小の広告業者においては，営業社員と広告依頼主との人的結びつきが強く，社員が同業他社へ転職すれば，それにつれて顧客も他社へ流れる危険性が強く，それとともに営業収入も低下する。	○ 会社の取扱い相当（50％）
中部日本広告事件 名古屋高判 平2.8.31 労判569-37 1審：名古屋地判 平元.6.26	広告代理店において，退職後，広告代理業を自営したころから，退職金が不支給とされた労働者が退職金の請求を行った事案。	「退職後6カ月以内に同業他社に就職した場合は退職金を支給しない。」 不支給条項に基づいて，不支給が許容されるのは，競業関係に立つ業務に6カ月以内に携わったというのみでは足りず，退職	降職，3カ月の減給，奨励金の支給停止，賞与の減額等の処分を受けた後，会社に勤務する意欲をなくし，退職し，その後在職中担当していた顧客60件のうち12	× 原告の退職金が認められる。 会社に対する顕著な背信性は認められず，不支給条項は適用されない。

第11章／退職金

労判553-81		従業員に前記のような労働の対価を失わせることが相当であると考えられるような会社に対する顕著な背信性がある場合に限ると解する。本件不支給条項はこのような限定を付されたものとして有効である。背信性の判断は，不支給条項の必要性，退職に至る経緯，退職の目的，競業を行ったことによる会社の損害等諸般の事情を考慮する。	件と取引を行っていた。	
ベニス事件 東京地判 平7.9.29 労判687-69	退職後，再就職した会社に社員を引き抜いたため，会社が分割払いにより支払中の退職金を途中から減額支給された労働者らが減額分の退職金請求を行った事案	「退職後においても，当社に対し損害を与えるが如き行為又は，不都合なる行為ありたる場合は，たとえ退職後であっても上記の退職金支給率を減ずることがある」 退職金は，賃金としての性格の他に功労報償的性格をも併せ有すると解されているので，退職従業員に在職中の功労を評価できない事由が存する場合に，退職金の支給を制限することも許されないわけではなく，退職金の不支給・減額事由を定めておけば，それが労使間の労働契約の内容となる（有効）。	背信的行為は認められない。	× 原告の退職金が認められる。 退職後の行為を退職金の不支給要件とする場合，規定が抽象的であっても直ちに無効とすべきではないが，その適用は厳格な条件の下で行うべきで，背信性が極めて強い場合に限定される。
ジャクパコーポレーションほか事件 大阪地判 平12.9.22 労判794-37	幼稚園の体育指導等の業務委託を受託する会社において，同様の業務を行う会社を設立した元従業員からの勧誘を受けて，当該会社に転職した労働者らの退職金請求を会社が拒否したため，労働者らが退職金請求を行った事案。また，勧誘を行った元従業員に対し，会社が退職金の返還を求めた事案。	「退職後1年以内に従業員の勤務地内，若しくはこれに隣接する行政区画内同業他社へ転職するとき，若しくは同様の営業をなすとき，同業他社の役員に就職するときは，前項の退職金支給金額及び年度末加給金の2分の1の乗率によりこれを支給する。この際，自ら同業他社の意を受けて，従業員の引き抜きをなした場合は，不支給とする」 規定前段について 区域，期間を限定し，同業他社への転職，同様の	転職した労働者は，元従業員からの勧誘に応じて，転職しただけであり，転職にあたって，格別不当と目すべき手段を弄するなどしていない。勧誘した元従業員は，会社の従業員に対して，転職の勧誘を行った。解約幼稚園に対して契約締結への働きかけ行っていた。	△ 50%の支給 50%の返還（勧誘者） 不支給事由があるとは認められないが，2分の1とする規定には該当することは明らか。

597

	営業をした者等に支給すべき退職金を自己都合退職の場合の2分の1にするのであるが，指導者の流出が顧客幼稚園との体育指導等の委託契約の維持等に影響する部分が少なくないと考えられること，右の程度の不利益を課したとしても労働者の転職の自由を著しく制限することになるとはいえないこと，退職金が功労報償的性格をも併せ有すること等に鑑みるときは，当該規程が合理性のない措置であり，無効であるとすることはできない。 **規定後段について** 退職金の不支給の自由として単に「従業員の引き抜き」と規定するのみで，いかなる行為を含むか必ずしも明らかではなく，労働者が退職後，競業行為であっても自由に行いうると解されること，社会的相当性を逸脱するような手段によるものでない限り，元の会社の従業員に対し，転職を勧誘することも違法でないことからすると当該規定の有効性は疑問。		

4　退職直前の就労状況による減額

　使用者において，退職時のとるべき手続を記載し，それらに反した場合や退職時に会社に損害を与える行為を行った場合に退職金を不支給・減額とすることがありますが，かかる規定および取扱いが有効であるかが問題となります。

　この場合においても，退職直前の行為が「労働者の永年の勤続の功労を抹消（または減殺）してしまうほどの不信行為」と評価できるか否かが問題となりますが，一般的に退職直前の手続違反等が在職中の功労を抹消するほどの重大な背信性を持つことはまれであると考えられます。

この点，退職直前の不都合行為を退職金の減額事由としており，退職直前に成績評価のデータの持ち帰り，成績入力の遅滞，欠席日数の誤入力，成績判定会議にかけるべき生徒の見落とし等の職務懈怠があったとされた事案において，「退職直前の不都合行為」には，原告の職務懈怠や不注意を問われてもやむを得ない行為であって被告にとって不都合な行為であるといえなくはないものが含まれているものの，いずれも，あるいはこれを総合しても，原告の勤続の功労を減殺するほどの背信行為とまではいえないとして，減額を認めなかった裁判例（洛陽総合学園事件＝京都地判平17.7.27労判900-13）があります。

また，役付者は2カ月前に退職届を提出しなければならない旨の規定および退職したときは直ちに業務の引き継ぎをなす旨の規定に反して退職した労働者について，円満な退職でない場合には退職金を支給しない旨の規定に基づき退職金を不支給とした事案において，「仮に被控訴人らにおいて退職に際し控訴人主張に係る右のような行為があったとしても，その行為は責められるべきものではあるが，永年勤続の功労を抹消してしまうほどの不信行為に該当するものではない」として退職金請求を認めた裁判例（日本高圧瓦斯工業事件＝大阪地判昭59.7.25労判451-64）もあります。

もっとも，「退職願を提出した日よりの7乗務（14日間）は正常に勤務しなかった者には退職金を支給しない」と規定されているのに，退職届を提出してから退職するまで4乗務（8日間）勤務したのみであった労働者についての退職金の不支給事由に該当するものとして退職金を一部しか支給しなかった事案について，会社のとった措置を有効とした裁判例もありますが（大宝タクシー事件＝大阪高判昭58.4.12労判413-72），タクシー会社等では安全面からの理由で従業員の突然休みに対する要員確保が難しく，稼働台数が減ると水揚げがその分減って会社業績に直接影響が及ぶという特殊性が考慮されたもので，一般の他業種の会社で直ちに通用するものではないと考えます。

5 自己都合退職と会社都合退職

　退職金の支給は任意ですから，支給要件をどのように定めるかは，使用者の自由です。

　したがって，自己都合退職か会社都合退職かにより，支給の有無や支給率を変えることもできます。

　この点，裁判例（三晃社事件＝名古屋高判昭51．9．14労判262-41）も，自己都合退職と会社都合退職とで，支給率に差異を設けることは許される旨の判断をしています。

　なお，会社都合とは解雇の場合に限られません。合意退職であっても，希望退職制度に応募し退職したような場合は，会社都合退職に該当しえますので，明確な規定がない場合には，合意退職だから自己都合退職金でよいとの安易な判断は注意する必要があります。

　したがって，自己都合事由と会社都合事由を明確に規定する必要があります。

第4節　退職金の減額改定

1　退職金減額の必要性

　平成20年就労条件総合調査によれば、退職一時金制度がある企業の支払準備形態は、64.2％の企業が社内準備としているものの、支払準備形態が社内準備のみの企業について、保全措置を講じている企業はわずか18.5％（1,000人以上の大企業においても19.9％）となっています。

　右肩上がりの経済成長を続けている時代であれば、退職金について、事前に保全しておかなくとも、営業による利益や資産の運用益等で退職金を支払うことは可能かもしれません。

　しかし現在は、経営環境が目まぐるしく変化し、時には月例の賃金等についても現支給基準を守ることができないような状況に陥ることもあります。

　そのため、退職金について保全措置を講じていないような場合には、多数の退職者に対する高額の退職金の支払に対応できず、支払を行えば経営が立ち行かなくなるような状況になることも十分想定され、経営上の理由から退職金の減額を行う必要性が生じることもあります。

　また現実問題として、将来の経営状況を見通せない状況下で、将来の稼働に対応してくる退職金の計算式は将来の期待権ともいうべき権利であり、20年後、30年後までこの計算式が維持されなければならないのは使用者にとって酷とも考えられます。

　さらにわが国においては、勤続を美徳とする長期雇用システムを活用し高度経済成長を遂げてきた歴史があり、右肩上がりの成長が終了し、目まぐるしい

速度で変化し続ける経済になった現在においても，長期雇用システムと一体の賃金体系であった年功序列型の賃金体系を維持したままの企業も少なからずあるといえます。

しかしながら，若年の労働人口が減少し，グローバル化，技術革新，商品ライフサイクルが目まぐるしいスピードで進む現代において，企業が勝ち抜くために，年功序列型の賃金ではなく，適正に成果を配分して，従業員の成果の向上を目指す成果主義型の賃金体系を導入する企業が増えています（詳細は第6章第1節参照）。

そして，成果主義型の賃金体系への移行の中で退職金制度の変更の必要性が生じています。

2　就業規則の変更による退職金減額改定

上記のとおり，退職金を減額する必要性が生じた場合，退職金に関する事項は就業規則の記載事項であることから，多くの場合，就業規則の変更によることになります。

規定の不利益変更の「合理性」の判断基準については，第6章第2節に説明したとおりですので，本章では退職金に限定して説明します。

(1)　変更の合理性の判断要素

退職金に関する就業規則の不利益変更に関するリーディングケースである最高裁判決（大曲市農協事件＝最三小判昭63．2．16労判512-7）は，「賃金，退職金等労働者にとって重要な権利」に関する不利益変更は，「そのような不利益を労働者に法的に受忍させることを許容できるだけの高度の必要性」が必要と判断しています。

そして，実際の裁判例からすれば，退職金の減額改定の有効性は厳格に解されているといわざるをえません。それは，退職金は，退職してはじめて発生する権利ですが，すでに権利性が強い労働者の利益と考えられているからであり，

倒産の危機のような変更に高度な必要性が認められない場合であれば，単純に退職金の支給額を減額することを目的とする変更をすることは難しく，他の制度の改定に伴って労働者に他の条件面で有利な取扱いがなされ，その変更により減額した金額が実質上は補填されているという事情（代償措置）等が合理性が認められるための重要な要素となります。

また注意したいのは，退職金の場合，月例の賃金とは異なり，今日の経営状況だけで考えることはできず，長期の経営の予測，そして日本における将来の退職金制度の動向等も影響してくるということです。

退職金を減額する場合の考慮すべき要素としては，第9章で説明した裁判官協議会において，「①経営再建策全体の中での退職金削減措置の位置付け，②他の同種法人における経営再建策との比較，③その業界一般における退職金額と変更後の退職金額との比較，④減額規程の段階的適用，猶予措置の有無，⑤職員全体会議の実態等が問題となろう」と指摘されています。特に「雇用」か「賃金」かの究極の選択のような状況であれば，退職金規程が，集団的労務提供を前提に，統一的・画一的に決定・運用されてきたものである以上，その集団の多数の意思で決定していくしかないといえます。

(2) 具体的事例

当職の一般的な不利益変更に関する見解は前述のとおりですが，変更の業務上の必要性ごとに裁判例を紹介すると次のとおりです。

ア 経営状況悪化による変更

変更の合理性には，高度の必要性が求められており，単に赤字であった等の経営状況の悪化を理由とする退職金の減額改定は合理性が認められない傾向があります。

また，すべての事例で手続が適正にとられていないとの指摘がなされています。特に，多数の従業員の賛成という手続の観点がなく，すべて無効という判断もやむをえないものといえます。

裁判例	事　案 (不利益の程度)	変更の必要性等	代償措置・変更の手続等	有効性
三協事件 東京地判 平7．3．7 労判679-78	家電・自動車・住宅関連部品の販売を業とする会社において、業績不振を理由として、退職金支給率を引き下げる改定を行ったため、退職金額が従前に比べ、約220万円減少した労働者からの差額の退職金請求の事案。	自動車，家電業界の業績不振を受け，前年度より売上高が1割1分減となった。しかし，営業利益，経常利益は前年を上回った。同業他社より支給率が割高であった。	代償措置なし。幹部会に諮って，改訂について了承を得た。しかし，規定によって必要とされている従業員の代表との協議はなし。	× 変更無効 被告の主張する経営不振による変更の合理性が存したかは疑問。また，改定手続も遵守しているかは疑問。
月島サマリア病院事件 東京地判 平13．7．17 労判816-63	個人経営の病院において，経営状況悪化に伴い，退職金の算定基礎を基本給の100％から80％に下げ，勤続年数ごとの支給率も1.5から1.0に下げた。そのため，具体的な支給額が約47％減少した労働者からの差額の退職金請求の事案。亡き夫の退職金の相続分も請求。	売上が8億2,785万円であったが事業所得は360万円で，銀行借入金が9億227万円。院外処方への切り替えや看護補助者の採用で経営が圧迫。診療報酬は7割が人工透析であったところ，人工透析を行う他の病院が近隣に設立。	代償措置なし。事務長，次長等が変更を了承。約1カ月掲示板に掲示し従業員に変更を周知。ただし，従業員への直接の説明なく，他の従業員に明示的な受容なし。	× 変更無効 不利益が大きい一方，代償措置が講じられていない。従業員の対応によっても合理性を基礎づけられない。経営状態は芳しくなかったが，倒産の危機に瀕しているとはいえない。
ドラール事件 札幌地判 平14．2．15 労判837-66	建設材料の卸販売等を行う会社において，会社の業績悪化に伴い，退職金について，取締役会で支給するか否かおよび支給額を個別に決定するとの規定を追加。当該規定に基づき，退職金を不支給とされた労働者からの退職金請求の事案。	就業規則変更当時，営業収益が60億円から1年で48億円に減少。営業利益が約1億4,000万円から1年で約4,000万円に減少。経常利益約2億円であったものが3年で約8,000万円に減少。収益の改善のためにほかにどのような対策があり，退職金支給額の圧縮が避けられないか否かについて，具体的に検討したか不明。	代償措置なし。意見聴取もなし。	× 変更無効 退職金支給額の圧縮が収益の改善のために必要不可欠の措置とはいえない。個別に不支給とすることが可能であり，現実に原告の他1名が不支給となっている。原告と同一期に退職した従業員には支給されており，恣意的な取扱いとなっている。

名古屋国際芸術文化交流財団事件 名古屋地判 平16.4.23 労判877-62	美術館の運営を行う財団法人において，設立以来の赤字により累積損失が拡大したことから，支援企業の理解を得るために，自助努力を示す策として，55歳を超えた職員については，管理職から外し，仕事を軽減することを前提として，本給を60％減額，退職金については，自己都合退職の場合の支給率を減額等の規定変更したことにより，退職金額が70％以上減となった労働者からの差額の退職金請求の事案。	設立以来赤字が続いている。 平成20年までに10億円の資金不足が予想された（変更は平成15年1月1日）。 もっとも，総支出に対する規定が適用される労働者人件費の割合は3％に過ぎない。	月額5,000円の資格手当を支給。 規定に基づいた理事会の議決を経ることなく変更。 原告ら5名の学術員に変更に承諾するように求め，これに応じない原告らに対して承諾しなければ解雇となると通告。	× 変更無効 70％もの減額を一方的にもたらす不利益変更については，被告主張の制度理由のみでは合理性を基礎づけるのは困難。手続経過や交渉経緯からも合理性欠如が伺われる。

イ 倒産回避のための変更

　倒産を回避するために，退職金規程を減額改定する場合には，倒産してしまえば，労働者は，破産による清算でより少額の配当を受けるにとどまるばかりか，職も失うおそれがある等，退職金減額よりも労働者に不利益となることから，変更の合理性も認められやすくなりますが，倒産の現実的危険性があるか否かが重要な判断要素となります。

　倒産の危機がないとの判断になれば，経営悪化を理由とするものとして，前項のとおり，合理性が認められるのが困難となります。

　なお，第9章の裁判官協議会における協議内容でも，「雇用」か「賃金」かを構成員の多数意見で決定したか否かを重視しており，以下で紹介する裁判例は，多数従業員が退職金の減額についてやむをえないとしている点にも重要なポイントがあったものと考えられます。

裁判例	事　案 （不利益の程度）	変更の必要性等	代償措置・変更の手続等	有効性
更生会社新潟鐵工所（退職金第1）事件 東京地判 平16.3.9 労判875-33	会社更生手続開始決定がなされた中堅総合重機メーカーにおいて，退職金支給基準を切り下げなければ，更生計画の策定ができず，破産手続に移らざるを得なかったことから，退職金支給率を80％引き下げる改定を行ったことにより，退職金が減額となった労働者からの差額の退職金請求の事案。	基準を切り下げなければ破産手続をせざるを得なかった。 近く，退職者が大量に発生するため，早期に基準を引き下げる必要性があった。 改定後の退職金額は，月例のおよそ9カ月分であるが破産の場合と比較すれば実質的な不利益はない。	原資が確保できた時は加算金を支給するとの規定により，実際には，原告らは旧規定に基づく退職金の7割の支払を受けている。さらに，原資があれば，追加で加算金が支給されることになっていた。退職者に対し，満30歳以上の者に対し，基準賃金の3カ月相当の再就職支援金を支給，人材派遣会社の活用により，58％以上の退職者が再就職（退職に伴う生活上の不利益を緩和するためのものとしては生活保障的要素を備える本件退職金と共通する面があり，本件変更の合理性を補強する事情である）。 組合へ連日説明を行い，非組合への説明会等も開催。 70％を超える従業員で構成される過半数組合との合意。	○ 変更有効 原告らの不利益は既得権化されたものの侵害とはいえず，かつ変更がなければ，破産にいたり，退職金の支給は期待できなかった状況下では，実質的に見て大きくなく，他方，変更の必要性は高く，内容も合理的で手続も相当。
中谷倉庫事件 大阪地判 平19.4.19 労判948-50	貨物自動車運送業や倉庫業を営む会社において，大口取引先の倒産により，連鎖倒産を回避するための一環として，退職金額をほぼ半額とするとの改定により，退職金が半額となった労働者からの差額の退職金請求の事案。	年間売上の3分の2を占めていた取引先2社が倒産。計約1億5,000万円の負債。 改定直前の年度は経常利益が出ているが，希望退職者の退職金が計上されていない。 まだ，退職金の約半額しか受け取っていない希望退職者からの請求がない。	倒産回避のため①企業年金解約，②5つあった賃貸倉庫のうち，事務所を兼ねていた1つを残し，売却，③土地の売却，④取締役らの報酬減額，⑤人件費削減。 従業員の約半数が希望退職。 過半数労働組合の同意。	○ 変更有効 本件改定を認めなかった場合，会社の経営を圧迫することが予想され，倒産の危険も存し，本件改定の内容はやむを得ない。
日刊工業新聞社事件 東京高判 平20.2.13 労判956-85	出版事業を営む会社において，業績が低迷していたことから，退職金額を50％削減と改定したことにより，退職金額が半額と	支払手形等の支払を当座貸越枠で賄えなくなった。 銀行に緊急融資を申し入れたが断られた。 定期預金の解約，	3つの組合とそれぞれ，3回，6回，6回交渉を行った。 2つの組合推薦を受けて選出された従業員代表が退職金削減には同意し難いが，経営再建	○ 変更有効 倒産の危機に瀕した会社が倒産を回避するための経営再建策の

1審：東京地判 平19.5.25 労判949-55	なった労働者からの差額の退職金請求の事案。	生命保険の解約により資金調達を行っていた。 10年ほど前から債務超過。 再建の途を選ぶ以上，メインバンクの報告書を基に作成された再建計画を実施するしかなかった。	のため受け入れざるを得ないとの意見。	1つとして合理性がある。現に会社が倒産の危機に瀕している場合には，通常の景況にある会社の一般的な退職金水準との比較を論じることはできない。

ウ　企業統合に伴う変更

　企業の統合を行う際，退職金の支給条件に差があるため，一方の基準，または新基準に変更する必要性が生じ，その際，少なくとも一方の企業において，退職金支給基準が低下する場合があります。

　このような場合，退職金支給基準を低減させる規定変更が有効であるかは，通常，統一的取扱いの必要性から変更の高度必要性が認められうると解しますので，その代償措置（不利益緩和措置），適正手続等が重要な判断要素となります。

　なお，下記事例は，不利益緩和措置だけでなく他の規定変更との関係から実質的な不利益があったとは言い難い事案であったことも重要なポイントだといえます。

裁判例	事　案 （不利益の程度）	変更の必要性等	代償措置・変更の手続等	有効性
大曲市農協事件 最三小判 昭63.2.16 労判512-7 1審：秋田地大曲支判 昭57.8.31 労判450-76 2審：仙台高秋田支判 昭59.11.28 労判450-70	複数の農業協同組合が合併したことにより，新たに作成された退職金規程が従前の規程と比較して，1つの農協（他の6農協は，秋田農協中央会の指導・勧告に従って統一的な退職金規程に変更していたが，当該農協のみ労働組合の反対等から，退職金規程を変更していなかった）にお	合併した場合に，労働条件の統一的画一的処理の要請から，旧組織から引き継いだ従業員相互間の格差を是正し，単一の就業規則を作成，適用しなければならない必要性が高いことはいうまでもない。	本件合併に伴って取られた給与調整の退職時までの累積額は，賞与及び退職金に反映した分を含めると，概ね被上告人らの請求額に達している。 従前より休日・休憩，諸手当，旅費等の面において有利な取扱いを受けている。 定年が男子が1年，女子が3年延長。 手続についても合併前に調整が重ねられていた。	○ 変更有効合理性あり。 不利益の程度，変更の必要性の高さ，その内容，及び関連するその他の労働条件の改善状況に照らすと，不利益を考慮しても合理性を有する。

	いて、勤続年数22年以上の場合に支給率が減少し、しかも、勤続年数が高くなるにつれて、上昇率が逓減するなど不利益なものであったため、退職金が減額となった労働者からの差額の退職金請求の事案。		

エ　同業他社の支給水準に合わせるための変更

　退職金規定の減額改定の場合，変更後の退職金額が同業退社と同様の支給水準であることは，前掲第四銀行事件において，合理性の判断要素として，同種事項に関するわが国の社会における一般的状況が挙げられているように，合理性を基礎づける１つの要素といえます。

　しかし，同業を営む企業であっても，企業規模，業種等によっても，同一であることに合理性があるといえるのかは異なりますし，また，別企業である以上，支給基準が異なるのは当然ともいえますから，変更への高度の必要性の有無が吟味され，代償措置による緩和措置等の相当性，適正手続が求められることになります。そして，通常は，支給基準を同業他社に合わせることについて，高度の必要性まで認められるのはまれであると考えられますので，相当の代償措置がとられ，実質的な不利益がないというような状況でなければ，変更に合理性が認められるのは困難であると解します。

　このような場合は，多数労働者の賛成があっても，否定される可能性が高いことになります。

裁判例	事　案 (不利益の程度等)	変更の必要性 (不利益の程度)等	代償措置・変更の手続等	有効性
アスカ事件 東京地判 平12.12.18 労判807-52	アスファルトの販売・加工等を業とする会社において，人件費削減のために関連会社等に従業員を出向させることとしたところ，出向先と退職金を含む賃金体系が大きく異なっていたことから，出向を円滑にすすめるために，退職金規程の支給率及び退職事由係数を低く改定したため，退職金額が1,000万円以上減額となった労働者からの差額の退職金請求の事案（従業員の退職金は，従来の3分の2ないし2分の1に減少）。	改定の理由は主として，T社の連結決算の対象となったこと，T社への出向を円滑にするため，出向先と労働条件をバランスをとる必要性が生じたため。 売上総利益率が減少し，平成10年に10億円の特別損失を出したが，平成7年から11年まで営業損益及び経常損益は黒字（変更は平成12年2月1日）。	変更後の退職金は，日経連の退職金調査による全産業平均（規模100人未満）の支給額とほぼ同じ水準。 従前は，T社及びその関連企業と比べると約1.5倍ないし約2倍。 従業員のほとんどが改定に同意している。	× 変更無効 退職金を従来の約3分の2ないし約2分の1に減少させることを法的に受忍させることを許容できるだけの高度の必要性に基づいた合理的内容ではない。

オ　定年延長に伴う変更

　使用者において，定年を延長する場合，例えば60歳定年を高年齢者雇用安定法の求める高年齢者雇用確保措置を受けて65歳定年とする場合に，当該定年延長に伴い人件費が増大すること等から，退職金を減額改定することについては，減額の程度や定年延長により受ける労働者の実質的利益等が吟味されることになります。

　この点，前掲大曲市農協事件や後掲空港環境整備協会事件においても，定年延長は，合理性を基礎づける1つの理由とされていますが，労働者の経済的不利益の程度が合理性の重要な判断要素となっています。

　特に上記2件の事件は，実質的不利益がないか，または僅かであった事案であり，減額の不利益として先例的意味があるかというと当職は懐疑的に考えています。

カ　給与制度の改正の一環としての変更

　賃金体系を新たに整備する際，退職金額が月額の賃金に連動すること等から，

その一環として，退職金についても新たに整備（減額改定）することが考えられますが，このような変更の合理性も問題となります。

給与制度の改正に伴い，退職金を減額改定する場合，退職金減額という不利益を労働者に課すためには，変更への高度の必要性の有無が吟味され，代償措置による緩和措置等の相当性および適正手続が求められることになります。

裁判例	事 案	変更の必要性（不利益の程度）等	代償措置・変更の手続等	有効性
空港環境整備協会事件 東京地判 平6.3.31 労判656-44	航空公害の現状調査とその対策の研究等を行う財団法人において，給与制度変更の一環として，退職金につき，従前，退職日の基準額に勤続月数を乗じ，さらに，勤続年数に応じた一定割合で算出していたものを，規程を改定し，退職日の基準額に勤続年数を区分して，区分ごとに応じた割合を乗じて得た金額の合計額としたことにより，退職金の額が約300万円減額となった労働者からの差額の退職金請求の事案。	給与が低いのに比べ退職金が高く，制度としてバランスを欠き不合理であり，その改正が迫られていた。事業の公共性から公務員に準じた旧体制に改正する必要性。退職金規程を改正しないまま給与改善と定年延長を併せて実施すると退職手当がますます多額になり，不合理性が助長される。従業員らの不利益は，その変更後の一定の短期間内に限って生じ（規程変更後直ぐに退職した者），不利益の程度もわずか。	給与が昇給相当分を大幅に超えて増額。定年延長。本件変更は，給与制度改正の一環として，給与，諸手当等の改正と一体をなすもので，不利益の程度については給与制度改正全体の中で議論すべき。退職金規程改正と一体となった給与規程改正により給与自体が従前の昇給相当分を大幅に超えて増額されたため，退職時の給与に所定の支給割合を乗じて算出される退職手当は見かけほど低下しておらず，賞与を含む給与の増額等を考慮すれば，実質的な不利益はわずかなものである。	○ 合理性あり 職員の支給割合が極めて高水準で，従来のまま，定年延長，かつ給与も増額したら，旧退職金規程の不当性はさらに拡大するので，給与改善及び定年延長の前提として，必要不可欠。公務員に極力準じたものになっており，相応の社会的相当性。原告がこれを受忍すべき高度の必要性に基づいた合理的なもの。

キ 不利益変更が認められる条件

退職金は労働契約の内容で労使合意されたものですから，当事者の一方がその内容を変更することはできません。しかし，日本の雇用慣行である終身雇用制の下で，使用者は解雇権が制約され，契約継続を強いられるため，当初の労働契約の内容では経営の環境変化に対応できない場合が生じます。そこで，経営の柔軟策として就業規則に変更内容を規定した場合，その規定が「合理的」

なものである限り，一方的な不利益変更を認めるという判例が定着することについてはすでに説明したとおりです（第6章第2節参照）。

　そして判例は，退職金は重要な労働条件ですので，変更にあたっては高度の必要性に基づいた合理的な内容でなければならないとしています。

　ところで，この労働条件の不利益変更の原則は，判例で積み重ねられた法論理といえますが，それを分析すると，多数労働者がその変更をやむなしとして受け入れているにもかかわらず，少数のものが反対している場合に，その反対者を法的に拘束しようとする論理といってもよいものです。

　特に，過半数労働組合と使用者の団体交渉の結果により協約化された内容は，当該企業において労使の利益が調整された合理的な内容であると一応の評価ができます。したがって，就業規則で労働協約と同じ内容を規定すれば，その就業規則の内容は合理的内容であるとの推測が働きます。このように考えると，非組合員についても，就業規則による不利益変更が有効に行われたことになります（前掲みちのく銀行事件判決は，特定の集団に属する一部の従業員に大きな不利益を課する事案であったことから，この考え方を採用しなかったためで，この考え方を否定するものではないと考えています）。

　以上の判例理論からすると，単純に退職金の減額を目的とした退職金規程の廃止ないし変更は現時点ではなかなか難しいと考えられます。これを前提に退職金の不利益変更について私論を述べると，次のようになります。

　まず，今日社員が退職した場合に算出される退職金を減額することは現実的には難しいといわざるをえません。この部分の退職金は，退職してはじめて発生する権利ではあるものの，やはり強く保護される労働者の利益と考えるべきだからです。

　次に，将来の労務提供に対応している退職金の計算式に基づく退職金額は，まさに将来の期待権ともいうべき権利であり，20年後，30年後までこの計算式が維持されなければならないとするのは，使用者にとって酷といわざるをえません。そこで退職金の計算式に関する労働条件不利益変更の判例を見ると，変更を違法としたものは，今日退職したとして想定した退職金額を支払うが，明

日以降の退職金規定を廃止するとの事案です（御国ハイヤー事件＝最二小判昭58．7．15労判425-75）。

　判例で変更が有効とされたものには，農協の合併に伴って計算式における支給率を減少させた事案，計算式の一部を勤務月数から勤続年数に変更した事案等がありますが，ともに給与改定，定年延長等がなされ，退職時までにその減額以上に利益を労働者が得ていたという事情があります（大曲市農業協同組合事件＝最三小判昭63．2．16労判512-7）。

　以上からすると，単に退職金規定だけを不利益に変更するということはなかなか難しく，他の制度改定に伴って労働者に他の条件面で有利な取扱いがなされ，その変更により減額した金額が実質上は補填されている事情も重要ではないかと考えられます。

　また，定年に近い労働者を救済するため，その規定の施行を3年程度猶予し，その間，制度改定に反対する労働者のために早期退職制度に伴う有利措置を設ける等も考えるべきです。仮にこれらを前提に減額するとしても修正後の退職金について，当該年齢の退職金の全国平均金額，当該事業の業種における当該年齢の平均金額，同地域の同規模企業の当該年齢の平均金額等を比較考慮しながら，それを下回らないことを1つのポイントにし，また，現在の金額の80％以上保障をめどとして，退職金の削減額を決定するべきです。もちろん前述した大多数の従業員の賛成も必要となります。

　さらに，注意したいのは，月例の賃金とは違い，退職金の場合，今日の経営状況だけで考えられず，長期の経営の予測，そして日本における将来の退職金制度の動向等も影響してくると思われることです（前掲みちのく銀行事件の最高裁判決は，会社に高度の経営危機が存在し，雇用調整が予測されるような状況であれば，極度の業務上の必要性があるとして，基準内賃金の切下げも一定の範囲で肯定するものと考えられますが，退職金との関係までは不明といわざるをえません）。

　最後に，退職金制度廃止後に労働契約を締結した社員には，このような問題は発生しません。

(3) 成果主義賃金体系移行に伴う変更

　年功・職能主義賃金体系から成果主義的賃金体系への変更に伴う不利益変更については，すでに第6章で説明のとおりです。

　この問題が退職金で生じるのは，実務ではポイント制退職金への変更といえます。変更におけるポイントとしては，従来の総支給原資が保障されているか，成果で当該原資を割り振るとして成績中位者は従来と同程度の金額となっているか，一部の労働者のみに不利益となっていないか等があります。

　また，退職金の計算方法の変更は，月例給与の場合と異なり，直ちに生活に影響を与えるものではない（急激な変化という不利益性がない）ことから，この変更の合理性は肯定されやすいと考えます。

3　労働者の個別合意による変更

　労働契約が合意に基づくものである以上，労働者と使用者の合意により，労働契約の内容である労働条件を変更することができますので（労働契約法8条），退職金について減額改定する場合，就業規則の変更ではなく，労働者との個別合意により，変更することもできます。

　また，就業規則や労働協約が存在しない事業場においては，唯一の方法となります。

　ただし，減額改定は労働者にとって不利益な合意であることから，その真意性が重要となります。

　また，就業規則が存在する場合には，「就業規則で定める基準に達しない労働条件を定める労働契約は，その部分については，無効とする。この場合において，無効となった部分は，就業規則の定める基準による」（労働契約法12条）という就業規則の最低基準効との関係で，個別合意が取れたとしても，就業規則の規定の内容が合意より有利であれば，個別合意が無効となってしまうことに

注意が必要です。

　実務上は，労働条件を不利益に変更する場合は，画一的な労働条件が記載されている就業規則を変更するとともに労働者の個別合意をとり，変更が無効となった場合に備えるべきです。

　なお，就業規則の変更が合理性なしとして，既存の労働者に対する拘束力が否定されたとしても，変更された就業規則自体が無効となるのではなく，新規採用者との関係や最低基準効との関係では効力を持ちます。

第5節　従業員兼務取締役の退職金

　取締役や監査役等の役員が，業務執行以外の事務等の業務を行っている場合，退任に際して，取締役の退職慰労金とは別に，従業員として，従業員に適用される規定に基づく退職金請求を行うことがあります（この部分については会社法361条の適用はありません）。

　このような場合，退職金請求が認められるか否かの主な争点は，取締役が従業員としての地位を有していたか否かということになり，使用者による指揮監督の有無・内容，業務の内容（従前との比較も含めて），肩書，受領している金員の名目・内容，他の従業員との業務内容・報酬の比較，税務・保険の処理等を判断要素として，総合的に判断されることになります。

　ただ，従業員性の判断を行う前提として，まずは，役員就任が従業員としての退職事由として定められているか，取締役就任時に退職金を支給する規定があり，実際に支給があるか否かを検討することになります。特に役員就任時に退職金が清算されているというような場合には，その時点で一度退職したものであると考えられ，退職後に再雇用契約が成立しているか否かが問題となります（後掲佐川ワールドエクスプレス事件，日本ビー・ジー・エム・システム事件，東神倉庫事件参照）。

　また，再雇用契約が成立しているとされた場合には，就任後から勤続年数が新たにカウントされることになります。

裁判例	事　案	就任時の退職の規定の有無，退職金清算の規定の有無，退職金支給の事実等	判断要素	退職金（従業員性）
森工機事件 大阪地判 昭59．9．19 労判441-33	アルミ製品の製造販売等を行う会社において，一般社員として入社し，「常務取締役」となった者が従業員としての退職金請求等を行った事案。	役員就任時に退職金清算なし。	取締役就任時の従業員性を以下で判断。 株主総会の議決を経ることなく，取締役に選任され，登記された。 就任の際，退職金支給，退職届の提出等の必要な手続がなされていない。 就任前後で業務に変化はなく，代表取締役の指示に従い業務を行っていた。	○ 認められる。 常務取締役の役名は，ただの名称というに等しく，役名に相応する権限も責任もなく，業務内容は役職名の付与により変化なく，使用人として代表取締役の指示に従い業務を行ってきたのであり，退職するまで従業員たる地位を有している。
日本ビー・ジー・エム・システム事件 東京地判 昭62．2．25 労判497-129	バックグランドミュージックの製作供給等を営む会社において，一般社員から「取締役（営業本部SP本部長などを歴任）」となった者が取締役退任と共に解雇されたとして，退職金請求を行った事案。	役員就任時に退職金清算あり。	役員就任時の退職金の支給，雇用保険の被保険者たる地位を喪失していることなどから，退職しているとし，その後，労働契約が新たに成立していたか否かを以下の事由で判断。 取締役就任によっても，業務内容等に変更はなく，役員会等に出席することが加わったのみで，殊更取締役の業務たる色彩の強いものではなかった。 途中から，役員報酬と従業員給与分が分けられるようになった。 再度，雇用保険に加入した。その際，会社は原告が従業員兼務取締役であることを認める念書を提出している。	○ 認められる。 取締役就任時，一旦退職するとともに新たに従業員たる地位を取得したものと認めるのが相当。 ※取締役就任時から在職年数を計算。
東神倉庫事件 東京地判 昭62．4．17 労判496-56	一般社員から「取締役（経理部長）」となった者が退任に際し，従業員としての退職金請求等を行った事案。	役員就任時に退職金清算あり。 役員退任時に退職慰労金が支給されている。	役員就任時，原告が退職金を受領しており，退職金が一般に退職を前提として受領するものであれば，原告に退職の意思が認められ，また，保険脱退の事実，人事管理上の差異等から，退職の合意がなされたとした上，その後，労働契約が新	× 認められない。 職制上の地位，職務内容が取締役就任前後を通じて同一であるものの，取締役就任後，原告と被告間に使用

第11章／退職金

事件名	事案	退職金規定	判断理由	結論
			たに成立していたか否かを以下の事由で判断。職責上の地位，職務内容，使用従属関係の有無。	従属関係が認められず，再雇用契約があったものともいえない。
シー・エー・ビジョン事件 東京地判 平5.6.8 労判637-22	テレビ・ラジオ番組製作等を行う会社において，一般社員から「取締役」となった者が会社から即時解雇されたとして，退職金請求を行った事案。	役員就任時の退職金清算なし。	取締役時の従業員性を以下で判断。 取締役就任前後によって従事していた業務内容に変化はなく，会社経営に直接参画していない。 雇用保険の被保険者として取り扱っている。 離職票に事業縮小のため解雇した旨記載している。 原告らが取締役に就任した際，従前の雇用契約が終了したことを認める証拠もない。	○ 認められる。 原告らはいずれも従業員取締役。
日本情報企画事件 東京地判 平5.9.10 労判643-52	電子計算機による情報処理サービス，ソフトウェア開発等を行う会社において，入社時から「取締役（課長，次長等）」として登記された者が退任に際し，従業員としての退職金請求を行った事案。	従業員が役員に就任した時は退職金が支給される旨の規定あり。ただし，原告らは入社当初より取締役である。	取締役時の従業員性を以下で判断。 数を揃えるために取締役就任，対外的にも取締役として業務を行ったことはない。 報酬は，入社の経緯，勤続年数，職務経験に応じたものであり，それほど高額ではない。 タイムカードを押すことを義務付けられ，原告の1人は，残業手当や休日手当も支給。 雇用保険の被保険者。	○ 認められる。 取締役としての地位は，全くの形式的，名目的なものであって，従業員として代表取締役の指揮・命令に従って業務に従事。賃金についてもその全額が形式的にも実質的にも従業員の賃金として支払われてきたものであるから，退職金規定が適用される従業員であったものと認めるのが相当。
興栄社事件 最一小判 平7.2.9 労判681-19 1審：大分地判 平5.9.17 労判681-21 2審：福岡高判 平6.7.14 労判681-20	印刷業を目的とする合資会社において，一般社員から総務部長等を経て「専務取締役」となり退任した者が退職時に従業員を対象とする退職金規定に基づき退職金請求を行った事案。	役員就任に伴い退職の規定なし。退職金の規定，清算なし。退職時（取締役も含め）に，事業団から退職金261万7,350円の支払を受けていた。	取締役時の従業員性を以下の事由で判断。 有限責任社員ではあるが，定款によって会社の業務執行の権限が与えられていたことはうかがわれず，無限責任社員の職務を代行していたにとどまる。 給料はその対償。 社会保険料，厚生年金，雇	○ 認められる。 有限責任社員となった後についても従業員を対象とする退職金規定が適用されるのは正当。

事件名	事案の概要	役員就任の経緯	判断事由	結論
			用保険, 退職金共済契約に関して他の従業員と同様（1審の判断を肯定）。	
佐川ワールドエクスプレス事件 大阪地判 平9.3.28 労判717-37	佐川急便のグループ会社において, 一般社員から, 大阪支店長, そして,「取締役（大阪支店長兼）」となった者が取締役退任後嘱託扱いされたのは理由のない解雇であるとして, 地位確認及び未払い賃金を求めた事案。	社員が役員に就任した時は当然に退職する規定あり。 退職したことにより, 退職金清算の事実あり。 当然退職規定は, 原告にも適用される。 →役員就任により退職。	取締役就任時に規定に従い, 従業員として退職したことを前提に, その後, 労働契約が新たに成立していたか否かを以下の事由で判断。 取締役就任後は, 従前の担当の大阪だけでなく, 東京の案件も含め稟議の決済に関与。 大阪支店では最高責任者として, 一定の事項は単独で決済。 重要案件について他の取締役と定例管理職会で協議。 報酬が全額取締役の報酬として会計処理。 タイムカードによる勤怠管理なし, 有給休暇なし。	× 認められない。 （従業員性） 業務担当取締役として職務を執行していたとみるのが自然で新たな雇用契約は成立していない。
美浜観光事件 東京地判 平10.2.2 労判735-52	グループ会社に入社した後, 同グループ会社の取締役, そしてホテル・旅館等の経営等を行う会社の「常務取締役, 代表取締役」であった者が従業員としての退職金請求等を行った事案。	被告においては, 取締役として入社。	取締役時の従業員性を以下の事由で判断。 支配人に対する業務通達を行い, 従業員からの提案等の決済を行い, 収支に責任を持つなど, 業務及び営業を統括する取締役として, また, 対外的にも代表者として, 業務執行にあたっていた。 報酬は, 従業員とは異なり, 支給の区分がなく, 相当程度高額。 雇用保険料が控除されていない。 勤務場所及び勤務時間の指定を受けていない。	× 認められない。 従業員たる地位を有していたとはいえない。
アンダーソンテクノロジー事件 東京地判 平18.8.30 労判925-80	橋梁工事に広く用いられるコンクリート製品に関する調査・企画等を行う会社において,「取締役（本社営業本部長及び東京支社営業部長）」であった者が静岡支店への転勤の打診を拒否し, その対応を批判	取締役就任時, 中退共等から退職金を受け取っている。	取締役時の従業員性を以下の事由で判断。 取締役会が形骸化していること, 転勤を一方的に打診していること, 役職を解かれていることなどから, 被告代表者の強い指揮監督下にあった。 報酬については, 支給月額が高くなる一方で賞与が不支給となり, 退職金の支給を受けているものの, 雇用	○ 認められる。 取締役就任後も被告代表者の指揮監督下で依然として労基法上の労働者として処遇されている。

	したことから役職を外され，また，会社に関する情報を週刊誌のフリーライターに提供し，会社に関するスキャンダル記事が掲載された。そして，その後，取締役を解任された（訴訟中に予備的に懲戒解雇）者が従業員としての退職金請求等を行った事案。	保険料を含めた社会保険料が控除され，従前と同様の給料明細書に基づき報酬を定額支給されており，従業員としての要素を色濃く残している。	

第6節　非正規社員と退職金

1　パートタイマーについて

　パートタイマーに対して退職金を支給するか否かも，契約自由の範囲内の問題です。
　ただし，長期雇用を前提とした長期決済システムとして機能している退職金制度は，パートタイマーの労務管理とはなじみません。したがって，通常，パートタイマーは退職金支給の対象外として取り扱われています。
　なお，パートタイム労働法8条に違反しても，パートタイム労働法は罰則を有しておらず，行政の対応としても厚生労働大臣による助言・指導，勧告を行うのみであって（同法16条），企業名公表の対象にもなりません。加えて，同法8条違反が民事上の損害賠償請求の根拠になるとも考えられないため，本条は実質的な効力を持たないものといえることは，前述のとおりです。
　加えて，前述のとおり，同法8条に該当するパートタイマーは全体の0.1％（厚生労働省の調査では1.3％）にしかすぎないという統計もあり，実務では問題とならない数字といえます。

2　フルタイマーについて

　フルタイマーに対して退職金を支給するか否かも，契約自由の範囲内の問題です。ただし，長期雇用を前提とした長期決済システムとして機能している退職金制度は，期間契約を前提としたフルタイマーの労務管理とはなじみません。したがって，通常，フルタイマーは退職金支給の対象外として取り扱われています。

第12章

企業年金

第1節

企業年金とは

1 企業年金の歴史

　企業年金は，退職金制度の一態様として，退職金を年金方式で分割して支払う制度です。第11章で解説した退職一時金は，20世紀初頭，1900年頃から熟練工の引き留策として広まっていましたが，企業年金が普及するようになったのは，戦後の高度経済成長期に入ってからです。

　日本初の企業年金は，1905（明治38）年に鐘淵紡績がドイツの鉄鋼メーカーの福利厚生パンフレットをもとに独自の共済制度として導入したものとされていますが，これはむしろ例外的な事象であり，わが国における普及の萌芽は，1952（昭和27）年に十条製紙と三菱電機が実施した制度にあるといわれています。1960年頃には，企業年金制度の設立数はおよそ130社になっていました。

　これらの制度は，いずれも法律上の根拠によらず，企業が独自に実施する①自社年金にあたるものでした。

　その後，法律上の根拠を持つ企業年金制度として，②1962（昭和37）年に適格退職年金制度（法人税法，所得税法），③1965（昭和40）年に厚生年金基金制度（厚生年金保険法）がそれぞれ創設されました。さらに2001（平成13）年，新しい企業年金制度として，④確定拠出年金制度（確定拠出年金法），⑤確定給付企業年金制度（確定給付企業年金法）が創設されています。

　これらのうち，②の適格退職年金制度は，⑤の確定給付企業年金制度の創設に伴い歴史的役割を終えたものとして，2012（平成24）年3月末をもって廃止されています。

```
┌──────────────────────────────────────────────┐
│              企業年金の種類                    │
└──────────────────────────────────────────────┘
    ╭──────────────────────────────────────╮
    │  ①  自社年金                          │
    │  ②  適格退職年金    ③  厚生年金基金    │
    │  ④  確定拠出年金    ⑤  確定給付企業年金 │
    ╰──────────────────────────────────────╯
```

2 公的年金との関係（3階建ての年金制度）

1で見たように，わが国の企業年金は，退職金制度の一態様として発展してきたものです。(厚生年金基金の代行部分などは別として) 沿革としては，公的年金制度との関連の中で発展してきたものではありません。

しかし，公的年金と企業年金は，従業員の老後の所得保障という共通の役割を担っています。こうした観点から，年金制度は，公的年金と企業年金を合わせて「3階建て」の構造をしていると説明されています。

各階の内容は次のとおりです。1階部分と2階部分が公的年金，3階部分が企業年金にあたります。

- 1階部分：基礎年金と呼ばれる部分。具体的には，日本国内に住居を有する20歳以上60歳未満の国民全員を対象とする国民年金。
- 2階部分：被用者年金と呼ばれる部分。具体的には，民間企業で働く70歳未満の従業員を対象とする厚生年金保険，公務員・私立学校の教職員等を対象とする共済年金等。
- 3階部分：企業年金。具体的には，厚生年金基金，確定拠出年金，確定給付企業年金等。

国民年金基金	確定拠出（個人型）	厚生年金基金	確定給付	確定拠出（企業型）	(職域部分)
		(代行部分)			共済保険
		厚生年金保険（老齢厚生年金）			
国民年金保険（老齢基礎年金）					

3　企業年金に関する分類

　本節で企業年金の法律問題を述べるにあたって,「内部留保型／外部積立型」,「内枠方式／外枠方式」という分類について触れておきます。この分類は,第3節で説明する減額・廃止の判断枠組みに関わるものです。

(1)　内部留保型と外部積立型

　内部留保型とは,年金給付等に必要な資金を社外に拠出せず,企業の内部に留保しておくことで準備する制度です。①の自社年金がそれにあたります。

　外部積立型とは,年金給付等に必要な資金を社外に取り分けて積み立てておく制度をいいます。②～⑤の各制度はこの型にあたるものです。

　前者の内部留保型は,企業と従業員(退職者)の二者間の関係で制度が成り立ちますが,後者の外部留保型では,これら二者間に加えて,外部の第三者機関が制度の運営・管理に関与します。

　年金給付等に必要な資金を社内に蓄える制度か(内部留保型),外部の機関に取り分けるか(外部積立型)という観点からの分類といえます。

(2)　内枠方式と外枠方式

　これに対し,「内枠方式／外枠方式」とは,企業年金が退職金制度の枠内に位置づけられているか(内枠方式),それとも退職一時金制度とは別立てで実施する位置づけになっているか(外枠方式),という分類です。

　それぞれ,退職金規程の中に次のような条項が定められるべきものです。内枠方式では,退職金制度という1つの枠の中で退職一時金と企業年金(退職年金)とが支給されるので,両者の金額を調整する条項が必要になります。

(内枠方式)
　別に定める退職年金規程に基づく給付を受ける者については，本規程に基づく退職金の額から，当該給付額（年金給付の場合は年金現価相当額）を控除して支給する。

(外枠方式)
　別に定める退職年金規程に基づき，年金または一時金を支給する。

「内枠方式／外枠方式」の分類は，(1)と異なり，①～⑤の各制度と対応関係にあるものではありません。各企業が定める退職金制度のあり方によって，自社年金でも，確定拠出年金等の外部積立型でも，内枠方式と外枠方式の双方がありえます。

内枠方式	外枠方式
退職金制度[退職一時金 | 企業年金（退職年金）]	退職一時金制度 ／ 企業年金（退職年金）制度

第2節

企業年金の種類・内容

この節では，第1節で紹介した5種類の企業年金，①自社年金，②適格退職年金，③厚生年金基金，④確定拠出年金，⑤確定給付企業年金の各制度について説明します。

②の適格退職年金は，前述のとおりすでに廃止されている制度ですが，同制度の減額・廃止が問題となった裁判例もあるため，併せてここで紹介します。

名　称	概　　要	分　　類		法律の根拠
① 自社年金	企業が独自に実施する年金制度	内部留保型	制度設計による	なし
② 適格退職年金	法人税法の要件を満たすことで税制上の優遇を受けられる。平成24年3月末に廃止。	外部積立型	確定給付型	法人税法所得税法
③ 厚生年金基金	厚生年金（2階部分）の老齢給付の一部を代行するとともに，独自の上乗せ給付を行う。			厚生年金保険法
④ 確定拠出年金	拠出された掛金を個人が運用指図し，高齢期にそれに基づく給付を受給する。「企業型」と「個人型」がある。		確定拠出型	確定拠出年金法
⑤ 確定給付企業年金	一定額の給付が保障される企業年金。「基金型」と「規約型」がある。		確定給付型	確定給付企業年金法

【注】　いずれの制度でも規程の定めにより内枠方式／外枠方式の双方がありうる。

1　自社年金

自社年金とは，法律上の根拠によらず，企業が就業規則，年金規程等の契約

上の根拠に基づき独自に設立・運営する年金制度です。個別の法律の根拠によらず企業が独自に実施する点，年金原資を企業内部に留保する点（内部留保型）で，他の制度とは異なっています。

後述するように，平成10年以降，企業年金の減額が有効であるかが争われ，複数の裁判例が出ていますが，その多くは自社年金の減額が問題となったケースです。

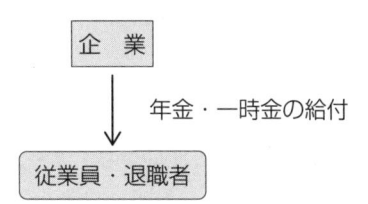

```
        ┌─────┐
        │ 企 業 │
        └─────┘
           │    年金・一時金の給付
           ▼
    ┌──────────┐
    │ 従業員・退職者 │
    └──────────┘
```

2 適格退職年金と厚生年金基金

(1) 適格退職年金

昭和37年，法人税法と所得税法の改正により創設された制度です。厚生年金基金と並び，かつては中心的な企業年金制度でしたが，平成14年4月1日から新たな契約の締結が認められなくなり，10年間の経過措置を経て，平成24年3月31日に既存の制度も廃止となりました（それ以降は確定給付企業年金，確定拠出年金，中退共などの他の制度に移行するか，制度自体を廃止。平成23年12月末時点で残りの契約数は1,045，加入者数は100）。

制度の仕組みは，後述する規約型確定給付企業年金とほぼ同様であり，まず企業が，受託機関（信託会社，生命保険会社，農業協同組合連合会）との間で退職年金契約を締結します。企業は受託機関に掛金を支払い，受託機関はそれを原資として積立金の管理・運営を行います（外部積立型）。そして，従業員の退職等の事由が生じた段階で，受託機関から従業員（退職者）に対して年金または一時金の支給が行われます。

この制度では，法人税法の一定要件を備えることで，掛金を非課税（損金に算入することが可能）にすること等の税制上の優遇措置が認められており，適格退職年金の「適格」とは，こうした税制上の要件を備えることを意味するものでした。

(2) 厚生年金基金

厚生年金基金は，昭和40年に厚生年金保険法に基づき創設された制度です。こちらは今も存続する制度です。

この制度では，企業と従業員との合意によって，企業から独立した別法人（厚生年金基金）を設立します。年金資産の管理・運営，年金または一時金の支給は，この別法人によって行われます。制度の基本的な仕組みは，後述する基金型確定給付企業年金とほぼ同様です。

基金型確定給付企業年金と異なるのは，厚生年金基金が公的年金である厚生年金（2階部分）の老齢給付の一部を国に代わって支給する仕組みを持つ点にあります（代行部分をもたない基金もあるので，すべてがそのような仕組みを持つものではありません）。このような仕組みは，他の企業年金制度にはないものです。

厚生年金基金は，2階部分の給付の一部を国に代行して行うとともに，3階部分の企業年金の給付も行う点に特徴のある制度といえます。

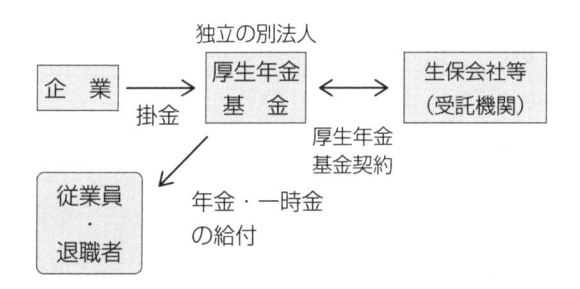

3 新しい企業年金制度（確定拠出年金と確定給付企業年金）

(1) 確定拠出企業年金

　平成13年の確定拠出年金法の成立により導入された制度です。

　この制度が導入された背景には，①企業年金の財政悪化，②雇用状況の変化に伴うポータビリティの要請という2つの事情があります。

　第1に，従来の適格退職年金や厚生年金基金は，後述する確定給付企業年金と同様，「確定給付型」の制度（一定の給付額を約束する制度）でした。したがって，たとえば，予定利回り5.5％を前提とする給付額を約束していても，実際に運用してそれ以上の利益を上げられなければ，その差額分が企業の負担としてのしかかってきます。実際，平成不況によって運用の利回りが悪化し，多くの企業が積立不足に陥りました。そこで，積立不足という概念のない「確定拠出型」の制度導入が検討されたのです。

　「確定拠出型」とは，企業が拠出する掛金が確定（約束）されているという意味です。この型の制度では，企業が掛金を拠出すればそれで約束を履行したことになり，その後の運用損益のいかんは従業員個人の責任となります。そのため，市場利回りの動向によって企業が約束した給付額の原資を用意できない，という積立不足の現象は想定できなくなります。

　第2に，雇用状況が変化し，労働者の転職が多くなりました（雇用の流動化）。そこで，転職に際して労働者が年金資産を持ち運ぶことができる仕組み（ポータビリティ）を整えることが社会的な要請となっており，確定拠出年金は，こうしたポータビリティの仕組みを確保する制度として創設されました。

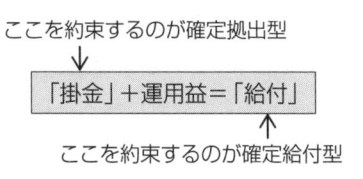

　　　　　　　　　ここを約束するのが確定拠出型
　　　　　　　　　　　　↓
　　　　　　　　｜「掛金」＋運用益＝「給付」｜
　　　　　　　　　　　　　　　　　　　↑
　　　　　　　　　　　　　ここを約束するのが確定給付型

次に，確定拠出年金には，「企業型」と「個人型」の2種類があります。企業型は掛金を企業が拠出するもの（平成24年1月から従業員も掛金を追加できるマッチング拠出の導入が可能となっています），個人型は個人が自ら掛金を拠出するものを意味します。個人型は，自営業者や，勤務先に企業年金がない従業員を対象とする制度ですので，ここでは企業型の仕組みを説明します。

企業型確定拠出年金では，企業が毎月拠出する掛金が，従業員個人ごとの勘定（アカウント）で管理されます。そして個々の従業員が，自らの責任で拠出された掛金を原資とする年金資産の運用指図を行い，各個人のアカウントの資産額（掛金＋運用益）が年金給付の原資となります。

この制度では，投資リスクを従業員個人が負うため，①企業が資産運用に関する基礎的資料の提供等の措置を講ずるよう努めなければならない（確定拠出年金法22条），②運営管理機関は運用方法を3つ以上選定し，そのうち1つは元本確保型を選定しなければならない（同法23条），③運営管理機関は提示した運用方法に関する利益見込み，損失可能性等の情報を提供しなければならない（同法24条），といった規制が定められています。

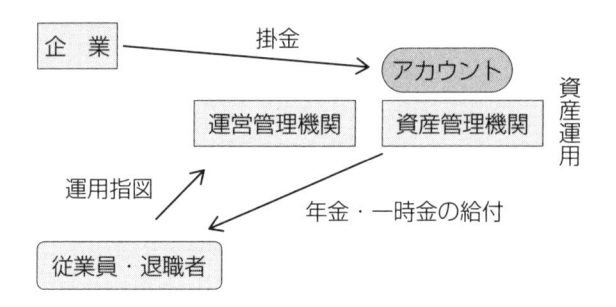

(2) 確定給付企業年金

平成13年の確定給付企業年金法の成立により導入された制度です。

従来の適格退職年金，厚生年金基金と同じ確定給付型の制度を法の制定により整備したもので，「規約型」と「基金型」の2種類があります。

規約型確定給付企業年金とは，労使が合意した年金規約に基づき，企業が信

託会社・生命保険会社等に年金資産の管理・運用を委託し，その管理運用機関が従業員（退職者）に年金給付を行う制度です。

```
企　業  ────→  資産管理運用機関
       掛金          │
                    │ 年金・一時金の給付
                    ↓
              従業員・退職者
```

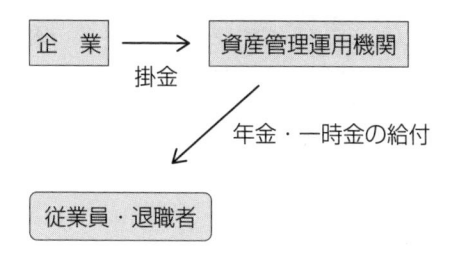

　これに対し，基金型確定給付企業年金とは，労使合意に基づき独立の別法人である企業年金基金を設立したうえで，基金が年金資産の管理・運用と，従業員（退職者）に対する年金給付を行う制度です。この制度では，厚生年金基金と異なり，2階部分の厚生年金の代行は行いません。

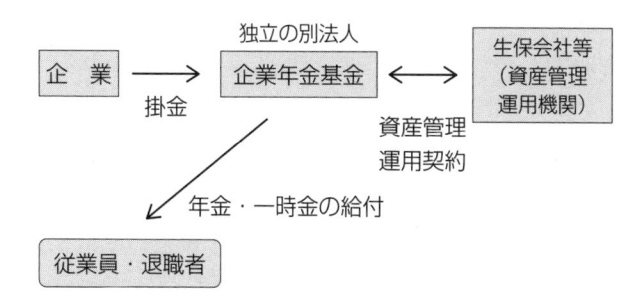

```
                    独立の別法人
企　業  ────→  企業年金基金  ←──→  生保会社等
       掛金          │         資産管理   （資産管理
                    │         運用契約    運用機関）
                    ↓ 年金・一時金の給付
              従業員・退職者
```

　両者の違いは，制度の実施主体が企業自身か（規約型），別法人である基金か（基金型）という点にあります。規約型は従前の適格退職年金，基金型は厚生年金基金に類似した制度です。

第3節

企業年金の減額・廃止の判断枠組み

1 問題の所在

(1) 背景となる事情

　この節では，企業年金制度の財政悪化や母体企業の経営不振を理由として，企業年金の給付額を減額し，あるいは制度そのものを廃止させる場合，その減額・廃止の有効性は，どのような判断枠組みによって審査されるべきか，という問題について述べます。

　例えば，制度発足時に予定利率を5.5％に設定し，それを前提とする給付額を約束したものの，その後の経済事情の変動により，今となってはそのような利率で資産運用することが極めて困難な環境となり，年金の積立不足が生じているという場合です。この場合，予定利率と市場利率との差がそのまま損失となり，制度の存続・維持が図れない，母体企業の経営の圧迫要因になる，といった事態が懸念されます。

　そこで，予定利率を引き下げるなどして給付額を減額する，あるいは制度そのものを廃止するとの施策がとられることがあります。

(2) 減額・廃止の有効性が問題になる場合とは

　本章末尾の裁判例一覧表のとおり，主として平成10年以降，様々な形で企業年金の減額・廃止をめぐる訴訟が提起され，裁判所による判断が示されています。

問題となる企業年金の種類は、自社年金が多く、このほか適格退職年金、厚生年金基金、確定給付年金が問題となった事案も見られます。このように、企業年金の減額・廃止が問題となるのは確定給付型の制度であることがわかります。

　確定拠出型の制度（確定拠出型企業年金）では、企業が毎月約束された掛金を拠出する限り、契約上の履行は果たされます。その後の運用悪化等による年金資産の減少リスクは、前述のとおり従業員個人が負担するため、企業年金の減額・廃止は問題になりません。

　また、減額・廃止に同意した在職者、受給者についても、減額・廃止の有効性は問題になりません。同意した者との権利義務関係は、同意の効力によって有効に変更されるためです（なお在職者については、個別同意があっても、労働契約法12条等の問題が残ります）。ここで問題になるのは、減額・廃止に同意しなかった者につき、企業が一方的に行った減額・廃止が有効といえるか、という点です。

(3) 賃金の不利益変更との違い

　企業が従業員の賃金を一方的に変更する場合の判断手法は、第6章、第7章で述べたとおりです（労働契約法10条の問題）。

　しかしながら、企業年金は、①在職中の現役従業員だけでなく、退職後に年金を受給している受給者（現在は従業員たる立場にない）との関係も問題になる点、②基金が実施主体であり、企業・従業員間の待遇論が問題にならない場合があるという点で賃金の変更とは異なります。

　こうした点から、企業年金の減額・廃止につき、企業・従業員間の「労働条件」を前提とする労働契約法10条を適用できるとは限らず、いかなる判断枠組みによるべきかが問題となります。

　結論からいうと、次のチャートのとおり、在職者か退職者か、また企業年金の制度内容に応じて判断枠組みが異なってきます。以下、この点について具体的に解説します。

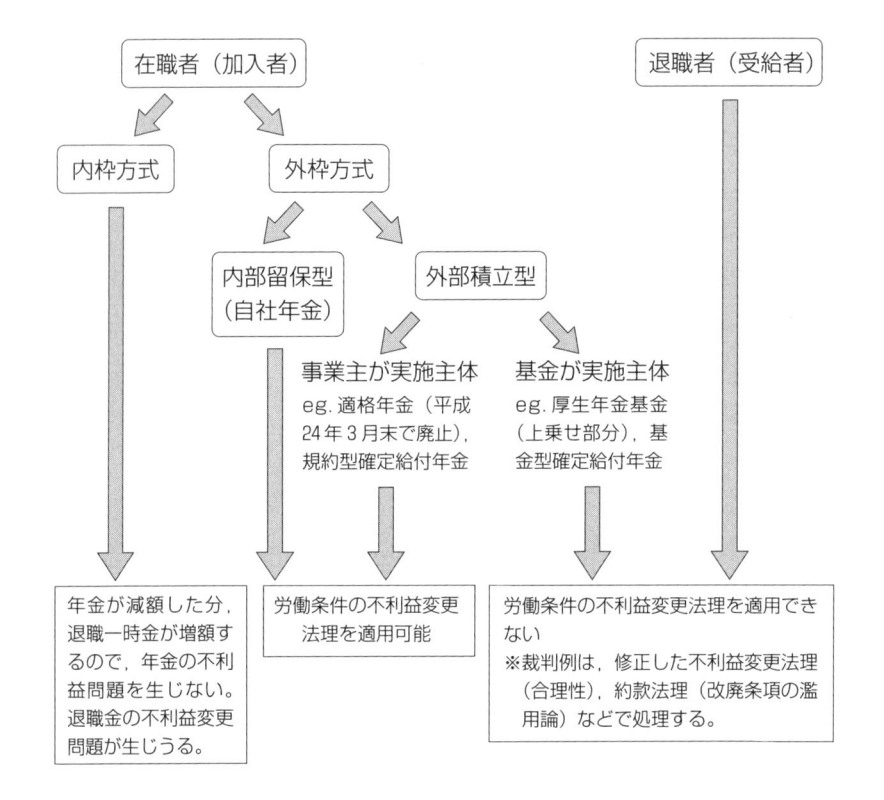

```
在職者(加入者)                                    退職者(受給者)
    │                                                │
    ├──────────┐                                      │
    ↓          ↓                                      │
 内枠方式    外枠方式                                   │
              │                                       │
       ┌──────┴──────┐                                │
       ↓             ↓                                │
   内部留保型      外部積立型                           │
   (自社年金)        │                                │
                ┌────┴────┐                           │
                ↓         ↓                           │
          事業主が実施主体  基金が実施主体                │
          eg.適格年金(平成  eg.厚生年金基金              │
          24年3月末で廃止), (上乗せ部分),基             │
          規約型確定給付年金 金型確定給付年金             │
    ↓          ↓         ↓                           ↓
 年金が減額した分, 労働条件の不利益変更  労働条件の不利益変更
 退職一時金が増額す 法理を適用可能     法理を適用できな
 るので,年金の不利              い
 益問題を生じない。              ※裁判例は,修正した不利
 退職金の不利益変更              益変更法理(合理性),
 問題が生じうる。                約款法理(改廃条項の濫
                              用論)などで処理する。
```

2 在職者(加入者)か,退職者(受給者)か

　まず,退職者(受給者)の場合,減額・廃止の時点において,企業と労働契約関係にあるわけではありません。したがって,退職者には,労働契約関係の存在を前提とする労働条件の不利益変更法理(労働契約法10条)は適用されません。

　そこで,裁判例では,退職者の減額・廃止に関する理論構成として,ⅰ労働条件の不利益変更法理を準用するもの,ⅱ約款理論によるもの(約款理論に関する判例として「約款ニ依ラサル意思ヲ表示セスシテ契約シタルトキハ反証ナキ限リ其約款ニ依ルノ意思ヲ以テ契約シタルモノト推定ス」とする大判大4.

12.24民録21-2182)，(ⅲ)端的に当事者間の合意の問題とするもの等が見られます。そのうえで，いかなる要素が有効性判断のポイントになるかは，次の第4節で述べたいと思います。

これに対し，在職者については，内枠方式か外枠方式か，実施主体が事業主かどうかによって判断枠組みが分かれます（次の3～4参照）。

3 退職一時金との関係（内枠方式／外枠方式）

内枠方式は，「退職金制度」という枠組みの中で一定額の給付を約束し，その一部を企業年金，残部を退職一時金で支払うという制度内容です（本章第1節3(2)）。企業年金が減額・廃止されれば，その分，退職一時金の給付額が増額するので，内枠方式の場合には，企業年金の不利益変更問題は生じません。もっとも，企業年金の減額・廃止に伴い，退職一時金の額が増えないという場合には，当該「退職金制度」につき，労働条件の不利益変更の問題（労働契約法10条）が生じてきます。

これに対し，外枠方式，つまり退職一時金と企業年金とを別個の制度として設計している場合は，事業主が実施主体となっている制度か，独立の別法人である基金が実施主体となっている制度かによって分かれます（次の4参照）。

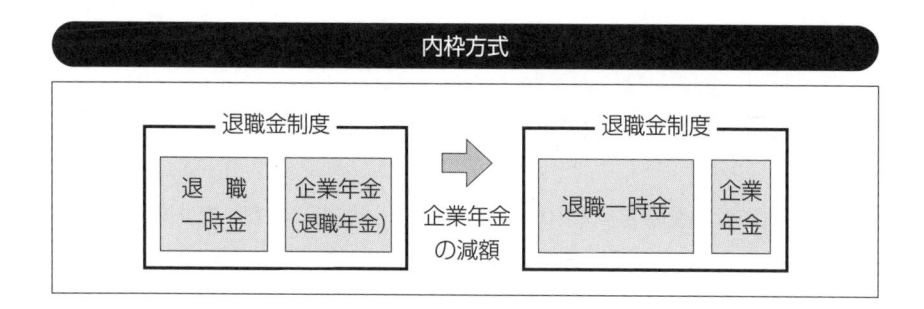

内枠方式

退職金制度				退職金制度	
退職一時金	企業年金（退職年金）	→ 企業年金の減額		退職一時金	企業年金

4 事業主が実施主体か, 基金が実施主体か(労働条件に該当するか)

　在職者につき, 外枠方式で事業主が実施主体である場合, 企業年金は, 使用者と労働者との間で約束された「労働条件」に該当します。したがって, この場合, 企業年金の減額・廃止は, 第6章・第7章で解説した労働条件の不利益変更法理（労働契約法10条）に基づき判断されることになります。

　具体的には, 内部留保型である自社年金, 外部積立型のうち事業主が実施主体となる適格退職年金, 規約型確定給付企業年金がこのパターンに該当します。

　これに対し, 基金が実施主体である場合, 企業年金は, 基金・在職者間の関係が問題になるため, 使用者・労働者間の「労働条件」には該当しません。したがって, この場合は, 退職者（受給者）の場合と同様, 労働条件の不利益変更法理を適用することはできず, 同法理の準用や約款法理等, 別の論理に基づき処理することになります。

　具体的には, 厚生年金基金（上乗せ部分）, 基金型確定給付企業年金がこのパターンに該当します。

　結局のところ, 企業年金の減額・廃止に労働条件の不利益変更を適用可能なのは, 在職者（加入者）につき, 外枠方式で事業主が実施主体である場合（内部留保型の自社年金, および外部積立型のうち事業主が実施主体となる適格退職年金, 規約型確定給付年金）ということになります。

5　退職者（受給者）で内枠方式の処理について

　なお, 退職者（受給者）で内枠方式の場合, 退職者は減額・廃止前の年金額を控除された退職一時金を受け取っています。そのため, 退職後に年金が減額・廃止されると, 控除されていた退職一時金はどうなるのかという問題が出てきます。

　この点は, 年金が減額・廃止されたことで退職一時金の金額が増え, 増額分

の退職一時金の支払義務が生じるとも考えられますが，退職一時金は，退職時に金額が確定されたものとしてすでに退職者に支給済みであることから，減額・廃止の時点で改めて退職者の退職一時金が問題になることはなく，あくまで企業年金の減額・廃止の問題として捉えるべきものと考えます。

第4節 裁判例における企業年金の減額・廃止の判断ポイント

1　裁判例の傾向

　企業年金の減額・廃止をめぐる主な裁判例の事案と判旨の概要につき，本章末尾の裁判例一覧表のとおり整理しました。

　これらの裁判例を見ると，退職者（受給者）による請求訴訟が多く提起されていることがわかります。これは，退職者の場合，現に支給を受けている生活原資に影響が及ぶこと，現役社員のように現在属している企業での雇用環境等を考慮する契機が比較的薄いこと等が関連するものと思われます。また，問題となった年金制度としては，自社年金に関するものが多く見られるところです。

　有効性判断の傾向としては，結論として減額・廃止を有効と認める判断の方が優勢ということができます。裁判例一覧表の中でも，減額・廃止が無効と判断されたのは，就業規則の変更に際して周知手続を欠いていた事案（事件2の中部カラー事件），年金3カ月分相当額のみ支払って年金支給を打ち切ったという事案（事件4の幸福銀行〔打切〕事件），減額・廃止の根拠となる明文規定が存在しないとされた事案（事件6の港湾労働安定協会事件）であり，企業が相応の必要性をもって減額・廃止をした事案で有効性が否定された事例ではありません。

　事件の類型としては，在職者からの請求事案，退職者からの請求事案のほか，受給者が企業に対し確定給付企業年金の規約変更の差止め請求を行った事案（事件13のNTTグループ〔差止め〕事件），確定給付企業年金の規約変更を承認しないとの処分に対して企業が取消訴訟を提起した事案（事件14の同グループ

企業事件）等が見られます。

　以下，これらの裁判例について，最も多く見られる退職者の減額・廃止事案を中心に見ていきます。

2　在職者（加入者）の減額・廃止

(1)　事業主が実施主体となる制度

　在職者については，外枠方式で，自社年金，適格退職年金および規約型確定給付企業年金の場合，労働条件の不利益変更法理が適用されることは第3節で述べたとおりです。この場合，第6章，第7章で述べた賃金の不利益変更と同様，労働契約法10条の判断要素に基づき，減額・廃止の有効性が判断されます。

　裁判例でも，事件1の名古屋学院事件は，財政逼迫による変更の必要性，代償措置の存在，労働組合との交渉といった不利益変更法理の判断要素を考慮の上，高度の必要性があるとして，自社年金廃止を有効と認めています。また，事件2の中部カラー事件は，就業規則変更の従業員への実質的周知がされていないことを理由に適格退職年金の廃止を無効と判断しましたが，これも労働契約法10条の要件に「周知」が挙げられていることからすれば，当然の判示といえます。

　もっとも，企業年金に関しては，第5節でも述べるように，労働条件の価値付けにおいて「賃金」と同等に評価できるかという問題があります。その年金制度の沿革，性質を見て，福利厚生的な性格の強い制度と認められる場合には，労働条件の重要性において「賃金」とは異なることを理由に，要求される変更の必要性の程度も異なるものになると考えるべきです。

(2)　基金型の制度

　以上に対し，基金型の企業年金（厚生年金基金，基金型確定給付企業年金）の場合は，これも第3節で前述のとおり，理論上，労働条件の不利益変更法理

を適用することはできません。同法理の準用や約款法理といった理論構成により，その減額・廃止の有効性を判断することになります。

ただし，理論構成が異なるとはいえ，訴訟の相手方が企業であるか，基金であるかによって判断の中身が異なるというのは現実的とはいえません。このパターンの公刊裁判例は見当たらないものの，その場合の判断手法は，労働契約法10条に基づく上記の場合と実際上同様のものになると考えられます。

3　退職者（受給者）の減額・廃止

(1)　問題の所在

契約上約束された給付は，その後経済情勢や経営状況が悪化しても，約束された額を支払わなければならず，当事者が一方的に減額することはできないのが原則です。

この原則は，労働契約についてもあてはまりますが（労働契約法8条，9条の合意原則），労働契約の場合，終身雇用の慣行のもと解雇権が制約される見返りとして，変更の合理性を条件に就業規則による労働条件の不利益変更が認められています（労働契約法10条。前記2）。

しかし，退職者（受給者）については，もはや企業と労働契約関係にない以上，不利益変更法理の適用はありませんし，すでに退職していることから，不利益変更と引換えに保護されるべき利益としての「雇用」がそもそも存在しない状況にあります。

このように，退職者の減額・廃止は，個別に同意しない退職者について，不利益変更法理を根拠に一方的に減額・廃止を行うことはできない，というのが議論の出発点になります。

(2)　裁判例の理論構成と判断ポイント

しかしながら，時代の変動によって予定利回りと運用利回りに著しい乖離が

生じ，年金の積立不足額がかさむことで，母体企業の経営を圧迫して現役従業員に負担を強いる中，退職者の受給権は一切減額・廃止が許されないというのは，公平性・妥当性を欠く結果を生み出しかねません。

こうした点から，裁判例は，ⅰ労働条件の不利益変更法理の準用（事件7の松下電器産業グループ地裁判決），ⅱ約款理論（事件7の高裁判決，事件8の松下電器産業地裁・高裁判決），ⅲ当事者の合意条項（事件11の早稲田大学高裁判決）などの理論構成をもとに，一方的な減額・廃止の可能性を認めています。

そのうえで，裁判例が具体的にいかなる判断手法によってその有効性を判断しているかを見ると，概ね，Ⓐ減額・廃止の根拠規定があるかを検討したうえ，Ⓑ減額・廃止の必要性，内容の相当性，手続の相当性の審査を行う，との手順によっていることが分かります。判断の前提として，当該年金制度の性質（功労報償的性格，恩恵給付的性格の度合い等）を確認するものもあります。この点は，上記ⅰ～ⅲの理論構成のいかんにかかわらず，裁判例全体の判断傾向として見られるものといえます。

各々の判断手順において考慮される判断要素は，裁判例によって多岐にわたるものの，大まかに整理すると次のようになります。

〈前提となる事項の検討〉
① 年金の性格
　恩恵的給付としての性格の強いものか。賃金としての性格の度合いはどうか。
② 減額・廃止の根拠条項
　年金規程や通知文書等に，減額・廃止の根拠となりうる条項が存在するか。

〈必要性・相当性の審査〉
③ 改定の必要性
　企業年金の財政悪化と将来見通し。母体企業の財政圧迫。変更前の給付水準が現在の時代状況において維持しがたいものか。現役従業員との

バランス（給付水準の比較等）。企業の行った経営改善策。それに伴う現役従業員・取引先・株主の負担。
④ 内容の相当性
　減額の程度。受給者の生活への影響。世間相場との比較。代償措置の有無（一時金受領の選択肢等）。経過措置の有無（段階的削減等）。
⑤ 手続相当性
　現役従業員，受給者に対する説明，意向打診。労働組合がある場合はそれとの交渉・協議状況，対象者のうち同意または異議を述べていない者の割合。

　これらを見ればわかるように，裁判例の判断要素は，結局のところ，労働条件の不利益変更法理のそれに類似しており，学説上も，「企業年金については，企業における年金財政の悪化により，減額や廃止の措置がとられるようになり，その適法性が就業規則の不利益変更問題のわく組みを参考として判断されている」と評価されています（菅野和夫『労働法〈第9版〉』240頁）。
　もっとも，退職者の企業年金減額・廃止の特殊性に即した考慮も必要であり，例えば，減額・廃止の必要性判断では，退職者の受給額と現役従業員（在職者）の受給額とのバランスも考慮対象になります。このほか，関連労働条件の改善の余地がないこと，残業抑制や賞与による人件費調整の余地もなく減額以外に負担を抑制する手段がないことも，企業年金の特殊性として挙げることができます。
　これらの判断要素は，1つでも欠けば無効になるという「要件」ではなく，個々の要素を総合的に考慮して判断を行うべき「要素」にあたるものです。例えば，事件12のバイエル事件では，「経営が著しく悪化し，経営危機に陥るというような高度の必要性まではなかったことがうかがわれる」としつつも，相応の必要性・合理性は十分あるとし，年金総額と理論上等価の一時金支給という代償措置があること等から，廃止は有効との判断に至っています。これが年金3カ月分相当額を支払って制度廃止した幸福銀行（打切）事件（事件4）のよ

うな事案であれば,「相応の必要性・合理性」という程度では,有効とは認められなかったと思われます。

以下,前掲の判断要素①～⑤について,個別に見ていきたいと思います。

(3) 年金の性質について(①)

裁判例の中には,有効性判断の前提として,問題になっている年金制度の性質に触れるものがあります(事件1の名古屋学院事件,事件3の幸福銀行(減額)事件,事件4の幸福銀行(打切)事件,事件11の早稲田大学事件)。当該年金給付が恩恵給付的,功労報償的なものか,あるいは賃金後払いの性格を有するものか,といった点の考慮です。

これらの裁判例では,一方的に減額・廃止を行うことの可否を判断する中で,この点を考慮していますが,労働条件の不利益変更法理においては,その労働条件が「賃金」に該当するか,それとも単なる福利厚生にとどまるかによって,労働条件の変更に求められる「合理性」の程度に差が生じるとされています。それと同様,受給者の減額・廃止においても,その年金制度が「賃金」と並ぶ重要な権利か,恩恵的給付にとどまるかは,減額・廃止の際に求められる「必要性」「相当性」の程度に影響する重要な事柄と捉えるべきです。

(4) 改廃の根拠があるか(②)

裁判例の大勢は,減額・廃止を行うにはその旨の根拠規定が必要であるとの前提に基づき,年金規程や年金通知書上,そのような根拠規定が存在するかを検討しています。

規定の内容は,「将来,経済情勢もしくは社会保障制度に大幅な変動があった場合,あるいは法制面での規制措置により必要が生じた場合は,この規程の全般的な改定または廃止を行う」(事件7・8の松下電器事件)など,条項として抽象的なものであっても根拠規定と認められ,そのうえで,減額・廃止に「必要性」「相当性」を要求することで限定解釈を施す手法によっています。

根拠規定については,内容の合理性,周知性を審査する場合があり(事件7・

8の松下電器事件)，この点は就業規則の規律効(労働契約法7条)に類似するところといえます。

このように，年金規程や通知書に根拠規定が存在するかは，一方的な減額・廃止を行ううえで非常に重要なチェックポイントになります。

裁判例でも，事件4の幸福銀行(打切)事件，事件6の港湾労働安定協会事件のように，根拠規定がないことを理由に減額・廃止を無効と判断した裁判例があります(ただし，事件4は，控訴審で改廃権があることを明確にした上で和解解決したため先例的価値に乏しいとの指摘があります。大澤英雄「企業年金(受給者減額)—使用者側の立場から」ジュリスト1331-157)。

減額・廃止の根拠規定がない場合には，減額・廃止を行いうるとの黙示的同意，事情変更の原則の適否が問題となりますが，これらが認められるのは例外的なケースと位置づけられます。

(5) 改定の必要性とは (③)

減額・廃止が有効と認められるには，減額・廃止を行うことの「必要性」が要求されます。

具体的には，企業年金の運用実績が低迷して予定利率を下回りその財政が悪化していること，変更前の給付水準が現在の経済情勢の下では維持しがたいこと，年金の積立不足が母体企業の経営を圧迫していること等が考慮事由となります。

ここで留意すべきは，企業側は，改定の必要性に関して，企業年金制度の維持困難性のみならず，それによる母体企業の経営圧迫の点まで主張立証を求められるという点です。これは，年金の積立不足が生じていても，母体企業の経営状態が良好であり，追加拠出を行うことで制度維持が十分可能な状況であれば，改定の必要性を認め難いためといえます。各裁判例でも，母体企業の経営状況がどうであったかが評価されており，事件9，11の判決では，母体企業の追加拠出にも限界があることが「必要性」を肯定するうえで指摘されているところです。

また，不承認処分に対する取消訴訟の事案ではありますが，事件14のNTTグループ企業事件では，母体企業が当期利益を継続的に計上し，約600億円の配当を実施していたことから，承認の要件である「経営状況悪化によるやむを得ない事由」「掛金の拠出困難」を満たさないと判断したものもあります。
　以上は労働条件の不利益変更法理とも類似の要素ですが，退職者の事案の特殊性として，現役従業員との間で給付水準に著しい格差が生じていること，企業が様々な経営改善策を講じ，それに伴い現役従業員・取引先・株主に負担が生じていることも，必要性を基礎づける要素となります。
　こうした現役従業員とのバランス論は，事件7の松下電器産業グループ事件，事件9の丸井グループ事件，事件10のりそな事件等でも，明示的に指摘されています。

(6) 内容の相当性とは（④）

　改定内容の相当性では，減額の割合がどの程度か，受給者の生活にいかなる影響が及ぼされるか，変更後の利率が同業他社の企業年金制度や一般金融市場の利率と比較していかなる水準にあるかなどが考慮事由となります。
　このほか，減額の実施が段階的に行うものとされていたこと（経過措置。事件11の早稲田大学事件），一時金受領の選択肢が用意されていたこと（代償措置。事件10のりそな事件，事件12のバイエル事件）がプラス事情として考慮されます。
　企業年金の減額・廃止を実施する際には，賃金の不利益変更の場合と同様，その有効性を担保する意味でも，その時点で実施可能な経過措置等を併せて検討することが有益といえます。

(7) 手続の相当性とは（⑤）

　減額・廃止手続の相当性では，現役従業員・受給者の納得を得るための説明手続の状況，労働組合がある場合は組合との交渉・協議の状況，対象者のうち減額・廃止に同意する者，または異議を述べていない者の割合が考慮されます。

プラス事情として考慮される同意の割合は，確定給付企業年金法において，規約変更の承認または認可の申請を行うために受給権者等の3分の2以上の同意を得ることが要件として定められていることを考慮すると，「3分の2以上」という割合が基準になると考えられます。事件11の早稲田大学事件でも，「確定給付企業年金法の定める確定給付企業年金における給付減額の手続に準じて，受給者の3分の2を超える同意を得た」との事情が手続相当性の中でプラス評価されています。さらに80〜90％以上という水準まで同意が得られれば，減額・廃止の「相当性」を基礎づける程度がより大きくなるといえます（事件3・7・8・10・12）。

　以上のとおり，確定給付企業年金法が受給者等の同意取得手続を定めていることを考えれば，それ以外の類型の企業年金についても，減額・廃止を進めるうえで，十分な説明を実施したうえ，個別の同意を取得する手続をとることは非常に重要なことといえます。

(8) 法令上の規制との関係

　適格退職年金，厚生年金基金，確定給付企業年金については，各々，給付減額が認められるための理由と手続が法令上詳細に定められています。

　例えば，確定給付企業年金の場合，規約変更につき厚生労働大臣の承認または認可を得るための要件として，①経営状況悪化により給付減額がやむをえないこと，②給付減額をしなければ，掛金額が大幅に上昇して事業主による掛金の拠出が困難と見込まれるため，給付減額がやむをえないこと，③給付減額につき，受給権者等の3分の2以上の同意を得ること，④受給権者等のうち希望する者に最低積立基準額である一時金を支給すること，その他の最低積立基準額の確保措置が講じられていることが，法律上要求されています。

　もっとも，これらは，行政庁の「認可」「承認」を受けるための要件であり，これまでに見てきた減額・廃止が退職者の民事上の法律関係において有効といえるか，という民事的効力の問題とは必ずしもリンクしないとの点に留意を要します。

すなわち、行政規制の領域において、上記①～④のような理由と手続を充足し、厚生労働大臣の認可または承認が得られたとしても、減額・廃止の民事的有効性は、それとは別の問題として、前記(1)～(7)のような判断枠組みの下で問われるということです。

4 その他の訴訟類型（差止め、取消訴訟）

(1) 規約変更の差止請求

企業が減額を内容とする規約変更を行おうとしたところ、受給者らが企業に対し、厚生労働大臣の承認の申請を行い規約変更をしてはならないとの差止請求を行った事案があります（事件13のNTTグループ（差止め）事件）。

しかし、同事件判決は、訴えの利益があるとしつつも、承認の要件は第一次的に厚生労働大臣が判断すべき事柄であり、受給者の不作為請求権を導くものでない等の理由から、差止請求を棄却しました。

(2) 行政処分に対する取消訴訟

3(8)で触れた行政規制の領域において、企業が規約変更にかかる承認等の申請を行ったところ、厚生労働大臣が不承認処分等を行った場合、企業は、裁判所に取消訴訟を提起することで、その処分の取消しを求めることができます。

こうした取消訴訟の事案として、事件14のNTTグループ企業事件があります。同事件判決は、企業が約1,000億円の当期利益を継続的に計上し、約600億円の配当を実施していたこと等から、確定給付企業年金の承認要件である「経営状況悪化により給付減額がやむを得ないこと」「掛金の拠出が困難と見込まれるため、給付減額がやむを得ないこと」を満たさないとして、企業の取消請求を棄却しました。

このように、取消訴訟では、減額・廃止の民事的有効性の問題とは異なり、法令上の「認可」「承認」の要件を充足するか否かとの点が直接の審理対象となります。

第5節 企業年金は「賃金」か

1 問題の所在

ここでは、企業年金が労働基準法11条の「賃金」に該当するか、という問題について述べます。この問題の実益は、主として次の2点にあります。

第1に、労働基準法や賃金の支払の確保等に関する法律等の賃金保護規定が適用されるかを明らかにする意義があります。

第2に、労働条件の不利益変更法理が適用される場合、変更につき求められる「合理性」の程度に影響します。「賃金」に該当するのであれば、少なくとも高度の必要性が要求されるのに対し、福利厚生給付にとどまるのであれば、そこまでの必要性は要求されないことになります。

2 「労働条件」に該当するか

「賃金」に該当するかという問題の前に、そもそも「労働条件」に該当するかという点に触れておきます。労働条件に当たらなければ、その一種である「賃金」に該当する余地もありません。

各種の企業年金が「労働条件」にあたるかは、本章第3節のチャートに関連する問題です。

まず、そもそも退職者（受給者）については、「労働条件」にあたりません。

次に、内枠方式の場合、厚生年金基金、基金型確定給付企業年金であっても、企業の退職金制度の内枠で実施されるため、労働条件に該当するといえます。

ただし、この場合に企業年金の不利益変更の問題が生じないことは、本章第3節で述べたとおりです。

外枠方式の場合は、事業主が実施主体となる自社年金、適格退職年金、規約型確定給付企業年金、企業型確定拠出年金は、労働条件に該当します。

これに対し、外枠方式で、基金が実施主体となる厚生年金基金、基金型確定給付企業年金は、使用者と労働者との待遇論の問題ではないため、労働条件には該当しません。

3　「賃金」に該当するか

(1)　労働基準法11条の「賃金」

第1章で述べたように、労働基準法11条は、「賃金」につき、「賃金、給料、手当、賞与その他の名称の如何を問わず、労働の対償として使用者が労働者に支払うすべてのもの」と定義しています。

つまり、労基法上の賃金にあたるかは、①「労働の対償」として支払われるものか、②「使用者が労働者に支払う」ものかといえるかが判断基準となります。

(2)　外部拠出型の企業年金

まず、厚生年金基金、基金型確定給付企業年金は、企業とは独立の法人が給付の支払義務者であるため、「使用者が支払う」ものではなく、「賃金」に該当しません（なお、外枠方式の場合にそもそも「労働条件」に該当しないことは2で述べたとおりです）。

次に、適格退職年金、規約型確定給付企業年金は、事業主が実施主体となるため、内枠方式／外枠方式を問わず「労働条件」に該当します。しかし、本章第2節「企業年金の種類・内容」で見たように、これらの制度は、受託機関または資産管理運用機関が給付の「支給」を行うものとされています。よって、

労働条件にあたるとしても、「使用者が支払う」ものではないため、「賃金」には該当しません。

企業型確定拠出年金についても、資産管理運用機関が「支給」を行う制度であることは、本章第2節で見たとおりです。よって、やはり労働条件にあたるとしても、「使用者が支払う」ものではないため、「賃金」には該当しません。

このように、外部拠出型の企業年金は、「使用者が支払う」ものとはいえないため、「賃金」には該当しないということになります（森戸英幸「企業年金」労働法の争点195頁参照）。

(3) 内部留保型の企業年金

これに対し、内部留保型の企業年金（自社年金）については、学説上は、退職一時金と同様、労働協約や就業規則で支給条件が明確に定められていれば「賃金」であるとする考え方が多数です（前掲森戸195頁、土田道夫『労働契約法』209頁）。裁判例にも、自社年金につき、「功労報償的性格は強いが、労基法11条にいう賃金としての性格は否定されない」旨を判示したものがあります（事件4）。

もっとも、企業年金は、在職中に支払われる月例賃金とは異なり、老後の生活保障のため、企業を退職して労働者の地位を離れた後に、かつてその企業の従業員であったという過去の「地位」に基づいて支給されるものです。このことからすれば、①企業年金の支給が「労働の対償」として行われるものといえるかは疑問があると考えられ、また、②年金の支払いがなされる時点では、すでに退職して従業員ではなくなっているため、「労働者が使用者に支払う」ものといえるのか、との問題も残ります。支給基準が就業規則等に定められていれば「賃金」にあたると解されている退職一時金も退職後に支払われるものですが、退職一時金は退職後速やかに支払いが完了するのに対して、企業年金は退職後長年にわたり支給されるものなので、退職一時金のように使用者・労働者の関係と接着するものともいえず、同列には論じられないのではないかと考えられるところです。

⑷ 結　論

　このように，企業年金は，外部拠出型の制度は「賃金」に該当しない，内部留保型の制度は「賃金」に該当する，との考え方によると，後者には労基法などの賃金保護規定の適用がありますが，前者にはその適用がないと解されます。また，外部拠出型の場合には，在職者の減額・廃止事案で労働条件の不利益変更法理が適用される場合でも，「賃金」にあたることを前提に「合理性」の議論を行うことはできません。

　しかしながら，個々の企業年金制度の沿革，実質を見て，在職中の労働との対償性が強いと認められる場合（従前は退職一時金として支給していたものの一部を年金支給形式に移行したという経緯がある場合等）には，定義上は「賃金」にあたらなくても，賃金・退職一時金の場合に準じて高度の必要性が要求されると考えることは可能です。

　これに対し，事件3の幸福銀行（減額）事件のように，退職金規程に基づく金額に上積みする支給を行っており，恩恵的給付としての性格が強いとされる年金給付については，福利厚生に類するものとして，相応の必要性で足りるものと考えられます。

　さらに，事件7・8の松下電器事件のように「未だ公的な社会保障制度の整備が不十分であった時代に，従業員の退職後の生活の安定を図り，退職金の運用先を提供する趣旨も含め」設立されたという場合，事件11の早稲田大学事件のように「福利厚生，功労報償の性格を強く有するものであり，仮に，賃金の後払いの要素が一部含まれるとしても，その比重は…大きなものではない」という場合には，賃金・退職一時金と福利厚生との中間的な位置にある労働条件との価値づけを行ったうえで，変更の「合理性」を判断することになります（なお，上記各事件の年金制度は，福利厚生により近い制度と解されます）。

　このように，不利益変更法理における労働条件の価値づけは，定義にとらわれず，個々の企業における制度の実質に応じた判断がなされるべきといえます。そしてこのことは，在職者の減額・廃止事案で内部留保型の制度が問題となる

場面，また，労働条件の不利益変更法理の直接適用がない受給者減額等の場面にも及ぼされるべきです。

　すなわち，在職者＝内部留保型の事例では，不利益変更法理の適用の局面において，定義上は「賃金」に当たる労働条件が問題となるものの，制度の実質を見て恩恵的給付の性質が強いと認められるのであれば，要求される必要性の程度は相応のもので足りると考えられます。また，不利益変更法理の直接適用がなく，その準用や約款理論等の理論構成の下に「必要性」「相当性」が問われる受給者減額等の事案でも，当該事案の制度の実質を見て，求められる必要性の程度は異なってくるはずです。判決文中に明記されているわけではないものの，上述の事件3・7・8・11の受給者減額の事案において，年金制度の性質に言及があるのも，実質的にそのような考慮が働いているのではないかと考えられるところです。

第6節

まとめ

　以上述べてきたように，企業年金の改定において求められる必要性の程度は，在職者か退職者か，企業年金のどの制度が問題になっているかを問わず，問題となっている企業年金制度の性質（恩恵的給付の性質を有するか，賃金としての性質が強いかなど）によって異なってくるものと考えられます。

　もっとも，企業年金の改定事案の多くは，かつての高金利時代に設定した予定利率が，特にバブル崩壊に伴う環境悪化により現実的なものではなくなり，多額の積立不足を生じさせたという構造的な問題に起因するものです。そのような構造的な問題が背景にある事案では，（廃止の場合は廃止を行うことの必要性も問われますが）基本的に改定の「必要性」はあると考えられます。

　そうすると，企業年金の改定を実施するに際しては，受給者の生活に与える影響を配慮すること，改定の手続を適切に履行することが重要になると思われます。

　前者は，本章第4節3(6)で述べた内容の相当性に関わる問題です。従前の給付水準が高率であるとしても，急激に世間並みの水準まで下げた場合に受給者の生活に及ぼされる影響も考慮して減額割合を設定する，減額を段階的に実施するといった方法が考えられます。後者は，本章第4節3(7)の手続相当性に関わる問題であり，現役従業員・受給者に対する説明，労働組合がある場合は組合との交渉・協議，対象者からの同意取得は，実務上必須の手続として行うべきといえます。

	事件名	種類	原告	結論	事案
◎在職者（加入者）の減額・廃止					
1	名古屋学院事件 名古屋高判平7.7.19 労判700-95	自社年金 （廃止）	在職者 （受給者 1名含む）	廃止 有効 ○	自社年金につき，赤字増大，学院の財政逼迫から制度廃止したところ，在職者・退職者による受給権確認等の請求がなされた事案。
2	中部カラー事件 東京高判平19.10.30 労判964-72	適格退職 年金から 中退共・ 養老保険 への移行	在職者 （※4）	移行 無効 ×	適格退職年金制度を廃止し，中退共・養老保険への移行に伴う退職金規程の変更事案。
◎退職者（受給者）の減額・廃止					
3	幸福銀行（減額）事件 大阪地判平10.4.13 労判744-54	自社年金 （減額）	受給者	減額 有効 ○	退職金規定の3倍程度の額を支給していたところ，バブル崩壊等による経営悪化から，上積みをやめ，規定どおりの額まで減額することにした事案。
4	幸福銀行（打切）事件 大阪地判平12.12.20 労判801-21	自社年金 （廃止）	受給者	廃止 無効 ×	事件3と同じ企業がその後金融再生法の適用を受けるが，破綻処理中，退職年金3カ月分相当を支払って年金制度を廃止した事案。
5	テザック厚生年金基金事件 大阪高判平17.5.20 労判896-12	厚生年金 基金 （廃止）	受給者	請求 棄却	厚生年金基金の上乗せ給付の年金受給を選択した者が，基金解散により年金支給がなくなったため，基金に対し年金残額等の請求を行った事案。
6	港湾労働安定協会事件 大阪高判平18.7.13 労判923-40	自社年金 （減額）	受給者	減額 無効 ×	港湾労働安定協会が運営する年金制度に関し，労使団体の決定による年金減額がなされた事案。規程，協定書には，年金額の改訂に関する明文規定なし。
7	松下電器産業グループ事件 大阪高判平18.11.28 労判930-26	自社年金 （減額）	受給者	減額 有効 ○	年10%ないし7.5%の給付利率を年8%ないし5.5%に改定した事案（2%減）。福祉年金規程に「将来，経済情勢もしくは社会保障制度に大幅な変動があった場合…この規程の全般的な改定又は廃止を行う」との規定あり。
8	松下電器産業事件 大阪高判平18.11.28 労判930-13	自社年金 （減額）	受給者	減額 有効 ○	年9.5%ないし7.5%の給付利率を年7.5%ないし5.5%に改定した事案（2%減）。規程に改廃条項があった点も大阪事件と同じ。

第12章／企業年金　655

<h2 style="text-align:center">判　旨　概　要</h2>

- 就業規則の変更に合理性が認められる場合には，個々の労働者が同意しなくても，その適用を排除できない。そして退職年金は，賃金や退職一時金と並んで重要な権利である。しかも，本件年金受給権の原資には職員の拠出分が含まれ，支給条件も明確にされているので，功労報償的性格よりも権利性の色彩は強い。よって，就業規則等の改廃は高度の必要性に基づいた合理的な内容であることが必要。【規範】
- 学院の財政窮迫状態，代償措置の存在，3年近い交渉と協議から，法的規範性を是認できるだけの合理性がある。【当てはめ】

- 年金移行の手続として就業規則が変更されているところ，就業規則変更は，従業員に実質的に周知されていれば有効と解する余地がある。【規範】
- 旧制度に比較して退職者が不利となることが何ら説明されなかったこと，説明文書等を一切配布・回覧しなかったこと等から，就業規則変更が従業員に実質的に周知されたとは認められない。よって，同変更は無効（変更の合理性の検討には至らず）。【当てはめ】

- 年金通知書に記載の訂正変更条項（個別合意）につき，規定を超える部分の恩恵的給付的性格が強いことから，その有効性を肯定。【①年金の性質，②改廃の根拠】
- 2年連続で損失計上，退職年金による経営圧迫から，減額の合理性・必要性を肯定。さらに受給者の98%が異議を述べていないことから権利濫用にも当たらないと判断。【③改定の必要性，⑤手続の相当性】

- 功労報償的性格は強いが，労基法11条にいう賃金としての性格は否定されないとの判示。【①年金の性質】
- 解約権を含む改訂権を留保した年金支給契約，個別契約は認められない。退職金規程の改訂権も在職者との関係での権限であって，退職者の年金受給権を喪失させる権限を留保したものではない。【②改廃の根拠】
- 事情変更の原則を適用しうる事情変更があったとは認められず，打切りに見合う代償措置もないとして，同原則の適用を否定。

- 基金は，解散により，加算年金部分についても給付義務を免れる。
- 基金は，厚生年金保険法に基づき設立された法人であり，会社とは別の法人格。基金による給付は，雇用契約に基づく給付請求権と同視できない。そうであれば，基金が法所定の解散手続を経て清算し，法人格を消滅させることは否定できない。

- 規程に受給者の内容変更の規定が置かれていないことを考慮すると，労使団体の合意により給付内容が変更された時は受給者との契約内容も自動的に変更されるとの黙示の合意は認められない。【②改廃の根拠】
- 受給者の年金受給権は労使団体の協定自体の効力によって取得されたものでないこと，受給者は労働団体の意思形成過程に参加する機会が全く与えられていないことから，労働協約や就業規則の不利益変更に関する労働判例の適用はありえない。

- 改廃規定を含む規程は，加入者への周知もされており，受給者との契約内容になっている。改廃条項の合理性もある。【②改廃の根拠】
- 受給者と現役従業員との間で受給額等にきわめて大きな格差がある。また給付利率は発足当時の長期プライムレート8.4%よりも若干高い率であったところ，改定時の長期プライムレートは1.94%である等，減額事由たる「経済情勢，社会保障制度の大幅な減額」がある。【③改定の必要性】
- 減額後の給付利率が一般金融市場の利率よりなお相当高いことから内容の必要性・相当性もある。受給者に対する説明等を実施し，受給者の94.6%の同意を得ており，手続の相当性も認められる。【④内容の相当性，⑤手続の相当性】

- 受給者は年金規程の存在を知りこれに従う意思をもって受給手続を行っており，規程の内容は契約内容になっている。改廃条項は不合理とはいえない。【②改廃の根拠】
- 総資産がなお大きいことなどを考慮しても，会社の業績悪化から見れば，減額事由たる「経済情勢に大幅な変動があった場合」に該当し，一律利率を2％引き下げる必要性があった。【③改定の必要性】
- 改定後も長期プライムレートや同業他社の企業年金制度に照らして相当程度高い水準であること，改定に先立ち説明し意見を聴取するなどしたこと，受給者の約95%が同意していることから，改定の相当性を肯定。【④内容の相当性，⑤手続の相当性】

	事件	年金種類	当事者	請求	概要
9	丸井グループ事件 東京地判平20.9.10 判タ1283-125	適格退職 年　金 （廃止）	受給者	廃止 有効 ○	年金制度を廃止し，将来支給される年金額を現在価値に戻して一時金として清算した事案。原告らは廃止要件を満たさないこと，割戻率が不当であることを主張。規程に明文の改廃条項あり。
10	りそな企業年金基金・ りそな銀行事件 東京高判平21.3.25 労判985-58（※2）	厚生年金 基　金 （減額）	受給者	減額 有効 ○	第3加算年金の廃止，受給者の支給額減額が行われた事案（平均13.2％，最大21.8％程度引下げ）。
11	早稲田大学事件 東京高判平21.10.29 労判995-5（※3）	自社年金 （減額）	受給者	減額 有効 ○	普通年金，遺族年金の支給額を段階的に35％減額する旨の年金規則の改定を行った事案。
12	バイエル薬品・ランクセス事件 東京高判平21.10.28 労判999-43	適格退職 年　金 （廃止）	受給者	廃止 有効 ○	年金を現在価額に引き直した一時金を支払って年金制度の廃止を行った事案。年金規約に改廃事由を例示列挙した改廃条項あり。
◎規約変更の差止め請求					
13	NTTグループ企業 （差止め）事件 東京地判平17.9.8 労判902-32	規約型 確定給付 企業年金 （減額）	受給者	差止 請求 棄却	受給者らが会社に対し，利率引下げ等を内容とする規約変更につき，厚生労働大臣の承認の申請を行い規約変更をしてはならない，との差止請求等を行った事案。
◎行政処分に対する取消訴訟					
14	NTTグループ企業 事件 東京高判平20.7.9 労判964-5（※1）	規約型 確定給付 企業年金	会社 による 取消訴訟	取消 請求 棄却	会社が減額を内容とする規約変更の承認をしたところ，厚生労働大臣が承認しないとの処分。会社が処分取消しを求めて出訴。

【注】　※1　NTTグループ事件は最三小決平22.6.8で上告棄却。
　　　※2　りそな事件は最一小決平22.4.15で上告不受理。
　　　※3　早稲田大学事件は最二小判平23.3.4で上告棄却。
　　　※4　訴え提起時点では退職しているが，就業規則変更時は在職者の事案。

●社会通念上合理的な現価率を用いて算出された現価額の支払いを受けており，年金分配に関し債務不履行はない。
●年金の運用実績が低迷して予定利率を大きく下回っていること，好転の見通しがないこと，会社の拠出金が追加拠出金を含め相当多額に上っていること，現役社員との公平を考慮して廃止されたものであることから，規定の廃止要件を満たす。【③改定の必要性】

●規約変更による年金支給額変更は手続上有効なもの。
●集団的・永続的処理を求められるという厚生年金基金の性格からすれば，不利益の内容・程度，代償措置の有無，内容変更の必要性，他の受給者・加入者との均衡，受給者に対する説明，不利益を受ける受給者集団の同意の有無・程度を総合して，受給者の不利益を考慮してもなお合理的なものであれば，不利益変更も許される。
●変更の内容・程度，経過措置一時金を受領するという選択肢が用意・周知されていたこと，不足金が1500億円を上回っていたこと，母体企業の経営状況が悪化していたこと，説明会等を実施したこと，全受給者の約80％が同意したこと等から，変更の合理性を肯定。【③改定の必要性，④内容の相当性，⑤手続の相当性】

●賃金後払いの比重が大きくないことを確認の上，本件年金規則による規律を受ける立場にあったとし，同規則中の「本件年金制度は，6年ごとに…再検討を加えるものとし，必要に応じて，調整をはかる」との調整条項は，必要かつ合理的な範囲内での年金額の減額変更を許容している。【①年金の性格，②改廃の根拠】
●そのうえで，本件改定の必要性，内容の相当性，手続の相当性をそれぞれ認めた上，本件改定による減額は有効と判断。【③改定の必要性，④内容の相当性，⑤手続の相当性】

●年金規約は就業規則の一部をなし，改廃条項を含め雇用契約の内容となっていたとし，年金規約部分は雇用契約終了後も合意としての効力を失わないと判示。【②改廃の根拠】
●経営危機のような高度の必要性はないが，相応の必要性，合理性は十分ある。さらに退職年金の総額と理論上等価に等しい一時金支給という代償措置があること，受給者51名中49名が同意していることから，改廃条項の要件を満たすとした。【③改定の必要性，④内容の相当性，⑤手続の相当性】

●被告が原告らの求める作為（承認の申請）を行おうとしていることは明らかであるから訴えの利益がある（民訴法135条）。
●規約の変更それ自体は厚生労働大臣の承認を受ければ行うことができ，原告ら主張の「給付減額をしない」との合意の有無は規約変更が可能かということとは無関係であること，承認の要件は第一次的に厚生労働大臣が判断すべき事柄であり原告らの不作為請求権を導くものではないことから，差止め請求を棄却。

●約1000億円の当期利益を継続的に計上し，約600億円の配当を実施していたこと等から，承認の要件である「経営状況悪化によるやむを得ない事由」「掛金の拠出困難」を満たさないとして，取消請求を棄却。

第13章

個別論点説明

第1節

解雇期間中の賃金

1 解雇期間中の賃金（バックペイ）とは

　使用者が労働者を解雇したときには，その解雇の有効性の問題と，賃金請求権の存否の問題が実務上密接に関係してきます。

　使用者が労働者を解雇したとき（普通解雇か懲戒解雇かを問いません），その解雇が有効であれば，解雇の効力発生時以降は労働契約自体が存在しませんから，賃金請求権も，当然その発生根拠を失うことになります。

　ところが，解雇が，解雇権や懲戒権の濫用であったり，労基法上の解雇制限に抵触していたりしたなどの事情で無効である場合，労働契約自体は，その解雇によっては終了しておらず，有効に存続していることになります（期間の定めのない労働契約であればずっと存続していたことになりますし，期間の定めがある労働契約であれば，少なくとも解雇後最初の期間満了時までは存続していたこととなり，加えて，その時点における雇止めに対して解雇権濫用法理の類推適用を受けるか否かの問題となります）。

　ただ，一方で，解雇された労働者は，その解雇の時点以降は労務提供をしていません（まれに，解雇を頑強に否定して毎日出社してくる労働者もいますが，そうした特殊なケースは一旦除外して考えます）。つまり，労働契約が存続していながら労働義務の履行がない状況ですから，客観的状況だけを見ればノーワークの状態といえます。

　このような場合に，解雇後，原職復帰までの間に得られていたであろう賃金相当額の遡及支払をするべきか否か，またするとしてその範囲や額はどのよう

に算定するのかが問題になります。この遡及支払のことを,「解雇期間中の賃金」または「バックペイ」等と呼んでいます（なお,「バックペイ」は厳密には解雇無効の場合に限らず,降格処分が無効であった場合など遡及支払全般のことを指します）。

使用者が実際にバックペイを命じられるときの手続としては,裁判所の通常訴訟や仮処分,あるいは労働委員会の救済命令が考えられます。両者は中間収入の控除（679頁）の点を除き,基本的な考え方は一致していますので,ここでは特に区別せずに扱います。

以下では,

① ノーワーク・ノーペイの原則の枠組の中でのバックペイの位置づけ
② バックペイの発生根拠
③ バックペイの発生する範囲
④ バックペイから控除されるものおよびその範囲

について詳しく論じていきます。

2　バックペイの発生根拠

(1)　契約上の定めがある場合

バックペイの発生が認められるか否かは,ノーワークの状態にある労働者に賃金請求権が発生しているか否かという民事上の問題ですから,当事者間の労働契約内容によって決定されます。

そこで,解雇当時の労働契約の内容を解釈することが必要になりますが,その順序としては,まず,(A)契約上の定め（個別合意,就業規則,労働協約,労使慣行が根拠となります）があればそれにより,(B)そうした定めがなければ,労働契約の一般原則（ノーワーク・ノーペイの原則もこれに含まれます）等に

基づく当事者の合理的意思を用いて解釈することになります*。

(A)の例でいうと、例えば当該労働契約中に、「労働義務の履行の有無は関係なく、会社に在籍している限り一定額の給与を支払う」という明示的な定めがあれば、その額の賃金請求権は解雇期間中も引き続き発生していたことになります。

賃金全部についてそのような定めがされる例は実際上ほぼ皆無だと考えられます（欠勤控除をしない完全月給制は一見これに近い定めですが、通常の完全月給制は、当事者の合理的な意思解釈として、やむを得ない欠勤についてのみ賃金が発生する制度だと解されますから、後述する帰責性の観点を無視するわけではなく、その意味でノーワーク・ノーペイの原則を排除するわけではないといえます）。ただし、現在の労働契約では、基本給に加え、様々な趣旨に基づく各種の手当を組み合わせて支払う賃金体系を採用するのが通常ですから（賃金体系論については第6章を参照）、手当によっては労働義務の履行の有無によらずに支払われる契約内容になっていると解すべき場合があります（具体的な手当の例については後述します）。したがって、これらの手当については、約束から直接にバックペイが発生することになります。

また、これとは逆に、「帰責性の有無は関係なく、労働義務の履行がない限り支払わない」という合意をすることもありえます。これは、後述するノーワーク・ノーペイの原則に対する例外（民法536条2項）を排除する合意だといえますが、こうした合意も基本的には有効だと考えられます。ただし、労基法26条によって強制される休業手当（第3章第3節）部分については、合意しても排除することはできません。

なお、以上のような契約上の定めは、明示のものだけでなく、黙示のものも含まれると考えます。

＊**賃金二分説の否定**

かつて学説では、ストライキによる賃金カットの範囲がどこまで許されるかという論点の中で、「およそ労働契約に基づく賃金は、労務提供の直接の対価部分と従業員たる地位に基づく部分とに必ず分かれる」とする賃金二分説が有力に主張されました。この説によれば、個別の労働契約の特殊事情に関係なく、従業員たる地位に基づく部分はノー

ワーク・ノーペイの原則が及ばないことになります。しかし，最高裁判例（三菱重工業長崎造船所事件＝最二小判昭56．9．18労判370-16）は，このような抽象的・画一的判断を排除し，賃金項目ごとに契約内容を個別的に解釈すべきだとしました。したがって，上記のような順序で個別の契約解釈を行っていくことになります。

(2) 契約上の定めがない場合──ノーワーク・ノーペイの原則の意味

そして，労務提供がない場合の処理に関して契約の定めがないと考えられる賃金項目については，(B)に挙げたとおり，主にノーワーク・ノーペイの原則に従うことになります。実際上は，賃金のほとんどは(B)にあたることになるといえます。

ところで，労働契約にノーワーク・ノーペイの原則があること自体はあまり異論のないところですが，その内容の詳細や，法的根拠が何であるかについては，古くから学説上大きな争いがありました。現在でも完全に解決したとはいえないところですが，本書としては以下のように考えます。

ノーワーク・ノーペイの原則とは，「労働がなければ賃金もない」すなわち労働義務の履行を条件として賃金請求権が発生するという命題ですが，これは，「労働義務の履行がされるまで賃金請求権が発生することはない」という時期の問題と捉えることができますから，その意味で，賃金後払いを定めた民法624条に根拠があるとも考えられます。

もっとも，賃金を先払いする合意があっても，ノーワーク・ノーペイの原則が及ぶとされていますから，より直接的には，労働契約が双務契約であるという性質上当然にノーワーク・ノーペイを予定していると考えます。

労働義務の履行がされないまま予定した履行期が過ぎていくと（ノーワークの状態），労働義務が時間の流れと密接に結びついているという特殊性から，その遅れた部分の労働については取り返すことができず履行不能となり（詳しくは後述），賃金請求権が発生しない状態がそのまま確定することとなります。これがノーワーク・ノーペイの原則状態です。

しかし例外的に，使用者の責任で履行不能の状態が発生した場合には，民法

536条2項により「債権者の責めに帰すべき事由によって債務を履行することができなくなったときは，債務者は，反対給付を受ける権利を失わない」とされ*，労働義務の履行なく賃金請求権が発生することになります。これがノーワーク・ノーペイの原則に対する例外です。

このように，契約上特段の定めがない賃金項目についての具体的な請求権の発生根拠には，労働義務の履行があった場合と民法536条2項が適用される場合の2種類があり，バックペイは専ら後者によって発生します。そこで，以下，民法536条2項の意味についてさらに詳しく理論的に整理したうえで，解雇とバックペイについてあてはめたときにどのように解釈されるかを検討していきます。

*ノーワーク・ノーペイの原則と民法536条2項の関係

なお，理論上は，民法536条2項が直接適用されることによってノーワーク・ノーペイの原則が打ち破られるわけではないと解釈する立場も有力です。ノーワーク・ノーペイの原則は賃金請求権が発生するかどうかを判定する法理論であり，他方，民法536条は，請求権が発生していることを前提に，これが消滅するかどうかを取り扱う規定ですから，そもそもノーワークで発生していない請求権は，民法536条2項によっても「消滅しない」ことを超えて復活することにはならない，と考える立場です。もっとも，このような立場の学説も，ノーワーク・ノーペイの原則という法理論自体が，民法536条2項に該当する場合に賃金請求権を発生させることを含意していると解釈して（あるいは民法536条2項が類推適用されるとして），結果的には同様の処理を行っています。

3 ノーワーク・ノーペイの原則の例外（民法536条2項）の意義

(1) 条 文

民法536条2項は，「債権者の責めに帰すべき事由によって債務を履行することができなくなったときは，債務者は，反対給付を受ける権利を失わない」としています。これを労働契約にあてはめると，労働義務の債権者（使用者）の責めに帰すべき事由によって債務（労働義務）の履行が完成しなくなったときは，労働義務の債務者（労働者）に反対給付（賃金）の請求権が認められる，

と整理されます。逆に，それ以外の場合（労働者の責めに帰すべき事由または双方に責任がない事由によって労働義務の履行ができなくなったとき）には，賃金請求権は発生しません。

(2) 「債務を履行することができなくなったとき」（履行不能）の意義

民法の一般的な解釈論では，債務が履行されるにあたっては，まず債務者から「（債務の本旨に沿った）履行の提供」がされ，債権者がこれを「受領」するという順序で履行が完成する，と概念整理することができます。

したがって，「債務を履行することができなくなったとき」（民法では一般的に履行不能と呼ばれます）とは，このどちらかが不可能になることを意味します。そして，労働契約に基づく労働義務においては，時間の経過によって自動的に履行不能の状態になるという点がポイントです。

すなわち，通常の債務（例えば金銭の支払債務）であれば，履行すべき時期に履行の提供または受領がされない場合，履行自体が不可能になるわけではなく，後から履行した状態を取り返すことができます。したがって，単に履行の提供や受領が遅れただけでは履行不能とはなりません。

ところが，労働義務においては，あらかじめ約束した一定の時間帯（＝所定労働時間）の労働力を提供することが債務の内容になっているので，遅れた分を取り返すことができません。したがって，履行の提供や受領が遅れると，その分だけ履行は不可能になり，時々刻々と「債務を履行することができなくなったとき」が積み重なっていくことになります。なお，労働者が遅刻した分だけ所定労働時間外に労働することは実際上よくあることですが，それはあくまで使用者と別途合意して別の労働義務を果たすことによって埋め合わせをしているにすぎず，当初合意したそのままの労働義務を後から遅れて履行しているわけではありません。

要するに，労働義務は，履行の提供または受領がされないまま所定労働時間が過ぎていくと，その分だけ履行不能の状態になっていくと考えられます。

なお，一部の学説には，上記のように過去の労働義務が履行不能になってい

く場合のほかに，使用者が履行の受領を将来にわたって拒絶すると，将来の労働義務が直ちに履行不能になる場合もあるとする説がありますが，この場合使用者はいつでも拒絶の意思を撤回して履行の提供を受領することができますから，実際に労働を約束した時間が過ぎるまでは履行不可能な状態にはならないと考えるべきです。

(3) 「債権者の責めに帰すべき事由」（帰責事由）の意義

このように，債務の履行においては債務者には「履行の提供」，債権者には「受領」という分担が生じてきます。民法536条2項との関係では，この分担は，どちらの責任によって履行不能が生じたかを判断しやすくする枠組みとしての意味を持っています。自分の分担したことを全部やっているのなら，その後債務の履行がされないのは原則として相手方の責任だということになるからです。

そこで，履行不能が「債権者の責めに帰すべき事由によって」いるかどうかは，次の手順に従って判断されます。

まず，債務者が行うべき「履行の提供」の内容を分析し，これを正しく果たしたかを判定します。果たしていないのであれば，原則として債務者の責任に基づく履行不能となり，例外的に，債権者が不提供の原因を作ったものか否かが検討されることになります。逆に，「履行の提供」が果たされているのであれば，原則として履行不能の責任は「受領」しない債権者の側にあることになりますが，例外的に，受領しない原因が債権者以外のところにあるか否かが検討されることになります。

(4) 「履行の提供」の具体的な意義（債務一般）

まず，民法一般の解釈論を整理すると，債務者は，自らの分担領域として，債務の本旨に従った履行の提供を，原則として「現実に」（債権者の受領があれば実際に債務の履行が完成するという状態まで）行わなければなりません（民法493条）。そこで債務者としては，履行不能が自らの責任だと言われないためには，原則として，債務の本旨に従った履行の提供を現実に行うことが要求さ

れます。

　ただし，債務の履行が債権者の受領を前提とするため，債権者が受領にどの程度尽力しているかに応じて，信義則上「履行の提供」の程度内容が決まってくると考えられており，債務者の負担はそれに応じて軽減していくことになります。具体的には，債権者が「受領」を拒否している場合には，履行の準備をして，そのことを通知すれば足ります（口頭の提供と呼ばれます。民法493条但書）。

　加えて，判例は，「債権者が契約そのものの存在を否定する等弁済を受領しない意思が明確と認められる場合においては，債務者が形式的に弁済の準備をし且つその旨を通知すること…を要求しているものと解することはできない」（最大判昭32．6．5判時116-12）として，債権者が契約自体を否定しているなど受領拒絶の意思が明確である場合には，通知も必要がないとしています。

　ただし，債権者が契約自体を否定する場合であっても，履行の準備すらできない状態にある債務者は，そのような負担の軽減を受けることができず，履行不能について責任を負うことになります（青木商店事件＝最判昭44．5．1判時560-47）。

(5) 「履行の提供」の具体的な意義（労働義務）

　以上の一般論を労働契約について応用してみると，以下のとおりとなります。

　労働義務の履行にあたって，労働者としては，自らが果たすべき行為として債務の本旨に従った労務の提供をしなければなりません。ただし，その内容は使用者の態度によって，以下のように異なります。

　①使用者が労務を受領する姿勢であるとき（一般的には，社屋や設備を用意し，出勤してきた労働者を入構させること等を指します）は，債務の本旨に従った労務の提供を現実にしなければなりません。これは，労働契約が存続している場合の原則的な場面です。問題になる場面としては，主に，労務の提供を現実にしていない場合（ストライキ，欠勤等）と，労務の提供が現実にされているものの，その内容に瑕疵がある場合（怠業等）です。後者の例としては，

リボン闘争や，新幹線の意図的な減速運行（JR東海事件＝東京地判平10．2．26労判737-51）等が挙げられます。

②使用者が受領を拒否している場合には，（債務の本旨に従った）履行の準備ができていることを通知する口頭の提供で足りると考えます。これにあたる場面は，使用者が労働者に対して自宅待機を命じた場合が典型例です。片山組事件判決（最一小判平10．4．9労判736-15）は，労働者が自宅待機を命じられた後，労働者から口頭の提供があったものの，その内容が債務の本旨に従ったものか否かが争われた事例であると考えられます。

③そして，使用者が労働契約の存在自体を否定しているような場合，すなわち解雇の場合が典型例ですが，この場合には，通知も必要なく，（債務の本旨に従った）履行の準備ができる状態にあればよいと考えられます（前掲昭和44年最高裁判決の理論をここに応用できると考えます）。ここで労働者に要求される「労働義務の履行の準備ができる状態」とは，労務提供の意思と能力を有することを指すと考えられます。したがって，労務提供の意思と能力は，労働者が保持するべき最低限の前提ですから，労働者側が自ら主張立証すべきと解されます（ペンション経営研究所事件＝東京地判平9．8．26労判734-75）。

なお，例外的な実務対応として，使用者が自らのした解雇が法的に有効であるとの主張を維持しつつ，あえて被解雇者に出社命令を出す場合があります（もちろん，これに応じて被解雇者が出社してきた場合には，実際に労務を受領できる用意があることが前提です）。この場合，使用者は労働契約の存在を否定し続けていますが，それとは区別して労務の受領拒絶については撤回したわけですから，上記①の原則に戻り，被解雇者としては解雇されていながら現実の労務の提供を要求されることになると考えられます。そしてこうした場合には，多くの被解雇者はすでに次の職に就いているので，現実の労務の提供をすることができず，バックペイが発生しないこととなります。こうした出社命令は，解雇訴訟の１審で使用者が敗訴した場合等，バックペイ発生のリスクが高いときに用いられています。

(6) 賃金請求権が発生しているか否かの判断手法

　すでに述べたとおり，賃金請求権が発生するか否かは，結局，債権者（使用者）の責任で労働義務が履行不能になったか否かで判断されますが，その手法としては，「労務の提供」と「労務の受領」にいったん分割して考えるとわかりやすくなります。

　まず，労働者が労務の提供を果たしたかを検討します。上記①，②，③のとおり，使用者の態度に応じて労働者が果たすべき労務の提供の程度は異なってきますが，こうした提供を果たせない場合には，原則として，賃金請求権は発生しません。ただし，労働者が労務の提供を果たせない原因が使用者にある場合には，全体的に見て「債権者の責に帰すべき事由によって債務を履行することができなくなったとき」に該当し，賃金請求権が発生することになります。

　逆に，①，②，③のような労務の提供を労働者が果たしていれば，原則として使用者の受領がなされなかったために労働義務が履行不能になったと考えられるので，賃金請求権が発生します。ただし，こちらも例外的に，使用者が受領できなかった原因が使用者自身の責任に基づかない場合には，賃金請求権は発生しないことになるのです。

4　無効な解雇でもバックペイが発生しない具体的な事例

　以上で検討したとおり，解雇がされた場合には，使用者が労働契約の存在自体を否定している場合にあたりますから，労働者としては，労務の提供が最小限度に軽減され，労務提供の意思と能力を保持していれば，使用者に対して具体的な提供行為を行わなくとも，労働者として分担する部分は果たしたことになります。すると，労働義務の履行不能は使用者の受領拒絶に基づくものとなるので，あとは受領拒絶について使用者に帰責性が認められればバックペイが発生することになります。そして，使用者による解雇が無効と判断された場合，原則として，使用者の落ち度となり帰責性が肯定されることになります。

無効な解雇におけるバックペイは，上記の論理的順序に従って発生してきますので，①労働者に就労の意思または就労の能力が欠けている場合，②無効な解雇であっても例外的に使用者に帰責性がない場合，の2種類の場合については，バックペイが発生しないこととなります。

(1) 労働者に就労の意思や能力が欠けている場合

　「意思」と「能力」の内容の詳細については，第1章第2節に詳しく述べられていますが，例えば「意思」が欠けている例として，今後の良好な職場環境を維持することができないとして他社に転職し，新たな職場で業務に専念している場合（前掲ペンション経営研究所事件）があります*。また，「能力」が欠けている例としては，解雇と無関係の傷病治療のため就労が不可能だった場合が考えられます（ジョブアクセスほか事件第1審判決＝東京地判平22.5.28労判1013-69。ただし，同事件控訴審判決（東京高判平22.12.15労判1019-5）は，治療期間中は有給休暇を取得していたと推認されるとして，賃金請求権を認めています）。

> *就労の意思の欠如と解雇の承認
> 　「就労の意思が欠ける」というのは，解雇は不服であるもののもはや職場復帰はあきらめるという意思であり，使用者のした解雇の効力を争わない意思をもつことまでを意味するものではありません。後者のレベルにまで至った場合には，その時点で解雇を承認したものとされ，解雇が有効になるので，賃金請求権も当然発生しないこととなります（ニュース証券事件＝東京地判平21.1.30労判980-18）。これはバックペイとは別の議論です。

(2) 無効な解雇が使用者の責めに帰すべきものとまではいえない場合

　結果的に解雇が無効となってしまったものの，使用者としては，その解雇に踏み切ったことに責任があるとまではいえない場合は，その解雇は，債権者（使用者）の責めに帰すべき事由であるとまではいえないと考えられます（菅野和夫『労働法〈第9版〉』486頁）。
　これを正面から認めた裁判例はまだないため，どこまでが「責めに帰すべき」

でない解雇なのか，という点については，明確な基準はありません*。学説では，「解雇の有効性判断が微妙で，使用者が解雇相当と判断したことに無理からぬ点があったと判断される」場合が挙げられており，方向性としては妥当だと考えられます。

> ***懲戒解雇としては無効な普通解雇**
> 　実務では，非違行為をした労働者に対して使用者が行った懲戒解雇の有効性が争われた際，懲戒解雇としてはわずかに過酷であるものの，普通解雇としてなら有効であるといった事例もみられます。
> 　このような場合，使用者側の実務対応としては，裁判手続の途中であっても，懲戒解雇が無効と判断されることを条件とした普通解雇の意思表示を改めて行っておくべきといえます（つまり，使用者としては，まずは懲戒解雇が有効であることを前提とするものの，懲戒解雇が無効であるとされた場合にはじめて普通解雇の有効性を判断してもらう，と順序を付けて主張することになります。このような主張を「予備的主張」といいます）。弱気に見られると考えて，予備的主張を嫌う会社も少なくありませんが，懲戒解雇にこだわって敗訴するリスクを考えれば，十分理にかなった行動といえます。
> 　ところで，こうした場合，普通解雇としては有効であるとの判決が下されても，一般的な考えでは，懲戒解雇の時点から有効な普通解雇の意思表示をした時点までのバックペイは免れられないとされます。
> 　しかし，本書の見解としては，この場合も，労働者を解雇するという部分については使用者は正しい判断をしており，それが懲戒解雇の判断基準によれば無効と評価されるのにすぎなかったわけですから，事情によっては無効な解雇について使用者に責任があるとはいえず，懲戒解雇の時点からのバックペイが発生しない場合もありうると考えます。

5　バックペイの範囲・金額について

さて，以上のような場合に支払われなければならないバックペイとは，民法536条2項の文言からすれば，「反対給付」，すなわち労働義務の履行が完成していた場合（＝引き続き就労していたと仮定した場合）に得られたであろう賃金を意味します。

ただし，現実には労働者は就労していないのですから，「就労していた場合に得られていたであろう賃金」を割り出すのは，どうしても仮想計算にならざるをえず，事案によって適切な計算手法が異なってくることになります。また，

同じ計算手法をとった場合でも，仮想賃金額の算定基礎となる具体的な事情には差異があり，こうした具体的事情によってもバックペイの額は大きく変動することになります。

以上のようなところから，バックペイの範囲・金額については厳密な理論づけが困難な面がありますが，裁判例等において認められた事例からすると，おおむね以下のように考えられます。

(1) 賃金項目ごとの判断か，総支給額の平均か

「就労していた場合に得られたであろう賃金」を計算する方法として，現在一定の合理性が認められている方法は2種類あります。

1つは，賃金を基本給や諸手当等の賃金項目に細分し，それぞれの性質ごとにバックペイに入るか否かを解釈して，入ると判断されるものを積み上げて合計額を出す方法です（本書では，仮に「項目方式」と呼んでおきます）。労基法上の平均賃金（労基法12条）を用いる方法も，項目方式の一種といえます。ただし，同じ項目方式であってもその計算方法は一義的ではなく，計算基礎となる期間の取り方や，各項目の判断においてバリエーションがあります。

他方，解雇直前の一定の期間（例えば1年）にわたって得られた総賃金額の平均を用いるなど，賃金項目ごとの判断ではなく，得られた賃金総額を直接把握して計算の基礎とする手法もあります（本書では，仮に「総額方式」と呼んでおきます）。総額方式によれば，項目方式では原則として除かれるような賃金項目（たとえば時間外手当）も，当然にバックペイの基礎に入ってくることになります（東芝〔うつ病・解雇〕事件＝東京地判平20.4.22労判965-5等）。

項目方式・総額方式のいずれについてもそれなりの合理性があり，常にどちらによるべきという一義的な断定はできません。もっとも，バックペイの発生根拠のところで述べたように，バックペイに入るかどうかは，理論的には各賃金項目ごとに労働契約を解釈して決定されることですから，項目方式による計算が理論的には妥当であるといえます。実務としても，項目方式で計算する裁判例が多くを占めています。

そこで以下では，項目方式を念頭に置いて，具体的にどの項目をバックペイの算定基礎に算入するかを検討していきます。

(2) バックペイの基礎となる賃金項目

一般的によく見る主な賃金項目ごとに分類すると，原則として（特約等の個別事情がない限り），以下のように考えられます。

ア 基本給

基本給は，今まで検討してきたようなノーワーク・ノーペイの原則とその例外が最も典型的に当てはまる賃金です。したがって，バックペイに入るのは当然と考えられます。

イ 生活手当

生活保障給的な意味合いを持つ，いわゆる生活手当（家族手当や住宅手当を含みます）は，通常，労働義務の履行がなくとも，従業員の地位を保持していれば支払われることがあらかじめ合意されている手当であるといえます（すなわち，通常はノーワーク・ノーペイの原則が適用されない性質の賃金といえます）から，やはりバックペイに入ります。

ウ 通勤手当

通勤手当は，通常，労働者が通勤行為に要した費用を補填する実費補償としての意味を持っていますから，現実に通勤行為がなく，通勤費用の支出がない限りは，労働義務の履行の有無にかかわらず支払われないことが契約内容として予定されているといえます。したがって，現実の通勤がない解雇期間中には支払う必要がなく，バックペイにも算入されないと考えられます。通勤定期券の形で現物支給していた場合にも同様です。

エ　残業手当

　残業手当（時間外・深夜・休日割増賃金）は，法定の時間外労働・深夜労働・休日労働となるような就労を条件として初めて発生するものです。通常，解雇期間中に使用者と労働者の間に発生していたであろう労働義務とは，所定労働日における，所定労働時間中の，解雇直前の業務を通常勤務する旨の労働義務だと考えられますから，この労働義務が仮に果たされていた場合の反対給付たるバックペイには，残業手当は入らないものと考えられます*（出張手当も同様です）。

　しかし，例外的に，時間外労働や休日労働が行われる蓋然性が非常に高く，当事者の間でそうした特殊労働が行われることが当然の前提になっていたという場合には，割増賃金もバックペイの算定基礎に入ってきます。具体例として，自動車教習所に勤務する従業員につき，毎日の教習の時間枠が所定労働時間外まで設定されていて，時間外労働が常態になっていたとの事案につき，時間外手当まで含めた平均賃金を基礎にバックペイを認めた事例があります（勝英自動車学校〔大船自動車興業〕事件＝東京高判平17.5.31労判898-16）。

　理論的には，こうした事例では，時間外労働や休日労働まで含めて実質的には労働契約の内容となっており，解雇期間中の労働義務がその部分まで発生していただろうと認められるため，このような結論になると考えられます。

　なお，一定の時間外労働が発生することをあらかじめ見越して，固定手当としての残業手当を支払っている場合には，現実の時間外労働の有無によらずに支払う契約内容になっているわけですから，この手当がバックペイに入ることはいうまでもありません。

　　*平均賃金ベースでの項目方式
　　　なお，前述の通り，労基法12条の平均賃金の算定基礎に含まれる賃金項目（第2章第4節を参照）をベースに用いる項目方式の例も多数あります（先駆的な裁判例として，新共和タクシー事件＝大阪地決昭30.7.21労民集6-4-470。最高裁で追認された事例として，米軍山田部隊事件＝最判昭37.7.20民集16-8-1656）。平均賃金の項目には時間外手当等が含まれていますが，バックペイの算出に平均賃金を使う場合にも，上記に述べたところから，時間外手当を除いたうえで計算する事例も少なくありません。

オ 賞　与

　賞与は，通常の月例賃金等と異なり，変動性が高い賃金です。近年，固定賞与制をとる企業も増えてきましたが，依然として多くの企業は，賞与算定期間中の人事考課結果（特に部門別・個人別業績等）を反映する形で，支給の都度，具体的な賞与額を決定（査定）しています。このような査定行為は，昇給や年俸制における年俸額決定の場面等でも行われていますが，その法的性質については，労働契約上使用者に与えられた人事権の一種と解されるので，使用者の一方的な査定行為によって初めて賞与請求権等が発生することになります（全国信用不動産事件＝東京地判平14．3．29労判827-51等）。

　このような場合，第1に，査定という使用者の行為がない限り具体的な賞与請求権が発生しない契約内容になっているため，労務の履行のみで発生する通常の月例賃金とは異なり，そもそも解雇期間中に発生していたとはいえず，バックペイの算定基礎には入らないのではないかが問題となります。第2に，賞与がバックペイの算定基礎に入ることを認めたとしても，変動性が高いため，算出方法をどうするかが困難だという問題があります。

　この点に関する裁判例は様々な考え方を示しており，体系的に把握するのは困難ですが，理論的には以下のように整理されると考えます。

　まず，毎回の賞与支給額を確定的に契約で定めている固定賞与制の場合には，通常の基本給等と特に区別する必要はなく，バックペイの算定基礎に入ることは当然といえます。

　次に，使用者の査定が予定されている（具体的な賞与請求権が発生する）労働契約になっている場合には，民法536条2項だけでは査定行為があったことまで仮定されるわけではないので，使用者の責任で解雇が無効になったからといって，当然にバックペイとしての賞与請求権が発生することにはなりません。

　ただし，一定の査定行為が使用者に義務づけられていた場合など，解雇期間中の査定行為を仮定する労働契約上の根拠が別にある場合には，これに基づいて賞与請求権がバックペイとして発生してくると考えます。このような査定行為の義務づけの根拠は，実務上は労働協約に求められることが多いといえます

（代表的な例として，富士輸送機工業事件＝大阪地判昭47．3．17判タ279-347）。また，バックペイに入る場合の具体的な算定方法については，事案に応じて査定によって認定されていたであろう適切な額が算定されることになります（平均査定率を用いた例として，前掲・富士輸送機工業事件。最低限保証されている査定率を用いた例として，武富士事件＝東京地判平6．11.29労判673-108）。なお，基本給が査定による変動制であった場合もこれと同様に考えられます（佐野第一交通〔解雇〕事件＝大阪地岸和田支判平14．7．22労判833-5）。

　こうした意味で労働契約上査定行為の存在が仮定できないときは，賞与はバックペイとしては発生しませんが，使用者が適正な査定を怠ったことにより被解雇者の賞与に関する期待権が侵害されたことに基づき，債務不履行または不法行為に基づく損害賠償請求権が発生する余地があります（直源会相模原南病院〔解雇〕事件＝東京高判平10.12.10労判761-118等）。

　理論的には以上のように解するべきですが，裁判例を見ると，使用者の査定行為が必要だというだけで形式的に賞与がバックペイの内容に入らないとした裁判例（カジマ・リノベイト事件＝東京地判平13.12.25労判824-36，トーコロ〔賃金請求〕事件＝東京地判平16．3．1労判885-75）がある一方で，査定行為の義務づけの根拠を明らかにすることなく，「勤務していれば得られたであろうことが推認することができる」という蓋然性の判断だけでバックペイへの算入を認めた裁判例もあり（東京自転車健康保険組合事件＝東京地判平18.11.29労判935-35），実務は未だ定まらない状況にあります。

(3) バックペイの基礎を割り出すための期間

　賞与等の特殊な賃金を除いて，バックペイは月額いくらという方式で算出されます。したがって，計算基礎となる上記の賃金項目をもとに，どのようにして月額を割り出すかという問題があり，裁判例ごとに様々なバリエーションが見られます。

　最もわかりやすい考え方では解雇直前の月の給与をそのまま用いますが，労基法に沿って3カ月の平均をとったり，それ以上の期間（6カ月や1年等）の

平均をとったりする例もあり，また，やむをえない欠勤控除がある月を除外して計算することもあります。

以上の算定基礎期間についても，やはり定式と呼ぶべきものはなく，当該労働者が解雇期間中にどの程度の労働義務の履行をしていた蓋然性があるかに応じ，基礎となる合理的な期間を適宜決定すべきと考えられます。

(4) 昇給，降給等の増減は反映されるか

上記の基本給や手当等が，あらかじめ定められた昇給規定・降給規定等によって解雇期間中に昇給・降給したり，あるいは就業規則等の変更によって増減額したりすることがあります。

特に，かつては勤続年数に応じて自動的に基本給が昇給していく仕組みが一般的であり，その昇給部分をバックペイの算定基礎に入れるかどうかがしばしば問題になりました。

昇給は査定に基づいて行われるのが通常であることから，この点についての議論は，原則として賞与の項目で述べたところと同様に考えることになります。

すなわち，労働契約上査定が被解雇者について義務づけられていたかが問題となり，これがクリアされたときには，事案に応じて適切な昇給率を算定することになります（平均の査定率を認める例として，福井放送事件＝福井地判昭46．3．26労民集22-2-355。裁判所が判定すべきとした例として，京都福田事件＝京都地判昭60．10．7労判468-59。最低査定率を適用した例として，前掲・トーコロ〔賃金請求〕事件）。

なお，全社的な賃金改定（いわゆるベースアップ・ベースダウン等が典型）については，被解雇者と使用者との間の労働契約も変更することが認められるのが通常ですから，原則としてバックペイに反映されるべきであると考えます。

6 バックペイから控除される金額

(1) 解雇予告手当

　使用者は，解雇の際，労基法20条に基づく平均賃金30日分の給付（解雇予告手当）を支払っていることが多くあります。解雇予告手当は，解雇が無効と判断された場合，その根拠を失うことになりますから，使用者は労働者に対して不当利得返還請求権を取得します。もっとも，使用者としては，バックペイの支払義務が生じている以上，解雇予告手当をバックペイに充当したいと考えることが多いといえます。実務では，労働者としては，解雇予告手当金はできる限り受領したいけれども，そのまま受け取ってしまうと解雇を承認したことになるリスクがあるとの理由で，ほとんどの事例では労働者の側から賃金に充当したことを前提に解雇無効の請求がされています。このような場合には，当然にバックペイからの控除が認められるので，問題はありません。

　次に，こうした労働者からの充当の意思表示がない場合はどう処理すべきかが問題になります。この点，解雇予告手当は賃金ではないと一般に解されており，労働者からの明示の反対がある場合には，解雇予告手当の支払を賃金に一方的に充当することはできないとされます（労基法24条の全額払いの原則から，不当利得返還請求権との相殺も認められません。大阪経済法律学園事件＝大阪地判平19.12.20労判965-71）。もっとも，労働者にとってもバックペイの支払いを受けるのと同時に解雇予告手当を全額返還するのは面倒なだけですから，充当は双方にとって利益があると考えられます。そこで，労働者から充当に反対する意思が明示されなければ，当事者の合理的な意思解釈として充当を認めるべきであると考えます（ノース・ウエスト航空〔橋本〕事件＝千葉地判平5.9.24労判638-32）。

(2) 退職金

　解雇が有効であることを前提として行動する使用者としては，規程に従って退職金を支払っているのが通常ですが，この退職金がバックペイに充当されるかについても基本的に解雇予告手当と同様であり，労働者の側から明示の反対がない限り，当事者の合理的な意思解釈として充当を認めるべきであると考えます（Ｊ学園〔うつ病・解雇〕事件＝東京地判平22．3．24労判1008-35）。

(3) 中間収入の控除

　解雇されていた労働者は，生活のため，解雇期間中は他の就労場所に就職して賃金を得るのが通常であり，この解雇期間中に他の就労場所で得ていた収入を「中間収入」と呼びます。そちらの就労に完全に専念すれば，解雇を承認したとか，就労の意思が欠けているとかなどの議論になりますが，そこまで至っていない場合には，バックペイが発生することになります。ただし，この場合でも，バックペイと中間収入の二重取りが生じますが，これは原則として許されません。バックペイの発生根拠である民法536条2項には，「自己の債務を免れたことによって利益を得たときは，これを債権者に償還しなければならない」との規定もあるからです。

　しかし他方で，中間収入の全額を使用者に償還しなければならないとすると，平均賃金の6割の限度での休業補償を定めた労基法26条の趣旨が失われることになり，また，償還の方法について，バックペイの支払額の中から控除することは可能かどうか（労基法24条の全額払いの原則に反しないか）も従来議論の対象になっていました。

　最高裁は，これらの点について繰り返し判例を出し（前掲米軍山田部隊事件，あけぼのタクシー事件＝最一小判昭62．4．2労判506-20等），理論的にはともかく，中間収入に関する実務上の処理は完全に確定しています。

　すなわち，まず，労働者が償還すべき中間収入は，バックペイからあらかじめ控除して支払うことも，使用者が別途支払を求めることもできます（実際上

はほとんどの場合，控除して支払うことになります）。

控除にあたっては，次の3つのルールに従って計算します。

①バックペイのうちで，休業手当に相当する平均賃金の6割部分は，労基法26条との関係で常に労働者に保証されているので，控除はその残額（平均賃金の4割＋平均賃金に入らないすべての賃金項目）からしか許されません。

②「解雇期間中の中間収入」と「解雇期間中の賃金」とがすべて控除に使えるわけではなく，中間収入と賃金とは時期的に対応している必要があります。例えば，解雇期間が1年間で，そのうち3カ月だけ他の就労場所で働いて中間収入を得た場合には，「その3カ月を算定対象期間とするバックペイ」から，「その3カ月を算定対象期間とする中間収入」を控除できるにとどまります。

③控除対象の順序は，バックペイの平均賃金の残部4割→残りの賃金（平均賃金に入らない賃金）の順になります。

抽象的なルールとしては以上のとおりですが，これに従った具体的な額の計算は事案によっては非常に複雑なものになるので注意が必要です。以上のルールをイメージ化した図は以下のとおりです。

遡及支払賃金額からの中間収入の控除

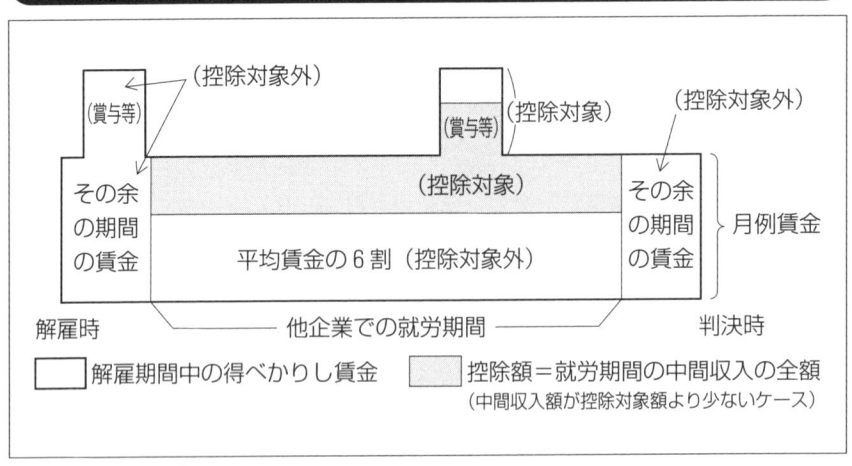

【出典】　菅野和夫『労働法〈第9版〉』488頁

なお，不当労働行為に対する救済命令として労働委員会が出すバックペイの命令においては，上記のルールに従わず中間収入の控除をしない事例が多くありますが，このような救済命令は，解雇された労働者個人の救済のほか，組合活動一般に対する侵害の除去の観点をも加味して，事案に照らして労働委員会に認められた裁量の限界の範囲内であれば許されると考えられており（第二鳩タクシー事件＝最大判昭52．2．23労判269-14），厳格に上記のルールに従って算定する裁判所とは立場が異なってきます。

(4) 所得税等の源泉徴収分

　バックペイが判決等（本案判決，仮処分決定または労働委員会の救済命令）で命じられたときには，バックペイ全額を（税金や社会保険料等を控除することなく）労働者に支払えとの趣旨の命令が出ていることが普通ですが，通常の賃金支払であればこれらの支払分は控除して支払っていますから，この点をどう処理すべきか，実務上多岐にわたる問題が生じてきます。

　この問題は，細かくみると，次のようないくつかの問題に分けられます。第1に，そもそも判決等という特別な手続で支払を命じられる賃金について，所得税等の源泉徴収義務が生じるのか否かという問題があります。第2に，判決で命じられた額から所得税等の税額や社会保険料を控除して支払うことはできるのか（判決内容を履行したことにならないのではないか）という問題があります。これと関連して，労働者側が判決を使って強制執行をしたときに得られる額は控除後の額なのか，そうでないのかという問題も生じます。第3に，所得税等の税額や社会保険料を控除した額を初めから考慮した判決にしてもらうことはできるのか否かという問題です。

　これらの点については，従来からいくつかの判例や裁判例が出てきていましたが，税金の源泉徴収義務に関しては，最近の最高裁判例（最三小判平23．3．22判時2111-33）によって，以下のような点が確認されました（一部は補足意見）。

　まず，バックペイを支払う際にも，バックペイに対応する所得税等については源泉徴収義務が生じます。しかし，その源泉徴収義務は，税法の解釈上「支

払う際」にはじめて控除してよいというだけにすぎないので，バックペイの内容があらかじめ控除した額まで目減りするわけではなく，判決であらかじめ控除後の額が認められるわけではありません。

　判決等で賃金全額が認容されていても，使用者は任意に支払うときには源泉徴収税額を控除した額を支払えばよく，その場合，賃金請求権は全額消滅します。しかし，強制執行がされるときには，強制執行手続自体が一部を控除して第三者に引き渡すことを予定した手続ではないため，賃金全額がいったん労働者に支払われることとなり，使用者は別途立て替え払いをした後，労働者に再度求償しなければなりません。

　したがって，使用者としては，バックペイについて強制執行を受けると，税金の立て替え払いの義務を負うだけでなく，その分については再び当該労働者から回収していかねばならず，手間と費用が生じるほか，労働者が無資力になってしまうリスクも背負うこととなります。

　これを防ぐための方法としては，強制執行に移る前に，バックペイから源泉徴収税額を控除した金額を労働者に任意に支払うことで，債権全額を消滅させるという手段があります（東京地決昭62．6．9判時1236-153，社会保険料について高知地決昭46．3．10労民集22-2-209）。

　また，和解交渉にあたっては，以上のように労働者が実際に得られる金額は控除後の額だということを双方よく理解して進める必要があり，漫然と控除前の全額で和解してしまうと，使用者が控除後の額だけ支払った場合に，合意が履行されていないなどとしてトラブルのもとになりかねないので注意が必要です。こうした点を明らかにするため，裁判所での和解条項では，賃金債権額と実際の控除後の支払額とを分けて調書に記載する取扱いも珍しくないとのことです。

　バックペイから控除される額については，以上のように考えることになりますが，実務上は，和解の際に，解雇日を退職合意の日とし，さらに解決金に慰謝料を含むことを明示することにより，上記のような税務上の問題を回避する方法もとられています。

第2節 団体定期保険

1 はじめに

　団体に所属する者を包括的に被保険者とする定期保険として，いわゆる団体定期保険があります。

　この団体定期保険は，従業員の福利厚生を目的として誕生したものであり，従業員が死亡した時の遺族補償を低廉なコストで提供するという企業等の団体の要望に応えるものとして普及しました。

　そして，団体定期保険は，団体単位の加入により，多人数の保険を一個の契約で締結することができるので，

> ① 事務経費が節約できることにより保険料が個人保険よりも低額になる。
> ② 剰余金が出ると配当金が支払われるので，実質的な保険料は低額になる。
> ③ 税務上企業が支払う団体定期保険の保険料を全額損金として処理できる。

等のメリットに着目し，従業員の福利厚生のみならず，従業員死亡時における企業の損失等の補填をも考慮して企業が団体定期保険契約を利用するようになり，その普及がさらに拡大しました。

　加えて，企業が，生命保険会社の販売する団体定期保険に加入する見返りとして，生命保険会社に自社株を購入してもらい，安定株主を形成するという思

惑も，団体定期保険の普及を促進させる要因となりました。

そのため，団体定期保険の保有契約金額は，平成8年度には446兆円に達し，後述するいわゆるＡグループの団体定期保険の加入率は，大企業で80％以上，中小企業でも60％近くになりました。

ところが，過労死問題がクローズアップされる中で，企業が本来であれば従業員の福祉を目的として団体定期保険を掛けているにもかかわらず，従業員が死亡した際に，保険会社から高額の保険金を受け取り，その事実を遺族には知らせなかったという問題が発覚し，この点に批判が集中するようになり，従前から団体定期保険契約の趣旨と保険金の使途を明確にするような行政指導等もなされてきました。

また，国税当局も，従来は，上述したように団体定期保険の保険料を全額損金として認めて課税対象としてきませんでしたが，平成2年頃から，企業の団体定期保険契約締結の動機等を調査したうえ，企業に対して「交際費」として処理するよう求め，一定の団体定期保険の保険料について課税対象とするようになりました。

ところが，平成8年度の調査においても，団体定期保険を締結している企業のうち，死亡した従業員の遺族に対して，受け取った保険金を支給しない企業の割合が60％を超えていました。

そこで，平成8年頃から，全国各地で，従業員の遺族が，保険契約者である企業や保険会社を相手取って，企業に支払われる保険金の引渡しを求める訴訟が相次いで提起されました。

生命保険業界は，この批判等を受けて，平成8年11月以降，団体定期保険に代わる新たな保険商品として，総合福祉団体定期保険を販売するようになり，後述するいわゆるＡグループの団体定期保険の販売を停止しました。

その結果，団体定期保険に内在する問題点は解消されたといわれていますが，後述するように，総合福祉団体定期保険にも問題点が指摘されています。

本章においては，まず団体定期保険について，その意義，裁判例等に触れて検討を加えたうえで，団体定期保険の問題点を解消した新しい保険商品である

とされる総合福祉団体定期保険について整理していくことにします。

2　団体定期保険の意義

(1)　団体定期保険の定義

　団体定期保険とは，団体選択が可能な団体の所属員等のうち，一定の資格を有するものを被保険者とし，団体または被保険者団体の代表者を保険契約者とする保険期間1年の死亡保険をいいます。

　この団体定期保険には，いわゆる「Aグループ保険」と呼ばれる，従業員全員を被保険者として加入させ，事業主である企業が保険契約者として保険料を負担して，事業主自らが保険金の受取人となる定期生命保険と，いわゆる「Bグループ保険」と呼ばれる，従業員の一部が任意で団体に加入し，その団体が保険契約者となるが，保険料の全部または一部を従業員が負担し，保険金受取人は従業員（またはその遺族）となる定期生命保険があります。

　いわゆる団体定期保険の保険金の帰属の問題で議論の対象となる団体定期保険は，Aグループ保険ですので，以下特に断りのない限り，団体定期保険とは，Aグループ保険を指すこととします。

団体定期保険のAグループ保険とBグループ保険の比較

	保険契約主体	団体加入者	保険料負担	保険金帰属
Aグループ保険	企業	全員	企業	企業
Bグループ保険	企業	一部	従業員 （全部又は一部）	従業員又は遺族

(2)　団体定期保険の有効性

　団体定期保険は，他人の生命の保険であって，被保険者の死亡を保険事故とする契約にあたりますが，このような保険契約には，古くから，

① 犯罪を誘発する危険性（モラルリスク）
② 賭博保険の危険性
③ 人格権侵害の危険性

があることが指摘されています。

　特に，団体定期保険には，企業が従業員の健康や安全に配慮不十分のまま，過労死・労働災害により従業員を死亡させ，その従業員の死亡保険金を企業が受け取り，遺族にそれを知らせない等のモラルリスクが生じる可能性があることが指摘されています。

　ところが，法は，このような危険性を有する他人の生命の保険契約を公序良俗違反として一律に禁止するのではなく，被保検者の同意を要求することにより一定の制約を加えることにより規制しています（同意主義・保険法38条，旧商法647条1項）。これは，例えば，死亡保険金をもって住宅ローンの返済に充てることを目的とする団体信用生命保険等に有用性が認められるためです。

　もっとも，他人の生命の保険契約の目的・内容自体が公序良俗に反する場合，仮に被保険者の同意があったとしても，当該保険契約が無効であることはいうまでもありません。

(3) 被保険者の同意

ア　同意の方式（原則論）

　保険法38条は，被保険者の同意について書面によることは要求していません。したがって，保険法38条の法文上は，口頭の同意その他同意と見られる行為があれば同意の要件に欠けることにはなりません。

　もっとも，保険実務上は，保険契約申込書の同意欄に被保険者が署名捺印することによりするのが原則とされています。

　また，あくまでも保険業法上の規定ではありますが，保険業免許申請に係る事業方法書等の審査基準として，「同意の方式が，被保険者の書面により同意する方式その他これに準じた方式であり，かつ，当該同意の方式が明瞭に定めら

れていること」と規定されています（保険業法施行規則11条2号）。

イ　団体定期保険における被保険者の同意

ところが，団体定期保険の場合，従業員全員が強制的に加入するため，従業員が多数に上ることに加えて，従業員の入退社による変動が常にあり，個人の保険のように個々の被保険者の同意を得ることが実務上困難と考えられていました。

このような全員加入の保険では，保険契約者が保険受取人となることが通常であり，それは被保険者が死亡した場合に保険契約者がいったん保険金の支払を受けて，これを別途保険契約者の定めている従業員の遺族への死亡退職金等の従業員福利制度の原資とすることが一般でした。

このような実態に鑑みて，被保険者の同意の要件を厳格に充足しなければならないとすることは，かえって従業員の利益に反するという観点から，保険実務上，次の被保険者の同意の要件を緩和する学説に沿って運用されることとなりました。

具体的には，「被保険者となるべき者が十分に知悉しうるような状況の下において団体保険契約が締結され，しかも被保険者とされた者がこれを知り，かつ異議を述べ得る機会を与えられて，しかも異議を述べない限り，被保険者の黙示の同意があったものとして保険契約が効力を生ずるものと解することは可能である」（大森忠夫「いわゆる事業保険と被保険者の同意」）とする学説や「団

団体定期保険契約と被保険者の同意の関係

企業 ══団体定期保険契約══ 保険会社

同意（保険38条）
↑
従業員

体保険では会社の労働組合の代表者による一括的同意の意思表示で足りると解すべきであり，また新入社員について個別的に団体保険の被保険者になることの同意を徴求することは必ずしも必要でなく，就業規則乃至労働協約中に保険条項が挿入されていれば足りると解すべきである」（西島梅治『保険法（新版）』327頁）とする学説に沿って，保険実務が運用されていました。

そのような中で，前述した団体定期保険の保険金の帰属の問題が社会問題としてクローズアップされ，死亡した従業員の遺族から保険金引渡請求訴訟等が提起されるようになりましたが，このような団体定期保険をめぐる紛争において，従来の保険実務に沿って緩和された同意を無効とする主張は，原告たる労働者の遺族側からなされなかったため，後述するように，判例上，同意要件の緩和がどの程度認められているかは判然としていません。

もっとも，保険法38条が被保険者の同意を要求する趣旨が前述したとおりモラルリスク等の防止にあるとするならば，同意を大幅に緩和する効果を有する労働組合の代表者による一括同意の意思表示や，就業規則ないし労働協約中に保険条項が挿入されているだけでは不十分であり，保険契約の内容等について具体的な情報を開示したうえで，その内容を周知徹底すると同時に，同意拒否の機会を与える必要があると考えます。

3　団体定期保険の保険金の帰属

(1)　総　論

団体定期保険の保険金の帰属をめぐる紛争において，従業員遺族に保険金引渡請求権を認めるための法的構成としては，①保険法38条（旧商法647条1項本文）の同意を，他人の生命の保険契約の効力発生要件のみならず，企業・従業員間の保険金引渡合意を成立させるものと解釈する構成，②企業・従業員間の労働契約に基づく信義則上の義務として従業員遺族に死亡保険金の引渡しを認める構成，③企業・保険会社間の団体定期保険の主目的は従業員およびその遺

遺族からの保険金引渡請求権の法的構成

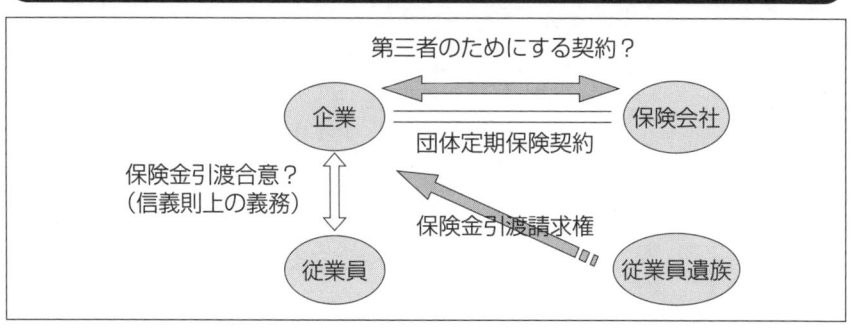

第三者のためにする契約？

企業 ⇔ 保険会社
団体定期保険契約

保険金引渡合意？
（信義則上の義務）

従業員 — 保険金引渡請求権 — 従業員遺族

【出典】 早川智津子「団体定期保険の被保険者とされた死亡従業員の遺族に対する会社の保険金引渡義務の存否」季労215号208頁

族の福利厚生にあることから，従業員遺族への保険金引渡義務を内容とする第三者のためにする契約としての合意を認める構成等が主張されてきました。

以下は，これまでの裁判例の動向を表にしたものですが，そこでは概ね企業が従業員の遺族に保険金を引き渡す旨の明示的な合意がない場合の引渡し義務の問題，仮に合意が認められるとすれば保険金額と遺族に引き渡すべき額との関係の問題が争われており，それに加え保険法（旧商法647条1項）の同意の有無を問題にしているものもあります。

(2) 団体定期保険の保険金の帰属に関する裁判例

団体定期保険の帰属に関する裁判例一覧

裁判例	事案	引渡し義務	保険金の分配	備考
東映視覚事件 青森地弘前支判 平8.4.26 労判703-65	業務外の病気により死亡した従業員の妻が，同従業員を被保険者とする団体定期保険契約に基づき死亡保険金を訴外生保会社から受領した勤務先会社に対し，死亡保険金の引渡し又はそれに相当する死亡退職金の支払を求めた事案。	○ 従業員の同意は，対外的には訴外生保会社から支払われる死亡保険金の中から，従業員の遺族に対して，死亡退職金等を支払う旨の契約を成立させるものである。	全額	従業員が「自分が死亡したら企業に保険金が入り，その金員は退職金として支払われるから，保険金の支払について企業に確認するように」という遺言を残していた。

事件	事案	判断	支払額	備考
文化シャッター事件 静岡地浜松支判 平9.3.24 労判713-39	業務に起因するとされる病気により死亡した従業員の遺族が，勤務先会社に対し，同社が従業員の同意を得ないまま訴外生保会社8社と契約を結び，その死亡保険金全額を受け取ったが，従業員遺族には10万円だけ支払っただけとして，死亡保険金の引渡しを求めた事案。	× 勤務先会社と生保会社間の「保険金の全部又は一部を弔慰金規程に則り支払全額に充当する」旨の合意の存在だけでは，労働契約に基づく保険金の支払請求権はない。	なし	本件団体定期保険契約は，被保険者である従業員の同意を得ていないものとして無効とした。
秋田運輸事件 ①名古屋地判 平10.9.16 労判747-26 ②名古屋高判 平11.5.31 労判764-20	勤務中の追突事故により死亡した従業員の遺族が，同従業員を被保険者とする団体定期保険契約に基づき死亡保険金を訴外生保会社から受領した勤務先会社に対し，死亡保険金の引渡しを求めた事案。	①○ 団体定期保険は，従業員の死亡や高度障害の自体に備えた福利厚生ないし遺族の生活保障の措置として，障害給付金，退職金等の支払を目的とする保険制度であるから，勤務先会社は，従業員に対し，保険金相当額をもって，見舞金ないし弔慰金を支払う旨を約束したものである。 ②○ 上記同旨。	①保険金の3分の1 ②保険金の3分の1＋残余保険金の2分の1	従業員が保険料の3分の1を負担していた。
山口電設事件 東京地判 平10.3.24 金商判例1047-34	業務外の病気により死亡した従業員の遺族が，同従業員を被保険者とする団体定期保険契約に基づき死亡保険金を訴外生保会社から受領した勤務先会社に対し，契約又は不当利得に基づき死亡保険金の引渡しを求めた事案。	× 本件契約は従業員の業務中の事故に備え，損害賠償の支払原資を確保するために締結されたものであるから，死亡の原因を問わず，当然に従業員の遺族に保険金の全部又は一部を支払う旨の合意が成立したものではない。 また，従業員が死亡した場合に，企業が死亡保険金を受領することは，予想外の利益を享受することになるが，本件契約に伴う当然の結果であって，公序良俗に反すると介すべき根拠はない。	なし	

事件	事案	判旨	結論
住友軽金属工業 第1事件 ①名古屋地判 　平13.2.5 　労判808-62 ②名古屋高判 　平14.4.26 　労判829-12 ③最三小判 　平18.4.11 　労判915-26	業務外の病気により死亡した従業員の遺族が、同従業員を被保険者とする団体保険契約を締結した保険会社に対し、死亡保険金の引渡し、勤務先会社に対し、死亡保険金引渡請求権の確認を主位的請求として求め、勤務先会社に対し保険金相当額の引渡しを予備的請求として求めた事案。	①○ （主位的請求） 商法674条1項は、保険悪用回避の要件である被保険者の同意を受取人指定の同意と切り離しておらず、受取人を勤務先会社とする団体定期保険自体は労働組合の一括同意により公序良俗に反しない。 （予備的請求） もっとも、勤務先会社と死亡従業員との間で、勤務先会社が受領する金額のうち特別弔慰金等の上限額を超える部分については、業務外の死亡の場合でもその相当部分を遺族に退職金とは別に弔慰金として支払う旨の合意が成立していた。 ②× （主位的請求） 第1審同旨。 （予備的請求） 勤務先会社は労働協約以上の支払義務を負わないとしており、同会社が保険金を受け取った場合に、その全部又は一部を被保険者又は遺族に支払う旨の黙示の合意があったものといえない。また、勤務先会社には受け取った保険金の全部又は一部を被保険者又は遺族に引き渡すべき労働契約に付随する信義則上あるいは団体定期保険契約の性質による義務も認められない。 ③× （主位的請求、予備的請求ともに） 控訴審同旨。	①弔慰金等の上限額を超える部分から保険料総額を控除した2分の1を相当分として支払う。 ②なし。 ③なし。

住友軽金属工業 第2事件 ①名古屋地判 平13.3.6 労判808-30 ②名古屋高判 平14.4.24 労判829-38 ③最三小判 平18.4.11 労判915-51	業務外の病気により死亡した従業員の遺族が,同従業員を被保険者とする団体定期保険契約に基づき死亡保険金を訴外生保会社から受領した勤務先会社に対し,死亡保険金の支払を求めた事案。	①○ 団体定期保険契約の趣旨についての合意は,第三者である被保険者又はその遺族においてその契約の利益を享受する意思を表示したときは,保険契約者に対し,給付を請求する権利を取得する。 ②○ 第1審同旨 ③× 勤務先会社が,死亡従業員の遺族に支払うべき死亡時給付金が社内規定に基づく給付額の範囲内にとどまることは当然のことと考え,そのような取扱いに終始していたことが明らかであるから,勤務先会社が社内規定に基づく給付額を超えて,受領した保険金の全部又は一部を,明示的にはもとより黙示的にも合意したとは認められない。	①保険会社から支払われる死亡保険金より共益費となる当該被保険者についての保険料の既払額を差し引いた残額のうちから,被保険者の遺族に対する給付に充当すべき金額を算出し,これから企業の福利厚生制度による社内規定によって既に給付された残額をもって遺族への給付額とする。 ②第1審同旨。ただし,商事法定利率を適用。 ③なし。	
スミケイ運輸事件 ①名古屋地判 平14.4.24 判タ1123-237 ②名古屋高判 平14.12.20 (判例集未掲載) ③最決 平15.6.12 (判例集未掲載)	業務に起因する病気を発症した従業員及び業務外で死亡した従業員の遺族が,同従業員らを被保険者とする団体定期保険契約に基づき保険金を訴外生保会社から受領した勤務先会社に対し,保険金の引渡しを求めた事案。	①× 明示の合意のみならず,勤務先会社が退職金規則等に定められた支給基準に則って,その範囲内において退職金等を支給する意図を有していたものと認められ,それとは別に保険金の全額又は相当額を支給する意思を有していたと認められないから,黙示の合意も認められない。 ②× 第1審同旨。 ③(上告不受理)	①なし。 ②なし。 ③(上告不受理)	

(3) 団体定期保険の保険金の帰属に関する裁判例の検討

　下級審裁判例は，保険法38条の従業員の同意がある事案において，保険金の帰属についての明示的な合意がない場合に，企業が従業員の遺族に保険会社から受け取った保険金の引渡しを認めるか否かについて，団体定期保険契約が本来従業員の福利厚生の目的で締結されるものであること，仮に合意を認めなかった場合に，企業が保険料を負担していたとはいえ，高額の保険金を利得することに対する抵抗感から，黙示の合意を認定することにより，苦心して引渡義務を認めるという対応がなされてきたものといえます。

　しかし，団体定期保険に関する2つの最高裁判例は，当該事案に限っての事例判断ではありますが，当事者の意思を重視するという一般的な契約解釈ないし事実認定の手法を用いて，引渡義務に関する黙示の合意は認められないという判断をしました。

　保険料を負担していた企業が，従業員の同意が有効であると認められる場合に，団体定期保険契約に従って，保険金受取人と指定されている者として，従業員の死亡による保険金を受け取るのは，保険契約の法理上確立しているところであって，企業の利得を全く認めないというのは単なる感情論ともいえ，法解釈としては無理があると考えます。

　事案によっては，企業・従業員間に引渡義務に関する黙示の合意を認める解釈の余地はありえますが，従業員の同意について緩和された運用が認められ，従業員が団体定期保険契約の存在についてほとんど知らなかった実情において，かかる黙示の合意を認めるのは，当事者の意思解釈上困難であると考えます。

　また，企業が従業員に支払う死亡退職金等は，企業の死亡退職金規程等に定められ，同規程に従って死亡退職金の支払いが長年運用されていたのが実態であり，かかる実態に鑑みれば，保険会社と団体定期保険契約を締結する企業（代表者並びに担当者）の意思解釈として，保険会社から受け取った死亡退職金の額を超えた場合に当該超過額を従業員またはその遺族に引き渡す意思があったと認定するのも難しいと考えます。

そして，仮に企業が団体定期保険契約に従って保険金を受け取った場合に，退職金規程等を超える保険金の全額または相当額を従業員の遺族に支払わなければならないとすると，保険料負担や保険金取得時の税金が純粋な損失となることをおそれて団体定期保険契約を解約するという実務上の混乱が生じる可能性があるとの指摘もあります。

このような点からすると，企業が高額の保険金を利得することに対する抵抗感から，黙示の合意等により従業員の遺族への引渡義務を認める法的構成をひねり出すのは結論ありきの判断であったといわざるをえないと考えます。

(4) 補足—事業保険

ア 事業保険とは

事業保険とは，企業が保険契約者・保険受取人となり，従業員を被保険者として保険契約を締結するものですが，被保険者ごとに成立している個別の保険契約（終身保険，養老保険等）を一括して取り扱うものであって，多数の被保険者を単一の契約をもって保険に付する団体定期保険とはこの点において異なります。

前述した団体定期保険においては，加入できる団体の要件が実務上設定され，加入人数等の要件を満たさない中小企業では団体定期保険を利用できなかったことから，この事業保険は，団体定期保険に代わるものとして利用されていました。

団体定期保険と事業保険の比較

	保険契約主体	団体 or 個人	保険料負担	保険金帰属
団体定期保険	企業	団体	企業	企業
事業保険	企業	個人	企業	企業

イ 事業保険の付保規定による運用

　事業保険は，前述したように中小企業において団体定期保険に代わるものとして利用されてきましたが，行政当局の指示により，中小企業のモラルリスク等の排除を目的として，昭和58年4月から，いわゆる付保規定を企業が作成し，被保険者全員の署名捺印を徴したうえ，その写しを添付しなければ，保険会社は事業保険の申込みを受け付けないとの運用がなされるようになりました。

　ちなみに，この付保規定とは，

「1　当社は，将来万が一従業員が死亡したことにより，当該従業員に対し，死亡退職金又は弔慰金を支払う場合に備えて，従業員を被保険者とし，当社を保険金受取人とする生命保険契約を締結することができる。

　2　この生命保険契約に基づき支払われる保険金の全部又はその相当部分は，退職金又は弔慰金の支払いに充当するものとする。

　3　この規定に基づき生命保険契約を締結するに際して当社は，被保険者の同意を確認する。」

というものです。

ウ 事業保険の保険金の帰属に関する裁判例

　団体定期保険と同様，事業保険においても，死亡した従業員の遺族による企業に対しての保険金相当額の引渡しを求める訴訟が，多数提起されています。

　代表的な裁判例だけでも，①布目組事件（名古屋地判平7．1．24判時1534-131），②大林計器事件（東京地判平7．11.27判タ911-121），③田中技建事件（東京高判平7．12.25労旬1381-47），④パリス観光事件（広島高判平10.12.24労判758-50），⑤日本エルシーコンサルタンツ事件（名古屋地判平9．5．12労判717-19），⑥東海ベントナイト化工事件（名古屋地判平10.12.16労判758-36），⑦祥風会事件（東京高判平11.11.17労判787-69）があります。

　もっとも，事業保険においては，前述したように付保規定による運用がなされていましたので，いずれの裁判例においても，付保規定を前提に企業と従業員との間において，死亡保険金の全部または一部を支払う旨の合意が認められ

て，従業員遺族の請求が認容（一部認容）されています。

4　総合福祉団体定期保険

(1)　総合福祉団体定期保険の意義

ア　総合福祉団体定期保険とは

　総合福祉団体定期保険とは，従業員全員を被保険者として加入させ，事業主である企業が保険契約者として保険料を負担する点では上述したAグループの団体定期保険と同じですが，従業員が死亡した場合の死亡退職金等の原資の確保の趣旨をより明確にし，被保険者である従業員の遺族が保険金の受取人となる点においてAグループの団体定期保険とは異なります。

　そして，従来Aグループの団体定期保険において事実上まかなわれてきた企業の従業員が死亡したことによる損失補填に関しては，主契約である総合福祉団体定期保険に付随して，ヒューマン・バリュー特約において，従業員の死亡に伴い企業が負担することになる諸費用を保障し，また，企業が保険金受取人となることで確保されることになりました。

　加えて，企業の福利厚生規程に基づいて，従業員等が不慮の事故により身体に障害を受けまたは入院した場合に給付金を支払うことに関し，企業が支給する障害・入院給付の財源を保障する趣旨の災害総合保障特約も，主契約である

団体定期保険（Aグループ）と総合福祉団体定期保険の比較

	保険契約主体	団体加入者	保険料負担	保険金帰属
Aグループ保険	企業	全員	企業	企業
総合福祉団体定期保険	企業	全員	企業	従業員又は遺族
ヒューマン・バリュー特約	企業	全員	企業	企業
災害総合保障特約	企業	全員	企業	企業

総合福祉団体定期保険と各特約の関係

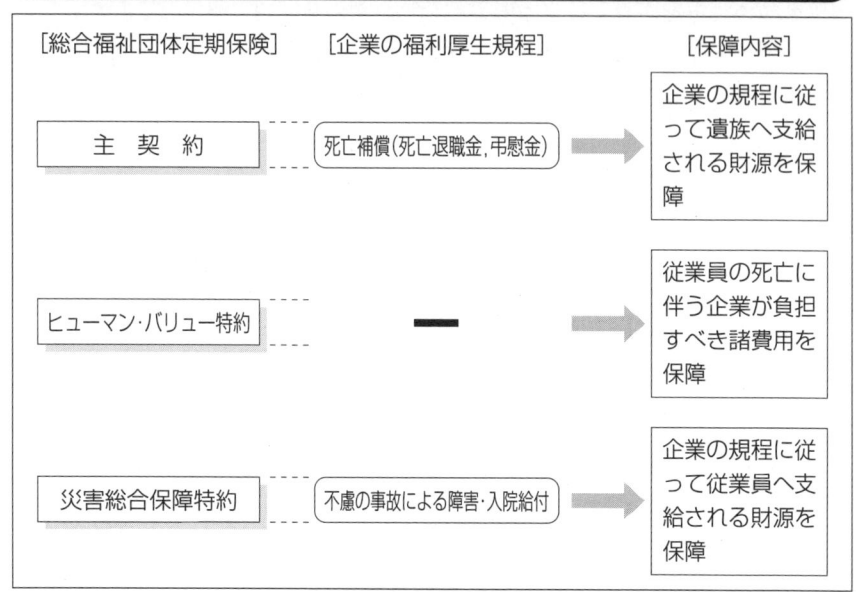

[総合福祉団体定期保険]	[企業の福利厚生規程]	[保障内容]
主契約	死亡補償(死亡退職金,弔慰金)	企業の規程に従って遺族へ支給される財源を保障
ヒューマン・バリュー特約	―	従業員の死亡に伴う企業が負担すべき諸費用を保障
災害総合保障特約	不慮の事故による障害・入院給付	企業の規程に従って従業員へ支給される財源を保障

【出典】 山口浩一郎『労災補償の諸問題（増補版）』441頁

総合福祉団体定期保険に付随して締結されることになりました。

イ　総合福祉団体定期保険による団体定期保険の問題点の解消

　従来の団体定期保険は、①被保険者たる従業員の同意が曖昧であること、②保険金額の設定基準が無制限であること、③保険金の帰属が企業であり、従業員またはその遺族が保険受取人ではないことについて問題があると批判されてきましたが、総合福祉団体定期保険およびそれに付随する各特約により、かかる問題点は次のように解消されることとなりました。

　まず、①被保険者たる従業員の同意については、被保険者全員に保険契約内容を文書により通知し、被保険者の署名または記名・捺印のある加入申込書を提出させるか、通知を受け取ったことの確認書を提出させ、不同意者がいればその名簿と申出書を提出させるようにしました。

次に、②保険金額の設定基準については、企業の福利厚生規程を提出させ、保険金額の設定を同規程に定める退職金等金額の範囲内に限定しました。

そして、③保険金の帰属については、保険金を遺族受取り分（主契約）と企業受取り分（ヒューマン・バリュー特約、災害総合保障特約）に分け、企業受け取り分は特約として、保険金の帰属を明確にしました。

なお、総合福祉団体定期保険では、企業の安定株主形成に用いられることを防止する等のため、同時に複数の保険会社と重複して契約を締結することもできないこととされました。

このように総合福祉団体定期保険では、主契約において従業員遺族への死亡退職金等の財源を保障し、ヒューマン・バリュー特約において従業員の死亡に伴って企業が負担する諸費用を保障することで、従来の団体定期保険では曖昧かつ混在していた契約の趣旨を、主契約部分と特約部分とで明確に分けることにより、従来の団体定期保険の問題点の解消を図ったのです。

ウ　総合福祉団体定期保険利用の現状

従来の団体定期保険の加入率は、大企業で約8割にも及び、企業に広く普及していましたが、従来の団体定期保険の問題点を解消するために生まれた総合福祉団体定期保険の普及率は、さほど高くありません。

まず、総合福祉団体定期保険の加入率は、平成16年度の調査時点で、約5割程度であり、大企業においても6割を超える程度であり高くありません。

そして、ヒューマン・バリュー特約の加入率については、約3割と低く、また保険金額も平均約480万円と低く抑えられています。

このような利用の現状には様々な原因があると思われますが、総合福祉団体定期保険の下では、企業は退職金等の規程を整備して従業員に周知徹底させる必要があり、後述のように、ヒューマン・バリュー特約に保険金額が2,000万円以下という限度額が設定されていることも一因としてあると思われます。

加えて、総合福祉団体定期保険においては、前述したように、複数の保険会社との重複契約もできず、生命保険会社を安定株主とするという団体定期保険

企業における正社員についての総合福祉団体定期保険加入状況

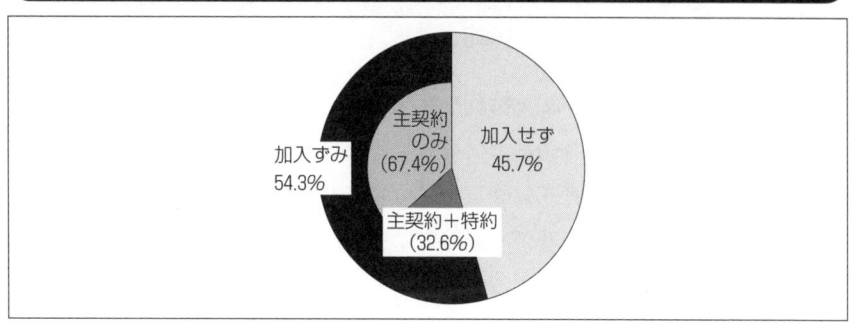

- 加入ずみ 54.3%
  - 主契約のみ (67.4%)
  - 主契約＋特約 (32.6%)
- 加入せず 45.7%

【出典】 労政時報第3632-88

加入のメリットがなくなったことも，企業において普及が拡大しない要因として考えられます。

エ　総合福祉団体定期保険に関する裁判例

総合福祉団体定期保険について争われた裁判例として，倉持事件（東京地判平14.10.21労判842-68）があります。

事案は，ヒューマン・バリュー特約を付していない総合福祉団体定期保険において，同保険契約締結時に保険会社に提出された弔慰金規程によれば保険金全額を遺族に支給するものとなっていたものの，退職慰労金規程によれば保険金の半額を弔慰金として支給し，残額を企業が受け取ることになっていたため，企業が保険金の半額を受け取ったことに対し，不当利得返還請求等がなされたものです。裁判所は，「総合福祉団体定期保険は，ヒューマン・バリュー特約を付さない限り，その保険金の利用目的が従業員等に対する弔慰金等の支払いに限定され，保険金金額が弔慰金規定等所定の弔慰金額を超えないものとされ，保険金金額がすべて弔慰金等として同規定所定の受給者に支払われ，企業が保険金の一部を取得しないことが契約上予定されている」ため，保険会社から支払われた保険金は全額遺族に支給されるべきであり，企業がその保有する保険金の半額を不当利得として遺族に引き渡すべきと判示しました。

総合福祉団体定期保険の趣旨からすれば，妥当な結論であると考えます。

(2) ヒューマン・バリュー特約

ア ヒューマン・バリュー特約への規制

　ヒューマン・バリュー特約は，従業員等の死亡等に伴って企業が負担する諸費用（代替雇用者採用，育成費等）を保障するためのいわゆる他人の生命の保険契約であり，その特約に基づく保険金は企業が受け取ることになりますので，従業員の生命の保険契約に関するモラルリスク等の危険性はやはり否定できません。

　そこで，従来の団体定期保険において指摘されてきた，

① 被保険者の同意
② 保険金額の設定基準
③ 保険金の帰属

について，ヒューマン・バリュー特約でも次のとおりの解消措置がとられています。

　まず，①被保険者の同意について，ヒューマン・バリュー特約を締結する場合には，被保険者本人の署名又は記名・捺印のある加入申込書を提出する方法に限定しました。

　また，②保険金額の設定基準について，ヒューマン・バリュー特約の保険金額は，主契約において設定された保険金額以下であり，かつ2,000万円以下に制限されました。

　そして，③保険金の帰属については，ヒューマン・バリュー特約に基づき，企業が保険会社に保険金を請求する場合には，被保険者たる従業員の遺族の了知を得ることが必要とされました。

　これら総合福祉団体定期保険，ヒューマン・バリュー特約等についての規制は，平成17年8月12日に金融庁により策定された『保険会社向けの総合的な監

督指針（以下，「監督指針」という）』（なお，現在では平成21年12月4日改正のものが金融庁のホームページ上に公開されています）において定められており（監督指針Ⅱ-3-3-4 (4)，Ⅳ），金融庁による具体的な監督対象となっています。

この監督指針は，保険業法とは異なり，違反しても刑事罰はありませんが，業務改善命令発動の可能性もあり，実務上重要な指針となっています。

イ ヒューマン・バリュー特約等に関する一考察

上記監督指針によれば，ヒューマン・バリュー特約を締結する場合には，被保険者の同意確認の方法として，被保険者本人の署名又は記名・捺印のある加入申込書を提出することとされているため，保険会社が同監督指針に従う限り，通常は被保険者の同意が存在しないという事態は生じません。

もっとも，企業が被保険者である従業員に対し，ヒューマン・バリュー特約に関する十分な説明を行っていない場合など，仮に被保険者本人の署名・捺印のある加入申込書が提出されているときであっても，被保険者の同意が錯誤等により無効となる場合がありえないとはいえません。

そこで，仮に被保険者たる従業員の同意が無効とされる場合に，ヒューマン・バリュー特約に基づき企業が保険会社から受け取った保険金の帰趨が一応問題となりえます。

しかしながら，前述したように，被保険者の同意は，他人の生命の保険契約における効力発生要件である（保険法38条）以上，被保険者の同意が無効とされる場合には，その同意に係るヒューマン・バリュー特約も無効であり，企業は受け取った保険金を保険会社に返還するとともに，保険会社は企業から支払われた保険料を企業に返還するという結論にならざるをえないと考えます。

この点について，団体定期保険の保険金の帰属をめぐる裁判において，従業員の遺族側から主張された法的構成として，保険金受取人を企業と指定する部分のみ無効となるとの考え方があり，その考え方をヒューマン・バリュー特約において被保険者の同意が無効とされた場合に応用しうることも考えられなくはありません。

しかし，保険法が被保険者の同意を要求している趣旨が反公序良俗性をクリアすることにあることからすれば，かかる同意が存在しないヒューマン・バリュー特約については，やはり公序良俗違反として絶対的に無効であるとせざるをえないと考えます。

　なお，被保険者の同意が無効となると，総合福祉団体定期保険契約も公序良俗違反として絶対無効となる以上，保険会社が被保険者の同意無効に関与し，従業員遺族に支払った保険金が不法原因給付になるという極めて例外的な場合を除き，従業員の遺族は，総合福祉団体定期保険契約に基づき受け取った保険金を，保険会社に返還しなければなりません。

　かかる結論は一見不当とも思われますが，被保険者の同意無効を招いた責任が企業にある場合には，企業に対する不法行為に基づく損害賠償請求等により救済される道が残されていますので，あえて被保険者の同意なき他人の生命の保険契約は無効であるとの確立された保険法理を曲げる必要はないと考えます。

第3節 争議行為と賃金

1 争議行為とは

(1) 憲法による労働三権の保障

　憲法28条は,「勤労者の団結する権利及び団体交渉その他の団体行動をする権利は,これを保障する。」と定め,労働者に団結権,団体交渉権,団体行動権のいわゆる労働三権を保障しています。

　憲法22条および同29条から導かれる契約の自由を原則とする市民法の基本原理の下においては,使用者と労働者は,相互に独立対等な立場から自由に合意による雇用契約を締結し,使用者と労働者が1対1でその雇用条件について交渉をすることになります。

　しかし,使用者・労働者間には事実上格差が存在し,使用者がいわば仕事と賃金を与える立場にあるのに対し,労働者はそれらを受け入れざるをえない立場にあることから,使用者と一労働者が対等に雇用条件の交渉をすることは難しいといわざるをえません。

　そこで,憲法の礎となる諸外国の労働法制は,かかる市民法の基本原理を修正し,労働者が,使用者と対等に雇用条件を決定できるよう,労働者の団体による集団的な使用者との交渉を保障したのです。

　それゆえ,憲法28条の保障する労働三権は,団体交渉権を中心に据えて考えるべきであり,労働者の団結は団体交渉を実現するための前提であることから権利として保障したものであり,労働者の団体行動は労使間の団体交渉が行き

詰まった際の取引条件となることからこれも権利として保障したものであると考えられます。

　このような憲法28条の理解からすれば，団体行動権の本旨としては，労働者の労働力を集団的に利用させず，使用者の操業を停止させることを保障することにより，団体交渉における労働者側の取引条件とすることにあるものと考えます。

　だからこそ，後に詳述するとおり，労働組合法（労組法）8条は，憲法28条の団体行動権の保障に従って，憲法22条および同29条から導かれる私的自治原則を修正し，正当な争議行為について民事免責を受けるものと規定したものと考えます。

　もっとも，労働組合には団結権及び団体交渉権がありますので，かかる権利行使の一環として争議行為以外の組合活動と呼ばれる団体行動権も保障されているものと考えます。

(2) 憲法から導かれる争議行為概念

　憲法28条によって保障される「争議行為」の定義については，労組法8条の民事免責の及ぶ範囲をどのように解するかに関して争いのあるところです。

　この点，「争議行為」について，使用者の業務の正常な運営を阻害する一切の行為と広義に解する考え方が多数の立場といえますが，当職は，憲法28条に保障する団体行動権の本旨としては，労使間の団体交渉が行き詰まった際に，労務提供の場において，労働者の労働力を集団的に利用させず，使用者の操業を停止させる等の圧力をかけることを手段として保障することにあり，だからこそ労組法8条は敢えて労働組合による諸活動のうち「争議行為」に限定して民事免責を認めているものと考えます。

　かかる理解からすれば，「争議行為」とは，使用者による労務指揮権に服従することの全部または一部の拒否を集団的に行う行為，およびかかる行為を維持するための付随的行為をいうと考えます。

　このように，争議行為は，全部又は一部に労務不提供が発生しますので，そ

の場合の賃金との関係を次項で説明することにします。

　なお，争議行為と区別される「組合活動」とは，労働者による争議行為以外の団体行動をいうと考えられます。

2　争議行為に伴う労務不提供と賃金不払

　使用者・労働者間の勤務形態・条件の設定により，賃金支払と対価関係にある労務提供を出来高単位で見るかもしくは労働時間で見るか，または労働時間で見るとしてもみなし時間があるのか等によって，労務不提供と賃金不払の対価関係に影響する場合があります。

　以下では，ストライキによる労務不提供の場合を念頭において説明します。

(1) 出来高払制

　出来高払制とは，労働者が製造する物の量・価格や売上高という出来高に応じた一定比率で額が定まる賃金制度です（出来高払制については第3章第4節を参照して下さい）。

　このような労働時間を単位にしない出来高制において稼働する労働者が，正当な争議行為を行うことにより，一定時間労務提供をしなかった場合に，使用者はノーワーク・ノーペイ原則に従って賃金カットできるのかが問題となります。

　この点，出来高払制においては，労働時間ではなく，出来高を単位とするために，争議行為に伴い一定時間労務提供をしなかったとしても，出来高が生じている限り，賃金を支給しなければならないというのが当事者間の契約の趣旨であると考えます。

　したがって，出来高制の場合，争議行為に伴う一定時間の労務不提供があったとしても，賃金の支払いを拒絶できないと考えます。

　なお，通常であればストライキにより出来高が下がりますので，労働者は賃金カットされなくても，収入は減少することになるため，労使の利益均衡は図

られることになります。

　また，出来高が下がったことにより，保障給が支払われる場合には，保障給は労働時間に応じて支払われる賃金であるため（労基法27条），ストライキにより労働時間が短縮された場合には，その時間数に応じて保障給が減額されることになります。

(2) 完全月給制

　完全月給制とは，労働時間を単位として賃金を支払う定額制のうち，遅刻・欠勤・早退があっても毎月1回定額の月給を支払うという制度です。

　このような完全月給制において稼働する労働者が，正当な争議行為を行うことにより労務提供をしなかった場合に，使用者はノーワーク・ノーペイ原則に従って賃金カットできるのかが問題となります。

　そもそも，労務提供がなければ賃金も支払われないというノーワーク・ノーペイが原則であり，完全月給制は，労働者が私傷病等の個別事情により遅刻・欠勤・早退があっても控除せず全額を支払うものとして，通常の企業経営の枠の中での例外的取扱いを定めたものといえます。

　しかし，ストライキは，通常の企業経営の枠を超え，会社は集団的な業務阻害行為を受け，労働者は賃金を失うというバランスのもとに成立するものですので，その阻害行為を理由とする労務不提供に対して会社が賃金を支払うことは，完全月給制の合理的解釈としては考えられません。

　したがって，完全月給制においても，ストライキによる欠勤の場合は「賃金を支給しない」との就業規則や労働協約での規定は，ノーワーク・ノーペイ原則を確認するものにすぎず，私傷病等の欠勤と異なる取扱いとしても，何ら問題がないと考えます。

　この点，労使の力関係により，最低限度の便宜供与としてストライキ時の賃金支払が合意されることがありますが，集団的な業務阻害行為に対し賃金を支払うこと自体がおかしいのであり，その行為は不当労働行為（支配介入）といわれるべきと考えます。

(3) フレックスタイム制

　フレックスタイム制とは，労働時間を単位として賃金を支払う定額制のうち，契約上定めた1カ月以内の単位期間中の法定労働時間数の範囲内で，契約労働時間数を勤務することを条件に，労働者が日々の始業・終業時刻を自主的に選択して労働する制度です。

　労働者が日々の始業・終業時間を自主的に選択できるフレックスタイム制において，争議行為に伴う労務不提供があった場合に，ノーワーク・ノーペイ原則に従って賃金の支払いを拒絶できるかを考えてみます。

　ただし，重要なことは，まず，フレックスタイム制は，フレックスデイを認めるものではないということです。そして，始業・終業時刻は別として，その日に勤務する義務は存在していることを忘れてはなりません。

　さらに重要なことは，契約上の労働時間数を超えて働く場合は，使用者の命令ないし承認が必要であり，従業員の自主判断で時間外労働できないという点です。これは，労基法32条の固定労働時間制で働く従業員と何の変わりもありません。

　次に，ストライキの性質上，使用者は業務遂行上の阻害という不利益を受けることのバランスから，スト参加の従業員はスト時間中の賃金を失うということです。例えば，1日8時間の固定労働時間制の従業員の場合，1日ストライキに参加すれば，自分の判断でそれを休日に労働して取り返すとか，1日4時間ストライキに参加した場合，自分の判断で時間外労働で4時間分を取り返すことはできないのです。この法理は，フレックスタイム制の下でも同様です。

　したがって，契約時間数が月160時間とすれば，1日ストライキをすれば契約上の義務時間数は残り152時間に減少し，1日4時間ストライキをすれば契約上の義務時間数は156時間に減少することになります。

　これが，ストライキと賃金の原則的な関係です。

ア　1労働日にわたる場合

前述のように、フレックスタイム制は、労働者が所定労働日に出勤するか否かの自由（フレックスデイ）まで当然に認める制度ではありません。

したがって、フレックスタイム制度において、争議行為に伴う労務不提供が1労働日に及ぶ場合、ノーワーク・ノーペイ原則に従って1日の標準時間分の賃金の支払を拒絶できることになります。

この点、後述するコアタイムを設定していない場合には、他の労働日に長く働くことによって、総労働時間分に達することがありうるために、この場合には賃金の支払いを拒絶できないのではないかという疑問には、前述のように、ストライキにより契約上の義務時間数が減少していますので、契約上の特段の合意がない限り、1日分の賃金カットを実施できるといえます。

イ　1労働日にわたらない場合

この場合についても、争議行為に伴う一定時間の労務不提供がコアタイムに及ぶ場合とコアタイムに及ばない場合に分けて考える必要があります。

ちなみに、以下にいう、コアタイムとは、フレックスタイム制度において、労働者が労働しなければならない時間帯であり、フレキシブルタイムとは、フレックスタイム制度において、労働者がその選択により労働をすることができる時間帯をいいます。

(ア)　コアタイムに及ぶ場合

そもそも、コアタイムを設けた趣旨が1日において労働者が必ず労働しなければならない時間帯を設けることにありますから、コアタイムに及ぶ争議行為に伴う労務不提供がある場合には、ノーワーク・ノーペイ原則により、当該労務不提供時間分の賃金の支払いを拒絶することができると考えます。

また前述のように、その時間数はすでに契約上の義務時間数が減少していますので、特段の合意がない限り、フレキシブルタイムにおいて取り返すことはできません。

(ｲ) コアタイムに及ばない場合

　この場合にも，ストライキに参加したことが明らかであれば，その時間数について賃金カットされることは，たとえストライキを実施した時間がフレキシブルタイム時間帯であっても，特段の合意がない限り明らかといえます。

　この場合は，労務不提供という外見上の行為が見えないため，ストライキを実施したかをどのような基準で判断するかという問題があります。この点は，労働組合の参加者名簿，スト通告時間，集合の参加の有無，ピケッティングへの参加等の諸般の事情を総合勘案すれば足りると考えます。

　なお，始業・終業時刻の自由な選択を認めるフレキシブルタイム制において，時限ストのように争議行為に伴う時間的な労務不提供の場合にのみ賃金の支払を拒絶することは，不当労働行為にあたるとの批判もありうるところと考えられます。

　しかしながら，争議行為に参加した労働者は，争議行為である旨を対外的に宣言することにより，フレキシブルタイム制において労働者に認められていた始業・終業時間の自由な選択権を自ら放棄したものと捉えられますから，差異を設ける合理的な理由があるといえ，不当労働行為の問題は原則として生じないと考えられます。

　また，あらかじめ勤務予定表が提出されていて，そこに記載された始業・終業時刻に割り込むような場合には，この時間についてはストライキに充てた時間として，取り返しは認めないという取扱いが可能となります。したがって，勤務予定表によって，一定期間の始業・終業時刻を事前に予定する運用が望ましいと考えられます。

(4) 裁量労働制

　裁量労働制とは，裁量性の高い業務に従事する労働者の労働時間につき，実労働時間とは関係なく，労使協定または労使委員会決議に定める時間の労働を行ったものとみなす制度です。

　労使協定等で定められた時間を労働したものとみなす裁量労働制において，

争議行為に伴い労務不提供があった場合に，ノーワーク・ノーペイ原則に従って，当然に賃金の支払を拒絶できるかが問題となります。

ところで，裁量労働制は，法の定めに「業務の性質上その遂行方法を大幅に当該業務に従事する労働者の裁量にゆだねる必要があるため，当該業務の遂行の手段及び時間配分の決定等に関し使用者が具体的な指示をすることが困難なもの」(労基法38条の3第1項1号)，「当該業務の性質上これを適切に遂行するにはその遂行の方法を大幅に労働者の裁量にゆだねる必要があるため，当該業務の遂行の手段及び時間配分の決定等に関し使用者が具体的な指示をしないこととする業務」(労基法38条の4第1項1号) とあるように，業務遂行の手段や時間配分の決定を労働者にゆだね，労働時間の量をみなすだけであり，使用者の労働時間管理の規制が外れるものではありません。

したがって，労基法89条の規制を受けて，労働契約上，労働日そして始業・終業時刻の約定がなされることになります。そして，フレックスタイム制で述べたストライキの本質論からして，労働日の就業時間中にストライキをすれば，特段の合意がない限り，賃金カットがなされることは明らかです。

なお，労働時間みなし制度の下では，労働したものとみなされた時間と実労働時間にずれが生じますが，1労働日にわたりストライキがあればみなされた時間分，1労働日にわたらないストライキであれば現実の労務不提供の時間分がカットされることになります。

3 争議行為に伴う労務不提供と賞与の不払い

賞与についても，2(2)で説明したように，ストライキが，会社は集団的な業務阻害行為を受け，労働者は賃金を失うというバランスの下に成立するものであることを考えると，その阻害行為を理由とする労務不提供に対して会社が賞与を支払うことは，就業規則や労働協約で定める賞与規定の合理的解釈として考えられません。

これは，支給額が確定しているものか，支給の有無や支給額が都度決定され

るものかという賞与の性格は何ら関係するものではなく，ストライキによる労務不提供の時間分に応じてカットが行われる限り，ノーワーク・ノーペイの原則が適用されることになります。

ただし，ストライキをしたら欠勤を2倍に評価したり，ストライキをしたことで人事考課を大きく引き下げるような場合等，ストライキによる労務不提供の時間分を超えてカットしてしまうと，不利益取扱いとして不当労働行為となると考えます。

判例においては，夏季一時金（賞与）の金額について基本給に出勤率等を乗じて算出する計算式を用いて，欠勤日数の増加に応じて出勤率を減少させる方法を採用していたところ，組合（西重分会）がストライキを実施したため，会社が組合員について，ストライキに伴う不就労を欠勤として出勤率を計算し，夏季一時金の金額を算出したということが不利益取扱い（労組法7条1号）に該当するかが争われた事案があります（西日本重機事件＝最一小判昭58.2.24労判408-50）。

この点につき，最高裁は，「（一）上告人（会社）においては，…右出勤率を計算するに当たっては，年次有給休暇と特別休暇による休務日は出勤すべき日数に含まないとされていた，（二）右の計算式作成の際にはストライキの場合は全く予想されておらず，その後も出勤率を計算する場合にストライキによる不就労を欠勤と扱うべきか否かについて，労使間の合意や慣行は成立していなかった，（三）西重分会がはじめてストライキを実施したところ，上告人は，本件夏季一時金の算定の基礎となる出勤率を計算するに際して，年次有給休暇や特別休暇の例にならわず，右ストライキによる不就労を通常の欠勤と同一に取り扱った，（四）本件夏季一時金についての上告人と西重分会との間の団体交渉においては，基準支給額を基本給の何箇月分とするかについては交渉が行われたが，ストライキによる不就労の取扱いについては特段の議題とならず，上告人が出勤率の計算に際してストライキによる不就労を欠勤として扱ったことは西重分会所属の各従業員の支給額が算出されてはじめて判明したことであった，（五）上告人が右のように出勤率を計算するについてストライキによる不就労

を通常の欠勤と同一に取り扱ったのは，上告人が前記のように従来従業員による組合結成を嫌忌し，組合員らに総評全国金属労働組合からの脱退を勧告していた等の事実に徴し，ストライキに対する制裁として行ったものと認められる…右認定の事実関係のもとにおいて，上告人が本件夏季一時金の算定の基礎となる出勤率を計算するに当たりストライキによる不就労を欠勤として扱った措置は労働組合法7条1号の不当労働行為にあたるとした原審の判断は，結論において正当というべき（である）」と判示しました。

この判旨の（一）に指摘された事実を踏まえれば，機械的に争議行為に伴う労務不提供を欠勤と同様に出勤率を算出しているのですから，その出勤率に基づいて夏季一時金を減額すること自体は，ノーワーク・ノーペイ原則が適用されたもので，何ら問題はありません。

本判決の反対意見でも，ストライキによる不就労の場合給与・賃金についてはノーワーク・ノーペイの原則で割り切ることができるとしても，一時金については通常の欠勤なみに扱っても不当労働行為として問題になる余地があるとの前提に立つ多数意見の見解には納得し得ないと述べられています。

しかし，判旨（二）（四）に指摘された事実からすれば，夏季一時金について争議行為に伴う労務不提供の場合にも欠勤として扱うことが労使間で定まっていないにもかかわらず，判旨（五）に指摘された事実関係の下で，判旨（三）の指摘のような取扱いがなされたものであり，そのような取扱いが組合結成後ほどなく，しかも複数組合併存下でなされたものであることを捉えて，組合への不利益取扱いと評価したものといえます。ただし，当職は，ノーワーク・ノーペイ原則の適用事例である以上，同7条1号の問題ではなく，判旨（四）の事実を踏まえ，同7条2号の不誠実団交で処理すべき事案だったと考えます。

4 怠業による労務の不完全提供と賃金不払い

(1) 怠業の意味

怠業には，平常の就労態勢をとりながら作業能率を意識的に低下せしめる行為をなす場合（いわゆる狭義の怠業のこと）と平常の職務の一部ないしは特別に命ぜられた職務を履行しない場合（例えば，出張・外勤拒否など）が含まれます。

このような意味における怠業的行為が行われた場合，使用者としては不完全ながらも労働者からの労務の一部の提供を受けているわけですから，ノーワーク・ノーペイ原則により，賃金の支払いを拒絶できるのかが問題となります。

(2) 狭義の怠業に伴う労務の不完全提供と賃金不払いの可否

狭義の怠業とは，法律的にいえば，労務提供債務の集団的な不完全履行です。

通常，労務提供債務は可分給付であると考えられるため，労働者が労務提供債務をしなかった部分について，部分的にノーワーク・ノーペイ原則が適用される結果，使用者は労務提供債務の不完全度合いに応じて，賃金の支払いを拒絶できることになります。

もっとも，あくまでも労働契約の本旨に従って労務提供債務を履行しなければならないわけですから，いかに労務提供債務が可分給付であっても不完全履行部分が重要であるため，労働契約の本旨に従って労務提供債務を一部履行したと評価できない場合，または労働契約の本旨によれば労務提供債務が不可分給付であるとされる場合には，たとえ労働者が少しでも稼働している外観があっても，結局は労務提供債務が全く履行されなかったと評価されるため，ノーワーク・ノーペイ原則の適用により，労務提供債務が全く履行されなかったと評価される部分について賃金カットができることになります。

このように，怠業についてノーワーク・ノーペイ原則の部分的適用があると

しても，賃金の支払を拒絶できる範囲をどのように考えるかが問題となります。

上記のとおり労働契約の本旨に鑑みて，労務提供債務が完全に履行されていると評価できるかそれとも不完全にしか履行されていないと評価されるかによって，ノーワーク・ノーペイ原則の部分的な適用があるか否かが分かれるわけですから，怠業の場合，怠業に参加した当該労働者について，平常時になすべき仕事の質・量（労務提供債務が履行される場合）に照らして，どの程度の不履行があったか否かを個別具体的に算定するしかありません。

裁判例にも，タクシー運転手の怠業に関して，一乗務あたりの基準水揚げ高に対する怠業中の各人の水揚げ高の割合によって賃金カットをしたことを正当でないとしたものがあります（西区タクシー事件＝横浜地判昭40.11.15労民集16-6-991）。

もっとも，裁判例の中には，同じくタクシー運転手の怠業に関して，怠業に参加した組合員と，同一ダイヤで勤務した怠業に参加していない非組合員の中の最低運賃収入者の収入高に対する割合に20％を加えたカット率が用いられたことについて妥当であるとしたものもありますが（東洋タクシー事件＝釧路地帯広支判昭57.11.29労判404-67），平常時の当該怠業参加者のなすべき仕事の質・量を基準としていない点において疑問があります。

(3) 出張・外勤拒否に伴う労務の不完全提供と賃金不払いの範囲

使用者のなした出張命令や外勤命令に対し，労働者がそれを拒否し内勤業務にのみ従事するという出張・外勤拒否闘争があった場合，労働者が内勤業務には従事していることから，ノーワーク・ノーペイ原則の適用はなく，内勤業務分に見合った賃金を支払う必要があるかが問題となります。

そもそも，労働契約においては指揮命令に従った労務提供がなされない限り，本旨弁済があったとはいえません。例えば，出張や外勤により業務をすることが常態である会社において，従業員が会社の出張・外勤命令を拒否し，内勤業務のみに従事することは，会社の正当な出勤・外勤命令に違反した労務提供として，使用者の正当な指揮命令に服することを内容とする労働契約の本旨に反す

る労務提供債務の履行（履行不能）と評価されうるので，ノーワーク・ノーペイ原則の適用により，賃金の支払いを拒絶できると考えられます。

　もっとも，会社が業務上の必要もないのに，当該組合員らに対し出勤・外勤命令を課したところ，労働者が同命令を拒否して内勤業務にのみ従事したという場合には，そもそも会社の出勤・外勤命令自体が権利濫用により無効とされ，本来の内勤業務を行っているので，当然に賃金は支払われることになります。

　この点，組合が会社に対して出張・外勤拒否等の闘争に入る旨通告した後，会社が組合員に対して期間を定めて出張・外勤命令を発したところ，組合員らが同命令を拒否し内勤業務に従事したため，会社がその内勤時間に対応する賃金の支払いを拒否したことが争われた事案（水道機工事件＝最一小判昭60.3.7労判449-49）があります。

　最高裁は，「原審は，右事実関係に基づき，本件業務命令は，組合の争議行為を否定するものではないし，従来の慣行を無視したものとして信義則に反するというものでもなく，上告人ら（組合員従業員ら）が，本件業務命令によって指定された時間，その指定された出張・外勤業務に従事せず内勤業務に従事したことは，債務の本旨に従った労務の提供をしたものとはいえず，また，被上告人（会社）は，本件業務命令を事前に発したことにより，その指定した時間については出張・外勤以外の労務の受領をあらかじめ拒絶したものと解すべきであるから，上告人らが提供した内勤業務についての労務を受領したものとはいえず，したがって，被上告人は，上告人らに対して右の時間に対応する賃金の支払義務を負うものではないと判断している。原審の右判断は，前記事実関係に照らし正当として是認することができ」ると判示しました。

　本事案における会社の出張・外勤命令が会社による争議対抗行為に該当するかについては評価が分かれるところですが，「（出張・外勤命令が）組合の争議行為を否定するような性質のものではないし，従来の慣行を無視したものとして信義則に反するものではな」いという認定を前提とする限り，会社による出張・外勤命令が有効ですから，組合員従業員らが同命令に従わず内勤業務に従事したことは，労働契約の本旨に従っていない労務提供と評価され，ノーワー

ク・ノーペイ原則の適用により会社に賃金支払義務はないとしたことは正当であると考えます。

5　争議行為不参加者の賃金

(1)　「部分スト」と「一部スト」

　例えば，職場占拠によるストライキが実施される場合，かかる争議行為に参加しない労働者についても，結果として労務の提供ができないことがあります。
　このように労働者自らの行動以外による争議行為が原因で，労務提供が不能となった場合であっても，ノーワーク・ノーペイ原則の適用により，賃金を不払いとできるかは疑問のあるところです。
　この点，労働者自らの行動以外による争議行為が原因で労務提供が不能となる場合のパターンとしては，①部分ストの場合と②一部ストの場合がありますが，それぞれの定義は次のようなものです。

> ①　部分スト…ある組合が当該団体交渉の単位内にある自組合員の一部だけに行わせるストライキ
> ②　一部スト…従業員の一部のみを組織する組合が行うストライキ

(2)　**部分スト・一部ストにおける賃金不払いの可否**

ア　問題の所在

　部分ストまたは一部ストがあった場合に，当該ストライキに参加していない組合員労働者の賃金請求権の帰趨が問題となります。
　まず，部分ストまたは一部ストによってもなすべき業務（本来的業務以外の業務も含まれる）が客観的に存在し，使用者において，当該ストライキに参加していない労働者に指揮命令し，当該業務に従事させた場合には，当該労働者

部分ストと一部スト

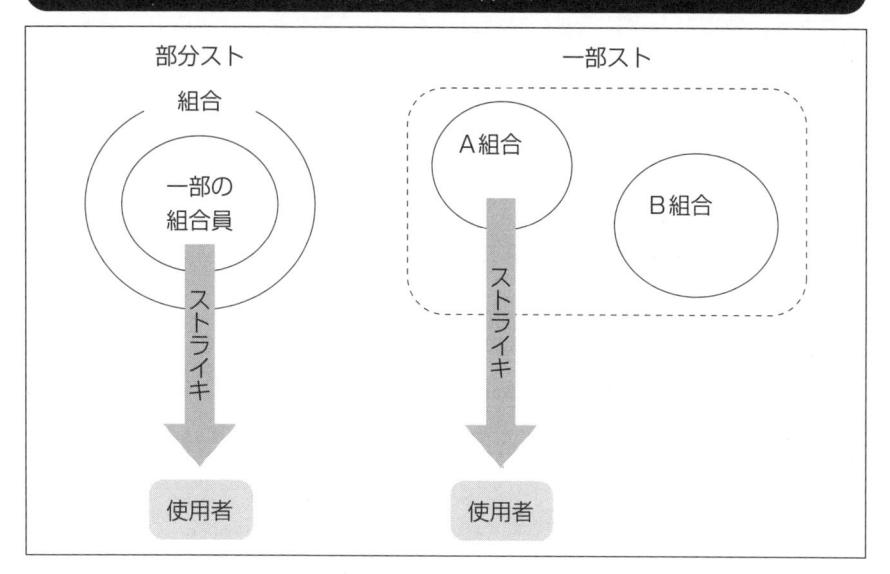

部分スト
組合
一部の組合員
ストライキ
使用者

一部スト
A組合
B組合
ストライキ
使用者

に対する賃金を支払うべきことについては争いありません。

問題は，部分スト・一部ストによってもなすべき業務が客観的に存在するにもかかわらず労務提供を受領拒否した場合，および部分ストまたは一部ストによりなすべき業務が存在しなくなったことにより，ストライキに参加していない労働者の労務提供も不能となった場合です。

イ　なすべき業務が存在するのに労務提供の受領を拒否した場合

使用者において，なすべき業務が客観的に存在し，争議行為に参加しなかった組合員労働者から労務提供の意思・能力を明らかにして就労の申込みがなされた場合，それは労働契約の本旨に従った労務提供であると評価できますから，使用者がそれを拒絶すれば受領拒絶（民法413条）にあたります。

この場合には，ノーワーク・ノーペイ原則が適用されず，使用者に危険が移転し，使用者に労働者に対する賃金支払義務が残ることになります（民法536条2項）。また，「使用者の責に帰すべき事由」（労基法26条）にもあたりますので，

使用者は労働者に対する休業手当支払義務もあります。両請求権は競合することになり，使用者の支払義務の範囲は，あくまで賃金全額に限られ，賃金全額に加えてさらに休業手当分を支払わなければならないものではありません。

ウ　なすべき業務が存在しなくなることにより労務提供が不能になった場合

㋐　債権者の責めに帰すべき事由に該当するか

　部分ストまたは一部ストによって，なすべき業務が客観的に存在しなくなったため，争議行為に参加していない組合員労働者の労務提供が不能になった場合の問題は，労務提供不能が「債権者（使用者）の責に帰すべき事由」（民法536条2項）に該当すると評価できるかの問題と捉えられます。

　「債権者（使用者）の責に帰すべき事由」（民法536条2項）は，故意，過失又は信義則上これと同視すべき事由を指すものと解されるところ，ストライキは労働者に保障された争議権行使であって，使用者においてこれを制御できるものではないですから，使用者が不当労働行為意思その他不当な目的をもって殊更にストを行わしめたという特段の事情がない限り，「使用者の責に帰すべき事由」には該当しないものと考えます。

　したがって，上記のような特段の事由がない限り，使用者は，ノーワーク・ノーペイ原則に従って，争議行為に参加していない組合員労働者に対する賃金の支払を拒絶できることになります。

　この点，羽田空港におけるA組合のストライキによって，航空便の運航が停止され，その結果ストに参加しなかった大阪・沖縄の営業所においても操業が不可能となり，会社が大阪・沖縄営業所のA組合所属の組合員らに休業を命じ，休業期間中の賃金をカットしため，組合員らが休業期間中の賃金支払を求めたという事案（ノースウエスト航空事件＝最二小判昭62．7．17労判499-6）があります。

　最高裁は，「企業ないし事業場の労働者の一部によるストライキが原因で，ストライキに参加しなかった労働者が労働をすることが社会観念上不能又は無価

値となり，その労働義務を履行することができなくなった場合，不参加労働者が賃金請求権を有するか否かについては，当該労働者が就労の意思を有する以上，その個別の労働契約上の危険負担の問題として考察すべきである。このことは，当該労働者がストライキを行った組合に所属していて，組合意思の形成に関与し，ストライキを容認しているとしても，異なるところはない。ストライキは，労働者に保障された争議権の行使であって，使用者がこれに介入して制御することはできず，また，団体交渉において組合側にいかなる回答を与え，どの程度譲歩するかは使用者の自由であるから，団体交渉決裂の結果ストライキに突入しても，一般に使用者に帰責さるべきものということはできない。したがって，労働者の一部によるストライキが原因でストライキ不参加労働者の労働義務の履行が不能となった場合は，使用者が不当労働行為意思その他不当な目的をもってことさらストライキを行わしめたなどの特段の事情がない限り，右ストライキは民法536条2項の「債権者の責に帰すべき事由」には当たらず，当該不参加労働者は賃金請求権を失」い，「右事実関係によれば…その間上告人らが労働することは社会観念上無価値となったといわなければならない。そうすると，それを理由に被上告会社が右の期間上告人らに対し休業を命じたため，上告人らが就労することができず，その労働義務の履行が不能となったのは，被上告会社の「責に帰すべき事由」によるものということはできず，上告人らは右期間中の賃金請求権を有しない」と判示しています。

(イ) 使用者の責めに帰すべき事由に該当するか

部分スト・一部ストによりなすべき業務が客観的に存在しなくなり，労務提供が不能となった結果，使用者が争議行為に参加していない組合員労働者に対して休業を命じた場合，賃金支払は認められなくても，「使用者の責に帰すべき事由」(労基法26条)にあたるとして休業手当の支払いが認められるかの問題があります。

この「使用者の責に帰すべき事由」に該当するか否かは，使用者側に故意・過失又はその他信義則上これらと同視すべき事由のみならず，使用者側に起因

する経営，管理上の問題も含んで考慮し，その使用者側の帰責事由が労働者側の帰責事由と比較して，無視しえない程度になっているかを個別具体的に判断する必要があると考えます。

　まず，部分ストの場合，組合において一部の組合員がストライキを実施するにあたり，通常は当該部分ストに参加しない組合員を含めた組合内部における決議も経たうえで部分ストが実施されていることを考えると，残部組合員労働者は，スト参加者と一体性があるので労働者側の帰責事由が大きいといえます。そのため，通常使用者側の帰責事由が無視しえない程度に大きくなることはなく，原則として「使用者の責めに帰すべき事由」にあたらず，休業手当支払義務も発生しないと考えます。ただし，あくまでも個別具体的な比較衡量によって判断されることから，例えば使用者側においてことさらかかる態様の争議行為を招いたなどの事情があれば，「使用者の責に帰すべき事由」があると評価される場合もあると考えられます。

　一方，一部ストの場合，争議行為に参加していない組合に所属する労働者がそもそも一部ストを実施するか否かについての組合内部の決議に全く関与していないため，部分ストと異なり労働者側に帰責事由がないにもかかわらず，交渉決裂による他組合の争議行為によりなすべき業務がなくなり労務提供が不能になった場合には，「使用者の責めに帰すべき事由」があると評価され，使用者に休業手当の支払義務が生じると考えます。

　ちなみに最高裁は，前掲ノースウエスト航空事件の事案に関し，「休業手当の制度は，右のとおり労働者の生活保障という観点から設けられたものではあるが，賃金の全額においてその保障をするものではなく，しかも，その支払義務の有無を使用者の帰責事由の存否にかからしめていることからみて，労働契約の一方当事者たる使用者の立場をも考慮すべきものとしていることは明らかである。そうすると，労働基準法26条の「使用者の責に帰すべき事由」の解釈適用に当たつては，いかなる事由による休業の場合に労働者の生活保障のために使用者に前記の限度での負担を要求するのが社会的に正当とされるかという考量を必要とするといわなければならない。このようにみると，右の「使用者の

責に帰すべき事由」とは，取引における一般原則たる過失責任主義とは異なる観点をも踏まえた概念というべきであつて，民法536条2項の「債権者の責に帰すべき事由」よりも広く，使用者側に起因する経営，管理上の障害を含むものと解するのが相当である」と判示しています。

第4節 育児・介護休業等に伴う賃金・賞与・退職金等の取扱い

1 平成21年改正育児・介護休業法の概要

平成21年6月24日，仕事と家庭の両立支援対策を充実するために，「育児休業，介護休業等育児又は家族介護を行う労働者の福祉に関する法律」（以下，「育児介護休業法」という）が改正され，平成22年6月30日から施行されました。

今回の改正のポイントは，

① 育児時短勤務制度および所定外労働の免除の義務化
② 看護休暇制度の拡充
③ 男性の育児休業取得促進策（パパ・ママ育休プラス）の導入
④ 介護休暇制度の創設
⑤ 育児・介護休業期間等の通知

です。

このうち，①の育児時短勤務制度については，改正前の育児介護休業法では，事業主は3歳に満たない子を養育する労働について，短時間勤務制度，所定外労働免除制度，フレックスタイム制度，時差出勤の制度，事業所内保育施設の設置運営等から1つを選択して制度を設けることが義務づけられていました（選択的設置義務）。

改正育児介護休業法では，事業主は，労働者が次のすべての要件に該当し，労働者が希望した場合に利用することのできる短時間勤務制度を設けることが

義務づけられています（育児介護休業法23条）。

- イ　3歳に満たない子を養育する労働者であること
- ロ　1日の所定労働時間が6時間以下でないこと
- ハ　日々雇用される者でないこと
- ニ　短時間勤務制度が適用される期間に現に育児休業をしていないこと
- ホ　労使協定により適用除外とされた労働者でないこと

また，育児時短勤務制度は，1日の所定労働時間を原則として6時間とする措置を含むものとしなければなりません。

2　育児・介護休業・時短勤務による短縮部分は無給が原則

(1)　育児休業中の賃金

　育児休業中の賃金について，育児介護休業法は規定しておらず，労働契約上は無給が原則です（ノーワーク・ノーペイの原則）。もっとも，育児休業の場合には，雇用保険法によって，雇用保険制度から休業開始前賃金の50％が育児休業給付として支給されます（雇用保険法61条の4，附則12条）。
　なお，事業主は，休業期間中の待遇，休業終了後の賃金・配置その他の労働条件，休業後の労務提供の開始時期に関する事項について，あらかじめ定め，周知するように努めなければならないとされています（育児介護休業法21条，同規則32条）。

(2)　介護休業中の賃金

　介護休業中の賃金についても，育児介護休業法は何ら規定していませんので，特別の合意がない限り，無給が原則です（ノーワーク・ノーペイの原則）。また，介護休業の場合にも，雇用保険法による給付がなされますが，育児休業の場合

とは異なり、雇用保険制度から休業開始前賃金の40％が介護休業給付として支給されます（雇用保険法61条の6）。

なお、事業主は、介護休業についても、育児介護休業法21条に基づき、休業期間中の待遇等に関し、あらかじめ定め、周知するよう努めなければならないとされています（育児介護休業法21条、同規則32条）。

(3) 時短勤務による短縮部分の賃金

以上のように、育児休業および介護休業中の賃金については、原則は無給であるものの、雇用保険制度による給付がなされますが、育児・介護時短勤務の場合には、休業しているわけではないため、雇用保険制度による給付がなされず、育児時短勤務者の短縮部分に相当する賃金については、何ら手当がなされないことになります。

もっとも、実務的には、育児・介護時短勤務者は、所定労働時間が短縮されているだけであって、それ以外については、通常勤務者と同じであるため、職場内における公平感を維持するために、この短縮部分については、厳格にノーワーク・ノーペイ原則を徹底すべきものと考えます。

また、完全月給制の場合に、賃金の控除規定において育児・介護時短勤務が控除事由に掲げられていなければ、短縮時間分の賃金を控除できないかという問題があります。しかし、完全月給制は、所定労働時間を定めたうえで、その所定労働時間勤務することを前提として、欠勤・遅刻等の不就労があってもその不就労時間分を賃金から控除しないという契約内容であって、契約内容の合理的解釈として、所定労働時間を短縮した場合には賃金から短縮時間分を控除しないことまでは含まれていないと考えられます。もっとも、実務においては、トラブルを回避するために、就業規則において育児・介護時短勤務を賃金の控除事由として明記しておくことが重要だといえます。

3 育児時短勤務中の賃金・賞与・退職金の決定

　前述したように，育児時短勤務者は，所定労働時間が短縮され，その時間は現に勤務しないことになるため，短縮部分については賃金が支払われないのが原則です。もっとも，育児時短勤務者は，育児休業者とは異なり，勤務自体は継続しているため，定期昇給の場合や，退職金の勤続年数の通算の場面では，育児休業者とは異なる取扱いをする必要があります。

　なお，介護時短勤務中の賃金・賞与・退職金の決定についても同様に考えることができます。

(1) 賃　金

ア　基本給

　基本給については，基本的には，短縮時間分を通常勤務の基本給よりも減額することになります。具体的には，育児時短勤務者の通常勤務時の月額基本給を時間給に換算して，実労働時間に相当する賃金の額を計算する方法や育児時短勤務者の通常勤務時の月給基本給を時間給に換算して，月額基本給から短縮時間分を控除して計算する方法があります。

　また，月額基本給を時間短縮後の所定労働時間に応じて案分比例して計算する方法もあります。例えば，所定労働時間8時間を短時間勤務制度の利用によって2時間短縮して6時間とする場合には，基本給の8分の6，すなわち月額基本給の75％の額とする方法です。

　実務上は，育児時短勤務中の基本給については，退職金等の計算にも影響してきますので，トラブルのないよう就業規則で明示しておくことが重要です。

イ　諸手当

　諸手当については，手当の性質上，当該労働契約の内容として育児時短勤務によって労働時間が短縮されても差し引かない賃金部分が設けられているかど

うかという合意内容の問題であると考えます。

したがって、手当については、合意内容を検討して、減額するか否かを個別具体的に判断する必要があるといえます。

(2) 賞　与

ア　賞与における不利益取扱いとは

前述したように、賞与の算定にあたり、所定労働時間の短縮措置の適用により現に短縮された時間の総和に相当する日数を日割で算定対象期間から控除することは、不利益な取扱いには該当しませんが、短縮された時間の総和に相当する日数を超えて控除することは、不利益取扱いにあたり、公序良俗違反として無効になると考えます。

この点、平成13年に育児介護休業法で不利益取扱いの禁止が明文化される前に1審判決が出された事案ではありますが、賞与の支給条件について、支給対象期間の出勤率が90％以上であることを要求し、しかも、育児介護休業法上の育児休業および育児時短勤務による勤務時間の減少を賞与の支給要件である出勤率の算定上欠勤扱いとするものは、労基法65条および育児介護休業法10条の趣旨に照らすと、それぞれ産前産後休業を取る権利及び勤務時間の短縮を請求しうる法的利益の行使を抑制し、法の保障した趣旨を実質的に失わせるものであるとして、公序良俗違反により無効になるとした判例があります（学校法人東朋学園事件＝最一小判平15.12.4労判862-14）。

賞与の算定方法については、企業ごとに様々な方法があると思いますが、例えば、上記(1)アで挙げたような方法で短縮時間分の調整後の基本給を基礎として賞与を算定する場合には、通常の算定方式で算定すれば、すでに短縮時間分を比例で減額されていることになります。

また、企業の内規で決められた労働者の勤務成績、会社への貢献度、勤怠、会社の業績等の要素をもとに、裁量で賞与が算定される場合には、次のイで述べるとおり、勤務成績や会社への貢献度等の要素において、育児時短勤務であることが考慮されることもありえます。

イ　賞与算定期間中の評価方法

　賞与算定期間中の勤務成績については原則として，育児休業・育児時短勤務分を除き，実際に勤務した部分のみで評価することになります。また，賞与の評価基準として，現に勤務した日数を考慮する場合には，時短勤務であることを考慮せざるをえないことになると考えられます。

　評価の算定方法が成果に基づく場合，育児時短勤務者であっても，限られた時間内で通常勤務と同様の成果を上げることが可能な場合もあります。しかし，時短勤務であることを考慮した職務が与えられたような場合に，通常勤務者と同等に評価すると，かえって通常勤務者との間で不公平感が生じるおそれがあります。したがって，育児時短勤務を利用する前の通常勤務と比較して，短時間の中で同様の勤務をしていると評価できるのであれば通常勤務者と同等に評価しても差し支えありませんが，職務内容に変更があったような場合には，評価を下げざるをえないと思われます。

(3)　**退職金**

　前述したように，育児時短勤務の場合には，育児休業の場合とは異なり，所定労働時間が短縮されているだけで，正社員として勤続していることには変わりありません。したがって，基本給に勤続年数分の乗率をかけて算入する場合，勤続年数に育児時短勤務期間を含めて算定しなければなりません。

　同様に，ポイント制を採用しているのであればポイント対象期間に，企業年金の場合には，加入者期間にそれぞれ育児時短勤務の期間も含めて算定することになります。

　問題は，育児時短勤務中に退職する場合です。退職金の算定が最終基本給を基礎にされる場合には，育児時短勤務制度の適用により減額される前の基本給を最終基本給として算定すべきと考えます。

　ただし，退職金が賃金後払いの性質をも有することに鑑みれば，育児時短勤務期間および短縮時間に応じた金額を控除することには合理性があると考えます。そして，このような控除を行う場合には，退職金規程にその旨を規定して

おくことが適切です。

4 不利益取扱いの禁止

(1) 不利益取扱い禁止の対象

使用者は，育児休業，介護休業，育児時短勤務，介護時短勤務等の措置，子の看護休暇，介護休暇，所定外労働の制限，時間外労働の制限，深夜業の制限（以下，「育児休業等」という）を労働者が申し出たこと，またはそれらの措置を労働者が受けたことを理由に，当該労働者に対して，解雇その他不利益な取扱いをしてはならないとされています（育児介護休業法10条，16条，16条の4，16条の7，16条の9，18条の2，20条の2，23条の2）。

改正前にも，育児休業の申し出や取得等を理由とする解雇その他不利益な取扱いは禁止されていましたが，平成21年改正により新たに追加された育児時短勤務制度についても，その申し出や取得等を理由とする解雇その他不利益な取扱いの禁止が明記されました。

(2) 不利益取扱いの禁止の内容

ここで禁止される「不利益な取扱い」とは，労働者が育児休業等の申し出・取得をしたことと因果関係のある行為をいいます。

したがって，これらの制度を取得したことによって，技能や経験に遅れが生じ，その結果，昇格およびそれに伴い昇給が遅れたとしても，同条の不利益な取扱いには該当しません。

育児休業等の取得を理由とする不利益な取扱いの具体例は，厚生労働省の指針（平成21年厚生労働省告示第509号）で示されており，賃金等の関係では，①降格させること，②減給をし，または賞与等において不利益な算定を行うこと，③昇進・昇格の人事考課において不利益な評価を行うことが挙げられています。

育児休業等の制度適用期間中の現に働かなかった時間について賃金を支払わ

なかったり，退職金や賞与の算定にあたり，所定労働時間の短縮措置等の適用により現に短縮された時間の総和に相当する日数を日割りで算定対象期間から控除することは，ノーワーク・ノーペイ原則により不利益な取扱いには該当しません。もっとも，所定労働時間の短縮措置等の適用により現に短縮された時間の総和に相当する日数を超えて働かなかったものとして取り扱うことは，不利益な取扱いに該当するとされています。

　実務においては，育児休業等の前後に上記①から③に該当する行為を行う場合には，労働者から育児休業等を利用したことにより不利益な取扱いをされたと主張されるようなトラブルがないよう，降格，賃金や賞与の減少，人事考課における評価の低下が，育児休業等の制度の申し出・取得に起因するものではなく，あくまでも労働者の能力や勤怠不良等を理由とするものであることを客観的な資料に基づき明らかにすることが重要です。

(3) 育児休業後の担務変更と降給

　近時，育児休業後の担務変更に関して注目される裁判例が出ています（コナミデジタルエンタテインメント事件＝東京高判平23.12.27労判1042-15）。

ア　事案の概要

　ゲームソフトの制作・販売を業とする被告Y社が，育児休業後に復職した従業員の原告Xを降格し，成果報酬もゼロとして，その年俸を減額したY社の人事措置が，人事権の濫用にあたるほか，育児介護休業法等にも違反する無効なものであるとして，Y社に対し，雇用契約に基づき，降格・降級後の給与額と降格・減額前の給与額との差額等を請求しました。

　Y社の年俸額は，基本的には，役割グレードに対応する報酬グレードに応じて決定される役割報酬と，年俸査定期間中の実績に応じて支給される成果給であってその具体的な額が前年度の成績評価の結果によって決定される成果報酬によって構成され，その他年俸の激変緩和等を理由に調整給が支給されることもあるとされていました。

イ 判旨
㋐ 1審（東京地判平23．3．17労判2017-27）
　1審は，担務変更，役割グレード引下げ措置およびそれに伴う年俸減額措置について，いずれも人事権の濫用はないとして有効と判断し，成果報酬をゼロとした部分についてのみ成果報酬の査定に係る裁量権の逸脱として無効と判断しました。

㋑ 控訴審（東京高判平23．12．27労判1042-15）
　これに対して控訴審は，成果報酬について，以下のように判示しました。
　成果報酬は，「前年度の業務実績を前提として，翌年度において期待することのできる業務実績を金銭評価し，これを「成果報酬」という名目で予め支給するものであって，仮にその期間内の実際の業務実績が当初の予測に達しない場合であっても，年度当初に決定された額を受け取ることができるだけではなく，すでに受け取った成果報酬を返還する必要はないものとされているから，賃金の後払いではなく，いわゆる見込で支払われる報酬」であると理解できるとして，「本件成果報酬ゼロ査定は，育休取得後，業務に復帰した後も，育休等を取得して休業したことを理由に成果報酬を支払わないとすることであり，そのようなことは，「育介指針」において，「休日の日数を超えて働かなかったものとして取り扱うことは，給与の不利益な算定に該当する」とされている趣旨に照らしても，育休等を取得して休業したことを理由に不利益な取扱いをすることに帰着するから，女性労働者の就業に関して妊娠中及び出産中の就労の確保を図ることなどを目的の一つとしている雇用機会均等法や育児休業に関する制度を設けるとともにこの養育を行う労働者等の雇用の継続を図ることなどを目的としている育児・介護休業法が，育休等の取得者に対する不利益取扱いを禁止している趣旨にも反する結果になるものというべきである」として，成果報酬ゼロ査定は人事権の濫用にあたると判断しました。
　もっとも，同高裁判決は，「ゼロ査定が雇用機会均等法や育児・介護休業法により直接無効になると認定判断するものではない」としています。

なお，控訴審判決は，役割グレードの変更と役割報酬の引下げについて，「役割報酬の引下げは，労働者にとって最も重要な労働条件の一つである賃金額を不利益に変更するものであるから，就業規則や年俸規程に明示的な根拠もなく，労働者の個別の同意もないまま，使用者の一方的な行為によって行うことはできないというべきであり，そして，役割グレードの変更についても，そのような役割報酬の減額と連動するものとして行われるものである以上，労働者の個別の同意を得ることなく，使用者の一方的な行為によって行うことは，同じく許されないというべきであり，それが担当職務の変更を伴うものであっても，人事権の濫用として許されない」と判断しました。

第5節 賃金債権履行の確保

1 賃金の支払確保の必要性と各法における賃金の保護制度

　賃金は，労働者にとって生活の糧であり，賃金が支払われない場合には，労働者の生活に重大かつ深刻な影響を及ぼすことになります。
　そこで，労基法その他の法律は，使用者が経営危機に瀕し，さらには倒産した場合も含めて，労働者に対する賃金の支払を確保するために，使用者に対する賃金支払の強制，使用者に代わる賃金の立替払い，倒産時における賃金の優先的取扱い等を定めています。

2 労基法による履行強制

　すでに述べたとおり，労基法は，労働者に対する賃金の支払を確保するために，賃金全額払いの原則や一定期日払いの原則を定めており（労基法24条），これらの遵守を監督行政と罰金（同法120条）によって図っています。

3 賃確法による賃金債権の保護

　「賃金の支払の確保等に関する法律」（以下「賃確法」という）は，景気の変動，産業構造の変化その他の事情により企業経営が不安定となった場合や労働者が企業を退職した場合における賃金の支払い等を確保するための労働者に対する保護措置を定めた法律です。

賃確法が定める保護政策の柱は，

> ①　未払賃金の立替払い
> ②　貯蓄金の保全措置
> ③　退職手当の保全措置

です。

(1) **未払賃金の立替払制度**

　未払賃金の立替払制度は，事業主（使用者）が，破産手続その他法的整理手続の開始決定を受けた場合や事業活動を停止した場合等において，労働者が当該事業主から賃金の支払いを受けられないときに，政府が，当該事業主に代わって，労働者に対して，一定の範囲で賃金を立替払いする制度です。

　未払賃金の立替払制度は，政府が（立替払いの実施業務は，独立行政法人労働者健康福祉機構が行っています），労働者に対して，賃金を立替払いする制度ですから，事業主の財産状況に影響されないので，破産等により事業主の財産が枯渇している場合であっても，労働者は政府から一定の範囲で賃金の支払いを受けることができ，労働者にとっては重要な意義を有しているといえます。

　事業主が法的整理手続，特に破産手続の申立てを行うに当たって，労働者に対して賃金を支払うことができないことが判明している場合には，労働者に対して，未払賃金の立替払制度の概要を説明し，その申請用紙を交付するなどして，当該制度を周知することがしばしば行われています。

　未払賃金の立替払制度が適用されるための要件および当該制度によって労働者が給付を受けられる範囲は，以下のとおりです。

ア　事業主の要件

　未払賃金の立替払制度が適用されるための事業主の要件は，①労働者災害補償保険の適用事業（農林水産業の一部を除いて労働者を使用するすべての事業

をいいます）で1年以上当該事業を行っていたもの（法人，個人の有無・労災保険の加入手続の有無・労災保険料の納付の有無は問わない）が，②破産，民事再生，会社更生手続開始の決定を受け，もしくは特別清算開始命令を受け，または中小企業の場合においては，かかる法的整理手続の他，その事業活動が停止し，再開の見込みがなく，かつ賃金支払能力がないことが労働基準監督署長によって認定されたことが必要です（賃確法7条，同法施行令2条，同法施行規則8条）。

イ 労働者の要件

未払賃金の立替払制度が適用されるための労働者の要件は，上記アの①に記載した場合にはその法的整理手続を申し立てた日，または上記アの②の場合には労働基準監督署長への認定申請が行われた日の6カ月前の日以降2年の間に退職したことが必要となります（賃確法7条，同法施行令3条）。

ウ 保護の内容

事業主においては上記アの要件を，労働者においては上記イの要件を充たした場合には，労働者は，未払賃金の立替払制度による保護を受けることができますが，立替払いの対象となる賃金は，以下の範囲に限定されています。

(ア) 立替払いの対象

立替払いの対象となる未払賃金は，退職日の6カ月前の日から立替払請求の日の前日までの間に，支払日が到来している定期賃金および退職手当で，未払いのものに限られます。

したがって，賞与，解雇予告手当，慶弔金その他恩恵的または福利厚生上の給付等は含まれませんし，未清算の出張交通費等の実費があったとしてもこのような費用は立替払いの対象になりません。

なお，未払賃金の総額が2万円未満である場合には，立替払いを受けることができないとされています。

(イ) 立替払いの限度額

　立替払いが行われる額は，立替払の対象となる賃金の8割に相当する額とされていますが，給付される額には，退職日の年齢に応じて限度額が設けられており，未払賃金の総額がその限度額を超えるときはその限度額の8割となります。

　退職日の年齢に応じた未払賃金の総額の限度額および立替払いの上限額は，以下の表に記載のとおりです。

退職日における年齢	未払賃金総額の限度額	立替払いの上限額
45歳以上	370万円	296万円
30歳以上45歳未満	220万円	176万円
30歳未満	110万円	88万円

(2) **貯蓄金の保全措置**

　賃確法3条は，事業主が労働者の貯蓄金を労働者から委託を受けて管理する場合において，貯蓄金の管理が労働者の預金の受入れであるときは，毎年3月31日における受入預金額（当該事業主が受け入れている預金の額をいいます）について，同日後1年間を通じた貯蓄金の保全措置を講じなければならないとしています。

　ここでいう保全措置とは，労働者ごとの受入預金額につき，その払戻しに係る債務を銀行等が保証することを内容とした契約の締結や労働者を受益者とする信託契約を締結すること等をいいます（賃確法施行規則2条）。

　労働基準監督署長は，事業主がかかる保全措置を講じていない場合には，その是正を命じることができ（賃確法4条），この命令に違反した事業主に対しては罰金を科す（賃確法18条）ことによって，貯蓄金の保全措置の遵守を図っています。

(3) 退職手当の保全措置

　退職手当の制度がある場合において，事業主は，退職手当の支払いを確保するために一定の額（賃確法施行規則5条）について，上記の貯蓄金の保全措置に準じた措置を採るよう努力しなければならないとしています（賃確法5条）。

　退職手当の保全措置は，努力義務にすぎない点に留意が必要です。

　なお，中小企業退職金共済契約，適格退職金契約を締結した事業主やその労働者が厚生年金に加入している事業主等については，上記の保全措置の努力義務は課せられません（賃確法5条，同法施行規則4条）。

4　倒産手続における賃金債権の保護（位置づけ）

(1) 破　産

　破産手続は，法的整理手続の中でもいわゆる清算型と呼ばれる手続で，破産者（使用者）の行っていた事業の再建は予定されておらず，破産管財人が債務者の財産（破産財団）を最終的にはすべて処分して，これにより債権者に対して配当することを目的とする手続です。

　破産手続において，労働者の賃金は他の債権に比して優先的な地位を付与されていますが，破産手続の申立てを余儀なくされた債務者においては，破産申立て時においてめぼしい財産がほとんど残っていないことが多く，労働者の賃金債権に対して十分な配当をすることができないことも珍しくありません。

　したがって，このような場合には，労働者は前述の賃金立替払制度を利用することにより賃金の支払いを確保することになります。

　なお，実務上は，使用者が破産手続を申し立てるにあたって，破産手続開始後に労働者に対する賃金等の支払いが新たに生じることがないよう，労働者全員を解雇することが多いと思われます。

　以下においては，破産手続における労働者の賃金の取扱いについて説明しま

す。

ア　財団債権
(ア)　破産手続開始前3カ月間の給料
　使用人（労働者）の給料の請求権は，破産手続開始前の3カ月間に係るものについては，財団債権となります（破産法149条1項）。

　財団債権とは，破産手続によらないで破産財団から破産債権に優先して随時に弁済を受けることができる債権をいい（破産法2条7号，151条），破産者に対する債権の中でも最も優先的な取扱いが認められている債権をいいます。

　また，「給料」とは，破産者から使用人に対して労働の対価として支払われる一切のものをいい，労基法11条に定める「賃金」と同義として解されています。

(イ)　退職手当の一部
　破産手続の終了前に退職した使用人（労働者）の退職手当の請求権については，退職前3カ月間の給料の総額（その総額が，破産手続開始前3カ月間の給料の総額より少ない場合には，破産手続開始前の3カ月間の給料の総額となります）に相当する額が財団債権となります（破産法149条2項）。

　退職手当とは，雇用関係の終了を理由として使用者から労働者に支払われるものをいいます。

　なお，「破産手続の終了前に退職した」ことが要件であるので，退職の時期が破産手続の開始前であるのか後であるのかは問題とならず，また，退職の理由が解雇であるのか，自己都合退職であるのかも問われません。

　また，財団債権となる退職手当の範囲について，退職前3カ月間の給料の総額が，破産手続開始前3カ月間の給料の総額より少ない場合には，破産手続開始前の3カ月間の給料の総額となるとされているのは，破産手続開始後に給料が引き下げられることが多いことに鑑み，労働者の保護を図る趣旨とされています（小川秀樹編著『一問一答新しい破産法』202頁）。

(ウ) 破産手続開始後に雇用関係から生じた給料等の債権

すでに述べたように，破産手続は，破産者の事業の継続を予定しておらず，使用者は労働者を解雇するのが通常ですが，破産手続開始後も破産手続を終了させるために従業員を雇用し続ける場合もあり，このような場合には，破産手続開始後に雇用関係から生じた給料等の債権が生じることがあります。

このような状況により生じた給料等の債権については，「破産財団の管理，換価及び配当に関する費用の請求権」（破産法148条1項2号）または「破産財団に関し破産管財人がした行為によって生じた請求権」（同条項4号）に該当し，財団債権になると解されることもあります。

イ 優先的破産債権

破産手続開始前に雇用関係から生じた賃金債権その他の債権のうち上記アに記載した財団債権となるものを除いては，一般の先取特権（民法306条，308条）のある債権として優先的破産債権となります（破産法98条1項）。

優先的破産債権とは，破産財団に属する財産につき一般の先取特権その他一般の優先権がある破産債権をいい，他の破産債権（一般の破産債権および劣後的破産債権）に優先して弁済が受けられるものをいいます。

優先的破産債権の弁済原資となる破産財団は，抵当権者等の別除権者や財団債権者に対して弁済が行われた後の残余の財産であり，財団債権すら満足に配当できない場合には，優先的破産債権には配当が回りません。

この点，解雇予告金については，解雇により労働者の受ける影響を緩和するためのものであり，労働の対価すなわち給料ではないことから，財団債権とはならず，優先的破産債権になると解されます（財団債権となる場合もありえます）。

(2) 民事再生

民事再生手続は，法的整理手続の中でもいわゆる再建型と呼ばれる手続で，再生計画に従った再生債務者（使用者）の行っていた事業の全部または一部の

再建を目的とする手続です。

　民事再生手続は，再生債務者の再建を前提とした手続であり，破産手続の申立てを余儀なくされる場合よりは，労働者の賃金が確保される可能性は相対的に高いといえます。

　この民事再生手続においても，労働者の賃金について優先的な地位が付与されています。

　以下においては，民事再生手続における労働者の賃金の取扱いについて説明します。

ア　共益債権（手続開始後に生じた賃金）

　賃金（退職手当を含みます）のうち手続開始後に生じたものは，再生債務者の業務に関する費用の請求権として共益債権となります（民事再生法119条2号）。

　すでに述べたように，民事再生手続は，再生債務者の再建を目的とする手続であり，再建を図るにあたってその事業に従事する従業員の賃金の支払いは，再生債務者の再建に不可欠であることから，共益債権とされています。

　共益債権は，再生手続に服さず随時弁済され，また再生債権に優先して弁済されます（民事再生法121条1項，2項）。

　この点，民事再生手続を申し立てたものの，再生の見込みがなく破産手続に移行する場合もありますが，この場合には，破産手続において前述の財団債権として扱われることになります（民事再生法252条1項各号・3項・6項前段）。

　なお，前述のように，共益債権は再生債権に先立って弁済されるものであるので，共益債権がすべて弁済できることが，再生計画に基づく再生債権の弁済の前提となっており，共益債権の弁済もままならない場合には，再生手続が廃止されることになります（民事再生法191条1号2号，174条2項2号，194条）。

イ　一般優先債権（手続開始決定前に生じた賃金）

　賃金（退職手当を含みます）のうち手続開始決定前に生じたものは，一般先

取特権のある債権として一般優先債権とされます（民事再生法122条1項）。

一般優先債権は，共益債権と同様，再生手続によらずに随時弁済されます（民事再生法122条2項）。

ただし，民事再生手続が廃止され破産手続に移行した場合には，一般優先債権とされた賃金は，前述の優先的破産債権として扱われるにすぎない点で，手続開始後に生じた賃金と異なります。

ウ　再生債権（社内預金）

社内預金は，再生計画に従わなければならない再生債権として扱われ，前述の賃金や退職手当のような保護はありません。これは，社内預金には一般先取特権が付与されていないためです。

なお，後述の会社更生手続においては，一定の限度で共益債権として扱われ，その取扱いに大きな違いがあります。

(3) 会社更生

会社更生手続は，民事再生手続同様，再建型の手続であり，債務者（使用者）の事業の再建を図ることを目的としていますが，その対象が株式会社であること，担保権者も更生手続の対象になること，財産の管理処分等を管財人が行うこと（ただし，DIP型もある）等が民事再生手続と異なります。

会社更生手続においても，債務者の事業の再建を目的としていることから，労働者の賃金に対して，優先的な地位を認めています。

ア　共益債権となるもの

(ア) 更生手続開始前6カ月間の給料および更生手続開始後の給料

更生手続開始前6カ月間の使用人（労働者）の給料および更生手続開始後に生じた使用人（労働者）の給料は，共益債権とされます（会社更生法130条1項，127条2号）。

共益債権は，更生手続によることなく，更生債権，更生担保権に先立って随

時弁済されるとされており（会社更生法132条1項・2項），優先的な地位が認められています。

(イ) 退職手当

更生計画認可決定前の退職者の退職手当のうち一時金として支払われるものは，退職前6カ月間の給料の総額に相当する額または退職金額の3分の1に相当する額のうちいずれか多い額を限度として共益債権とされます（会社更生法130条2項）。

また，更生計画認可決定前の退職者の退職手当のうち定期金タイプのものは，各期における定期金につきその3分の1が共益債権とされています（同法130条3項）。

さらに，更生手続開始決定後の会社都合（管財人による解雇を含む）による退職の場合には，退職金全額が共益債権となります（同法127条2号）。これは，更生手続開始後の事業の経営等に基づいて生じたものと評価されるからです。

同様に，更生計画認可決定後の退職者（自己都合であると会社都合であるとを問いません）の退職金は，全額が共益債権として随時弁済されます（同法127条2号）。

(ウ) 社内預金

更生手続開始前に預けられた社内預金の返還請求権については，更生手続開始前6カ月間の給料の総額に相当する額またはその預り金の額の3分の1に相当する額のいずれか多い額が共益債権とされます（会社更生法130条5項）。

イ 優先的更生債権となるもの

(ア) 再生手続開始前6カ月以前の給料

前記ア(ア)に記載の給料以外の給料（更生手続開始前6カ月以前の給料）は，一般の先取特権がある更生債権（優先的更生債権）として扱われます。

優先的更生債権は，更生手続に組み込まれ，原則として，更生計画に基づい

て弁済されることになり，随時弁済されません。この優先的更生債権は，一般の更生債権よりも優遇されますが，更生担保権には劣後します。

(イ) 退職手当（前記イ(ア)以外）

更生計画認可決定前の退職者の前記イ(ア)に記載した退職手当以外の退職手当は，優先的更生債権として扱われます。

なお，当該退職手当については，退職者に配慮して，その債権の届出は退職後に行えば足り（会社更生法140条），また，その債権の確定についても管財人の異議がなければ確定するとされています（同法149条）。

(4) その他の手続

ア 特別清算

特別清算手続は，破産手続の簡易版のような手続であり，債務超過の疑いのある株式会社について，会社の資産を換価し，換価により得られた金員によって債務を支払い，負債をゼロにする（債務免除等を含む）という手続であり，具体的には，債権者集会において債務の弁済方法を記載した協定案を可決することによって行われます。

前述のように，賃金や退職手当は，一般の先取特権のある債権であるところ，特別清算手続においては，一般先取特権のある債権は，特別清算手続の効力を受ける債権からは除外され，特別清算開始の命令があっても当該債権に基づく強制執行を行うことができるとされています（会社法515条1項）。

また，一般の先取特権のある債権（賃金や退職手当等）を有する債権者（労働者）は，協定案の作成の際に担保債権者と同じ立場で参加できる債権者とされています（同法566条2号）。

特別清算手続における賃金や退職手当の取扱いは上記のとおりですが，特別清算は親会社が子会社を整理する場合（この場合，特別清算手続申立て前に親会社以外の他の債権者に対する債務をすべて弁済し，親会社を子会社の唯一の債権者としておくことが多い）等清算結了までスムーズに清算を行うことがで

きる見通しがある場合に用いるのが通常であり，このような場合には，労働者に対する賃金や退職手当はすべて支払われることが多いので，実務上は，特別清算において賃金や退職手当の保護に欠けることは余りないと思われます。

イ　私的整理（任意整理）

私的整理とは，法的整理手続によらずして，債権者との合意で会社の債務を整理する手続の総称をいいます。

私的整理の形態としては，事業者の監督の下で行われる事業再生ADR手続や中小企業再生支援協議会やメインバンク等の協力の下で行われる場合等の秩序立って行われる手続もあれば，事業再生や債権者の協力の見込みがないなど債権者の公平を図るために本来的には破産を申し立てるべき状況であるにもかかわらずこれを申し立てない等の無秩序な状態で行われる手続（このような状態は，むしろ「私的整理手続」とすら呼べないと思われます）があります。

事業再生ADR手続等の秩序立った私的整理が行われる場合には労働者の賃金や退職手当の保護に欠けることはありませんが，無秩序な私的整理が行われる場合には，一部の債権者によるいわゆる早い者勝ちの状態が生じ，労働者の賃金や退職手当の保護が全くなされない場合があります。

このような場合には，労働者としては，最終的には前述の未払賃金の立替払制度によって保護を受けることになります。もちろん，労働者が債権者として当該会社の破産の申立てを行うことも可能ですが，予納金の負担や手間がかかるため実務的ではありません。

巻末資料1

給 与 規 程

第1章 総　　則

(目的)
第1条　この規程は，就業規則第●条（給与）第1項の規定に基づき，昭和平成株式会社の従業員の給与に関し，必要な事項を定めることを目的とする。

(給与決定の原則)
第2条　従業員の給与は，次の点等を考慮して決定する。
① 職務の重要度・困難度・責任度
② 従業員の年齢・経験・能力
③ 従業員の勤務成績・勤務態度

(適用範囲)
第3条　この規程は，就業規則第●条（従業員の定義及び適用範囲）に定める従業員に適用する。ただし，就業規則第●条（労働時間の自主管理）に該当する者は，第18条（時間外勤務手当）及び第19条（休日勤務手当）の適用を除外する。

(給与の種類)
第4条　従業員の給与は，年俸制適用者等の特別の定めがない限り，月例給与・賞与とし，その細目は次のとおりとする。

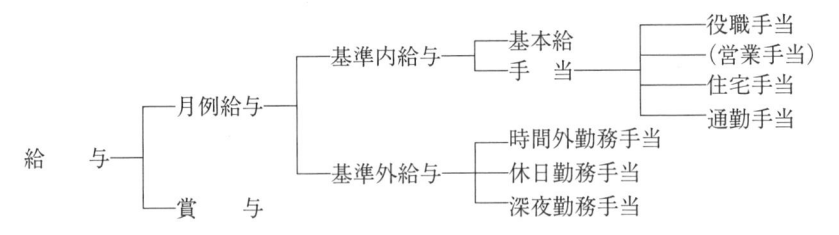

```
                                            ┌─ 役職手当
                        ┌─ 基準内給与 ┬─ 基本給  ├─（営業手当）
                        │              └─ 手　当  ├─ 住宅手当
          ┌─ 月例給与 ─┤                          └─ 通勤手当
給　与 ───┤              │              ┌─ 時間外勤務手当
          │              └─ 基準外給与 ┼─ 休日勤務手当
          └─ 賞　与                     └─ 深夜勤務手当
```

(給与の支払方法)
第5条　給与は，全額通貨で直接従業員に支払う。ただし，本人の申出により，銀行振込にて各自の指定する本人の預金口座に振り込むことができる。

2 前項にかかわらず，給与は，その支払いに際し以下のものを控除する。
　① 法令で定めるもの
　　　源泉所得税
　　　住民税
　　　健康保険料及び厚生年金保険料の被保険者負担分
　　　雇用保険料の被保険者負担分
　　　介護保険料
　② 従業員の過半数を代表する者との協定により定めたもの
　　　会社貸付金の返済分
　　　会社立替金の返済分
　　　賃金過払い分
　　　その他

第2章　給　　与

第1節　総　　則

（給与の計算期間・締切日及び支払日等）
第6条　給与の計算期間は，前月26日より当月25日までとする。
2　給与は，毎月25日を締切日とし，これを同月末日に支払う。支払日が休日にあたるときはその前日に支払う。
3　計算期間の途中で採用され，又は退職，休職，復職した場合は，当該計算期間の所定労働日数を基準に日割計算して支払う。
4　欠勤，遅刻，早退した場合は，当該計算期間の所定労働日数・労働時間を基準に日割・時間割計算し，不就労時間分を控除して支払う。

（休職中の給与）
第7条　従業員が就業規則第●条（休職）に定める休職を命ぜられた場合，休職期間中の給与は支給しない。

（年次有給休暇中の給与）
第8条　従業員が就業規則第●条（年次有給休暇―個別管理の場合）に定める年次有給休暇を取得した場合，所定労働時間を勤務したものとして，給与の減額は行わない。

(特別休暇中の給与)
第9条　従業員が就業規則第●条（特別休暇取得手続）に定める特別休暇を取得した場合，所定労働時間を勤務したものとして，給与の減額は行わない。ただし，就業規則中に無給の定めのある休暇については，当該計算期間の所定労働日数を基準に日割計算した額を控除する。

(休業中の賃金)
第10条　会社の責に帰すべき事由により従業員を休業させた場合の賃金の額は，民法536条2項の適用を排除し，平均賃金の100分の60とする。

(退職時の支払い)
第11条　従業員が定年又は死亡により退職した場合は，その退職日が月の途中であっても，当月分の給与は全額支払う。
2　従業員の死亡又は退職の場合において，権利者の請求があった場合においては，7日以内に既往の労働に対する給与を支払う。

第2節　基　本　給

(基本給)
第12条　基本給は月額をもって定め，第2条各号に定める事項等を考慮して各人別に決定する。

(給与改定)
第13条　給与改定（昇給・降給）は会社の業績等をも勘案して原則として毎年4月に行う。ただし，特別に必要のある場合は，臨時に給与改定を行うことがある。
2　給与改定は，能力，勤務成績，成果，勤務態度等を人事考課により査定し，その結果をもって基本給について行う。
3　在籍1年未満の者（中途入社者）の給与改定は，各人の年齢・経験・能力等を考慮して決定する。

第3節　手　　当

(営業手当)
第14条　営業職の従業員に対し，月額50,000円の営業手当を支給する。
　　（※各種割増賃金の固定支払制をとる場合）
2　前項の営業手当は，その全額を第18条ないし第20条の時間外・休日・深夜勤務手当として支給する。

（※又は）
2'　前項の営業手当のうち，30,000円は，第18条ないし第20条の時間外・休日・深夜勤務手当として支給する。
3　第18条ないし第20条の規定にかかわらず，前項に定める営業手当を支給された従業員について，第1項に定める営業手当の額を超えて，時間外割増賃金，休日割増賃金，深夜割増賃金が発生した場合には，別途，その差額を時間外勤務手当，休日勤務手当，深夜勤務手当として支給する。

（役職手当）
第15条　役職手当は，次の区分に従い，月額次のとおり支給する。
　①　本部長　　100,000円
　②　部　長　　 80,000円
　③　次　長　　 60,000円
　④　課　長　　 40,000円
2　前項の役職手当のうち，20,000円は，第20条の深夜勤務手当として支給する。
3　第20条の規定にかかわらず，前項に定める役職手当として支給された従業員について，第1項に定める役職手当の額を超えて，深夜割増賃金が発生した場合には，別途，その差額を深夜勤務手当として支給する。

（住宅手当）
第16条　住宅手当は，賃貸住宅居住者で扶養家族を有する世帯主及び単身世帯主である者に対し，月額30,000円を支給する。
　（注1）住宅手当を，割増賃金計算の算定基礎から除外するのであれば，住宅に要する費用に応じて算定される手当といえる形式にする必要がある。
　　例）
　　住宅手当（月額）は，賃貸住宅居住者で扶養家族を有する世帯主及び単身世帯主である者に対し，次の区分により支給する。
　　家賃月額5万円〜10万円未満の者：2万円
　　家賃月額10万円以上の者　　　　：3万円

（通勤手当）
第17条　通勤手当は，通勤のため常に公共交通機関を利用する従業員に対し，非課税限度額の範囲内で実費支給する。ただし，片道2km以内の場合は支給しない。
2　実費の支給は，最も簡便な公共交通機関を使用するものと会社が認めた場合について行う。

（時間外勤務手当）

第18条 就業規則第●条（時間外労働命令）により，1日実働8時間又は1週実働40時間を超えて労働した場合には，時間外勤務手当を支給する。

2　前項の時間外勤務手当は，次のイの計算方法により算出した割増賃金額に原則としてロの計算方法により算出した時給分を加算した額を支給する。

　イ　割増賃金額
　　　（基本給＋住宅手当）÷（1月平均所定労働時間）×0.25×時間数
　ロ　時給分
　　　（基本給＋住宅手当）÷（1月平均所定労働時間）×1×時間数

（注2）社員研修のような場合には，時給額について別途の定めの可能性がある。

（休日勤務手当）

第19条 就業規則第●条（休日労働命令）により，休日に労働した場合には，休日勤務手当を支給する。なお，就業規則第●条（休日の振替）により振替休日が与えられた場合，休日労働にあたらず，本規程に定める休日勤務手当は支給しない。

2　前項の休日勤務手当は，次の各号のとおり計算した額を支給する。

① 休日労働が，法定休日（1週1日の休日）である場合
　　次のイの計算方法により算出した割増賃金額に原則としてロの計算方法により算出した時給分を加算した額

　イ　割増賃金額
　　　（基本給＋住宅手当）÷（1月平均所定労働時間）×0.35×時間数
　ロ　時給分
　　　（基本給＋住宅手当）÷（1月平均所定労働時間）×1×時間数

（注3）社員研修のような場合には，時給額について別途の定めの可能性がある。

② 休日労働が法定休日（1週1日の休日）以外の休日である場合
　　次の計算方法により算出した時給分のみ支給する。ただし，この休日労働が第18条の時間外労働に該当する場合，同条に基づき時間外勤務手当を支給する。
　　　（基本給＋住宅手当）÷（1月平均所定労働時間）×1×時間数

3　就業規則第●条（代休）に基づき代休が付与された場合の休日労働については，時給分は支給せず，次の計算方法により算出した割増賃金分のみを支払う。

① 法定休日労働の場合
　　　（基本給＋住宅手当）÷（1月平均所定労働時間）×0.35×時間数
② 法定休日以外の休日労働で第18条の時間外労働に該当する場合
　　　（基本給＋住宅手当）÷（1月平均所定労働時間）×0.25×時間数

（注4）本規程においては，第15条に定める役職者は，労基法41条2号に定める監督若しくは管理の地位にある者に該当することを前提としている。

(注5) 労基法の改正により，1カ月に60時間を超える時間外労働について，割増賃金率（特別割増率）が50％とされた場合に対応した規定例は以下の通り。

第●条（特別割増賃金）
　前条にかかわらず，第6条第1項に定める賃金計算期間において，法定時間外労働の合計が60時間を超えた場合は（以下60時間を超える労働時間を「超過労働時間」という。），超過労働時間部分については次のイの計算方法により算出した割増賃金に原則としてロの計算方法により算出した時給分を加算した額を支給する。
　　イ　（基本給＋住宅手当）÷（1月平均所定労働時間）×0.5×超過労働時間
　　ロ　（基本給＋住宅手当）÷（1月平均所定労働時間）×1×超過労働時間

（深夜勤務手当）
第20条　午後10時から午前5時までの深夜時間帯に労働させた場合には，深夜勤務手当を支給する。
2　前項の深夜勤務手当は，次のとおり計算した額を支給する。
　①　第15条第1項に定める役職者の場合
　　（基本給＋住宅手当＋役職手当－20,000円）÷（1月平均所定労働時間）×0.25×時間数
　②　それ以外の一般職の場合
　　（基本給＋住宅手当）÷（1月平均所定労働時間）×0.25×時間数

（緊急連絡手当）
第21条　就業規則第●条（携帯電話の利用）の規定により，携帯電話の貸与を受け，就業時間外及び休日の緊急連絡手段を確保するよう命ぜられた従業員に対し，次の各号に掲げる区分により緊急連絡手当を支給する。
　①　勤務日の就業時間外の場合　　3,000円／1日
　②　休日の場合　　　　　　　　　5,000円／1日

第3章　賞　　与

（賞与）
第22条　賞与は，会社の業績に応じ，第2条各号に定める事項等を考慮して支給する。ただし，会社業績の著しい低下その他やむを得ない事由がある場合には，支給日を変更し，又は支給しないことがある。

（支給額）
第23条　賞与の支給額は，会社の業績に応じ，能力，勤務成績，勤務態度等を人事考

課により査定し，その結果を考慮して，その都度決定する。

(支給時期)
第24条　賞与は，会社の業績により原則として年2回，6月及び12月に支給する。

(支給対象期間)
第25条　賞与の支給対象期間は，次のとおりとする。
　　上期：前年11月1日～当年4月30日
　　下期：当年5月1日～当年10月31日

(支給対象者)
第26条　賞与は，前条で定める支給対象期間にすべて在籍し，かつ支給日に在籍する従業員に支給する。

巻末資料2

年俸制規程

(目的)
第1条 この規程は，就業規則第65条第2項の規定に基づき，昭和平成株式会社（以下「会社」という。）の年俸制に関し，必要な事項を定めることを目的とする。

(対象者)
第2条 本規程に基づく年俸制の適用対象者（以下「年俸対象者」という。）は，次の各号に掲げる者とする。
　① 課長以上の管理職
　② 技術研究所に勤務する研究職（裁量労働制対象者に限る）

(年俸の体系)
第3条 年俸の体系は，次のとおりとする。

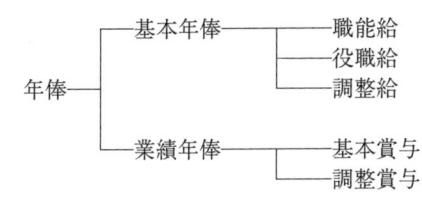

```
                    ┌─職能給
        ┌─基本年俸─┼─役職給
年俸─┤           └─調整給
        │
        └─業績年俸─┬─基本賞与
                    └─調整賞与
```

(基本年俸)
第4条 基本年俸は，所定労働時間の労働に対する基本となる年俸であり，職能給，役職給及び調整給で構成する。
2 職能給は，各年俸対象者の職務遂行能力に基づいて決定した等級ごとに，別表1（略）に定める額とする。
3 役職給は，各年俸対象者に割り当てる職務の役割，複雑・困難さと責任の度合等に基づいて決定した職位ごとに，別表2（略）に定める額とする。
4 調整給は，会社の業績並びに賃金水準の動向に応じて，その都度決めた額とする。

(業績年俸)
第5条 業績年俸は，個人目標の達成状況及び会社業績に応じた年俸であり，基本賞与及び調整賞与で構成する。

2 基本賞与は，前年度の個人目標達成状況により査定を行い，会社業績を総合勘案のうえ決定し，業績年俸額の6割とする。
3 調整賞与は，業績年俸額の4割を予定するが，前期支払分（6月支給）については，前年11月1日から当年4月30日まで，後期支払分（12月支給）については，当年5月1日から10月31日までを評価期間として，この間の個人目標達成状況，勤怠状況及び会社業績に応じて変動するものとする。

（諸手当）
第6条 第3条に規定する年俸のほか，実費相当分及び実績相当分を給与規程第15条，第16条，第18条，第19条の定めるところにより諸手当として支給する。ただし，第2条第1号に該当する年俸制対象者については，休日勤務手当は支給しない。

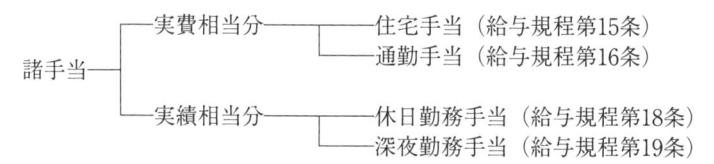

```
                ┌─実費相当分─┬─住宅手当（給与規程第15条）
諸手当 ─┤              └─通勤手当（給与規程第16条）
                └─実績相当分─┬─休日勤務手当（給与規程第18条）
                              └─深夜勤務手当（給与規程第19条）
```

（注）第2条第2号に定める裁量労働制対象者は，1日のみなし労働時間が8時間以内であることを前提としています。

（対象期間）
第7条 年俸の対象期間は，毎年4月1日から翌年3月31日までの1年間とする。

（改定）
第8条 年俸は毎年4月1日に改定する。
2 前項の規定にかかわらず，対象期間途中において，就業規則第20条ないし第22条に基づく異動（昇進，解任，降格）が発令された場合は，必要に応じて改定を行うことがある。

（配分）
第9条 年俸は，次の各号により支給する。
① 基本年俸は，第4条に基づき定める額を12等分して毎月支給する。
② 業績年俸のうち基本賞与は，第5条第2項に基づき定める額を2等分して賞与支給時（6月及び12月）にそれぞれ支給する。
③ 業績年俸のうち調整賞与は，第5条第3項に基づき，前期支払分を6月，後期支払分を12月の賞与支給時にそれぞれ支給する。
④ 諸手当は，第6条に定める額を毎月支給する。

(支払日)
第10条　基本年俸及び諸手当は，給与規程第6条第2項に定める支払日に支給する。なお，休日勤務手当及び深夜勤務手当の計算期間は，前月26日より当月25日までとし，当月の支払日に支給する。支払日が休日にあたるときは，その前日に支払う。
2　業績年俸は，給与規程第24条に定める時期に支給する。

(控除)
第11条　支給に際し，給与規程第5条第2項に掲げるものについて控除する。

(支払方法)
第12条　年俸及び諸手当は，年俸対象者に対し，原則として通貨でその全額を支払う。
2　前項の規定にかかわらず，年俸対象者が希望する場合は，年俸対象者の指定する金融機関口座への振込により支払うことができる。

(欠勤控除)
第13条　年俸対象者が欠勤したときは，欠勤日数に応じて以下の計算式により日割計算した額を，月例基本年俸から控除して支給する。なお，欠勤控除の計算期間は，前月26日より当月25日までとし，当月支給の月例基本年俸から控除する。
　　　　　　　(月例基本年俸)
　　欠勤控除額＝基本年俸÷12カ月÷当該計算期間の所定労働日数×欠勤日数

(退職・休職時の取扱い)
第14条　年俸対象者が，対象期間途中において退職又は休職したときは，退職日及び休職開始日以降の基本年俸は支給しない。なお，月の途中で退職，休職，復職した場合の月例基本年俸は，当該月の所定労働日数を基準に日割計算して支給する。
2　業績年俸については，支給日に在籍していない者には支給しない。

(付則)
第15条　この規程は，平成　年　月　日より施行する。

判例索引

最高裁判所

大判大 4 .12.24民録21-2182
　　……………………………………634
最二小判昭30.10. 7 判時61-3
　　……………………………………133
最二小判昭31.11. 2 判時95-12
　　〔関西精機事件〕……………156
最大判昭32. 6 . 5 判時116-12
　　……………………………………667
最二小判昭35. 3 .11労旬464-11
　　〔細谷服装事件〕……………343
最判昭35.12.15民集14-14-3060
　　……………………………………346
最大判昭36. 5 .31労旬481-17
　　〔日本勧業経済会事件〕……156
最判昭37. 7 .20民集16-8-1656
　　〔米軍山田部隊事件〕……674, 679
最三小判昭43. 3 .12労判40-2
　　〔日本電信電話公社事件〕…151
最三小判昭43. 5 .28労判361-11
　　〔住友化学事件〕………………29
最三小判昭43. 5 .28労判76-63
　　〔伊予相互金融事件〕………151
最大判昭43.12.25労判71-14
　　〔秋北バス事件〕………390, 418
最判昭44. 5 . 1 判時560-47
　　〔青木商店事件〕……………667
最一小判昭44.12.18労判96-21
　　〔福島県教組事件〕……155, 158
最二小判昭48. 1 .19労判197-11
　　〔シンガーミシン事件〕…160, 162
最大判昭48.12.12判時189-16
　　〔三菱樹脂事件〕………58, 60, 64
最二小判昭49.11. 8 判時764-92
　　〔九州運送事件〕………351, 562
最一小判昭50. 7 .17労判234-17
　　〔江東ダイハツ自動車事件〕………291, 343

最大判昭52. 2 .23労判269-14
　　〔第二鳩タクシー事件〕……681
最二小判昭52. 8 . 9 労経速958-25
　　〔三晃社事件〕……………580, 596
最一小判昭52.12.15労判300-43
　　〔古河鉱業高崎工場事件〕…86
最二小判昭54. 7 .20労判323-19
　　〔大日本印刷事件〕…………119
最二小判昭55.11.27労判366-18
　　〔日本貿易振興会事件〕……576
最三小判昭56. 3 .24労判360-23
　　〔日産自動車事件〕…………7, 86
最二小判昭56. 9 .18労判370-16
　　〔三菱重工業長崎造船所事件〕……663
最一小判昭57.10. 7 労判399-11
　　〔大和銀行事件〕……………525
最一小判昭58. 2 .24労判408-50
　　〔西日本重機事件〕…………711
最二小判昭58. 7 .15労判425-75
　　〔御国ハイヤー事件〕………612
最二小判昭58.11.25労判418-21
　　〔タケダシステム事件〕……390
最一小判昭60. 3 . 7 労判449-49
　　〔水道機工事件〕……………715
最三小判昭60. 7 .16労判455-16
　　〔エヌ・ビー・シー工業事件〕……539
最一小判昭60.11.28労判469-6
　　〔京都新聞社事件〕…………525
最一小判昭61. 3 .13労判470-6
　　〔電電公社帯広局事件〕……397
最一小判昭62. 4 . 2 労判506-20
　　〔あけぼのタクシー事件〕…163, 679
最二小判昭62. 7 .17労判499-6
　　〔ノースウエスト航空事件〕……188, 718
最三小判昭63. 2 .16労判512-7
　　〔大曲市農業協同組合事件〕
　　………………21, 391, 418, 602, 607, 612
最一小判平元.12.14労判553-16

〔日本シェーリング事件〕…………535
最二小判平２.11.26労判584-6
　〔日新製鋼事件〕…………………162
最三小判平４.２.18労判609-12
　〔エス・ウント・エー事件〕……537
最二小判平４.７.13労判630-6
　〔第一小型ハイヤー事件〕………384
最二小判平５.６.25労判636-11
　〔沼津交通事件〕…………………536
最二小判平６.６.13労判653-12
　〔高知県観光事件〕………………217
最二小判決平６.７.18判時1506-103
　……………………………………347
最一小判平７.２.９労判681-19
　〔興栄社事件〕……………………617
最三小判平８.３.26労判691-16
　〔朝日火災海上保険(高田)事件〕…387,418
最二小判平９.２.28労判710-12
　〔第四銀行事件〕………………388,418
最一小判平10.４.９労判736-15
　〔片山組事件〕…………………40,668
最三小決平11.12.14労判775-14
　〔徳島南海タクシー事件〕………219
最一小判平12.３.９労判778-11
　〔三菱重工業長崎造船所事件〕…250
最一小判平12.３.24労判779-13
　〔電通事件〕…………………………3
最一小判平12.９.７労判787-6
　〔みちのく銀行事件〕…………387,418
最一小判平14.２.28労判822-5
　〔大星ビル管理事件〕……………250
最決平15.６.12（判例集未掲載）
　〔スミケイ運輸事件〕……………692
最一小判平15.12.４労判862-14
　〔学校法人東朋学園事件〕……535,726
最三小判平18.４.11労判915-26
　〔住友軽金属工業第１事件〕……691
最三小平18.４.11労判915-51
　〔住友軽金属工業第２事件〕……692
最一小判平19.10.19労判946-31
　〔大林ファシリティーズ(オークビルサービス)事件〕…………………………257

最二小判平19.11.16労判952-5
　〔三菱自動車工業(執行役員退職金)事件〕
　……………………………………573
最一小決平20.３.６労判952-98
　〔スズキ(思想差別)事件〕……68,72
最二小判平21.12.18労判1000-5
　〔ことぶき事件〕………………243,329
最一小判平22.３.25労判1005-5
　〔サクセスほか(三佳テック)事件〕…592
最三小判平23.３.22判時2111-33
　……………………………………681

高等裁判所

広島高判昭25.９.８刑事裁判資料55-636
　〔藤香田事件〕……………………246
広島高岡山支決昭26.４.16労民集2-6-645
　〔備前ゴム事件〕…………………333
大阪高判昭29.５.31高等裁判所刑事判例集
　7-5-735
　……………………………………111
名古屋高判昭37.２.14判タ160-48
　〔第三慈久丸事件〕………………211
東京高判昭49.８.27労判218-58
　〔日本ルセル事件〕………………520
名古屋高判昭49.９.30労判211-31
　〔名古屋放送事件〕…………………86
東京高判昭50.２.26労判219-40
　〔伊豆シャボテン公園事件〕……7,86
名古屋高判昭51.９.14労判262-41
　〔三晃社事件〕…………………596,600
大阪高判昭58.４.12労判413-72
　〔大宝タクシー事件〕……………599
大阪高判昭58.５.27労判413-46
　〔壺阪観光事件〕………………342,348
東京高判昭58.12.19労判421-33
　〔八洲事件〕………………………123
東京高判昭59.８.28労判437-25
　〔ニプロ医工事件〕………………529
仙台高秋田支判昭59.11.28労判450-70
　〔大曲市農協事件〕………………607
東京高判昭62.２.26労判492-16
　〔タケダシステム事件差戻審〕…391

名古屋高判平2.8.31労判569-37
　〔中部日本広告社事件〕……………29, 596
高松高判平2.10.30労判653-14
　〔高知県観光事件〕………………………217
大阪高判平5.6.25労判679-32
　〔商大八戸ノ里ドライビングスクール事件〕
　……………………………………………511
福岡高判平6.7.14労判681-20
　〔興栄社事件〕……………………………617
東京高判平7.6.28労判686-55
　〔東京中央郵便局(休息権)事件〕………511
名古屋高判平7.7.19労判700-95
　〔名古屋学院事件〕………………………654
仙台高判平8.4.24労判693-22
　〔みちのく銀行事件〕……………………406
大阪高判平9.11.25労判729-39
　〔光洋精工事件〕…………………………545
東京高判平10.12.10労判761-118
　〔直源会相模原南病院(解雇)事件〕……676
広島高判平10.12.24労判758-50
　〔パリス観光事件〕………………………695
名古屋高判平11.5.31労判764-20
　〔秋田運輸事件〕…………………………690
大阪高決平11.7.12労判762-80
　〔京ガス(賃金台帳提出命令)事件〕……337
東京高判平11.11.17労判787-69
　〔祥風会事件〕……………………………695
東京高判平12.4.19労判787-35
　〔日新火災海上保険事件〕………………123
東京高判平12.12.22労判796-5
　〔芝信用金庫事件〕………………7, 83, 90
東京高判平12.12.27労判809-82
　〔更生会社三井埠頭事件〕………………386
広島高判平13.5.23労判811-21
　〔マナック事件〕……………………319, 546
大阪高判平13.8.30労判816-23
　〔ハクスイテック事件〕…………………401
名古屋高判平14.4.24労判829-38
　〔住友軽金属工業第2事件〕……………692
名古屋高判平14.4.26労判829-12
　〔住友軽金属工業第1事件〕……………691
名古屋高判平14.12.20(判例集未掲載)

〔スミケイ運輸事件〕………………………692
東京高判平15.2.6労判849-107
　〔県南交通事件〕…………………………401
東京高判平15.4.24労判851-48
　〔キョーイクソフト事件〕………………401
東京高判平15.12.11労判867-5
　〔小田急電鉄(退職金請求)事件〕…585, 587
大阪高判平17.5.20労判896-12
　〔テザック厚生年金基金事件〕…………654
大阪高判平17.5.31労判898-16
　〔勝英自動車学校(大船自動車興業)事件〕
　……………………………………………674
名古屋高判平17.6.23労判951-74
　〔名古屋国際芸術文化交流財団事件〕…431
福岡高判平18.5.18労判950-73
　〔栄光福祉会事件〕………………………435
東京高判平18.6.22労判920-5
　〔ノイズ研究所事件〕……………………399
大阪高判平18.7.13労判923-40
　〔港湾労働安定協会事件〕………………654
大阪高判平18.11.28労判930-13
　〔松下電器産業事件〕……………………654
大阪高判平18.11.28労判930-26
　〔松下電器産業グループ事件〕…………654
東京高判平18.12.7労判931-83
　〔スズキ(思想差別)事件〕…………68, 72
東京高判平19.2.22労判937-175
　〔マッキャンエリクソン事件〕……411, 413
東京高判平19.6.28労判946-76
　〔昭和シェル石油事件〕……………………84
広島高判平19.9.4労判952-33
　〔杉本商事事件〕……………………344, 357
東京高判平19.10.30労判964-72
　〔中部カラー事件〕………………………654
東京高判平20.1.31労判959-85
　〔兼松事件〕…………………………85, 87, 88
東京高判平20.2.13労判956-85
　〔日刊工業新聞社事件〕…………………606
東京高判平20.3.25労判959-61
　〔東武スポーツ(宮の森カントリー倶楽
　部・労働条件変更)事件〕………………433
東京高判平20.4.9労判959-6

〔日本システム開発研究所事件〕………404
東京高判平20．7．9労判964-5
　〔NTTグループ企業事件〕……………656
東京高判平21．3．25労判985-58
　〔りそな企業年金基金・りそな銀行(退職年金)事件〕………………………560, 656
東京高判平21.10.28労判999-43
　〔バイエル薬品・ランクセス事件〕……656
東京高判平21.10.29労判995-5
　〔早稲田大学事件〕………………………656
東京高判平22.12.15労判1019-5
　〔ジョブアクセスほか事件〕……………670
東京高判平23.12.27労判1042-15
　〔コナミデジタルエンタテインメント事件〕
　…………………………………729, 730

地方裁判所

東京地判昭25．5．11労民集1-3-438
　〔東京急行電鉄事件〕………………………64
大阪地決昭30．7．21労民集6-4-470
　〔新共和タクシー事件〕…………………674
神戸地判昭31．7．20労民集7-4-838
　〔紡機製造事件〕……………………………64
熊本地八代支決昭37.11.27労民集13-6-1126
　〔扇興運輸事件〕…………………………187
横浜地判昭40.11.15労民集16-6-991
　〔西区タクシー事件〕……………………714
東京地判昭41.12.20労民集17-6-1407
　〔住友セメント事件〕………………………86
神戸地判昭42．9．26判時30-4
　〔豊国産業事件〕……………………………86
東京地判昭43．1．19労民集19-1-1
　〔三宝商事事件〕…………………………211
東京地判昭43．4．4労判67-13
　〔バー白菊事件〕…………………………152
千葉地判昭43．5．20労判49-3
　〔茂原市役所事件〕…………………………86
東京地判昭44．7．1判82-9
　〔東急機関工業事件〕………………………86
名古屋地判昭45．8．26判109-43
　〔山一證券事件〕……………………………86
高知地決昭46．3．10労民集22-2-209

　………………………………………682
盛岡地判昭46．3．18労判124-18
　〔岩手県経済農協連事件〕…………………86
福井地判昭46．3．26労民集22-2-355
　〔福井放送事件〕…………………………677
大阪地判昭47．3．17判タ279-347
　〔富士輸送機工業事件〕…………………676
名古屋地判昭47．4．28労判170-61
　〔橋元運輸事件〕…………………………585
東京地判昭48．9．26判時721-95
　〔日本ソフトウェア事件〕…………………27
横浜地横須賀支決昭49.11.26判225-47
　〔富士電機製造事件〕…………………68, 72
札幌地室蘭支判昭50．3．14労判223-13
　〔新日鉄室蘭製鉄所事件〕………………322
秋田地判昭50．4．10労判226-10
　〔秋田相互銀行事件〕…………………79, 92
名古屋地判昭50．7．18判233-48
　〔三晃社事件〕……………………………596
東京地決昭50．9．12判233-18
　〔コパル事件〕………………………………86
東京地判昭51．6．2労判256-〔付録〕19
　〔東京放送事件〕……………………………18
東京地判昭52．3．30判284-56
　〔大島園事件〕……………………………511
東京地判昭53．2．23判293-52
　〔ジャード事件〕……………………………34
大阪地判昭57．2．26判385-〔付録〕29
　〔大日本警備センター事件〕……………260
横浜地川崎支判昭57．7．19労判391-45
　〔日本鋼管事件〕……………………………86
秋田地大曲支判昭57．8．31労判450-76
　〔大曲市農協事件〕………………………607
釧路地帯広支判昭57.11.29労判404-67
　〔東洋タクシー事件〕……………………714
大阪地判昭59．7．25判451-64
　〔日本高圧瓦斯工業事件〕………………599
大阪地判昭59．9．19判441-33
　〔森工機事件〕……………………………616
京都地判昭60.10．7判468-59
　〔京都福田事件〕…………………………677
東京地判昭62．2．25判497-129

〔日本ビー・ジー・エム・システム事件〕
……………………………………616
東京地判昭62．4．17労判496-56
　〔東神倉庫事件〕………………616
東京地決昭62．6．9判時1236-153
……………………………………682
名古屋地判平元．6．26労判553-81
　〔中部日本広告事件〕…………596
高知地判平元．8．10労判564-90
　〔高知県観光事件〕……………217
東京地判平2．7．4労判565-7
　〔社会保険診療報酬支払基金事件〕………89
仙台地判平2．10．15労民集41-5-846
　〔日魯造船事件〕………………574
札幌地判平2．11．6労判576-59
　〔札幌東労働基準監督官(共永交通)事件〕
……………………………………289
大阪地判平3．2．26労判586-80
　〔三栄珈琲事件〕………………271
東京地判平3．4．8労判590-45
　〔東京メデカルサービス・大幸商事事件〕
……………………………………585
名古屋地判平3．9．6労判610-79
　〔名鉄運輸事件〕………………202，215
東京地判平4．8．27労判611-10
　〔日ソ図書事件〕………………79，87
福井地武生支判平5．5．25労判634-35
　〔福井鉄道事件〕………………68，72
東京地判平5．6．8労判637-22
　〔シー・エー・ビジョン事件〕……617
前橋地判平5．8．24労判635-22
　〔東京電力(群馬)事件〕………68，72
東京地判平5．9．10労判643-52
　〔日本情報企画事件〕…………617
大分地判平5．9．17労判681-21
　〔興栄社事件〕…………………617
千葉地判平5．9．24労判638-32
　〔ノース・ウエスト航空(橋本)事件〕…678
甲府地判平5．12．22労判651-33
　〔東京電力(山梨)事件〕………68，72
長野地判平6．3．31労判660-73
　〔東京電力(長野)事件〕………68，72

東京地判平6．3．31労判656-44
　〔空港環境整備協会事件〕……610
千葉地判平6．5．23労判661-22
　〔東京電力(千葉)事件〕………68，72
東京地判平6．6．21労判660-55
　〔アイ・ケイ・ビー事件〕……581
東京地判平6．9．14労判656-17
　〔チェース・マンハッタン銀行(賃金切下げ)事件〕…………………374
横浜地判平6．11．15労判667-25
　〔東京電力(神奈川)事件〕……68，72
東京地判平6．11．29労判673-108
　〔武富士事件〕…………………676
名古屋地判平7．1．24判時1534-131
　〔布目組事件〕…………………695
東京地判平7．3．7労判679-78
　〔三協事件〕……………………604
東京地判平7．6．12労判676-15
　〔吉野事件〕……………………573
東京地判平7．9．29労判687-69
　〔ベニス事件〕…………………597
東京地判平7．11．21労判687-36
　〔東京コンピューターサービス事件〕…586
東京地判平7．11．27判タ911-121
　〔大林計器事件〕………………695
東京地判平7．12．12労判688-33
　〔旭商会事件〕…………………586
名古屋地判平8．3．13判タ926-120
　〔中部電力事件〕………………68，72
大阪地決平8．3．15労判692-30
　〔関西フェルトファブリック事件〕………35
長野地上田支判平8．3．15労判690-32
　〔丸子警報器事件判決〕………62，440
青森地弘前支判平8．4．26労判703-65
　〔東映視覚事件〕………………689
東京地判平8．4．26労判697-57
　〔東京ゼネラル事件〕…………590
東京地判平8．6．28労判696-17
　〔ベネッセコーポレーション事件〕……531
大阪地判平8．9．27労判717-95
　〔錦タクシー事件〕……………506
東京地判平8．10．29労判714-87

〔カツデン事件〕……………………520
東京地判平8.11.27労判704-21
　〔芝信用金庫事件〕………………83, 90
静岡地浜松支判平9.3.24労判713-39
　〔文化シャッター事件〕……………690
大阪地判平9.3.28労判717-37
　〔佐川ワールドエクスプレス事件〕……618
大阪地判平9.4.25労判732-81
　〔NTT西日本テレカ事件〕…………586
名古屋地判平9.5.12労判717-19
　〔日本エルシーコンサルタンツ事件〕…695
大阪地判平9.5.19労判725-72
　〔松原交通事件〕……………………513
東京地判平9.8.1労判722-62
　〔株式会社ほるぷ事件〕……………270
東京地判平9.8.26労判734-75
　〔ペンション経営研究所事件〕…38, 668, 670
横浜地判平9.11.14労判728-44
　〔学校法人石川学園事件〕…………572
東京地判平9.11.18労判728-36
　〔医療法人財団東京厚生会(大森記念病院)事件〕………………………………407
東京地判平10.2.2労判735-52
　〔美浜観光事件〕……………………618
東京地判平10.2.26労判737-51
　〔JR東海事件〕………………38, 668
東京地判平10.3.24金商判例1047-34
　〔山口電設事件〕……………………690
大阪地判平10.4.13労判744-54
　〔幸福銀行(減額)事件〕……………654
東京地決平10.7.17労判749-49
　〔アーク証券事件(第二次仮処分)〕……408
名古屋地判平10.9.16労判747-26
　〔秋田運輸事件〕……………………690
名古屋地判平10.12.16労判758-36
　〔東海ベントナイト化工事件〕………695
大阪地決平11.1.11労判760-33
　〔住友生命保険(賃金台帳提出命令)事件〕…………………………………335
浦和地川越支決平11.1.19労判760-32
　〔高砂建設(賃金台帳提出命令)事件〕…336
東京地判平11.1.19労判764-87

〔エイバック事件〕……………………385
大阪地判平11.1.29労判760-61
　〔大器事件〕…………………………590
東京地判平11.2.23労判763-46
　〔東北ツアーズ協同組合事件〕………580
京都地決平11.3.1労判760-30
　〔京ガス(賃金台帳提出命令)事件〕……336
大阪地判平11.7.28労判770-81
　〔塩野義製薬事件〕……………………79
東京地判平11.10.29労判774-12
　〔上州屋事件〕………………………407
東京地判平11.12.24労判787-82
　〔丸和證券事件〕……………………587
東京地判平12.2.14労判780-9
　〔須賀工業事件〕……………………529
東京地判平12.2.23労判784-58
　〔最上建設事件〕……………………190
大阪地判平12.9.22労判794-37
　〔ジャクパコーポレーションほか事件〕
　　……………………………………597
津地判平12.9.28労判800-61
　〔松阪鉄工所事件〕……………68, 72
東京地判平12.12.18労判807-52
　〔アスカ事件〕………………………609
大阪地判平12.12.20労判801-21
　〔幸福銀行(打切)事件〕……………654
名古屋地判平13.2.5労判808-62
　〔住友軽金属工業第1事件〕………691
東京地判平13.2.23労判804-92
　〔ソフトウエアほか事件〕……………595
名古屋地判平13.3.6労判808-30
　〔住友軽金属工業第2事件〕………692
東京地判平13.3.15労判818-55
　〔東京国際学園事件〕…………………61
東京地判平13.7.17労判816-63
　〔月島サマリア病院事件〕……………604
東京地判平13.12.25労判824-36
　〔カジマ・リノベイト事件〕…………676
札幌地判平14.2.15労判837-66
　〔ドラール事件〕……………………604
東京地判平14.2.20労判822-13
　〔野村證券事件〕………………82, 88, 89

東京地判平14.3.29労判827-51
　〔全国信用不動産事件〕…………435, 675
名古屋地判平14.4.24判タ1123-237
　〔スミケイ運輸事件〕………………692
大阪地判平14.5.22労判830-22
　〔日本郵便逓送事件〕………………440
名古屋地判平14.5.29労判835-67
　〔山昌トラック運転手事件〕………195
東京地決平14.6.20労判830-13
　〔S社（性同一性障害）事件〕………63
大阪地岸和田支判平14.7.22労判833-5
　〔佐野第一交通（解雇）事件〕………676
東京地決平14.7.31労判835-25
　〔杉本石油ガス事件〕………………425
神戸地判平14.8.23労判836-65
　〔全日本検数協会事件〕……………427
東京地判平14.10.21労判842-68
　〔倉持事件〕…………………………699
東京地判平14.11.5労判844-58
　〔東芝事件〕…………………………587
仙台地決平14.11.14労判842-56
　〔日本ガイダント仙台営業所事件〕……412
東京地判平14.11.15労判844-38
　〔小田急電鉄（退職金請求）事件〕………587
千葉地決平14.11.19労判841-15
　〔ノース・ウエスト航空（賞与請求）事件〕
　……………………………………511
富山地判平15.1.16労判849-121
　〔新富自動車事件〕…………………429
東京地判平15.5.6労判857-64
　〔東京貨物社（解雇・退職金）事件〕
　………………………………588, 590
東京地判平15.5.9労判858-117
　〔金融経済新聞社（賃金減額）事件〕……547
大阪地判平15.5.14労判859-69
　〔倉敷紡績事件〕…………………68, 72
大阪地判平15.9.3労判867-74
　〔東豊観光（賃金減額）事件〕………430
東京地判平15.11.5労判867-19
　〔兼松事件〕…………………………88
東京地判平16.3.31労判873-33
　〔エーシーニールセン・コーポレーション事件〕……………………………411
東京地判平16.3.1判労判885-75
　〔トーコロ（賃金請求）事件〕………676
東京地判平16.3.9労判875-33
　〔更生会社新潟鐵工所（退職金第1）事件〕
　……………………………………606
名古屋地判平16.4.23労判877-62
　〔名古屋国際芸術文化交流財団事件〕
　………………………………431, 605
東京地判平17.3.29労判897-81
　〔ジャパンタイムズ事件〕……………61
京都地判平17.7.27労判900-13
　〔洛陽総合学院事件〕…………582, 599
東京地判平17.9.8労判902-32
　〔NTTグループ企業（差止め）事件〕……656
大阪地判平18.1.6労判913-49
　〔三都企画建設事件〕………………191
東京地判平18.1.25労判912-63
　〔日音（退職金）事件〕……………588
東京地判平18.8.30労判925-80
　〔アンダーソンテクノロジー事件〕……618
東京地判平18.11.29労判935-35
　〔東京自転車健康保険組合事件〕……676
東京地判平19.2.14労判938-39
　〔住友重機械工業事件〕……………432
東京地判平19.3.26労判943-41
　〔中山書店事件〕……………………404
大阪地判平19.4.19労判948-50
　〔中谷倉庫事件〕……………………606
東京地判平19.5.17労判949-66
　〔国際観光振興機構事件〕………412, 547
東京地判平19.5.25労判949-55
　〔日刊工業新聞社事件〕……………607
東京地判平19.5.30労判950-90
　〔千代田事件〕………………………589
東京地判平19.8.27労経速1985-3
　〔ヤマト運輸事件〕…………………588
大阪地判平19.12.20労判965-71
　〔大阪経済法律学園事件〕…………678
東京地判平20.1.25労判961-56
　〔日本構造技術事件〕………………386
東京地判平20.1.28労判953-10

〔日本マクドナルド事件〕……………271
東京地判平20.4.22労判965-5
　〔東芝(うつ病・解雇)事件〕…………672
東京地判平20.9.10判タ1283-125
　〔丸井グループ事件〕…………………656
東京地判平21.1.30労判980-18
　〔ニュース証券事件〕…………………670
東京地判平21.4.28労判993-94
　〔国・亀戸登記所監督官（エコシステム）事件〕………………………………289
東京地判平21.6.29労判992-39
　〔昭和シェル石油(男女差別)事件〕………86
横浜地判平21.10.27（判例集未掲載）
　……………………………………………18

東京地判平22.3.24労判1008-35
　〔J学園(うつ病・解雇)事件〕…………679
札幌地判平22.3.30労判1007-26
　〔日本ニューホランド(再雇用拒否)事件〕
　……………………………………………18
東京地判平22.5.28労判1013-69
　〔ジョブアクセスほか事件〕…………670
東京地決平22.9.30労判1024-86
　〔アフラック事件〕……………………593
徳島地判平22.12.24（判例集未掲載）
　……………………………………………348
東京地判平23.3.17労判2017-27
　〔コナミデジタルエンタテインメント事件〕
　……………………………………………730

《著者紹介》

石嵜　信憲（いしざき　のぶのり）
編著者紹介参照。

延増　拓郎（えんぞう　たくろう）
1994年明治大学法学部卒業。1998年司法試験合格。2000年司法修習修了（53期），弁護士登録（第一東京弁護士会所属），石嵜信憲法律事務所（現，石嵜・山中総合法律事務所）入所。

鈴木　里士（すずき　さとし）
1998年中央大学法学部卒業。1999年司法試験合格。2001年司法修習修了（54期），弁護士登録（第一東京弁護士会所属），石嵜信憲法律事務所（現，石嵜・山中総合法律事務所）入所。

鈴木　宗紹（すずき　むねつぐ）
1999年中央大学法学部卒業。2000年司法試験合格。2002年司法修習修了（55期），弁護士登録（第一東京弁護士会所属），石嵜信憲法律事務所（現，石嵜・山中総合法律事務所）入所。

橋村　佳宏（はしむら　よしひろ）
2001年早稲田大学政治経済学部卒業。2003年早稲田大学大学院修士課程修了，司法試験合格。2005年司法修習修了（58期），弁護士登録（第一東京弁護士会所属），石嵜信憲法律事務所（現，石嵜・山中総合法律事務所）入所。

爲近　幸恵（ためちか　さちえ）
2003年司法試験合格。2004年東京大学法学部卒業。2005年司法修習修了（58期），弁護士登録（第一東京弁護士会所属），石嵜信憲法律事務所（現，石嵜・山中総合法律事務所）入所。

安藤　源太（あんどう　げんた）
1999年東京大学法学部卒業。2003年司法試験合格。2005年司法修習修了（58期），検事任官。2009年検事退職，弁護士登録（第一東京弁護士会所属），石嵜信憲法律事務所（現，石嵜・山中総合法律事務所）入所。

土屋　真也（つちや　しんや）
2001年東京大学法学部卒業。2004年司法試験合格。2006年司法修習修了（59期）弁護士登録（第一東京弁護士会），石嵜信憲法律事務所（現，石嵜・山中総合法律事務所）入所。

兼平　誠也（かねひら　せいや）
2003年早稲田大学法学部卒業。2005年司法試験合格。2008年司法修習修了（61期），弁護士登録（第一東京弁護士会所属），石嵜信憲法律事務所（現石嵜・山中総合法律事務所）入所，2011年兼平法律事務所開設（函館弁護士会所属）。

星野　菜蕗子（ほしの　ふきこ）
2004年中央大学法学部政治学科卒業。2007年東京大学法科大学院卒業，司法試験合格。2008年司法修習修了（61期），弁護士登録（第一東京弁護士会所属），石嵜信憲法律事務所（現，石嵜・山中総合法律事務所）入所。

橘　大樹（たちばな　ひろき）
2005年慶應義塾大学法学部法律学科卒業。2007年一橋大学法科大学院卒業，司法試験合格。2008年司法修習修了（61期），弁護士登録（第一東京弁護士会所属），石嵜信憲法律事務所（現，石嵜・山中総合法律事務所）入所。

塚越　賢一郎（つかごし　けんいちろう）
2001年東京大学法学部卒業。2007年司法試験合格。2009年司法修習修了（62期），弁護士登録（第一東京弁護士会所属），石嵜信憲法律事務所（現，石嵜・山中総合法律事務所）入所。

仁野　直樹（にの　なおき）
2006年東京大学法学部卒業。2008年東京大学法科大学院卒業。2009年司法試験合格。2010年司法修習修了（63期），弁護士登録（第一東京弁護士会所属），石嵜信憲法律事務所（現，石嵜・山中総合法律事務所）入所。

前嶋　義大（まえしま　よしひろ）
2005年横浜国立大学経済学部卒業。2010年中央大学法科大学院修了，新司法試験合格。2011年司法修習修了（64期），弁護士登録（第一東京弁護士会所属），石嵜・山中総合法律事務所入所。

加藤　彩（かとう　あや）
2006年東北大学教育学部卒業。2009年慶應義塾大学法科大学院修了。2010年新司法試験合格。2011年司法修習修了（64期），弁護士登録（第一東京弁護士会所属），石嵜・山中総合法律事務所入所。

加島　幸法（かしま　ゆきのり）
2008年明治大学法学部法律学科卒業。2010年中央大学法科大学院修了，新司法試験合格。2011年司法修習修了（64期），弁護士登録（第一東京弁護士会所属），石嵜・山中総合法律事務所入所。

浅野　英之（あさの　ひでゆき）
2008年東京大学法学部卒業。2010年東京大学法科大学院修了，司法試験合格。2011年司法修習修了（64期），弁護士登録（第一東京弁護士会所属），石嵜・山中総合法律事務所入所。

髙安　美保（たかやす　みほ）
2000年東北大学文学部卒業。2001年〜2006年石嵜信憲法律事務所にて勤務。2007年司法書士試験合格。司法書士事務所勤務を経て，2008年より石嵜信憲法律事務所（現，石嵜・山中総合法律事務所）勤務。2009年司法書士登録（東京司法書士会所属）。

田中　朋斉（たなか　ともなり）
1998年早稲田大学法学部卒業。2004年石嵜信憲法律事務所（現, 石嵜・山中総合法律事務所）入所。2007年社会保険労務士試験合格。2008年社会保険労務士登録（東京都社会保険労務士会所属）。2010年特定社会保険労務士付記。

《編著者紹介》

石嵜　信憲（いしざき　のぶのり）

明治大学法学部卒業。1975年司法試験合格，1978年弁護士登録。
以後，労働事件を経営者側代理人として手がける。
2002〜2004年司法制度改革推進本部労働検討会委員。
2002〜2010年日弁連労働法制委員会副委員長。
現在，経営法曹会議常任幹事。

〈主な著書〉
『個別労働紛争解決の法律実務』（中央経済社）
『労働契約解消の法律実務〈第2版〉』（中央経済社）
『懲戒権行使の法律実務』（中央経済社）
『労働時間規制の法律実務』（中央経済社）
『就業規則の法律実務〈第2版〉』（中央経済社）
『非正規社員の法律実務』（中央経済社）
『健康管理の法律実務〈第2版〉』（中央経済社）
『実務の現場からみた労働行政』（中央経済社）
『管理職活用の法律実務』（中央経済社）
『メーカーのための業務委託活用の法務ガイド〈第2版〉』（中央経済社）
『配転・出向・降格の法律実務』（中央経済社）
『（新訂版）人事労務の法律と実務』（厚有出版）
『労働法制からみた日本の雇用社会』（日本総研ビジコン）他

連絡先　石嵜・山中総合法律事務所
〒104-0028　東京都中央区八重洲2丁目8番7号　福岡ビル6階
電話　03（3272）2821(代)　FAX　03（3272）2991

賃金規制・決定の法律実務

2012年7月16日　第1版第1刷発行
2013年6月20日　第1版第2刷発行

編著者　石　嵜　信　憲
発行者　山　本　憲　央
発行所　㈱中央経済社

〒101-0051　東京都千代田区神田神保町1-31-2
電　話　03（3293）3371（編集部）
　　　　03（3293）3381（営業部）
http://www.chuokeizai.co.jp/
振替口座　00100-8-8432
印刷／㈱堀内印刷所
製本／誠　製　本㈱

© 2012
Printed in Japan

※頁の「欠落」や「順序違い」などがありましたらお取り替えいたしますので小社営業部までご送付ください。（送料小社負担）

ISBN978-4-502-05770-0　C3032

JCOPY〈出版者著作権管理機構委託出版物〉本書を無断で複写複製（コピー）することは，著作権法上の例外を除き，禁じられています。本書をコピーされる場合は事前に出版者著作権管理機構（JCOPY）の許諾を受けてください。
JCOPY〈http://www.jcopy.or.jp　eメール：info@jcopy.or.jp　電話：03-3513-6969〉

おすすめします

就業規則の法律実務
〈第2版〉

弁護士 石嵜信憲 [編著]
義経百合子／爲近幸恵／小森光嘉／星野菜蕗子　[著]
髙安美保／田中朋斉

本書の構成

第1編　就業規則総論
　序　章　雇用社会における就業規則の意義
　第1章　就業規則の作成・届出義務
　第2章　就業規則の記載事項
　第3章　就業規則の意見聴取義務
　第4章　就業規則の周知義務
　第5章　労働条件を規律する規範の効力関係
　第6章　就業規則と労働契約の内容の関係
　第7章　改正労働基準法対応のための就業規則規定例
第2編　就業規則条項別解説
　就業規則本則／給与規程／年俸制規程／退職金規程
第3編　各種規程例等概説
　育児休業規程・介護休業規程／在宅勤務規程／企業秘密保持規程／内部通報処理規程／個人情報取扱規程／非正規社員就業規則／個別契約書・誓約書等

A5判・752頁・ソフトカバー

中央経済社